Arbeitsberichte zur Bodendenkmalpflege in Brandenburg 27

AUSGRABUNGEN IM NIEDERLAUSITZER BRAUNKOHLENREVIER 2011/2012

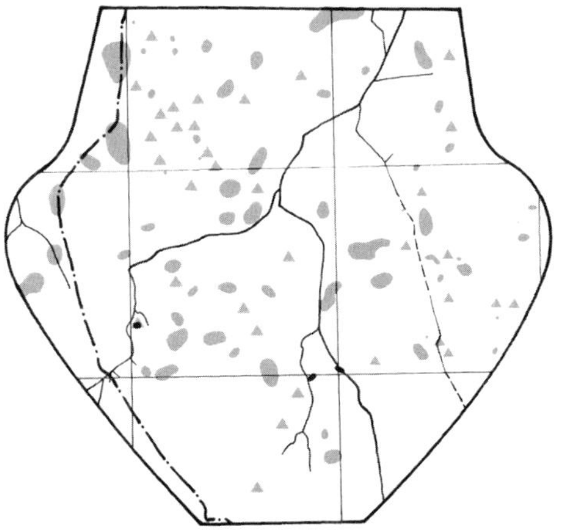

BRANDENBURGISCHES LANDESAMT FÜR DENKMALPFLEGE UND ARCHÄOLOGISCHES LANDESMUSEUM
WÜNSDORF 2014

Gedruckt mit Mitteln
der Vattenfall Europe Mining AG

Umschlag:
Schneidkante des Wasserhaltungsschachtes I von 1895 in der Grube „Mariannensglück“, Detail – vgl. Beitrag S. 287 (Foto E. Bönisch, BLDAM).

Umschlagklappe vorn:
Unterkieferzähne des Jänschwalder Pferdes aus dem Saale-Spätglazial, 128.000 Jahre alt (Foto E. Bönisch, BLDAM).

Umschlagklappe hinten:
Öl-Grubenlampe aus dem Braunkohlentiefbau „Mariannensglück“, 1:2 (Zeichnung E. Liersch, BLDAM).

Herausgeber:	Franz Schopper, Brandenburgisches Landesamt für Denkmalpflege und Archäologisches Landesmuseum
Redaktion:	Eberhard Bönisch, Brandenburgisches Landesamt für Denkmalpflege und Archäologisches Landesmuseum Referat Braunkohle, Altnauer Straße 5, 03205 Calau info.calau@bldam-brandenburg.de
Gestaltung:	Eberhard Bönisch, Karin Klose, BLDAM
Satz und Layout:	DRUCKZONE GmbH & Co. KG, Cottbus Karin Klose, Eberhard Bönisch, BLDAM
Gesamtherstellung:	DRUCKZONE GmbH & Co. KG, Cottbus

ISSN: 1436-249 X
ISBN: 978-3-910011-85-4

Jährliche Ablagerungen (Warven) des Bändertons aus der Saale-Eiszeit unter dem Eem-Vorkommen Jänschwalde, 8. Februar 2012 (Foto R. Piskorski, BLDAM)).

Inhalt

Versunkene Welt der Altsteinzeit und Tiefbau über Tage – Einführung zum Archäologie-Report 2011/12

Eberhard Bönisch

Als im Tagebau Jänschwalde paläontologische Ausgrabungen von Seeablagerungen aus der letzten Warmzeit, dem sog. **Eem**, begannen, hat niemand damit gerechnet, dass darunter die ältesten archäologischen Funde der Niederlausitz und sogar ganz Brandenburgs verborgen liegen. Unter dem mächtigen, bis zu 127.000 Jahre alten Seeschlammpaket sind Jagdplätze mit Tierknochen und Feuersteinwerkzeugen vom Ende der vorletzten Eiszeit erhalten geblieben. So ist die Archäologie immer wieder für eine Überraschung gut. Solche Highlights sind dabei von enormer kulturgeschichtlicher Bedeutung: Jetzt ist erwiesen, dass Menschen bereits am Ende der **Saaleeiszeit** vor etwa 130.000 Jahren in der Niederlausitz gelebt haben, 100.000 Jahre früher als bisher bekannt. Mit den erstmalig im Tagebau selbst stattfindenden Ausgrabungen, auf der Arbeitsebene des Vorschnitts unter 15–20 Metern Sanden der **Weichseleiszeit**, bewegen wir uns etwa im Niveau dieser Zeit – und damit in einer völlig

Abb. 1: Tagebau Jänschwalde im September 2013: Ausgrabung der mittelpaläolithischen Fundschicht oberhalb der schrägen Eimerleiter auf der Arbeitsebene des Vorschnitts. In der Vorschnitt-Böschung hinten zeichnet sich am linken Bildrand grau das Eem-Vorkommen ab (Foto E. Bönisch, BLDAM).

anderen, regelrecht versunkenen Welt. Denn in den durch geologische Vorgänge abgesenkten Schichten haben sich die Knochen von Riesenhirsch, Elch, Damhirsch, Bison und Pferd vorzüglich erhalten, die im kalkarmen Lausitzer Sandboden schon nach nicht einmal tausend Jahren zersetzt sind.

Eigentlich hätten Sie für die Berichte zum „Eem-Projekt“ den nächsten Band der „Ausgrabungen im Niederlausitzer Braunkohlenrevier“ abwarten müssen, denn die entscheidenden Funde vom Ende der Saale-Eiszeit kamen erst im Sommer 2013 ans Tageslicht. Die Grabungen, die zu diesen Funden führten, haben aber 2011 und 2012 begonnen und die wichtigsten Ergebnisse sollten dem Leser nicht vorenthalten werden. Gleich neun Beiträge beschäftigen sich damit. Zunächst werden die Großsäugerschlachtplätze altsteinzeitlicher Jäger und die besonderen Grabungsmethoden (E. Bönisch/M. Schneider) in einem Seebecken dieser Dimension vorgestellt. Frappierende Erkenntnisse ergaben die Detailuntersuchungen der ältesten Werkzeugfunde Brandenburgs (K.-P. Wechler; K.U. Heußner,

Abb. 2: Sieht aus wie vom letzten Herbst: Eichenblatt aus der Eemmudde, mindestens 124.000 Jahre alt (Foto E. Bönisch, BLDAM).

Abb. 3: Die Eem-Grabung Jänschwalde wurde von zahlreichen Interessenten besichtigt, so den Teilnehmern der 77. Jahrestagung der Arbeitsgemeinschaft Norddeutsche Geologen am 23.9. (hier in Schnitt 7) und der Archäologischen Gesellschaft Berlin und Brandenburg e.V. am 25.9.2011 (Foto R. Piskorski, BLDAM).

DAI) sowie ihre Spuren an den Pferdeknochen (F. Chaput). Derart akribische Gebrauchsspurenanalysen und Gerätebiografien (Benutzung des Schabers als Messer, das dann zerbrochen wurde) liegen aus Fundstellen mit weitaus mehr Artefakten der **mittleren Altsteinzeit (Mittelpaläolithikum)** kaum vor. Solche Untersuchungen aus jüngster Zeit und in viel größerem Umfang gibt es im Rheinischen Braunkohlenrevier (Inden-Altdorf – Pawlik und Thissen 2009). Der Erkundung und Geologie des Eem-Vorkommens (R. Kühner, Vattenfall) folgen paläontologische Forschungsergebnisse zur Flora und Datierung (A. Kossler, FU Berlin) sowie zur Wirbeltierfauna mit schon genannten Großsäugerfunden und besonders zahlreichen Fischen (I. Raufuß, FU Berlin). Abschließend wird ein Tannenholzstab aus einer Eemschicht, wo es ihn noch gar nicht geben dürfte, im wahrsten Sinne des Wortes unter die Lupe genommen (G. Bigga, Uni Tübingen).

Archäologische und naturwissenschaftliche Forschungsergebnisse lassen vor dem inneren Auge ein zuweilen überraschend detailreiches Lebensbild für die angesprochene Welt der späten Saaleeiszeit entstehen: Wir befinden uns in einer ebenen, mit Birken, Weiden und Sanddorn bestandenen subarktischen Tundrenlandschaft vor der Hornoer Hochfläche. Am Rande eines flachen, teils eingetrockneten Gewässers liegt der Kadaver eines recht großen Pferdes, eines zehnjährigen Hengstes. Eine Gruppe von Menschen ist dabei, mit mitgebrachten Feuersteinwerkzeugen Kopf und Gliedmaßen abzutrennen und Fleisch in ihr naheliegendes Camp zu bringen…

Mit dem nächsten Grabungsprojekt machen wir einen großen Zeitsprung, bleiben jedoch noch im Eiszeitalter. In Vorbereitung der Abflachung eines weiteren Böschungsabschnittes zwischen Schlichow und Dissenchen am Tagebau Cottbus-Nord, dem zukünftigen Cottbuser Ostsee, konnte neben vielen anderen Bodendenkmalen ein weiterer Ausschnitt des begrabenen Waldes der **Jüngeren Dryaszeit** untersucht werden (D. Schulz; B. Renner). Dieser nach der Weißen Silberwurz (*Dryas octopetala*) benannte nochmalige Kälterückschlag am Ende der letzten Eiszeit, dem **Weichselglazial**, war den botanischen Untersuchungen eines anderen Brandenburger Vorkommens durch A. Kossler zu-

Abb. 4: Begutachtung eines der paläolithischen Artefakte vor Ort, Dr. Erwin Cziesla und Prof. Thomas Terberger (Foto E. Bönisch, BLDAM).

folge nicht so dramatisch, wie oft angenommen wird. Dieser Wald ist die „versunkene“ Umwelt von Rentierjägern der **späten Altsteinzeit**. Noch stehende Stubben und liegende Stämme gehören zu einem von der Spree überfluteten und dann im Schwemmsand eingebetteten Kiefern-Birkenwald rund 10.000 Jahre v. Chr. (dendrochronologische Datierungen U. Heußner/M. Zimowski, DAI; Pollenanalyse S. Jahns). Die Hölzer der großflächigen Freilegungen dieses Waldes im Tagebauvorfeld in den 1990er Jahren (im geologischem Kontext R. Kühner, Vattenfall) und die „neuen“ Bäume decken anhand der Überlappung aller dendrochronologisch ermittelten individuellen Baumalter einen Zeitraum von 296 bzw. 234 Jahren ab, also hat der Wald 200 bis 300 Jahre bestanden. Die einzelnen Bäume wurden bis zu 107 Jahre alt. Diese Grabung wurde sehr gezielt zur Gewinnung von Material für weitere naturwissenschaftliche Untersuchungen zur Stratigrafie und Ökologie des **Weichselspätglazials** im Tagebau Cottbus-Nord (A. Nicolay/A. Raab, BTU Cottbus-Senftenberg), aber auch darüber hinaus für spezielle Forschungsvorhaben (D. Hertel/B. Schuldt, Uni Göttigen) genutzt. Das Helmholtz-Zentrum am Deutschen GeoForschungszentrum in Potsdam hat für die Klimaforschung in globalem

Maßstab anhand des Verhältnisses von Kohlenstoff- und Sauerstoff-Isotopen in der Jahrring-Cellulose neben Proben aus der Schweiz und Neuseeland auch fossile Hölzer von Merzdorf untersuchen können (H. Pieper/G. Helle).

Die nun folgenden Grabungen gehören ja – in Anbetracht unseres Einstiegs – schon beinah in moderne Zeiten. Wir befinden uns bereits im *Holozän*, der um 9.500 v. Chr. einsetzenden und bis heute andauernden Warmzeit. Lager- und Feuersteinschlagplätze von Sammler-, Jäger- und Fischergruppen der **Mittleren Steinzeit** (**Mesolithikum**, 10. – 5. Jahrtausend v. Chr.) wurden bei Dissenchen, Grießen und bei Kathlow auf der Trasse der Kohleverbindungsbahn (Beiträge K. Müller) ausgegraben.
Ein seltener Fundplatz mit Stichreihenkeramik der frühen **Jungsteinzeit** (**Neolithikum**) ist bei Neuendorf im Tagebauvorfeld Cottbus-Nord entdeckt worden. Vom selben Ort wird ein Hügelgrab der inzwischen schon häufiger vertretenen spätneolithischen Schnurkeramik aus der zweiten Hälfte des 3. Jahrtausends v. Chr. vorgestellt (K.-P. Wechler). Es war im Gelände nicht mehr zu sehen, ist aber rekonstruierbar. Ein – auch eingeebneter – Grenzhaufen lag genau an dieser Stelle. Die Nutzung alter Grabmonumente als Grenzpunkt ist nicht ungewöhnlich und beweist, dass der Grabhügel einst eine deutliche Landmarke war. Das Grab ist außerdem von Steinen umgeben gewesen, die herantransportiert worden sein müssen, weil in dieser Dünenlandschaft keine größeren Steine vorkommen. Aus dem gleichen Grund hat man sie zur Verwendung als Baumaterial irgendwann in den letzten Jahrhunderten auch wieder ausgegraben und zerschlagen, wovon Steinsplitter zurückgeblieben sind.
Wie im Gebiet der Lausitzer Kultur zu erwarten, sind wiederum zahlreiche Fundplätze der **Bronzezeit** (14. – 8. Jh. v. Chr.), zumeist Siedlungen, ausgegraben worden, so bei Dissenchen (B. Renner), Grießen (K. Müller; M. Schneider) oder Groß Oßnig (K. Müller).

Abb. 5: Durchlochte Randscherbe der Stichreihenkeramik von Neuendorf 23, Höhe 4,2 cm (Foto E. Bönisch, BLDAM).

Die Untersuchung von Gemarkungs- und Flurgrenzen wurde ganz gezielt verstärkt. Sie gehen meist auf das **Mittelalter** zurück und wurden als z.T. bis heute rechtsgültige Anlagen erneuert, verändert oder auch verlegt. Letzteres gilt beispielsweise für die Grenze zwischen Wolkenberg und Gosda (U. Grünwald), die nach 1780 auf die breite Trasse der mittelalterlichen „Zuckerstraße" verlegt wurde, so dass unter den Grenzhaufen nun die alten Fahrspuren erhalten sind. Wie das Beispiel zeigt, ist diese Denkmalgattung oft von indirekter Bedeutung. Grenzmarkierungen sind ohnehin kartografisch erfasste Bodendenkmale, an denen man sich u.a. bei der Suche urgeschichtlicher Gräber orientieren kann – wie beim Hügelgrab Neuendorf zu sehen war.

Meist genügt heute schon ein Blick auf die Laser Airborne-Karte, die – auch unter Wald – die waschbrettartig gewellte Landschaft der mittelalterlichen Langstreifenflur mit Wölbäckern zeigt.

Die Kultivierung des Bodens und die Kultivierung des Geistes sind „wesensgleiche und nicht nur ähnliche Tätigkeiten", schreibt Robert Harrison, Literaturwissenschaftler an der Stanford University in seinem Buch „Gärten: Ein Versuch über das Wesen der Menschen" (München 2010). Zwangsläufig beschäftigt sich eine ganze Reihe von Beiträgen mit Fluruntersuchungen, insbesondere Ackerrelikten. Als im **Hochmittelalter**, im späten 12. und 13. Jh., das groß angelegte Unterfangen der Aufsiedlung der Niederlausitz ausgeführt worden ist, wobei man

Abb. 6, 7: Die Skizzen veranschaulichen die Entwicklung von der hochmittelalterlichen Brandrodung des Urwaldes in einem Dünengelände über die Bildung von Ackergewannen bis hin zur Überdünung der Felder, die heute wieder unter Wald liegen. Das Foto zeigt Ackerspuren unter bewaldeten Dünen im Grabungsbefund von Gosda (zu deutsch Heide!) (Zeichnungen und Foto E. Bönisch, BLDAM).

1 2 3 4 5

das Land wabenartig in Ortsgemarkungen aufgeteilt und mit Bauern aus anderen Regionen und hier ansässigen Slawen besetzt hat, wurde der Urwald kultiviert, zu Ackerland umgewandelt, das Holz in Häusern, Scheunen, Kirchen, Zäunen und Wegebefestigungen verbaut und verbrannt. Dies geschah in so gewaltigen Dimensionen, dass kaum irgendwo ein Fleckchen unberührt blieb. Auch wenn man es nicht immer gleich wahrhaben möchte: Fast jede Grabungsfläche außerhalb von Ortslagen weist die Relikte dieser extensiven Landwirtschaft auf (Bönisch 2013). Und wenn man sie nicht gefunden haben sollte, hilft es Plana und Profile noch einmal genauer zu mustern. Aber meist genügt heute schon ein Blick auf die Laser Airborne-Karte, die – auch unter Wald – die waschbrettartig gewellte Landschaft der mittelalterlichen Langstreifenflur mit Wölbäckern zeigt. Dabei verdichtet sich immer mehr, dass die ausgeprägten Hoch- oder Wölbäcker erst im 18./19. Jh. entstanden sind. Unter den Dünen von Gosda liegen zwar Felder, aber keine Wölbäcker und in Grießen sind diese gerade in der zuletzt wiederbewaldeten Zone zu beobachten (U. Grünwald). Vielleicht wurden Wölbäcker auch direkt aufgeworfen, worauf immer wieder Spatenspuren zwischen den Feldstreifen deuten und was mit einer Beschreibung

von A. Ch. Streubel aus dem Jahre 1752 übereinstimmt, der davon spricht, dass auf den Äckern „Berge gemacht" wurden.
Der Lausitzer Sand machte aufgrund des entstehenden Offenlandes ohne jeden Windschutz aber auch bald die Kultivierungsleistungen wieder zunichte, indem die Äcker zusandeten und heute unter meterdicken Dünen begraben liegen. Beispiele dafür lieferten die Ausgrabungen auf der Kiesentnahmefläche auf Gosdaer Flur (U. Grünwald) und am Westrand des Tagebaus Jänschwalde. Bis zu drei Ackerböden übereinander wurden hier gefunden und bodenkundlich dokumentiert (A. Nicolay, A. Raab, Th. Raab). Sie sind immer wieder zugsandet. Insbesondere bei neun- und zwölfjährigen Brachen auf ortsfernen Schlägen hatte der Wind leichtes Spiel. Eingepflügter Sand oder gar dazwischen liegende Sandschichten belegen, dass die Bauern ihr kostbares Land so schnell nicht aufgaben.

Die untersten ältesten Ackerhorizonte mit sich kreuzenden Ritzen sind öfters Spuren des ursprünglichen Hakenpfluges, die durchaus **vormittelalterlich** sein können.
Ein mit dem Haken gepflügter Acker am Rand des Tagebaus Cottbus-Nord bei Merzdorf (K. Müller) stammt sogar aus der Bronzezeit. Es handelt sich dabei um den ältesten Acker der Niederlausitz. Verkohlte Holzstücke aus den Pflugritzen belegen die Brandrodung eines artenreichen Ur-Waldes (Dinies 2014). Brandrodung geht auch den mittelalterlichen Feldern voraus, wie verkohlte Wurzeln unter den Dünen von Gosda zeigten.

Bei der Fülle der Grabungen in den Jahren 2011 und 2012 im Braunkohlenrevier konnten ausführliche Berichte nur in Auswahl hier Platz finden. Zu ergänzen sind dabei noch die Testgrabung zur Munitionsberäumung auf dem Gutshof Geisendorf, in deren Ergebnis die Erhaltung dieses Bodendenkmals möglich wurde (B. Renner) sowie die Bauphasen, die Holzpfähle unter einer Betonbrücke des Hammergrabens ergaben (K. Müller). Darüber hinaus sind unter der Rubrik „Ausgrabungen und Funde" im hinteren Teil dieses Bandes all die anderen Aktivitäten, Grabungen, zahlreiche mit der Prospektion im Tagebauvorfeld entdeckte Bodendenkmale, Grenzmale, Holzkohlemeiler und vieles andere zu finden.

Die ausführlicheren Beiträge beginnen und schließen mit einer Ausgrabung direkt im Tagebau. Beide Male waren Archäologen erstmalig auf der Vorschnittebene tätig, eingangs in Jänschwalde, jetzt in Welzow-Süd. Hier handelt es sich um die Hinterlassenschaften des Braunkohlenbergbaus, als dieser noch in seiner Anfangsphase im Tiefbau betrieben wurde. Durch die Weiterführung des Tagebaus Welzow-Süd kam zutage, was von 1895 bis in die 1930er Jahre in der Grube „Mariannensglück" beim Abbau des Lausitzer Oberflözes unter Tage lag. Es bot sich eine letzte Möglichkeit zur

Abb. 8: Historischer Braunkohlentiefbau der Grube „Mariannensglück" im Tagebau Welzow-Süd: Hinter diesem vom Vorschnittbagger angeschnittenen Türstock erkennt man die Spuren der Keilhaue im Kohleflöz – hier wurde der Vortrieb einer Strecke abgebrochen (Foto E. Bönisch, BLDAM).

montanarchäologischen Untersuchung und Dokumentation dieser verhältnismäßig jungen, aber für das Revier technikgeschichtlich wichtigen Zeugnisse (E. Bönisch, U. Grünwald, K. Männig), wobei die „Braunkohlenarchäologie“ ihrem Namen gerechter wurde denn je. Dabei ging es beispielsweise um die tatsächliche Beschaffenheit der aus dem historischen Bergriss bekannten Strecken und Schächte oder das Aussehen der im sog. Pfeilerbruchverfahren entstandenen Bruchkammern und der „Kohlebeine“, jener 30 Prozent des Flözes, die im Berg aus Sicherheitsgründen stehen gelassen werden mussten. Noch beeindruckender als aufgefahrene Strecken, die anschließend gar nicht abgebaut wurden, war das Ende einer Strecke mit den letzten Spuren der Keilhaue im Kohlestoß. Danach hieß es „Glück auf!“ – und Tagebaubagger lösten den Häuer vor Ort ab.

Die versunkenen Welten der Altsteinzeit und der Braunkohlentiefbau wurden durch den Tagebau ans Licht gebracht. Wie die vielen anderen Zeugnisse einer 130.000 Jahre langen Kulturgeschichte

Es bot sich die letzte Möglichkeit zur montanarchäologischen Dokumentation, wobei die „Braunkohlenarchäologie“ ihrem Namen gerechter wurde denn je.

wurden sie durch die Archäologen des Brandenburgischen Landesamtes für Denkmalpflege und Archäologisches Landesmuseum (BLDAM) vor ihrer Zerstörung erforscht, dokumentiert, geborgen und so der Nachwelt erhalten. An dieser Leistung haben alle Grabungsleiter und -mitarbeiter, Zeichner, Vermesser und in der Verwaltung tätige Personen des BLDAM und der Grabungsfachfirmen ABD Dressler, FIAK, Archäologie Manufaktur und ArGePro GmbH ihren Anteil. Ohne die Untersuchungen der beteiligten Naturwissenschaftler (M. Dinies, DAI; B. Heußner, Petershagen; K.-U. Heußner, DAI; S. Jahns, BLDAM; A. Nicolay, A. Raab u. Th. Raab, alle BTU und die Bearbeiter des Eem-Projektes, siehe dort) und die sehr gute Unterstützung der Institute wie die Brandenburgische Technische Universität (BTU), Cottbus-Senftenberg, das Deutsche Archäologische Institut

Abb. 9: Hier hat das Archäologie-Klischee ausgedient: Bergung der Schneidkante (Umschlagfoto) des 1894 zum Aufschluss der Grube „Mariannensglück“ bei Kausche abgeteuften Wasserhaltungsschachtes I während der montanarchäologischen Dokumentation. Auf den dreieckigen Konsolen lag das Schachtholz unter dem aufgemauerten Schacht (Foto E. Bönisch, BLDAM).

(DAI), Berlin, die Freie Universität Berlin, das Deutsche GeoForschungsZentrum (GFZ), Potsdam und die Senckenberg Forschungsstation für Quartärpaläontologie Weimar hätten diese Ergebnisse hier nicht vorgelegt werden können. Dafür möchten wir allen herzlich Dank sagen! Schließlich sei dem Bergbauunternehmen Vattenfall Europe

Abb. 10: Ausgegrabene Köhlerei mit Lackabzug des Ringgrabens eines Meilers. Sonderausstellung in der Slawenburg Raddusch, Mai – August 2011 (Foto E. Bönisch, BLDAM).

Mining AG für die Finanzierung und technische Unterstützung gedankt. Für den Bereich der Bergbausanierung in der Niederlausitz danken wir der LMBVmbH.

Literatur

Bönisch 2013
E. Bönisch, Forschungspotenzial der Braunkohlenarchäologie zu Besiedlung, Landnutzung, Landschaftsentwicklung und Klimawandel. In: Raab, T., Raab, A., Gerwin, W., Schopper, F. (Hg.), Landschaftswandel – Landscape Change. GeoRS Geopedology and Landscape Development Research Series vol. 01. Btu Brandenburg University of Technology (Cottbus 2013) 25–67.

Dinies 2014
M. Dinies, Kurzbericht über die Ergebnisse der Holzkohlebestimmungen Merzdorf 33. BLDAM, Grabungsdokumentation Merzdorf 33, E-Mail 16.7.2014.

Pawlik und Thissen 2009
A. Pawlik, J. Thissen, Das mittelpaläolithische Camp von Inden-Altdorf. Bonner Jahrbücher, Bd. 209, 2009, 33–76.

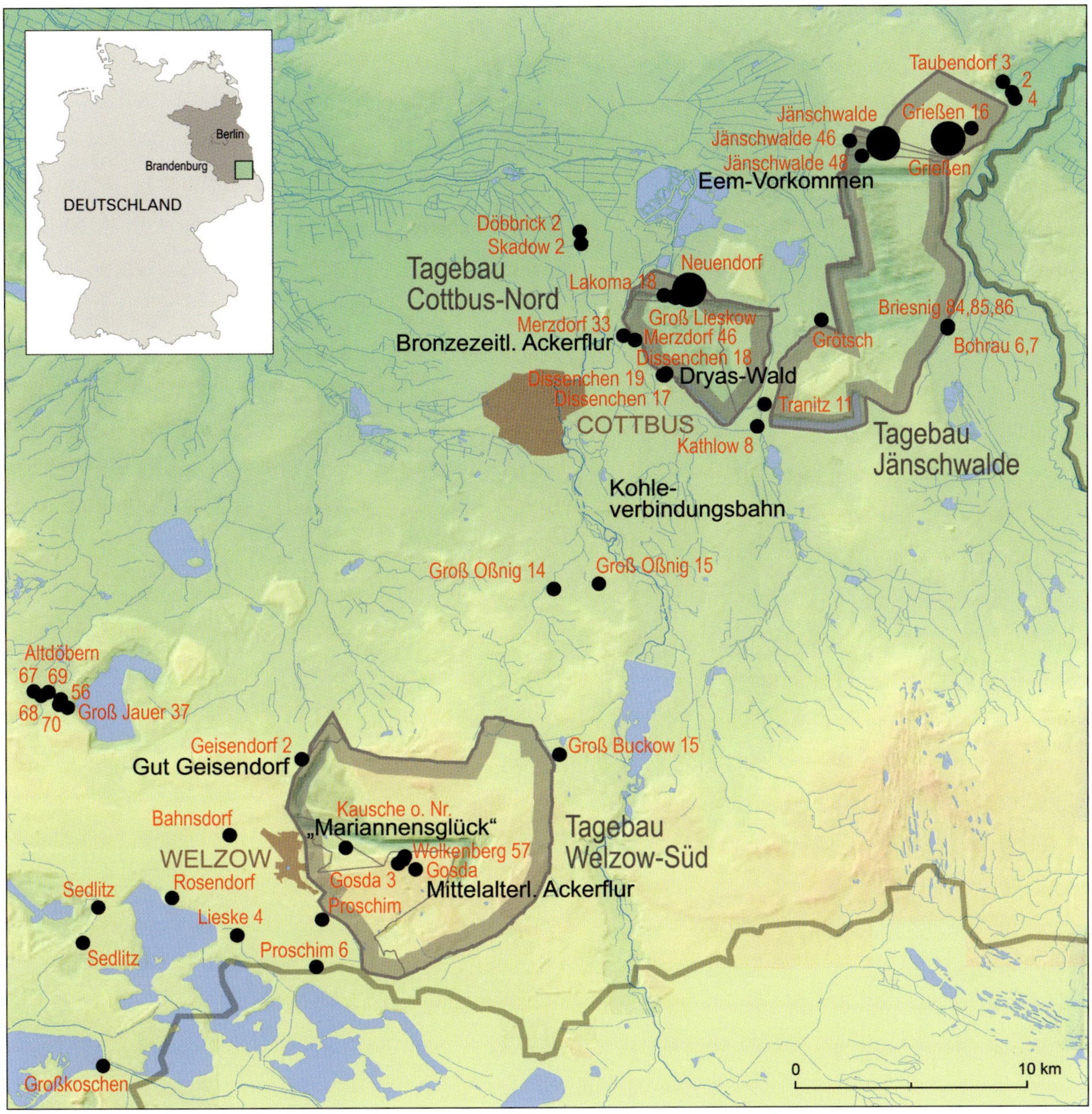

Alles auf einen Blick: Archäologische Grabungen und wichtige Grabungsobjekte 2011 und 2012 in und an den Braunkohlentagebauen der Niederlausitz. Große Kreise = 7–26 Grabungsobjekte (Kartengrundlage DGM, DRK100 ©GeoBasis-DE/LGB, 2014, 2010; Eintragungen B. Zängle, BLDAM).

Abb. 1: Knallharter (Arte)Fakt: Dieser Kernstein belegt die Anwesenheit des Menschen schon am Ende der vorletzten Eiszeit in Jänschwalde (Foto E. Bönisch, BLDAM).

Abb. 2 (rechte Seite): Archäologie **im** Tagebau: Die Ausgrabung ältester menschlicher Hinterlassenschaften begann mit paläontologischen Untersuchungen der bläulich-schwarzen Schluffmudde-Ablagerungen eines Sees der letzten Warmzeit vor rund 125.000 Jahren (Ausbaggerung 17, 24.11.2011 – Foto E. Bönisch).

Neandertaler in der Niederlausitz. Ausgrabungen auf dem ältesten Fundplatz des Landes Brandenburg

Eberhard Bönisch und Marcus Schneider

„Wir müssen jetzt die Geschichte der Besiedlung Brandenburgs neu schreiben", resümierte die Ministerin für Wissenschaft, Forschung und Kultur Sabine Kunst die Ergebnisse des sog. Eem-Projektes im Tagebau Jänschwalde (MAZ 18.10.2013). Nach knapp drei Grabungsjahren wurde hier mit einer Pressekonferenz im Oktober 2013 ein erstes Fazit gezogen. Zahlreiche Medienvertreter waren dazu an diesem Herbsttag der Einladung in den Tagebau Jänschwalde gefolgt, wo sie die fast 130.000 Jahre alten Steinwerkzeuge sowie Tierknochen am Fundort sehen konnten und fachkundige Erläuterungen des Landesarchäologen Franz Schopper, der Paläontologen Annette Kossler und Ingo Raufuß sowie des Geologen Ralf Kühner erhielten. Hartmut Zeiss, Vorstandsvorsitzender des Bergbauunternehmens Vattenfall Europe Mining AG und selbst von den Funden begeistert, ließ es sich nicht nehmen, die Gäste zu führen.

Das „Eem-Projekt"

Wie kam es überhaupt zu dieser Ausgrabung? Weshalb liegt sie im Tagebau selbst? Auf welche Art und Weise ist die Stelle gefunden worden? Wie blieben so alte Funde erhalten? Und was ändert sich dadurch an der Besiedlungsgeschichte Brandenburgs? Antwort auf diese fünf ausgewählten und viele andere Fragen geben im Folgenden acht Einzelbeiträge, die sich diesem Grabungs- und Forschungsprojekt der durchaus berechtigten Superlative widmen: Es handelt sich bei diesem Fundplatz aus der Altsteinzeit um die bisher ältesten archäologischen Funde des Landes, Hinterlassenschaften des frühen Neandertalers, kombiniert mit Aussagen zum Wandel von Klima und Umwelt am Ende der vorletzten Eiszeit.

Das „Eem-Projekt" ist ein Kooperationsvorhaben des Brandenburgischen Landesamtes für Denkmalpflege und Archäologisches Landesmuseum mit der Freien Universität Berlin, Institut für Geologische Wissenschaften, Fachrichtung Paläontologie, zuvor mit der Senckenberg Forschungsstation für Quartärpaläontologie Weimar, und mit der Vattenfall Europe Mining AG (Kossler/Raufuß 2011; dies. 2012; Kossler/Raufuß/Lehmann 2012; Bönisch, E. et al. 2013; 2014).

Warmzeitliche Ablagerungen haben besondere paläontologische Relevanz, weil sie fossile Floren- und Faunenreste enthalten. Während des Eem-Interglazials traten letztmalig vor dem jungpleistozänen Artensterben in Europa komplette warmzeitliche Groß- und Kleinsäugerfaunen auf und Zeugnisse tierischen und pflanzlichen Lebens stellen die potenzielle Umwelt des Menschen dar. Als die Abteilung Geotechnik der Vattenfall Europe Mining AG im Rahmen der planmäßigen Abbaufelderkundung des Tagebaus Jänschwalde organogene Ablagerungen erbohrt hatte, die mittels Pollenanalyse in die Eem-Warmzeit eingestuft wurden (Kühner et al. 2008), wurde Ende 2009 das Referat Braunkohlenarchäologie des BLDAM darüber informiert. Obwohl in den Ton- und Schluffmudden der Bohrkerne Blatt- und Gewebereste, Samen und andere Makroreste „nur untergeordnet" aufgetreten waren, wurde einhellig eine paläontologische Ausgrabung des Vorkommens als außerordentlich wichtig und notwendig erachtet. Entsprechende Untersuchungen waren bis dahin an den beiden ebenfalls durch den Tagebau aufgeschlossenen Eem-Vorkommen Schönfeld am ehemaligen Tagebau Seese-West (Striegler 1991) und Klinge (Striegler 2007; Striegler/Striegler 2011) vorgenommen worden. Das im gleichen Abbaugebiet gelegene Eem bei Klinge, wo bereits 1903 in einer Tongrube die Knochen des berühmten, im Kreishaus Forst als Kopie stehenden Mammuts von Klinge (Kupetz/Kupetz 2011) gefunden worden sind, ist in seinem Randbereich mit umfangreichen paläontologischen Funden ausgegraben worden. In keinem Fall waren bisher anthropogene Hinterlassenschaften entdeckt oder gezielt danach gegraben worden. Außerdem sind im November 1985 durch den Eimerkettenbagger der Förderbrücke große Wirbeltierknochen (Oberarmknochen eines Mammuts 8–10 m unter Rasensohle – „Der Morgen", 21.1.1986) freigelegt worden, so dass wichtige Teile einer solchen Fundstelle ohne Dokumentation auf die Kippe gelangt sind. So etwas sollte nunmehr ausgeschlossen werden.

Immer wenn bisher vom Prozentsatz der vor der Überbaggerung gesicherten Bodendenkmale im Lausitzer Revier die Rede war, wurde die zweite, die paläolithische Ebene gar nicht berücksichtigt. Zu einer solchen Gelegenheit für eine Altsteinzeitgrabung waren wir bisher ohne einen konkreten Anlass wie dem Aktuellen nicht gelangt, trotz des Wissens um dieses Forschungsdesiderat, wenngleich gezielte entsprechende Recherchen (Pasda 1996a) erfolgt sind. Im Raum Halle/Leipzig hingegen wird Pleistozänarchäologie in Braunkohlentagebauen seit 50 Jahren betrieben (Überblick bei Mania 1991, vgl. auch Kindler et al. 2010).

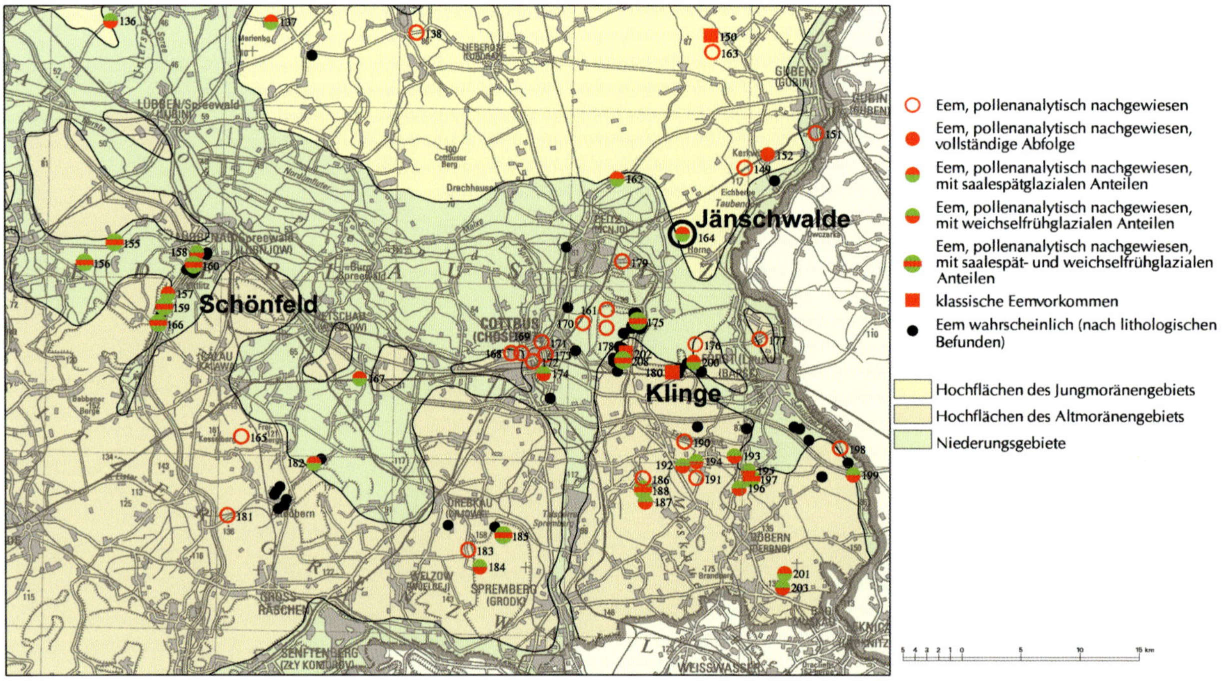

Abb. 3: Eem-Vorkommen in der Niederlausitz (nach Hermsdorf/Strahl 2008). Mit umfangreichen Grabungen erforscht wurden Schönfeld, Klinge und – Jänschwalde.

Nach der geologischen Erkundung hatten die neu entdeckten Seeablagerungen eine Ausdehnung von etwa 1700 m in Nord-Süd-Richtung und 1300 m bis zur Abbaukante bei einer Breite von bis zu 500 m. Infolge einer Ablaschung des Tagebaus bleibt ein nördlicher Abschnitt erhalten. Die Überbaggerung sollte nach der ursprünglichen Abbauplanung im Zeitraum 6/2010 bis etwa 6/2012 erfolgen, im Laufe des Projektes hat sich eine Verlängerung bis mindestens Ende 2014 ergeben. Die geologische Erkundung – zunächst aus abbautechnologischen Gründen aufgrund der vom Eemschluff ausgehenden Gefahren – bot optimale Voraussetzungen für eine Untersuchung, insbesondere zur Planung von Vorgehensweise und Methoden der Ausgrabung. Im Vergleich zu anderen, enger begrenzten oder punktuellen Eem-Vorkommen (Bönisch, R. 1987; Hermsdorf & Strahl 2008) bestand hier infolge der Längserstreckung in Abbaurichtung die Möglichkeit einer kontinuierlichen Untersuchung über eine längere Zeit. Allerdings konnten die Grabungen nicht wie in Klinge oder Schönfeld entsprechend der dortigen Position im Bereich einer Endböschung langfristig an derselben Stelle erfolgen. Der an eine Abraum-Bandanlage gekoppelte Vorschnittbagger SRs 1557 schnitt das Vorkommen hier in ständig aufeinander folgenden Ausbaggerungen

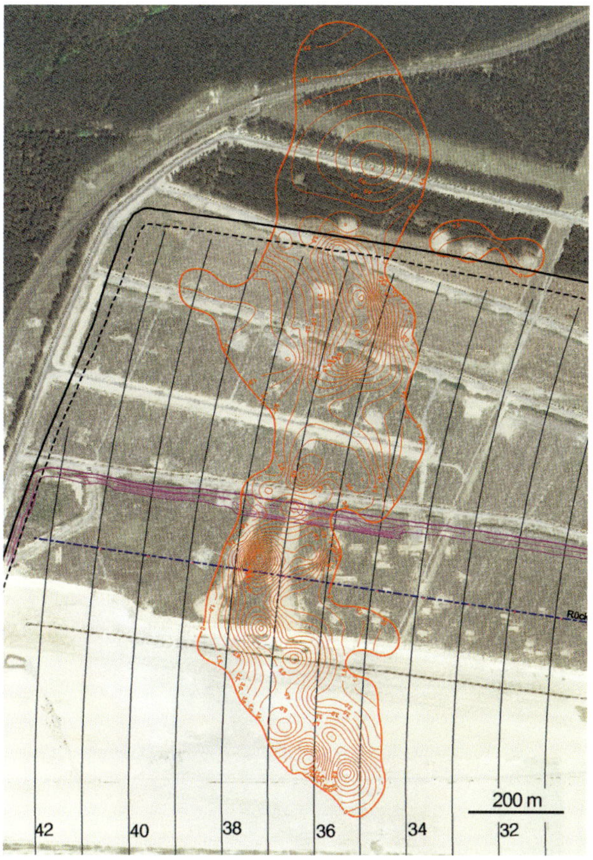

Abb. 4: Lage des 1700 m langen Eem-Vorkommens am Westrand des Tagebaus Jänschwalde. Ein nördlicher Abschnitt bleibt mit der Ablaschung der (bereits geholzten) Abbaufläche erhalten (Luftbild ©2001 Digital Globe, Google).

Abb. 5: In 15 m Tiefe, rund 50 m über dem Kohleflöz: Das durch Erkundungsbohrungen entdeckte Eemvorkommen fällt in nördlicher Richtung ein und ist durch zwei Becken gekennzeichnet (Schnitt AK II, Bearbeiter P. Süßmilch, Vattenfall 10/2006).

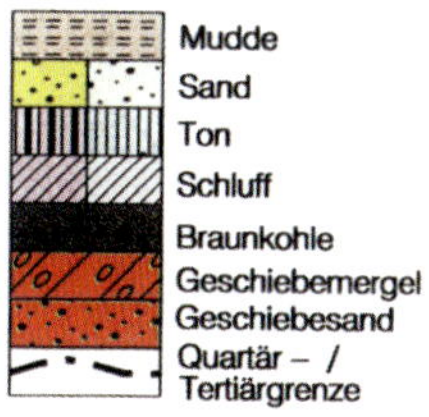

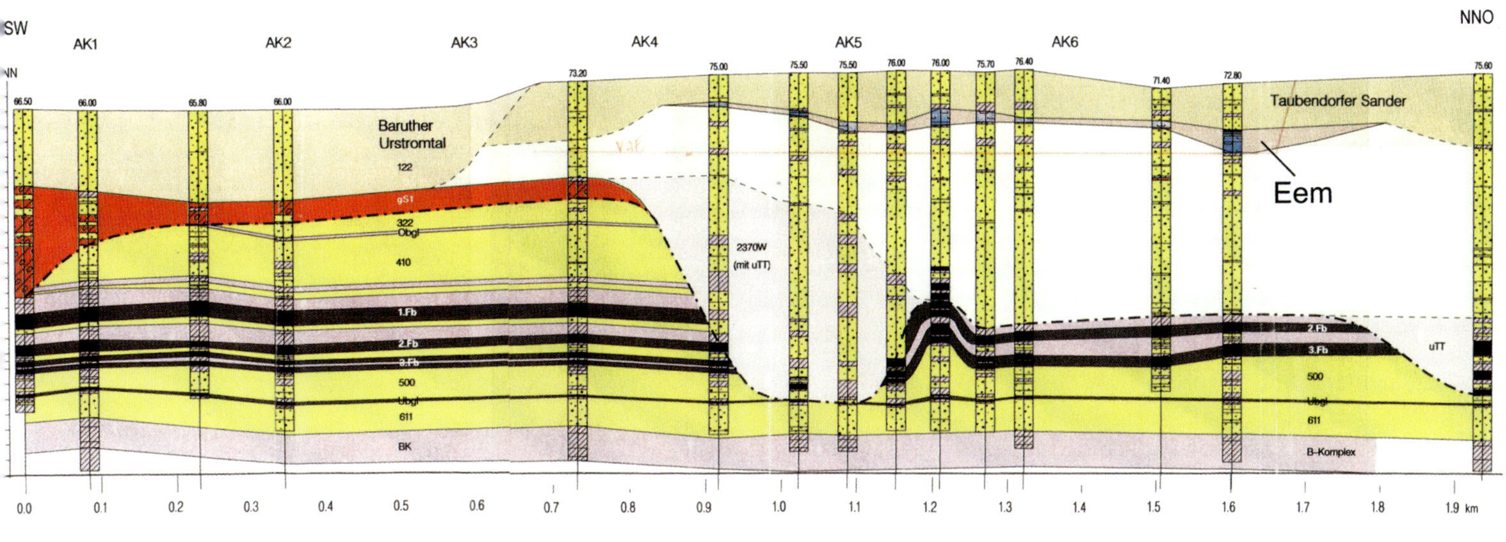

von etwa 75 m Blockbreite in zwei Teilblöcken. Mit dieser Blockverhiebsfahrweise wurde die Böschung jeweils um die genannte Breite zurückge-

Abb. 6: Archäologie mit Sicherheitsabstand. Während der Durchbaggerung des Eem wurde die Böschung am Schaufelrad beobachtet – insbesondere nach vorherigen Knochenfunden. (Ausbaggerung 14, 23.8.2011 – Foto E. Bönisch, BLDAM).

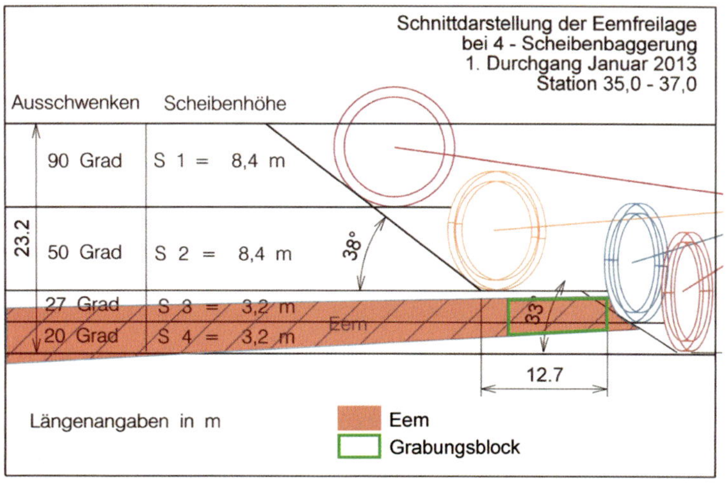

Abb. 7: Schema der 4-Scheibentechnologie des Vorschnittbaggers mit Lage des Eem in den beiden unteren Abbauscheiben und der grün markierten Grabungsberme (Darstellung Vattenfall).

Abb. 8: Vorschnittkante des Tagebaus Jänschwalde von West. Nach Herstellung der Grabungsberme auf Länge des Eem bewegt sich der Schaufelradbagger (hinten) in seinem Abbaublock (grün) Richtung Ostmarkscheide (Ausbaggerung 17, 11.11.2011). In der Arbeitsebene Vorschnitt hebt sich dunkel der untere Teil des Eem ab. Links Grabungsschnitte im Tagebauvorfeld (Foto K. Rösler, BLDAM).

setzt. Während der Zwischenzeiten, in denen sich der Vorschnittbagger in Richtung West- oder Ostmarkscheide des Tagebaus bewegte, konnte dann jeweils gegraben werden. Damit ergaben sich zahlreiche Grabungsmöglichkeiten in etwa gleichmäßigen Abständen als Querschnitte durch das gesamte Vorkommen – eine ziemlich einmalige Situation. Bei etwa 30 Baggerdurchgängen von durchschnittlich 75 m Breite auf den 1300 m bis zur Ablaschung im Norden und bei jeweils 10–15 m breit stehen gelassenen Bermen als Grabungsfläche hätten theoretisch 20 Prozent der Fundstelle untersucht werden können. Um an die Fundschichten heranzukommen, musste dafür vom Vorschnittbagger das Deckgebirge oder Hangende, also die Schmelzwassersande der Weichseleiszeit, jeweils abgetragen werden. Damit bestanden optimale Voraussetzungen zur Untersuchung der warmzeitlichen Schichten, quasi eine Ausgrabung mit Tagebaugroßgerät, was andernorts überhaupt nicht oder allenfalls unter wohl kaum vertretbar großem Aufwand möglich wäre. Soweit zumindest die Theorie; die praktische Ausführung sah dann etwas anders aus.

Ausgrabungen mit dem Schaufelradbagger

Umgehend wurde seitens des Landesamtes mit organisatorischen Vorbereitungen dieses Großprojektes begonnen, parallel zu den laufenden Grabungen im Tagebauvorfeld – oberhalb des Eem. Zwecks der paläontologischen Untersuchungen wurden mit der Senckenberg Gesellschaft für Naturforschung, Forschungsstation für Quartärpaläontologie in Weimar, Gespräche geführt. Nach einer ersten Besichtigung gelegentlich des Anschnitts des Vorkommens im Tagebau u.a. mit den Vattenfall-Geologen Rudolf Bönisch und Ralf Kühner am 7. Juni 2010, fand zehn Tage später eine Befahrung mit Dr. Martina Stebich und Dr. L. C. Maul, beide Senckenberg, statt. Bereits je eine dabei aus dem eemzeitlichen Seesediment und aus den Sanden im Liegenden gewonnene Probe ergab zahlreiche Baum- und Zwergbirkenfrüchte sowie kleinfrüchtige Gräser, Gifthahnenfuß und Seerose, die sich zur Charakterisierung von Fazies und Klimaverhältnissen eigneten und auf den Übergang Saaleglazial-Eem hindeuteten (Bestimmung Dr. Kienast, Weimar; Mitt. Dr. Stebich 23.6.2010), der noch eine besondere Bedeutung bekommen sollte. Nach mehreren Verhandlungsterminen konnte dann im November 2010 zwischen dem Landesamt und der Vattenfall Europe Mining AG eine Vereinbarung über die gesonderte Finanzierung „Archäologische und paläontologische Untersuchungen des Eem-Vorkommens im Vorschnitt des Tagebaus Jänschwalde" geschlossen werden. Dieser Vertrag erfuhr infolge der Verlängerung der Grabungsdauer zwei Ergänzungen zu Beginn und Mitte des Jahres 2013. Für das Grabungsjahr 2011 wurde rechtzeitig auch eine Vereinbarung mit der Senckenberg Gesellschaft für Naturforschung über die paläontologische Begleitung der Eem-Grabungen abgeschlossen, die bis Januar 2013 verlängert wurde. Darauf folgte eine Kooperationsvereinbarung mit der FU Berlin, Lehrstuhl für Paläoontologie. Auf dieser Grundlage kamen die Botanikerin PD Dr. Annette Kossler und der Paläozoologe Dr. Ingo Raufuß (vgl. ihre Beiträge, S. 83–95 und S. 99–119) zum Einsatz, die jederzeit zur Probenentnahme und -untersuchung sowie Fundbergung abrufbar waren. Die Grabungen, zunächst unter gemeinsamer Leitung durch Horst Rösler und Artur Hajzler, später Karsten Lehmann, dann Marcus Schneider, begannen 2011 im Wesentlichen mit Probenentnahmen, bis endlich die von Beginn an konzipierte Herstellung von Ausgrabungssockeln der Vorschnittböschung im Eem, sog. Bermen, seitens der Tagebautechnologie (Danilo Krähe) gelang. Am 9. März 2011 wurde nach längerer Vorbereitung in der Arbeitsebene Vorschnitt eine Baustelleneinrichtung eröffnet, wo ab August die von Senckenberg dankenswerterweise gestellte Schlämmanlage zum Einsatz kam und Proben in Big-Packs gelagert werden konnten. Nach jeder Ausbaggerung wurde von Anfang an durch den Tagebaugeologen Ralf Kühner das Eem-Profil kartiert. Damit kann das gesamte Vorkommen in 3D modelliert werden und jetzt bildete dies die Grundlage u.a. für die gemeinsame Festlegung der Oberkante der Berme in der Vorschnittböschung für die Grabung. In regelmäßigen Beratungen mit den Technologen und Sicherheitsverantwortlichen des Tagebaus Jänschwalde wurden diese Festlegungen übergeben, besprochen und die Kennzeichnung für den Baggerfahrer vorgenommen. Im Idealfall wurde dann „auf Sicht" geschnitten. Die Herstellung dieser Bermen war an eine Vielzahl technologischer und sicherheitstech-

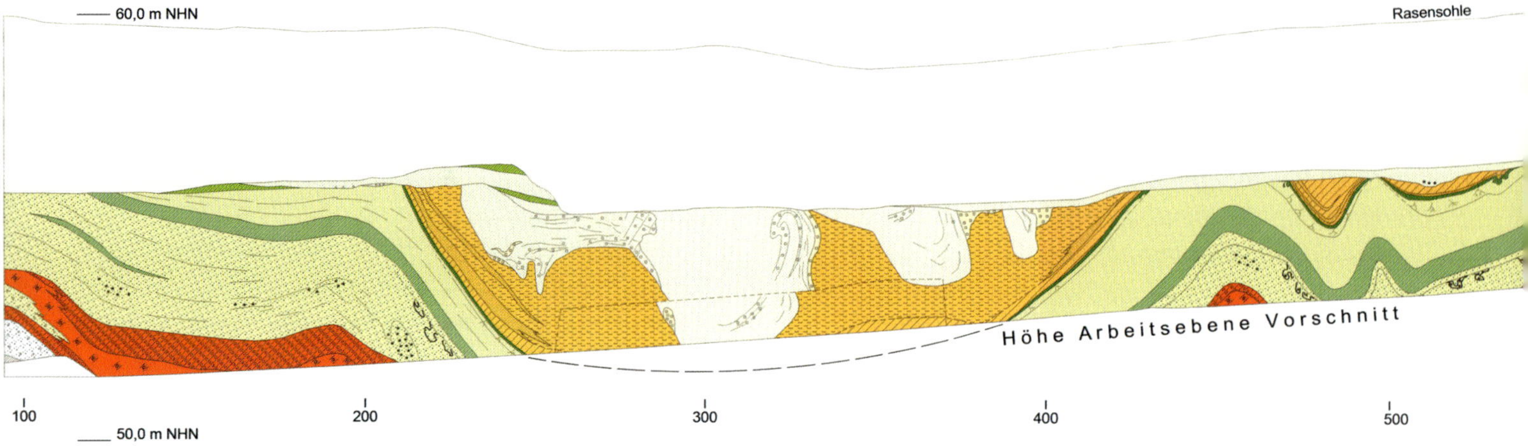

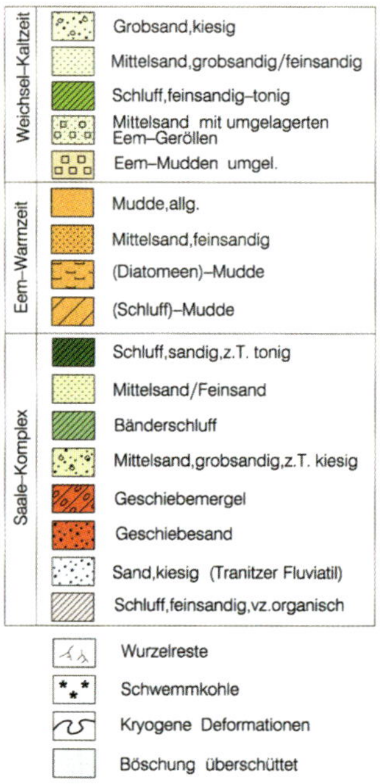

Abb. 9: Geologisches Querprofil des Eem-Vorkommens an der Vorschnittböschung von März 2011 (R. Kühner, Vattenfall). Eem – orange; Weichsel-Eiszeit – hellgelb; Saale-Komplex – gelb/grün/rot. Das Eemtiefste blieb zunächst unter der Arbeitsebene liegen und wurde ab 2013 ausgegraben (vgl. Beitrag M. Schneider, S. 45–57, Abb. 18–21).

nischer Bedingungen gekoppelt, so dass die Realität diesbezüglich meist etwas anders aussah, als oben geschildert. Die Böschungsgeometrie erlaubte es technologisch nicht immer, die Baggerscheiben an unsere Wünsche und Forderungen anzupassen. Das Eem lag bezogen auf die 4-Scheibentechnologie des Vorschnittbaggers im Wesentlichen im Niveau der untersten beiden Abbauscheiben, so dass entweder noch Hangendes liegen blieb oder aber die Bermenoberfläche zu tief lag. Das wirkte sich nicht unbedingt immer nur nachteilig auf die Grabung aus, so dass man im Nachhinein eher zu einer ambivalenten Beurteilung dieser Situation gelangt. Zuweilen musste anschließend zwar mit dem Grabungsbagger zeit- und kostenaufwendig sehr viel abgetragen werden, um auf die gewünschte Schicht im Eem zu gelangen. Das führte aber mitunter zu mehr Zwischenplana und entsprechend mehr Funden.

Abb. 10: Eem-Grabung mit Ausdauer und Konzentration. Schicht für Schicht wurde die fett-schwarze Schluffmudde unter ständiger Beobachtung abgeschält (Schnitt nach Ausbaggerung 17, 24.11.2011 – Foto E. Bönisch, BLDAM).

Abb. 11: Grabungsarbeiten an der Westflanke des Eem mit Blick nach Ost über die kiesige weichseleiszeitliche Erosionskerbe zum Vorschnittbagger (Ausbaggerung 15, Schnitt 9, 14.10.2011 – Foto H. Rösler, BLDAM).

Es ist sogar nicht auszuschließen, dass, wenn das Niveau der Berme manchmal zu tief lag, damit schneller, großflächiger oder überhaupt einmal der – wie sich später herausstellen sollte – entscheidende spätsaalezeitliche Sanddornhorizont erreicht wurde.

Zwischen Juni 2011 und August 2012 wurden bei zwölf Ausbaggerungen des Vorschnittes (Profile 12–24; vgl. S. 54 Abb. 20) 10 Bermen für Grabungszwecke hergestellt. Bei einer durchschnittlichen Länge dieser Bermen von 300 m und 12 m Breite wurden damit jeweils 3600 m^2, insgesamt 36.000 m^2 (3,6 ha) Eem für Untersuchungen aufgeschlossen. Das ist ein knappes Zehntel des überbaggerten Teils des Vorkommens von insgesamt 38 ha. Die durchschnittliche Größe der Grabungsflächen je Ausbaggerung betrug (ohne die ersten kleinflächigen Untersuchungen der Ausbaggerungen 12–14 von Juni bis August 2011) etwa 1700 m^2, also etwa die halbe Bermenfläche. Das ist auf die nicht zu untersuchenden weichselzeitlich erodierten Bereiche oder Einschränkungen bei der sicherheitsbedingten Freigabe zurückzuführen. Insgesamt wurden im Vorschnitt reichlich 14.000 m^2 ausgegraben, also 1,4 ha. Wesentlich größer ist die tatsächliche Fläche der per Bagger erzeugten Plana. Das schichtweise Abschälen erfolgte unter ständiger Beobachtung zur Auffindung von Fossilien. Bei einer Eemmächtigkeit von beispielsweise 4 m entstanden durch die ca. 5 cm starken Abträge etwa 1.120.000 m^2, also 112 ha. Die gesamte Ortsuntersuchung von Horno umfasste nur 24 ha!

Die 48 Stunden Karenzzeit zwischen Ausbaggerung und Freigabe verringerten zwar die verfügbare Zeit zwischen den Baggerungen, waren aber wegen der Standsicherheit unabdingbar. Aufgrund von Wassereinbrüchen und der Gefahr von Rutschungen konnte oft aber keine oder eine nur teilweise Freigabe zur Grabung erfolgen. Dem mussten fachliche Planungen und die Grabungsorganisation flexibel angepasst werden, ggf. wurde die gewonnene

Zeit zum Schlämmen genutzt. Die theoretisch zur Untersuchung zugänglichen Ausschnitte des Eem verminderten sich noch weiter aus verschiedensten operativtechnologischen Gründen. Als Beispiel sei hier aus einer Mail des Technologen zitiert, mit der er mitteilt: „... hiermit möchte ich Sie davon in Kenntnis setzen, dass wir aus technologischen Gründen bei der nächsten Ausbaggerung (ca. 43. KW) des Eem-Bereichs (in der schmalen Ausbaggerung von Ost nach West) keine Berme schneiden werden. ... Durch die Herstellung der Berme ist ein Rückmaß des GBF 78 von nur 90 m möglich. Da wir uns jedoch im Schwenkbetrieb um den Drehpunkt Grießen befinden und parallel auf die Ablaschung treffen müssen, ist ein Rückmaß des GBF 78 von mindestens 100 – 110 m notwendig. Bei der Ausbaggerung mit maximaler Fahrspur von West nach Ost (ca. 45. KW) wird dann wieder eine Berme in Ihrem Sinne angelegt. Mit freundlichen Grüßen und Glück Auf ...“. Dies mag exemplarisch eine archäologische Ausgrabung direkt im Tagebau, also nicht wie bisher nur im Tagebauvorfeld, sondern neben Großgeräten und dem Gurtbandförderer GBF 78 an

Abb. 12, 13: Der erste Großsäugerfund im Eem war der Femur (Oberschenkelknochen) eines Riesenhirsches. Das Bild unten zeigt die Freilegung in der trocken und hart gewordenen Kalkmudde (Ausbaggerung 15, 14.10.2011 – Foto H. Rösler, BLDAM). Lebensbild des Riesenhirsches Megaloceros giganteus (Zeichnung © Karol Schauer).

Abb. 14: Mitgebracht und angespitzt? 3D-Scan der auffälligen Spitze des Tannenholzstabes aus einer Eemschicht, in der die Tanne noch nicht vorkommen dürfte (Th. Reuter, LfA Sachsen).

der Vorschnittböschung verdeutlichen. Eine vollkommen neue Situation mit ganz anderen als den bisherigen Zwängen und Bedingungen (wozu auch der je nach Witterung knietiefe Sand oder Schlamm der Zuwegung zur Grabung gehört) und – einmaligen archäologischen Möglichkeiten.

Bei der Grabung im Eem Jänschwalde wurde nun mit unterschiedlichen Verfahren experimentiert (vgl. M. Schneider in diesem Band, S. 45–59): Sieben des sandigen Substrats aus den liegenden Spätsaaleschichten und der weichselzeitlichen Erosionskerbe, Schlämmen der Schluff- und Tonmudde mit unterschiedlichem Kalkgehalt, was kaum machbar war und nur im Labor unter Vorbehandlung mit Wasserstoffperoxid gelang. Im September 2011 wurde dabei ein Zahnfragment ausgeschlämmt, der erste Säugetierfund überhaupt, der die diesbezüglichen Erwartungen bestätigte. Es wurden Testquadrate per Hand gegraben, mit dem Fernglas der Anschnitt am Schaufelrad beobachtet. Seitens des Tagebaus wurde die Böschung am Schaufelrad sogar eine Nacht lang von der Baggerkanzel her gefilmt.

Riesenhirschknochen und Tannenholzstab

Das schichtweise Abschälen des Eem-Sediments mit dem Bagger führte aber doch zu den meisten Funden, vor allem Fischen, die dann auch stratigrafisch mit erforderlicher Genauigkeit einzuordnen waren. Auf diese Weise wurde am 11. Oktober 2011 an der – bis dahin etwas vernachlässigten – Westflanke des Eembeckens (Ausbaggerung, Profil 15, Station 37.3–38.3) ein erster größerer Knochen gefunden, der als Femur eines Riesenhirsches bestimmt wurde (Kossler/Raufuß 2012, 30). Das Gelenkende war durch die Baggerschaufel etwas lädiert und begann zu splittern. Aufgrund oftmaliger Kritik am Zustand der Funde muss man feststellen, dass jede Beschädigung eines paläontologischen Fundstücks zwar bedauerlich ist, aber wenn es noch ganz wäre, wäre es sicherlich nicht gesehen bzw. gefunden worden. Zuweilen löst sich aber der Eemschluff wie eine Schale vom Objekt, das dann sauberer als nach jedem Freipräparieren im Planum liegt.

In der Nähe des Femur lagen drei Teile eines rezent zerbrochenen Holzstabes. Die Begutachtung

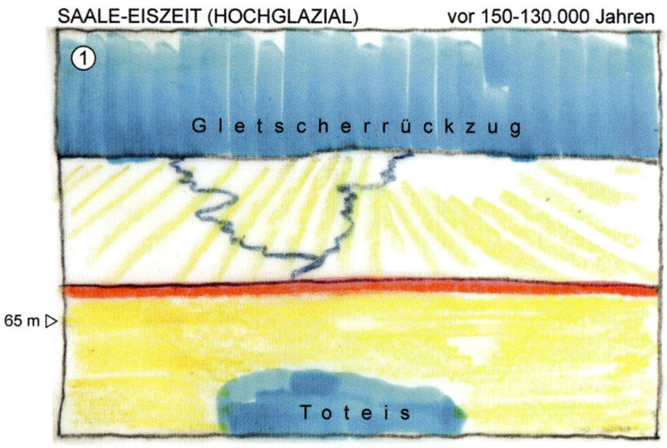

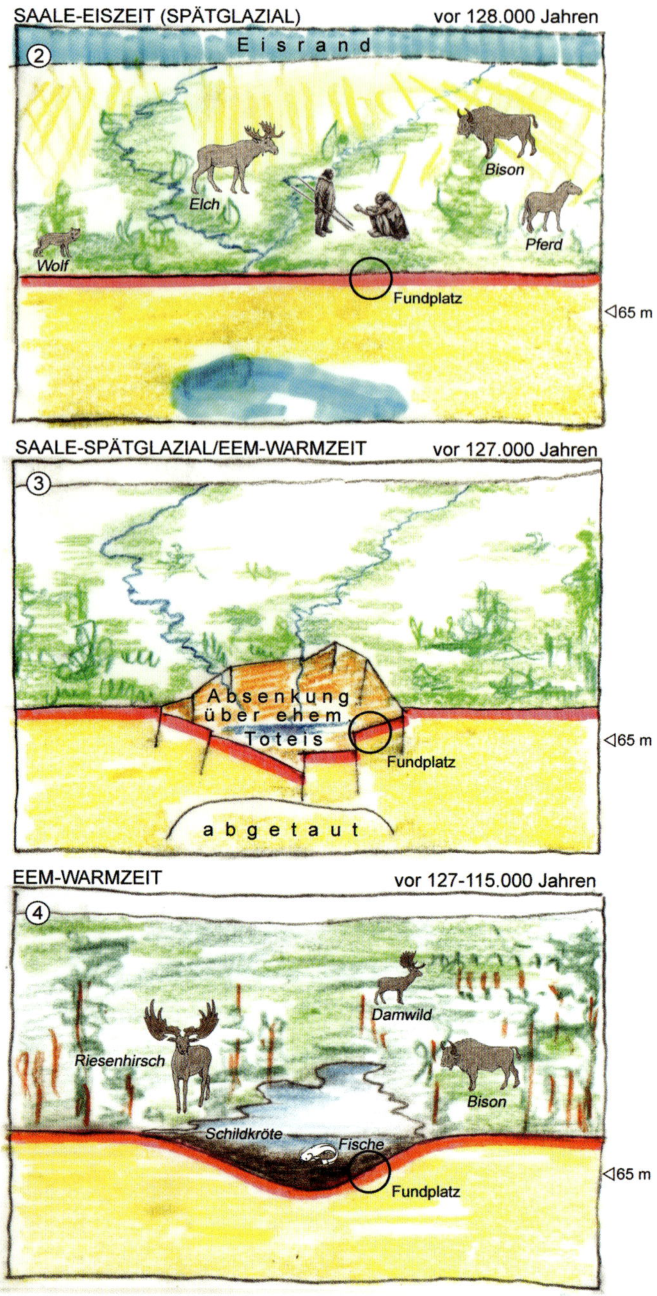

Abb. 15: Vereinfachtes Schema zur Entstehung des Eembeckens von Jänschwalde und der darunter erhalten gebliebenen Fundschicht aus dem Saale-Spätglazial. Von den dargestellten Tieren wurden Knochen gefunden (Zeichnung E. Bönisch, BLDAM).

des Holzes, bei dem durch ein ziemlich spitz verjüngtes Ende „der Eindruck einer Speerspitze entsteht" (Bigga 2012; vgl. ihren Beitrag in diesem Band S. 135 – 138), ähnlich den Speeren von Schöningen, ergab aber keine Hinweise auf anthropogene Bearbeitung, sondern eher dagegen sprechende Rindenreste und Astansätze. Der später hergestellte 3D-Scan (Abb. 14 – Th. Reuter, LfA Sachsen, Dresden) zeigt am spitzen Ende schnittflächenartige Partien. Auch wenn es sich um kein artifizielles Stück handeln sollte, ist die als Tanne (wohl Weißtanne) bestimmte Holzart (Bestimmung Werner Schoch, Labor für quartäre Hölzer, Langnau, Schweiz) in den Schichten der unteren Pollenzonen des Eem auffällig. Die oberen Schichten des Eem sind weichselzeitlich erodiert (Kühner/Strahl 2011, 154) und eine zusammen mit dem Riesenhirschknochen gewonnene Sedimentprobe ergab für den Fundhorizont eine Einordnung vor dem Klimaoptimum der Eem-Warmzeit in Pollenzone 3 (Kossler/Raufuß 2012, 30). Tanne tritt aber gerade erst in den oberen Pollenzonen auf (Menke/ Tynni 1984; Litt 1994), sodass der Holzstab seine Provenienz außerhalb des Fundplatzes zu haben scheint und demzufolge – vielleicht als Gelegenheitswerkzeug – eingetragen worden sein dürfte. Auch von dem altpaläolithischen Jagdplatz Schöningen sind außer den berühmten Speeren Tannenaststücke anderer Funktion bekannt (Fundplatz Schöningen 12: Thieme 1999, 458). Interessant ist in diesem Zusammenhang ebenfalls die 1 m lange verkohlte Stange bei einem der zahlreichen Skelette der durch mittelpaläolithische Jäger erlegten Damhirsche im Geiseltal. Hier handelt es sich wohl um einen von einer Feuerstelle zufällig in die Fundschicht gelangten Ast, der aber auch bei einer Treibjagd mit Feuerbränden verwendet worden sein kann. (Mania/Thomae 1988, 177; Mania 2010, 394, 396 Abb. 10.4). Außer dem beschriebenen Stab liegt aus dem Eem Jänschwalde bisher nur noch ein weiterer Holzfund vor.

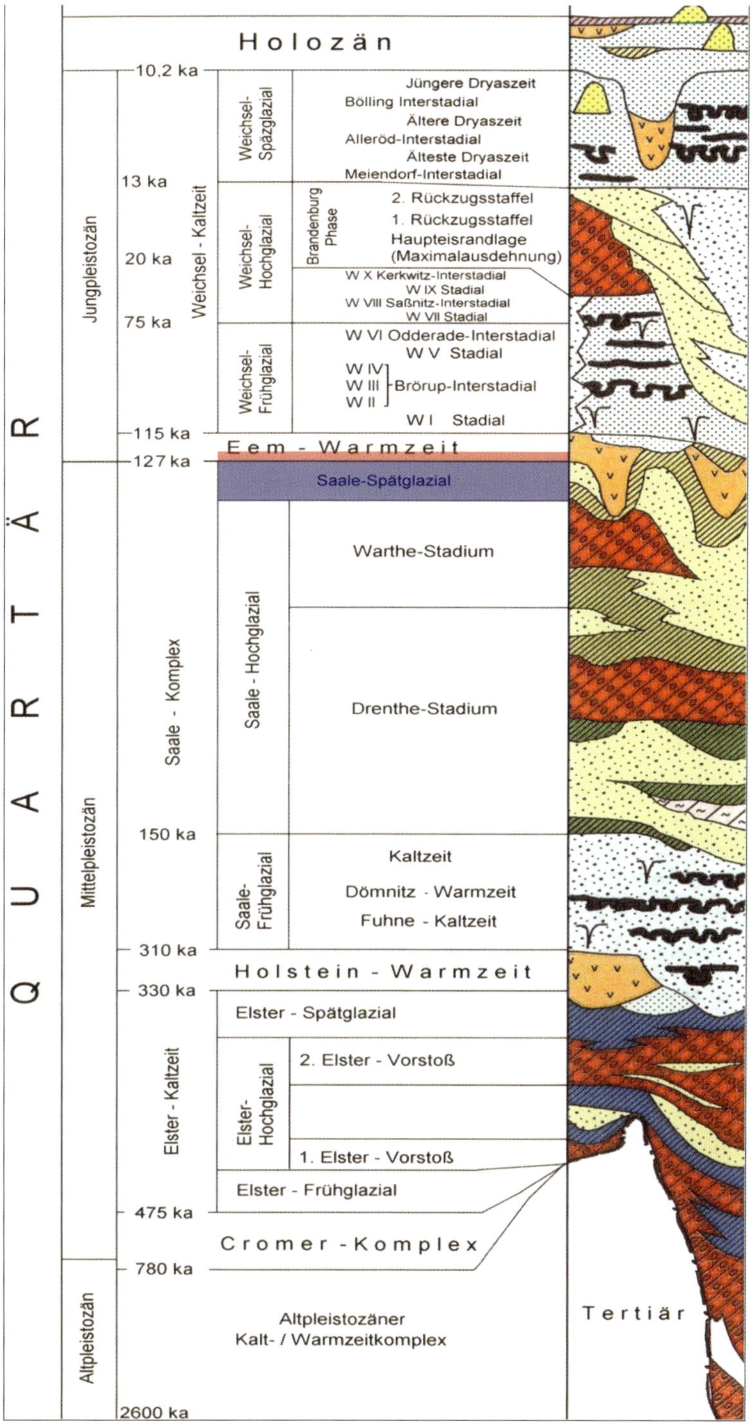

Abb. 16: Gliederung des Quartärs in der Niederlausitz (nach Kühner 2011, 98, leicht verändert) mit den vom Eem-Projekt erfassten Schichten zwischen etwa 124.000 und 130.000 Jahren vor heute.

Leider konnte in der unmittelbaren Anschlussfläche dieser Funde (Ausbaggerung, Profil 16 v. 24./ 25.10.2011) die Grabung aus Sicherheitsgründen nicht, wie in dieser Situation eigentlich erforderlich, intensiviert werden. Deshalb wurde in Absprache mit der Technologie während der nächsten Ausbaggerung Eem-Material nicht auf die Bandanlage gegeben, sondern dahinter abgelegt. Beim Absuchen wurde dann hier tatsächlich als nächster Großsäugerfund das Geweihfragment eines Damhirsches entdeckt. Die permanenten Untersuchungen mit dem Bagger erbrachten im Eemsediment außer zahlreichen Fischen (Flussbarsch, Wels, Rotfeder und Stichling) vor allem botanische Funde wie

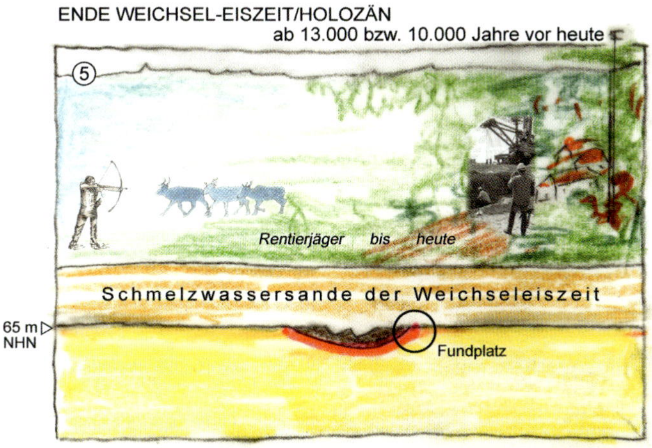

Abb. 17: Fotopanorama des Eembeckens Jänschwalde. Zu erkennen sind die schwarzen Warmzeitsedimente mit der tiefgreifenden Erosionsrinne sowie im Hangenden bis zur Rasensohle 8 m mächtige Schmelzwassersande der Weichseleiszeit (Foto A. Fenthros, Vattenfall 2010).

Kiefernzapfen, Birken-, Erlen- und Eichenblätter sowie Mikroreste, aber auch Knochen der Spitzmaus, einer Eidechse und Teile einer Sumpfschildkröte. Das war das zu erwartende paläozoologische und -botanische Fundspektrum. Da die oberen Seesedimente samt dem potenziell durch Großsäuger und Menschen genutzten Ufer nicht vorhanden waren, ging die Chance anthropogene Hinterlassenschaften zu finden gegen Null. Ein neues Lehringen war hier also von vornherein nicht zu erwarten. Zum 1948 entdeckten Befund am Ufer eines Eem-Sees im niedersächsischen Lehringen (heute Ortsteil von Neddenaverbergen der Gemeinde Kirchlinteln) gehörten außer der bekannten Eibenholzlanze ein erlegter Waldelefant und Steinartefakte (Thieme/Veil 1985; Thieme 1991, 90–92; 465–466). Allenfalls in der Erosionsrinne im zentralen Bereich hätten verlagerte Teile aus jüngeren Schichten beobachtet werden können. Nichtsdestotrotz dürften in der Eem-Warmzeit hier Menschen gelebt haben, zumal sie sich für das Spätglazial der Saale-Eiszeit mit längst nicht so günstigen Verhältnissen nachweisen ließen, wie wir im Folgenden sehen werden.

Abb. 18, 19: Stämmchen und Äste von Sanddornbüschen der archäologischen Fundschicht aus dem Saale-Spätglazial, durch die Auflast flach gepresst (5.10. und 23.11.2011 – Fotos H. Rösler, E. Bönisch, BLDAM).

Abb. 20: Profil des südlichen der beiden tiefsten Eembereiche unter der Vorschnitt-Arbeitsebene. Die Paläobotanikerin A. Kossler zeigt die spätsaaleglaziale Sandmudde zwischen den blauschwarzen Eemsedimenten und den „Sanddornschichten“, der mittelpaläolithischen Fundschicht. Die Bruchstrukturen (links) entstanden infolge der Absenkung über einem austauenden Toteisblock (Schnitt 20, 11.9.2013 – Foto E. Bönisch).

Funde aus der Waldtundra der späten Saale-Eiszeit

Die Schicht aus der späten Saale-Eiszeit im Liegenden enthielt ganze Sanddornzweige, durch den Bodendruck von typisch flachovalem Querschnitt.

Im Verlaufe des Jahres 2012 wurde deutlich, dass diese „Sanddornschichten“ ein potenzieller Fundhorizont sind, der bisher oft gar nicht erreicht worden war. Schon im März wurden hier beispielsweise auf einer Fläche von 10 × 5 m mehrere Knochen eines Steppenbisons gefunden. Die sehr gut

FAM SIEMENS
VATTENFALL
Es 3750 - 1294

Abb. 21: Ausgrabung der Fundschicht aus dem Saalespätglazial unter dem südlichen Eembecken in der Arbeitsebene des Tagebauvorschnitts. Von Süden nähern sich die Eimerkettenbagger der Förderbrücke (Schnitt 15, 22.08.2013 – Foto E. Bönisch).

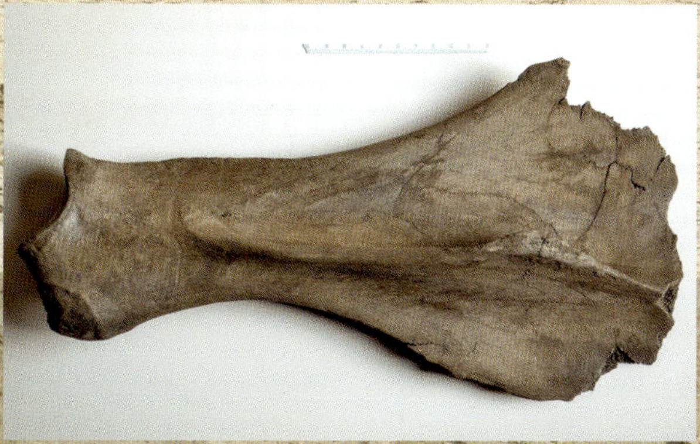

Abb. 22: Schulterblatt eines Pferdes, J94 339 – vgl. Abb. 23 (Foto E. Bönisch).

Abb. 23: Schulterblatt und drei Halswirbel eines Pferdes in der Fundschicht des Saale-Spätglazials. Der Ausschnitt entspricht den drei rechten Fundpunkten im nebenstehenden Plan, von Nord (27.8.2013 – Foto E. Bönisch, BLDAM).

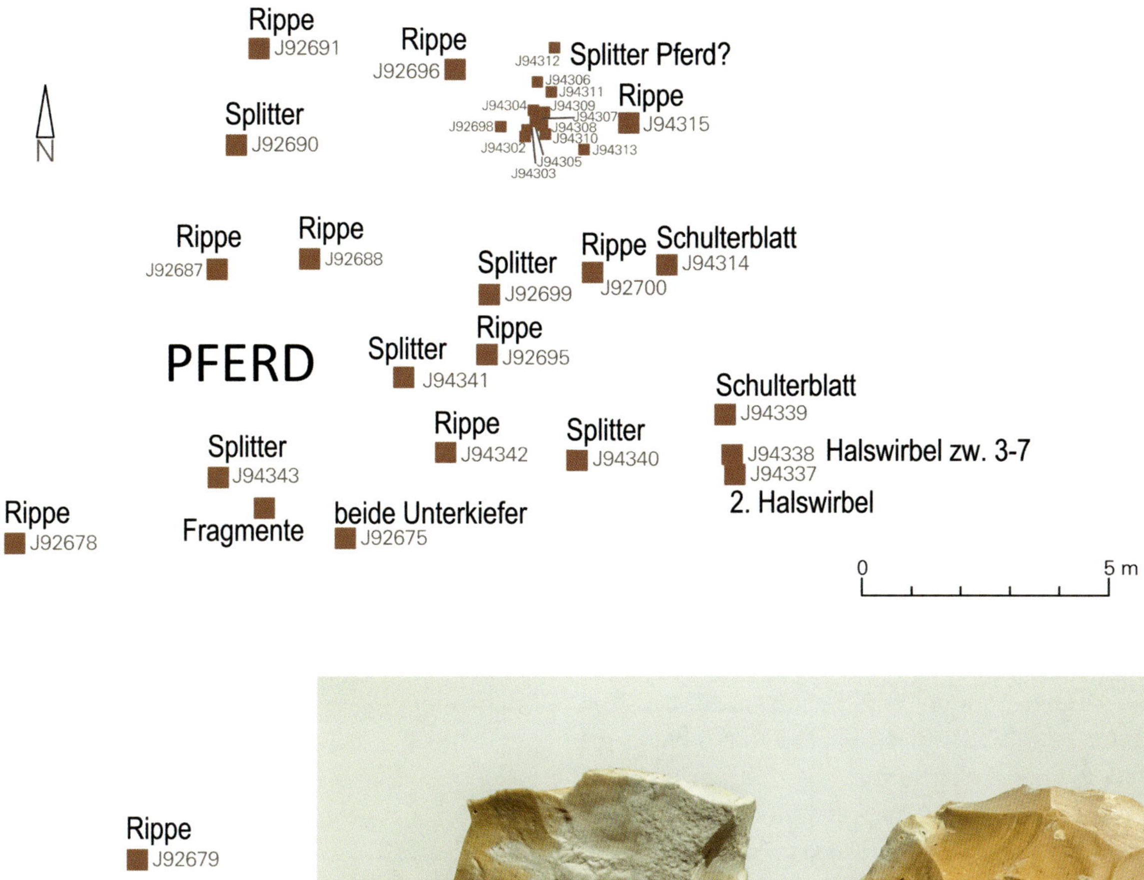

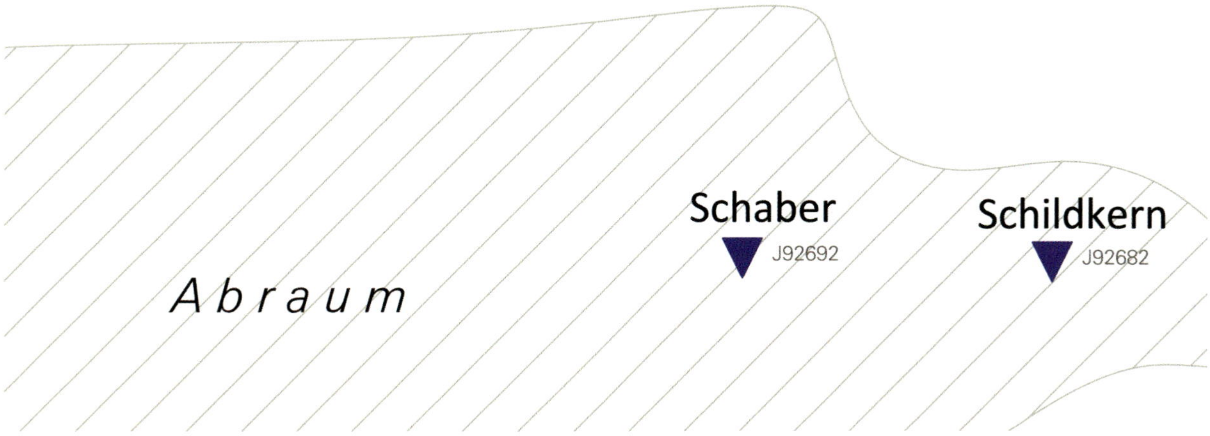

Abb. 24: Verteilung der Pferdeknochen und Position der Feuersteinartefakte im Aushub dieses Areals (Grafik M. Schneider, K. Klose, BLDAM).

Abb. 25: Mittelpaläolithischer Schaber und Schildkern, Alter etwa 128.000 Jahre (Foto E. Bönisch, BLDAM).

erhaltenen Fundstücke lagen alle in derselben Schicht direkt über dem Sanddornhorizont.

Als 2013 der Vorschnitt mit Erreichen der Ablaschung im Norden den oberen Hauptteil des Eemvorkommens abgetragen hatte, begannen die Ausgrabungen darunter. Die beiden unter diese Ebene reichenden, aus der Bohrerkundung bekannten Senken des Eems waren vom Vorschnittbagger und der Bandanlage überfahren worden und zeichneten sich in der Zwischenbegrünung der Arbeitsebene Vorschnitt ab. Die Grabungen fanden hier nun – das erste Mal in der Niederlausitz überhaupt – in einer dritten Ebene statt. Außerdem arbeiteten die Archäologen hier erstmals nicht vor dem Vorschnittbagger, hier hefteten sich nun die Eimerketten der das Flöz freilegenden Förderbrücke an ihre Fersen. Nach Abtragung der unteren Eemschichten der südlichen Senke von bis zu 4 m Mächtigkeit kamen in den Sanddornschichten des Saale-Spätglazials wieder Tierreste zutage. Im Juni/Juli 2013 handelte es sich um eine mit den bereits zuvor in Streulage aufgefundenen Bisonknochen vergleichbare Streuung der Knochen eines Pferdes von knapp 20 m maximaler Ausdehnung (Bestimmung I. Raufuß, vgl. Beitrag F. Chaput, S. 121 – 134). In beiden Fällen waren es zwar selektierte, aber nur in einem begrenzten Umfeld verstreute und jedenfalls nicht völlig vermischte Skelettreste jeweils einzelner Tiere in sehr gutem Erhaltungszustand, die demzufolge bald überdeckt worden sein müssen. Die Tiere haben sich an und in flachen Gewässern in der spätglazialen Waldtundra aufgehalten. Dass es Jagdreste wären, konnte aufgrund fehlender Schnittspuren zunächst nicht gesagt werden. Sämtliche Knochen müssen diesbezüglich erst noch untersucht werden.

In dieser Situation gelang allerdings ein Fund, der der sprichwörtlichen Nadel im Heuhaufen gleicht. Aus dem Areal mit den Pferdeknochen stammen zwei Silexartefakte. Es handelt sich dabei zum einen um einen Schildkern in Levalloistechnik, benannt nach einem Pariser Vorort. Das zweite Stück ist ein abgebrochener keilförmiger Schaber mit retuschierter Arbeitskante. Beide Artefakte sind relativ klein (Kern: L 5,8; Br 4,9; Di 2,6 cm; Schaber: L noch 4,9; Br 3,6; Di 1,4 cm) und bestehen aus einem dunkelgelben bzw. weißgelben fleckigen Silex mit wenigen eiszeitlichen Ausplatzungen (vgl. Beitrag K. Wechler in diesem Band, S. 61 – 68). Den Kern fand R. Piskorski am 25.6.2013 bei der Kontrolle des Baggeraushubs aus dem Bereich des Pferdeunterkiefers in der Spätsaaleschicht. Die abgelagerte Abraumrippe konnte ihrem Entnahmeort

Abb. 26: Während der Knochenpräparation festgestellte Schnitt- oder Kratzspuren am Oberarmknochen des Steppenbisons (Foto T. Korn, Senckenberg Weimar).

noch zugewiesen werden. Aufgrund der sekundären Lage wurden Proben des Begleitmaterials untersucht, die die Herkunft aus den spätsaalezeitlichen Horizonten belegen (Mitt. A. Kossler 19.7.2013; vgl. ihren Beitrag, S. 83–95). Um zu kontrollieren, ob bei den maschinellen Abtragsarbeiten evtl. weitere Artefakte übersehen worden waren, ist durch zwei Mitarbeiter in fünf Tagen ein Großteil der in Frage kommenden Abraumrippe (etwa 100 m³) mit einem Bausieb geschlämmt worden. Dabei konnte als zweites Stück der Schaber geborgen werden. In Erwartung weiterer Funde wurde der Sanddornhorizont im Bereich der Pferdeknochen auf 150 m² in Einzelquadratmetern per Hand schichtweise abgetragen und in feinmaschigen Sieben gesiebt. Trotz diffiziler Untersuchung, variablem Baggereinsatz und trotz des Schlämmens immenser Massen in Bausieben mit einem Feuerwehrschlauch traten dabei keinerlei weitere Artefakte auf (Bericht M. Schneider 5.11.2013).

Um die stratigrafische Position der bisherigen Funde exakt zu erfassen, wurde das unter der Arbeitsebene befindliche südliche Eem-Becken an zwei Stellen in Ost-West-Richtung über die gesamte Breite geschnitten. Die dabei gewonnenen Profile mit Verwerfungen in den Sedimenten des Saaleglazials und den Spätsaale-Schichten, die mit der Absenkung und Bildung des eemzeitlichen Sees in Zusammenhang stehen, wurde fotogrammetrisch dokumentiert.

Abb. 27: Die eiszeitlichen Jäger in Jänschwalde nutzten wie bereits der Urmensch von Bilzingsleben vor 350.000 Jahren Uferbereiche für die Jagd auf den Bison (Lebensbild A. Dietzel in Mania/Dietzel 1981, 123).

Abb. 28: Kopf und Extremitätenknochen fehlen: Die Knochen der Fundkonzentration des Steppenbisons von Jänschwalde am Skelett (Grafik I. Raufuß, FU Berlin).

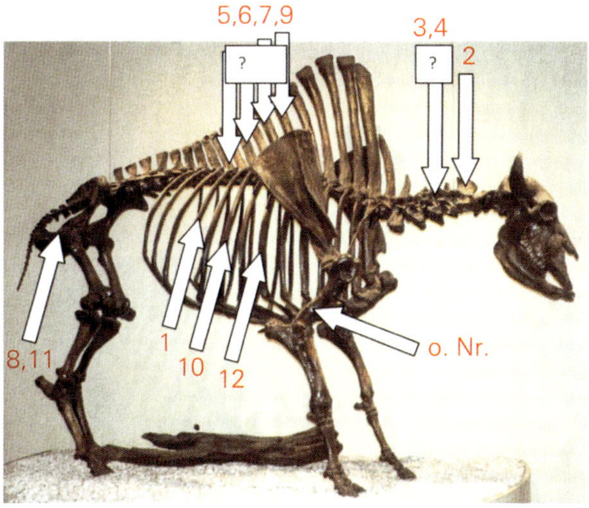

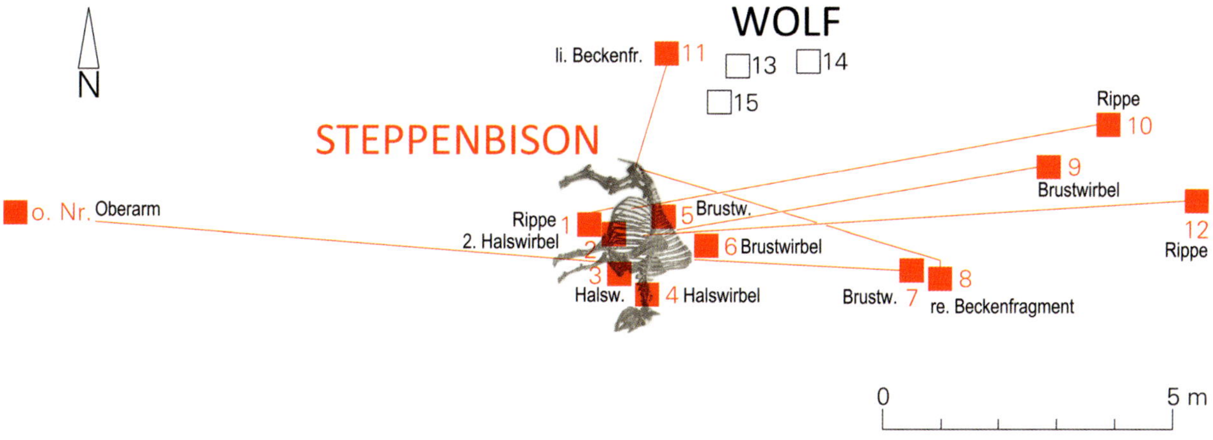

Abb. 29: Knochenkonzentration von Bison und Wolf mit Rekonstruktion der Kadaverposition. Die wohl von den Jägern abgetrennten Extremitäten fehlen bis auf den 11 m entfernt liegenden Humerus (Abb. 26). (Grafik E. Bönisch, K. Klose, BLDAM).

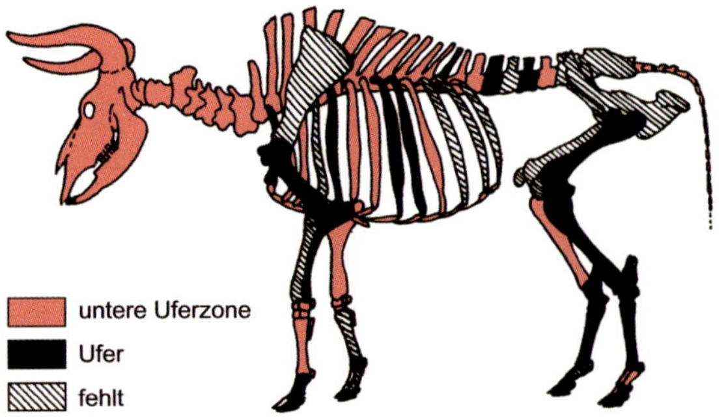

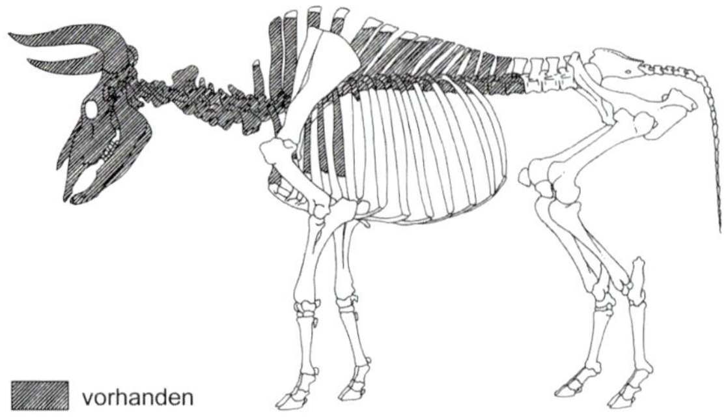

Abb. 30: Ur-Knochen eines Schlachtplatzes von Neumark-Nord im Geiseltal südlich Halle (Warmphase des Saaleglazials). Während Schädel, Wirbelsäule und Rippen in der unteren Uferzone lagen, befanden sich die Extremitätenknochen weiter entfernt (nach Mania 1990).

Abb. 31: Der Auerochse von Potsdam-Schlaatz: Nur Schädel, Wirbelsäule und Rippen (Gramsch 1987).

Steinalt und ganz neu für Brandenburg: Jagd- und Schlachtplätze des Neandertalers

Die Artefakte sind also älter als die Eem-Warmzeit, deren Beginn 127.000 Jahre vor heute angesetzt wird (Hermsdorf/Strahl 2008, bes. 33; vgl. A. Kossler in diesem Band, bes. S. 83 u. 91; nach Litt 2007 noch 126.000 Jahre). Die Fundschicht des Saale-Spätglazials hat ein Alter von etwa 128.000–130.000 Jahren. Proben zur absoluten Altersbestimmung mittels OSL-Datierung (Prof. L. Zöller, Bayreuth) und Pollenprofile aus dem Bereich der Schichten Spätsaale/Eem sind in Bearbeitung. Die beiden Feuersteinartefakte sind dem Mittelpaläolithikum zuzuweisen und ein Beleg für die Anwesenheit des Menschens. Diese Steingeräte weisen zwar alte Ausplatzungen auf, sind aber nicht verrundet oder abgerollt, also auch nicht umgelagert. Aufgrund der geologisch-paläobotanischen Situation ist es ein seltener altsteinzeitlicher Fundplatz am Primärstandort, denn viele paläolithische Fundplätze sind glazial verändert, verlagert, zerstört. Hier sind offenbar keine Geräte hergestellt, sondern an Ort und Stelle verwendetes Werkzeug zurückgelassen worden (vgl. dazu K.-P. Wechler, bes. S. 66). Aufgrund ihrer Position im Bereich der Tierknochen ist ein Jagd- und Schlachtplatz nicht mehr auszuschließen. Ggf. wäre es dann nicht der einzige derartige Platz, wie die vergleichbare Taphonomie der etwa 350 m davon entfernten Bisonknochen zeigt. Dort fehlen nur die (vielleicht nicht entdeckten) Artefakte. Ein wichtiges Indiz für die tatsächliche Verwendung der beiden Artefakte wären Gebrauchsspuren. Eine diesbezügliche Untersuchung erfolgte durch K.-U. Heußner, Deutsches Archäologisches Institut am 31.3.2014 – mit Erfolg (vgl. seinen Beitrag, S. 69–70). Falls die geringe Zahl der Artefakte nicht nur auffindungsbedingt ist, gilt auf der Jagd die Mitnahme nur eines Kerns oder aber vieler kleiner Abschläge durch Wildbeuter als übliche Strategie der Feuersteinverwendung (Pasda 1996b, 48).

Ein Teil der Bisonknochen (2 Halswirbel, 3 Rückenwirbel, 1 Rippe) lag ziemlich dicht beieinander und unweit davon ein Beckenfragment. 4 bis 8 m östlich lagen weitere Rippen, Wirbel und ein zweites Beckenfragment. Während die ersteren Knochen aufgrund ihrer dichten Lage und anatomischen Zusammengehörigkeit wohl etwa der Position des Kadavers entsprechen, sind letztere verschleppt. 11 m entfernt in westlicher Richtung lag der Humerus. Bis auf diesen fehlen die Extremitäten und der Kopf des adulten Tieres. Dafür gibt es drei Erklärungsmöglichkeiten: Entweder wurden diese Teile nicht gefunden oder sie sind wie der Oberarmknochen verschleppt worden, während der übrige Tierkörper liegen blieb. Die Dislozierung könnte durch Tiere erfolgt sein, wobei die zwischen den Bisonknochen an einer Stelle vorgefundenen Reste eines Wolfes stratigrafisch älter sind (vgl. Beitrag A. Kossler, S. 86, Abb. 4), sodass dieser hierfür nicht in Betracht kommt. Sollten die Gliedmaßen des Bison durch den Menschen abgetrennt worden sein, könnten Schnittspuren sowohl an den Beckenknochen als auch am Humerus zu finden sein. Diesbezüglich ist interessant, dass der Präparator

unmittelbar nach der Bergung Detailfotos u.a. des Oberarmknochens anfertigte, da er dort Auffälligkeiten beobachtet hatte. Hier stehen noch genaue Untersuchungen aus. Im Unterschied zum Steppenbison ist vom Pferd der Kopf zumindest durch den Unterkiefer vertreten. Hier liegen wiederum Wirbel und Rippen sowie Schulterblätter vor.
Vergleichbar sind die mittelpaläolithischen, ebenfalls saaleeiszeitlichen Schlachtplätze von Ur, Nashorn und Damhirsch im ehemaligen Braunkohlentagebau Neumark-Nord im Geiseltal südwestlich Halle. Schädel, Wirbelsäule und Brustkorb (in Jänschwalde davon einige Rippen) lagen hier im Verband, während Langknochen und Beckenteile jeweils mehrere Meter von diesen Kadavern entfernt waren. So lagen die Extremitätenknochen eines an der unteren Uferzone zerlegten Auerochsen abseits dieser Skelettreste auf dem Ufer (Mania/Thomae 1988, 176f.; Mania 1990, bes. 37–51, Abb. 18). Man geht davon aus, dass der Hirsch ausgeweidet wurde, da auch die Rippen fehlen. Damit stimmt auch der Skelettbefund des Auerochsen aus dem frühen Präboreal vom Schlaatz in Potsdam überein, von dem wiederum nur Schädel, Wirbelsäule und Brustkorb vorliegen (Gramsch 1987a, 50; 1987b; o. g. Neudatierung bei Benecke et al. 2002, 165–166). Auf dem eemzeitlichen Schlachtplatz des Altelefanten im Tagebau Gröbern bei Bitterfeld, nordwestlich Halle waren offenbar ausgelöste Knochen auf einem Haufen abgelegt (Litt/Weber 1988, 185; Erfurt/Mania 1990, bes. 252–253). Die Tiere wurden also an Ort und Stelle zerlegt, fleischreiche Teile –

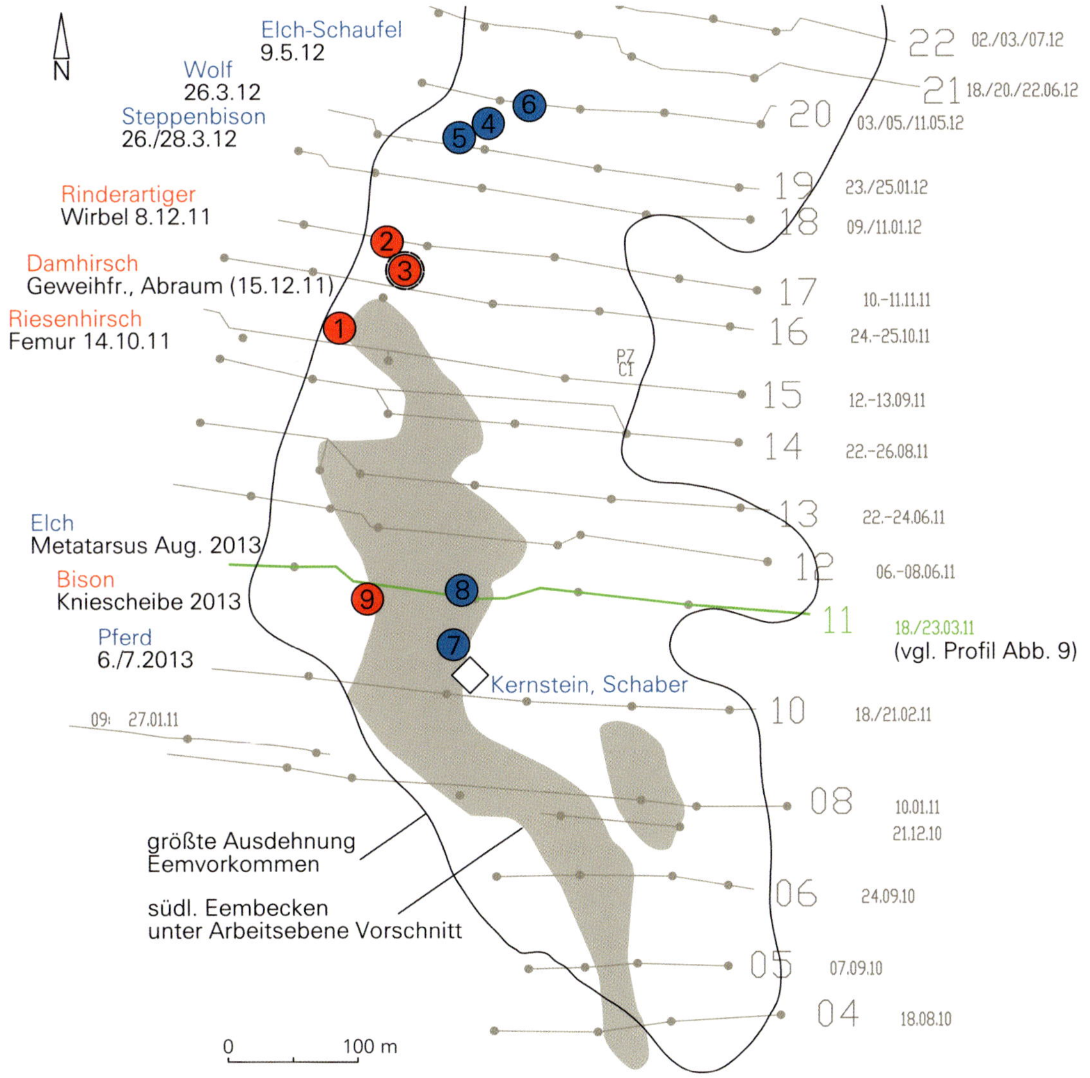

Abb. 32: Schlachtplätze und Großsäugerknochen aus dem Saale-Spätglazial (blau) und Eem (rot) von Jänschwalde mit Baggerständen bzw. Profilkartierungen (Kartengrundlage R. Kühner, Vattenfall, Eintragungen E. Bönisch, K. Klose, M. Schneider, BLDAM).

Abb. 33: Wo der Neandertaler lebte. Mittelpaläolithische Fundstellen in Brandenburg (Karte Hermsdorf/ Strahl 2008, Abb. 2; Einträge E. Bönisch, BLDAM).

in der Nähe ausgelöst oder zum Lagerplatz mitgenommen. Das trifft gegebenenfalls auch für Jänschwalde zu, wobei der 11 m entfernte Oberarmknochen des Bison genau dem Verteilungsschema bekannter Schlachtplätze entspricht. Von allen drei Schlachtplätzen in Mitteldeutschland liegen Feuersteinartefakte vor, die zum Schlachten und Zerlegen verwendet wurden und ebenso wie in Jänschwalde nicht dem breiten Inventarspektrum von Lagerplätzen entsprechen. Nach der nicht ungefährlichen Jagd auf den Steppenbison, der wohl bei der Tränke am Gewässer erlegt wurde, haben die Jäger mit mitgebrachtem Gerät das ausgewachsene Tier aufgrund des erheblichen Gewichts von mindestens 0,5 t an Ort und Stelle zerlegt und die Knochen entweder in nächster Nähe abgefleischt oder auch zum Lagerplatz mitgenommen. Dieser Lagerplatz ist infolge der Weichseleiszeit erodiert und nicht mehr vorhanden. Die Position des Humerus westlich der Knochenkonzentration deutet vielleicht die Richtung an, in der das Camp der Jäger lag.

Infolge der Methode der Baggergrabung ist es durchaus nicht abwegig, dass einzelne Knochen (1 Säugetierwirbel, 1 Metatarsus eines Elches) zufällig gefundene Bestandteile weiterer ehemaliger Großsäugerskelette sind. Dann würden ggf. die Schlachtplätze im Bereich des seichten Gewässers liegen, wo man den Tieren aufgelauert hat. Die Großsäuger befanden sich verteilt auf einer Länge von insgesamt reichlich 400 m entlang der Westflanke der Beckensohle, also am Westrand des entstehenden, flachen Gewässers. Das gilt auch für die Konzentration der Pferdeknochen, wo man sich jedoch aufgrund der Ausgrabung unter der Arbeitsebene des Tagebauvorschnitts östlich des Becken-

Abb. 34: Mit dem Bagger in die Welt des Neandertalers. Die zwischenbegrünte Arbeitsebene des Tagebauvorschnitts Jänschwalde liegt ungefähr im Niveau der Waldtundra vom Ende der Saaleeiszeit. In der Böschung hinten der saaleglaziale Bänderschluff (Foto 28.5.2010, E. Bönisch, BLDAM).

Abb. 35: Der für die Fundschicht des Saale-Spätglazials typische Sanddorn (Foto E. Bönisch, BLDAM).

tiefsten befand. Die Ostflanke in Richtung der saaleglazialen Grundmoräne der Horno-Grießener Hochfläche ist offensichtlich nicht aufgesucht worden – weder im Saale-Spätglazial, noch im Eem. Es kann angenommen werden, dass Jänschwalde

ein saisonaler Jagdplatz war, wohin die mittelpaläolithischen Jäger in den Sommermonaten kamen. Dieser Fundplatz ist für die Niederlausitz und darüber hinaus von ganz besonders großer Bedeutung. Zum einen gehören die bisher aus Brandenburg bekannten vereinzelten mittelpaläolithischen Funde maximal in die (frühe) Weichseleiszeit. Hier sind zu nennen der Faustkeil und die Spitze von Vogelsang bei Eisenhüttenstadt (Gramsch 1975; ders. 1986), die Spitzen von Klingmühl bei Finsterwalde (Lehmann 1989) und Neuendorf bei Lübben (Marschalleck 1944, 25f. m. Abb. 2a, 287) sowie Steinwerkzeuge und Mammutreste von Falkensee und Artefakte von Schulzendorf am Rande Berlins (Cziesla 2002, in dortiger Karte Abb. 18 außer Klingmühl versehentlich Sallgast eingetragen). Für mittelpaläolithische Artefakte ohne stratigrafischen

Befund – aus Kiesgruben ohne die Grundwasserabsenkung wie im Braunkohlentagebau – wäre ein höheres Alter möglich, aber nicht belegbar. Der Faustkeil aus dem Nieplitztal bei Treuenbrietzen wurde trotz unbekannter Fundsituation – entsprechend der Entstehungszeit des Fläming – sogar vor dem Warthestadial des Saaleglazials eingeordnet (Töpfer 1967, bes. 134).
Zum anderen liegen die Artefakte und Knochen von Jänschwalde im Kontext vor und lassen sich

Abb. 36/37: Wie heute die Archäologen, hockten hier vor fast 130.000 Jahren die Jäger am Ende der Saale-Eiszeit (Foto E. Bönisch, BLDAM; Grafik Weniger 2009, 7 Abb. 4).

Abb. 38: Die Ministerin für Wissenschaft, Forschung und Kultur, Prof. Sabine Kunst, Landesarchäologe Dr. Franz Schopper und Vattenfall-Vorstand Hartmut Zeiß präsentieren die ältesten archäologischen Funde Brandenburgs (Foto R. Piskorski, BLDAM).

datierbaren Straten konkret zuweisen. Die spätsaalezeitliche Fundschicht von Jänschwalde mit einem Alter von ca. 130.000 Jahren ergab den ersten gesicherten Beleg für den Aufenthalt des Menschen im Territorium in dieser frühen Zeit. Demgegenüber erscheinen nunmehr die bislang ältesten Funde aus dem Tagebaugebiet Jänschwalde, die Stielspitzen der spätpaläolithischen Rentierjäger vom Ende der letzten Eiszeit vor „nur" rund 13.000 Jahren, ziemlich jung.

Die Erhaltung der mittelpaläolithischen Fundschicht ist mit der Entstehung des Eem-Sees infolge der Absenkung über schmelzendem Toteis verknüpft. Geschützt durch die Seeablagerungen entging der abgesenkte Bereich dieser Schicht den Abtragungen während der Weichseleiszeit (vgl. Beitrag R. Kühner, S. 71–82). Das ursprünglich außer dem potenziellen Lebensraum des Menschen auf mögliche steinzeitliche Hinterlassenschaften aus der Eemwarmzeit abzielende Grabungsprojekt, wofür aufgrund fehlender Uferbereiche kaum eine Chance bestand, führte letztendlich zu einem unerwarteten und dabei noch weitaus größeren Erfolg. Im weiteren Verlauf der Grabungen wird sich zeigen, ob unter dem nördlichen Eem-Becken weitere Tierreste und Hinterlassenschaften altsteinzeitlicher Jäger aus dem Saalespätglazial zu finden sind und ob sie wieder am Westufer liegen. So nah dran am Neandertaler war man in der Niederlausitz noch nie!

Im gesamten Vorkommen, von dem bis zur nördlichen Ablaschung der Tagebaukante 3,6 Hektar durch die Überbaggerung aufgeschlossen wurden, sind bisher (und auch nach Abschluss des letzten Grabungsjahres) nur wenige Bereiche entsprechend einer Steinzeitgrabung kleinflächig per Hand untersucht worden. Das mag man im Nachgang – mit dem jetzigen Kenntnisstand und nach den paläolithischen Artefaktfunden – bedauern. Jedoch ist es zu diesen Funden im Gegensatz zu meist punktuellen Grabungen nur durch die

Verteilung von Untersuchungsflächen über das gesamte Eembecken gekommen. Damit wurde in der Niederlausitz erstmalig ein Fundplatz der Altsteinzeit in Dimensionen untersucht, die nur mit solchen renommierten Paläolithgrabungen wie Neumark-Nord (Kindler et al. 2010; Mania et al. 2010) oder Schöningen vergleichbar sind. Vor allem die dritte Dimension mit etwa 10 m mächtigen Schichtpaketen bei einer Tiefe bis 20 m ist auch in der Braunkohlenarchäologie nicht gerade das Übliche.

Ermöglicht wird die Auf- und Entdeckung dieser versunkenen Welt, von der uns die Vorgänge zweier Warmzeiten und einer Eiszeit trennen, durch Aufschlüsse von geologischer Dimension wie sie die Braunkohlentagebaue darstellen, mit mehreren Arbeitsebenen, kilometerlangen Profilwänden und insbesondere permanenter Grundwasserabsenkung. In enger Kooperation von Archäologen und Bergbautechnologen können Kulturdenkmale der Altsteinzeit aufgeschlossen, erforscht und dokumentiert werden. Eine Fortsetzung dieser pleistozänarchäologisch-paläontologischen Forschungen in Jänschwalde und in den Tagebauen der Niederlausitz wäre erfolgversprechend. Da unter Eem-Vorkommen, die in der Regel durch Absenkung des Untergrundes entstanden sind (Strahl/Hermsdorf 2008), das Saalespätglazial einschließlich der Schicht einer Erwärmungsphase der Abtragung durch die Weichseleiszeit entgangen ist, sind dort altsteinzeitliche Funde vom Ende der vorletzten Eiszeit zu erwarten, vielleicht sogar häufiger als in den teils erodierten Eemse(e)dimenten selbst.

Die hiesigen Umweltverhältnisse des frühen Neandertalers kennen wir schon ziemlich genau anhand der Untersuchungen von Flora und Fauna sowie den bei der paläontologischen Grabung gewonnenen Indizien zur Klimaentwicklung (Beiträge A. Kossler, S. 83–95 und I. Raufuß, S. 99–119). Es war eine flache, durch seichte Gewässer unterbrochene Landschaft mit Waldtundren-Vegetation aus Sanddorn, Weiden und Birken sowie diversen Kräutern, Gräsern und Moosen, wo das Nahrungsangebot und die Temperaturen den rezenten kaltgemäßigten Klimazonen wie im nördlichen Skandinavien entsprachen. Steht man auf der Vorschnitt-Arbeitsebene im Tagebau, befindet man sich wieder etwa auf Höhe des damaligen Geländeniveaus und es ist ein wenig so, als hielten sich die eiszeitlichen Jäger im Moment nur irgendwo in der weiten, mit dürftigem Grün besetzten Landschaft verborgen. Und bis sie sich blicken lassen, schreiben wir mit den folgenden Beiträgen an der neuen Geschichte…

Dank

Allen am Eem-Projekt Beteiligten sei an dieser Stelle für ihre praktische, fachliche und organisatorische Arbeit, das Einbringen ihres Wissens und ihrer Ideen sowie ihre Unterstützung herzlich gedankt: G. Bigga, Uni Tübingen, Dr. G. Böhme, Museum für Naturkunde Berlin, R. Bönisch, Vattenfall, F. Chaput, Wustermark, Prof. Dr. U. Fritz, Senckenberg Dresden, A. Hajzler, ehem. BLDAM, Dr. K.-U. Heußner, DAI Berlin, St. Hildebrandt, Dr. Ph. Holzmann, beide FU Berlin, Prof. Dr. R.-D. Kahlke, J. Keiler, Dr. F. Kienast, alle Senckenberg Weimar, Prof. Dr. U. Kierdorf, Uni Hildesheim, T. Korn, Senckenberg Weimar, PD Dr. A. Kossler, FU Berlin, D. Krähe und Mitarbeiter, J. Kretzschmer, R. Kühner, alle Vattenfall, K. Lehmann, ehem. BLDAM, Dr. L.C. Maul, Senckenberg Weimar, R. Piskorski und allen Grabungsmitarbeitern, BLDAM, Dr. I. Raufuß, FU Berlin, Th. Reuter, LA für Vorgeschichte Dresden, Prof. F. Riedel, FU Berlin, H. Rösler, BLDAM, D. Rössler, Senckenberg Weimar, M. Schneider, BLDAM, Dr. W. Schoch, Langnau (CH), Dr. M. Stebich, M. Stache, beide Senckenberg Weimar, Prof. Dr. P. Tarasov, FU Berlin, U. Teschner, Baumaschinen Allmosen, Dr. K.-P. Wechler, BLDAM, Prof. L. Zöller, Bayreuth. Herzlich gedankt sei auch all den nicht Genannten sowie im Hintergrund organisatorisch und vorbereitend Tätigen.
Für fruchtbaren fachlichen Austausch gelegentlich von Grabungsbesichtigungen danken wir besonders Dr. E. Cziesla, Dr. B. Gramsch (der sich nach eigenen Worten freute, *das* in seinem 80. Lebensjahr noch zu erleben), Dr. F. Hillgruber, Prof. Dr. Th. Terberger, Dr. Th. Weber, Dr. Th. Westphalen und Mitarbeitern des Dezernats Bodendenkmalpflege am LA für Vorgeschichte Sachsen sowie Dr. G. Wetzel.

Literatur

Benecke et al. 2002
N. Benecke, B. Gramsch, R. Weiße, Zur Neudatierung des Ur-Fundes von Potsdam-Schlaatz, Brandenburg. Archäologisches Korrespondenzblatt 32, 2002, 161–168.
Bigga 2012
G. Bigga, Bericht über die Untersuchung des Holzes aus dem Eem von Jänschwalde (J92 627), vom 11.10.2011. Eberhard Karls Universität Tübingen, Institut für Ur- und Frühgeschichte und Archäologie des Mittelalters, Abt. für Ältere Urgeschichte und Quartärökologie (Brief v. 4.4.2012).
Bönisch, E. et al. 2013
E. Bönisch, A. Hajzler, H. Rösler, Jänschwalde 48. Ausgrabungen und Funde im Niederlausitzer Braunkohlenrevier 2010: Vorkommen der Eem-Warmzeit. In: Ausgrabungen im Niederlausitzer Braunkohlenrevier 2009/2010 = Arbeitsberichte zur Bodendenkmalpflege in Brandenburg 25 (Wünsdorf 2013) 322–325.
Bönisch, E. et al. 2014
E. Bönisch, A. Kossler, R. Kühner, I. Raufuß, M. Schneider, Tierknochen und ein Schaber. Erstmals Funde aus der Zeit des Neandertalers in Brandenburg. Archäologie in Deutschland 1/2014, 6.
Bönisch, R. 1987
R. Bönisch, Eem-Vorkommen im Gebiet zwischen Calau und Luckau. Natur und Landschaft Bezirk Cottbus 9, 1987, 54–60.
Cziesla 2002
E. Cziesla, Älter als der märkische Sand. Funde bei einer Baubegleitung in Falkensee, Landkreis Havelland. Archäologie in Berlin und Brandenburg 2001 (Stuttgart 2002) 42–43.
Erfurt/Mania 1990
J. Erfurt, D. Mania, Zur paläontologie des jungpleistozänen Waldelefanten von Gröbern, Kreis Gräfenhainichen. In: Mania/Thomae/Litt/Weber, Neumark – Gröbern. Beiträge zur Jagd des mittelpaläolithischen Menschen. Veröff. des Landesmus. Für Vorgeschichte in Halle, Band 43 (Berlin 1990), 215–224.
Gramsch 1975
B. Gramsch, Zwei neue mittelpaläolithische Feuersteinartefakte aus der Mark Brandenburg. Ausgrabungen und Funde 20, 1975, Heft 3, 120–122.
Gramsch 1986
B. Gramsch, Ein mittelpaläolithischer Faustkeil von Vogelsang. Beiträge zur Geschichte Eisenhüttenstadts 1 (Eisenhüttenstadt 1986) 20–24.
Gramsch 1987a
B. Gramsch, Zeugnisse menschlicher Aktivitäten in Verbindung mit dem spätglazialzeitlichen Ur-Fund am Schlaatz bei Potsdam. Veröffentlichungen des Museums für Ur- und Frühgeschichte Potsdam 21, 1987, 47–51.
Gramsch 1987b
B. Gramsch, Betrachtungen zum Ur-Fund am Schlaatz bei Potsdam. Veröffentlichungen des Museums für Ur- und Frühgeschichte Potsdam 21, 1987, 69–74.
Hermsdorf & Strahl 2008
N. Hermsdorf, J. Strahl, Karte der Eem-Vorkommen des Landes Brandenburg. Brandenburger geowissenschaftliche Beiträge 15 (2008), 1/2, 23–55.
Kindler et al. 2010
L. Kindler, S. Gaudzinski-Windheuser, W. Roebroeks, E. Brühl, D. De Loecker, A. Jaglich, Th. Laurat, Neandertaler an den Ufern des Geiseltalsees (Rubrik Forschung/Neumark-Nord) Archäologie in Deutschland 2, 2010, 6–11.
Kossler/Raufuß 2011
A. Kossler, I. Raufuß, Zwischenbericht zu bodendenkmalpflegerischen Maßnahmen im Jungquartär des Tagebaus Jänschwalde, Niederlausitz bei Cottbus (für 2011). Bereich Paläontologie. Senckenberg Forschungsstation für Quartärpaläontologie Weimar (unveröff.).
Kossler/Raufuß 2012
A. Kossler, I. Raufuß, Bericht zu bodendenkmalpflegerischen Maßnahmen im Jungquartär des Tagebaus Jänschwalde, Niederlausitz bei Cottbus (für 2012). Bereich Paläontologie. Senckenberg Forschungsstation für Quartärpaläontologie Weimar (unveröff.).
Kossler/Raufuß/Lehmann 2012
A. Kossler, I. Raufuß, K. Lehmann, Wels, Riesenhirsch und Pflanzenreste. Neue Grabungstechnik an Seesedimenten des Eem-Interglazials von Jänschwalde, Lkr. Spree-Neiße. Archäologie in Berlin und Brandenburg 2011 (Stuttgart 2012) 31–33.
Kühner (2011)
R. Kühner, 4 Quartär. In: Autorenkollektiv, Die geologische Entwicklung der Lausitz (Cottbus o.J. (2011)) 97–134. Bes. Abschnitte 4.1.2.4 Saale-Komplex 110–123 u. 4.1.3.1 Eem-Warmzeit 123–125.
Kühner et al. 2008
R. Kühner, J. Strahl, P. Süssmilch, H. U. Theke, Lithologische und pollenanalytische Befunde aus dem saalefrühglazialen Fluviatilkomplex (Tranitzer Fluviatil) und dem Eem-Interglazial im Tagebau Jänschwalde, Südbrandenburg. Brandenburger geowissenschaftliche Beiträge 15 (2008), 1/2, 1–21.
Kühner/Strahl 2011
J. Kühner, J. Strahl, I – 3.2 Regionale Verbreitung und Schichtfolge des Quartär, II – 3.2.2 Das Eem-Vorkommen Jänschwalde (unter: II – 3.2 Tagebau Jänschwalde). Führer zur Geologie von Berlin und Brandenburg. Nr. 10 Cottbus und Landkreis Spree-Neiße (Berlin 2011) 34–37 bzw. 150–156.
Kupetz/Kupetz 2011
A. Kupetz, M. Kupetz, Das Mammut von Klinge im Kreishaus. Führer zur Geologie von Berlin und Brandenburg. Nr. 10 Cottbus und Landkreis Spree-Neiße (Berlin 2011) 187–188.
Litt 1994
Th. Litt, Paläoökologie, Paläobotanik und Stratigraphie des Jungquartärs im nordmitteleuropäischen Tiefland. Unter besonderer Berücksichtigung des Elbe-Saale-Gebietes. Dissertationes Botanicae 227 (Berlin, Stuttgart 1994)
Litt 2007
Th. Litt (Hg.), Stratigraphie von Deutschland – Quartär. Eiszeitalter und Gegenwart, Quaternary Science Journal 56, 1/2, 2007.
Litt/Weber 1988
Th. Litt, Th. Weber, Ein eemzeitlicher Waldelefanten-Schlachtplatz von Gröbern, Kr. Gräfenhainichen. Ausgrabungen und Funde 33, Heft 4, 1988, 181–188.

Mania 1991
D. Mania, Eiszeitarchäologische Forschungsarbeiten in den Tagebauen des Saale-Elbe-Gebietes. Veröffentlichungen des Museums für Ur- und Frühgeschichte Potsdam 25, 1991, 78 – 100.
Mania 1990
D. Mania, Stratigraphie, Ökologie und mittelpaläolithische Jagdbefunde des Interglazials von Neumark-Nord (Geiseltal). In: Mania/Thomae/Litt/Weber, Neumark – Gröbern. Beiträge zur Jagd des mittelpaläolithischen Menschen. Veröff. des Landesmus. Für Vorgeschichte in Halle, Band 43 (Berlin 1990), 9 – 130.
Mania 2010
D. Mania, Zur Fundsituation der fossilen Hirsche von Neumark-Nord (Geiseltal). In: D. Mania et al., Neumark-Nord – Ein interglaziales Ökosystem des mittelpaläolithischen Menschen. Veröffentlichungen des Landesamtes für Denkmalpflege und Archäologie Sachsen-Anhalt – Landesmuseum für Vorgeschichte, Band 62 (Halle 2010) 381 – 408.
Mania/Dietzel 1981
D. Mania, A. Dietzel, Begegnung mit dem Urmenschen. Die Funde von Bilzingsleben (Leipzig, Jena, Berlin 1981).
Mania/Thomae/Litt/Weber 1990
D. Mania, M. Thomae, Th. Litt, Th. Weber (mit Beiträgen v. M. Altermann, M. Seifert, D. H. Mai, R. Fuhrmann, E. Pietrzeniuk, W.-D. Heinrich, H.-J. Döhle, J. Görsdorf, J. Erfurt, K.-U. Heußner), Neumark – Gröbern. Beiträge zur Jagd des mittelpaläolithischen Menschen. Veröff. des Landesmus. Für Vorgeschichte in Halle, Band 43 (Berlin 1990).
Mania/Thomae 1988
D. Mania, M. Thomae, Neumark-Nord im Geiseltal – Ein Vorbericht über mittelpaläolithische Befunde. Ausgrabungen und Funde 33, Heft 4, 1988, 174 – 178.
Marschalleck 1944
K.H. Marschalleck, Die Urgeschichte des Kreises Luckau (Nieder-Lausitz) (Kirchhain 1944).
Menke und Tynni 1984
B. Menke und R. Tynni, Das Eem-Interglazial und das Weichselfrühglazial von Redderstall/Dithmarschen und ihre Bedeutung für die mitteleuropäische Jungpleistozän-Gliederung. Geol. JB. A 76 (Hannover 1984), 3 – 120.
Pasda 1996a
C. Pasda, Perspektiven für Pleistozän-Archäologische Untersuchungen in den Braunkohlentagebauen der Niederlausitz (Brandenburg). Unveröff. Mskr. (Grötsch 1996).
Pasda 1996b
C. Pasda, Silexverarbeitung am Rohmaterialvorkommen im Mittelpleistozän. Ergebnisse einer Rettungsgrabung in Zwochau (Lkr. Delitzsch). Arbeits- und Forschungsberichte zur Sächsischen Bodendenkmalpflege 38, 1996, 13 – 55.
Striegler 1991
R. Striegler, Die Erforschung des Eem-Vorkommens von Schönfeld, Kreis Calau. Natur und Landschaft in der Niederlausitz , Sonderheft: Eem von Schönfeld I (Cottbus 1991) 7 – 18.
Striegler 2007
R. Striegler, Die Erforschung der Eem-Vorkommen von Klinge. – Natur und Landschaft in der Niederlausitz, 24, (Cottbus 2007) 53 – 106.
Striegler/Striegler 2011
R. Striegler, U. Striegler, II – 5.2 Klinge – Eem-Vorkommen und Freilichtmuseum „Zeitsprung". Führer zur Geologie von Berlin und Brandenburg. Nr. 10 Cottbus und Landkreis Spree-Neiße (Berlin 2011) 180 – 186.
Thieme 1991
H. Thieme, Alt- und Mittelsteinzeit und Topographischer Teil. Archäologische Denkmale und Fundstellen. In: Ur- und Frühgeschichte in Niedersachsen. (Stuttgart 1991) 77 – 108; 373 – 553.
Thieme 1999
H. Thieme, Altpaläolithische Holzgeräte aus Schöningen, Lkr. Helmstedt. Germania 77, 1999, 2. Halbband, 452 – 487.
Thieme/Veil 1985
H. Thieme, St. Veil (mit Beiträgen von W.Meyer, J. Möller u. H. Plisson), Neue Untersuchungen zum eemzeitlichen Elefanten-Jagdplatz Lehringen, Lkr. Verden. Die Kunde N.F. 36, 1985, 11 – 58.
Töpfer 1967
V. Töpfer, Ein Faustkeil vom oberen Nieplitztal im Fläming. Ausgrabungen und Funde 12, 1967, Heft 3, 131 – 135.
Weniger 2008
G.-Chr. Weniger, Zweite Thomsen-Vorlesung, Wie modern waren Neanderthaler? Eurasia Antiqua 14 (2008).

KOMATSU
EEM
SCHNITT 10
HOELZER AM RAND
17.11.11

Bedingungen und Methoden der archäologisch-paläontologischen Grabungen im Eem

Marcus Schneider

Mit der Untersuchung des Jänschwalder Eemvorkommens stieß die Braunkohlenarchäologie in auch für sie ungewohnte Dimensionen vor. Im Zuge der geologischen Vorerkundung des Tagebauareals ist der eemzeitliche See in seiner Ausdehnung erstmals erfasst worden. Somit war bekannt, dass dafür eine Fläche von ca. 1000 m × 500 m archäologisch zu untersuchen wäre. Hinzu kam aber die dritte Dimension, indem die Seesedimente Mächtigkeiten von bis zu 12 m erreichen konnten und somit die Ausgrabung im Vergleich zu einer herkömmlichen Flächengrabung erhebliche Ausmaße annehmen würde.

Welche Funde und Objekte erwartet man, wenn man einen 125.000 Jahre alten See ausbaggern möchte, der zu allem Überfluss auch noch mit bis zu zwölf Meter mächtigen weichselzeitlichen Sandhorizonten überdeckt ist? Wie kann es gelin-

Abb. 1a, b: Soeben gab die Schluffmudde im Baggerplanum Sanddorn-Zweige frei. Damit sind die Eem-Ablagerungen an der Ostflanke des Beckens durchtieft und die Schichten des Saale-Spätglazials erreicht. Ausbaggerung 17, Schnitt 10, 17.11.2011 (Fotos R. Piskorski, BLDAM).

gen, dabei möglichst viele Funde zu entdecken und fachgerecht zu bergen?

Grabung im Tagebauvorschnitt

Von Anfang an war klar, dass einerseits dieses Vorkommen aufgrund der geologischen Situation nur durch den Tagebau überhaupt zugänglich ist, aber dass es andererseits unter diesen Voraussetzungen eine archäologisch-paläontologische Ausgrabung im klassischen Sinne nicht geben würde. Hier mussten vollkommen neue Wege und Verfahrensweisen gefunden und angewandt werden. Die Anpassung der Grabungstechnik an die Bergbautechnologie sowie die Berücksichtigung archäologischer Belange seitens des Tagebaus waren Voraussetzung. Insbesondere in der ersten Phase der Untersuchung mussten die Arbeiten abbaubegleitend, jeweils nach den Durchfahrten des Schaufelradbaggers im Tagebauvorschnitt erfolgen. Durch den Vorschnitt wurden

Die Dokumentationsweise eines großflächigen paläolithischen Seeareals unterscheidet sich grundlegend von der Befundaufnahme einer „klassischen" archäologischen Ausgrabung.

die oberen Schichten mit Hilfe eines Schaufelradbaggers bis auf eine Tiefe von ca. 20 m unter Geländeoberkante abgetragen. Die dabei entstehende Abbauwand, der sogenannte Stoß, ist durch die einzelnen Abbauscheiben in Stufen gegliedert. Bei jeder Baggerdurchfahrt rückt diese Vorschnittkante des Tagebaus Jänschwalde etwa bis zu 80 m nach Norden vor. Diese technologische Situation hatte zur Folge, dass die archäologische Untersuchung räumlich, aber auch zeitlich in sehr engem Rahmen stattfinden musste. Eine vollflächige Erkundung des gesamten Seebeckens war in dieser ersten Phase nicht möglich. Zu Beginn des Projektes waren die archäologisch-paläontologischen Untersuchungen nur im Bereich der jeweils durch den Tagebaubagger freigeschnittenen Profilwand möglich und unterlagen somit erheblichen Einschränkungen. Von der Basis der Profilwand auf Höhe der sogenannten 1. Arbeitsebene reichten die Eem-Sedimente noch

Abb. 2: Zu Beginn des Projektes wurden Schichten beprobt, die Entnahmestellen markiert und fotografisch dokumentiert (Foto A. Hajzler, BLDAM).

Abb. 3: Gewinnung von Eem-Sediment zum Sieben und Schlämmen in Big-Packs. Ausbaggerung 3, 11.8.2011 (Foto A. Hajzler, BLDAM).

Abb. 4: Aufgrund von Wasseraustritten konnten Teile der gebaggerten Berme für die Grabung nicht freigegeben werden. Ausbaggerung 17, 23.11.2011 (Foto E. Bönisch, BLDAM).

ca. sechs bis neun Meter in die Höhe. Beprobungen mussten hier in sehr stark eingeschränktem Umfang erfolgen, da aus sicherheitstechnischen Gründen ein Einsteigen in die Profilwand nur sehr begrenzt möglich war. In einigen Abschnitten vorkommende Wasseraustritte mit z.T. recht hohen Schüttvolumina und die damit verbundene Rutschungsgefahr verschlechterten die Erkundungsmöglichkeiten des Eemvorkommens.

An die Befundsituation musste man sich allmählich herantasten, wobei eine wichtige Grundlage die nach jeder Ausbaggerung durch den Tagebaugeologen erstellte Profildokumentation des Eem war, die er uns zur Verfügung stellte. Um sich möglichst rasch einen detaillierten Überblick über die Stratigrafie, die pollenanalytische Einordnung der Schichten und die Erhaltungsbedingungen zu verschaffen, sind an zahlreichen Stellen Sedimentproben entnommen worden.

Schon in der noch sehr frühen Phase des Projektes wurde deutlich, dass durch den Vorschnittbagger die Eemsedimente nicht in ihrer gesamten Mächtigkeit abgetragen werden. Das Niveau der Arbeitsebene bedingte, dass die tiefsten Beckenbereiche an einigen Stellen unter diesem Niveau erhalten blieben. Auch hier erfolgte eine Beprobung der Sedimente in einem flächigen Raster.

Schnell sollte sich zeigen, dass die bisher nur sehr punktuell vorgenommenen Untersuchungen dem Potenzial des Fundplatzes nicht genügend Rechnung trugen. Die Sichtung des Sediments war überaus stark eingeschränkt. An eine systematische Vorgehensweise war so nicht zu denken. Vieles blieb dem Zufall und evtl. auftretenden glücklichen Umständen überlassen. Es musste eine Lösung gefunden werden, um wenigstens ausschnittsweise die von Projektbeginn an konzipierte flächenhafte Untersuchung zu erreichen. Nach längeren Diskussionen konnten die Technologen des Bergbauunternehmens von der Notwendigkeit überzeugt werden, bei jeder Durchfahrt des Vorschnittbaggers die eemzeitlichen Sedimente auszusparen und als Block bzw. Berme am Fuß des Stoßes stehen zu lassen. Damit war es dann im weiteren Verlauf möglich, mit eigener Baggertechnik und angepasst an die stratigrafische Situation zu arbeiten. Die

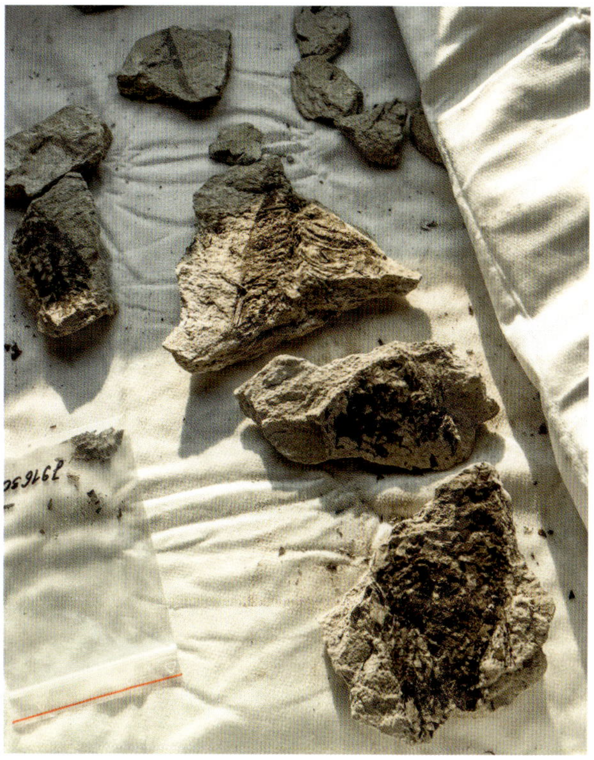

Abb. 5: Das schichtweise Abtragen mit dem Bagger auf anfangs kleinen Flächen ergab zahlreiche Fischfunde. Die Kalkmudde ist im getrockneten Zustand hart und kreideweiß, 23.11.2011 (Foto E. Bönisch, BLDAM).

erste Berme wurde am 24.6.2011 angelegt. Selbstverständlich waren sicherheitstechnische Aspekte zu beachten. In den allermeisten Fällen stand uns nach einer Setzungsphase von ca. 48 Stunden nach jeder Vorschnittbaggerdurchfahrt eine Berme von ca. 12 m Breite zur Verfügung abzüglich eines 4 m breiten Streifens an der Böschung. Die Breite der Bermenoberfläche war von unterschiedlichen Parametern abhängig, so vor allem von der Höhe des obersten Planums sowie des Böschungswinkels der Abbaukante. Die geotechnische Standsicherheit musste gewährleistet sein; so durfte es in den archäologisch zu bearbeitenden Abschnitten keine stärkeren Wasseraustritte geben, die möglicherweise Rutschungen hätten verursachen können. Nach der Fertigstellung einer Rampe konnte die Berme befahren und mit dem Abtrag der Sedimente begonnen werden.

Auf Grund der sehr dichten, tonigen Konsistenz des Eemsedimentes war an einen händischen Abtrag der Horizonte nicht zu denken, so dass der flächige Abtrag mit Hilfe eines Kettenbaggers

Abb. 6: Bei den Untersuchungen im Vorschnitt hat sich das Durchtiefen der Eem-Mudde mit 5 – 10 cm starken Abträgen bewährt. Ausbaggerung 15, Schnitte 7 – 9, von Ost, 26.9.2011 (Foto E. Bönisch, BLDAM).

Abb.7: Sobald sich in der eemzeitlichen Schluffmudde Knochen oder andere Fossilien zeigten, wurde zum Spachtel gegriffen. Ausbaggerung 17, 21.11.2011 (Foto E. Bönisch, BLDAM).

vorgenommen werden musste. Großflächig wurden nun die Seeablagerungen Schicht für Schicht in unterschiedlichen Mächtigkeiten abgeschält. Das geschah unter ständiger Sichtung des Planums und Beobachtung an der Baggerschaufel, um beim Auftreten von Funden sofort reagieren zu können. Dieser Wechsel in der Vorgehensweise stellte einen immensen Fortschritt dar und sollte die Fundzahlen – den Erwartungen entsprechend – erheblich in die Höhe schnellen lassen.

Abb. 8: Hier wurde ein Teil der belassenen Berme vor der Vorschnitt-Böschung mit dem Bagger abgetieft. Parallel dazu erfolgte eine Handuntersuchung in Quadraten unter Gewinnung von Proben. Ausbaggerung 15, Schnitt 7, 27.9.2011 (Foto I. Raufuß, Senckenberg Weimar).

Abb. 9: In frischem Zustand ließen sich Fossilien wie dieser Fisch (Plötze) in einem Block aus der Mudde herausschneiden. Ausbaggerung 20, Schnitt 17, 17.6.2012 (Foto I. Raufuß, Senckenberg).

Dabei stellte sich schnell heraus, dass auf Grund der feinen Lamellenstruktur des Eemschluffs selbst empfindlichste Funde wie Birkenblätter mit dem Bagger entdeckt und freigelegt werden konnten. An einigen ausgewählten Stellen ist die Untersuchung per Hand getestet worden, hat aber ergeben, dass diese Methode jeden realistischen Zeitrahmen sprengen würde und noch dazu keine wesentliche Verbesserung der Fundsituation gegenüber der von uns gewählten Vorgehensweise erbringt.

Freilegen und Präparation der Funde, Dokumentationsverfahren

Für die Bergung der freigelegten Befunde wurden verschiedenste Verfahren angewandt. Kleine Objekte wie Blätter, kleine in der Eemschluffmudde aufgedeckte Fische konnten en bloc samt dem umgebenden Sediment geborgen werden. Auf Grund der Festigkeit der Schluffmudde konnte auf weitere stabilisierende Maßnahmen verzichtet werden. Bei den Funden aus dem spätsaalezeitlichen Sanddornhorizont waren dahingegen stabilisierende Vorkehrungen erforderlich. Zum einen sind kleinere Objekte durch Gips fixiert und mit samt des umgebenden Sedimentes entnommen worden.

Abb. 10: Im Baggerplanum entdeckte Fossilien wurden bis zur Untersuchung und Bergung durch die Paläontologen auf Sockeln stehen gelassen. Ausbaggerung 17, Schnitt 10, 24.11.2011 (Foto E. Bönisch, BLDAM).

Abb. 11: Im Block geborgener Unterkiefer des Pferdes aus dem Saale-Spätglazial, 17.6.2013 (Foto I. Raufuß, FU Berlin).

Größere, im anatomischen Verband aufgedeckte Funde – so z.B. ein größeres Welsexemplar – konnten nur mit Hilfe aufwendiger Kastenkonstruktionen vollständig geborgen werden.

Neben dem flächigen Abtrag der Ablagerungen im Seebecken sind parallel größere Mengen des Sediments aus ausgewählten Bereichen in Big-Packs geborgen worden, um in einer eigens installierten Siebananlage geschlämmt zu werden. Dafür boten sich insbesondere die sandigen hangenden Horizonte der Weichseleiszeit an, welche sich stellenweise tief in die Eemsedimente eingeschnittenen Rinnenstrukturen eingelagert haben. Ebenso ist vereinzelt Sediment des spätsaalezeitlichen Sanddornhorizontes im Liegenden geschlämmt worden.

Abb. 12: Vor den Holzkisten mit dem 1,5 m langen Wels und den beiden spätsaalezeitlichen Pferdeunterkiefern stehen mit Apothekergips fixierte Fischfunde aus dem Eem, 4.7.2013 (Foto I. Raufuß, FU Berlin).

Untersuchung im Bereich der Arbeitsebene

Mit der Beendigung des Vorschnittbetriebes im Bereich des eemzeitlichen Sees konnte dazu übergegangen werden, die unter der Arbeitsebene verbliebenen Reste des Seebeckens zu untersuchen. Hier bestand nun das erste Mal die Möglichkeit zu großflächigeren Untersuchungen. Der relativ große Abstand zwischen Vorschnitt und nachfolgendem Brückenhochschnitt der Förderbrücke bot ein wesentlich größeres Zeitfenster. Die Grabung in der Arbeitsebene begannen im April 2013. In genügendem Abstand zur Abbaukante des Brückenschnittes legten wir unsere ersten Schnitte parallel zur Abbaukante an. Die Ausrichtung der Grabungsschnitte lag damit annähernd rechtwinklig zur Nord-Süd-Ausrichtung des Seebeckens. Dies hatte den Vorteil, dass das Becken quer durchschnitten und mit zahlreichen parallel angeordneten Profilen dokumentiert werden konnte. Somit ließ sich die Morphologie des Seebeckens relativ genau erfassen.

Die technische Vorgehensweise in der Arbeitsebene entsprach weitestgehend der Arbeitsmethode auf der Berme. Mit einem 25 t-Kettenbagger wurden Schnitte mit einer Breite von ca. vier bis fünf Metern angelegt. Dabei wurde das Sediment wieder mit möglichst dünnen Abträgen abgeschält. Traten Funde, also Tierknochen oder Fischskelette u.ä. auf, wurden diese als Block stehen gelassen und in der Regel durch die Paläontologen weiter bearbeitet und geborgen. Fundbereiche im Spätsaale-Horizont an der Eem-Basis wurden quadratmeterweise per Hand untersucht und das klastische Sediment gesiebt.

Dokumentationsverfahren

Die Dokumentationsweise der Ausgrabung eines großflächigen paläolithischen Seeareals unterscheidet sich – schon auf Grund der Dimensionen – grundlegend von der Befundaufnahme einer „klassischen" archäologischen Ausgrabung. Da einzelne Befundstrukturen nicht zu erwarten sind, verlagert sich der Schwerpunkt viel mehr in Richtung der detailierten Aufnahme der Sedimente und ihrer möglichst feingliedrigen stratigrafischen Einordnung.

Abb. 13: Lagerung der Big-Packs mit Eem-Material in der Baustelleneinrichtung auf der Vorschnittebene (Foto E. Bönisch, BLDAM).

Abb. 14: Schlämmen mit verschiedener Maschenweite zur Auffindung von Knochen, Steinartefakten oder Holz …

Abb. 15: … auf einer bewährten Anlage von Senckenberg (Fotos E. Bönisch, BLDAM).

Geologische Aufnahme der Profile des Vorschnittbaggers

Als Grundlage aller Untersuchungen im Bereich Vorschnitt und Arbeitsebene dienten zunächst einmal die geologischen Aufnahmen der durch den Vorschnittbagger freigelegten 31 Profile durch den Tagebaugeologen R. Kühner, der sie dem BLDAM dankenswerter Weise regelmäßig zur Verfügung gestellt hat. Auf der Grundlage dieser Profildokumentationen (in 5facher Überhöhung, einer für manche archäologischen Profile durchaus überlegenswerte Darstellungsweise) war es nun möglich, die Untersuchungsbereiche sehr exakt festzulegen und im Bereich des Stoßes durch den Vorschnittbagger freilegen zu lassen.

Abb. 16: Für die Sande der spätsaalezeitlichen Fundschicht war nur mit Bausieb und Feuerwehrschlauch der erforderliche Durchsatz zu erreichen. Damit wurden 100 Kubikmeter Abraum bewältigt und einer der beiden Feuersteinartefakte gefunden. 23.7.2013 (Foto H. Rösler).

10

Abb. 17: Grabung des südlichen Eembeckens unter der Arbeitsebene Vorschnitt mit (z.T. abgedeckten) Profilen der östlichen Flanke. Im Hintergrund die Vorschnittböschung mit dem Schaufelradbagger SRs 1557, 22.8.2013 (Foto E. Bönisch, BLDAM).

Abb. 18: Geologisches Kartierungsprofil des Eems an der Vorschnittböschung, 1:5 überhöht (Ausbaggerung 11, März 2011, R. Kühner, Vattenfall) mit Position des Fotoprofils Abb. 19.
Zur Lage vgl. Abb. 20, 21 auf den folgenden Seiten.

Abb. 19: Entzerrtes Fotoprofil des südlichen Eem-Beckens unterhalb der Arbeitsebene Vorschnitt (Profil 9 im Schnitt 18, September 2013). Es zeigt die feine Bänderung der Sanddornschichten des Saale-Spätglazials (Fundhorizont) und des diskordant überlagernden dunklen Schluffs (Foto und Bearbeitung M. Schneider, BLDAM). Das Profil setzt lagegenau und außerdem zoomartig das geologische Eem-Profil partiell nach unten fort (vgl. Abb. 18).

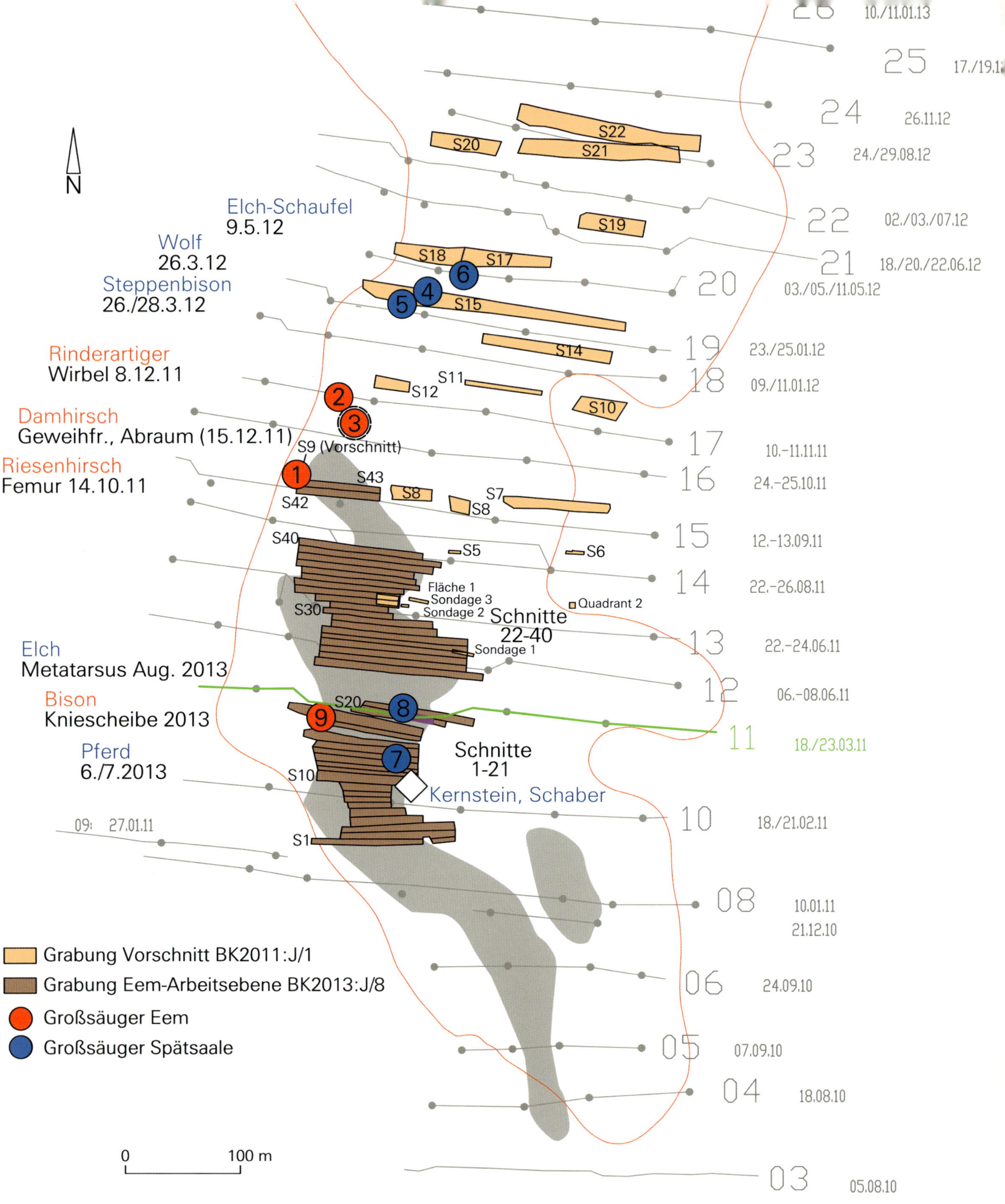

Abb. 20: Übersicht des Eem-Vorkommens Jänschwalde 48 mit
- Vorschnittkanten/geologischen Kartierungsprofilen mit Nummer und Datum,
- Grabungsflächen auf Bermen im Vorschnitt (ocker),
- Grabungsschnitten unterhalb der Arbeitsebene Vorschnitt (braun) im südlichen Eembecken (grau) und
- Großsäugerfunden des Saale-Spätglazials und Eems mit Datum der Auffindung.

Abb. 21: Im Luftbild zeichnet sich auf der Vorschnittebene etwa 15 m unter Rasensohle das tieferreichende südliche Eem-Becken dunkel ab. Saumartig erscheint der angeschnittene Bänderton des Saaleglazials (zum Vergleich schlage man auf die vorige Seite mit Profil Abb. 18 nochmals zurück). Zur Orientierung sind die Grabungsschnitte eingezeichnet. Im Norden noch die Geländeoberfläche mit Grabungen im Tagebauvorfeld. (Aufnahme 11.12.2011, Vattenfall).

Abb. 22: Herstellung eines Profils im südlichen Eembecken unterhalb der Arbeitsebene Vorschnitt. Schnitt 21, 24.9.2013 (Foto E. Bönisch, BLDAM).

Abb. 23: Einschlagen eines Probenzylinders für die OSL-Datierung der saalespätglazialen Sanddornschichten. Schnitt 15, 22.8.2013 (Foto E. Bönisch, BLDAM).

Einmessung von Bermenoberfläche, Schichtgrenzen und Funden

Als erster grabungsseitiger Dokumentationsschritt erfolgte die Einmessung der Bearbeitungsgrenzen auf den freigeschnittenen Bermen. Da nicht immer alle Bereiche eines Profilabschnittes durch die Verantwortlichen für die Geosicherheit freigegeben werden konnten, treten hier z.T. größere Lücken im Vergleich zu der eigentlichen Eemausdehnung auf.

Nach der Anlage des ersten Planums auf der Bermenoberfläche erfolgte eine Einmessung der markanten Schichtgrenzen. Dies betrifft vor allem die Übergänge zwischen den spätsaalezeitlichen Sanddornhorizonten und Mudden sowie den anschließenden Eemsedimenten. Weichselzeitliche Rinnen in den Eemsedimenten sind, soweit möglich, erfasst worden.

Der überwiegende Teil aller geborgenen Funde konnte dreidimensional eingemessen werden. Zunächst erfolgte die Einmessung manuell mit Hilfe eines für jede Berme neu erstellten lokalen Messrasters. Im Verlauf des Projektes konnte dann aber auf eine tachymetrische und GPS-basierte Einmessung umgestellt werden. Neben der rein metrischen Befunddokumentation, wurden selbstverständlich auch Informationen wie „umgebende Sedimentart", „stratigrafische Position" und „Höhe über Basis Schluffmudde" aufgenommen.

Photogrammetrische Dokumentation der Profile und der Funde in Befundlage

Mit Beginn der Arbeiten in der Arbeitsebene konnten wir, unabhängig von geotechnischen Vorgaben, selbständig Grabungsprofile erstellen. Damit hatten wir die Möglichkeit, erstmals größere Profilabschnitte vollständig zu überputzen und komplett zu dokumentieren. Da eine zeichnerische Aufnahme der entsprechenden Abschnitte bei weitem zu aufwendig gewesen wäre, entschieden wir uns zur Dokumentation der Profilflächen mit Hilfe der projektiven Fotoentzerrung.

Dasselbe Verfahren der fotografischen Dokumentation wurde auch bei einem Großteil der Pferdeknochenfunde in den spätsaalezeitlichen Fundhorizonten angewandt. Die planentzerrten Orthofotos sind durch weitere Aufnahmen der stratigrafischen Situation dokumentiert worden.

Um die feinlaminierte Schichtung der eemzeitlichen Muddeschicht zu dokumentieren, sind wir mit der projektiven Fotoentzerrung noch einen Schritt weiter gegangen und haben ca. 3 m hohe und 0,4 m breite Segmente in 30 cm Abständen fotografiert und an Hand von Passpunkten georeferenziert und entzerrt. Im Anschluss wurde von diesem Profilabschnitt eine durchgehende, exakt vermessene Probensäule entnommen. Somit war eine exakte, schichtgenaue Beprobung und Analyse möglich.

Abb. 24: Profil des Übergangs Saale-Spätglazial/Eem mit Messkreuzen zur Fotoentzerrung und U-Profilen zur Entnahme von Profilsäulen für die Pollenanalyse. Schnitt 20, 5.9.2013, vgl. Abb. 26 (Foto R. Piskorski, BLDAM).

Abb. 25: Probenzylinder für die OSL-Datierung der etwa drei Jahrtausende umfassende Schichten des Saalespätglazials unter dem südlichen Eembecken. 1–4 Schluffmudde Saale-Spätglazial, 5–8 Sanddornhorizont Saale-Spätglazial = mittelpaläolithische Fundschicht, 9–12 Saaleglazial. Schnitt 14/15, 22.8.2013 (Foto R. Piskorski, BLDAM)

Literatur

Faulstich, Elisabeth Ida/ Hahn-Weishaupt, Andrea (Hrsg.), Dokumentation und Innovation bei der Erfassung von Kulturgütern. Schriften des Bundesverbandes freiberuflicher Kulturwissenschaftler, Bd. 2 http://nbn-resolving.de/urn:nbn:de:0258-200900010

Wanke, Tilmann,
Bildentzerrung in der Befunddokumentation. Netzpublikationen zur Grabungstechnik, Nr. 2, 2011.
Verband der Landesarchäologen in der Bundesrepublik Deutschland, Kommission Grabungstechnik (Hrsg.).
http://www.landesarchaeologen.de/fileadmin/Dokumente/Dokumente_Kommissionen/Dokumente_Grabungstechniker/Netzpublikationen/Wanke_Bildentzerrung_10-2011.pdf

Abb. 26: Die Sanddornschichten des Saalespätglazials mit Bruchstrukturen, Schnitt 20; vgl. Abb. 19 (Foto R. Piskorski, BLDAM).

Abb. 1: Schildkern aus Moränenfeuerstein mit Aussplitterungen der Kanten auf der Oberseite durch die Nutzung als Schneidwerkzeug, etwa 4:1 (Fotos E. Bönisch, BLDAM).

Silexartefakte vom Bereich des spätsaalezeitlichen Pferdeskeletts aus Jänschwalde

Klaus-Peter Wechler

Einführung

Die Entdeckung der Steinartefakte ist mit dem Auftreten von Pferdeknochen in den spätsaalezeitlichen Sedimenten am östlichen Rand des Eembeckens eng verbunden. Nachdem in den Schnitten 12 und 13 ein Unterkiefer und zwei Rippen zutage gekommen waren, entschloss man sich, die Schichten im Bagger abgetragen und südlich von Schnitt 10 abgelegt. Am östlichen Ende der 15 m langen Abraumhalde kam dann am 24.06.2013 der Silexkernstein (Artefakt 1) zutage. Sein sekundärer Fundort liegt 21 m südöstlich der Skelettreste. Die etwa 100 m^3 Sediment der Abraumhalde wurden anschließend in einem Sieb mit 12 × 12 mm Maschenweite geschlämmt. Dabei fand sich 2 – 3 m

Abb. 2: Die beiden mittelpaläolithischen Feuersteinartefakte von Jänschwalde, Schildkern und Schaber.

Liegenden der bereits untersuchten aber noch zugänglichen Flächen näher zu betrachten. Die Sande des spätsaalezeitlichen Sanddornhorizontes der Schnitte 12, 11 und 10 wurden daraufhin mit dem westlich des Kernsteins am 22.07.2013 das Fragment eines Schabers (Artefakt 2). Weitere Silexartefakte traten beim Schlämmen des Abraums nicht auf. Die ursprüngliche Lage der beiden Artefakte lässt sich auf ein Areal eingrenzen, das im Bereich der Knochenstreuung beginnt und 12,5 m südlich davon, am Südrand von Schnitt 10, endet. Anschließend wurden nördlich und östlich der ersten Knochenfunde 150 m² der spätsaalezeitlichen Schicht von Hand abgegraben. Dabei kamen nördlich von Schnitt 13 weitere Skelettreste (Schulterblätter, Wirbel, Rippen) des Equiden zu Tage. Obwohl das Sediment dieser Grabung ebenfalls gesiebt wurde, traten keine weiteren Silexartefakte mehr auf.

Fundbeschreibung

Artefakt 1

Schildförmiger Restkern aus Moränenfeuerstein mit kreidig weißen (5Y 8/1) Einschlüssen.[1] Farbe des Rohmaterials nicht bestimmbar, da der Kern von allen Seiten mit rötlichgelber (7,5YR 7/8) Patina bedeckt ist.[2] Auf der Vorderseite (Abb. 4.2) des Artefaktes abgewaschene, auf der Rückseite (Abb. 4.3) kreidige Geröllloberfläche, jeweils als kleiner Rest, vorhanden. Erhaltungszustand sehr gut, ohne erkennbare Veränderungen durch Lagerung im Sediment oder moderne Beschädigungen. Die ovale Oberseite des Kerns (Abb. 4.1) besitzt Abmessungen von 49 × 58 mm. Sie wird in ihrem zentralen Teil von einem großen Negativ eingenommen, das mittig von der Vorderseite ausgeht und bis zur Rückseite des Kernsteines reicht. Dieses Negativ geht offenbar auf einen Zielabschlag in Levallois-Technik zurück.[3] Zugehörige Präparationen sind auf der Oberseite nicht vorhanden.

1 Farbwerte nach Munsell Soil Color Charts (New Windsor 2000).

2 Es handelt sich um durch Eisenoxyde hervorgerufene Patinierung (Hahn 1991, 48), die auf Lagerung in den eisenhaltigen Sanden des spätsaalezeitlichen Sanddornhorizontes zurückgeht.

3 Die ovale Oberseite ist demnach die Abbau- bzw. Dorsalfläche des Kerns (Baumann/Mania 1983, 65).

Abb. 3: Schildförmiger Kernstein in Originalgröße, Ansichten wie Abb. 4.

Abb. 4: Schildförmiger Kernstein. 1 Oberseite/Abbaufläche, Lage der Gebrauchsspuren markiert, 2 Vorderseite, 3 Rückseite, 4 linke Schmalseite, 5 rechte Schmalseite, 6 Unterseite/Präparation (Zeichnungen E. Liersch nach Entwurf K.-P. Wechler, BLDAM).

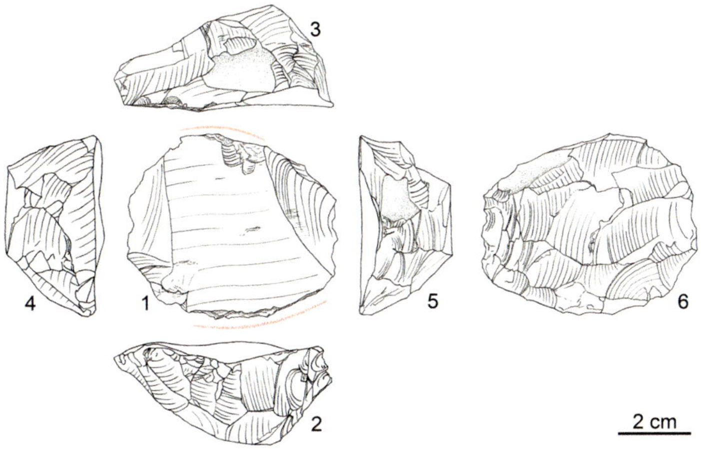

Auf der Vorderseite des Kerns weisen jedoch vier kleinere Negative auf eine Vorbereitung der Schlagbasis für den Zielabschlag hin. Die vordere und hintere Kante des Kerns ist im Bereich des zentralen Negatives stark verrundet und weist Aussplitterungen auf. Mikroskopisch sind auf der Abbaufläche des Kerns entlang dieser Kanten Fleisch- und Knochenpolituren nachgewiesen, die einen messerartigen Gebrauch in Längsrichtung belegen (s. Beitrag K.-U. Heußner, S. 69 – 70). Der Kern hat demnach nach Abtrennen des Zielabschlages eine Nutzungsphase als Gerät durchlaufen. Daran schließt eine weitere Phase an, in der die ovale Kernoberseite (Abb. 4.1) an der linken (Abb. 4.4) und rechten Schmalseite (Abb. 4.5)

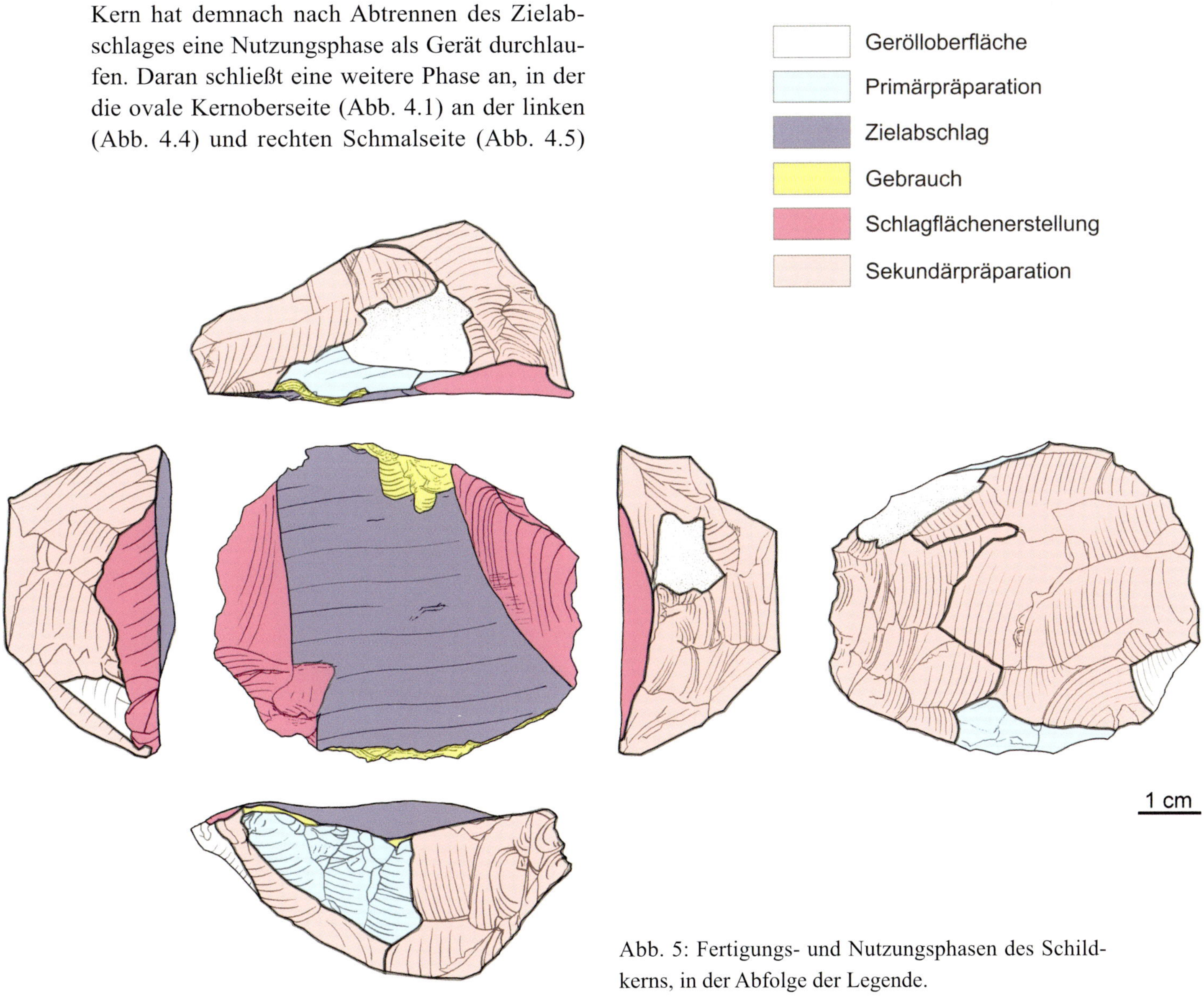

Abb. 5: Fertigungs- und Nutzungsphasen des Schildkerns, in der Abfolge der Legende.

Abb. 6: Schaberfragment in Originalgröße, Ansichten wie Abb. 7.

durch Schlagnegative gekappt wird. Diese jüngeren Modifikationen zerstören einen Teil der Gebrauchsspuren der vorhergehenden Gerätenutzung. Die neu angelegten Negative ergeben zwei gegenständige Schlagflächen, von denen eine intensive Präparation der Kernunterseite (Abb. 4.6) ausgeht. Dabei fielen relativ dünne, oft klingenförmige Abschläge an, die nach den vorhandenen Negativen bis zu 47 mm Länge erreichten, meist aber deutlich kürzer waren. Die Bearbeitung der Kernunterseite endet auf beiden Präparationsflächen mit steckengebliebenen Schlägen, die einen weiteren Abbau unmöglich machten.
L. 49; B. 58; H. 36 mm; Gew. 78 g

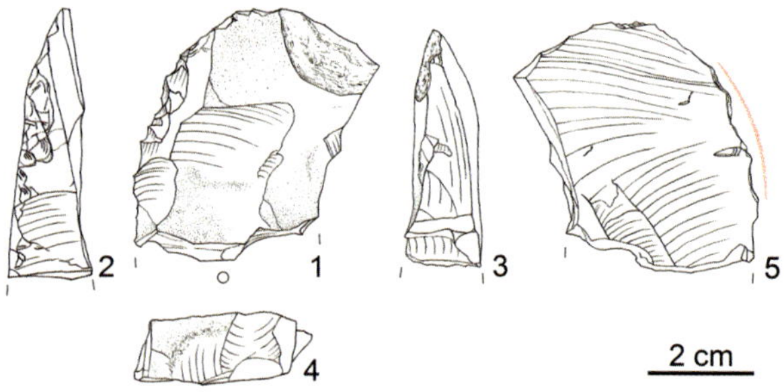

Abb. 7: Schaberfragment. 1 Dorsalfläche, 2 linke Seite, 3 rechte Seite, 4 basale Ansicht, 5 Ventralfläche. Lage der Gebrauchsspuren markiert.

Artefakt 2
Modifiziertes Fragment eines Schabers aus hellgelbem (2,5Y 8/2) Moränenfeuerstein mit kreidig weißen Einschlüssen (5Y 8/1), dessen Farbe auf der Geräteoberseite (Abb.7.1) in Schlagnegativen und einem Frostaussprung zutage tritt. Die übrigen Flächen mit gelber (2,5Y 8/6) Patina überzogen.

Nach seinem Gebrauch als Schaber hat das Artefakt eine weitere Nutzungsphase durchlaufen.

Das Gerät weist einen sehr guten Erhaltungszustand mit frischen Kanten und Graten auf und ist frei von modernen Beschädigungen.
Als Grundform diente ein massiver Krustenabschlag mit Gerölloberfläche. Linkslateral bis terminal sind auf einer Länge von 40 mm die Reste einer von ventral retuschierten konvexen Schaberkante erhalten. Die Schaberkante erreicht auf der linken Geräteseite (Abb. 7.2) eine Höhe von 11 mm und läuft nach terminal flach aus. Mikroskopisch lassen sich auf der Ventralseite entlang der Werkzeugkante (Abb. 7.5) erneut Gebrauchsspuren nachgewiesen, die das Schneiden von Fleisch und den Kontakt mit Knochen in Längsrichtung belegen (s. Beitrag K.-U. Heußner). Später wurde der

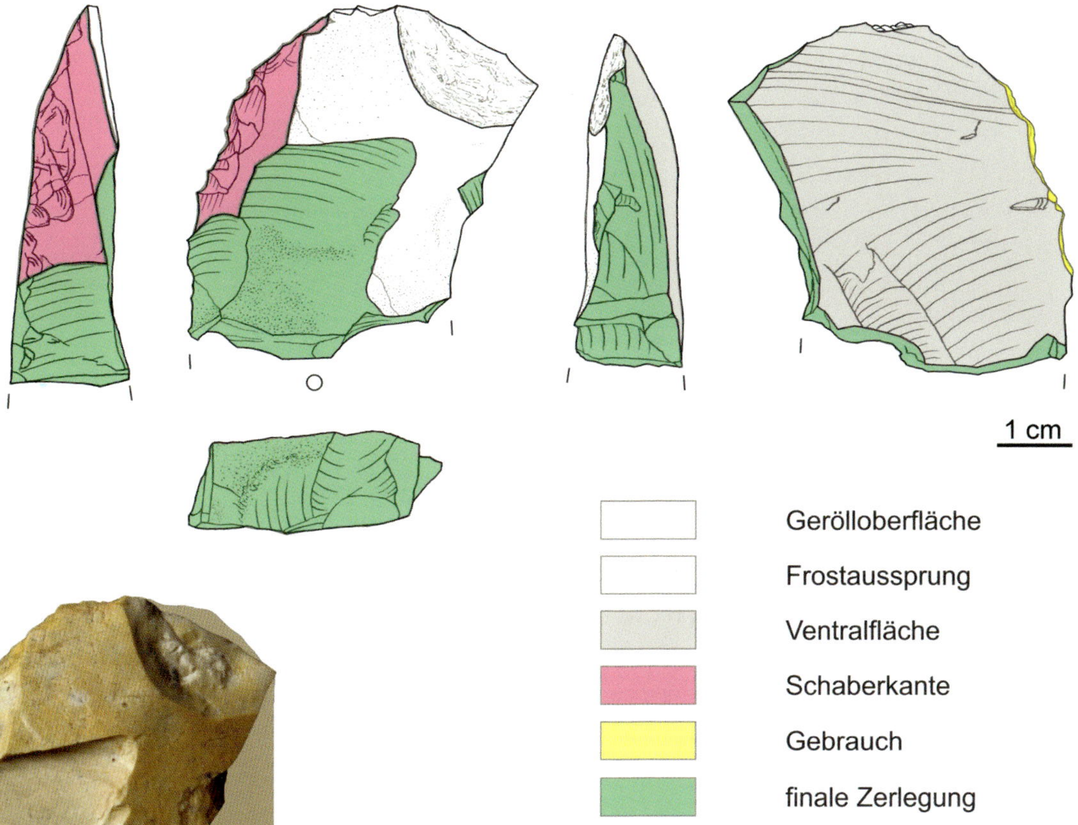

Abb. 8: Fertigungs- und Nutzungsphasen des Schabers, in der Abfolge der Legende.

Abb. 9 (links): Schaberfragment, vermutliche ursprüngliche Form vor der finalen Zerlegung.

Abb. 10: Retusche am Schaber, Detail.

Schaber an seinem basalen Ende und auf der rechten Seite modifiziert. Er dürfte nach der Dicke der Grundform und dem Verlauf der Wallnerlinien ursprünglich deutlich größer gewesen sein (Abb. 9). Die Überarbeitung beginnt am basalen Ende, wo im linken Teil der Dorsalfläche zwei Abschlagnegative von basal in die Schaberkante eingreifen. Diese werden in einem nachfolgenden Modifikationsschritt transversal und von dorsal gekappt. Ein auf der Dorsalfläche befindliches Schlagauge neben dem zuletzt abgetrennten Abschlag bezeugt eine Zerlegung mittels harter Schlagtechnik. Weitere dorsale Schlagmarken im Bereich der rechtslateralen Fraktur beweisen, dass auch diese intentionell herbeigeführt wurde. Nach seinem Gebrauch als Schaber hat das Artefakt somit eine weitere Nutzungsphase durchlaufen. Ob das Zerschlagen auf die Gewinnung kleiner scharfkantiger Abschläge abzielte oder das Reststück passend gemacht werden sollte, kann nicht entschieden werden.
L. 50; B. 43; D. 15 mm; L. Schaberkante 40 mm; Gew. 33 g

Diskussion

Durch ihre Einbettung in Sande der späten Saalekaltzeit können die beiden Artefakte dem ausgehenden älteren Mittelpaläolithikum zugewiesen werden. Dem steht unter typologischem Aspekt nichts entgegen.
Der sorgfältig präparierte Restkern findet nach Größe und Gewicht Entsprechungen unter den Levallois-Kernen von Stationen wie Markkleeberg, Neumark-Nord und Salzgitter-Lebenstedt (Baumann/Mania 1983, 65–67, 69; Mania 1990, 99; Pastoors 2001, 233–234). Eine Besonderheit des vorliegenden Kernes stellt seine zwischenzeitliche Gerätenutzung dar. Auch dafür deuten sich Entsprechungen in mittelpaläolithischen Fundinventaren an. Nach A. Pastoors (2001, 237) treten Gebrauchsspuren an den Kernen von Salzgitter-Lebenstedt häufiger auf, wurden bisher jedoch noch nicht näher untersucht. Auffällig erscheint weiterhin, dass die Bearbeitung des vorliegenden Restkerns mit einer Präparation endet. Auch dieses Merkmal findet sich an den Levallois-Kernen von Salzgitter-Lebenstedt (ebd. 201–233) und Neumark-Nord wieder. Nach D. Mania (1990, 99) wurde durch die intensive Präparation von kleinen Restkernen versucht, von diesen noch einen brauchbaren Abschlag zu gewinnen.
Das vorliegende Schaberfragment repräsentiert eine in mittelpaläolithischen Inventaren häufig auftretende Geräteform (Burkert u.a. 1992, 60). Die erhaltenen Merkmale weisen auf einen einfachen Schaber mit gerader bis leicht konvexer Arbeitskante hin (Bosinski 1967, 30; Bordes 1988, Taf. 14 – 17; 18,1 – 4), jedoch ließe sich das kleine Bruchstück auch zu anderen Formen, wie Doppelschaber oder rechtwinkliger Schaber, ergänzen.
Eine Zusammenpassung der beiden Artefakte ist nicht möglich. Der Schaber wurde demnach nicht aus dem (letzten) Zielabschlag des Levallois-Kernes hergestellt. Trotzdem könnten beide nach der Struktur des Silexmaterials zu einer Materialeinheit gehören. Dies lässt sich wegen der starken Patinierung der Stücke jedoch nicht abschließend klären.

Der Kernstein und der Schaber wurden vermutlich als fertige Objekte in die Fundstelle eingebracht. Zumindest liegen keine Abfälle ihrer Herstellung vor. Als verbindendes Element zwischen beiden erweist sich die Gerätenutzung. Die vorhandenen Mikropolituren weisen auf das Schneiden von Fleisch und intensiven Kontakt mit Knochen, somit wohl auf Tierkörperzerlegung, hin. Ein Zusammenhang der Steinartefakte mit dem Pferdeskelett liegt damit nahe. Allerdings gelangten beide nicht in dieser Nutzungsphase in das Sediment, sondern durchliefen weitere Modifikationen. Der Kern wurde präpariert, der Schaber zerlegt. Abfälle dieser finalen Bearbeitung fanden sich nicht. Denkbar wäre, dass die Überarbeitung der Steinartefakte in der Nachbarschaft des Platzes der Tierzerlegung, vielleicht in einem höher gelegenen Uferbereich,

Beide Steinartefakte gelangten nicht in der Nutzungsphase der Tierkörperzerlegung in das Sediment, sondern durchliefen weitere Modifikationen. Der Kern wurde präpariert, der Schaber zerlegt.

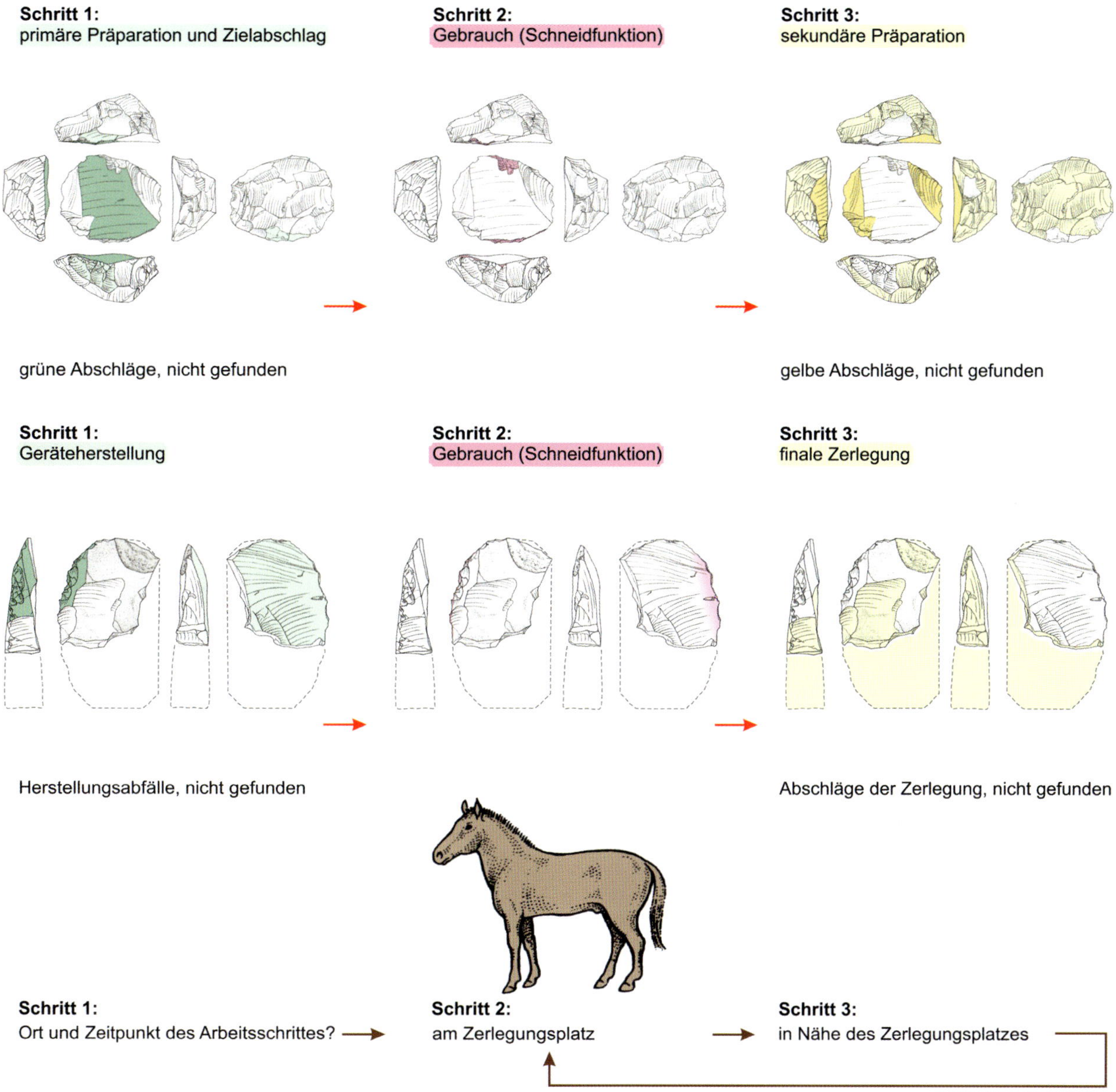

Abb. 11: Arbeitsschritte der Fertigung und Nutzung von Kern und Schaber und rekonstruierte Orte dieses Prozesses (E. Liersch nach Entwurf K.-P. Wechler, BLDAM).

stattfand und die beiden unbrauchbar gewordenen Stücke verworfen wurden.

Mit dem Silexinventar der bekannten mittelpaläolithischen Schlacht- und Zerlegungsplätze von Gröbern, Lehringen und Neumark-Nord lassen sich unsere Artefakte nur bedingt vergleichen. Bei den Elefantenskeletten von Gröbern (Heußner/Weber 1990; Weber 1990) und Lehringen (Thieme/Veil 1985) fanden sich lediglich unretuschierte Silexabschläge und -trümmer, die teilweise Gebrauchsspuren aufwiesen. Vergleichbare Schlachtplätze von Ur und Nashorn wurden in der unteren Uferzone eines Seebeckens in Neumark-Nord dokumentiert. Auch in diesen Sedimenten traten überwiegend Abschläge und Abschläge mit Gebrauchsspuren, daneben aber auch Kernsteine, Abschlaggeräte, Schlagsteine und ein Kerngerät, auf (Mania 1990, 99 Tab. 14). Zudem wurden kurzfristig genutzte Lagerplätze in höher gelegenen Uferbereichen untersucht, auf denen Silexbearbeitung stattfand und Artefakte zur weiteren Benutzung entnommen wurden (ebd. 57, 62, 64). Dieses Bild lässt sich wahrscheinlich auf Jänschwalde übertragen, wo jedoch nur die selektierten Artefakte erfasst wurden.

Literatur

Baumann/Mania 1983
W. Baumann/D. Mania, Die paläolithischen Neufunde von Markkleeberg bei Leipzig. Veröffentlichungen des Landesmuseums für Vorgeschichte Dresden 16 (Berlin 1983).
Bordes 1988
F. Bordes, Typologie du Paléolithique ancien et moyen (5e éd 1988).
Bosinski 1967
G. Bosinski, Die mittelpaläolithischen Funde im westlichen Mitteleuropa. Fundamenta A4 (Köln, Graz 1967).
Burkert u.a. 1992
W. Burkert/B. Çep/C.-J. Kind/C. Pasda/M. Schrantz/U. Simon, Wittlingen. Eine mittelpaläolithische Freilandfundstelle bei Bad Urach. Fundber. Baden-Württemberg 17/1, 1992, 1–110.
Hahn 1991
J. Hahn, Erkennen und Bestimmen von Stein- und Knochenartefakten. Einführung in die Artefaktmorphologie. Archaeologica Venatoria 10 (Tübingen 1991).
Heußner/Weber 1990
K.-U. Heußner/T. Weber, Das archäologische Inventar – spezielle Untersuchungen zu den Feuersteinartefakten. In: D. Mania/M. Thomae/T. Litt/T. Weber (Hrsg.), Neumark – Gröbern. Beiträge zur Jagd des mittelpaläolithischen Menschen (Berlin 1990) 225–235.
Mania 1990
D. Mania, Stratigraphie, Ökologie und mittelpaläolithische Jagdbefunde des Interglazials von Neumark-Nord (Geiseltal). In: D. Mania/M. Thomae/T. Litt/T. Weber (Hrsg.), Neumark – Gröbern. Beiträge zur Jagd des mittelpaläolithischen Menschen (Berlin 1990) 9–131.
Pastoors 2001
A. Pastoors, Die mittelpaläolithische Freilandstation von Salzgitter-Lebenstedt. Genese der Fundstelle und Systematik der Steinbearbeitung. Salzgitter-Forschungen 3 (Salzgitter 2001).
Thieme/Veil 1985
H. Thieme/S. Veil, Neue Untersuchungen zum eemzeitlichen Elefanten-Jagdplatz Lehringen, Ldkr. Verden. Die Kunde N. F. 36, 1985, 11–58.
Weber 1990
T. Weber, Analysen der archäologischen Funde und des Befundes. In: D. Mania/M. Thomae/T. Litt/T. Weber (Hrsg.), Neumark – Gröbern. Beiträge zur Jagd des mittelpaläolithischen Menschen (Berlin 1990) 237–255.

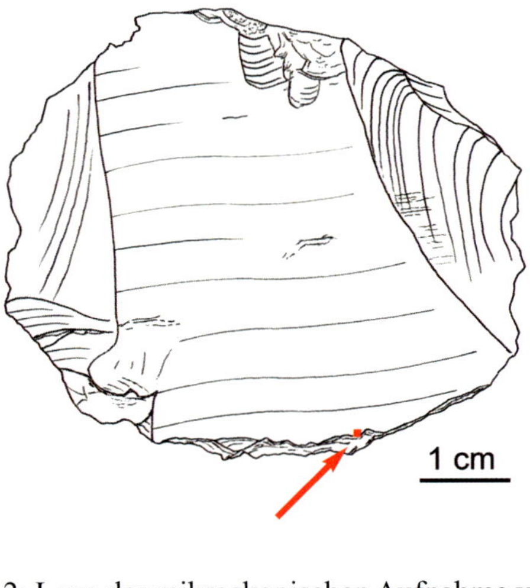

Abb. 12: Lage der mikroskopischen Aufnahme von Gebrauchsspuren am Schildkern (s. folgende Seite, Abb. 1).

Gebrauchsspuren an zwei Artfakten aus den spätsaalezeitlichen Schichten von Jänschwalde

Karl-Uwe Heußner

Die beiden Feuersteinartefakte aus dem späten Saaleglazial von Jänschwalde wurden einer Untersuchung nach Gebrauchsspuren unterzogen. Dem Autor gelang der Nachweis von Gebrauchsspuren mit entsprechender Funktionszuweisung bereits an mesolithischen Feuersteinartefakten aus Brandenburg (Heußner 1988; 1989). Beide mittelpaläolithischen Stücke sind gut erhalten und zeigen neben einer leicht bräunlichen Patina keine offensichtlichen Oberflächenveränderungen. Die Grate

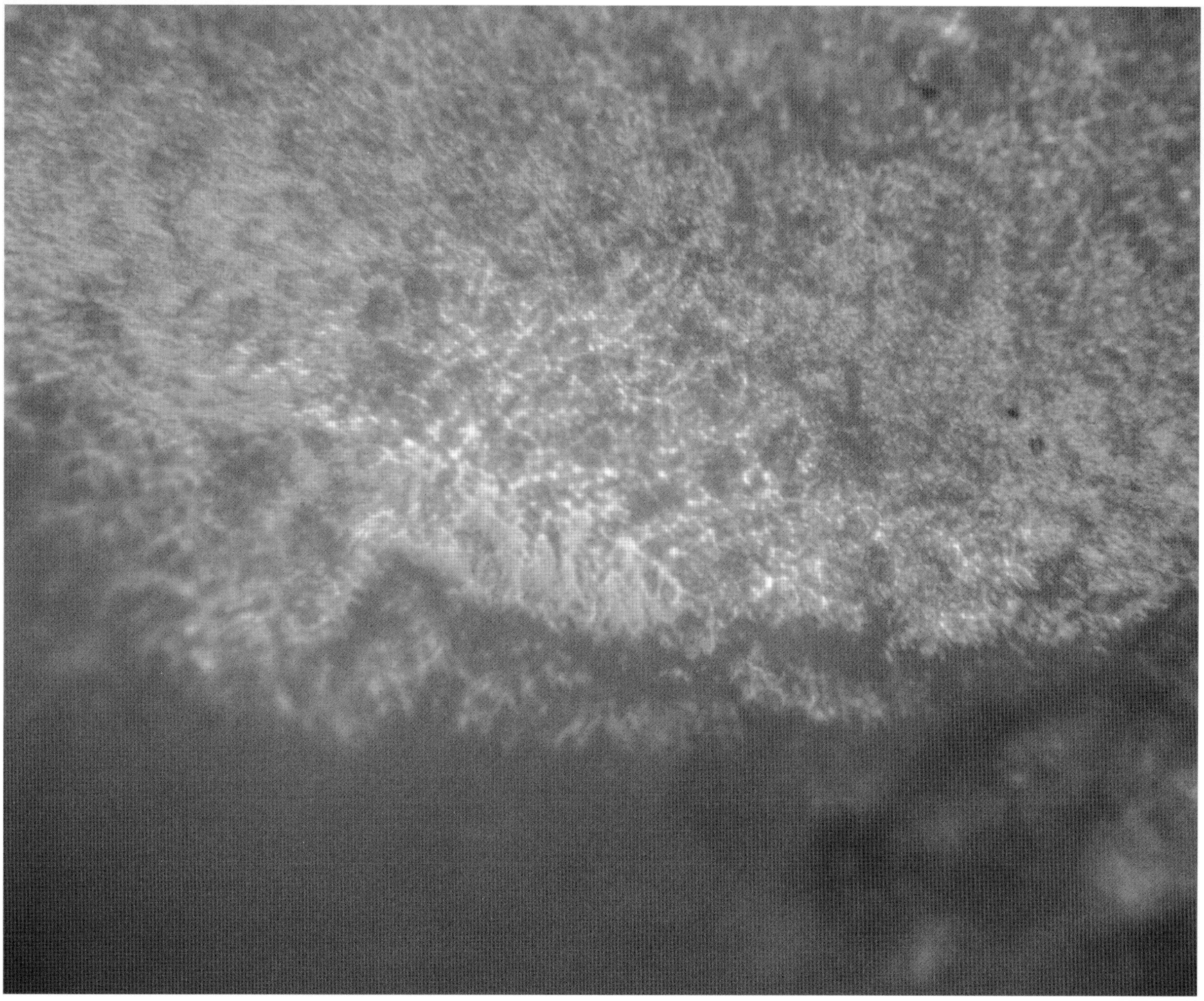

Abb. 1: Politur durch Knochenkontakt an der unteren Kante der Oberseite des Schildkerns (Artefakt 1), 400fache Vergrößerung (Aufnahme K.-U. Heußner, DAI).

sind scharfkantig und die geschlagenen Bruchflächen machen einen relativ frischen Eindruck. Dieses augenscheinliche Bild wird bei näherer Untersuchung unter dem Stereomikroskop bei 10- bis 50-facher Vergrößerung bestätigt. Die Stücke enthalten geringe Reste von Gerölloberfläche. Formzurichtung und Präparation der Kanten sind durch gezielte Bearbeitung erfolgt (Beitrag K.-P. Welcher in diesem Band, S. 61–68).
An den Ansätzen der groben Retusche sind schon unter dem Stereomikroskop deutliche Verrundungen zu erkennen. Diese dürften zum Teil von einem

Es ging beim Schaber nicht, wie die Form vermuten lassen würde, um Schaben quer zur Kante, sondern um ein Arbeiten längs der Arbeitskante.

Brechen der Kanten vor bzw. für die Bearbeitung herrühren. Die nähere Untersuchung unter dem Auflichtmikroskop mit 200- und 400-facher Vergrößerung zeigt, dass diese groben Strukturen von feinerer Politur mit eingeschlossenen Linearspuren überlagert werden.

Bei Artefakt 1 (Schildkern) erstreckt sich auf der flachen Oberseite entlang der vorderen Kante ein mehr oder weniger geschlossener Saum matter Politur mit hellen, stark eingeebneten Politurflecken auf den exponierten Stellen des Reliefs. An besonders herausragenden Stellen treten deutliche Verrundungen hinzu (Abb. 1). Die Linearspuren weisen dabei bevorzugt in kantenparallele Richtung. Es handelt sich danach um einen schneidenden bzw. sägenden Gebrauch im Bereich der Tierkörperzerlegung mit teilweise erheblichem Knochenkontakt. Auf der gegenüberliegenden Seite findet sich das entsprechende Spurenbild, ist aber insgesamt wesentlich schwächer ausgebildet. Diese Kante dürfte daher nur eine untergeordnete Rolle gespielt haben. An der Unterseite zeichnen sich die Spuren nur geringfügig ab. Die Oberseite war offensichtlich dem bearbeiteten Material zugewandt.

Die Spuren beim Artefakt 2 sind schlechter anzusprechen, weil hier im größeren Umfang Bruchflächen vorliegen. Das Spurenbild ist gegenüber Artefakt 1 etwas schwächer ausgeprägt, für sich aber immer noch deutlich. Auch deuten die Linearstrukturen auf mehr kantenparallele bzw. flache Winkel längs zur Schneide hin. Es geht also nicht, wie die Form vermuten lassen würde, um Schaben quer zur Kante, sondern um ein Arbeiten längs der Arbeitskante, also wohl auch Zerteilen. Die Polituren mit hellen Flecken von Knochenpolitur und eine diffuse Grundbelastung der Oberflächen sowie die Beschränkung der Belastung auf die exponierten Grate mit geringer Ausbreitung in die Tiefen des Reliefs laufen auch hier auf Tierkörperzerlegung hinaus.

Beide Artefakte zeigen keine beachtenswerte Belastung der Oberflächen durch Abrollung oder Verlagerung. Es ist daher von einer ursprünglichen Fundsituation in nicht nennenswert bewegter Umgebung auszugehen. Beide Geräte wurden im Bereich der Tierkörperzerlegung benutzt. Eine Mitnahme war offensichtlich nach dem Gebrauch nicht mehr lohnend, zumal das Rohmaterial nicht besonders gut und die Möglichkeiten der Formgebung auch weitgehend ausgeschöpft waren.

Literatur

Heußner 1988,
K.-U. Heußner, Untersuchungen zur Funktion von Silexartefakten aus der spätpaläolithischen Station Burow, Kr. Gransee. Veröff. Museum für Ur- und Frühgesch. Potsdam 22 (Berlin 1988) 17–25.

Heußner 1989,
K.-U. Heußner, Gebrauchsspurenuntersuchungen an Flintgeräten aus den mesolithischen Gräbern von Schöpsdorf, Kr. Hoyerswerda. Veröff. Museum für Ur- und Frühgesch. Potsdam 23 (Berlin 1989) 55–57.

Entstehung, Schichtenfolge und Lagerungsverhältnisse des Eem-Vorkommens Jänschwalde

Ralf Kühner

Einführung

Die im Raum Cottbus – Forst – Guben zahlreich bekannten Vorkommen eemzeitlicher Ablagerungen stehen seit mehr als 100 Jahren im Fokus der Aufmerksamkeit von Geowissenschaftlern, Paläontologen, Archäologen und interessierten Naturfreunden. So sandte der Cottbuser Stadtrat Hugo Ruff bereits im Jahr 1890 eine Reihe fossiler Wirbeltierknochen, die beim Tonabbau in den Ziegeleigruben bei Klinge östlich Cottbus gefunden wurden, zur Untersuchung an den Berliner Professor Alfred Nehring. Weitere Funde, u.a. 1903 das erste Mammutskelett von Deutschland oder mehrere Knochenreste eines Boviden im Jahre 1904, initiierten hier schon früh eine wissenschaftliche Bearbeitung der damals zwar als „interglacial" erkannten, aber noch nicht eindeutig stratigraphisch zugeordneten Schichtenfolge (Striegler 2007). Auch in der näheren Umgebung, wie im Gebiet der Ortslagen Tranitz und Kathlow, waren Anfang des 20. Jahrhunderts Tone und Torflager bekannt, die auf Grund ihrer Beschaffenheit und der bestimmbaren Pflanzenreste altersmäßig mit dem Klinger Vorkommen gleichgesetzt wurden (Keilhack & Tornow 1922).

Die Entdeckung des Eem-Vorkommens Jänschwalde erfolgte dagegen wesentlich später und steht in Zusammenhang mit der Erkundung der Braunkohlenlagerstätte Bärenbrück. Als erster Nachweis wird 1981 in der Bohrung BAER Kt18/81 eine 3,2 Meter mächtige Wechsellagerung aus „Samen und Muschelschalen führenden Torf-Mudden" mit vivianithaltiger Schluffmudde und grauem Sand über einem kompakten „Torfhorizont" von 2,9 Meter Mächtigkeit beschrieben. Der Komplex wurde, teils noch mit Fragezeichen, als eemzeitliche Ablagerung angesprochen. Durch die Lage im zukünftigen Abbaubereich des Tagebaus Jänschwalde machte sich in Folge eine detaillierte Erkundung zur Klärung der petrographischen und geometrischen Beschaffenheit erforderlich. Dazu wurden bis zum Beginn der Überbaggerung, vorwiegend in den Jahren 1990 und 2006/08, 32 Bohrungen abgeteuft. Die Bohrung THW 11685/06 lieferte einen 5 m langen, repräsentativen Bohrkern der

Zur Klärung der petrographischen und geometrischen Beschaffenheit des Eemvorkommens wurden bis zum Beginn der Überbaggerung, vorwiegend in den Jahren 1990 und 2006/08, 32 Bohrungen abgeteuft.

gesamten Beckenfolge. Seine pollenanalytische Untersuchung sicherte erstmals die stratigraphische Einordnung der Ablagerungen und belegte einen im Saale-Spätglazial einsetzenden und bis ins mittlere Eem andauernden Sedimentationszyklus (Strahl in Kühner et al. 2008).

Die Überbaggerung durch den Vorschnitt des Tagebaus Jänschwalde begann im Mai 2010 und endete im Juli 2013 an der Ablaschung zur Ortslage Jänschwalde. Durch die Lage der Baggerböschung senkrecht zum Streichen der Struktur war, mit Ausnahme der tiefsten, lokal bis 3 Meter

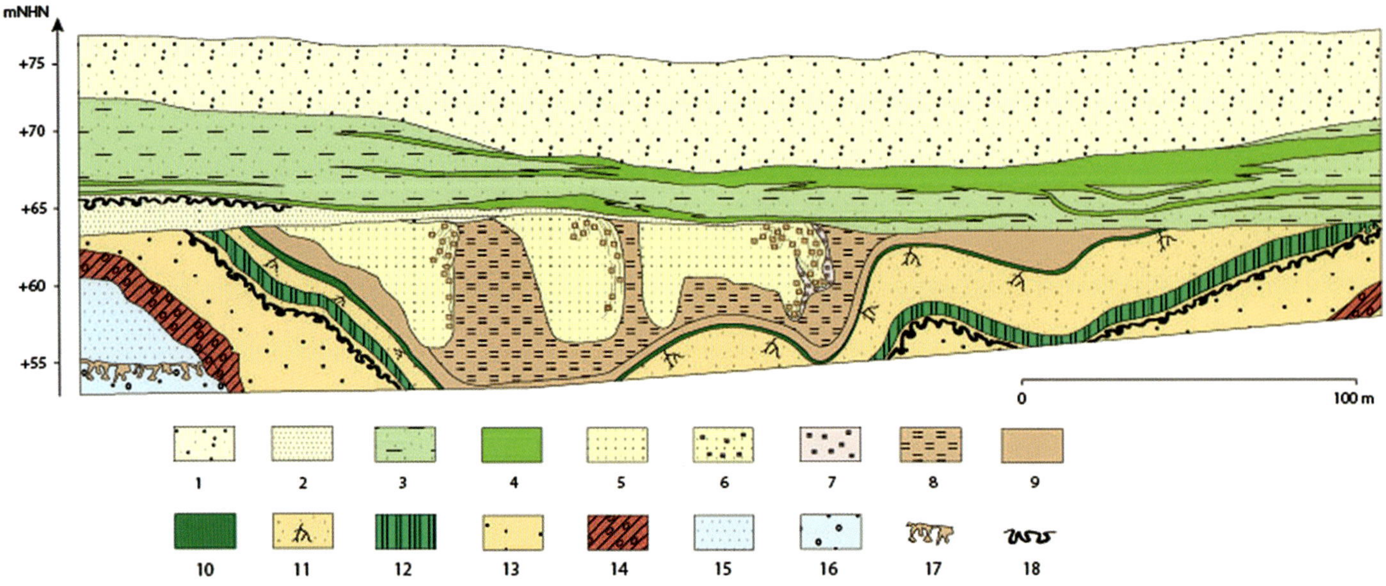

unter die Arbeitsebene abtauchenden Muldenbereiche, das Becken in seiner gesamten Breite aufgeschlossen und für eine direkte Beobachtung zugänglich. Diese günstigen Aufschlussverhältnisse ermöglichten eine regelmäßige und detaillierte Kartierung der jeweiligen Sedimentabfolgen und ihrer Lagerungsverhältnisse. Insgesamt konnten 31 Baggerdurchgänge durch Ost-West gerichtete Profile im Abstand von 30–70 m dokumentiert werden. Schwierige geotechnische Bedingungen (Böschungsinstabilitäten, Wasseraustritte) während der Überbaggerung führten dazu, dass in den Jahren 2010 bis 2013 zusätzlich noch weitere 32 Erkundungsbohrungen, Brunnen und Pegel abgeteuft werden mussten.

Im Frühjahr 2011 begann die kontinuierliche Begleitung der im Zuge der Abraumgewinnung freigelegten Schichtenfolge durch ein Ausgrabungsteam des BLDAM, das durch Paläozoologen und -botaniker der Freien Universität Berlin (anfangs Senckenberg Forschungsstation für Quartärpaläontologie Weimar) unterstützt wurde. Der Schwerpunkt der Grabungen konzentrierte sich auf die Erfassung und Bergung archäologischer sowie paläontologischer Befunde für eine hochauflösende Rekonstruktion der Umweltbedingungen während des Saale-Spätglazials und der Eem-Warmzeit. Dazu wurde in enger Abstimmung mit den zuständigen Tagebautechnologen, Geotechnikern und dem Vorschnittbetrieb eine Sondertechnologie abgestimmt, bei der die Oberkante der warmzeitlichen Ablagerungen gezielt freigeschnitten und eine Arbeitsberme für die archäologischen Grabungen geschaffen wurde. Nach Abschluss der Arbeiten an der Vorschnittböschung verlagerten sich die Grabungen auf die unterhalb der Vorschnittarbeitsebene noch verbliebenen Sedimente der Muldentiefsten. Die Untersuchungen werden durch absolute Altersbestimmungen der Sedimente im Basisbereich des Beckens mittels OSL-Datierung an der Universität Bayreuth ergänzt.

Abb. 1: Schichtenfolge und Lagerungsverhältnisse im Eem Jänschwalde (Böschungskartierung Vorschnitt Tagebau Jänschwalde vom 12./13. September 2011 – Darstellung R. Kühner, Vattenfall).

Weichsel-Kaltzeit: 1 – Mittel- bis Grobsand, z.T. kiesig; 2 – Mittelsand, fein- bis grobsandig; 3 – Feinsand, schluffig, z.T. mit Schlufflagen; 4 – Schluff, ungeschichtet, feinsandig bis tonig; 5 – frühweichselzeitliche Sande der Muldenfüllung; 6 – Sande mit eingelagerten Eem-Geröllen; 7 – Eem-Gerölle;
Eem-Warmzeit: 8 – Mudde, graugrün, ungeschichtet; 9 – Schluff-Mudde, schwarzgrau, tonig, schwarzblaue Schlieren;
Saale-Spätglazial: 10 – Sand- und Schluffmudden, z.T. geschichtet; 11 – Mittelsand, feinsandig, i.o.T. mit Wurzel- und Astresten durchsetzt (Sanddorn-Horizont);
Saale-Hochglazial: 12 – Bänderschluff; 13 – Mittel- bis Grobsand, z.T. kiesig, Schwemmkohle-Lagen; 14 – Geschiebemergel;
Saale-Frühglazial (Tranitzer Fluviatil): 15 – Mittelsand, fein- bis grobsandig; 16 – Feinkies, sandig; 17 – Schluff, feinsandig, z.T. Torfige Lagen; 19 – Kryoturbationen.

Regionalgeologische Übersicht

Das Vorkommen befindet sich östlich der Ortslage Jänschwalde im Bereich der spornartig in das Baruther Urstromtal hineinragenden Fläche des Taubendorfer Sanders. Er wird als Schmelzwasserablagerung der Haupteisrandlage des Brandenburger Stadiums der Weichsel-Eiszeit interpretiert (Marcinek 1961) und überdeckt erosiv eine wechselhafte, unmittelbar der mittelmiozänen Meuro-Formation aufliegende Sedimentfolge. Als älteste quartäre Ablagerungen treten elsterzeitliche Geschiebemergel, Schmelzwassersande und glazilimnische Staubeckensedimente auf. Sie können in den teilweise bis in den prätertiären Untergrund eingeschnittenen subglazialen Rinnenstrukturen Mächtigkeiten bis 200 m erreichen. Außerhalb der Rinnen beschränken sich elsterzeitliche Bildungen auf lokale Erosionsreste eines schwarzbraunen, sehr festen Geschiebemergels mit lokal groben Schmelzwassersanden im Hangenden. Die Abtrennung zum glaziären Saale-Stockwerk erfolgt über den elsterspät- bis saalefrühglazialen Schotterkomplex des Tranitzer Fluviatils. Es setzt sich vorwiegend aus den Ablagerungen der Flusssysteme von Lausitzer Neiße und Spree zusammen und ist als lithostratigraphischer Leithorizont in der östlichen Niederlausitz großräumig verbreitet (Kühner 2011). Seine überwiegend noch originär erhaltene Oberkante wird, meist ohne Ausbildung entsprechender Vorschüttsedimente, durch den brettartig aufliegenden Geschiebemergel des Drenthe-Stadiums überlagert. Westlich der Beckenstruktur haben sich die über den Taubendorfer Sander abfließenden Schmelzwässer z.T. bis auf das Hangende des Geschiebemergels eingeschnitten. In Richtung Osten, außerhalb des Sanders, setzt sich die saalezeitliche Folge in der Hornoer Hochfläche mit Schmelzwassersanden, Beckensedimenten und einem die rezente Oberfläche bildenden Geschiebemergelkomplex aus dem Warthe-Stadium fort.

Schichtenfolge

Die eemzeitlichen Sedimente sind an eine N – S orientierte, rinnenförmige Struktur von ca. 1700 m Länge und maximal 500 m Breite gebunden. Sie wird durch einen dunkelbraunen Geschiebemergel ausgekleidet, der aus der Normalablagerung heraus bis zu 20 m tief in die Depression abtaucht (Abb. 1). Die Flankenbereiche sind teilweise sehr steil ausgebildet und zeigen vielfältige, sowohl an der Ost- als auch an der Westflanke in unterschiedlicher Intensität auftretende Strukturformen. Meist biegt der Geschiebemergel flexurartig in die Tieflage ab, dabei dünnt er, oft bis zum Zerreißen des Schichtverbandes, auf wenige Dezimeter aus. Daneben treten auch staffelförmige Abbrüche in Richtung Rinne auf.

Abb. 2: Schichtenfolge am Ostrand des Eem-Beckens (Fotos R. Kühner, Vattenfall)
A – grobe Schmelzwassersande im Hangenden des Saale-Geschiebemergels (nicht aufgeschlossen) mit erosiv gekapptem Kryoturbationshorizont (Unterer Brodelboden); B – Mittel- bis Grobsand; C – Bänderschluff; D – Schmelzwassersande des Brandenburger Stadiums der Weichsel-Eiszeit (Taubendorfer Sander).

Abb. 3: Etwa 30 Warven oder Jahre. Regelmäßig geschichteter Bänderschluff mit hellen, schluffigen Sommerlagen und dunklen, tonigen Winterlagen.

Über dem Geschiebemergel folgen mittel- bis grobsandige Schmelzwassersedimente mit einzelnen kiesigen Einschaltungen. Sie wurden, wie die Ergebnisse von Schüttungsrichtungsmessungen zeigen (Fentrohs 2010), durch Ost-West abfließende Schmelzwässer abgelagert und lassen keinen Bezug zum Verlauf der Rinne erkennen. Auffallend ist ein lokal hoher Anteil an Braunkohlegeröllen (Schwemmkohle) unterschiedlicher Größe, Anordnung und Verbreitung. Kleinstückige Gerölle (bis ca. 5 cm Durchmesser) bilden oft mehrere Meter aushaltende Lagen und Schmitzen oder sind auf den Schichtflächen parallel- und schräggeschichteter Sand- und Kieshorizonte angereichert. In den gröberen Partien finden sich auch einzelne, überwiegend kantige Gerölle bis ca. 60 cm Durchmesser.

Der 4 bis 6 m mächtige Komplex schließt mit einem markanten, im gesamten Beckenbereich aushaltend entwickelten Schwemmkohlehorizont ab. Er setzt sich aus hellgrauen Mittel- und Grobsanden mit lagenweise eingeschwemmten Braunkohlebröckchen zusammen. Intensive kryoturbate Deformationen machen diesen Horizont zu einem wichtigen Marker in der saalezeitlichen Abfolge (Unterer Brodelboden, Abb. 2).

Auf die ehemalige Oberfläche folgen ungeschichtete, hellgraue bis graubraune Mittel- und Grobsande in Mächtigkeiten von wenigen Dezimetern. Sie liegen erosionsdiskordant auf dem Kryoturbationshorizont. Lokal geben geringmächtige, schräggeschichtete Grobsande mit einzelnen Kiesen an der Basis substanzielle Hinweise auf die stattgefundene Erosion.

Bis in dieses Niveau entspricht die Schichtenfolge sowohl in der Lithologie als auch hinsichtlich der Mächtigkeiten den Verhältnissen im Umfeld des Beckens. Erst mit dem Auftreten glazilimnischer Bildungen setzt eine Sequenz ein, die beckentypisch nur im Bereich der Depression ausgebildet wurde bzw. nur hier von den weichselzeitlichen Erosionen verschont geblieben ist.

Sie beginnt, in analoger Entwicklung zu zahlreichen anderen Eem-Vorkommen der Lausitz, mit der Ablagerung von Bänderschluff (Abb. 3), der mit scharfer Grenze über den Sanden einsetzt. Er besitzt relativ gleichbleibende Mächtigkeiten von durchschnittlich 0,8 bis 1,2 m und wird insgesamt

Abb. 4: Saalespätglaziale Wurzel- und Astreste im Liegenden des Eem-Beckens (Sanddorn-Horizont).

durch sehr bewegte, jedoch erst postgenetisch aufgeprägte Lagerungsverhältnisse gekennzeichnet. Charakteristisch sind tiefe, im Streichen der Rinne langgezogene Mulden mit steilen Flanken, die durch Hochlagen oder schmale Sättel voneinander getrennt sind. Eine Ost-West streichende Schwelle gliedert die Gesamtstruktur zusätzlich in ein Nord- und ein Südbecken. Während der Bänderschluff im Südbecken ausschließlich plastische Verformungen zeigt, wird er im tieferen Nordbecken vielfach durch Bruchstörungen mit Versatzbeträgen im dm-Bereich geprägt. Teilweise ist er in zahlreiche, unregelmäßig verstellte Kleinschollen zerbrochen.

Im Südbecken setzte sich die Sedimentation mit 3 bis 4 m mächtigen, schwach geschichteten gelbbraunen Mittelsanden fort, die zum Hangenden in hellgraue Feinsande überleiten (Sanddorn-Horizont, Abb. 4). Hier fanden sich in den oberen Dezimetern vor allem Wurzel- und Astreste des Sanddorns (*Hippophaë rhamnoides*). Zeitlich korreliert diese Phase mit der für die Pollenzone (PZ) SII (nach Erd 1973) bzw. PZ B (Hermsdorf & Strahl 2008; Strahl in Kühner et al. 2008) typischen Ausbreitung von Sanddornsträuchern im frühen Saale-Spätglazial. Die sich anschließende Wechsellagerung aus cm-starken, schwarzen Sandmudden mit hellgrauen Feinsandlagen ist das Ergebnis einer einsetzenden Vernässung des Gebietes und dem Beginn limnischer Faziesverhältnisse (Abb. 5). Neben zahlreichen Makroresten einer sich etablierenden Waldtundren-Vegetation (s. Kossler in diesem Band, S. 83–95, bes. 92–94) lieferte dieser Abschnitt auch mehrere Knochenfunde von Wolf, Steppenbison, Elch und Pferd (s. Raufuss in diesem Band, S. 99–119). Von besonderer Bedeutung sind die hier gefundenen Feuersteinartefakte des Homo neanderthalensis, die ältesten Belege menschlicher Aktivitäten in Brandenburg (s. Bönisch/Schneider in diesem Band, S. 17–43). Lithologisch leiten graugrüne bis olivgrüne, z.T. intensiv mit blauschwarzen Schlieren durchsetzte Schluff- und Tonmudden in den eemwarmzeitlichen Schichtkomplex über, wobei der stratigra-

Abb. 5: Charakteristische Schichtenfolge im saalespätglazialen Abschnitt des Südbeckens: Eine Wechsellagerung von Schluffmudden und Feinsanden im Hangenden des Sanddorn-Horizontes dokumentiert die einsetzende Vernässung und leitet mit tonigen Schluffmudden in die Eem-Warmzeit über.

Abb. 6: Charakteristische Schichtenfolge im saalespätglazialen Abschnitt des Nordbeckens: Schluffmudden des ausgehenden Saale-Spätglazials liegen mit scharfer Grenze über fluviatilen Sanden.

Abb. 7: Graugrüne, makroskopisch kaum differenzierbare Mudden der Eem-Warmzeit mit einer Mächtigkeit von ca. 5,5 m.

phische Beginn des Interglazials sich makroskopisch nicht abzeichnet.

Im N o r d b e c k e n ist der Sanddorn-Horizont nur vereinzelt ausgebildet. Besonders im Ostteil dominieren grobsandige, vereinzelt feinkiesige Mittelsande, die erosiv auf dem Bänderschluff liegen. Die limnische Entwicklung beginnt etwas später als im Südbecken und setzt unmittelbar mit schwarzgrauen, kompakten Schluffmudden ein (Abb. 6). Sie sind scharf zu den unterlagernden fluviatilen Sanden abgegrenzt und repräsentieren bereits das Ende des Saale-Spätglazials (PZ C2 nach Strahl, mündl. Mitt. 2013).

Ablagerungen der Eem-Warmzeit waren in beiden Teilbecken mit Mächtigkeiten bis ca. 8 m erhalten. Im Wesentlichen traten ungeschichtete, kalkhaltige Schluffmudden mit wechselnden Ton- und Schluffgehalten in Erscheinung, in denen makroskopisch kaum eine lithologische Differenzierung möglich war (Abb. 7). Die Färbung reichte von olivgrünen bis zu schwarzgrauen Tönen, sie war nicht hori-

Abb. 8: Vollständige Schichtenfolge im Südbecken A- Sande mit Holz- und Wurzelresten (Sanddorn-Horizont); B- Wechsellagerung Sandmudde/Feinsand; C- stark tonige Schluffmudde mit blauschwarzen Schlieren und Streifen; D- Feinsand, mittelsandig, schluffig; E- Schluffmudde, geflasert, vereinzelt Feinsandschlieren; F- Mittelsand, feinsandig, vereinzelt Holzreste; G- Feinsand, stark schluffig, schwach organisch; H- Feinsand, mittelsandig, schwach schluffig; I- ungeschichtete Schluffmudde mit hellbraunen und blauschwarzen Schlieren; J- Schmelzwassersande des Brandenburger Stadiums (Taubendorfer Sander).

zontbezogen ausgebildet sondern ging wolkig bis schlierig ineinander über. Zum Hangenden entwickelte sich die Serie unter allmählichem Übergang in hellgraubraune und stark kalkhaltige Mudden, die in trockenem Zustand schneeweiß wurden. In

den Randbereichen schalteten sich sporadisch Lagen aus cm- bis dm-starken, graugrünen und vereinzelt schwach schluffigen Mittelsanden ein. Sie verzahnten sich mit den organogenen Bildungen bzw. dünnten zum Beckentiefsten aus (Abb. 8).
Das Ergebnis palynologischer Untersuchungen (Strahl in Kühner et al. 2008) weist eemzeitliche Ablagerungen nur bis in das Niveau der PZ 5b (Hasel-Eiben-Linden-Zeit n. Erd 1973) nach. Der jüngere Abschnitt wurde infolge tiefreichender Erosion durch die abfließenden Schmelzwässer des Brandenburger Stadiums abgetragen. Dabei sind auch die ehemaligen Uferbereiche zerstört worden, so dass sich die ursprünglichen Sedimentmächtigkeiten und die Ausdehnung des Sees nicht mehr rekonstruieren lassen.

Eine Besonderheit bilden muldenförmige, sandgefüllte Strukturen, die in die warmzeitlichen Sedimente eingetieft sind. Sie haben eine Breite bis zu 60 m und folgen in ihrem Verlauf grundsätzlich dem Streichen des Beckens. Ein einheitliches Gefälle ist nicht ausgebildet, die Muldenbasis liegt nahezu konform zur an- und abfallenden Basis der eemzeitlichen Ablagerungen. Je nach Gesamtbreite des Beckens können bis zu fünf parallel zueinander liegende, durch schmale, steilwandige Hochlagen getrennte Mulden entwickelt sein, wobei sich durch mehrfache Aufspaltung und Wiedervereinigung ein netzartiges System abzeichnet. In der durch ungeschichtete Mittelsande dominierten Füllung sind im Basis- und Flankenbereich große Mengen an aufgearbeiteten Eem-Geröllen eingebettet. Hier fanden sich auch umgelagerte Lebertorfe, die autochthon in der noch anstehenden Schichtenfolge nicht mehr erhalten waren (Abb. 9). Sie wurden im Ergebnis der Pollenanalyse (Strahl 2011) in die PZ 9 (nach Erd 1973) eingestuft und bestätigen die zu erwartende, ehemals vollständige Entwicklung der eemzeitlichen Folge bis in die abschließende Kiefern-Zeit. Des Weiteren liefert das Ergebnis eine wichtige Zeitmarke für die vermutlich frühweichselzeitliche Anlage dieser Struk-

Abb. 9: Lebertorfgerölle mit intensiven Vivianit-Ausblühungen in der Sandfüllung einer ehemaligen Deflationsmulde im Eem.

Abb. 10: Ostflanke einer in den Eem-Körper eingetieften ehemaligen Deflationsmulde. Die stark mit aufgearbeiteten Eem-Geröllen durchsetzte Sandfüllung ist wie die Muldenflanke selbst durch intensive, westvergente Deformationen gekennzeichnet. Im Hangenden wird der deformierte Schichtkomplex diskordant durch grobe Schmelzwassersande des Taubendorfer Sanders abgeschnitten.

turen. Die Flanken der Mulden sind überwiegend asymmetrisch ausgebildet: Während die Westflanken noch die originäre, rein erosive Gestaltung zeigen, sind die Ostflanken nachträglich steilgestellt, überkippt und vereinzelt mit der Sandfüllung der Mulden verknetet (Abb. 10).

Im Niveau um +63 bis +65 m NHN wird die gesamte Beckenfolge, einschließlich der deformierten frühweichselzeitlichen Rinnensedimente, diskordant durch 8 bis 12 m mächtige Sanderschüttungen der Brandenburger Eisrandlage abgeschnitten. Sie beginnen vielfach mit einer markanten Geröllage, gefolgt von einer 3 bis 4 m mächtigen Wechsellagerung aus schluffigen Feinsanden mit sandig-tonigen Schluffen. Zum Hangenden setzt sich der im Beckenbereich noch leicht eingemuldete glazilimnische Komplex mit groben Schmelzwasserschottern bis zur rezenten Oberfläche fort.

Beckengcnesc

Die detaillierten und in hoher Dichte aus Kartierungen und Bohrungen vorliegenden geologischen und paläontologischen Befunde gestatten es, die Entwicklung des Beckens vom Saale-Spätglazial bis ins mittlere Eem zuverlässig zu rekonstruieren (Abb. 11). Für den Zeitraum jüngeres Eem und Weichsel-Frühglazial sind dagegen keine Aussagen zu den Lagerungsverhältnissen sowie zu Art und Dauer der Sedimentation mehr möglich.

1. Frühe Toteisphase (Saale-Hochglazial)

Die Entstehung der das Eem-Becken aufnehmenden Hohlform ist in Hinblick auf die zeitliche Einordnung der Ereignisabfolge von der Rinnenentstehung über den Toteiseinbau bis zur erneuten Eisbedeckung im Warthe-Stadium noch unsicher.

Nach dem endgültigem Zerfall des jüngsten Saale-Gletschers verblieben regellos verteilte Toteis-Blöcke in einer rinnenförmigen, mit Geschiebemergel überlagerten Erosionsstruktur. Eine Überschotterung durch grobe Schmelzwassersande schützte die Eisplombe vor schnellem Austauen und konservierte sie weitestgehend bis zum Beginn der Eem-Warmzeit.
Mit der Verlagerung des Schmelzwasserabflusses fiel das Gebiet trocken, wodurch die Oberfläche einer intensiven kryoturbaten Überprägung ausgesetzt war (Bildung des Unteren Brodelbodens).
Die nachfolgende kurze Erosionsphase steht vermutlich bereits in Zusammenhang mit ersten Senkungen, durch die erneut Oberflächenwässer in das Gebiet gelenkt wurden. Im Anschluss bildete sich, noch unter subarktischen und nahezu vegetationslosen Klimaverhältnissen, ein flacher See (Ablagerung Bänderschluff-Horizont). Seine Existenz dürfte sich, in Bezug auf max. 40 bis 50 ausgebildete Warven, auf wenige Jahrzehnte beschränkt haben.

2. Späte Toteisphase (Saale-Spätglazial)
Über der weitgehend noch intakten Toteis-Plombe etablierte sich unter kalten Klimaverhältnissen eine offene Steppenlandschaft mit kleinen seichten Tümpeln und Seen.
In Abhängigkeit unregelmäßiger Einmuldungsbeträge im Zuge fortschreitender, aber noch relativ moderater Ausschmelzprozesse im Untergrund wurde der Nordteil erneut durch Fließgewässer beeinflusst. Im Südteil lagerten sich dagegen limnische Sande ab, auf denen sich in trockenen Phasen erste Sträucher, Gräser und Kräuter ausbreiteten (Sanddorn-Horizont).
Am Ende des Saale-Spätglazials (PZ C2) hatte die Absenkung den gesamten Rinnenbereich erfasst, der nun durch einen flachen See beherrscht wurde.

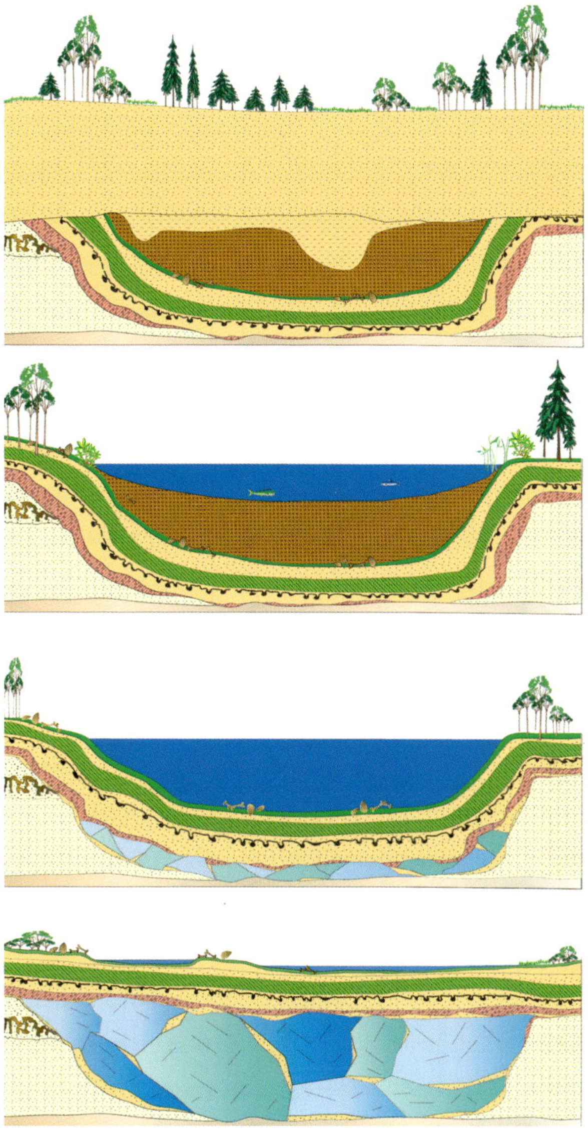

Abb. 11: Schematische Darstellung der Beckenentwicklung ab dem Saale-Spätglazial
A- Späte Toteisphase im Saale-Spätglazial; B- Austauphase im Übergang Spätglazial zur Eem-Warmzeit; C- Seephase der Eem-Warmzeit; D- Erosions- und Überschotterungsphase im Weichsel-Hochglazial (Grafik R. Kühner, Vattenfall).

3. Austauphase (ausgehendes Saalespätglazial bis beginnende Eem-Warmzeit)
Im Übergang zur Eem-Warmzeit begann die Toteis-Plombe im Untergrund relativ schnell zu zerfallen und der überlagernde Schichtkomplex sank, in Abhängigkeit der Toteis-Verteilung, als zusammenhängender Sedimentkörper nach unten ab.
Relativ gleichmäßig ablaufende Absenkungen führten im Südbecken zu plastischen Verformungen und Ausdünnungen der Bänderschluff- und Geschiebemergelhorizonte. Dagegen sind an den Flankenbereichen des engräumigeren und tieferen Nordbeckens die abgesenkten Horizonte oftmals zerrissen oder rupturell in zahlreiche, oft gegeneinander verstellte Kleinschollen zerbrochen. Dies ist auf höhere Absenkungsbeträge und die damit zu erwartenden Sackungen zurückzuführen.
Die Beanspruchungen des Geschiebemergels belegen seine Ablagerung erst nach Einbau des Toteises, er ist demzufolge jünger als die Anlage der Depression.

Die Bruchstrukturen durchschlagen die Basis der saalespätglazialen Sedimente und laufen nach ca. 50 bis 70 cm in den blauschwarzen Tonmudden aus. Damit dürfte der Austauprozess unmittelbar nach Beginn der Warmzeit (Niveau PZ 1 nach Erd 1973) beendet gewesen sein.

4. Seephase (Eem-Warmzeit)
Kontinuierliche Ablagerung von See-Sedimenten mindestens bis Ende der Eem-Warmzeit. Die noch erhaltenen Ablagerungen lassen keine faziellen Differenzierungen erkennen, nur in den Randbereichen weist die Verzahnung mit sandigen Horizonten auf eine Einschüttung durch kleine Fließgewässer.
Größe und Tiefe des eemzeitlichen Sees sind durch die Erosion der ehemaligen Uferbereiche nicht mehr rekonstruierbar.

5. Deflationsphase (Weichsel-Frühglazial)
Entstehung und Verfüllung der Mulden ist zeitlich zwischen PZ 9 der Eem-Warmzeit (Lebertorf-Gerölle) und dem Brandenburger Stadium der Weichsel-Kaltzeit (Deformationen) einzuordnen.
Vermutlich wurden unter semiariden kalten Klimabedingungen die ausgetrockneten und zerfrorenen organogenen Sedimente durch den Wind ausgeblasen (Deflationsmulden). Die Verfüllung der Mulden erfolgte noch vor dem weichselzeitlichen Eisvorstoß, wobei die ungeschichteten, relativ gleichkörnigen Sande vorwiegend äolische Prozesse vermuten lassen.

6. Erosions- und Überschotterungsphase (Weichsel-Hochglazial)
Der Eisvorstoß des Brandenburger Stadiums verursachte in der Beckenfüllung geringfügige Deformationen, die sich vorwiegend an den östlichen Flanken der Deflationsmulden in Form von Kleinfältelungen, Steilstellungen und Überschleppungen abbilden.
Mit dem Abfluss der Schmelzwässer über den Taubendorfer Sander war eine großflächige Abtragung der Oberfläche bis auf ein Niveau um +64 m NHN verbunden. Noch vor Ablagerung der mächtigen Sandersedimente unterlagen die nun oberflächig ausstreichenden Schluffe und Mudden kryoturbaten Beeinflussungen (obere Brodelböden).
Kompaktionen in der organogenen Beckenfüllung führten zur Einsenkung einer flachen Geländemulde, in der sich sandig-tonige Schluffe sowie schluffige Feinsande ablagerten. Mit der folgenden Überschotterung durch hochglaziale, grobe Sandersedimente wurde das Becken endgültig versiegelt und tritt seitdem oberflächenmorphologisch nicht mehr in Erscheinung.

Literatur

Erd, K. (1973): Pollenanalytische Gliederung des Pleistozäns der Deutschen Demokratischen Republik. – Z. geol. Wiss., 1, 9: 1087–1103; Berlin.

Fentrohs, A. (2010): Lithologische und genetische Charakterisierung der Sedimente des Eem-Vorkommens Jänschwalde, Südbrandenburg. – Bachelorarbeit an der Freien Universität Berlin: 36 S.; Berlin.

Hermsdorf, N. & Strahl, J. (2008): Karte der Eem-Vorkommen des Landes Brandenburg. – Brandenburg. geowiss. Beitr., 15, 1/2: 23–55; Kleinmachnow.

Keilhack, M. & Tornow, M. (1922): Erläuterungen zur Geologischen Karte von Preußen. – Lieferung 225, Blatt Cottbus-Ost, 42 S.; Preußische Geologische Landesanstalt Berlin.

Kühner, R. (2011): Quartär – In: Autorenkollektiv: Die geologische Entwicklung der Lausitz: 95-134; Cottbus (Vattenfall Europe Mining AG).

Kühner, R., Strahl, J.,Süssmilch, P. & Thieke, H.-U. (2008): Lithologische und pollenanalytische Befunde aus dem saalefrühglazialen Fluviatilkomplex (Tranitzer Fluviatil) und dem Eem-Interglazial im Tagebau Jänschwalde, Südbrandenburg. – Brandenburg. geowiss. Beitr. 15 (1/2), 1–21; Kleinmachnow.

Marcinek, J. (1961): Über die Entwicklung des Baruther Urstromtals zwischen Neiße und Fiener Bruch. – Wiss. Z. Univ. Berlin, math.-nat. R., 10 (1): 13–46; Berlin.

Strahl, J. (2011): Kurzbericht zur pollenanalytischen Untersuchung von zwei Proben aus dem Eem-Vorkommen Jänschwalde, Land Brandenburg. – Unveröff. Ber. LBGR vom 24.01.2011, 4 S., Cottbus.

Striegler, R. (2007): Die Erforschung der Eem-Vorkommen von Klinge. – Natur und Landschaft in der Niederlausitz, 24, 53–106; Cottbus.

Pflanzenreste aus den saalespätglazialen Sanddorn-Schichten des Tagebaus Jänschwalde – Paläoumwelt des Neandertalers

Annette Kossler

Einleitung

Im Sommer 2013 wurden im Tagebau Jänschwalde bei Cottbus (Niederlausitz) Artefakte entdeckt, die dem *Homo neanderthalensis* zugeordnet werden (Bönisch et al. 2014; vgl. Beitrag E. Bönisch, M. Schneider in diesem Band, S. 17–43). Die Artefakte stammen aus Sedimenten, den sog. Sanddorn-Schichten, die zeitlich ins Saale-Spätglazial, dem Ende der Saale-Kaltzeit bzw. des Saale-Komplexes (ca. 300.000–127.000 Jahre v. H.; vgl. Litt et al. 2007; Brauer et al. 2007; Tzedakis 2007), gestellt werden. Die saalezeitliche Fundschicht ist in einer Beckenstruktur aufgeschlossen (Abb. 2), die erst vor ein paar Jahren von Geologen der Vattenfall Europe Mining AG in den quartären Deckschichten des Tagebaus Jänschwalde entdeckt wurde (Kühner et al. 2008). Es handelt sich dabei um ein Nord-Süd streichendes Becken von ca. 2,5 km Länge und ca. 400 m Breite, in dem sowohl saalezeitliche als auch Sedimente der nachfolgenden Eem-Warmzeit (ca. 127.000–115.000 Jahre v. H.) zu finden sind (Kühner et al. 2008; Kossler et al. 2012; 2013). Die gesamte Beckenstruktur unterteilt sich in ein südliches und nördliches Teilbecken, die durch eine Schwelle voneinander abgegrenzt sind. Die hier vorgestellten Ergebnisse beziehen sich auf Funde des Südbeckens.

Sedimentäre Abfolge

Die sedimentäre Abfolge des Südbeckens beginnt im unteren Bereich mit einer mehrere Meter mächtigen Abfolge von saalezeitlichen Kiesen, Bändertonen, Grob- und Mittelsanden (Abb. 2), die nach stichpunktartiger Beprobung, abgesehen von älterem umgelagertem Material, keine Fossilien enthielten. Diese sterilen Ablagerungen gehen zum Top hin in 30–40 cm mächtige organikreiche Mittel- bis Feinsande über, die nun eine Vielzahl an Fossilien geliefert haben. Aufgrund der hier häufig auftretenden Makroreste des Sanddorns (*Hippophaë rhamnoides*) werden diese Schichten im Folgenden als Sanddorn-Schichten bezeichnet

Viele Funde von Großsäugern sowie die Artefakte kamen aus den saalespätglazialen Sanddorn-Schichten.

(= Fundhorizont in Abb. 2, jedoch nur gelbe Signatur; Abb. 4). Eine erste pollenanalytische Untersuchung (Strahl in Kühner et al. 2008) hat ein saalespätglaziales Alter für diese Schichten ergeben, welches auch durch unsere Untersuchungen bestätigt werden konnte. Über den Sanddorn-Schichten setzt dann mit scharfem, diskordantem Kontakt eine Sedimentation von mehrere Meter mächtigen, ebenfalls fossilführenden grauen Mudden ein, die unter lakustrinen Bedingungen abgelagert wurden. Mit dem Einsetzen der Mudden-Sedimentation kommen zunächst noch sandige Einschaltungen vor (=Fundhorizont in Abb. 2, dunkelgrüne Signatur). Mit zunehmender Vertiefung des Beckens und damit zunehmender Wassertiefe ist dann nur noch die einheitliche, monotone Ablagerung der grauen Mudden zu beobachten. Während die Basisschichten der Mudden (untere

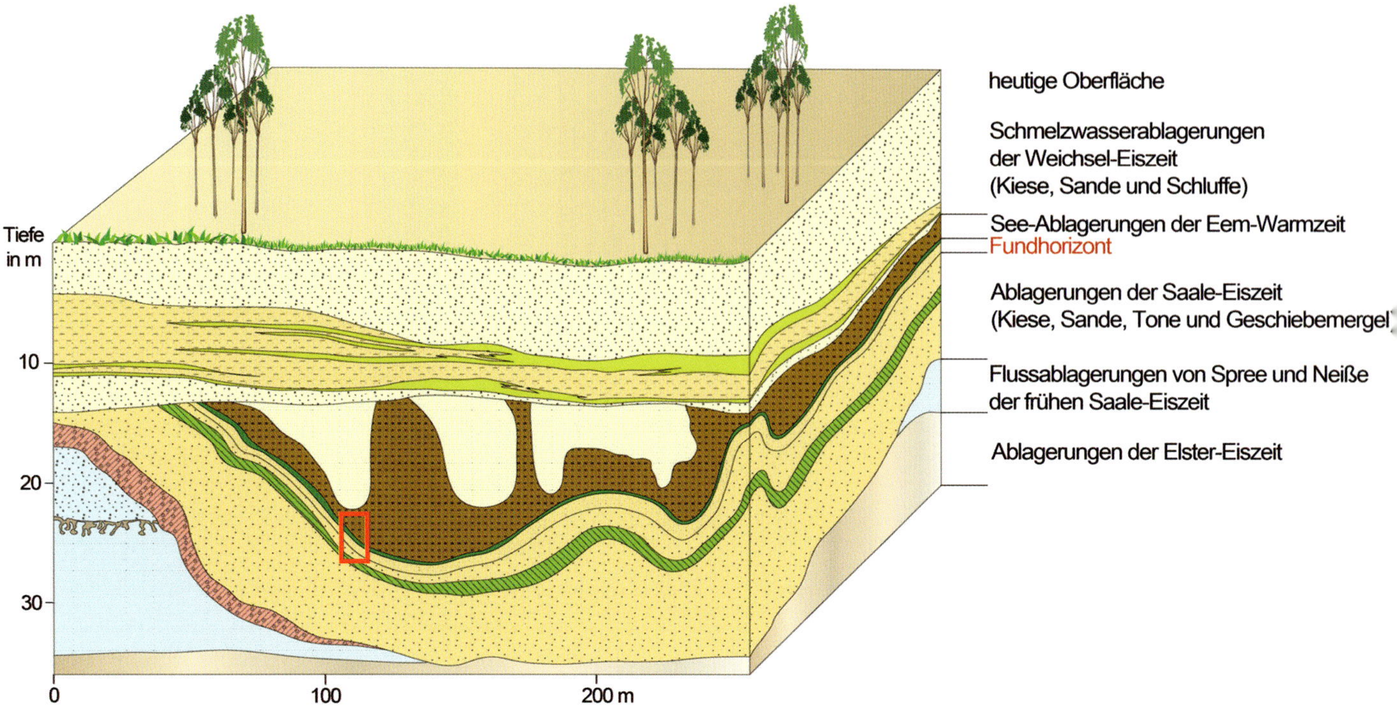

Abb. 1 (vorige Seite): Sanddornzweige im Frühjahr (Foto E. Bönisch, BLDAM).

Abb. 2: Schema der Beckenstruktur in den quartären Deckschichten des Tagebaus Jänschwalde (Grafik R. Kühner, Vattenfall).

30–40 cm) noch dem Saale-Spätglazial zugeordnet werden können (Kühner et al. 2008; Kossler et al. 2012; 2013), hält die Akkumulation der lakustrinen Mudden ohne erkennbaren Sedimentationswechsel auch noch weiter während der Eem-Warmzeit an. Nach pollenanalytischen Untersuchungen (Strahl in Kühner et al. 2008) ist das Eem hier jedoch nicht vollständig überliefert und endet mit der Pollenzone 5. Durch Erosionsprozesse der nachfolgenden Weichseleiszeit wurden die jüngeren Eem-Seesedimente abgetragen. Letztendlich endet die Sedimentabfolge mit weichselzeitlichen Ablagerungen, welche die eemzeitlichen Mudden diskordant überlagern (Abb. 2).

Fundsituation im Kontext der Beckenentwicklung

Interessanterweise kamen viele Funde von Großsäugern (Pferd, Elch, Wolf; vgl. Beitrag I. Raufuss in diesem Band, S. 99–119) sowie die Artefakte aus den saalespätglazialen Sanddorn-Schichten (Abb. 4). Einige Großsäugerfunde (u.a. Steppen-Bison) stammen auch aus den basalen lakustrinen Mudden (Abb. 4), welche die initiale Seephase mit Flachwassersedimenten dokumentieren, die aber ebenfalls ein noch saalespätglaziales Alter aufweisen. Dagegen haben die eemzeitlichen Seesedimente bisher nur sehr wenige Großsäugerreste und auch keine anthropogenen Nachweise geliefert, obwohl

Abb. 3: Profilabschnitt aus dem westlichen Randbereich des Südbeckens (roter Rahmen in Abb. 2). Helle Sande der Saale-Kaltzeit werden diskordant von lakustrinen grauen Mudden überlagert (blauer Pfeil). Die unteren ca. 35 cm der grauen Mudden datieren noch ins Saale-Spätglazial und gehen dann in Mudden der Eem-Warmzeit über. Das Einsetzen der Eem-Warmzeit ist nach sedimentologischen Kriterien nicht zu erkennen. Staffelbrüche (rote Pfeile) in den saalespätglazialen Sanden der Sanddorn-Schichten bezeugen das Einsacken der Sedimente nach dem Tieftauen des Toteises. Die Deformationen erfolgten erst nach der Ablagerung der Sanddornschichten und sind in den Basisschichten der grauen lakustrinen Mudden nicht mehr zu verfolgen (Foto E. Bönisch, BLDAM).

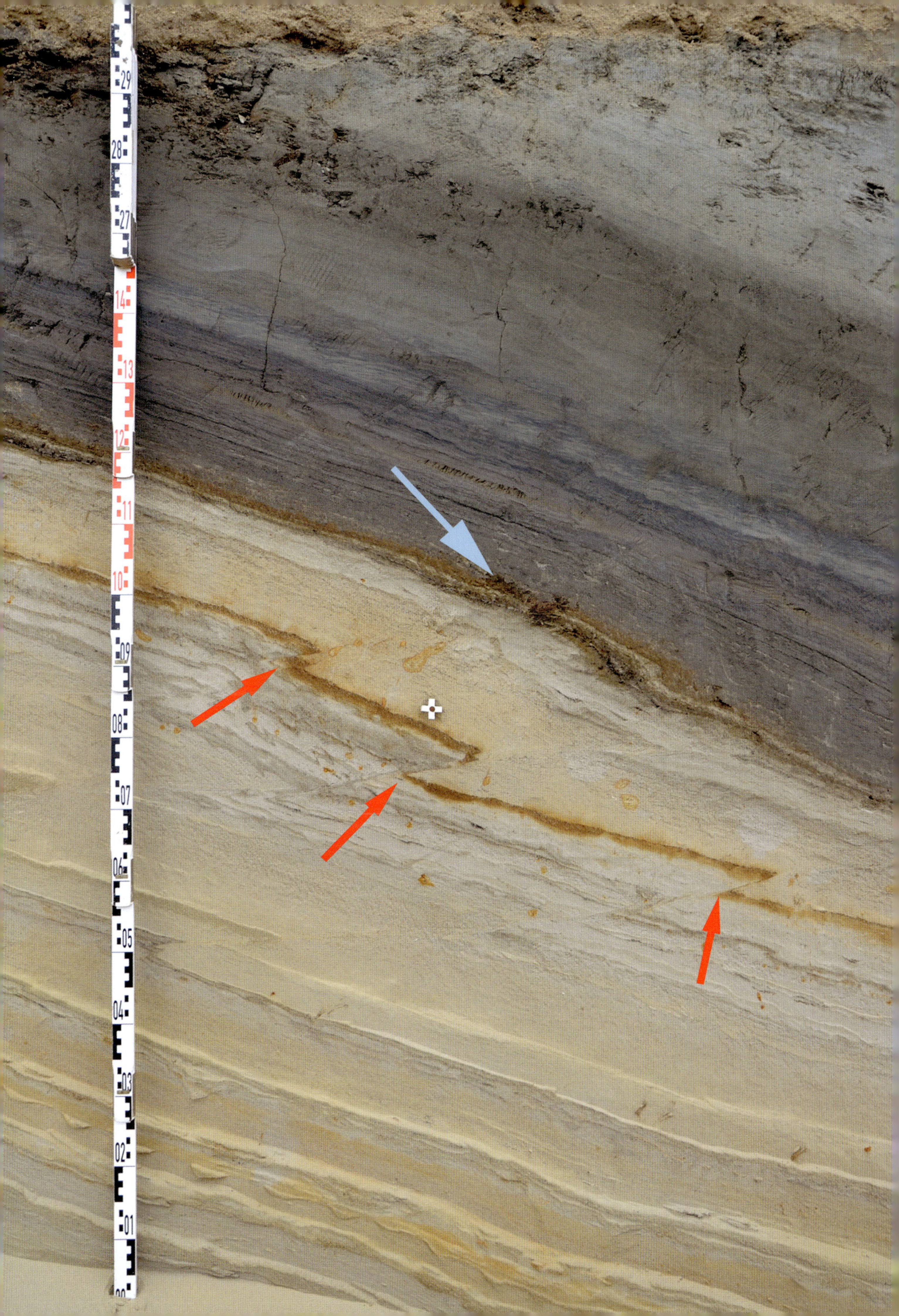

man diese eigentlich eher aus den warmzeitlichen Ablagerungen erwarten würde.
Zum einen erklärt sich dies damit, dass in Folge der weichseleiszeitlichen Erosionsprozesse nicht nur das jüngere Eem sondern auch die Randbereiche des ehemaligen Sees erodiert wurden und nur noch die tiefere Beckenfazies des Sees erhalten geblieben ist (Abb. 2). Eventuelle ufernahe Lager- bzw. Jagdplätze des frühen Menschen des Eem-Interglazials und deren Hinterlassenschaften sind daher ebenfalls abgetragen worden und folglich nicht mehr zu finden. Somit erklären sich auch die wenigen Funde an eemzeitlichen Großsäugerresten, die in den uferfernen Beckensedimenten nur sehr untergeordnet vorkamen, da solche Großreste von Landtieren weitaus seltener ins Beckentiefste eines großen Sees hinein transportiert werden. Die vielen Fischreste in den Sedimenten und die relativ wenigen Pflanzenmakrofossilien deuten ebenfalls auf uferferne Ablagerungsbedingungen des tieferen Wassers hin. Der See muss folglich auch eine wesentlich größere Dimension aufgewiesen haben, als es jetzt durch die übrig gebliebene Muldenstruktur angezeigt wird.

Zum anderen muss man auch die Bildungsprozesse des vorliegenden Beckens in Betracht ziehen. Die Genese des Beckens lässt sich auf das Tieftauen von größeren Toteisblöcken zurückführen, die von den saalezeitlichen Inlandgletschern hinterlassen wurden und die, geschützt durch überlagerndes Sediment und Permafrost, solange im Untergrund erhalten blieben, bis die klimatische Erwärmung zum Ende der Saale-Kaltzeit und zu Beginn der Eem-Warmzeit tiefgreifend in den Untergrund drang. Durch diese Erwärmung kam es zum Tauen der Permafrostböden und zum allmählichen Abschmelzen der tief im Untergrund verborgenen

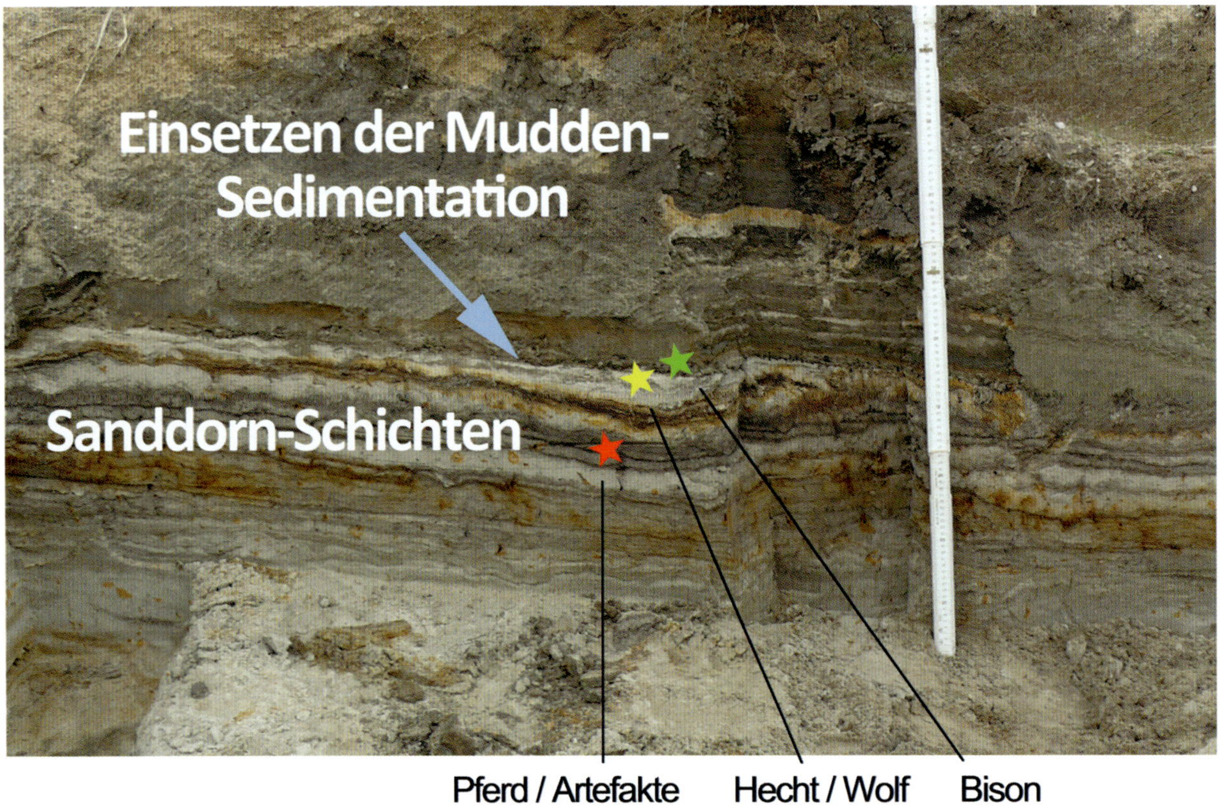

Abb. 4: Die typische Ausbildung der Sanddorn-Schichten zeigt eine Wechsellagerung von helleren Sanden und organikreichen, dunklen Sanden. Häufig sind Durchwurzelungsspuren zu beobachten. Roter Stern – Fundhorizont von Pferdeknochen und Feuersteinartefakten innerhalb der Sanddorn-Schichten. Gelber Stern – Fundhorizont von Hecht und Wolf im Topbereich der Sanddorn-Schichten. Grüner Stern – Fundhorizont der Bison-Knochen in den Basisschichten der lakustrinen Mudden. Darüber setzt die Mudden-Sedimentation ein (blauer Pfeil) (Foto und Grafik A. Kossler, FU Berlin).

Toteisblöcke. Durch Absacken der Oberfläche über dem abschmelzenden Toteis bildete sich das Becken und damit ging die Entwicklung des Sees einher. Unterschiedlich mächtige Toteismassen im Untergrund sind dabei für die charakteristische Schwellen- und Beckenmorphologie verantwortlich. Darüber hinaus zeugen staffelartig angeordnete Bruchstrukturen im Randbereich des Beckens, hier in den saalezeitlichen Sanddorn-Schichten (Abb. 3), vom Nachsacken der Sedimente nach den tiefgründigen Tauprozessen. Das lässt den Schluss zu, dass die Eintiefung des Beckens zwar schon im Saale-Spätglazial erfolgte, wie die saalezeitlichen lakustrinen Mudden bezeugen (Abb. 3, 4), aber zeitlich erst nach der Ablagerung der Sanddorn-Schichten. D.h., während der Ablagerung der Sanddorn-Schichten sah die Landschaft hier noch anders aus. Von einem großen und tiefen See, wie er sich nach dem Austauen des Toteises bildete, fehlte noch jegliche Spur.

Pflanzenmakroreste der Sanddorn-Schichten

Um zu klären, wieso viele Großsäugerreste und auch die Artefakte aus den spätsaalezeitlichen Sanddorn-Schichten stammen, wurden die Sedimente speziell auf Pflanzenmakrofossilien wie Früchte, Samen, Blätter und Holzreste untersucht.

Die Pollenanalyse, die ohne Zweifel für die klimastratigraphische Einstufung von großer Bedeutung ist, erlaubt in den meisten Fällen nur eine Bestimmung des Pollens auf der Gattungsebene. Im Gegensatz dazu können Makroreste von Pflanzen in der Regel auf dem Artniveau bestimmt werden.

Die Pollenanalyse, die ohne Zweifel für die klimastratigraphische Einstufung von großer Bedeutung ist, erlaubt in den meisten Fällen nur eine Bestimmung des Pollens auf der Gattungsebene. Im Gegensatz dazu können Makroreste von Pflanzen in der Regel auf dem Artniveau bestimmt werden. Dieses erlaubt wesentlich konkretere Aussagen zu den Umweltbedingungen und somit können die Lebensbedingungen, das Habitat und letztendlich die ehemalige Landschaft besser erfasst und rekonstruiert werden (vgl. das Beispiel Paddenluch – A. Kossler in diesem Band, S. 179–183).

Schon im Gelände konnten wiederholt in den sog. Sanddorn-Schichten mit bloßem Auge botanische Reste wie Ästchen, Spuren von Durchwurzelung sowie weiteres pflanzliches Material erkannt werden. Bei der Aufbereitung der Sedimente (Schlämmen mit 3%igem H_2O_2) kamen dann auch zahlreiche karpologische Reste und sogar kleine Blättchen zu Tage (Abb. 5, 6). Auffällig ist dabei, dass die organikreichen Sanddorn-Schichten, die je nach Standort im Becken eine Mächtigkeit von ca. 30–40 cm aufweisen, von der Basis bis zum Top eine deutliche Zunahme der Diversität und Abundanz der Pflanzenreste zeigen, welche anscheinend die zunehmende Klimaerwärmung am Ende der Saale-Kaltzeit widerspiegeln.

Interessanterweise gehen die unterlagernden sterilen Sande anscheinend ohne Unterbrechung in die organikreichen Sanddorn-Schichten über, welche eine Vielzahl an Pflanzenmakrofossilien geliefert haben, die jedoch nicht gerade einer charakteristischen arktischen/subarktischen Tundrenvegetation, z.B. mit diversen Zwergsträuchern, entsprechen. Abgesehen von den untersten Zentimetern, die sich durch wenig unbestimmbares Pflanzenmaterial auszeichnen, haben die Sanddorn-Schichten neben dem namengebenden Sanddorn weitere Nachweise von Gehölzen geliefert, wobei es sich vor allem um verschiedene Arten der Weiden sowie der Birken handelt. Schon anhand der nicht näher bestimmbaren Knospenschuppen der Weiden, die sowohl mit glänzender (Abb. 5, Fig. 4) als auch matter Oberfläche (Abb. 5, Fig. 5) auftreten, konnte zumindest von zwei Arten ausgegangen werden. Mittlerweile ebenfalls nachgewiesene Weiden-Blättchen zeugen von mindestens fünf Weidenarten: *Salix herbacea* (Abb. 5, Fig. 10), *S.* cf. *cinera* (Abb. 5, Fig. 8); *S.* cf. *hastata* (Abb. 5, Fig. 11–12), *S. retusa* (Abb. 5, Fig. 9); *S.* cf. *repens* (Abb. 5, Fig. 6). Interessanterweise sind bei den Birken mit der Moorbirke (*Betula pubescens*, Abb. 5, Fig. 14, 15) und mit der Hängebirke (*B. pendula*, Abb. 5, Fig. 18, 19) schon relativ häufig Baumbirken vertreten. Die Zwergbirke (*B. nana*, Abb. 5, Fig. 13) sowie die Silberwurz (*Dryas octopetala*), markante Bestandteile der Tundren-Flora, konnten dagegen nur sehr

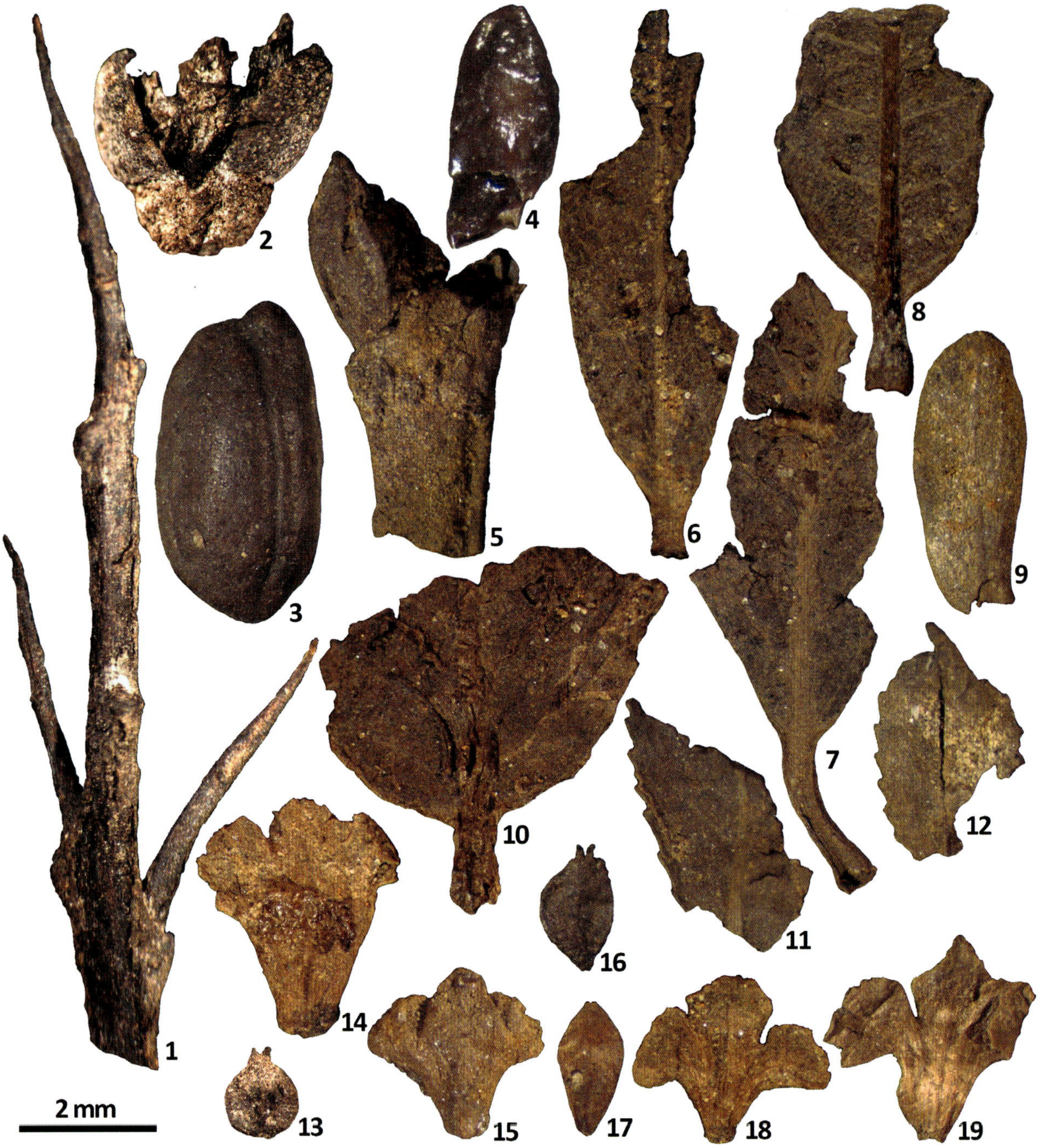

Abb. 5: Pflanzenmakrofossilien aus den Sanddorn-Schichten von Jänschwalde. 1) Ästchen des Sanddorns mit Dornen (Pr.-Nr. 270911-3, ob. Sanddorn-Schichten), 2) Knospenschuppen des Sanddorns (Pr.-Nr. 270911-3), 3) Same des Sanddorns (Pr.-Nr. J92682, Schildkern-Artefakt), 4) Knospenschuppe der Weide mit glänzender Oberfläche (Pr.-Nr. J94301, Pflanzenrestansammlung bei Pferdeknochen), 5) Weiden-Astfragment mit Knospenschuppe, welche eine matte Oberfläche aufweist (Pr.-Nr. J92682, Schildkern-Artefakt), 6) Weiden-Blättchen, Salix cf. repens (Pr.-Nr. J94314, Pferdeschulter), 7) Weiden-Blättchen, Salix sp. indet. (Pr.-Nr. J94314, Pferdeschulter), 8) Weiden-Blättchen, Salix cf. cinerea (Pr.-Nr. J94338, Pferdewirbel), 9) Blättchen der Stumpfblättrigen Weide, Salix retusa (Pr.-Nr. J94314, Pferdeschulter), 10) Blättchen der Zwergweide, Salix herbacea (Pr.-Nr. J94314, Pferdeschulter), 10–12) Weiden-Blättchen mit gezähntem Rand, Salix cf. hastata (Pr.-Nr. J94314, Pferdeschulter), 13) Same von der Zwergbirke, B. nana (Pr.-Nr. 270911-3), 14–15) Fruchtschuppen der Moorbirke (14 = Pr.-Nr. J94338, Pferdewirbel; 15 = Pr.-Nr. J94314, Pferdeschulter), 16–17) Samen von Baumbirken in unterschiedlichen Erhaltungszuständen, die zarten Flügel sind nicht mehr erhalten (16 = Pr.-Nr. J92682, Schildkern-Artefakt; 17 = Pr.-Nr. 170613-2, Pferderippe), 18–19) Fruchtschuppen der Hängebirke, B. pendula (Pr.-Nr. J94338, Pferdewirbel) (Fotos A. Kossler, FU Berlin).

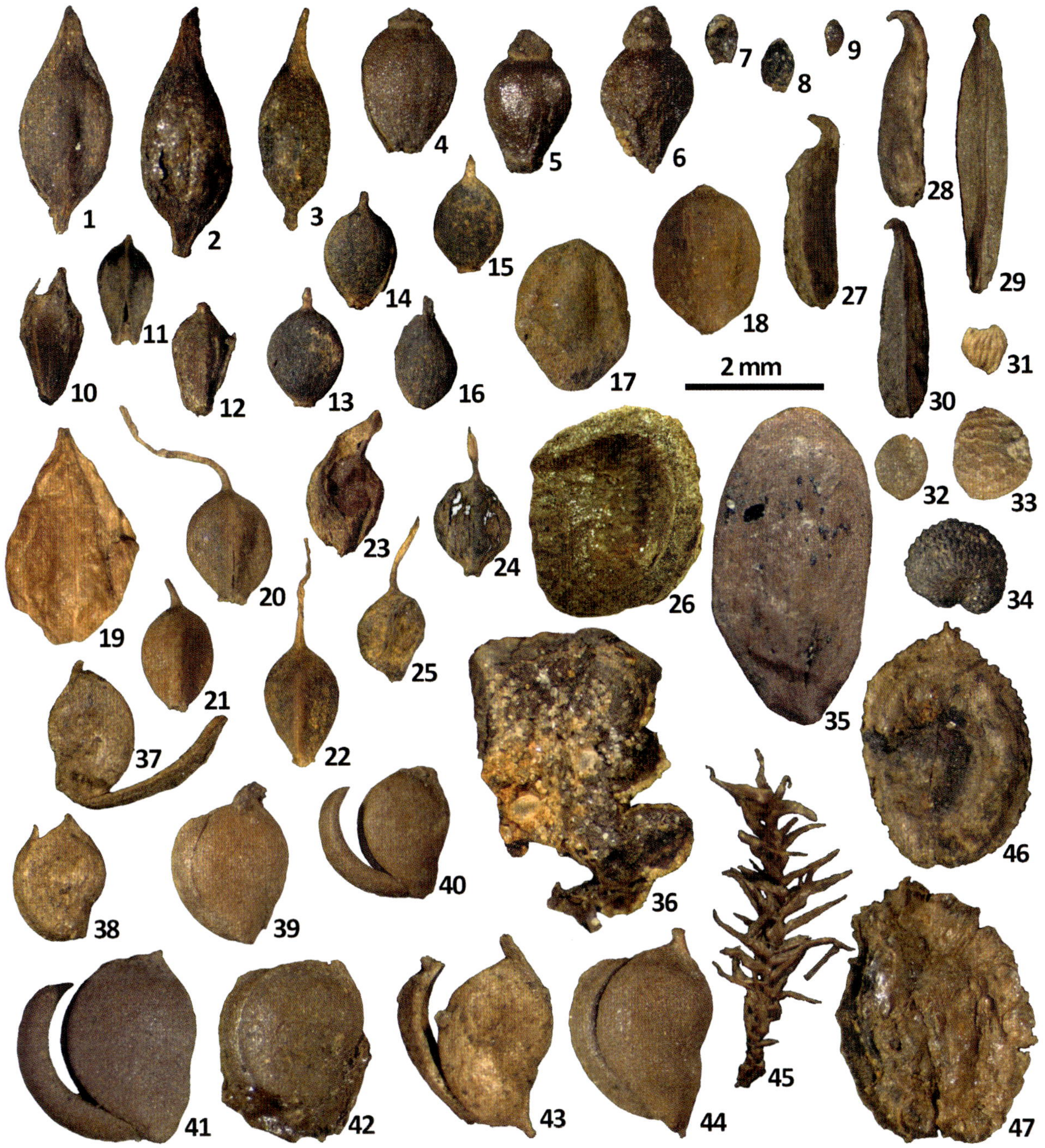

Abb. 6: Pflanzenmakrofossilien aus den Sanddorn-Schichten von Jänschwalde. 1–3) Nüsschen von Blysmus rufus 1, 3=Pr.-Nr. J92682, Schildkern-Artefakt; 2=170613-3, Pferde-Knochensplitter), 4–6) Nüsschen von Eleocharis uniglumis/palustris-agg. (4, 5=Pr.-Nr. J92682, Schildkern-Artefakt; 6=Pr.-Nr. J94314, Pferdeschulter), 7–8) Samen von Juncus castaneus (Pr.-Nr. J94314, Pferdeschulter). 9, Same von Juncus sp. (Pr.-Nr. J94314, Pferdeschulter), 10–12) Nüsschen von Trichophorum alpinum (Pr.-Nr. J92682, Schildkern-Artefakt), 13–16) Nüsschen von Carex bicolor (13, 14, 16=Pr.-Nr. J92682, Schildkern-Artefakt; 15=J92696 Pferderippe), 17–18) Nüsschen von Carex cf. divulsa (Pr.-Nr. J94338, Pferdewirbel), 19) Utriculus (Schlauch) von Carex rostrata (Pr.-Nr. J94338, Pferdewirbel), 20–22) Nüsschen von Carex rostrata (Pr.-Nr. J94338, Pferdewirbel), 23–25) Nüsschen von Carex aquatilis (24, 25=Pr.-Nr. J94338, Pferdewirbel), teilweise mit Resten des Utriculus (Fig. 23=Pr.-Nr. J94314, Pferdeschulter), 26) Steinkern von Arctostaphylos uva-ursi, 27–30) Fruchtblätter des Strand-Dreizacks, Triglochin maritima (Pr.-Nr. J92682, Schildkern-Artefakt), 31) Dreifurchige Wasserlinse, Lemna trisulca (J94330, Hecht), 32) Rorippa islandica (Pr.-Nr. J94338, Pferdewirbel), 33) Batrachium sp. (J94330, Hecht), 34) Caryophyllaceae (Pr.-Nr. J94338, Pferdewirbel), 35) Linum perenne (170613-2, Pferderippe), 36) Blattfragment von Dryas octopetala (Pr.-Nr. J94314, Pferdeschulter), 37–38) Steinkerne von Potamogeton gramineus (Pr.-Nr. J94301, Pflanzenrestansammlung bei Pferdeknochen), 39–40) Steinkerne von P. filiformis (39=Pr.-Nr. J92682, Schildkern-Artefakt; 40=170613-2, Pferderrippe), 41–42) Steinkerne von P. vaginatus (41=Pr.-Nr. J94338, Pferdewirbel; 42=Pr.-Nr. J94301, Pflanzenrestansammlung bei Pferdeknochen), 43–44) Steinkerne von P. perfoliatus (43=Pr.-Nr. J94301, Pflanzenrestansammlung bei Pferdeknochen; 44=Pr.-Nr. J94338, Pferdewirbel), 45) Laubmoos (Pr.-Nr. J92682, Schildkern-Artefakt), 46–47) Corispernum nitidum (46=Pr.-Nr. J92682, Schildkern-Artefakt; 47=Pr.-Nr. J94314, Pferdeschulter) (Fotos A. Kossler, FU Berlin).

untergeordnet durch wenige Nachweise belegt werden. Von *Dryas octopetala* wurde bisher sogar nur ein einziges Fragment eines Blättchens (Abb. 6, Fig. 37) gefunden. Dagegen konnte ein weiterer Zwergstrauch, die Bärentraube (*Arctostaphylos uva-ursi*, Abb. 6, Fig. 26), mehrfach nachgewiesen werden.

Neben den Gehölzen bilden vor allem Reste von Sauergräsern (*Cyperacea*) großen Anteil an der überlieferten Vegetation. Besonders häufig sind die Nüsschen der Alpen-Rasenbinse (*Trichophorum alpinum*, Abb. 6, Fig. 10–12), der Roten Quellbinse (*Blysmus rufus*, Abb. 6, Fig. 1–3), der Sumpfbinsen (*Eleocharis uniglumis/palustris*-agg., Abb. 6, Fig. 4–6), der Zweifarbigen Segge (*Carex bicolor*, Abb. 6, Fig. 13–16) sowie der Schnabel-Segge (*Carex rostrata*, Abb. 6, Fig. 19–22). Letztere wird jedoch erst zum Top der Sanddorn-Schichten häufiger. Seltener sind dagegen die Nüsschen von der Wasser-Segge (*Carex aquatilis*, Abb. 6, Fig. 23–25), von der Unterbrochenährigen Segge (*Carex* cf. *divulsa*, Abb. 6, Fig. 17–18) sowie Samen von Binsen (u.a. *Juncus castaneus*, Abb. 6, Fig. 7–8; *Juncus* sp., Abb. 6, Fig. 9).

Reste von Laubmoosen (Abb. 6, Fig. 45) sowie Nachweise von weiteren krautigen Gewächsen wie

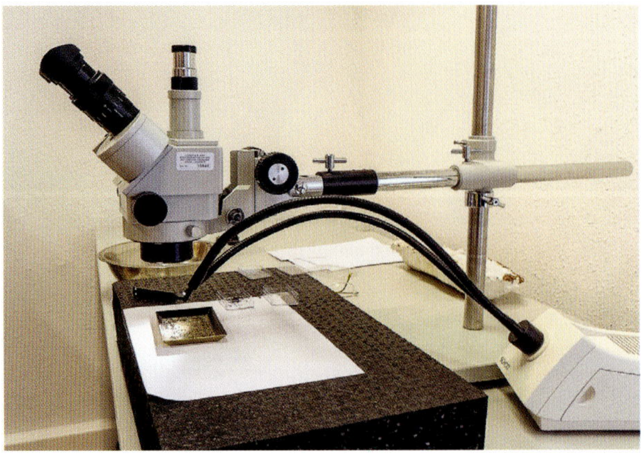

Abb. 7: Auslesen des Schlämmrückstandes der Proben unter dem Auflichtmikroskop (Foto A. Kossler, FU Berlin).

"Fundhorizont Artefakte und Pferdeknochen" (Sanddornschichten) Funde / Pflanzenmakroreste	*Salix spp.**	*Hippophaë rhamnoides*	*Betula pubescens*	*Betula pendula*	Laubmoose	*Juncus castaneus*	*Juncus sp.*	*Blysmus rufus*	*Eleocharis uniglumis/palustris*	*Trichophorum alpinum*	*Carex bicolor*	*Carex rostrata*	*Carex aquatilis*	*Carex cf. divulsa*	*Triglochin maritima*	*Corispernum nitidum*	*Potamogeton filiformis*
Artefakt (Schildkern) - J92682	x	x	x		x			x	x	x	x	x	x	x	x	x	x
Unterkiefer - Pferd 170613/1	x	x	x		x	x	x	x	x	x	x		x	x	x		x
Rippe - Pferd J92641	x	x					x		x	x	x		x		x		
Rippe - Pferd J92687	x	x				x	x	x	x	x	x		x				
Rippe - Pferd J92688	x	x	x			x	x	x	x	x	x		x	x			x
Rippe - Pferd J92693	x	x	x			x	x	x	x	x	x		x		x		
Rippe - Pferd J92695	x	x			x	x		x		x	x		x			x	
Rippe - Pferd J92696	x	x	x			x	x	x	x	x	x		x	x			x
Rippe - Pferd J92700	x		x		x	x	x	x	x	x	x	x					
Rippe - Pferd J94315	x	x				x	x	x	x	x	x				x		
Rippe - Pferd 170613-2	x	x	x			x	x		x	x				x			x
Schulterblatt (Scapula I) - Pferd J94314	x	x	x		x	x	x	x	x	x	x	x	x	x	x	x	x
Schulterblatt (Scapula II) - Pferd J94339	x	x	x			x	x	x	x	x	x	x	x		x		x
Halswirbel - Pferd J94338	x	x	x	x	x			x	x	x	x	x	x	x	x		x
Pflanzenrestansammlung J94301	x	x	x		x			x	x	x	x	x			x		x
Knochensplitter - ?Pferd J94302-J94313	x	x	x				x	x	x	x	x		x				x
Knochensplitter - ?Pferd 170613-3	x	x	x			x	x	x	x	x	x		x	x	x		x

Tab.1: Botanisches Fossilinventar der Begleitsedimente von Feuersteinartefakt 1 (Schildkern) und Pferdeknochen.

der Strand-Dreizack (*Triglochin maritima*, Abb. 6, Fig. 27–30), der Caryophyllaceae (Abb. 6, Fig. 34), des Ausdauernden Leins (*Linum perenne*, Abb. 3, Fig. 35), des Wanzensamens (*Corispernum nitidum*, Abb. 6, Fig. 46–47) geben weitere Hinweise auf die ehemalige Pflanzenvergesellschaftung. *Corispernum nitidum* wurde jedoch bisher nur im Fundhorizont der Artefakte und Pferdeknochen nachgewiesen.

Auch Nachweise von Wasserpflanzen kommen in den Sedimenten vor, hier sind vor allem die Laichkräuter zu nennen, bei denen das Fädige Laichkraut (*Potamogeton filiformis*, Abb. 6, Fig. 39–40) besonders häufig vertreten ist. Armleuchteralgen sind vereinzelt zu finden. Auch bei den Wasserpflanzen ist eine Zunahme der Diversität zum Topbereich der Sanddornschichten zu beobachten. Das gilt sowohl für die Laichkräuter als auch für weitere Wasserpflanzen. Der Wasser-Hahnenfuß (*Batrachium* sp., Abb. 6, Fig. 33), die Dreifurchige Wasserlinse (*Lemna trisulca*, Abb. 6, Fig. 31) sowie eine starke Ausbreitung der Armleuchteralgen konnten bisher nur im Topbereich der Sanddorn-Schichten nachgewiesen werden.

Stratigraphische Einstufung der Artefakte

In unmittelbarer Nähe der Fundstelle der Artefakte kamen zahlreiche Pferdeknochen zu Tage (siehe I. Raufuss, in diesem Band, S. 104), die im Umkreis von ca. 20 m verstreut lagen. Der Vergleich des Fossil-Inventars der jeweiligen Begleitsedimente der Pferdeknochen und der Artefakte weist derart große Übereinstimmungen auf (Tab. 1), dass davon ausgegangen werden kann, dass Pferdeknochen und Artefakte aus dem gleichen stratigraphischen Niveau und Fundhorizont innerhalb der Sanddorn-Schichten stammen (Abb. 4). Sie sind somit älter als die bisherigen Funde von Großsäugern, die stratigraphisch dem Topbereich der Sanddorn-Schichten bzw. den Basisschichten der grauen Mudden zuzuordnen sind (Abb. 4; I. Raufuss in diesem Band, S. 99–119).

Für die Dauer des Saale-Hochglazials (Drenthe- und Warthe-Stadium) wurde für Mittel- und Osteuropa eine Zeitspanne zwischen ca. 150.000–130.000 Jahre v. H. ermittelt (vgl. Krbetschek & Eissmann 2008; Krbetschek et al. 2008). Das von diesen Autoren ermittelte Ende des Saale-Hochglazials deckt sich somit in etwa mit der sowohl im marinen (u.a. Shackleton et al. 2002) als auch im terrestrischen Bereich (u.a. Tzedakis 2003; 2007) beginnenden Erwärmung bei ca. 129.000 Jahren v. H., wodurch die Grenze zwischen den marinen Isotopenstadien 6 und 5e (MIS 6/5e) definiert wird. Das Eem-Interglazial setzt dann bei ca. 127.000 Jahren v. H. ein (siehe Brauer et al. 2007; Tzedakis 2007). Somit ergibt sich für das Saale-Spätglazial eine Dauer von ca. 2.000–3.000 Jahren (ca. 130.000–129.000 bis ca. 127.000 Jahren v. H.). Die genaue stratigraphische Einstufung von Sedimenten dieses Alters gestaltet sich häufig als sehr schwierig, zumal Methoden wie C^{14}-Datierungen in diesem Zeitbereich nicht mehr angewendet werden können. Mit Hilfe der Pollenanalyse lässt sich das Saale-Spätglazial in Ostdeutschland jedoch relativ gut fassen. Hierzu wird auch auf die neueren Arbeiten von Hermsdorf & Strahl (2008) und Strahl et al. (2010) verwiesen, die generell der dreiphasigen Pollenzonierung (PZ A, B, C) sensu Menke & Ross (1967) folgen, jedoch die letzte Pollenzone (PZ C) noch in die Pollenzonen PZ C1 und PZ C2 unterteilen. Die Pollenzone A (pleniglaziale, waldfreie Zeit) ist dabei noch durch arktische Bedingungen charakterisiert, während Pollenzone B (Zeit der Sanddorngebüsche) und C (PZ C1 und PZ C2 in Hermsdorf & Strahl 2008) schon wärmere Bedingungen reflektieren.
Schon von Strahl in Kühner et al. (2008) wurde angemerkt, dass die pleniglaziale, waldfreie Pollenzone A hier pollenanalytisch nicht erfasst wurde. Erschwerend kommt hinzu, dass die Sande an sich keine hohe Konzentrationen an Pollen aufweisen und sich darüber hinaus auch durch hohe Anteile an umgelagerten, älteren Palynomorphen bzw. Fernflugeintrag auszeichnen (vgl. Strahl in Kühner et al. 2008), welche die pollenanalytische Interpretation zusätzlich komplizieren, was generell auch für andere zeitgleiche Standorte gilt (z.B. Strahl et al. 2010). Stattdessen konnten nur bereits der Pollenzone B entsprechende Pollenspektren nachgewiesen werden, die durch die starke Ausbreitung des Sanddorns charakterisiert sind. Dieses korreliert hier mit der großen Präsenz von Makroresten des Sanddorns, die mit zahlreichen Nachwei-

sen von Ästchen (Abb 5, Fig. 1), Samen (Abb. 5, Fig. 3) und Knospenschuppen (Abb. 5, Fig. 2) aus den Sedimenten belegt sind. Der Sanddorn ist in spätglazialen Zeitabschnitten häufig ein weit verbreitetes Florenelement, da dieser als Pionierpflanze bevorzugt Rohböden besiedelt (Abb. 8).
Ob der sowohl fehlende pollenanalytische Nachweis der Pollenzone A als auch der fehlende Nachweis einer charakteristischen arktischen/subarktischen Tundren-Vegetation mit Hilfe von Pflanzenmakroresten auf eine in den Sanden nicht zu erkennende Schichtlücke zurückzuführen ist oder ob die klimatische Erwärmung so rasch erfolgte, dass sich hier solch eine arktische/subarktische Tundren-Vegetation erst gar nicht längerfristig etablieren konnte, lässt sich im Moment nicht eindeutig klären. Einiges spricht für die letztere Annahme, da in den Sedimenten der Sanddorn-Schichten, wie schon oben angemerkt, mit dem Einsetzen der biogenen Produktivität deutlich eine rasche Zunahme an Abundanz und Diversität von der Basis bis zum Top der Sanddorn-Schichten zu verzeichnen ist. Somit könnten die untersten Zentimeter der Sanddorn-Schichten, welche bisher nur wenige, jedoch unbestimmbare Pflanzenfossilien geliefert haben, eventuell noch der Pollenzone A sensu Menke & Ross (1967) entsprechen, die dann jedoch relativ schnell von der Pollenzone B abgelöst wird. Pollenanalytisch wäre solch ein kurzer Zeitbereich sehr schwer zu fassen, zumal unter den oben angegebenen Erschwernissen.

Die Pferdeknochen und die Artefakte, die aus dem mittleren Bereich der Sanddorn-Schichten stammen (Abb. 4), sind anhand der vielen Makroreste des Sanddorns, die im Begleitsediment nachgewiesen wurden, demnach auch schon in die Pollenzone B einzustufen. Die Pollenspektren vom Topbereich der Sanddorn-Schichten entsprechen nach Strahl in Kühner et al. (2008: Abb. 7) ebenfalls noch der Pollenzone B. Wie oben angemerkt, werden die Sanddorn-Schichten dann von den saalespätglazialen Mudden (= PZ C1 und PZ C2 in Kühner et al. 2008) diskordant überlagert (Abb. 3 u. 4; siehe auch Abb. 3 im Beitrag I. Raufuss in diesem Band, S. 101), so dass hier im Südbecken im Saale-Spätglazial zumindest eine Schichtlücke vorliegt, deren Zeitdauer unbekannt ist. Ob diese Schichtlücke mit dem Heinrich Event 11 (HE 11) bei ca. 128.000 Jahre v. H. (vgl. Tzedakis 2007) korreliert werden kann, werden eventuell Studien an der Sedimentabfolge des noch zu untersuchenden Nordbeckens klären können.
Da einiges dafür spricht, dass die klimatische Erwärmung mit Beginn des Saale-Spätglazials sehr rasch erfolgte (siehe auch Diskussion weiter oben), kann für die Artefakte ein Alter von um 130.000 – 129.000 Jahren v. H. angenommen werden.

Interpretation der Paläoumwelt zur Zeit der Ablagerung der Sanddorn-Schichten

Die vielen Pflanzenreste der Sanddorn-Schichten haben deutlich aufgezeigt, dass eine charakteristische arktische/subarktische Tundren-Vegetation hier nicht überliefert ist. Zwar kommen einige Zeugnisse solch einer Tundren-Vegetation wie *Betula nana*, *Salix herbacea* oder *Juncus castaneus* (Abb. 6, Fig. 7, 8) auch noch vor, sind jedoch im gesamten fossilen Nachweis nur sehr untergeordnet vertreten. Im Großen und Ganzen wird die überlieferte Pflanzenvergesellschaftung durch nordische Florenelemente dominiert, wie man sie heutzutage im Bereich einer Waldtundra finden würde, die sich generell im Übergangsbereich von der subarktischen zur borealen Klimazone ausbildet. Hier scheint es sich vor allem um Laubgehölze wie diverse Weiden-Gebüsche, die Baumbirken und den Sanddorn zu handeln. Nadelgehölze wie die Kiefer, deren Keimlinge sehr frostempfindlich sind, konnten in den Sedimenten bisher nicht durch Makroreste nachgewiesen werden. Die in den Pollenspektren erfassten Pollen der Kiefer (Kühner et al. 2008) sind somit auf Fernflugeintrag zurückzuführen. Der Nachweis der Baumbirken (*Betula pubescens*, *B. pendula*) und des Sanddorns geben

Ob die klimatische Erwärmung am Beginn des Saalespätglazials so rasch erfolgte, dass sich hier eine arktische/ subarktische Tundren-Vegetation erst gar nicht längerfristig etablieren konnte, lässt sich im Moment nicht eindeutig klären.

Abb. 8: Wie im Saale-Spätglazial: Sanddorn, die Rohböden bevorzugende Pionierpflanze, am Kahnsdorfer See des stillgelegten Tagebaus Seese-Ost (Foto E. Bönisch).

auf jeden Fall Hinweise auf mittlere Juli-Temperaturen über 10°C (u. a. Brooks & Birks 2000a, b), für den Sanddorn werden sogar mittlere Juli-Temperaturen von zumindest 11–12°C angegeben (Kolstrupp 1980). Der Sanddorn ist ein Kältekeimer sowie eine lichtliebende Pflanze, die keine Beschattung verträgt und bei zu dichtem Bewuchs verdrängt wird. Die lichtliebenden Baumbirken sind, wie der Sanddorn, ebenfalls Pionierpflanzen, auch deren Keimlinge können Minusgrade tolerieren.

Neben den terrestrischen Pflanzen wurden wiederholt auch Reste aquatischer Pflanzen, vor allem Laichkräuter (Abb. 6, Fig. 37–44), in den Sedimenten gefunden, was die Existenz von Gewässern belegt. Dieses deckt sich mit der im Gelände getätigten Beobachtung, dass die Durchwurzelungsspuren der Gehölze nicht überall in den Sanddorn-Schichten vorkamen und somit Hinweise auf trockenere Standorte geben. Interessanterweise konnten zunächst, abgesehen von den Laichkräutern und wenigen Nachweisen von Armleuchteralgen, keine weiteren aquatischen Organismen nachgewiesen werden. Dieses lässt die Interpretation zu, dass es sich um sehr seichte Gewässer gehandelt hat, die sich vor allem nach der Frühjahrsschmelze bildeten. Schmelzwässer von Schnee sowie des oberen Permafrostbodens konnten durch

Der Sanddorn ist ein Kältekeimer sowie eine lichtliebende Pflanze, die keine Beschattung verträgt und bei zu dichtem Bewuchs verdrängt wird.

den im Untergrund noch vorhandenen Permafrost nicht versickern und sammelte sich in morphologischen Senken, wodurch es zur Ausbildung flacher Wasserstellen kam. Zum einen hatten diese höchstwahrscheinlich wie heutige Schlenken nur eine kurze Lebensdauer. Zum anderen ist davon auszugehen, dass auch größere, über den Sommer bestehende Wasserstellen während des langen und harten Winters bis zum Grund durchfroren. So konnten sich in diesen Gewässern, abgesehen von aquatischen Pionierpflanzen wie den Laichkräutern, keine stabilen aquatischen Faunen-Gemeinschaften bilden, wodurch sich das Fehlen von entsprechenden Fossilresten erklärt. Darüber hinaus führt auch bei tieferen Gewässern eine zu lange Eisbedeckung zu akutem Sauerstoffmangel im Winter, welches das Leben im Wasser ebenfalls sehr limitiert.

Dass die Gewässer während des Sommers eintrockneten, wird auch durch die Präsenz von Salzzeigerpflanzen angezeigt. Diese sind u.a. auch im Fundhorizont der Artefakte zu finden (Tab. 1). Hier ist vor allem der Strand-Dreizack zu nennen, der generell im Binnenland nur an Salzstellen zu finden ist. Dieses deutet schon auf relativ warme und vor allem trockene Sommermonate hin, wo es durch erhöhte Evaporation zum Eintrocknen und zur Versalzung der Wasserstellen kam (vgl. auch Bell 1969). Neben dem Strand-Dreizack sind auch weitere salzvertragende Pflanzen wie die Rote Quellbinse (*Blymus rufus*, Abb. 6, Fig. 1–3), die Sumpfbinsen (*Eleocharis uniglumis*/*palustris*-agg., Abb. 6, Fig. 4–6) sowie *Potamogeton filiformis* (Abb. 6, Fig. 39–40) besonders häufig vertreten. Für relativ warme und trockene Sommer spricht anscheinend auch *Corispernum nitidum* (Wanzensame), eine Pflanze, die heutzutage in Mittel- und Osteuropa verbreitet ist (Velichkevich & Zastawniak 2008). Nach Bell (1969) wird diese Pflanze jedoch auch relativ häufig in spätglazialen Ablagerungen gefunden, was eher die Präferenz für sandige, noch unbefestigte Böden widerspiegelt als deren Temperaturansprüche. Die starke Präsenz der Roten Quellbinse gibt neben den Anzeichen für Versalzung auch Hinweise auf mittlere Juli-Temperaturen bis zu 15,5 °C (Conolly & Dahl 1970). Bis zu dieser Temperatur findet dieses Florenelement optimale Bedingungen vor.
Im Topbereich der Sanddorn-Schichten lässt sich dagegen eine Änderung der Umweltbedingungen beobachten, die auf die zunehmende Erwärmung und anscheinend auch auf etwas feuchtere Bedingungen zurückzuführen ist. Wie schon weiter oben angemerkt, ist bei den Pflanzen die größte Diversität in diesen Schichten zu verzeichnen. Die Abundanz der Baumbirken nimmt deutlich zu, während der Sanddorn eher rückläufig ist. Auch die Salzzeigerpflanzen verschwinden aus dem fossilen Nachweis. Dagegen entwickelt sich bei den aquatischen Organismen eine diverse Flora und Fauna (u.a. Chironomiden, Süßwasserbryozoen), wobei vor allem Letztere nun erstmalig nachgewiesen ist. Als Besonderheit wurden hier auch Reste eines kapitalen Hechts (*Exos lucius*) gefunden (Abb. 4, gelber Stern). Dieses mehrjährige Exemplar bezeugt nun, dass die Gewässer über mehrere Jahre als Habitat zur Verfügung standen, im Winter nicht mehr bis zum Grund durchfroren bzw. auch durch genug Wasserführung und eine nicht zu lange Eisbedeckung noch ausreichend Sauerstoff im Wasser aufwiesen, die das Überleben der aquatischen Fauna während der Wintermonate ermöglichten.

Schlussbetrachtung

Die Analyse der Pflanzenmakroreste hat aufgezeigt, dass es zur Zeit der Ablagerung der saalespätglazialen Sanddorn-Schichten zu einer raschen Erwärmung kam, die sich zunächst durch mittlere Juli-Temperaturen von bis zu ca. 15,5°C auszeichnete. Das Klima war generell sehr kontinental geprägt mit langen, kalten Wintern und relativ warmen, trockenen Sommern. Die Temperaturen reichten jedoch noch nicht aus, dass Toteis im Untergrund zum Schmelzen zu bringen; die Beckenstruktur konnte sich somit noch nicht ausbilden. Die Landschaft war von einer Waldtundra geprägt, wobei sich in den Senken flache Gewässer etablierten. Während der trockenen Sommermonate kam es zur Eindampfung der Wasserstellen und zur Versalzung. Diese dienten den Wildtieren dann höchstwahrscheinlich als natürliche Salzstellen, welche sie in den Sommermonaten aufsuchten, wo ihnen der Neandertaler, worauf die Artefakte eventuell hindeuten, auflauern konnte. Zum Top der Sanddorn-Schichten stellten sich anscheinend etwas wärmere und feuchtere Klimabedingungen ein, wodurch sich die Gewässer nun längerfristig als Habitat etablieren konnten und anscheinend auch nicht mehr versalzten. Die größere Diversität von Flora und Fauna im Topbereich der Sanddorn-Schichten zeugt generell von besseren Lebensbedingungen.

Literatur

Bell, F. (1969): The occurrence of southern, steppe and halophyte elements in Weichselian (Last Glacial) floras from southern Britain. New. Phytologist, 68: 913–922.

Bönisch, E., Kossler, A., Kühner, R., Raufuss, I., Schneider, M. (2014): Tierknochen und ein Schaber – Erstmals Funde aus der Zeit des Neandertalers in Brandenburg. Archäologie in Deutschland, 1: 6.

Brauer, A., Allen, J.R.M., Mingram, J., Dulski, P., Wulf, S. & Huntley, B. (2007): Evidence for Last Interglacial chronology and environmental change from Southern Europe. Proceedings of the National Academy of Science, 104: 450–455.

Brooks, S.J. & Birks, H.J.B. (2000a): Chironomid-inferred late-glacial and early-Holocene mean July air temperatures for Kråkenes Lake, western Norway. Journal of Paleolimnology, 23: 77–89.

Brooks, S.J. & Birks, H.J.B. (2000b): Chironomid-inferred Late-glacial air temperatures at Whitrig Bog, southeast Scot land. Journal of Quaternary Science, 15(8): 759–764.

Conolly, A.P. & Dahl, E. (1970): Maximum summer temperature in relation to the modern and Quaternary distributions of certain artic-montane species in the British isles. In: Walker, D. & West, R.G. (Hersg.): Studies in the vegetational history of the British isles. Cambridge Press: 159–223.

Hermsdorf, N. & Strahl, J. (2008): Karte der Eem-Vorkommen des Landes Brandenburg. Brandenburg. geowiss. Beiträge, 15 (1/2): 23–55.

Kolstrup, E. (1980): Climate and stratigraphy in northwestern Europe between 30.000 B.P. and 13.000 B.P., with special reference to The Netherlands. Mededelingen Rijks Geologische Dienst, 32–15: 181–253.

Kossler, A., Raufuss, I. & Lehmann, K. (2012): Wels, Riesenhirsch und Pflanzenreste. Neue Grabungstechnik an Seesedimenten des Eem-Interglazials von Jänschwalde. Archäologie in Berlin und Brandenburg, 2011: 31–33.

Kossler, A., Raufuss, I., Schneider, M., Kühner, R., Rösler, H. & Bönisch, E. (2013): Die Saale-Spätglazial/Eem-Interglazial-Grabung von Jänschwalde (Niederlausitz, Brandenburg). In: Raab, T., Hirsch, F., Raab, A., Schopper, F. & Freytag, K. (Hrsg.): Tagungsband und Ex-kursionsführer zur Jahrestagung 2013. Geopedology and Landscape Development, Research Series 2: 65–73.

Krbetschek, M. R. & Eissmann, L. (2008) Geochronologische Daten aus der Typregion der Elster- und Saale-Inlandvergletscherungen. Abhandlungen der Geologischen Bundesanstalt Wien, 62: 169–171.

Krbetschek, M. R., Degering, D. & Alexowsky, W. (2008): Infrarot-Radiofluoreszenz-Alter (IR-RF) untersaalezeitlicher Sedimente Mittel- und Ostdeutschlands. Zeitschrift der Deutschen Gesellschaft für Geowissenschaften, 159 (1): 133–140.

Kühner, R., Strahl, J., Süssmilch, P. Thieke, H. U. (2008): Lithologische und pollenanalytische Befunde aus dem saalefrühglazialen Fluviatilkomplex (Tranitzer Fluviatil) und dem Eem-Interglazial im Tagebau Jänschwalde, Südbrandenburg. Brandenburg. Geowiss. Beitr., 15 (1/2): 1–21.

Litt, T., Behre, K.-E., Meyer, K.-D., Stephan, H.-J. & Wansa, S. (2007): Stratigraphische Begriffe für das Quartär des norddeutschen Vereisungsgebietes. Eiszeitalter und Gegenwart, 56 (1–2): 7–65.

Shackleton, N.J., Chapman, M., Sánchez-Goñi, M.F. Pailler, D. & Lancelot, Y. (2002): The classic marine isotope substage 5e. Quaternary Research, 58: 14–16.

Strahl, J., Krbetschek, M. R., Luckert, J., Machalett, B., Meng, S., Oches, E. A., Rappsilber, I., Wansa, S., Zöller, L. (2010): Geologie, Paläontologie und Geochronologie des Eem-Beckens Neumark-Nord 2 und Vergleich mit dem Becken Neumark-Nord 1 (Geiseltal, Sach-sen-Anhalt). Eiszeitalter & Gegenwart, 59 (1–2): 120–167.

Tzedakis, P. (2007): Pollen records, Last Interglacial of Europe. In: Elias, S.A. (Ed.): Ency-clopedia of Quarternary Sciences: 2597–2605 (Elsevier, Amsterdam).

Velichkevich, F.Y. & Zastawniak, E. (2008): Atlas of Pleistocene vascular plant macrofossils of Central and Eastern Europe. Herbaceous Dicotyledons. W. Szafer Inst. of Botany, Polish Acad. of Sciences: 379 S. (Krakau).

Geologisch, archäologisch und – ästhetisch: Mulde an der Ostflanke des Eembeckens über dem Sanddornhorizont im Planum und Profil (Schnitt 4, 3.5.2013, Foto R. Piskorski, BLDAM).

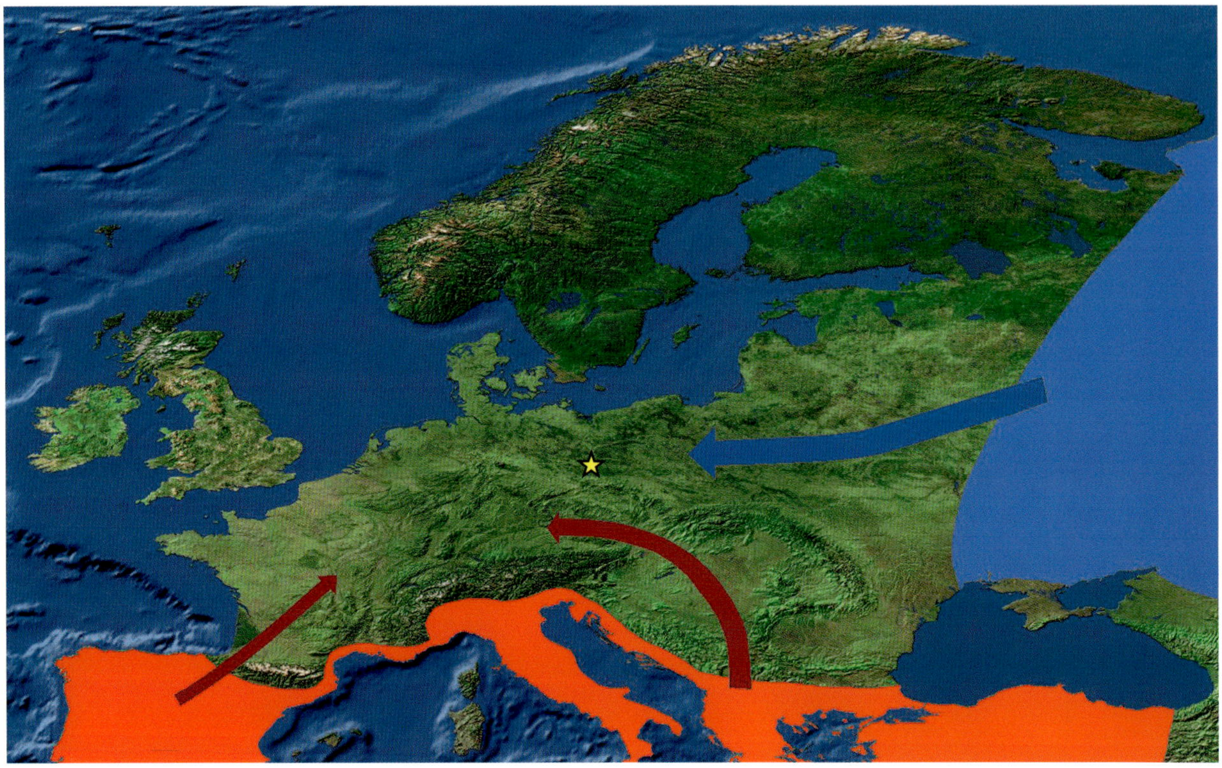

Abb. 1: Jänschwalde (gelber Stern) liegt im zentralen und besonders interessanten Gebiet, in dem sich der europäische Faunenwandel infolge des Wechsels von Kalt- und Warmzeiten abspielt (Karte I. Raufuß nach Koenigswald 1999).

Ökosystemanalyse durch vermeintlich nicht signifikante Wirbeltierfunde aus Jänschwalde

Faunenwandel am Übergang von der Saale-Kaltzeit zur Eem-Warmzeit

Ingo Raufuß

Zusammenfassung

Funde von Wolf, Pferd und Elch gelten hinsichtlich der ökologischen Auswertung einer Fundstelle als wenig signifikant. Im vorliegenden Beitrag wird anhand des Beispiels von Jänschwalde mit der Guilday Methode gezeigt, wie diese Taxa gemeinsam zur Ökosystemrekonstruktion und -prognose genutzt werden können. Die aktuelle Grabung des Brandenburgischen Landesamtes für Denkmalpflege und Archäologischen Landesmuseums mit Mitarbeitern der Freien Universität Berlin im Braunkohlentagebau Jänschwalde bei Cottbus fördert Wirbeltierfunde aus dem Übergangsbereich von der ausgehenden Saale-Kaltzeit zur Eem-Warmzeit zu Tage.
Auf Säugetierfunden von Jänschwalde basierende Ökosystemsimulationen unter Berücksichtigung weiterer mitteleuropäischer Fundstellen ergeben Jahresdurchschnittstemperaturen von 6,3°C für das Saale-Spätglazial und knapp 9°C für die eemzeitlichen Verhältnisse. Der im Profil aufgeschlossene Zeitraum zeichnet somit anhand der Säugetierfunde eine Erwärmung um gut 2,5°C nach.
Besonderheiten dieser Fundstelle sind zudem die selten in dieser Menge geborgenen Funde des Welses (*Silurus glanis*) die zumeist aus dem Beckentieferen des Eem-warmzeitlichen Sees stammen, was zugleich dem bevorzugten Lebensraum dieses Tieres entspricht. Außerdem wurde ein für die geographische Breite zu kleines Exemplar einer europäischen Sumpfschildkröte (*Emys orbicularis*) gefunden. Entweder handelt es sich um eine neue Unterart oder Zwergenwuchs. Vom modernen Elch (*Alces alces*) werden aus den Schichten des späten Saale-Glazials die ältesten Funde Mitteleuropas beschrieben.

Einleitung

Im Zeitraum von 2010 bis voraussichtlich 2015 wird durch die Vattenfall Europe Mining AG im Westteil des Tagebaus Jänschwalde bei Cottbus eine sich N-S erstreckende Mulde mit Sedimenten der Eem-Warmzeit überbaggert. Das Brandenburgische Landesamt für Denkmalpflege und Archäologisches Landesmuseum (BLDAM) hat den durch Vattenfall finanzierten Auftrag, den Abbau zu überwachen, anfallendes paläontologisches und archäologisches Fundmaterial zu sichern sowie ggf. Bergungsmaßnahmen vorzunehmen. Die Freie Universität Berlin übernimmt im Auftrag des BLDAM die wissenschaftliche Dokumentation und Auswertung des paläontologischen Fundmaterials und berät das BLDAM bei Bergungsarbeiten und nachfolgender Materialaufbereitung.

Material und Methodik

Oftmals steht an einer Fundstelle „nur“ ein Profil zur Verfügung, wohingegen im Tagebau von Jänschwalde in der ersten Projektphase bis 2013 eine Serie von mehr als 20 Profilen temporär zur Verfügung stand. In der aktuellen zweiten Projektphase kann nach Abbaggerung des Vorschnitts in der Ebene gegraben werden, bevor die Förderbrücke auch diese Sedimente überbaggert. Infolge der Fossil- und Neandertaler-Werkzeugfunde (vgl. Beitrag Bönisch/Schneider in diesem Band, S. 17–43), liegt der Beprobungsfokus mittlerweile auf den Sedimenten der Saale-Kaltzeit. Um diese Schichtglieder zu erreichen, muss das sich im Hangenden befindende Sediment der Eem-Warmzeit abgetragen werden. Dies geschieht sehr vorsichtig mit einem kleinen Schaufelbagger, sodass auch aus der beginnenden Eem-Warmzeit viele Wirbeltierfunde verzeichnet werden konnten.

Die Wirbeltierfunde stammen aus Schichtgliedern, die ein Alter zwischen ca. 130.000 und 125.000 Jahren v. h. aufweisen (Abb. 2, zwischen den roten Linien). Hierbei handelt es sich um den Übergang von der ausgehenden Saale-Kaltzeit hin zur Eem-Warmzeit.

In Abbildung 3 sind die aus den unteren Schichten des Profils stammenden Funde von Wolf, Pferd und Elch aus den Sanddornschichten dar-

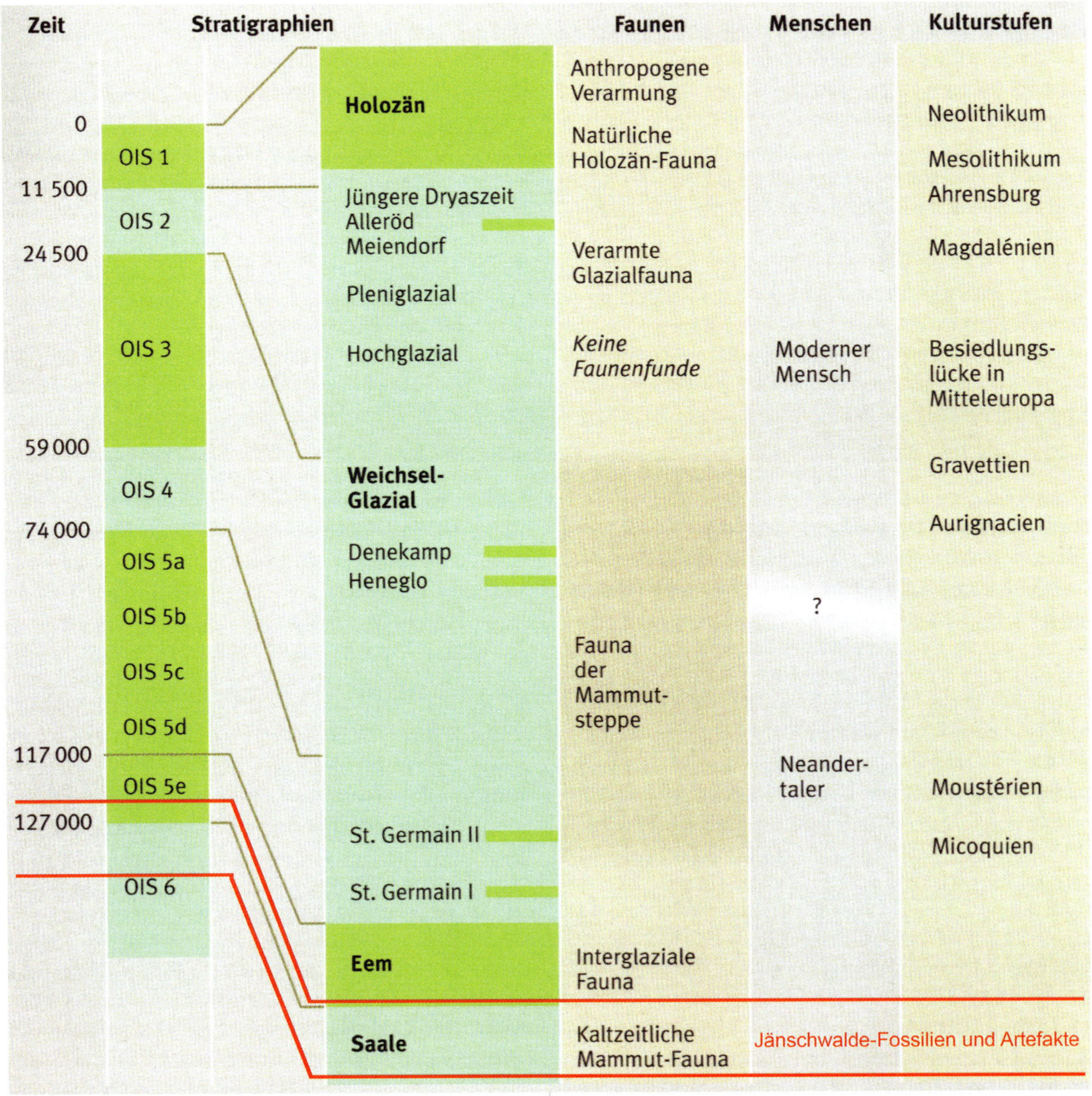

Abb. 2: Synchronoptisches Schema zur geologischen, paläozoologischen, anthropologischen und archäologisch-kulturellen Entwicklung seit der Saale-Eiszeit. Die rote Linie begrenzt den im Tagebau Jänschwalde erfassten Zeitraum (verändert nach Koenigswald 2002).

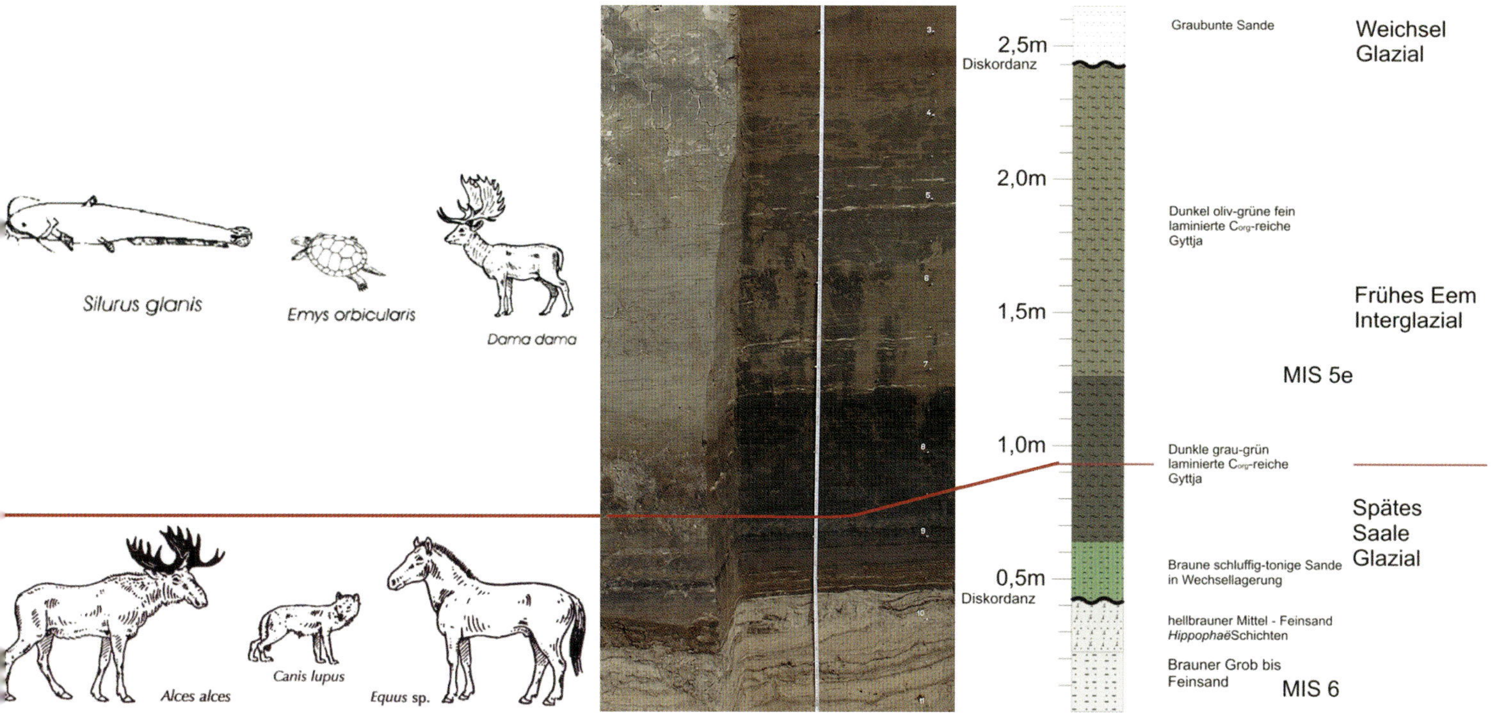

Abb. 3: Standardprofil des Eem-Beckens von Jänschwalde mit exemplarischen Funden der ausgehenden Kaltzeit (Saale, unten: Elch, Wolf und Pferd) und Warmzeit (Eem, oben: Wels, Sumpfschildkröte und Damhirsch) (Tierzeichnungen aus Thenius; Foto R. Piskorski, BLDAM; Grafik I. Raufuß, FU Berlin).

gestellt (links unten). Auf Grund von Untersuchungen nach Kossler (vgl. ihren Beitrag in diesem Band, S. 83–95) und Korrelationen zu Kühner et al. (2008) sind die Funde in die ausgehende Saale-Kaltzeit einzustufen. Auf Grund selbiger Untersuchungen sind mit dem Wels, der europäischen Sumpfschildkröte und dem Damhirsch Funde exemplarisch dargestellt, die charakteristisch für Warmzeiten sind. Diese Funde stammen aus den dunkel-oliv-grünen Schichten der Schluffmudde, die in die frühe Eem-Warmzeit einzustufen sind.

Wie durch A. Kossler (in diesem Band, S. 83–95) erläutert wird, ist der Übergang von Kalt- zu Warmzeit in Jänschwalde deutlich detaillierter zu beschreiben, als das Abbildung 3 suggeriert. Bei diesen Detailuntersuchungen konnten insbesondere in geschlämmten Sedimentproben Fischfunde, Kreuzotter und Eidechse neben Kleinsäugerfunden wie der Sumpfspitzmaus verzeichnet werden. Die Reichhaltigkeit der Wirbeltierfunde wird im Folgenden nicht nur durch eine sehr beachtliche Faunenliste dokumentiert, sondern auch durch den Plan der Fundverteilung (Abb. 4).

Biogeographische Auswertung

Um die Einordnung der hier unterschiedenen Faunenvergesellschaftungen zu einem Vergleichsbiom vornehmen zu können, wird die Guilday Methode nach Raufuss (2002) angewendet. Hierbei werden die Zentren der Überlappung aus Verbreitungsarealen derjenigen Taxa errechnet, die noch heute lebende Verwandte haben. Diese Zentren der Überlappung werden Äquivalenzareale genannt. Befinden sich die Äquivalenzareale im Vergleich zur Lage der Fundstelle weiter im Osten, ist von kontinentalerem Klima auszugehen (größere Differenz zwischen minimaler und maximaler Jahresdurchschnittstemperatur als an der Fundstelle heute). Befinden sie sich im Westen, ist von atlantischerem Klima auszugehen (kleinere Differenz zwischen minimaler und maximaler Jahresdurchschnittstemperatur als an der Fundstelle heute). Liegen die Äquivalenzareale im Norden, war es kälter, liegen sie im Süden, war es wärmer als an der Fundstelle heute.

Den Äquivalenzarealen kann man Klimaparameter nach Köppen & Geiger (vgl. Kottek et al. 2006) sowie Walter & Lieth (vgl. Lieth et al. 1999)

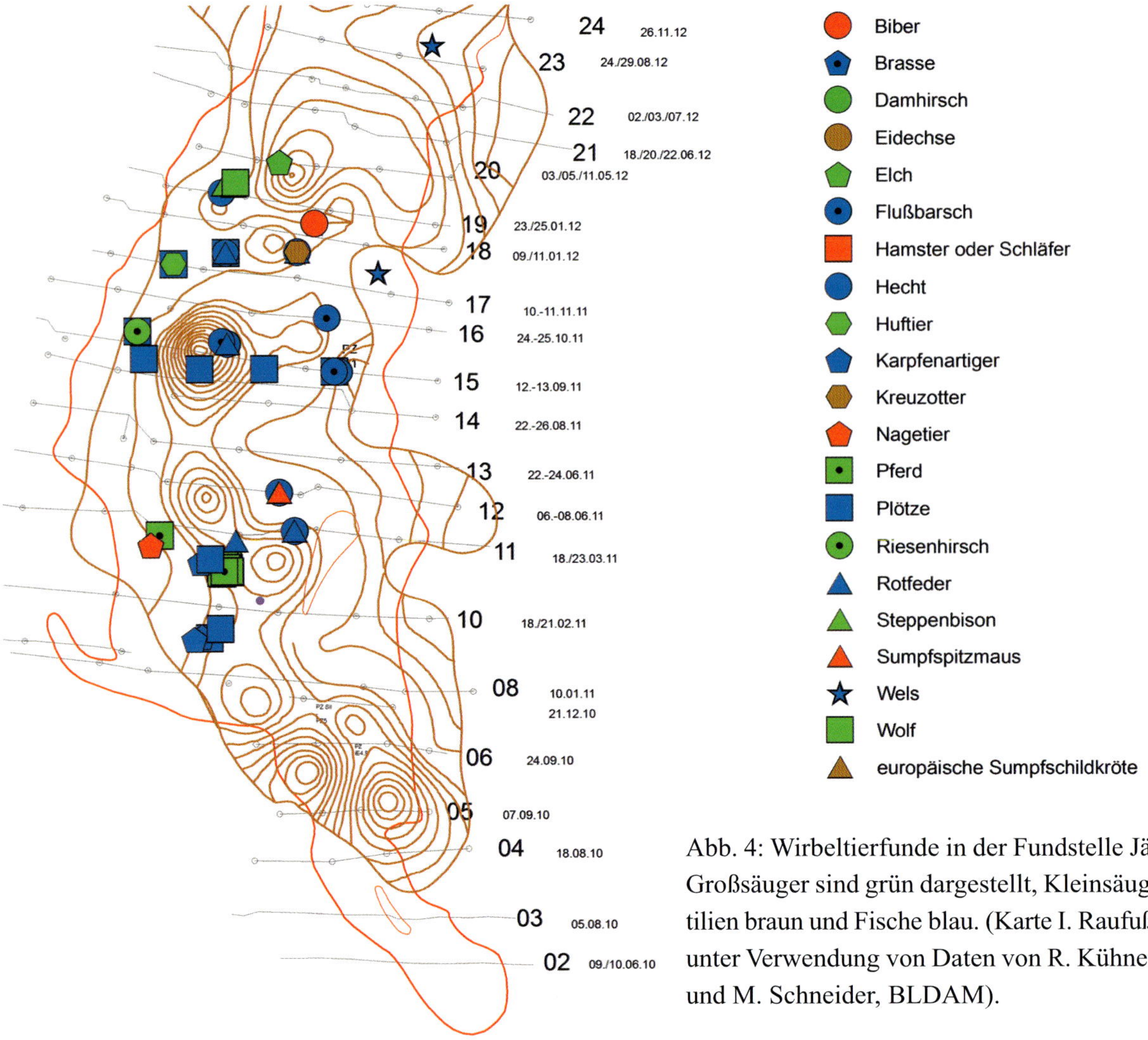

Abb. 4: Wirbeltierfunde in der Fundstelle Jänschwalde. Großsäuger sind grün dargestellt, Kleinsäuger rot, Reptilien braun und Fische blau. (Karte I. Raufuß, FU Berlin unter Verwendung von Daten von R. Kühner, Vattenfall und M. Schneider, BLDAM).

Pisces (blau):	
Hecht (Esox lucius)	9 Funde
Plötze (Rutilus rutilus)	29 Funde mit 2 in situ Präparaten
Rotfeder (Scardinius erythrophthalmus)	13 Funde mit 4 in situ Präparaten
Ukelei (Alburnus alburnus)	1 Fund
Blei (Abramis abramis)	1 Fund mit 1 in situ Präparat
Flußbarsch (Perca fluviatilis)	24 Funde mit 1 in situ Präparat
Wels (Silurus glanis)	19 Funde mit 3 in situ Präparaten
Summe Fischfunde:	**96 Funde mit > 1000 Fundstücken**
Reptilia (braun):	
Eidechse (Lacerta sp.)	1 Fund
Kreuzotter (Vipera berus)	1 Fund
Europ. Sumpfschildkröte (Emys orbicularis)	1 Fund
Summe Reptilfunde:	**3 Funde**
Mammalia (Großsäuger grün, Kleinsäuger rot):	
Nagetier (Rodentia indet.)	3 Funde
Nagetier (Cricetidae vel Gliridae)	1 Fund
Sumpfspitzmaus (Neomys anomalus)	1 Fund
Biber (Castor fiber)	1 Fund
Wolf (Canis lupus)	1 Fund, 22 Fundstücke
Pferd (Equus sp.)	1 Fund, 19 Fundstücke
Elch (Alces alces)	2 Funde
Riesenhirsch (Megaloceros giganteus)	1 Fund
Damhirsch (Dama dama)	1 Fund
Steppenbison (Bison priscus)	1 Fund, 15 Fundstücke + 1 Fund
Rinderartiger (Bovide indet.)	1 Fund
Summe Säugerfunde:	**15 Funde mit 68 Fundstücken**
Summe bestimmbarer Wirbeltiere:	**114 Funde**

zuordnen. Trägt man die Klimadaten in das Diagramm nach Lieth (1975) ein, ist es möglich, die Bedingungen an der Fundstelle (hier Jänschwalde) zum entsprechenden Ablagerungszeitraum abzuleiten. Für diese Auswertungen wurde eigens entwickelte Software (Guilday Kalkulator – Raufuss 1999, beschrieben in Guilday et al. 1964; Raufuss 2002) und ArcGIS 10.1 der Firma ESRI verwendet.

Ergebnisse und Auswertung

Im Folgenden werden nur die Funde charakterisiert, die für die entsprechende Zeitscheibe relevant sind oder Besonderheiten aufweisen.

Ausgehende Saale-Kaltzeit

Großsäuger

Der Erfolg des konsequenten planaren Abbaggerns der Schichten der Schluffmudde durch erfahrenes Personal des BLDAM zeigt sich allein anhand der Zusammenstellung der zahlreichen Großsäugerfunde von Wolf, Pferd, Elch und Bison aus den Schichten des späten Saale-Glazials (Abb. 3).

Vom **Wolf** (Canis lupus) (Abb. 5) wurden viele einzelne Skelettelemente eines Induviduums geborgen. Der Schädel ist fragmentarisch erhalten. Beide Unterkiefer sind überliefert sowie die ersten beiden Halswirbel. Von der Bezahnung der Ober- und Unterkiefer fehlen insgesamt nur vier Zähne. Der 2. Halswirbel des Wolfs wurde in einer Begleitsedimentprobe zusammen mit dem Nagezahn eines hamsterartigen Tieres gefunden. Das Vorkommen der Wölfe ist, abgesehen von der Bejagung durch den Menschen, an das Nahrungsangebot gekoppelt. Jahreszeitliche Wanderungen sind in Nordeuropa von Wölfen bekannt, die den Rentieren, ihrer Hauptbeute, folgen. Es sollen vornehmlich junge Tiere sein, die von den Wölfen gejagt werden (Stubbe & Krapp 1993). Damit wird deutlich, warum Wölfe sowohl in kalt- und warmzeitlichen Schichtgliedern mitteleuropäischer Fundstellen vorkommen. So bspw. in der Eem-Warmzeit von Taubach bei Weimar (Hemmer 1977) und im Weichsel-Hochglazial von Krems-Wachtberg an der Donau (Döppes & Rabeder 1997).

Abb. 5: Funde des Wolfs (jungadulte Wölfin). Beide Unterkiefer in Fundlage und linker Unterkiefer (Foto li. R. Piskorski, BLDAM; re. T. Korn, Senckenberg Weimar).

Abb. 6: Funde aus der Konzentration der Pferdeknochen: li. Schulterblatt (J94 339) und re. beide Unterkiefer (J92 675) in Fundlage (Foto li. I. Raufuß, FU Berlin; re. R. Piskorski, BLDAM).

Vom **Pferd** (*Equus sp.*) wurden beide Unterkiefer mit fast vollständiger Bezahnung gefunden, zudem beide Schulterblätter (Abb. 6, 7), zwei Halswirbel (Epistropheus und einer von Position 3 – 7), sowie elf Rippen.

Von einer genauen Artzuordnung wird hier aus forschungshistorischen Gründen abgesehen und diese Aufgabe einem interessierten Gruppenspezialisten überlassen: Es gibt „stenonine“ Formen wie Zebras und Esel und „caballine“ Formen, die echten Pferde. Linnaeus bezog sich bei der Namensgebung 1758 auf Equus caballus, also auf die weitverbreiteten Hauspferde. Für Wildformen werden andere Artnamen verwendet. Da die caballinen Formen zur Rassebildung neigen, unterscheiden sich die Funde oft in Größe und Proportion der einzelnen Skelettelemente. Zudem gibt es breite Übergangsbereiche, die im Fossilbericht weit schwerer auseinanderzuhalten sind (Koenigswald 2002). Der Diskussion der Synonyme von den Subspezies der Art *Equus caballus* und der Wildpferde, die bspw. als *E.c. ferus* oder auch *E.c. przewalski* eingestuft werden, stellt sich Peter Grubb (2005) in Wilson & Reeder (2005). Zusätzlich verkompliziert wird die Diskussion durch aus dem Fossilbericht bekannten Arten wie *E. cabal-*

Abb. 7: Unterkiefer eines sog. Caballoiden, eines echten Pferdes in situ. Der rote Pfeil zeigt auf das zuordenbare Merkmal (Foto E. Bönisch, BLDAM).

Abb. 8: Geweihschaufel des Elchs (Alces alces) (Foto T. Korn, Senckenberg Weimar).

lus chosaricus (Gromova 1949) aus Asien und *E. taubachensis* (Musil 1977) aus den Travertinen von Weimar-Taubach.
Sicher kann man sagen, dass die Funde von Jänschwalde zu den caballinen Formen gehören, wie man in Abb. 7 an der Faltung des sog. Entoflexids sehen kann. Hinsichtlich der ökologischen Einordnung sind die Pferde auf Grund Ihrer Nahrungsanpassung als Grasfresser wenig anspruchsvoll, was auch ihr vorkommen in sehr vielen Fundstellen mitteleuropäischer Kalt- und Warmzeitfaunen belegt.

Die Jänschwalder Exemplare des modernen Elchs (Alces alces) sind die ältesten Funde dieser Spezies in Mitteleuropa.

Der **Elch** (*Alces alces*) konnte durch eine relativ vollständige Geweihschaufel und einen Mittelfußknochen, bei dem die proximale Gelenkfläche erhalten ist, in Jänschwalde nachgewiesen werden. Da der Auflösungsprozess auf der Rückseite der Geweihschaufel bereits nach dem Abwerfen begonnen hat, ist diese nicht vollständig überliefert (Abb. 8).
Die Elche bevorzugen Laub- und Mischwald-Biotope mit Espen und Weiden. Sie halten sich bevorzugt an Rändern von Mooren, Sümpfen und Seen auf. In mit Weiden bestandenen Senken kann der Elch im Sommer weit in die Tundra hinein vordringen oder an Flussufern oder in Trockengebieten vorkommen. Im Gebirge kann er über die Baumgrenze hinweg vordringen. Schnee beeinträchtigt seine Fortbewegung erst von etwa 60 cm Tiefe an. Die Nahrung muss allerdings die Schneedecke überragen. Schutz vor blutsaugenden Insekten bieten windige Stellen wie Waldränder, Landzungen sowie Fluss- und Seeufer oder auch das Wasser. Die Fähigkeit zu jahreszeitlichen und unregelmäßigen Wanderungsbewegungen ist eine wesentliche Anpassungserscheinung an Klima und Vegetation des Verbreitungsgebietes. Elche wandern aufgrund der Verlagerung des Nahrungsangebotes vor allem im Winter und im Frühjahr (Niethammer & Krapp 1986).
Der Fund der Elchgeweihschaufel stammt aus dem Übergangsbereich Sanddornschichten/limnische Schluffmudde. Die Begleitflora lässt eine stratigraphische Korrelation der Elchgeweihschaufel in etwa mit den Bison-Funden zu (A. Kossler in diesem Band, S. 86). Der Vergleich von relevanten Schichtgliedern aus Fundstellen, die sowohl Kalt- als auch Warmzeiten zugeordnet werden können,

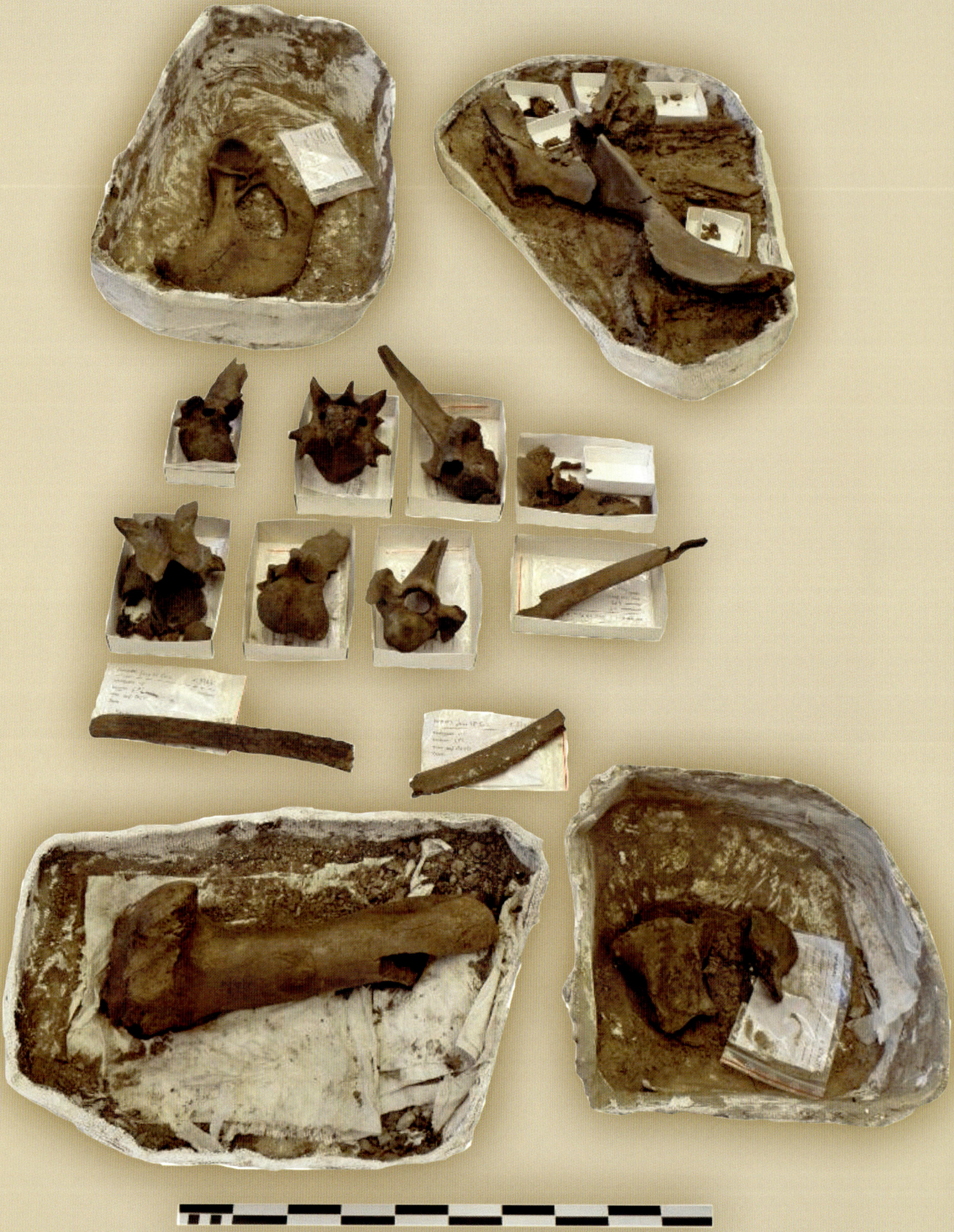

Abb. 9: Funde des Steppenbisons (Bison priscus) im Fundzustand (Foto T. Korn, Senckenberg Weimar).

zeigt auch beim Elch, dass es sich nicht um ein klimasensitives Tier handelt. So kommt der Elch bspw. in der jungpleistozänen, kaltzeitlichen Fauna von Marchegg in Österreich vor (Döppes & Rabeder 1997). Der Fund von Jänschwalde aus dem ausgehenden Saale-Glazial unterscheidet sich in der deutlich geringeren Stärke des „Schaufelstiels" von denen der jüngeren, Eem-warmzeitlichen Funde von *Alces latifrons postremus* Funde aus Taubach bei Weimar (Kahlke 1977) und dem älteren Fund aus dem unteren Travertin von Weimar-Ehringsdorf (Kahlke 1975). Das Jänschwalder Exemplar ist den heute verbreiteten Elchen zuzuordnen, wohingegen die in Weimar gefundene Art ausgestorben ist. Besonders ist allerdings, dass die Jänschwalder Exemplare des modernen Elchs (*Alces alces*) die ältesten Funde dieser Spezies in Mitteleuropa sind.

Vom **Steppenbison** (*Bison priscus*) wurde zunächst nur ein Humerus (Oberarm) gefunden. Zwei Tage später konnten zudem neben dem zweiten Halswirbel zwei weitere Halswirbel, vier nicht vollständig überlieferte Brustwirbel, vier fragmentierte Rippen und beide Beckenhälften geborgen werden (Abb. 9).

Die Art *Bison priscus* ist ausgestorben. Die heute lebenden Arten *Bison bonasus* (europäischer Wisent) und *Bison bison* (nordamerikanischer Bison) sollen in Gefangenschaft uneingeschränkt kreuzbar sein. Der heutige Wisent ist ortstreu und bevorzugt Misch- und Laubwälder mit feuchten Lichtungen (Niethammer & Krapp 1986). Es wird angenommen, dass *Bison priscus* eher eine Offenlandform war. Dieses passt sehr gut zu den Befunden aus Jänschwalde. Wie schon oben angemerkt, kann der Fund den Basisschichten der limnischen Schluffmudde zugeordnet werden, was zeitlich dem ausgehenden Saale-Spätglazial entspricht. Anhand der Analyse der terrestrischen Pflanzenmakroreste kann von einer lichten, von Krautgewächsen sowie Birken/Weiden dominierten Vegetation in der unmittelbaren Umgebung ausgegangen werden. Auch die Ergebnisse der Pollenanalyse in Kühner et al. (2008) zeigen für diesen Zeitabschnitt eine offene Vegetation an.

Das Vorkommen von Bison im Saale-Spätglazial von Jänschwalde stellt ebenso wie das von Elch und Wolf keine ökologische und klimatische Besonderheit dar. Das belegen Funde aus dem spätsaalezeitlichen Vorkommen von Hunas (Heller et al. 1983), dem norddeutschen Kieselgur von Neddenaverbergen (Gemeinde Kirchlinteln) bei Verden/Aller aus der Eem-Warmzeit (Sickenberg 1969) sowie dem weichselzeitlichen Hochglazial-Vorkommen in der Teufelslucke bei Eggenburg in Österreich (Döppes & Rabeder 1997). Genau wie im Falle von Elch und Wolf sind hier für den Bison nur ausgewählte Fundstellen zur Illustration genannt.

In Jänschwalde ist der Reichtum an Fundgut des Welses (Silurus glanis) bemerkenswert. In kaum einer anderen Fundstelle ist so viel Material überliefert.

Eem-Warmzeit – bis Pollenzone 5 nach Erd (1973)

Fische (Abb. 10 – 13)

Die Funde in Abb. 11 sind ausschließlich dem Wels (*Silurus glanis*) zuzuordnen. Eine Sammlungsschublade reicht dabei nicht aus, alle Welsfunde von Jänschwalde zu „beherbergen" und langfristig unter Durchführung konservierender Maßnahmen aufzubewahren. Ein 1,5 m langer Wels wurde als in situ Präparat aus dem Sediment geborgen.

Der **Wels** lebt in mäßig warmen Gewässern mit geringer Fließgeschwindigkeit. Meist hält er sich am Grund dieser Gewässer auf und kommt zur Nahrungsaufnahme in die seichteren Regionen. Die Tatsache, dass Welse ab 7 – 4 °C aufhören zu fressen zeigt, dass diese Tiere nicht nur Wärme benötigen, sondern auch Kälte vertragen. Limitierend für die Verbreitung der Welse sind Wassertemperaturen von 17 – 18 °C, die zum Laichen benötigt werden. Am häufigsten laichen die Welse in den Abendstunden, wenn die Wassertemperatur

Abb. 10 (folgende Seite): Zu den Fischarten aus dem Eemsee Jänschwalde gehören neben dem dominierenden Wels die Rotfeder, Plötze, Karpfenartige, Brasse, Hecht und einige nicht bestimmbare Exemplare. (Fotos R. Piskorski, E. Bönisch, M. Schneider, BLDAM; I. Raufuß, Senckenberg Weimar; I. Raufuß, FU Berlin).

Rotfeder
Wels
Plötze
Rotfeder
Karpfenartiger
Plötze
Karpfenartiger

Karpfenartiger
Brasse
Hecht
Rotfeder
10 cm

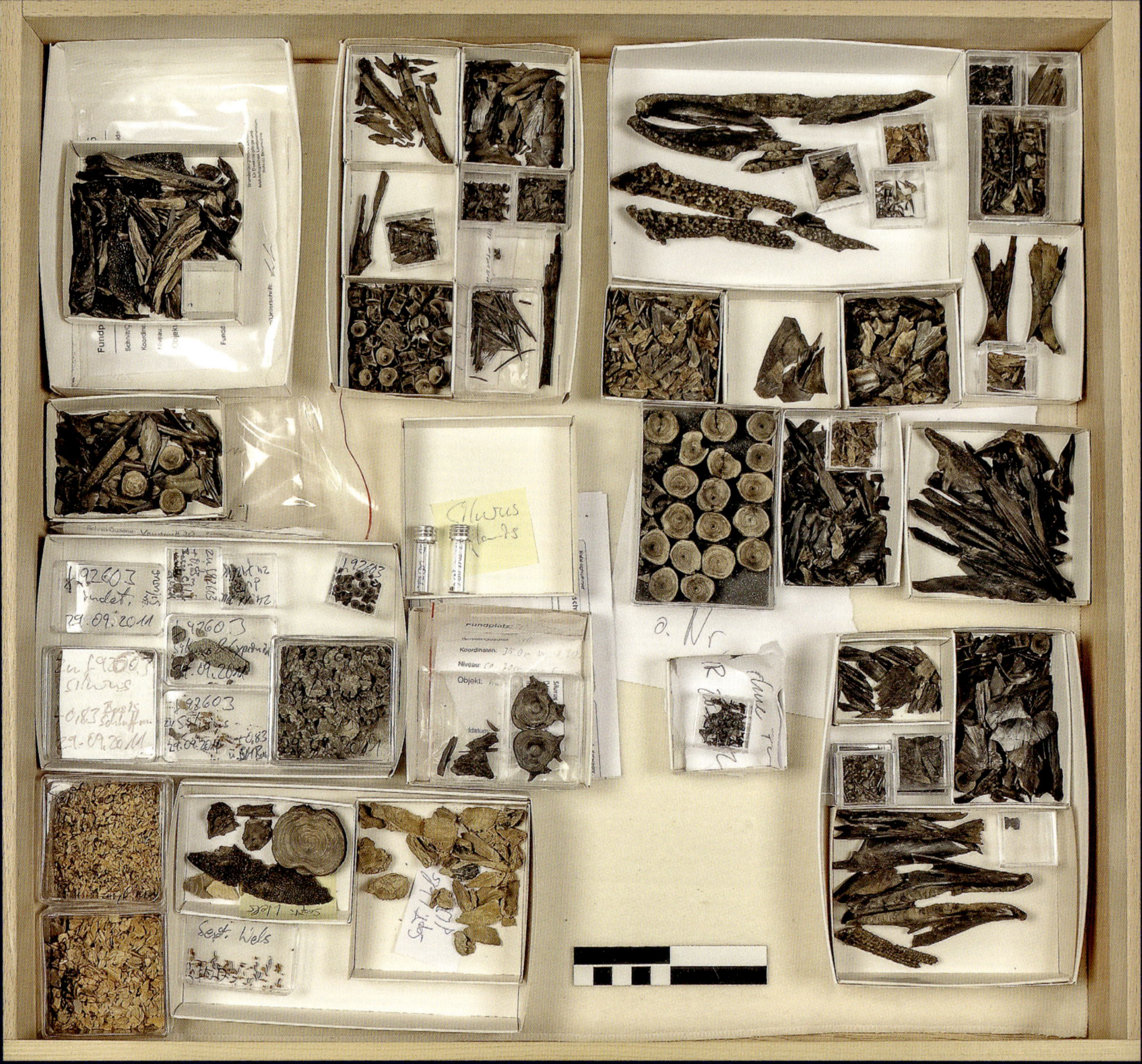

Abb. 11: Eine von mehreren Sammlungsschubladen mit Fundgut des Welses (Silurus glanis) (Foto T. Korn, Senckenberg Weimar).
Abb. 12 (rechte Seite): Fisch aus dem Eem in Originalgröße, Karpfenartiger (Foto M. Schneider, BLDAM).
Abb. 13 (rechte Seite): Brasse, Detail der Schuppen (Foto M. Schneider, BLDAM).

mit 22–23°C ein Maximum erreicht hat (Mihálik 1982).
Entsprechend der begleitenden Bearbeitung der botanischen Makroreste können Welsfunde ab Pollenzone 4 des Eem-Interglazials (sensu Erd 1973) in Jänschwalde verzeichnet werden. Im Saale-Spätglazial sowie in den älteren und kälteren Phasen des Eems konnte er bisher nicht nachgewiesen werden. Im Kontext der bekannten Wels-Fundstellen wie Lehringen bei Verden, Schönfeld in der Niederlausitz oder Phoeben bei Werder (Böhme 1997) entspricht auch das Vorkommen von Jänschwalde der Interpretation, dass der Wels ein strikt warmzeitliches Faunenelement ist.
In Jänschwalde ist der Reichtum an Fundgut des Welses (*Silurus glanis*) bemerkenswert. In kaum einer anderen Fundstelle ist so viel Material überliefert. Dies ist der geologischen Situation ge-

5cm

schuldet, denn durch weichselzeitliche Prozesse sind die Flanken des ehemaligen Sees im Unterschied zu den tieferen Bereichen abgetragen. Letztere sind der originäre Lebensraum des Welses, der im Eemvorkommen von Jänschwalde so gut wie durchgängig erhalten ist. Aufgrund der Vielzahl der Funde trifft für alle Fossilien, aber hierfür in besonderem Maße zu, dass natürlich nur in den Abständen der Baggerdurchgänge und während jeder Bermengrabung nur ein geringer Bruchteil dieser Fischskelette mit dem Löffelbagger aufgespürt werden konnte, wie das die Fundverteilung in Abb. 4 widerspiegelt.

Reptilien

Herausragend unter den Reptilfunden von Jänschwalde ist sicherlich der Fund eines Steinkerns mit Panzerplatten einer europäischen Sumpfschildkröte (Abb.14).

Abb. 14: Europäische Sumpfschildkröte (*Emys orbicularis*) im Fundzustand (Foto R. Piskorski, BLDAM).

Die Knochenreste wurden im Verbund gefunden und aufgesammelt. Ein Steinkern mit Teilen der Wirbelsäule wurde geborgen. Carapax und Plastron sind fragmentarisch erhalten. Die Zuordnung des Jänschwalder Exemplares zu einem männlichen Tier wird auf Grund der Ausbildung des Plastrons mit einem Wulst vorgenommen. Die Männchen sind in der Regel kleiner als Weibchen (Striegler 1991; Fritz 2003). Zudem beschreibt Fritz (2003), dass die Größe der Sumpfschildkröten geographisch extrem variiert. Zuordnungen können auf subspezifischem Niveau getroffen werden, vor allem aber über die Kombination morphologischer und molekularbiologischer Methoden. Ganz allgemein gibt es eine Größenzunahme von Süd nach Nord und bei den nördlichen Populationen sind die Westlichen kleiner als die Östlichen. Von daher ist das Jänschwalder Exemplar zu klein für die geographische Breite und Länge des Fundorts. Bei dem Fossil aus Jänschwalde handelt es sich um ein adultes Tier. Nach Fritz (2003) wachsen Sumpfschildkröten in den ersten Lebensjahren sehr schnell. Der Knochenpanzer müsste bei Jungtieren große Fontanellen aufweisen. Die erhaltenen Peripheralia zeigen keine Fenster an ihrer Nahtstelle zu den Pleuralia, was auf ein adultes Individuum hinweist. Der Carapax ist zwar flach, aber bereits oval und nicht wie bei Jungtieren rundlich. Somit bleiben zwei Erklärungsmöglichkeiten: Entweder handelt es sich um eine neue Unterart, die von Süden her eingewandert ist oder es ist ein Beispiel von Zwergenwuchs.

Die Sommertemperatur stellt den entscheidenden Faktor für das Vorkommen der Sumpfschildkröten dar, da für die Entwicklung der Eier im Rahmen der Fortpflanzung der Tiere trockene, warme und sonnige Klimata benötigt werden. Die Wintertemperatur ist dagegen unerheblich. *Emys* verträgt für kurze Zeit sogar Frost. Feuchte, kühle Sommer und Frühherbst verzögern die Entwicklung (Ullrich 1958). Die Nordgrenze der Verbreitung fällt heute in Spanien – Frankreich mit der 20°C Sommerisotherme zusammen. Nach Osten hin verschiebt sich die Nordgrenze zu der 18°C – Sommerisotherme hin, da das Klima kontinentaler und somit trockener ist (Fritz 2003). Damit ist für die Fundschicht der Sumpfschildkröte in Jänschwalde eine Sommertemperatur von mindestens 18°C anzunehmen. Weitere Fundstellen dieses warmzeitlichen Faunenelementes aus dem Eem sind: Gánovce, Slowakei (Stepanek 1934), Burgtonna (Ullrich 1978), Klinge und Klein Lieskow (Striegler 2008), Schönfeld (Striegler 1991), Osterode am Fallstein (Hemprich 1932), Rabutz (Soergel 1920), Taubach (Mlynarski & Ullrich 1975), Weimar (Ullrich 1956, 1958, 1984), Ehringsdorf (Mlynarski & Ullrich

1975), Bad Cannstadt (Staesche 1954), Godenstedt (Kruck 1917), Honerdingen (Kruck 1917), Neddenaverbergen (Kruck 1917).

Mammalia

Der **Damhirsch** (Dama dama) ist mit einem kleinen Fundstück aus dem Abraum belegt (Abb. 15). Anhand der Skulptur und Gefäßrille zu urteilen, handelt es sich um ein frisch gebrochenes Fragment aus einer Geweihschaufel mit erhaltener Oberfläche, wahrscheinlich der Innenseite. Wahrscheinlichste Herkunft ist das vordere Drittel einer rechten Palmation (Kossler/Raufuß 2012).
Damit Hirsche Palmationen ausbilden, müssen die Nahrungsbedingungen exzellent sein. Abbazzi & Azzarolli (1995) beschreiben aus Italien sogar Rothirsche, die Palmationen ausbilden. Somit muss der Damhirsch, der nur zu Warmzeiten in Mitteleuropa anzutreffen war, gute Nahrungsbedingungen vorgefunden haben. Der Damhirsch ist in Mitteleuropa aus den Eem-warmzeitlichen Faunen von Lehringen (heute Ortsteil von Neddenaverbergen, Gemeinde Kirchlinteln), dem nördlichen Oberrhein, Deutsch Evern, Burgtonna, Weimar Stadt und Weimar Taubach sowie Gröbern bekannt (Koenigswald und Heinrich 1999).

Abb. 15: Fragment der Geweihschaufel eines Damhirsches aus den warmzeitlichen Schichten des Eem. Gut erkennbar ist die Gefäßrille zur Blutversorgung (Foto T. Korn, Senckenberg Weimar).

Diskussion

Die Fundstelle Jänschwalde ist auf Grund Ihrer Lage genauso wie andere Fundstellen Mitteleuropas von besonderem Interesse, da hier der Faunenwandel beim Wechsel von Kalt- und Warmzeiten stärker ausgeprägt ist, als bspw. in den kontinentaleren Regionen Eurasiens (Koenigswald 1999).
In den Kaltzeiten breitete sich das „Grönland-Eis" nach Süden aus und bedeckte große Teile des europäischen Kontinentes. Da zur Bildung von Eis Schnee benötigt wird, ist hierzu eine gewisse Feuchtigkeit notwendig. Diese ist in Europa durch die Nähe zum Atlantik vorhanden, nicht aber in den kontinentaleren Regionen Eurasiens, weshalb es dort nicht zu so deutlicher Südausdehnung der arktischen Gletscher kam (Koenigswald 2002).
Besonders gut erforscht ist auch die Entwicklung der alpinen Gletscher. Jedoch handelt es sich hierbei um lokale kleinräumige Ereignisse, die in Anbetracht der großflächigen Entwicklung der arktischen Vergletscherungen eher eine Nebenrolle spielen und für den Faunenwandel weniger entscheidend sind (Abb. 1).
Mit Einsetzen der Kaltzeiten wird durch zunehmende Eisüberdeckung des europäischen Kontinents der Lebensraum für die dort vorkommenden, an Warmzeiten angepasste Tiere, wie bspw. das Wildschwein oder das Reh, kleiner. Zudem haben sich auch die Lebensbedingungen hinsichtlich Klima und Ökologie für diese Tiere deutlich verschlechtert. In der Folge starben zu Kaltzeiten die warmzeitlich angepassten Tiere und Pflanzen in Mitteleuropa lokal aus. Ein Zurückweichen in „angenehmere Gefilde" war unmöglich, da diese Lebensräume bereits besiedelt waren. Somit war der Lebensraum Mitteleuropa frei für kaltzeitlich an offene Landschaften angepasste Tiere wie den Moschusochsen oder das Mammut. Dieser Faunenkomplex wanderte von Osten her nach Mitteleurpoa ein (Koenigswald 2002).
Mit dem Zerfall der Gletscher und dem Abschmelzen des Eises veränderte sich das Ökosystem abermals. Es wurde wärmer und an die Kälte angepasste Tiere waren nicht mehr überlebensfähig, sodass die Lebensräume zur erneuten Besiedlung durch warmzeitlich angepasste Faunen- und Florenelemente frei waren. Wiederum war ein Zurückwei-

Abb. 16: Die hellblau dargestellten Äquivalenzareale, die sich aus der Überlappung der Verbreitung von Wolf, Pferd und Elch ergeben, zeigen, dass Verhältnisse in der Fundschicht von Jänschwalde (Stern) kontinentaler als heute sind (Grafik I. Raufuß, FU Berlin).

chen des an Kälte angepassten Faunenkomplexes nicht möglich, da auch die im Osten gelegenen Lebensräume besiedelt waren (Koenigswald 2002). Die Evolutionszentren der warmzeitlichen und kaltzeitlichen Säugetierfaunenkomplexe lagen im Süden/Südosten bzw. im Osten/Nordosten. Das hat zur Folge, dass in Mitteleuropa Evolutionslinien nicht lückenlos verfolgbar sind, sondern lediglich der stetige Wechsel an Faunenelementen in z.T. anderer Evolutionsstufe, sodass man wie bspw. durch Wühlmäuse geologische Schichtglieder zeitlich sehr genau zuordnen kann, insbesondere im Mittelpleistozän (vgl. Heinrich 1982; Koenigswald & Heinrich 1999).
An diesem Punkt der Theorie setzen die Säugetierfunde von Jänschwalde ein. Das bislang geborgene Fundmaterial von Wolf, Pferd, Elch und Steppenbison kann auf Grund der botanischen Makroreste (vgl. Kossler, in diesem Band S. 83–95) dem späten Saale-Glazial zugeordnet werden. Diese einzelnen Säugetierfunde weisen allein keine ökologische Signifikanz für eine typisch kaltzeitliche oder warmzeitliche Faunenvergesellschaftung auf.
Betrachtet man nun die heutigen Verbreitungsareale von Wolf, Pferd sowie Elch gemeinsam und lässt den Steppenbison außer Acht, da er bereits ausgestorben ist, so befinden sich die Regionen der maximalen Überlappung, die sog. Äquivalenzareale, im Vergleich zur Fundstelle Jänschwalde weiter im Osten (Abb. 16).
Das spricht dafür, dass man für die ausgehende Saale-Kaltzeit in Jänschwalde (=Fundschicht) kontinentalere Klimate als heute in Jänschwalde annehmen muss. D.h. die Unterschiede zwischen durchschnittlicher Winter- und Sommertemperatur sind größer als heute. Nun ist die Grabung noch nicht zu Ende geführt und eine Analyse mit drei Taxa ist statistisch wenig signifikant. Zum Vergleich bzw. zur ökologischen Einordnung wurden die bei Koenigswald und Heinrich (1999) gelisteten mitteleuropäischen Fundstellen analysiert. Es wird explizit darauf hingewiesen, dass die hochdetaillierte Auflösung des Profils, wie sie von Kossler (in diesem Band, S. 83–95) beschrieben wird, nicht zur Anwendung kommt. Bei Koenigswald und Heinrich (1999) sind oftmals Faunenlisten für mehrere feinstratigraphische Subeinheiten zusammengefasst. Für das in dieser Arbeit verfolgte Ziel der Biom-Prognostik ist dieser Ansatz völlig ausreichend. In die Analyse fanden 30 Taxa Eingang, die im späten Saale-Glazial Mitteleuropas vorkommen und noch heute lebende Verwandte haben (Abb. 17).
Die Abbildungen 16 und 17 zeigen, dass die Äquivalenzareale aufgesplittet sind. In der ökologischen Auswertung werden dann die Verhältnisse der einzelnen Überlappungszentren zusammengefasst. Die in Abb.16 kalkulierten Regionen für Jänschwalde werden in Abb.17 durch die summarische Kalkulation für Faunenelemente des späten Saale-Glazials mit dunkleren Regionen bestätigt und zudem präzisiert. Die in Abb. 17 dargestellte Kalkulation mitteleuropäischer Spät-Saale-Glazial Faunen ist bezogen auf den Fundort Jänschwalde prognostisch für das, was an weiteren Funden in Jänschwalde hinsichtlich der ökologischen Aussage zu erwarten ist. Daher wäre es nicht verwunderlich, wenn in Zukunft Säugetiere in den spätsaalezeitlichen Schichten gefunden werden wie: Igel, Biber, Marder, Dachs, Luchs oder Braunbär.
Um dieses Äquivalenzareal hinsichtlich des Kalt-Warmzeitwechsels einordnen zu können, sind in Abb.18 zwei weitere Fundstellen verglichen: Die Eem-warmzeitliche Säugetierfauna von Schönfeld bei Calau und die magdalénienzeitliche, spätglaziale Fauna von Gönnersdorf aus der Weichsel-Kaltzeit (vgl. Raufuss 2002). Hierbei zeigt sich deutlich der Unterschied von Äquivalenzarealen zu einer Warmzeit. Diese sind mehr oder weniger identisch mit der Lage der Fundstelle, wohingegen zu einer Kaltzeit die Äquivalenzareale sehr stark aufgesplittet sind. Sie liegen viele tausend Kilometer auseinander und repräsentieren zudem sehr viel

kältere, kontinentalere Klimate als an der mitteleuropäischen Fundstelle heute vorherrschen.

In Mitteleuropa unterschieden sich die ökologischen Verhältnisse zu der Zeit, zu der Wels, die Sumpfschildkröte und der Damhirsch in Jänschwalde abgelagert wurden, kaum von heute. Als Beispielfaunenvergesellschaftung wurde die ebenso eemzeitliche Fauna von Schönfeld bei Calau analysiert (Abb. 18 li.). Da das Äquivalenzareal im Bereich von Mittel- bis Osteuropa liegt, sind für die Fundschicht vergleichbare ökologische Verhältnisse mit leicht kontinentalem Einfluss anzunehmen. Die eemzeitlichen Wirbeltierfunde von Jänschwalde zeigen warmzeitliche Bedingungen an, die allerdings auch den in den Äquivalenzarealen errechneten kontinentaleren Einfluss tolerieren. Bspw. verträgt die Sumpfschildkröte Frost im Winter. Entsprechend der makrobotanischen Analyse durch Kossler (in diesem Band, S. 83–95) sind die ausgewerteten, hier näher dargestellten Funde alle dem frühen Klimaoptimum im Eem zuzuordnen.

Die Weichsel-späglaziale magdalénienzeitliche Jagdstation von Gönnersdorf bei Neuwied, Mittelrhein wurde analysiert, um die Spannbreiten der Äquivalenzarealanalyse darzustellen. Betrachtet wurden nur die stenöken Formen (Halsbandlemming, Feldmaus, Pfeifhase, Zwerghamster, Eisfuchs, Rentier, Gemse und Saiga-Antilope) um ein qualifiziertes Analyseergebnis zu erhalten (vgl. Raufuss 2002). Hier weisen die Äquivalenzareale deutlich kältere und kontinentalere Verhältnisse für das Rheinland im Weichsel-Spätglazial auf als im späten Saale-Glazial für die Niederlausitz (Abb.17 und 18). Die Äquivalenzareale geben auch mit ihrer Aufsplittung einen Hinweis darauf, warum für die Zeit des Weichselspätglazials von einer Steppentundra gesprochen wird. Die Faunenelemente sind heute im Norden, in der Tundra und im kontinentalasiatischen Bereich, in den Steppengebieten verbreitet. Ganz korerekt ist dies natürlich nicht, da die Tundra bspw. das Ergebnis einer warmzeitlichen Entwicklung darstellt.

Im Vergleich der Abbildungen 16 bis 18 spiegelt sich der Wechsel von Kalt- zu Warmzeit wider. Aus der Lage des Äquivalenzareals in Abb. 16 kann man bereits ableiten: Die Erwärmung hat bereits eingesetzt und die Gletscher schmelzen zurück. Zudem sind die Äquivalenzareale der Spätsaale-Glazial-Analyse weitaus kompakter und in ihrer Entfernung näher an der Analyse der Eem-Vergesellschaftungen, als die durch kaltzeitliche Faunenelemente geprägte Fauna von Gönnersdorf. Somit war das Klima zu Zeiten der Funde von Jänschwalde im späten Saale-Glazial deutlich milder als in Gönnerdorf. Folglich wäre das Auftreten von Tieren wie dem Moschusochsen und der Saiga-Antilope in Jänschwalde nicht

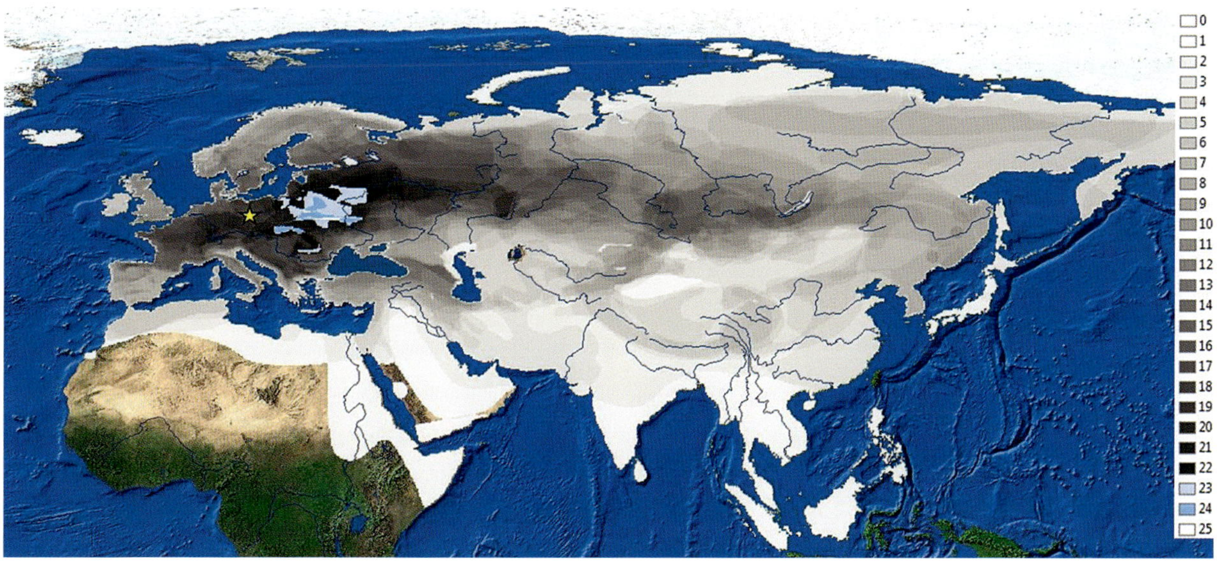

Abb. 17: Die hellblauen Äquivalenzareale, die sich aus der Überlappung der Verbreitung von 25 aus 30 Taxa ergeben, zeigen für die Fundstellen (Stern = Jänschwalde) des Saalespätglazials kontinentalere Klimate als heute (Grafik I. Raufuß, FU Berlin).

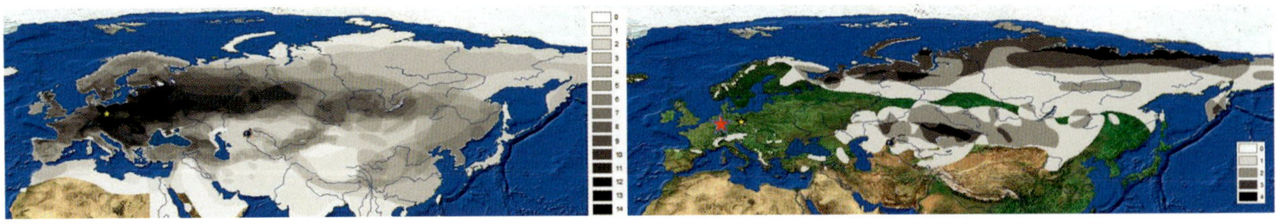

Abb. 18: Die schwarz dargestellten Äquivalenzareale umfassen für die eemzeitliche Fundstelle von Schönfeld bei Calau (gelber Stern, links) 14 von 15 Überlappungen, für die magdalénienzeitliche Jagdstation Gönnersdorf (roter Stern, rechts) vier aus acht möglichen Überlappungen. (Grafik I. Raufuß, FU Berlin).

zu erwarten. Auf diese Art und Weise können auch vermeintlich ökologisch nicht charakteristische Faunenelemente signifikante Aussagen liefern.

Schlußfolgerungen

Die Äquivalenzareale für die Faunenvergesellschaftung aus dem späten Saale-Glazial weisen Zentren der Überlappung (hier 22 bis 25) aus, die nach der Zonierung bei Köppen & Geiger (Köppen 1918; Kottek et al. 2006) vor allem Dfb Klimaten ganz untergeordnet auch Cfb-Klimaten zugeordnet werden (Abb. 19). Dort charakterisiert der erste Buchstabe das Hauptklima, der Zweite den Niederschlag und der Dritte die Temperaturverhältnisse.

Das bedeutet, dass sich das Äquivalenzareal mit dem Schwerpunkt bereits in borealen Wald- und Schneeklimaten mit einer Minimum-Temperatur von weniger als -3°C, aber am Übergang von den warmtemperierten Klimaten befindet. Von daher wird der Minimumwert für den kältesten Monatsdurchschnitt nicht signifikant kälter als -3°C sein. Zudem sind voll humide Verhältnisse hinsichtlich der Niederschläge anzunehmen und Temperaturen, die einheitlich kalt aride Verhältnisse widerspiegeln; mit warmen Sommern. Die Vegetationsanalyse zeigt dazu passend eine temperate breitblattrandige Mischwaldzone an (WWF Eco Datensatz, ESRI). In der Analyse der Äquivalenzareale werden auch Klimastationen nach Lieth et al. (1999) ausgewertet (Abb. 20).
Die Klimadiagramme präzisieren die Analyse nach Kottek et al. (2006). Hiernach weist der kälteste Monat in den Äquivalenzarealen eine Temperatur von -8°C im Durchschnitt aus. Für den Sommer ergeben sich als Maximalwert Durchschnittstemperaturen von 18°C. Die Niederschläge variieren von 556 mm bis zu 688 mm pro Jahr. Im Durchschnitt ergibt sich eine Jahresmitteltemperatur von 6,3°C und ein Niederschlagsmittel von 614 mm pro Jahr.
Trägt man diese Werte in ein Diagramm nach Lieth (1975) ab, erhält man für die ausgehende Saale-Kaltzeit in Mitteleuropa ein Vergleichsbiom, das in den Übergang von borealem Forst und sommergrünem Wald einhergeht. Nach Remmert (1997) sind die Übergänge im Süden der Zone des borealen Nadelwaldes nicht scharf, sondern es existiert ein breiter Übergangsbereich aus einer Mischung von Laub- und Nadelwäldern, der allerdings stark von lokalen klimatischen Gegebenheiten abhängt.

Der Unterschied vom späten Saale-Glazial zum frühen Klimaoptimum der Eem-Warmzeit in Jänschwalde wird durch einen Anstieg der Jahresdurchschnittstemperatur von ca. 2,5°C beschrieben. Die dramatischen Auswirkungen dieser 2°C Erhöhung werden aktuell auf jeder Weltklimakonferenz diskutiert.

Exemplarisch und zur Veranschaulichung der klimatischen Veränderungen am Profil von Jänschwalde stehen die in Abb. 21 rechts dargestellten Klimadiagramme von Vilnius (ausgehendes Saale-Glazial) und Cottbus (Eem-Warmzeit). Die Verschiebungen der Äquivalenzareale von der späten Saale-Kaltzeit (Abb. 17, 19, 20) hin zu wärmeren atlantischeren Verhältnissen der frühen Eem-Warmzeit bis zum beginnenden Klimaoptimum

(Abb. 18 links) erscheint auf den ersten Blick wenig signifikant zu sein. Im Wesentlichen wird der Unterschied vom späten Saale-Glazial zum frühen Klimaoptimum der Eem-Warmzeit in Jänschwalde anhand der Säugetiere durch einen Anstieg der Jahresdurchschnittstemperatur von ca. 2,5°C beschrieben, was auf den ersten Blick unscheinbar ist.
Die dramatischen Auswirkungen dieser 2°C Erhöhung werden aktuell auf jeder Weltklimakonferenz diskutiert.

Danksagung

Unser besonderer Dank gilt Herrn Roberto Piskorski und dem Baggerfahrer Herrn Uwe Teschner, ohne deren Grabungserfahrung und Langmut viele Funde sicherlich gar nicht gemacht worden wären. Zudem danken wir Herrn Dipl.-Geol. Ralf Kühner, Vattenfall Europe Mining AG für seine Unterstützung und Diskussion hinsichtlich der geologischen Verhältnisse im Tagebau. Zu guter Letzt sei Herrn Dipl.-Geol. Rudolf Bönisch, Vattenfall Europe Mining AG herzlich gedankt, ohne dessen Engagement und Unterstützung das „Eem-Projekt“ von Jänschwalde niemals begonnnen worden wäre.

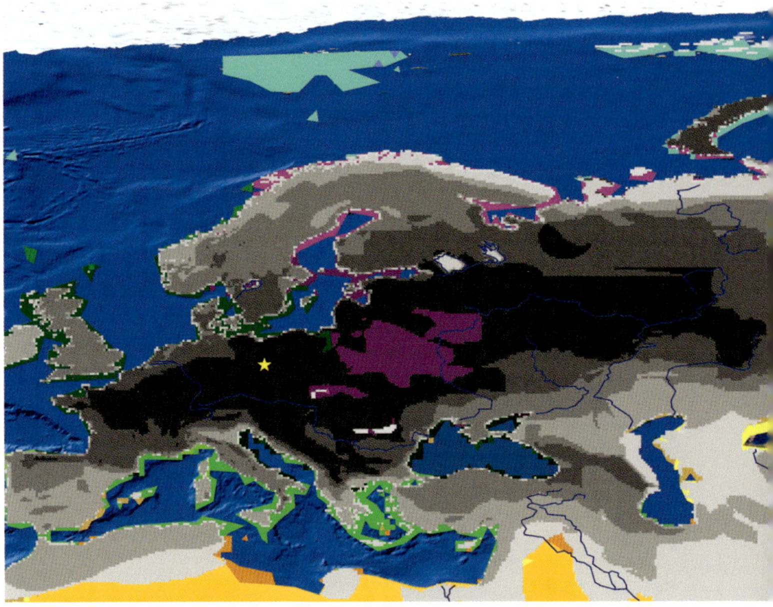

Abb. 19: Die Weltkarte wird überlagert von den Köppen & Geiger-Zonen. Diese werden überlagert von der Darstellung der Äquivalenzareale aus der Kalkulation der Gesamtfauna für das späte Saale-Glazial. Sie ist im Bereich von 22 bis 25 Überlappungen transparent, so dass vor allem Dfb Klimate und partiell Cfb Klimate nach Köppen & Geiger zum Vorschein kommen. Gelber Stern = Jänschwalde. (Grafik I. Raufuß, FU Berlin).
Abb. 20: Ausgewählte Klimastationen nach Lieth et al. (1999) aus den Äquivalenzarealen der Gesamtanalyse für das späte Saale-Glazial (Grafik I. Raufuß, FU Berlin).

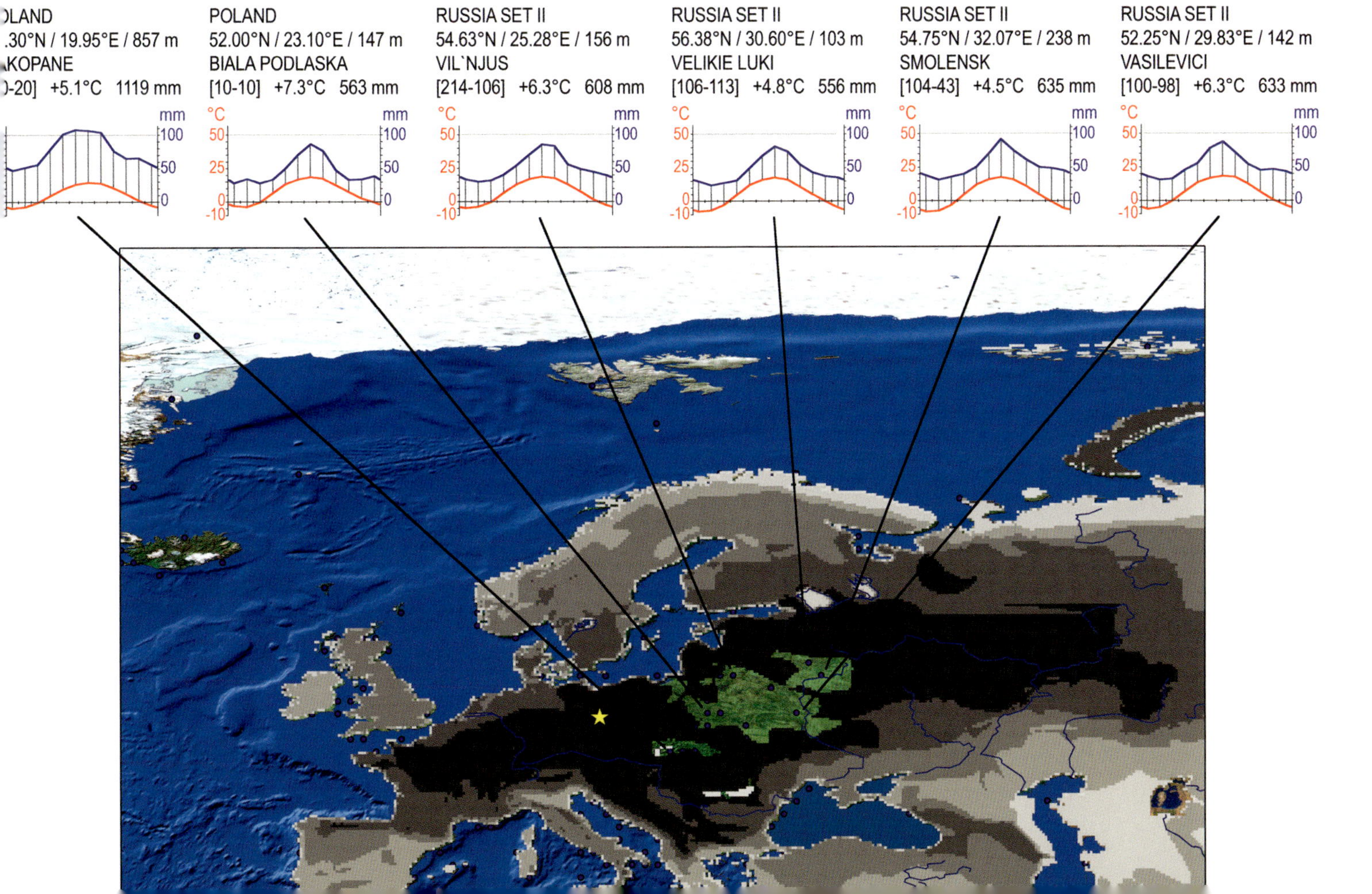

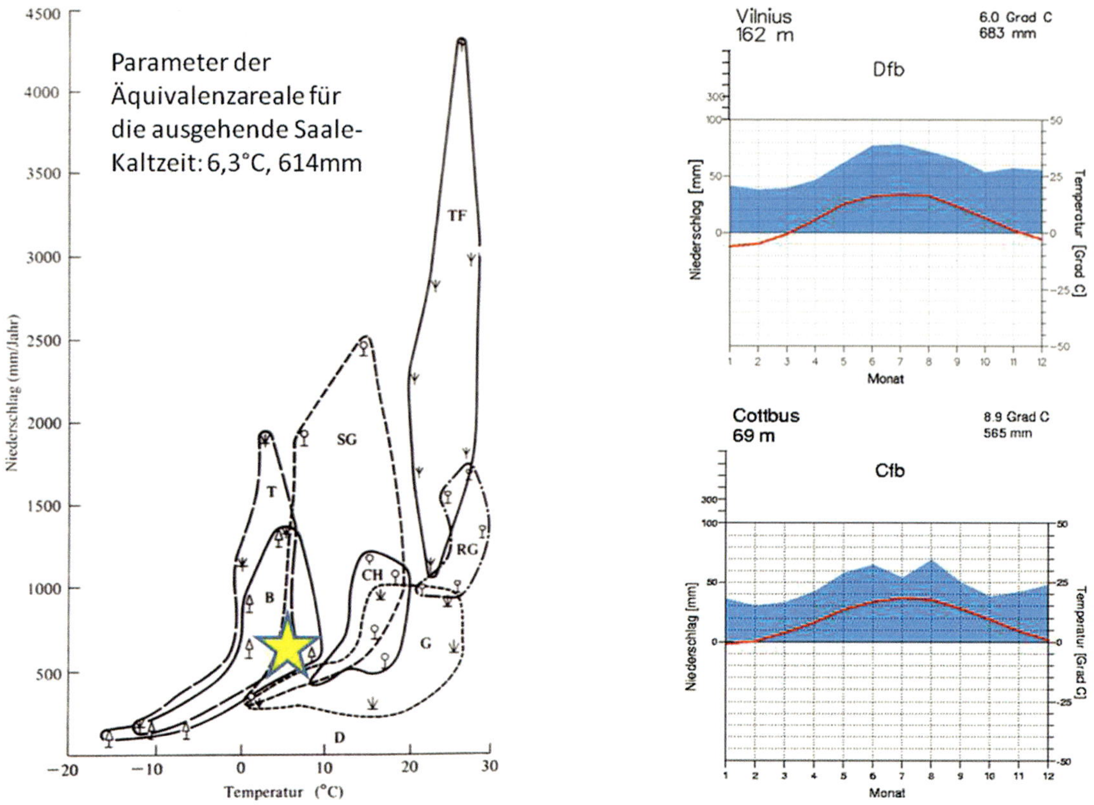

Abb. 21: Zuordnung der Durchschnittsparameter aus den Äquivalenzarealen zu einem Biom nach Lieth (1975) vor dem Hintergrund zweier charakteristischer Klimadiagramme: re. oben spätes Saale-Glazial, re. unten Eem-Warmzeit in Jänschwalde (verändert nach: Lieth 1975 und klimadiagramm.de). T = Tundra, B = Borealer Forst, SG = Sommergrüner Wald, CH = Charpal, G = Grasland, RG = Regengrüner Wald, TF = Tropischer Regenwald

Literatur

Abbazzi, L. & Azzarolli, A. (1995): Occurrence of palmated Cervus elaphus from Italian late Pleistocene localities. – Rendiconti Lincei, 6/3: 189–206.

Böhme, G. (1997): Fossile Fischfaunen aus dem jüngeren Känozoikum Deutschlands. – Quartär , Band 47/48: 113–138.

Döppes, D. & Rabeder, G. (1997): Pliozäne und pleistozäne Faunen Österreichs. – Verlag der Österreichischen Akademie der Wissenschaften, 10: 411 S..

Erd, K. (1973): Pollenanalytische Gliederung des Pleistozäns der Deutschen Demokratischen Republik. – Z. geol. Wiss., 1: 1087–1103.

Fritz, U. (2003): Die Europäische Sumpfschildkröte Emys orbicularis. – Laurenti Verlag; 224 S..

Guilday, J., Martin, P. S. & Mc Crady, A. D. (1964) New Paris No.4: Al Late Pleistocene Cave Deposit in Bedford County, Pennsylvania. – Bull. Nat. Speleol. Soc. 26, 4: S. 121–194; Arlington, Virginia.

Gromva, V. I. (1949): Istoriâ Iosadej (roda Equus) v starom svete. Cast` I. Obzor I opisanie form. – Trudy Paleont. Inst. AN SSSR, 17, 1: 1–374 Moskva.

Heinrich, W.-D. (1982): Zur Evolution und Biostratigraphie von Arvicola (Rodentia, Mammalia) im Pleistozän Europas. – Z. geol. Wiss., 10 (6): S. 683–735; Berlin.

Heller, F., Brunnacker, K., Freund, C., Groiss, J.T., Janossy, D., Schoch, W., Schweingruber, F., Stadie, C. & Streit, R. (1983): Die Höhlenruine Hunas bei Hartmannsdorf (Landkreis Nürnberger Land) – Eine paläontologische und urgeschichtliche Fundstelle aus dem Spät-Riß. – Quartär-Bibliothek, 4: 1–407.

Hemmer, H. (1977): Die Carnivorenreste (mit Ausnahme der Hyänen und Bären) aus den jungpleistozänen Travertinen von Taubach bei Weimar. – Quartärpaläontologie; 2: 379–387.

Hemprich, A. (1932): Fossile Gelege der Sumpfschildkröte in diluvialen Süßwasserkalken bei Halberstadt. – Das Aquarium: 78–80.

Kahlke, H.-D. (1975): Die Cerviden-Reste von Weimar-Ehringsdorf. – Abhandlungen des Zentralen Geologischen Instituts; Paläontologische Abhandlungen; Heft 23: 201–249.

Kahlke, H.-D. (1977): Die Cervidenreste aus den Travertinen von Taubach. – Quartärpaläontologie, 2: 209–223.

Koenigswald, W.v. (1999): Hat der Mensch das Aussterben der großen Pflanzenfresser verursacht? – Kaupia, 9: S. 193–201; Darmstadt.
Koenigswald, W.v. (2002): Lebendige Eiszeit – Klima und Tierwelt im Wandel. – Wissenschaftliche Buchgesellschaft, 190 S.; Darmstadt.
Koenigswald, W.v. & Heinrich, W.-D. (1999): Mittelpleistozäne Säugetierfaunen aus Mitteleuropa – der Versuch einer biostratigraphischen Zuordnung. – Kaupia, 9: S. 53–112; Darmstadt.
Köppen, W. (1918): Klassifikation der Klimate nach Temperatur, Niederschlag und Jahreslauf. – Petermanns Geogr. Mitt. 64, 193–203, 243–248; 2 Karten.
Köppen & Geiger, R. (1954): Handbuch der Klimatologie, mehrere Bände; Karthe nach J. Perthes-Verlag, Darmstadt digitalisiert.
Kossler, A. & Raufuß, I (2011): Zwischenbericht zu bodendenkmalpflegerischen Maßnahmen im Jungquartär des Tagebaus Jänschwalde, Niederlausitz bei Cottbus. Bereich Paläontologie. – Senckenberg Forschungsstation für Quartärpaläontologie Weimar (unveröff.).
Kossler, A. & Raufuß, I (2012): Bericht zu bodendenkmalpflegerischen Maßnahmen im Jungquartär des Tagebaus Jänschwalde, Niederlausitz bei Cottbus. Bereich Paläontologie. – Senckenberg Forschungsstation für Quartärpaläontologie Weimar (unveröff.).
Kottek, M., Grieser, J., Beck, C., Rudolf, B. & Rubel, F. (2006): World Map oft he Köppen-Geiger climat classification updated. – Meteorologische Zeitschrift Vol. 15, 3: 259–263; Stuttgart.
Kretzoi, M. (1977): Die Castor-Reste von Taubach bei Weimar. – Quartärpaläontologie, 2: 389–400.
Kruck, C. (1917): Den forntida utbredningen af kärrsköldpaddan Emys orbicularis (LIN.), i Sverige, Danmark och angränsande länder. – Lunds Univ. Arsskr. N. F. Avd. 2, 13, 9: 1–129.
Kühner R. & Strahl, J. (2011): Tagebau Jänschwalde. In: J. H. Schröder (Hrsg.): Nr. 10 Cottbus und Landkreis Spree-Neiße. – Führer zur Geologie von Berlin und Brandenburg, 10: 150 –163.
Kühner, R., Strahl, J., Süssmilch, P. Thieke, H. U. (2008): Lithologische und pollenanalytische Befunde aus dem saalefrühglazialen Fluviatilkomplex (Tranitzer Fluviatil) und dem Eem-Interglazial im Tagebau Jänschwalde, Südbrandenburg. – Brandenburg. Geowiss. Beitr., 15 (1/2): 1–21.
Lieth, H. (1975): Modeling the primary productivity of the world. – In: Lieth, H. & Whittaker, R. H. (eds.) Primary productivity of the biosphere. – Springer Ecological studies, 14: 237–263; Berlin.
Lieth, H., Berlekamp, J., Fuest, S., Riediger, S. (1999): CD1 – Climate Diagram World Atlas. – Leiden.
Mihálik, J. (1982): Der Wels. – Die neue Brehm-Bücherei: A. Ziemsen Verlag; 71 S..
Mlynarski, M. & Ullrich (1975): Amphibien und Reptilien aus dem Travertin von Weimar-Ehringsdorf. – Abh. zentr. Geol. Inst., 23: 167–170.
Musil, R. (1977): Die Equidenreste aus den Travertinen von Taubach. – Quartärpaläontologie, 2: 237–264; Berlin.
Niethammer, J. & Krapp, F. (1986): Handbuch der Säugetiere Europas –Artiodactyla (Suidae, Cervidae, Bovidae). – Aula Verlag; 2/II: 462 S..
Raufuss, I. (2002): Datenbank- und GIS-gestützte Arealanalysen düe Säugetierfaunenvergesellschaftungen. – Mathematische Geologie, 6: S.79–95; Dresden.
Reeder, D. M. & Wilson, D. E. (2005). Mammal Species of the World. A Taxonomic and Geographic Reference (3rd ed. 2 vols.). – Johns Hopkins University Press; 2000S.; Baltimore.
Remmert, H. (1998): Spezielle Ökologie – Terrestrische Systeme. – Springer 257 S.; Berlin.
Sickenberg, O. (1969): Die Säugetierfauna der Kalkmergel von Lehringen (Kr. Verden/Aller) im Rahmen der eemzeitlichen Faunen nordwestdeutschlands. – Geol. Jahrb., 87: 551–564.
Soergel, W. (1920): Der Rabutzer Beckenton. Geologie, Paläontologie, Biologie. – Veröff. Provinzialmus. Halle, 1 (4): 1–34.
Staesche, K. (1954): Sumpfschildkröten (Emys orbicularis L.) aus diluvialen Sauerwasserkalk von Cannstadt bei Stuttgart. – Jber. U. Mitt. Oberrhein. Geol. Ver. N. F., 36: 74–86.
Stepanek, O. (1934): Pleistocenní zelva bahenní (Emys orbicularis L.) z travertine v Gánoveich. – Bratislava, 3: 126–129.
Striegler, R. (1991): Die Europäische Sumpfschildkröte (Emys orbicularis) im Eem von Schönfeld. – Natur u. Landsch. Niederlausitz, Sonderheft, 1: 130–168.
Striegler, R. (2008): Die europäische Sumpfschildkröte (Emys orbicularis) in den Eem-Interglazialen von Klinge und Klein Lieskow bei Cottbus. – Natur und Landschaft in der Niederlausitz, 27: 107–121.
Stubbe, H. & Krapp, F. (1993): Handbuch der Säugetiere Europas – Carnivora (Fissipedia) – Teil I: Canidae, Ursidae, Procyonidae, Mustelidae 1 (Hundeartige, Bären, Kleinbären, Marderartige 1). – Aula Verlag; 5/I: 526 S..
Thenius, E. (1962): Die Großsäugetiere des Pleistozäns von Mitteleuropa. – Z. f. Säugetierkunde, 27 (2): 65–83; Hamburg/Berlin.
Ullrich, H. (1956): Fossile Sumpfschildkröten (Emys orbicularis L.) aus dem Diluvialtravertin von Weimar-Ehringsdorf – Taubach und Tonna (Thür.). – Geologie, 5: 360–385.
Ullrich, H. (1958): Die Bedeutung der fossilen Sumpfschildkröte (Emys orbicularis L.) für die Diluvialklimatologie des Travertins von Weimar und Ehringsdorf. – Alt-Thüringen, 3: 131–139.
Ullrich, H. (1978): Reptilienteste aus den jungpleistozänen Travertinen von Burgtonna in Thüringen. – Quartärpaläont., 3: 97–102.
Ullrich, H. (1984): Sumpfschildkrötenreste aus dem jungpleistozänen Travertin von Weimar. – Quartärpaläont., 5: 325–344.

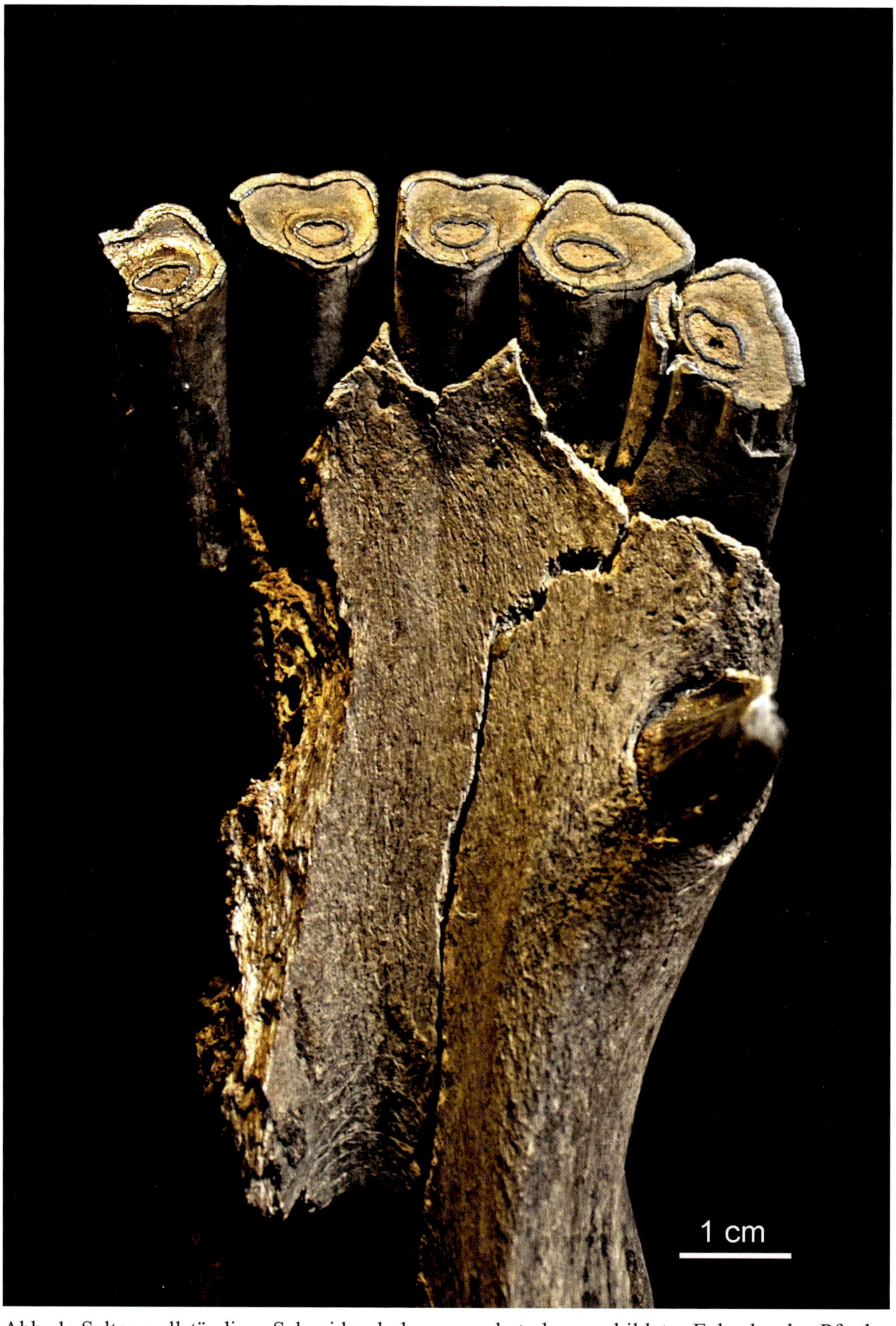

Abb. 1: Selten vollständiger Schneidezahnbogen und stark ausgebildeter Eckzahn des Pferdes von Jänschwalde (Foto M. Schneider, BLDAM).

Ein Pferd aus dem Saalespätglazial von Jänschwalde

Francoise Chaput

1. Auffindung und allgemeine Charakterisierung

Im Rahmen der Ausgrabungen des Eem-Projektes Jänschwalde wurde im Frühsommer 2013 in den Sanddornschichten des Saale-Spätglazials eine über 200 m² streuende Konzentration von Pferdeknochen erfasst. Besondere Bedeutung erhielt dieser Fundkomplex durch die aus diesem Bereich stammenden bislang einzigen mittelpaläolithischen Steinartefakte des Fundplatzes.

Insgesamt besteht die Konzentration aus 17 Knochen, zu denen zwei Unterkieferhälften mit fast vollständigem Zahnbestand, zwei Schulterblätter (jeweils links und rechts), ein zweiter und ein dritter Halswirbel und einige Rippen sowie zahlreiche Knochensplitter gehören (Abb. 2). Der Oberschädel, sämtliche Extremitätenknochen und Beckenteile waren nicht vorhanden. Es handelt sich nach morphologischen und biometrischen Merkmalen um Knochen eines Individuums, was mit der engräumigen Verteilung und stratigraphischen Position in einer Schicht übereinstimmt. Der Erhaltungszustand der Knochen ist extrem gut. Lediglich einige Rippen weisen Spuren von Wurzelfraß (Abb. 8) auf, was auf zeitweilige oberflächennahe Lagerung zurückzuführen ist. Die Oberfläche der Knochen ist fest und bräunlich wie Knochenfunde aus Seeufersiedlungen. Sie haben demzufolge unter Feuchtbodenbedingungen und Sauerstoffabschluss sowie ohne den Einfluss schädlicher Bakterien gelagert, was auf eine baldige Überdeckung durch Seesedimente während des Saalespätglazials zurückgeführt werden kann.

Abb. 2: Vorhandene Pferdeknochen von Jänschwalde (Grafik M. Schneider, BLDAM).

2. Geschlechts- und Altersbestimmung, Widerristhöhe

Die Geschlechtsbestimmung ist insbesondere bei Equiden anhand der Knochen schwierig, da kein Geschlechtsdimorphismus vorliegt. Der stark ausgebildete untere Eckzahn (*Caninus),* welcher sich bei männlichen Tieren im Alter von ca. 2,5 Jahren entwickelt, ist ein eindeutiger Nachweis für einen Hengst (Abb. 1). Der in prähistorischen Funden nur selten vorkommende vollständige Schneidezahnbogen ermöglicht die Altersbestimmung anhand der Vertiefung der Kauoberfläche der Schneidezähne, der sog. Kunde (*Infundibulum dentes).* Morphologische Veränderungen der Kunde infolge der Zahnabnutzung entwickeln sich von einer anfänglichen mesiodistalen Ausprägung ähnlich der Form des Zahnes über eine schmalere, runde Form in lingualer Richtung bis zur sog. Kundenspur (einen verbleibenden Schmelzring), wenn die Kunde bis auf den Kundenboden abgerieben ist. Wenngleich die Zahnabnutzung stark von der Nahrung abhängt (Guadalli 1998), ist die Kunde zunächst längsoval (8 – 10 Jahre), dann rund (10 – 12 Jahre) und verschwindet schließlich ganz (Habermehl 1975). Aufgrund der runden Form ist das Jänschwalder Pferd 10 – 12 Jahre alt. Es handelt sich somit um ein Tier im mittleren Alter, welches sicherlich nicht an Altersschwäche gestorben ist. Die Widerristhöhe ist mit Hilfe des Kiesewalterkoeffizienten (Kiesewalter 1888) am nicht ganz vollständigen rechten Schulterblatt von 40 cm Höhe berechnet worden und beträgt mindestens 170 cm. Damit handelt es sich um ein vergleichsweise großes Pferd.

Abb. 3: Unterkiefer des Jänschwalder Pferdes (unten) und eines Przewalski-Pferdes (Museum für Naturkunde Berlin, ZMB 60 363 Tierpark Berlin)(Fotos M. Schneider, BLDAM).

Abb. 4: Przewalski-Pferde, Nordens Ark in Hunnebostrand, Schweden (Foto E. Bönisch).

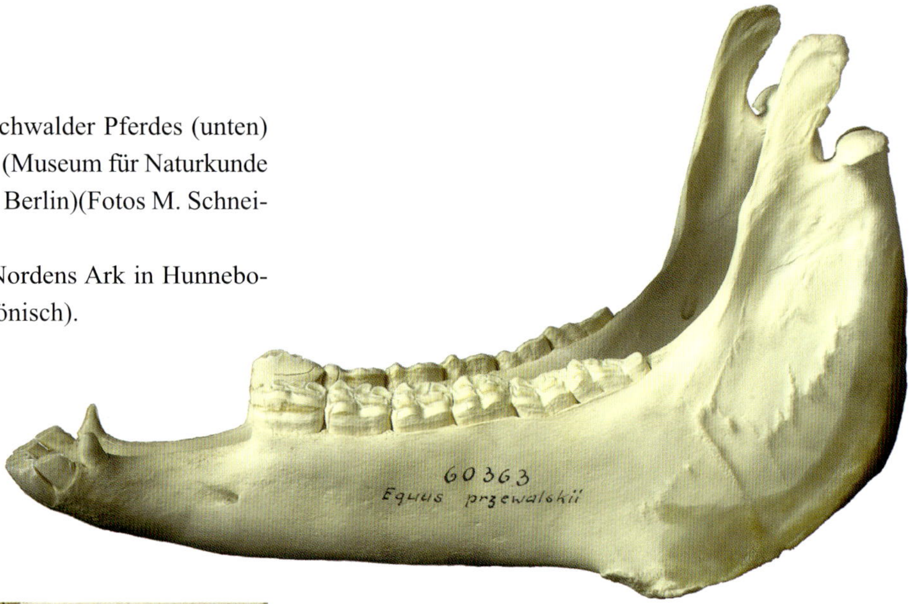

Abb. 5: Zahnschmelzfalten mit markanter U-förmiger Doppelschlinge: Linke Unterkieferzähne des Jänschwalder Pferdes (Foto E. Bönisch, BLDAM).

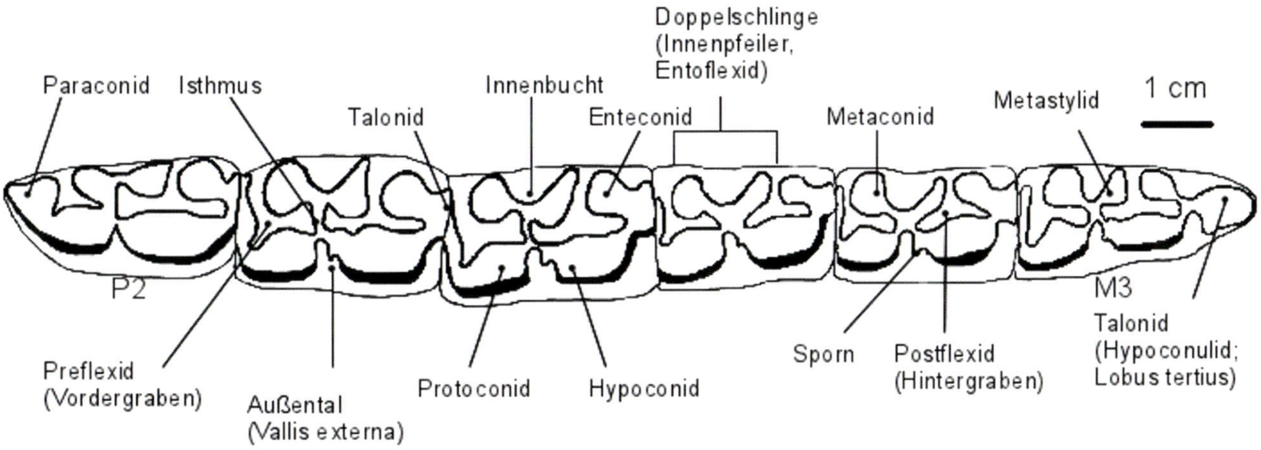

Abb. 6: Zahnschmelzbild mit Nomenklatur, von vorn/Prämolar P2 (links) nach hinten/Molar M3 (rechts) (Darstellung F. Chaput).

3. Morphologie

Unterkieferzähne (Abb. 3, 5, 6)

Die Zeichnung des Zahnschmelzes gibt Hinweise auf die Ernährungsgewohnheiten. Eine einfache Ausprägung der Zahnschmelzfaltungen spricht für härtere, eine komplexere Zeichnung für weichere Nahrung (Gromova 1959, zit. in Eisenmann 1992). Die weniger komplexe Ausbildung der Zahnschmelzfaltungen des Jänschwalder Pferdes spricht für eine eher härtere Nahrungsgrundlage. Bei den *Molaren* hat die Doppelschlinge (*Entoflexid)* die Form eines breit geöffneten U mit rundem *Metaconid* und einem *Metastylid* in der Form eines Blattes. Die Innenbucht ist tief. Das *Metaconid* besitzt einen deutlichen langen Stiel, das *Isthmus* ist sehr kurz. Der Sporn ist einfach, jedoch auf dem M1 fast nicht vorhanden. Die *Vallis externa* ist sehr lang und erreicht die Stelle zwischen *Postflexid* und *Preflexid.* Letzteres Merkmal ist bei fossilen und rezenten Pferden häufig (Eisenmann 1981). Das *Talonid* des M3 ist annähernd zweibogig.

Bei den *Prämolaren* besitzt das *Metaconid* keinen Stiel und das *Isthmus* ist sehr lang. Auch die *Vallius externa* ist sehr lang, reicht aber nicht an die

	(Länge)		lo (Breite)		LF Länge Hintergraben		IF (Lo*LF/100)	
	sin	dext	sin	dext	sin	dext	sin	dext
/P2	35,1	35,1	16,6	16,3	18,1	17,7	51,57	50,43
/P3	30,4	31,2	18,3	19	15,6	15,8	51,32	50,64
/P4	28,1	_	17,8	17,5	15	15	53,38	-
/M1	27,1	26,9	16,8	16,9	11	11,1	40,59	41,26
/M2	27,3	27,9	15	15	12	11,9	43,96	42,65
/M3	34,7	35	14,9	14,5	(12,8)	13,1	36,89	37,43

Tab. 1: Jänschwalde, Maße (mm) der Unterkieferzähne.

Basis des *Isthmus* heran. Der Sporn ist gut entwickelt. Das *Entoconid* ist meist rund, gefolgt von einem ausgeprägten *Talonid*. Die Außenseite von *Protoconid* und *Hypoconid* sind annähernd gerade.

Diese Zahnmerkmale sind gut vergleichbar mit den Pferden der Unterart *E. ferus achenheimensis* aus Romain-La-Roche, die an das Ende des Riss (spätes Saaleglazial) datieren (Boulbes 2010). Die Postflexindizes (IF) der Prämolare sind höher als die der *E. mosbachensis*. Für die Molare nähern sich die Werte den für diese Art angegebenen Maximalwerten an (Eisenmann 1981). Dahingegen liegen sie sehr dicht an den von Boulbes für die Pferde aus Romain-La-Roche ermittelten Maximalwerten (Abb. 11, 12).

	Jänschwalde	*E. mosbachensis*	*E. gallicus (Solutré)*	*E. germanicus*	*E. taubachensis*
Länge vom Winkel aus	ca. 480	-	-	-	-
Länge vom Gelenkfortsatz aus	ca. 520	502-535	392	-	-
Länge Gonion caudale - Hinterrand der Alveole des M3	157,5	-	-	-	-
Länge des Astes	345	-	-	-	-
Länge Gonion caudale - Vorderrand der Alveole des P2	ca. 345	-	-	-	-
Länge der Backenzahnreihe	186,5	192-215	181	181-185	189,5-195,2
Länge des Diastemas	117,5	113-130	105	86-98	-
Aborale Asthöhe	273,9	-	-	-	-
Mittlere Asthöhe	253	-	-	-	-
Höhe des Kiefers hinter M3	120,4	-	-	-	-
Höhe des Kiefers vor M1	100,1	-	-	-	-
Höhe des Kiefers vor P2	77,6	-	-	-	-
Eisenmann 2	146,6	-	-	-	-

Tab. 2: Maße (mm) des Unterkiefers von Jänschwalde mit Vergleichswerten (nach Prat 1968).

LAPs Größte Länge des Arcus	126,84
LCDe Größte Länge im Bereich des Körpers einschließlich des Dens	158,3
H Größte Höhe	125
KBW Kleinste Breite des Wirbels	52,8

Tab. 3: Jänschwalde, Maße (mm) des zweiten Halswirbels/Axis.

	Kleinste Länge am Hals (KLC)	Größte Länge des *Processus articularis* (GLP)	Länge der Gelenkfläche	Breite der Gelenkfläche	Größte Länge in Richtung der Spina
Jänschwalde	81,9/81,8	105,1/105,2	65,6/67,3	54,8/54,6	>40
Mosbach	76,519+/-43,9	109,29+/-4,94	66,36+/-2,76	55,06+/-3,1	-
Achenheim (Riss)	80,5+/-3,35	100,85 +/- 1,2		49,43 +/- 1,46	-
Salzgitter-Lebenstedt	73,75 +/- 4,61	99,8+/-4,42	62,3+/-3,28	53,31+/-1,54	-
Bockstein (Mittel-Paläolithikum)	71,9	99,7	60,2	47,7	-
Gönnersdorf	61,36+/-5,23	88,35+/-3,97	56,49+/-2,83	45,58+/-2,9	-
Andernach	60,3+/-2,89	85,85+/-4,56	57,53+/-1,95	41,58+/-4,61	-

Tab. 4: Maße (mm) der Schulterblätter/Scapulae von Jänschwalde und Vergleichswerte (nach Cramer 2002).

Die Dimensionen der Jänschwalder Zähne (Tab. 1; vgl. Abb. 11, 12) weichen deutlich von den jüngeren, würm- bzw. weichselzeitlichen Pferden *Equus germanicus* aus Villa Senckendorff ab. Sie nähern sich den Werten des Pferdes aus Prolom 2, welches als *E. taubachensis* bezeichnet wird (Eisenmann und Baryshnikov 1995). Erstaunlich ist die große Breite der Zähne des Jänschwalder Individuums. Sie sind so breit wie die mittlere Breite der Pferdezähne aus Mosbach, aber die Abweichung in der Länge ist bemerkenswert. Individuen mit sehr breiten Zähnen sind für den auch spätsaalezeitlichen Fundplatz Schweinskopf beschrieben worden (von Asperen 2008, unpublizierte Daten). Die Breite der Zähne ist auch abhängig von der Nahrung (van Asperen 2008).

Unterkiefer

Die Abmessungen des Unterkiefers (Tab. 2) ähneln denen von *E. mosbachensis* sehr, unterscheiden sich aber dennoch in den Proportionen von diesen. Tatsächlich charakterisiert sich das Jänschwalder Pferd durch die *Diastema*länge, welche in die Variationsbreite der großen Pferde aus Mosbach passt, obwohl die Länge der Zahnreihe (P2-M3) doch erheblich kleiner ist. Bemerkenswert ist auch, dass das *Foramen mentale* beim Individuum aus Jänschwalde sehr viel weiter vorne (in rostraler Richtung) platziert ist als zum Beispiel bei einem Przewalskipferd.

Postkraniale Knochen

Vom Jänschwalder Pferd sind vom postkranialen Skelett zwei Wirbel (Abb. 7), dabei der zweite Halswirbel (*Axis*) und beide beinah vollständig erhaltene Schulterblätter überliefert. Der zweite Halswirbel ist sehr groß und hat sehr stark ausgeprägte Muskelansätze. Er besitzt ziemlich kurze Querfortsätze (*Processus transversus*), welche nicht die Höhe des hinteren Gelenkfortsatzes erreichen (Tab. 3). Dies ist sehr typisch für caballine Pferde, im Gegensatz zu *E. Asinus* (Barone 1989). Auch an den Schulterblättern lassen sich sehr stark ausgeprägte Muskelansätze beobachten. So ist die sogenannte Schulterblattbeule, das *Tuberculum supragleonidalis*, besonders stark ausgeprägt. Dieses ist die Ansatzfläche des *M. biceps brachii*, welcher als Beuger des Ellenbogengelenks und als Strecker des Buggelenks dient.

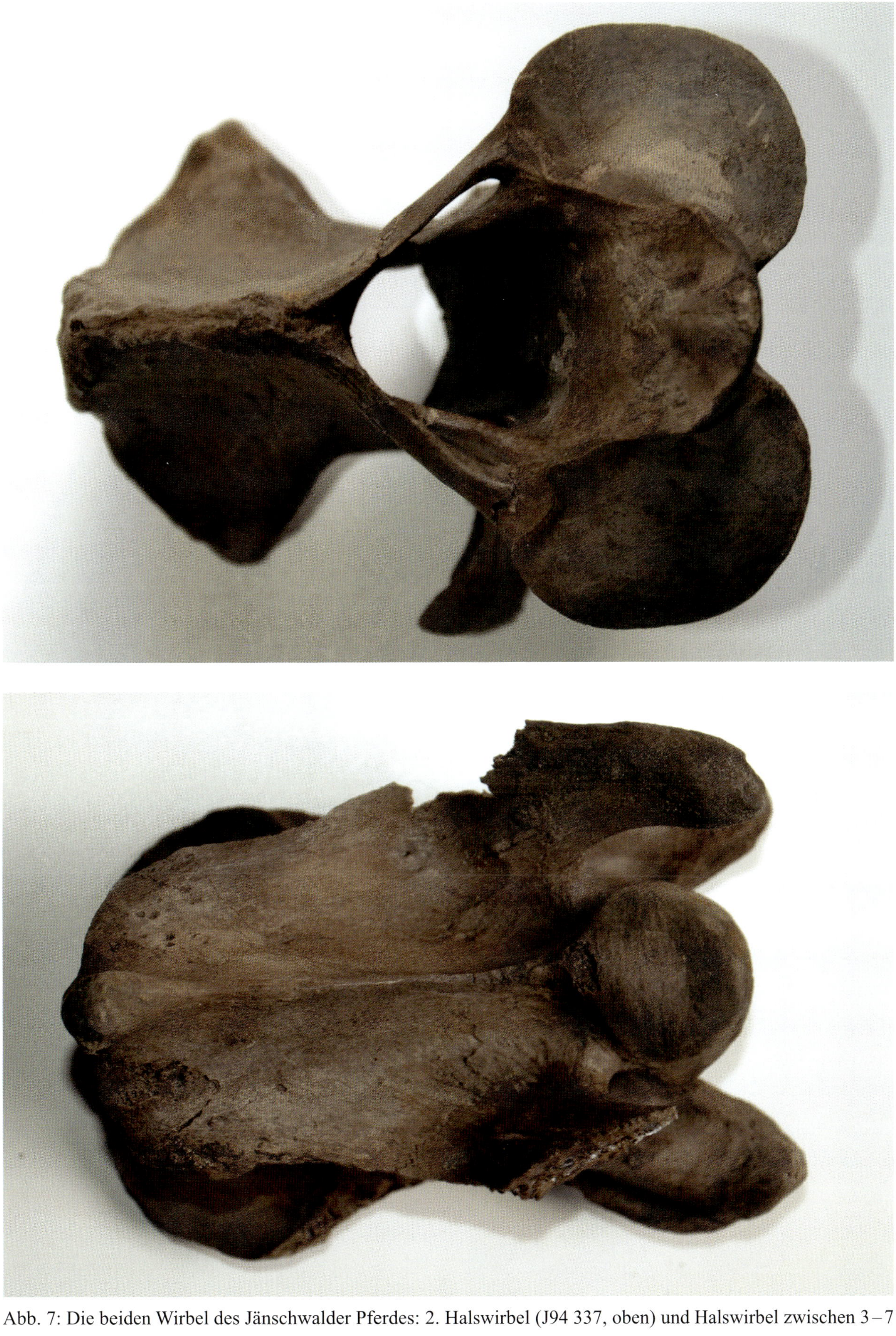

Abb. 7: Die beiden Wirbel des Jänschwalder Pferdes: 2. Halswirbel (J94 337, oben) und Halswirbel zwischen 3–7 (J94 338) in Originalgröße (Fotos E. Bönisch, BLDAM).

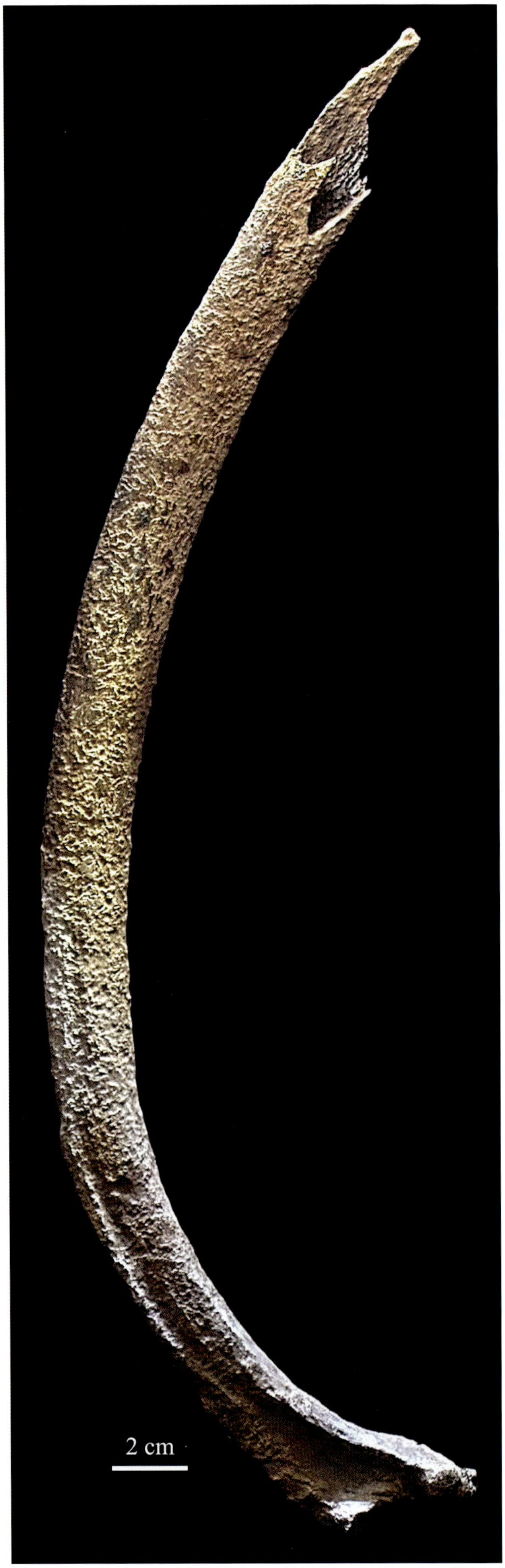

Alle Maße der Schulterblätter (Tab. 4) bewegen sich in der Variationsbreite der Mosbacher Pferde, dem größten in Europa je beschriebenen Wildpferd (Eisenmann 2003). Auch übersteigen die Maße die Durchschnittswerte der Pferde des hochriss- bzw. saalezeitlichen Fundplatzes Salzgitter-Lebenstedt oder der würm- bzw. weichselzeitlichen Pferde aus der Bocksteinhöhle.
Anhand der elf Rippen können aus anatomischer Sicht kaum Aussagen zur Morphologie des Jänschwalder Pferdes gemacht werden.

4. Schnitt- und Schlagspuren

Auf einer Rippe (J92691; Abb. 9) zeichnen sich auf der Lateralfläche deutlich zwei parallel nebeneinanderliegende Kerben ab. Sie verlaufen quer zur Längsrichtung des Knochens und besitzen eine Länge von 5 bzw. 7 mm und eine Breite von 1 bis 1,5 mm. Die Längere der beiden Kerben besteht

Auf der unteren Fläche des Dens Axis konnten Schnittspuren nachgewiesen werden. Sie sind sehr deutlich und stammen von der Abtrennung des Kopfes vom Rumpf.

aus zwei Y-förmig angesetzten Rillen. Der Querschnitt der Eintiefung lässt – bei zunächst rein optischer Betrachtung – erahnen, dass ein relativ scharfer Gegenstand den Knochen angeschnitten hat. Der kleinere Schnitt zeigt neben der breiteren Eintiefung eine bogenförmige Ausplatzung. Diese Schnittspuren auf der Lateralseite der Rippen dürften auf das Entfleischen des Skelettes zurückzuführen sein und könnten beim Entfernen des Fleisches zwischen den Rippen entstanden sein. Neben diesen mehr oder weniger groben Schnitt-

Abb. 8: Rippe (J92 695) mit Wurzelfraß (Foto M. Schneider, BLDAM).
Abb. 9 (rechte Seite): Schnittspuren an Knochen des Pferdes: Rippe (J92 691) mit zwei parallelen Kerben auf der Lateralfläche, starke Vergrößerung der Kerben (Fotos M. Schneider, BLDAM).

1
2

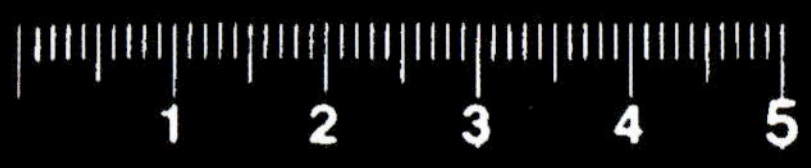

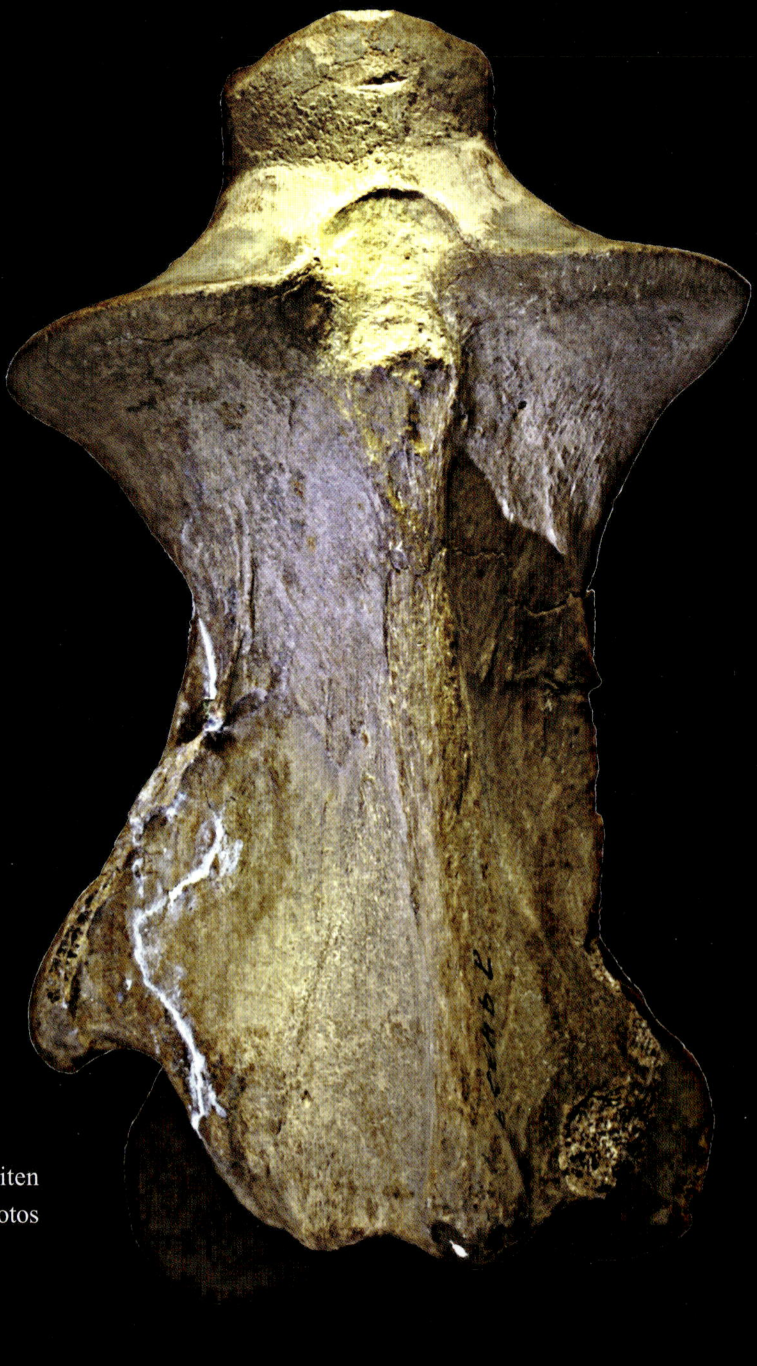

Abb. 10: Schnittspuren auf dem zweiten Halswirbel, Originalgröße und Detail (Fotos M. Schneider, BLDAM).

spuren weist die gesamte Außenfläche der Rippe eine Unzahl extrem feiner, unregelmäßiger Kratzspuren auf. Diese könnten beim Entfernen der Knochenhaut entstanden sein.
Des Weiteren konnten auf der unteren Fläche des *Dens Axis* (Abb. 10) Schnittspuren nachgewiesen werden. Sie sind sehr deutlich und stammen von der Abtrennung des Kopfes vom Rumpf zwischen Atlas und Axis.

5. Jagd oder Aasnutzung

Häufig ist anhand fossiler Skelettreste schwer zu entscheiden, auf welche Art und Weise die Beute beschafft worden ist. Handelt es sich um Jagdbeute oder eher um Aasnutzung? Bei manchen Jäger- und Sammlervölkern unterscheidet man im Wesentlichen zwei Vorgehensweisen der Aaserbeutung. Entweder man verwendete übrig gelassene Beutereste eines Raubtieres (passive Aasnutzung) oder man versuchte, einem Raubtier seine Beute zu entwenden (aktive Aasnutzung) (Pathou-Mathis 1993). Letzteres zählt aus meiner Sicht schon eher zu den Jagdtechniken. Im Falle der Pferdeknochen von Jänschwalde können wir das vollständige Fehlen jeglicher Spuren potenzieller Raubtiere wie Hyäne, Wolf oder Löwe feststellen. Ein guter Hinweis in diese Richtung sind die zahlreichen, beinahe vollständig erhaltenen Rippen. Diese werden von Carnivoren im Allgemeinen zerbrochen, da sie sich zunächst über die Eingeweide ihrer Beute hermachen. So wird es sich bei dem Pferd aus Jänschwalde um ein von paläolithischen Jägern erbeutetes Tier handeln. Nachdem das Pferd getötet worden ist, hat die Zerlegung des Körpers wahrscheinlich direkt vor Ort stattgefunden, wie die Schnittspuren vermuten lassen. Danach werden wohl die fleischreichen Teile in ein Lager verbracht worden sein. So sind die Beine als Ganzes gut zu transportieren, ebenso auch der Schädel.

6. Paläoökologische Aussagen

Im Allgemeinen werden Pferde mit offenen Landschaften in Verbindung gebracht, da das Pferd als Fluchttier weite Flächen benötigt. Die heutigen Vertreter der Gattung Equus finden sich in Land-

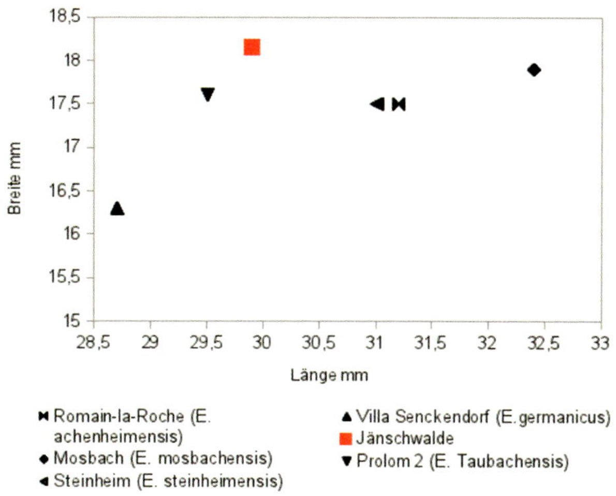

Abb. 11: Maße der unteren Prämolare (P3/P4) von Jänschwalde mit Vergleichswerten. Romain-la-Roche (Boulbes 2010), Mosbach (Eisenmann 1981), Steinheim (Boulbes 2010), Villa-Senckendorf (Forsten, Ziegler 1995), Prolom 2 (Eisenmann 1995).

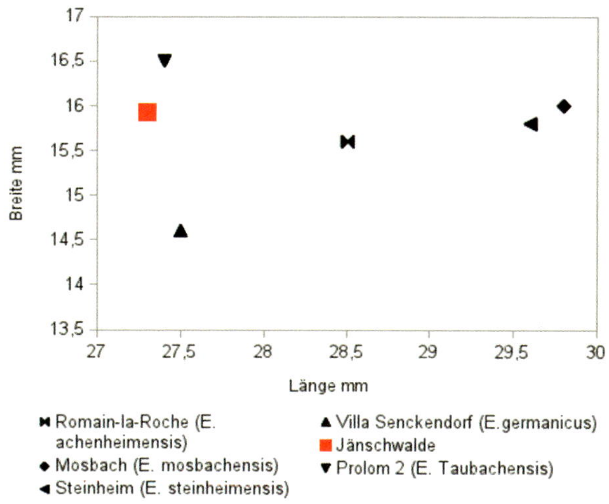

Abb. 12: Maße der unteren Molare (M1/M2) von Jänschwalde mit Vergleichswerten (Quellen s. Abb. 11).

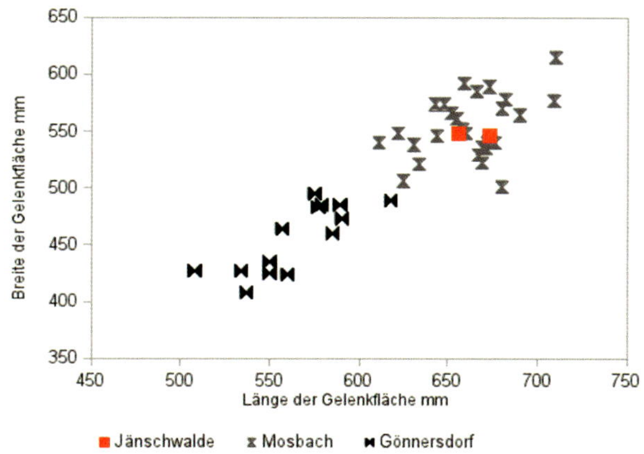

Abb. 13: Robustizitätsindex anhand der Schulterblätter/Scapulae des Pferdes von Jänschwalde im Vergleich mit Mosbach und Gönnersdorf (nach Cramer 2002).

schaften unterschiedlichster Ausprägung und unter verschiedensten klimatischen Bedingungen. So sei hier zum Beispiel *E. Kiang*, eine auf dem tibetischen Hochplateau verbreitete Equidenart genannt, welche trockenkalte Winter überstehen muss. Im Gegensatz dazu bewohnt der afrikanische Wildesel (*Equus africanus*) gebirgige Regionen, in welchen die Lufttemperaturen bis zu 50°C erreichen können. *Equus burchelli*, das Steppenzebra, ist wiederum in eher mit Wald bewachsenen Landschaften beheimatet. Equide als solche sind somit zunächst einmal keine guten Indikatoren für Klima oder Milieu. Aber die unterschiedlichen Habitate haben das Auftreten verschiedenster morphologischer Anpassungen der Zähne und des Skelettes begünstigt. Diese Veränderungen sind es Wert, genauer beschrieben zu werden. Ein den Umweltbedingungen zugeschriebenes Merkmal ist der allgemeine Körperbau der Tiere. Dieser kann eher schwer (eurysom) oder leicht (leptosom) sein (Gromova 1949, zit. nach Eisenmann 1985) und wird durch den Robustizitätsindex, welcher Länge und Breite eines Knochens berücksichtigt (Abb. 13), anschaulich gemacht. Die Robustheit bestimmter Knochen wie beim Jänschwalder Pferd ist ein Zeichen für eine eher waldreiche Umwelt. Im Gegensatz dazu sprechen grazilere Knochen für offene Landschaften (Eisenmann, 1985).

Nach Cramer (2002) beeinflusst das Klima die Größe der Pferde. Mit zunehmender Vereisung wurden die Pferde kleinwüchsiger (van Asperen 2010). Das große und robuste Pferd aus Jänschwalde zeigt eindeutig ein eher gemäßigt warmes

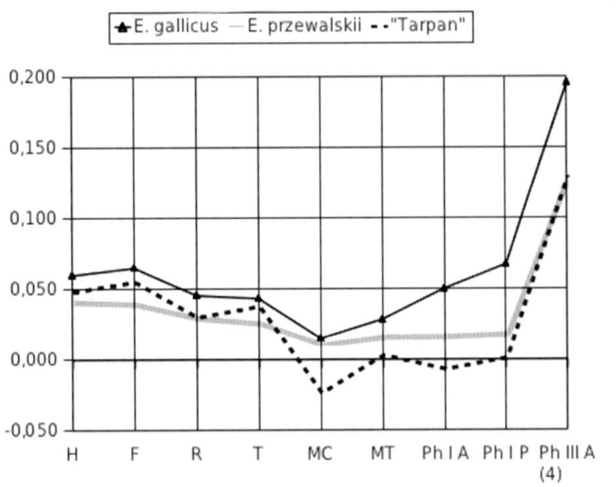

Abb. 14: Logarithm Difference Diagramm zur Ausprägung des postkranialen Skelettes (nach vera-eisenmann.com).

Klima an. Diese Beobachtungen werden gestützt durch die große Länge des Unterkiefers und seines *Diastemas*. Im Gegensatz dazu ist die Verkürzung der Schnauze eine Anpassung an ein xerophytisches (trockenkaltes) Klima (Eisenmann 1992).

7. Das saalespätglaziale Pferd von Jänschwalde und die Pferde des Pleistozäns

Um welche Pferdeart handelte es sich bei dem Jänschwalder Exemplar? Das Pferd von Jänschwalde wird hier mit verschiedenen Pferdefunden des Mittel- und Jungpleistozäns Deutschlands, sowie Ost- und Westeuropas verglichen. Tabelle 5 enthält alle im Text zitierten pleistozänen Pferde mit ihren charakteristischen morphologischen Merkmalen.

Fundplatz	Datierung	Equus	Literatur
Romain-La-Roche (Jura, Frankreich)	Riss III (Spätsaale)	*Equus ferus achenheimensis*	Boulbes 2010
Mosbach	ca. 700 000 BP	*Equus mosbachensis*	Cramer 2002; Eisenmann 1981; Prat 1968
Villa-Senckendorff	110 - 75 000 BP	*Equus germanicus*	Cramer 2002 / Forsten und Ziegler 1995
Prolom 2 (Ukraine)	Frühwürm	*Equus taubachensis*	Eisenmann und Baryshnikov 1995
Solutré	Jungpaläolithikum	*Equus gallicus*	Prat 1968
Salzgitter-Lebenstedt	165 000 BP	*Equus remagensis (=Equus germanicus)*	Cramer 2002
Gönnersdorf	Jungpaläolithikum	*Equus gallicus*	Cramer 2002
Bockstein	Mittel und Jungpaläolithikum	*Equus germanicus; Equus sp.*	Cramer 2002
Achenheim	Riss	*Equus achenheimensis*	Nobis 1971; Cramer 2002

Tab. 5: Zum Vergleich dienende Pferde aus Fundstellen des Mittel- und Jungpleistozäns.

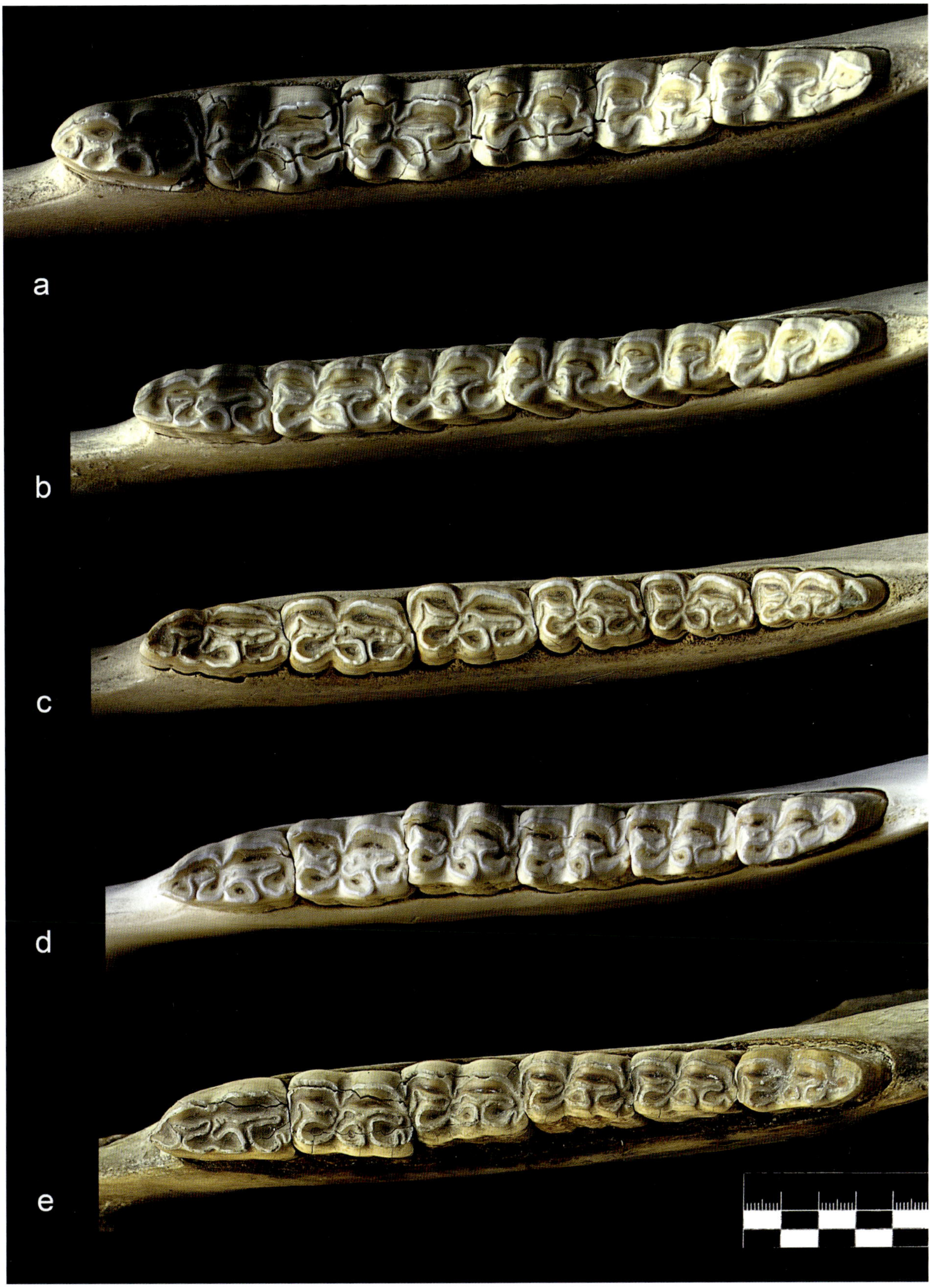

Abb. 15: Zahnschmelzbild verschiedener Vertreter der Gattung Equus (alle Museum für Naturkunde Berlin): a) Equus przewalskii, ZMB 60363 (Tierpark, Berlin); b) Equus zebra, ZMB 55246 (Südwest Afrika); c) Equus kiang, ZMB 91110 (Indien); d) Equus africanus somalicus, ZMB 70038 (Tierpark Berlin); e) Equus quagga, ZMB 4832 (Süd-Afrika), (Fotos M. Schneider, BLDAM).

Erstreckt sich heute die Verbreitung von Wildpferden nur noch über Afrika und einige Teile Asiens, so sah dies im Pleistozän gänzlich anders aus. Die Gattung *Equus* gehört mit zu den Konstanten der Quartärfauna Europas und war somit schon früh von besonderem Interesse für Paläontologen, die sich mit dem Pleistozän beschäftigten. Die Gattung ist charakterisiert durch eine hypsodonte Zahnausbildung (hochkronige Zähne) mit einem komplexen Zahnschmelzbild, und der Reduktion der Zehenanzahl an den Extremitäten. In dieser Gattung werden richtige Pferde (caballine Pferde), Esel und Zebras (stenonide Pferde) sowie Halbesel (*Equus hemonius*) zusammengefasst. Aus osteologischer Sicht unterscheiden sich die Vertreter dieser Gruppe an der Form des Entoflexid (=Doppelschlinge, Abb. 6) im Zahnbild ihrer Unterkieferzähne (Abb. 15) und an Proportionsunterschieden des postkranialen Skelettes. Diese unterschiedlichen Ausprägungen des postkranialen Skelettes können deutlich über sogenannte „Logarithm Difference Diagramms" – auch Simpsondiagramms genannt – visualisiert werden (Abb. 14). Die Evolution der Equiden fand im Wesentlichen in Nordamerika statt. Von dort aus haben sie in mehreren Etappen Eurasien kolonisiert. Dabei diente die Beringstrasse in Phasen niedriger Meeresspiegel als Brücke zwischen Alaska und Sibirien (Klostermann 1989). Bis zum frühen Mittelpleistozän findet man in Europa nur stenonide Pferde. Danach verschwinden sie mit Ausnahme des *Equus hydruntinus*, einer kleinen und schlanken Equidenart, die bis ins frühe Holozän, vielleicht sogar bis in die Metallzeiten hinein (Wilms 1989), überlebte. Die Skelettmorphologie dieser kleinen Equidenart zeigt Ähnlichkeiten zu den Zebras, Eseln bzw. Halbeseln (Uerpmann 2005). Echte caballine Pferde findet man erstmalig in der Zeit des Cromer-Komplexes noch neben stenoniden Pferden, so z. B. in Süßenborn in Thüringen (Musil 1969; Forsten 1986, 1990; Cramer 2002).

Für das Mittel- und Jungpleistozän, insbesondere das Moustérien, wurden bisher zahlreiche Pferdearten beschrieben (Tab. 5). Die Forschungslage hat sich dadurch verkompliziert, dass manche Autoren zögern eine genauere Artbestimmung vorzunehmen, und deshalb Pferdereste als *Equus sp.* benennen (z.B. Andernach, Wallertheim, Wannen, Tönchesberg, Neumark-Nord etc.). Jedoch zeigen neuere Studien, wie die von Cramer (Cramer 2002) in Verbindung mit den Isotopenanalysen von Stephan (Stephan 1999), dass die Fülle an unterschiedlichen Arten durch nichts gerechtfertigt ist. Eher ist deshalb bei Pferden von unterschiedlichen „Ökotypen" zu sprechen, als mehrere Arten zu beschreiben (van Asperen 2010). So dürfte es sich bei den von Paläontologen aufgezeigten morphologischen Unterschieden nur um Varianten eines Ökophenotyps handeln, welche sich abhängig von Region, Klima und Ernährungsweise ausgeprägt haben. Die morphologische Variationsbreite wird von Paläontologen häufig unterschätzt. Das Pferd ist – ähnlich wie der Wolf – ein extrem polymorphes Tier. Infolgedessen sollte man das Wildpferd als *Equus ferus* benennen, dem von der Internationalen Nomenklatur Kommission im Jahr 2002 für diese Art festgelegten Namen.

Die morphologische Variationsbreite wird von Paläontologen häufig unterschätzt. Das Pferd ist – ähnlich wie der Wolf – ein extrem polymorphes Tier.

Ohne Oberkieferzähne und Metapodien ist die Bestimmung eines genauen Pferdtypus schwierig. Da nicht genügend Elemente vorliegen, ist es leider nicht möglich, das Jänschwalder Pferd einem caballinen Morphotypus zuzuordnen. Das Pferd von Jänschwalde kann in Anlehnung an Cramer (2002) und van Asperen (2010) der Gattung *Equus ferus* zugeordnet, also nur allgemein als Wildpferd bezeichnet werden, da eine Unterart oder Form nicht genauer zu präzisieren ist. Es weist auf Grund seiner erheblichen Größe und der lang gezogenen Schnauze sehr stark in die Richtung der jüngeren eemzeitlichen Vertreter dieser Gattung.

8. Zusammenfassung

Die aus der spätsaaleglazialen Fundschicht von Jänschwalde stammenden Pferdeknochen (Unterkiefer, Schulterblätter, Halswirbel, Rippen) in außerordentlich gutem Erhaltungszustand gehören zu einem 10–12 Jahre alten männlichen Tier. Bezüglich der Widerristhöhe und der Zähne, deren Größe den Maximalwerten von Pferden des Riss bzw. Saaleglazials entspricht, handelt es sich um eine große Pferdeart. Die Schulterblätter sind vergleichbar mit dem *Equus mosbachensis*, dem größten europäischen Wildpferd. Größe und Robustizität bzw. die große Schnauzenlänge sind Anhaltspunkte für ein gemäßigt warmes Klima. Das Individuum entspricht damit auch eher den eemzeitlichen Vertretern des Wildpferdes *Equus ferus*. Schnitt- oder Schlagspuren an Rippen und einem Halswirbel belegen das Entfleischen bzw. Abtrennen des Kopfes, also Zerlegen des Pferdes als Jagdbeute; Hinweise auf die Einwirkung von Raubtieren bzw. Aasnutzung gibt es nicht.

Literatur

van Asperen, E.N. (2008): The horses of Mesvin IV (Hainaut, B), Notae Praehistoricae 28: 11–20.

van Asperen, E.N. (2010): Ecomorphological adaptations to climate and substrate in late Middle Pleistocene caballoid horses. Palaeogeography, Palaeoclimatology, Palaeoecology, 297: 584–596.

van Asperen, E. N., Stefaniak, K., Proskurnyak, I., Ridush, B. (2012): Equids from Emine-Bair-Khosar Cave (Crimea, Ukraine): Co-occurrence of the stenonid Equus hydruntinus and the caballoid E. ferus latipes based on skull and postcranial remains. Palaeontologia Electronica Vol. 15, Issue 1; 5A; palaeo-electronica.org/content/2012-issue-1-articles/124-equids-from-emine-bair-khosar.

Barone, R. (1989): Anatomie comparée des mammifères domestiques. Tome 1. Ostéologie. Editions Vigot Frères, Paris.

Baryshnikov, G.-F; Eisenmann, V. (1994):. Equus cf. taubauchensis et E. hydruntinus de la grotte de Prolom 2 (Crimée, Ukraine) in Bull. Mus. Hist. nat. Paris, 4° série: 16, 329–347.

Bignon, O. (2003): Diversité et exploitation des équidés au Tardiglaciaire en Europe occidentale, Implications pour les stratégies de subsistence et les modes de vie au Magdalénien et à l'Azilien ancien du Bassin parisien. Thèse de Doctorat non publiée, Université Paris 10, Nanterre.

Boulbes, N. (2010): Le cheval de Romain-la-Roche, Equus achenheimensis (Mammalia, Perissodactyla). Contribution à la biochronologie des équidés caballins au Pléistocène moyen in Revue de Paléobiologie, Genève (décembre 2010) 29 (2): 747–770.

Chaput, F.; Combier, J. (1999): Le gisement paléolithique moyen de Vergisson II et sa faune de grands mammifères. In: Travaux de l'Institut de Recherche du Val-de-Saône mâconnais, N° 4: 9–34.

Cramer, B. (2002): Morphometrische Untersuchungen an quartären Pferden in Mitteleuropa. Unveröff. Thesen zur Diss., Eberhard Karls Universität Tübingen. http:// tobias-lib.uni-tuebingen.de/volltexte/2007/3038/

Von den Driesch A. (1976): Vermessen von Tierknochenfunden aus vor- und frühgeschichtlichen Siedlungen. München.

Eisenmann, V. (1981): Étude des dents jugales inférieures des Equus (Mammalia, Perissodactyla) actuels et fossiles. Palaeovertebrata 10: 127–226.

Eisenmann, V. (1985): Sur quelques caractères adaptatifs du squelette d'Equus (Mammalia, Perissodactyla) et leurs implications paléoécologiques. Bulletin du muséum national d'histoire naturelle, Série 4(6), Section C, Sciences de la terre: paléontologie, géologie, minéralogie 2: 185–195.

Eisenmann, V. (1986): Comparative osteology of modern and fossil horses, half-asses, and asses. In: Meadow, R.H. and Uerpmann, H.-P. (Hg.), Equids in the Ancient World, Volume I., Wiesbaden, 67–116.

Eisenmann, V. (1988): Tentative typology and biostratigraphy of some middle and late pleistocene western european horses in Quaternario 2: 103–109.

Eisenmann, V. (1991): Les chevaux quaternaires européens (Mammalia, Perissodactyla). Taille, Typologie, Biostratigraphie et Taxonomie in Geobios 24, fasc. 6: 747–759.

Eisenmann V. (1992): Les Equidés. In: Les Animaux de la Préhistoire entre Provence et Toscane II. Livret guide de l'exposition à Avignon. Société d'Etude des Sciences naturelles de Vaucluse, 74–77.

Eisenmann, V. (2003): Gigantic horses. Advances in Vertebrate Paleontology, Bucharest, 31–40.

Eisenmann, V. (2010): Sussemionus, a new subgenus of Equus (Perissodactyla, Mammalia). Comptes rendus Biologies 333: 235–240.

Eisenmann, V., Bekouche, S. (1986): Identification and discrimination of metapodials from Pleistocene and modern Equus, wild and domestic. In: Meadow, R.H. and Uerpmann, H.-P. (Hg.), Equids in the ancient world, Volume I, Wiesbaden, 117–163.

Forstén, A. (1986): A review of the Süssenborn horses and the origin of Equus hydruntinus Regalia. Quartärpaläontologie 6: 43–52.

Forstén, A. (1991): Size decrease in Pleistocene-Holocene true or caballoid horses of Europe. Mammalia, 55: 407–419.

Forstén, A. (1999): A review of Equus stenonis Cocchi (Perissodactyla, Equidae) and related forms. Quaternary Science Reviews 18: 1373–1408.

Forstén, A., Ziegler, R. (1995): The horses (Mammalia, Equidae) from the early Wuermian of Villa Seckendorff, Stuttgart-Bad Cannstatt, Germany. Stuttgarter Beiträge zur Naturkunde, Series B, Geologie und Paläontologie 224.

Gaudalli, J.-L (1998): Détermination de l'âge des chevaux fossiles et établissement des classes d'âge. Paléo 10: 87–93.

Habermehl, K.-H (1975): Die Altersbestimmung bei Haus- und Labortieren.
Klostermann, J. (1989): Das Klima im Eiszeitalter. Stuttgart.
van Kolfschoten, T. (2012): The Schöningen mammalian fauna in biostratigraphical perspective. In: Die chronologische Einordnung der paläolithischen Fundstellen von Schöningen, Mainz.
Langlois, A. (2005): Le cheval du gisement pléistocène moyen de La Micoque (Les Eyzies-de-Tayac, Dordogne): Equus mosbachensis micoquii nov. ssp. Paleo, 17: 73–110.
Musil, R. (1969): Die Equidenresten aus dem Pleistozän von Süßenborn bei Weimar. Paläontologische Abhandlungen, Abt. A. Paläozoologie III. 3–4: 317–364.
Musil, R. (2002): Morphologische und metrische Differenzen der Pferde von Bilzingsleben und Schöningen. Praehistoria Thuringica 8, 2002: 143–148.
Nobis, G. (1971): Vom Wildpferd zum Hauspferd, Studien zur Phylogenie pleistozäner Equiden Eurasiens und das Domestikationsproblem unserer Hauspferde. Fundamenta, Reihe B, Band 6, Köln.
Pathou-Mathis, M. (1993): Les comportements de substistance au Paléolithique inférieur et moyen en Europe Centrale et Orientale in Exploitation des animaux sauvages à travers le temps. XIII° Rencontres Internationales d'Archéologie et d'Histoire d'Antibes. Actes des Rencontres 15–17 Octobre 1992. Editions APDCA, Juan-les-Pins.
Prat, F (1968): Recherches sur les Equidés pléistocènes en France. Thèse de Doctorat, Faculté des Science, Bordeaux.
Spassov, N., Iliev, N: The wild horses of eastern europe and the popyphylethic origin of the domestic horse. Anthropozoologica 25–26: 753–761.
Stephan, E. (1999): Sauerstoffisotopenverhältnisse im Knochengewebe großer terrestrischer Säugetiere: Klimaproxies für das Quartär in Mittel- und Westeuropa. Tübinger Geowissenschaftliche Arbeiten (TGA), Reihe E: Mineralogie, Petrologie und Geochemie 6/99, Aachen.
Uerpmann, H.-P. (2005): Betrachtungen zum Verhältnis zwischen Wildpferd (Equus ferus) und Hydruntinus (Equus hydruntinus) im Jungpleistozän und Holozän auf der Iberischen Halbinsel. MUNIBE (Antropologia-Arkeologia) 57 Homenaje a Jesús Altuna, 351–358.
Weinstock, J., Willerslev, E., Sher, A., Tong, W., Ho SY et al. (2005): Evolution, Systematics, and Phylogeography of Pleistocene Horses in the New World: A Molecular Perspective. PLoS Biol 3(8): e241. doi:10.1371/journal.pbio.0030241.
Wilms, C. (1989): Zum Aussterben des europäischen Wildesels. Germania, 67: 143–148.

1

Abb. 1: Die drei aneinander passenden Bruchstücke des Holzstabes aus dem Eem-Sediment, zwei Ansichten (Foto G. Bigga, Uni Tübingen).
Abb. 2: Befundsituation des Holzes (Foto R. Piskorski, BLDAM).

Die Untersuchung des Holzes aus dem Eem von Jänschwalde

Gerlinde Bigga

2

3

Am 12.03.2012 erfolgte die Untersuchung eines Holzfundes mit der Fundnummer J92627 vom 11.10.2011 aus der eemzeitlichen Fundstelle im Braunkohlentagebau Jänschwalde. Es handelt sich um ein in drei Teile gebrochenes Astfragment eines Nadelbaumes (Abb. 1), sowie einen Splitter, der bei

Abb. 3, 4: Die beiden durch die Auffindung frisch gebrochenen Enden des mittleren Stückes (2) (Fotos G. Bigga).

der Bearbeitung abgefallen ist. Er wurde für die Holzartenbestimmung verwendet. Die Hölzer werden seit der Bergung in Wasser aufbewahrt und haben dadurch nur wenige sekundäre Trockenrisse.

Die Fragmente 1–3 im Detail

Die Bruchflächen von (1) und (2), sowie (2) und (3) passen deutlich aneinander. Es gibt lediglich einen geringen Verzug durch das Aufquellen des Holzes. Die Gesamtlänge kann grob auf 73 cm geschätzt werden (Abb. 9). Im Querschnitt ist der Ast durch den Auflastdruck des Sediments oval.

(1) Länge 18 cm; gr. Dm 34 mm. Der vorderste Teil des Astes verjüngt sich auf 10–12 cm, so dass der Eindruck einer Speerspitze entsteht. Die Spitze selbst ist abgebrochen, ebenso wie die gegenüberliegende Seite, die an Fragment (2) passt. Es gibt flache Astansätze ohne Bearbeitungsspuren. Keine Rindenreste.

(2) Länge 23 cm; gr. Dm 38–46 mm. Das Mittelstück ist an beiden Enden frisch gebrochen bzw. geschnitten (Abb. 3, 4). Es haften noch Rindenreste auf einer Seite an. Auf der anderen Seite befinden sich einige Querriefen (Abb. 7), die durch Verbiegen des Holzes zustande gekommen sein könnten.

(3) Länge 42 cm; gr. Dm 29–36 mm. Das längste Fragment trägt größtenteils noch Rinde (z.T. mit Querriefen) und besitzt mehrere kleine Ansätze von ca. 4 mm Durchmesser (Abb. 5; 6). Diese sind zum Teil heraus erodiert, zum Teil aber auch plastisch erhalten. Beide Enden sind rezent gebrochen, das im Bild (Abb. 1; 9) unten bzw. rechts anpassende Stück ist nicht erhalten.

Holzart und Stellung innerhalb des Eem

Die Holzart wurde mit Hilfe eines Dünnschnitts bestimmt. Es handelt sich um Tanne (*Abies sp.*). Die Bestimmung wurde von Werner Schoch, Labor für Quartäre Hölzer, Langnau (Schweiz), bestätigt. Aufgrund gleicher Artmerkmale ist eine genaue Artbestimmung nur mit Hilfe von Makroresten möglich. Für das Eem wird jedoch immer die Weißtanne (*Abies alba*) angenommen. Es handelt sich bei der Tanne um eine Schattenbaumart, die

Abb. 5, 6: Fragment (3) mit Rinde, Querriefen und Astansätzen, Detailaufnahmen (Foto G. Bigga).

nach Manke und Tynni (1984) ab Pollenzone V (Hainbuche-Fichten-Zeit) vorkommt und sich in Pollenzone VI (Kiefern-Fichten-Tannen-Zeit, z.B. Pollendiagramm Schenefeld 7) ausbreitet. Sie ist ein Indikator für die Klimaverschlechterung am Ende des Eems mit gemäßigt- bis kühl-subatlantischem Klima, bevor sie in der Kiefernzeit (Pollenzone 7) komplett verschwindet. Im Pollenprofil

Der vorderste Teil des Astes verjüngt sich, so dass der Eindruck einer Speerspitze entsteht.

Abb. 7: Detail des Mittelstücks (2) mit Querriefen durch Biegen des Holzes (Foto G. Bigga).

Abb. 8, 9: Das Holz in Fundlage (Foto R. Piskorski, BLDAM) und aus Einzelbildern zusammengesetzt (Foto G. Bigga).

von Gröbern (Litt 1994) ist die Tanne mit Unterbrechungen im Zeitraum von ca. 122.000 – 116.500 BP vertreten. Die Warvenzählung durch Müller (1974) postuliert für die beiden Pollenzonen einen Zeitraum von ca. 6000 Jahren.

Auch wenn die Tanne im Eem längst nicht so häufig vorkam wie während des Holstein-Interglazials, war sie in der östlichen norddeutschen Tiefebene weit verbreitet. Nördlich der Elbe kommt die Tanne nur untergeordnet am Ende des Interglazials vor (Ehlers 2011).

Es finden sich an keinem der Fragmente sichere Bearbeitungsspuren – von rezenten Beschädigungen durch die Auffindung abgesehen. Fotos, sowie der abgebrochene Splitter des Holzes, befinden sich zur Begutachtung im Labor für Quartäre Hölzer bei Werner Schoch. Eine erste in Augenscheinnahme erbrachte keine Hinweise auf anthropogene Spuren aus der Zeit der Einbettung.

Literatur

Ehlers 2011
J. Ehlers, Das Eiszeitalter (Heidelberg 2011)
Litt 1994
Th. Litt, Paläoökologie, Paläobotanik und Stratigraphie des Jungquartärs im nordmitteleuropäischen Tiefland. Unter besonderer Berücksichtigung des Elbe-Saale-Gebietes. Dissertationes Botanicae 227 (Berlin, Stuttgart 1994)
Menke und Tynni 1984
B. Menke und R. Tynni, Das Eem-Interglazial und das Weichselfrühglazial von Redderstall/Dithmarschen und ihre Bedeutung für die mitteleuropäische Jungpleistozän-Gliederung. Geol. JB. A 76 (Hannover 1984), 3 – 120.
Müller 1974
H. Müller, Pollenanalytische Untersuchungen und Jahresschichtenzählungen an der eemzeitlichen Kieselgur von Bispingen/Luhe. Geolog. Jb. A 21 (Hannover 1974) 149 – 169.

Auslaufen der Fund-Schicht (Foto E. Bönisch, BLDAM).

Abb. 1: Nach Ausgrabungen abgeflacht: Böschung des Tagebaus Cottbus-Nord bei Dissenchen, von Nordwest. Reste eines Waldes aus der Dryaszeit vor 12.000 Jahren lagen im oberen Teil des Bildes (Foto 11.11.2011, K. Rösler, BLDAM).

Vom Dryas-Wald bis zur bronzezeitlichen Ackerflur. Grabungen am zukünftigen Ufer des Cottbuser Ostsees

Deborah Schulz

Im Frühjahr/Sommer 2011 wurden aufgrund einer weiteren von Vattenfall geplanten Böschungsabflachung des Tagebaus Cottbus-Nord archäologische Untersuchungen vom Brandenburgischen Landesamt für Denkmalpflege und archäologischen Landesmuseum in den Gemarkungen Merzdorf und Dissenchen durchgeführt.

Etwa im Jahr 2020 soll mit der Flutung des Restloches des Tagebaus Cottbus-Nord begonnen werden (Stadt Cottbus 2004). Daraus wird der Cottbuser Ostsee, der mit voraussichtlich 1900 Hektar größte See der Lausitzer Tagebaufolgelandschaft, entstehen (Vattenfall 2009). Zur Vorbereitung dieses Vorhabens musste die durch die Abbaggerung entstandene Randböschung im Bereich der Gemarkungen Merzdorf und Dissenchen abgeflacht werden, um das zukünftige Ufer zu stabilisieren und möglichen Rutschungen entgegen zu wirken. Für die Abflachung sollte ein in zwei Bereiche unterteilter Streifen von 1000 m (Südbereich) und 800 m (Nordbereich) Länge und 80 m Breite in Anspruch genommen werden. Da ein Teilbereich durch eine Kiesgrube bereits gestört war, musste insgesamt eine Fläche von ca. 1,12 km² untersucht werden. Die Eingriffstiefe wurde mit einer Neigung von 1:15 bzw. 1:3 (oberhalb des zukünftigen Wasserspiegels) angegeben. Außerdem sollte im Zuge dieser Maßnahme ein 1365 m langer Wirtschaftsweg innerhalb einer Trasse von 3,5 m bis 6,0 m Breite hergestellt werden, um die Infrastruktur der Bergbaufolgelandschaft weiter auszubauen.

Da zu diesem Vorhaben gewachsener, ungestörter Boden abgetragen werden musste, war eine bodendenkmalpflegerische Untersuchung der betreffenden Flächen notwendig. Frühere Grabungen im Tagebau Cottbus-Nord sowie beim Bau der Dichtwand und der Ortsumgehungsstraße Cottbus, B 168 und B 97, erbrachten in diesem Bereich bereits Fundplätze.

Dünen und Mittelalter

So war im Bereich der zahlreich vorhandenen Dünen mit überdeckten und konservierten Hinterlassenschaften zu rechnen. Auch die Untersuchung der Entstehung der Dünen ist für die Forschung

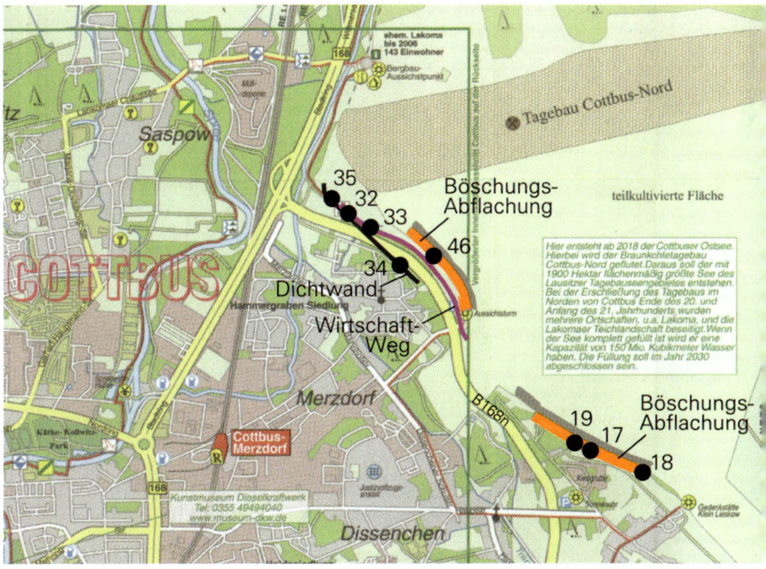

Abb. 2: Grabungsflächen zur Böschungsabflachung des Cottbuser Ostsees. Auf dem Wirtschaftsweg wurde ein 3000 Jahre alter Acker aus der Bronzezeit angeschnitten. Auf der Dichtwandtrasse liegt eine Siedlung dieser Zeit (Pharus-Plan Cottbus, @ bei www. dein-plan/cottbus.de; Eintragungen BLDAM).

Abb. 3: Die Kiefer dominierte auch schon im Dryas-Wald: Landschaft mit archäologischer Ausgrabung am Tagebau Cottbus-Nord (Foto E. Bönisch, BLDAM).

von Interesse. Daher wurden alle Dünen im Bereich des Wirtschaftsweges untersucht. Diese Untersuchungen ergaben, dass die Dünen bis 2,5 m mächtig sind und teilweise einen begrabenen Boden enthalten. Archäologisch relevante Strukturen wie Wölbäcker oder ähnliches konnten nicht beobachtet werden (Müller 2011). Aufgrund der Radiokarbon-Datierung eines Holzstammes aus einer Düne des südlich anschließenden Dünenrückens von Dissenchen in das 10. Jh. ist für diese Sandaufwehungen ein mindestens ebenso hohes Alter anzunehmen (Müller 2011).

Im südlichen Abflachungsbereich konnten Wölbäcker nachgewiesen werden (Renner 2011, 22; vgl. ihren Beitrag S. 267–269). Da kaum Funde auftraten, bleibt die zeitliche Einordnung der Ackerstrukturen unklar. Mittelalterliche Wölbäcker wurden bereits 2000 und 2001 im Abbaubreich des Tagebaus Cottbus-Nord intensiver untersucht (Woithe und Rösler 2001; Hirsekorn 2003b). Es fällt auf, dass viele Ackerstrukturen unter Dünen liegen und dadurch erhalten sind.

Bronzezeit

Im Rahmen der Voruntersuchung für die Dichtwand 2000 und 2001 wurden mit den Fundplätzen Merzdorf 32, 33, 34 und 35 (Hirsekorn 2003a, 2003c; Rinne 2001) bereits bronzezeitliche Siedlungsspuren und ein Grab entdeckt (Hirsekorn 2003a, 81–82.). Obwohl das Grab gestört war und kein Leichenbrand gefunden wurde, sprechen die Fundumstände (Einzelfund ohne Siedlungsschicht, scharfkantige Scherben, große Brüche) für diese Interpretation. Es musste daher mit weiteren Gräbern auf der Trasse für den Wirtschaftsweg gerechnet werden. Markant auf dem Fpl. Merzdorf 33 waren eine keramikreiche Siedlungsschicht und mehrere in eine Düne eingetiefte Vorratsgruben der späten Bronzezeit (Hirsekorn 2003a, 80–81).

Auch die Voruntersuchungen im Jahr 2002 aufgrund des Baus der Ortsumgehungsstraße von Cottbus erbrachten zwei bronzezeitliche Fundplätze mit Vorratsgruben, Fpl. 14 und 24 (Govedarica 2003), was weitere bronzezeitliche Spuren erwarten ließ.

Durch die neuen Grabungen wurde dort der bronzezeitliche Fpl. Merzdorf 33 weiter untersucht. Der 2000 und 2001 angeschnittene Bereich einer Düne mit einer bronzezeitlichen Siedlungsschicht konnte indes nicht weiter verfolgt werden, da die Schicht vermutlich durch rezente Eingriffe bereits gekappt worden ist (Müller 2011). Zu den Befunden gehört ein Grubenrest, der unweit der Fundstellen früherer Grabungsmaßnahmen zum Vorschein kam. Diese können durch ihre nahe Lage miteinander in Verbindung gebracht werden und datieren vermutlich in die jüngere Bronzezeit. Eine Überraschung waren sehr gut erhaltene bronzezeitliche Hakenpflugspuren, die auf einer Fläche von 15 × 5 m dokumentiert werden konnten (Müller 2011, vgl. ihren Beitrag, S. 207–214). Nimmt man eine quadratische Form der Ackerfläche an, würde sie ca. 225 m² groß gewesen sein. Neben hauptsächlich einfacher unverzierter Keramik kamen auch wenige mit Rillen versehene oder ritzverzierte Scherben vor. Eine Scherbe eines Großgefäßes war mit einer Dellenleiste versehen. Insgesamt datiert die Keramik in die Mittel- bis Jüngstbronzezeit (Müller 2011).

Es fällt auf, dass viele Ackerstrukturen unter Dünen liegen und dadurch erhalten sind.

Auf dem neolithischen Fundplatz Dissenchen 17 kamen unmittelbar im Bereich neolithischer Pfostenstandspuren und unweit der ehemaligen Tagebaukante eine vermeintliche Urnenbestattung und ein Brandschüttungsgrab der späten Bronzezeit zu Tage. Bei Aufarbeitung der Grabungsfunde zeigte sich, dass es sich bei der „Urne“ um ein leeres Gefäß handelt, welches mit einer großen Scherbe eines gerauten Eitopfes abgedeckt war. Das Brandschüttungsgrab war durch Reste von Leichenbrand und etwas Holzkohle in einer flachen, nur 13 cm tiefen Grube auszumachen (Renner 2011; vgl. ihren Beitrag S. 203–206). Hinweise auf einen bronzezeitlichen Bestattungsplatz an dieser Stelle waren durch frühere Grabungen in diesem Bereich des Tagebaus Cottbus-Nord nicht bekannt.

Abb. 4: Pflugspuren unter Waldboden und Sand: solche verborgenen Kulturschichten sind typisch im Gebiet östlich Cottbus (Foto B. Renner, BLDAM).

Steinzeit

Im Abbaubereich des Tagebaus wurde 1998 der spätpaläolithische und mesolithische Fundplatz Dissenchen 11 untersucht (Kayser 1999a und b). Eine Stielspitze, eine Rückenspitze und ein schmaler Dreiecksmikrolith unter den 2500 ansonsten unspezifischen Silexartefakten weisen in die Zeit der Federmesser- und Stielspitzengruppe und des Mesolithikums (Kayser 1999a, 20). Neben den steinzeitlichen Funden war im näheren Umfeld vereinzelt bronzezeitliche Keramik zu finden (Dissenchen 10). Ein Schlagplatz, vermutlich des späten Mesolithikums, wurde bei den neuen Untersuchungen im südlichen Abflachungsbereich nachgewiesen (Dissenchen 19). Hier wurde eine dünne Streuung von unspezifischen Silexartefakten dokumentiert, deren Grenzen aufgrund der Baustellenbegrenzung nicht erfasst werden konnten. Eine Mikrospitze, ein Trapez sowie ein Kerbrest lassen sich sowohl mesolithisch, als auch neolithisch einordnen (Müller 2011; vgl. ihren Beitrag S. 185 – 188).

Außerdem wurde im Bereich der Gemarkung Dissenchen der neolithische Fundplatz Dissenchen 17 mit kleineren Gruben und Pfostenstandspuren entdeckt (Renner 2011, 17). In zwei Befunden kam je eine unverzierte, vermutlich neolithische Scherbe und in einem anderen Befund etwas Rotlehm vor. Zwei Pfostenreihen gehörten vermutlich zum Teil eines Hausgrundrisses, der aufgrund der schlechten Erhaltung nicht rekonstruiert werden konnte.

Jüngere Dryaszeit

Der Wald der Jüngeren Dryas-Zeit wurde 2011 im südlichen Abflachungsbereich ausgegraben. Der Dryas-Wald wurde bereits 1998 bei Grabungsarbeiten im Tagebau Cottbus-Nord auf den Fundplätzen Dissenchen 10, 11 und 12 untersucht (Kayser 1999a und b). Bei diesen Untersuchungen kamen ebenfalls Kiefern- und vereinzelt Birkenstämme und Stubben in einer Mudde zu Tage. Eine C14-Datierung durch Herrn Kromer in Heidelberg ergab damals eine Einordnung in die Jüngere Dryas-Zeit (Kayser 1999a, 21; Dissenchen 10). Bisherige Ergebnisse von dendrochronologisch untersuchten Proben wurden von Gautier (1997) sowie Bittmann und Pasda (1999) vorgelegt (vgl. den Beitrag R. Kühner, S. 161 – 168). Der im Jahr 1998 im Abbaubereich des Tagebaus untersuchte Wald der Jüngeren Dryas-Zeit (Dissenchen 10, 11 und 12; Kayser 1999b) konnte nun im südlichen Abflachungsbereich auf einer größeren Fläche weiterverfolgt und intensiv untersucht werden (Dis-

Abb. 5: Birkenstamm aus dem Dryas-Wald, Holz neben Stubben 31 (Foto B. Renner, BLDAM).

senchen 18; siehe Beitrag B. Renner, S. 147–155). Die neuen Ausgrabungen des Waldes aufgrund der Böschungsabflachung können zur näheren Einordnung dieser Befunde und zur Rekonstruktion einer Naturlandschaft der Jüngeren Dryas- Zeit beitragen. Die bisherigen Ergebnisse aller beteiligten ForscherInnen und Institutionen sollen auf den folgenden Seiten vorgestellt werden.

Literatur

Bittmann und Pasda 1999
F. Bittmann, C. Pasda, Stratigrafie und Umwelt des Weichselspätglazials im Tagebau Cottbus-Nord, Quartär 49/50, 1999, 39–54.

Gautier 1997
Y. Gautier, Späteiszeitlicher Kiefernwald. Archäologische und vegetationsgeschichtliche Untersuchungen im Tagebau Cottbus-Nord, Landkreis Spree-Neisse. Archäologie in Berlin und Brandenburg 3, 1995–96, 40–42.

Gautier 1999
Y. Gautier, Feuerstellen, Dünen, Wald: Bausteine einer spätglazialen Landschaft im Tagebau Cottbus-Nord. – Quartär 49/50, 1999, 29–33.

Govedarica 2003
B. Govedarica, Grabungsbericht. Unveröff., BLDAM 2003.

Hirsekorn 2003a
V. Hirsekorn, Ein bronzezeitlicher Lebensbereich in der Dichtwandtrasse am Tagebau Cottbus-Nord. Ausgrabungen im Niederlausitzer Braunkohlenrevier 2001 = Arbeitsberichte zur Bodendenkmalpflege in Brandenburg 11, 2003, 79–82.

Hirsekorn 2003b
V. Hirsekorn, Äcker unter Dünen im Vorfeld des Tagebaus Cottbus-Nord. Ausgrabungen im Niederlausitzer Braunkohlenrevier 2001 = Arbeitsberichte zur Bodendenkmalpflege in Brandenburg 11, 2003, 155–162.

Hirsekorn 2003c
V. Hirsekorn, Archäologische Geländeaktivitäten im Niederlausitzer Braunkohlenrevier 2001, Merzdorf 32 und 33. Ausgrabungen im Niederlausitzer Braunkohlenrevier 2001 = Arbeitsberichte zur Bodendenkmalpflege in Brandenburg 11, 2003, 212.

Kayser 1999a
H. Kayser, Spätglaziale Dünenlandschaft mit steinzeitlichen Rastplätzen im Tagebau Cottbus-Nord. Ausgrabungen im Niederlausitzer Braunkohlenrevier 1998 = Arbeitsberichte zur Bodendenkmalpflege in Brandenburg 3, 1999, 17–22.

Kayser 1999b
H. Kayser, Archäologische Geländeaktivitäten im Niederlausitzer Braunkohlenrevier 1998, Dissenchen 10, 11 und 12. Ausgrabungen im Niederlausitzer Braunkohlenrevier 1998 =Arbeitsberichte zur Bodendenkmalpflege in Brandenburg 3, 1999, 174.

Kühner, Hiller, Junge 1999
R. Kühner, A. Hiller, F. W. Junge, Die spätweichselzeitlichen Ablagerungen der Spree im Tagebau Cottbus-Nord und ihre zeitliche Einordnung unter besonderer Berücksichtigung von ersten 14C-Daten an Hölzern. Naturwissenschaftliche Untersuchungen zum Weichselspätglazial in der Niederlausitz bei Cottbus (Land Brandenburg). Quartär 49/50, 1999, 8–20.

Müller 2011
K. Müller, Grabungsberichte der Maßnahmen Abflachung und Wirtschaftsweg Cottbus-Nord. Unveröff., BLDAM 2011.

Raczkowska-Jones 2009
M. Raczkowska-Jones, Grabungsbericht. Unveröff., BLDAM 2009.

Renner 2011
B. Renner, Grabungsbericht. Unveröff., BLDAM 2011.

Rinne 2001
Chr. Rinne, Archäologische Geländeaktivitäten im Niederlausitzer Braunkohlenrevier 2000, Merzdorf 32 und 33. Ausgrabungen im Niederlausitzer Braunkohlenrevier 2000 = Arbeitsberichte zur Bodendenkmalpflege 8, 2001, 226.

Stadt Cottbus 2004
„Cottbuser Ostsee“ (http://www.cottbus-ostsee.de/index_tagebau.html).

Vattenfall 2009
Aus Braunkohle wird Energie. Standortflyer Cottbus-Nord und Jänschwalde 05/2009 (http://www.vattenfall.de/de/file/Standortflyer-Co-NoJawa_13593150.pdf).

Woithe und Rösler 2001
F. Woithe und H. Rösler, Bodenkundliche Untersuchung überdünter Wölbäcker in den Fluren von Merzdorf und Dissenchen, Tagebauvorfeld Cottbus-Nord. Ausgrabungen im Niederlausitzer Braunkohlenrevier 2000 = Arbeitsberichte zur Bodendenkmalpflege 8, 2001, 197–202.

Abb. 1: Umgeben von Schwemmsanden der Spree stehen etliche Bäume des 12.000 Jahre alten Waldes noch heute. Birkenstumpf (Holz 100) aus der Dryas-Zeit (Foto B. Renner, BLDAM).

Abb. 2: Grabungsfläche zur Freilegung des Eiszeit-Waldes an der Tagebaukante, Blickrichtung Nordwesten (Foto B. Renner, BLDAM).

Ein Wald vom Ende der letzten Eiszeit – Dissenchen 18

Beate Renner

Die Grabung Dissenchen 18 liegt nordöstlich von Cottbus in dem von Vattenfall betriebenen Braunkohlentagebau Cottbus Nord, direkt am Tagebaurand. Die Landschaft wird hier von der Kante des Tagebaues zerteilt. Diesseits der Abbruchkante wachsen Kiefern und Birken (Abb. 2), während sich unten im schon abgebauten Gebiet eine fast tundrenartig karge Vegetation erstreckt. In der letzten Eiszeit flossen erst Schmelzwässer und danach die Spree hier entlang und hinterließen mehrere Meter hohe Sedimentschichten, die an der Tagebaukante sichtbar sind. Im Tagebau Cottbus-Nord, wo kilometerlange Abbaustrossen vorliegen, sind sie mittlerweile gut untersucht und beschrieben (Kühner 191; 1995; vgl. seinen Beitrag in diesem Band, S. 161 – 168).

Neben den Spree-Sedimenten war ein begrabener Feuchtboden mit Resten von Baumstämmen direkt an der Kante des Tagebaues aufgeschlossen (Abb. 3). Solche Hölzer fanden sich schon an anderer Stelle im Tagebau Cottbus-Nord und datierten

Abb. 3: Im Querprofil der bereits geböschten Tagebaukante angeschnittene Schicht des Waldes aus der Jüngeren Dryaszeit (Foto H. Rösler, BLDAM).

Abb. 4: Freilegung der fossilen Baumstämme (Foto B. Renner, BLDAM).

dort in die Jüngere Dryaszeit (Kayser 1999; Gautier 1999; Spurk, Kromer u. Peschke 1999).

Als Sicherungsmaßnahme führte Vattenfall im Jahr 2011 eine Randabflachung des Tagebaus durch, um die von der Steilkante ausgehende Rutschungsgefahr zu beseitigen. Damit wurden auch die Reste des noch vorhandenen eiszeitlichen Waldes weitgehend beseitigt. Aus diesem Grund entschloss sich das Brandenburgische Landesamt für Denkmalpflege und Archäologisches Landesmuseum, Referat Braunkohle, gemeinsam mit verschiedenen Naturwissenschaftlern von Ende März bis Juni 2011 eine interdisziplinäre Untersuchung an dieser Stelle durchzuführen.

Teilweise ragten die Baumstämme noch bis zu einer Höhe von 66 cm in die Spreesande hinein.

Die Aufgabe der Archäologie erstreckte sich hierbei auf die Freilegung, Beschreibung und Dokumentation der Hölzer sowie, in enger Absprache mit den beteiligten Naturwissenschaftlern, auf die Entnahme einer Vielzahl von Proben. Damit wurde ein Beitrag zur Erforschung der Klima- und Vegetationsgeschichte geleistet sowie ein weiterer Schritt zur Rekonstruktion der Lebenswelt der spätpaläolithischen Tundrenjäger.
Um einen ersten Überblick zu gewinnen, wurde zunächst ein abgeschrägtes Profil unmittelbar an der östlichen Tagebaukante angelegt. Vor und in ihm fanden sich die ersten Holzreste. Es konnte so zunächst ermittelt werden, wieviel Erdmaterial zu bewegen war, um in der Fläche an die Hölzer zu gelangen. Anschließend tieften zwei Bagger ein 50 × 50 m großes Areal bis auf die Fundschicht der Hölzer ein, wobei die Kante aus sicherheitstechnischen Gründen abgetreppt wurde, so dass eine Grabungsfläche von etwa 40 × 41 m Größe verblieb. Im Verlauf dieser Arbeit wurde bereits deutlich, dass es sich bei den Holzfunden nicht nur um liegende Hölzer (Abb. 4), sondern auch um stehende Baumstümpfe (Abb. 1, 5 – 7) handelte, also um Reste eines begrabenen Waldes, der von Sand überdeckt war. Die Stümpfe waren schon im ungeputzten Boden gut sichtbar, wurden auf diesem Planum mit Nummern versehen und tachyme-

trisch erfasst. Teilweise ragten die Baumstämme noch bis zu einer Höhe von 66 cm in die Spreesande hinein.
Zusätzliche Bodenprofile ließen die Situation deutlicher werden. Direkt unter dem A-Horizont befand sich ein 2,10 m mächtiges Schichtenpaket (Abb. 6)

Etwa im oberen Drittel des Torfes verlief eine nur ca. 1 cm mächtige graue, schluffige Schicht durch alle Profile. Während der Grabung wurde gemutmaßt, dass sie als Laacher See-Tephra zu deuten ist, also als Ascheablagerung des Vulkanausbruches in der Eifel aus dem Jahr 10.930 v. Chr.

aus sandigen Spree-Sedimenten. Mächtigere Partien hellgrau-brauner Sandschichten wechselten ab mit humosen dunkleren und meist etwas lehmigen, schmalen Sandbändern. Die Sedimente wiesen unterschiedliche, z.T. schräge Schichtungen auf. Sie enthielten auch immer wieder organische Bestandteile. In den untersten Lagen (Abb. 6) wurde dann der Torf eines Niedermoores sichtbar. Etwa im oberen Drittel des Torfes verlief eine nur ca. 1 cm mächtige graue, schluffige Schicht. Sie zog sich durch alle Profile und wurde auch bei den Probenentnahmen immer wieder festgestellt. Während der Grabung wurde gemutmaßt, dass sie als Laacher See-Tephra zu deuten ist, also als Ascheablagerung des Vulkanausbruches in der Eifel aus dem Jahr 10.930 v. Chr., dessen Spuren bis nach Schweden reichen. Wahrscheinlich handelt es sich aber nur um einen weiteren Überschwemmungshorizont der Spree.
Unter dem Torf befand sich ein schmales Tonband, das möglicherweise für die Entstehung des Moores verantwortlich ist. Nach der Durchtrennung dieser Schicht lief an dieser Stelle das von ihr gestaute Wasser ab. Nach jedem Regenguss trat an der durchtrennten Schicht auch noch während der Grabung vermehrt Wasser aus. Unter dieser Tonschicht befand sich fahlgrauer, z.T. gebänderter Feinsand, also wieder Spreesedimente.
Die Bäume wurzelten auf der 40 bis 60 cm mächtigen Torfschicht. Dieser Boden wird im Gebiet als „Hangende Mudde“ angesprochen und stellt im Tagebau Cottbus-Nord einen Leithorizont dar (Kühner,

Abb. 5: Wurzelstock einer Kiefer (Foto B. Renner, BLDAM).

Abb. 6: Der Torf, in dem die Bäume des Dryas-Waldes wurzeln, war von über 2 m mächtigen Spreeschwemmsanden bedeckt (Foto A. Bischof, BLDAM).

Abb. 7: Freigelegte Baumstümpfe (Foto B. Renner, BLDAM).

Hiller, Junge1999, 14f.; vgl. Beitrag R. Kühner, S. 161 – 168). Exemplarisch wurden auf dem ersten Planum in Dissenchen 18 (Abb. 8) die Sandablagerungen um Holz 28 herum freigelegt. Der Sand hatte sich an dieser Stelle bänderartig um den Stamm gelegt, so dass die Fließrichtung dadurch nachvollzogen werden kann.

Bemerkenswert ist die Tatsache, dass das Wurzelwerk von Baum 99 (Abb. 9) über den Stamm von Baum 98 gewachsen ist. Das heißt, dass die Bäume nicht alle nach einer einmaligen Überschwemmung abgestorben waren, sondern sich vielmehr neue Bäume auf älteren abgestorbenen und im Moor versunkenen Bäumen ansiedelten. Wie das Wäldchen ausgesehen haben könnte, lässt sich heute noch im Loben (Abb. 10), einer der noch wenigen verbliebenen Moorlandschaften der Niederlausitz, nachvollziehen.

In der aufgeschlossenen Fläche befanden sich insgesamt 103 noch stehende Baumstümpfe, die im oberen Bereich abgebrochen waren. Die liegenden Stämme wiesen Längen von 2,09 m bis zu 7,82 m auf. Die Äste und Baumkronen waren zum größten Teil verrottet; die Baumhöhe dürfte also über neun

Abb. 8: Konzentrische Schwemmsandablagerung um einen Baumstumpf, Holz 28 (Foto B. Renner, BLDAM).

Meter betragen haben. Sämtliche Proben wurden eingemessen. Ihre genaue Lage und Tiefe lassen sich im AutoCad-Plan (Abb. 12) nachvollziehen. Der Wald wies in nordost-südwestlicher Richtung eine Mindestausdehnung von knapp 180 m bis zur

Abb. 9: Kiefernstamm und Birkenstämmchen im Grabungsplanum, Hölzer 98, 99 (Foto B. Renner, BLDAM).

Abb. 10: Der Loben, ein Niedermoor bei Bad Liebenwerda im südlichen Brandenburg (Foto B. Renner, BLDAM).

Tagebaukante auf. Außer den Hölzern erhielten sich im Moorboden auch noch die zugehörigen Kiefernzapfen (Abb. 11).

Eine ähnliche Situation wurde schon 1995–1996 bei den Grabungen im damaligen Tagebauvorfeld Cottbus-Nord vorgefunden (Gautier 2001). Die Schichtenabfolgen lagen in diesen Untersuchungen allerdings 50–80 cm höher. Y. Gautier entdeckte einen Dryas-zeitlichen Wald, der sich auf einen Kilometer Länge erstreckte und untersuchte davon unterschiedlich große Ausschnitte. Er fand ebenfalls Stubben und liegende Hölzer vor. Die vorherrschende Baumart war die Kiefer, es traten aber auch Laubbäume wie Erle, Pappel und Weide auf, die auf einen feuchten Standort hinweisen. Die Jahrringe der untersuchten Bäume dokumentieren ein gesundes Wachstumsbild ohne Stressfaktoren, ein Hinweis darauf, dass zu diesem Zeitpunkt keine waldhemmende Kälteperiode herrschte. Vermutlich führte ein plötzlicher Anstieg des Wasserspiegels zum endgültigen Absterben des Waldes (Spurk, Kromer und Peschke 1999). Die Stämme faulten ab und wurden unter den Spree-Sanden begraben. Auf ähnliche Weise wird der Wald von Dissenchen 18 geendet haben. Während Y. Gautier im Verlauf seiner Grabungen mehrere Feuerstellen aus dem Alleröd und dem Übergang zur Jüngeren

Bemerkenswert ist die Tatsache, dass das Wurzelwerk von Baum 99 über den Stamm von Baum 98 gewachsen ist. Das heißt, dass die Bäume nicht alle nach einer einmaligen Überschwemmung abgestorben waren, sondern sich vielmehr neue Bäume auf älteren abgestorbenen und im Moor versunkenen Bäumen ansiedelten.

Dryaszeit entdeckte, die von Jägern der Federmessergruppe angelegt worden waren (Gautier 2001, 235–236; ders. o.J.; vgl. auch Kayser 1999), konnten in Dissenchen 18 keine Spuren menschlicher Anwesenheit nachgewiesen werden.

Die von Yves Gautier untersuchten Schichten datieren in den jüngeren Abschnitt der Jüngeren Dryaszeit, etwa 10.200 bis 9.900 BC (Spurk, Kromer u.

Peschke 1999), also die letzte Kältephase der Späteiszeit. Der Baumbestand von Dissenchen 18 kann aufgrund der entnommenen Dendroproben in die Zeit von 10.277 – 10.043 BC datiert werden (dendrochronologische Untersuchungen K.-U. Heußner, DAI Berlin, s. Tab. 1), lt. dieser gemessenen Zeitspanne von 234 Jahren hat er also etwa zweieinhalb Jahrhunderte bestanden. Die Proben werden zudem auch Rückschlüsse auf Klima, Wetter und Wachstumsbedingungen der Bäume zulassen.

Für verschiedene Institute und Forschungsprojekte wurde eine Vielzahl von weiteren Holzproben aus dem Dryas-Wald entnommen, so u.a. für das

Abb. 11: Kiefernzapfen (Foto B. Renner, BLDAM).

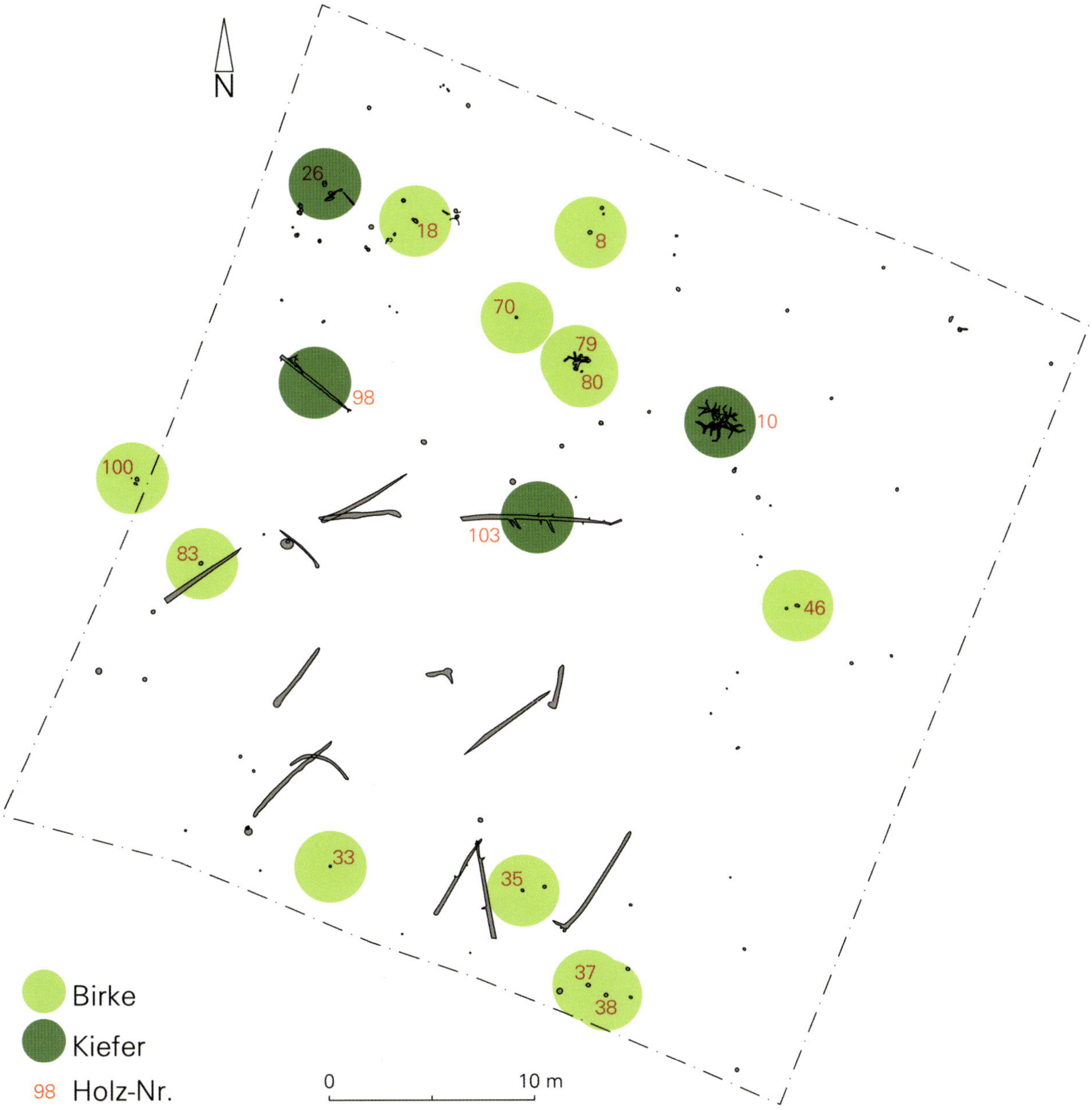

Abb. 12: Modell des Kiefern- und Birkenwaldes der Jüngeren Dryas bei Dissenchen. Der Plan enthält die Baumstümpfe und Stämme mit Proben-Nummern der Artenbestimmung (vgl. Tab. 1, S. 155) (B. Renner, K. Klose, BLDAM).

Abb. 13: Stammscheiben wurden für die Dendrochronologie, Sauerstoffisotopenchronologie, Artenbestimmung und Untersuchungen der Wasserleitfähigkeit gewonnen (Foto E. Bönisch, BLDAM).

Helmholtz-Zentrum, Sektion 5.2 Klimadynamik und Landschaftsentwicklung am Deutschen Geo

Der Baumbestand von Dissenchen 18 kann aufgrund der Dendroproben in die Zeit von 10.277 – 10.074 BC datiert werden, existierte demnach etwa 200 Jahre.

Forschungszentrum in Potsdam (G. Helle, H. Pieper – ihr Beitrag, S. 157–160). Dort wird eine Sauerstoffisotopenchronologie aus Jahrringen spätglazialer Hölzer erarbeitet. Schwerpunkt dieser Arbeit war bisher der Übergang zwischen Alleröd und Jüngerer Dryas mit Material aus der Schweiz, Frankreich und Neuseeland. Das Material aus der Niederlausitz bildet hierzu eine gute Ergänzung. Bisher ist bekannt, dass die Sauerstoffisotope aus den Eiskernen und Sedimenten deutliche Veränderungen zeigen, die nicht nur mit Temperaturänderungen, sondern auch mit Änderungen der Niederschlagsverhältnisse verbunden sind. Für die Untersuchungen wurden Stammscheiben benötigt, die ca. 1,00 bis 1,30 m über dem Boden, oberhalb des Wurzelansatzes abgetrennt und an zwei verschiedenen Stellen des jeweiligen Stammes entnommen werden sollten. Für diese Untersuchung wurden die im Moorkörper liegenden Baumstämme freigelegt. An die Georg-August-Universität Göttingen, Abteilung Ökologie und Ökosystemforschung (D. Hertel und B. Schuldt – ihr Beitrag, S. 173–175) gingen Wurzeln, Zweige und Stammscheiben der Birken und Kiefern. Anatomische Untersuchungen der Gefäße des Holzes sollen die Wasserleitfähigkeit der verschiedenen Baumkompartimente feststellen und somit die Frage klären, ob die Baumindividuen aus der Dryas-Zeit prinzipiell andere anatomische Eigenschaften für den Wassertransport in der Pflanze besessen haben als rezente Bäume unter vergleichbaren Bedingungen. Mittlerweile hat sich herausgestellt, dass diese fossilen Hölzer sich nicht eignen, da sie zu weich sind und die bisherigen Methoden zur Holzhärtung nicht angewendet werden können.

Mitarbeiter der Brandenburgischen Technischen Universität, Forschungszentrum Landschaftsentwicklung und Bergbaulandschaften (A. Raab, A. Nicolay, M. Takla) entnahmen Torfproben für eine Untersuchung. Es wurden außerdem Proben für eine Pollenanalyse gewonnen, die in erster Linie Nachweise von Kiefern und Seggen ergaben (Beitrag S. Jahns, S. 169–172).

Abb. 14: Grün schillernde Flügeldecken eines Käfers (Foto B. Renner, BLDAM).

Auch Hinweise zur Fauna konnten festgestellt werden. Zwar hatte sich kein Knochenmaterial im Boden erhalten, doch wiesen zwei Hölzer Fraßspuren von Insekten auf. Zudem fanden sich grün schillernde Flügeldecken von Blattkäfern im Torf (Abb. 14).

Für Ausstellungszwecke wurden zusätzlich einige Stämme geborgen und eingelagert. Da von den meisten Bäumen Holzproben genommen wurden, kann der Wald als Modell wieder erstehen. Die Kooperation der Archäologie mit mehreren Forschungseinrichtungen und die für spezielle, meist Klima- und Umweltfragen betreffende Forschungsvorhaben gezielte Probengewinnung ergibt außerdem neue Ansätze zur Rekonstruktion der Umwelt des Menschen am Ende der letzten Eiszeit in der Niederlausitz.

Lab.Nr.	Probe	Holzart	Beginn	Ende	Fälldatum	Bemerkung
C						
74 961	H 103	Kiefer	-10 162	-10 061	-10 055	+/- 1Waldkante
74 962	H 18	Birke	?			dat. nicht (53)
74 963	H 26	Kiefer	-10 122	-10 067	-10 067	Waldkante
74 964	H 37	Birke	?			desolat
74 965	H 38	Birke	-10 157	-10 066	-10 066	Waldkante
74 966	H 46	Birke	-10 157	-10 062	-10 062	Waldkante
74 967	H 8	Birke	?			zu kurz (42)
74 968	H 98	Kiefer	-10 130	-10 043	-10 043	Waldkante
74 969	H 70	Birke	?			zu kurz (46)
	H 90	Kiefer	-10 277	-10 074	-10 074	Waldkante

Tab. 1: Daten aus dem dendrochronologischen Gutachten zu Hölzern von Dissenchen 18 (K.-U. Heußner, DAI). Die Messungen wurden von Herrn M. Zimowski, DAI ausgeführt. Die Datierung der Birken beruht nur auf dem Vergleich mit den Kiefern des gleichen Fundplatzes. Sie ist daher mit etwas Vorbehalt zu sehen. Die Datierung der Kiefern beruht auf einer absolut datierten Reihe von F. Kaiser (WSL Birmensdorf).

Literatur

Gautier 1999
Y. Gautier, Feuerstellen, Dünen, Wald: Bausteine einer spätglazialen Landschaft im Tagebau Cottbus-Nord. Quartär 49/50, 29–33.

Gautier 2001
Y. Gautier, Bausteine einer spätglazialen Landschaft im Baruther Urstromtal (Ldkr. Spree-Neisse). Die Kunde, NF 52 (Hannover 2001) 229–237.

Gautier o. J.
Y. Gautier, Spätglaziale Feuerstellen aus dem Baruther Urstromtal (Tagebau Cottbus-Nord, Ausgrabungen 1995–1996), Unveröff. Manuskript.

Kayser 1999
H. Kayser, Spätglaziale Dünenlandschaft mit steinzeitlichen Rastplätzen im Tagebau Cottbus-Nord. Ausgrabungen im Niederlausitzer Braunkohlenrevier 1998 = Arbeitsberichte zur Bodendenkmalpflege in Brandenburg 3, 1999, 17–22.

Kühner 1991
R. Kühner, Einige Aspekte zu bemerkenswerten Pleistozänaufschlüssen im Tagebau Cottbus-Nord. Zeitschr. geol. Wiss. 19, 3, 1991, 317–330.

Kühner 1995
R. Kühner, Die weichselzeitliche Schichtenfolge im Tagebau Cottbus-Nord. Natur u. Landschaft in der Niederlausitz 16, 1995, 35–45.

Kühner, Hiller, Junge 1999
R. Kühner, A. Hiller, F. W. Junge, Die spätweichselzeitlichen Ablagerungen der Spree im Tagebau Cottbus-Nord und ihre zeitliche Einordnung unter besonderer Berücksichtigung von ersten 14C-Daten an Hölzern. Naturwissenschaftliche Untersuchungen zum Weichselspätglazial in der Niederlausitz bei Cottbus (Land Brandenburg). Quartär 49/50, 1999, 8–20.

Spurk, Kromer undPeschke 1999
M. Spurk, B. Kromer, P. Peschke, Dendrochronologische, palynologische und Radiokarbon-Untersuchungen eines Waldes aus der Jüngeren Tundrenzeit. Quartär 49/50, 1999, S. 34–38.

Abb. 1: Stammscheibe einer Kiefer (*Pinus sylvestris*) (Foto GFZ).

Beitrag zur Klimavariabilität am Beginn der Jüngeren Dryas unter Verwendung jährlich aufgelöster stabiler Isotope der Cottbuser Jahrringchronologien

Hagen Pieper und Gerhard Helle

1. Einführung

Nach dem Ende der letzten Eiszeit mit dem Übergang zu einer wärmeren Klimaperiode stellt das Intervall der Jüngeren Dryas (Younger Dryas YD) eine abrupte Rückkehr zu eiszeitähnlichen Bedingungen dar. Trotz der jüngsten Fortschritte in der Auswertung von Eisbohrkernaufzeichnungen, bleiben der Beginn und die Länge der YD, sowie die Frage der regionalen bis globalen Ausbreitung und Bedeutung umstritten (z.B. Grootes et al. 1993; Meese et al. 1997; Alley 2000; Johnsen et al. 2001; Southon 2002; Rasmussen et al. 2006; Brauer et al. 2008; Schaub et al. 2008; Steffensen et al. 2008; Hua et al. 2009; Fiedel 2011; Kossler et al. 2011; Green et al. 2013). Außerdem ist die Datierung und Klimawirksamkeit des Vulkanausbruchs der Laacher See Eruption (LSE) ein weiterer Diskussionsgegenstand der Debatte (z.B. Eicher 1980; Kaiser 1993; Friedrich et al. 1999; Brauer et al. 1999; Merkt und Müller 1999; Ammann et al. 2000; Hughen et al. 2000; Litt et al. 2003; Kromer et al. 2004; Weninger und Jöris 2006; Muscheler et al. 2008; Reimer et al 2009). Der Grund der klimatischen Abkühlung innerhalb der Jüngeren Dryas kann möglicherweise primär in der Atmosphäre liegen anstatt in einem Veränderungsmechanismus der thermohalinen Nordatlantikzirkulation (z.B. Andres et al. 2003; Williams et al. 2005).

Es ist bekannt, dass Veränderungen in Jahrringwachstumsraten den Klimaanomalien der Vergangenheit zugeordnet werden können sowie auch diversen Variabilitäten in Kohlenstoff- und Sauerstoffisotopenzusammensetzungen der Jahrringcellulose, welche atmosphärische und hydrosphärische Veränderungen in jährlicher Hochauflösung reflektieren (z.B. Helle, Schleser 2004). Besonders Jahrringisotopendaten haben wahrscheinlich das

Veränderungen in Jahrringwachstumsraten können den Klimaanomalien der Vergangenheit zugeordnet werden sowie auch diverse Variabilitäten in Kohlenstoff- und Sauerstoffisotopenzusammensetzungen der Jahrringcellulose, welche atmosphärische und hydrosphärische Veränderungen in jährlicher Hochauflösung reflektieren.

Potenzial, neue Einblicke in die Klima- und Umweltbedingungen während der Zeiträume der späten Eiszeit (Late Glacial LG) zu bieten.
Jedoch sind LG-Jahrringchronologien selten repliziert. Solche Jahrringchronologien sind neben Standorten der Schweiz, Frankreich (beide *Pinus sylvestris L.*) und Neuseeland (*Agathis australis*) auch in der Umgebung von Cottbus/Deutschland

(*Pinus sylvestris L.*) bekannt. Die Cottbuser Jahrringchronologie, die aus fünf verwertbaren Proben besteht, unterliegt der Isotopenanalyse am Dendro-Labor der Sektion 5.2 des GFZ Potsdam.

2. Ziele

- Analyse der Isotopenverhältnisse von Kohlenstoff und Sauerstoff in der Jahrringcellulose der LG- und EH-Proben aus Cottbus, welche den Zeitraum von 10.370 ± 60BP bis 10.300 ± 60BP nach der C14-Datierung reflektieren
- Diskussion über die Auswirkungen auf die stabilen Jahrringisotopen und ihre Reflexion in den Jahrringisotopenzeitreihen während der LSE und der klimatischen Abkühlung innerhalb der YD
- Besonderer Fokus liegt auf der Beurteilung der Auswirkungen der LSE sowie der von einer Abkühlung geprägten Übergangsperiode am Ende vom Alleröd zur YD
- Vergleich von Jahrringvariationen mit anderen Proxyaufzeichnungen; Variabilität der Daten; Datierung; zeitliche Auflösung; Präzision der Proxy-Daten

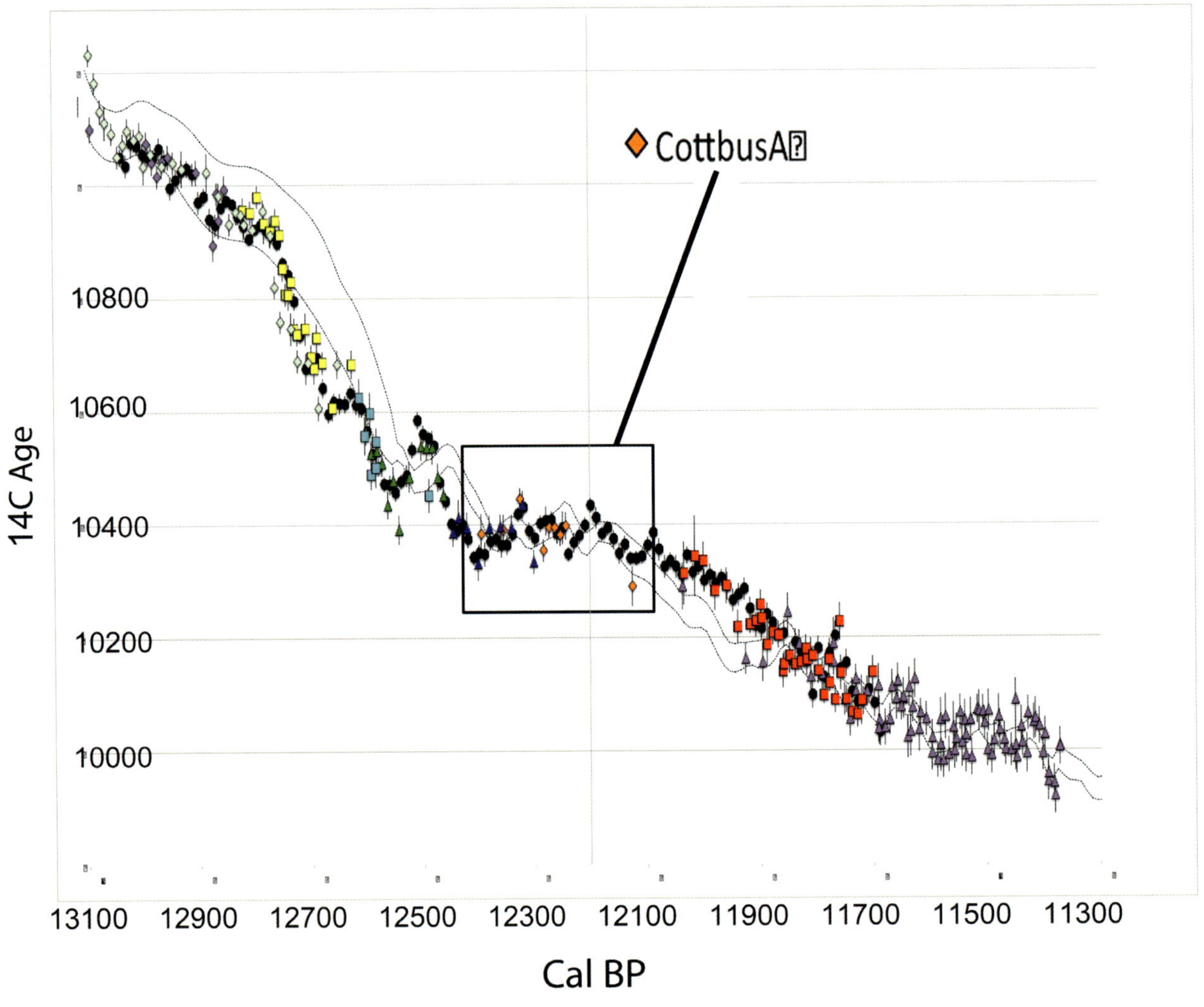

Abb. 2: Radiokarbondatierung der Cottbuser (Dissenchener) Probe.

3. Methoden der stabilen Isotopenanalyse

	Chronologische Arbeit
Holzverarbeitung	Dendrochronologisches Datieren
	Mechanische Präparation (Sägen, Schleifen etc.) Einscannen der Proben Messung von Jahrringbreiten
	Datierung und Cross-Datierung der Chronologien
	interannuelle Jahrringabtrennung (Skalpell, UV-Laser)
Präparation	Homogenisierung der Holzproben
	Zelluloseextraktion
	Homogenisierung der Zellulose
	Einwiegen und Packen in Zn- u. Ag- Kappen für IRMS (Isotopenverhältnis-Massenspektrometrie)
Massenspektrometrie	13C-Messungen
	18O-Messungen

Literatur

Alley, R.B., 2000. Ice-core evidence of abrupt climate changes. PNAS 97, 1331–334.

Ammann, B., Birks, H.J.B., Brooks, S.J., Eicher, U., von Grafenstein, U., Hofmann, W., Lemdahl, G., Schwander, J., Tobolski, K., Wick, L., 2000. Quantification of biotic responses to rapid climatic changes around the Younger Dryas: a synthesis. Palaeogeography, Palaeoclimatology, Palaeoecology 159, 313–347.

Andres, M.S., Bernasconi, S.M., Mckenzie, J.A., Röhl, U., 2003. Southern Ocean deglacial record supports global Younger Dryas. Earth and Planetary Science Letters 216, 515–524.

Brauer, A., Endres, C., Günter, C., Litt, T., Stebich, M., Negendank, J.F.W.,
1999a. High resolution sediment and vegetation responses to Younger Dryas climate change in varved lake sediments from Meerfelder Maar, Germany. Quaternary Science Reviews 18, 321–329.

Brauer, A., Haug, G.H., Dulski, P., Sigman, D.M., Negendank. J.F.W., 2008a. An abrupt wind shift in western Europe at the onset of the Younger Dryas cold period. Nature Geoscience 1, 520–523.

Eicher, U., 1980. Pollen- und Sauerstoffisotopenanalysen an den spätglazialen Profilen vom Gerzensee, Faulenseemoos und vom Regenmoos ob Boltigen. Mitteilungen der Naturforschenden Gesellschaft Bern 37, 65–80.

Fiedel, S.J., 2011. The mysterious onset of the Younger Dryas. Quaternary International 242, 262–266.

Friedrich, M., Kromer, B., Spurk, H., Hofmann, J., Kaiser, K.F., 1999. Paleo-environment and radiocarbon calibration as derived from Lateglacial/Early Holocene tree-ring chronologies. Quaternary International 61, 27–39.

Green, H., Woodhead, J., Hellstrom, J., Pickering, R., Drysdale, R., 2013. Re-analysis of key evidence in the case for a hemispherically synchronous response to the Younger Dryas climatic event. Journal of Quaternary Science 28, 8–12.

Grootes, P.M., Stuiver, M., White, J.W., Johnsen, S., Jouzel, J., 1993. Comparison of oxygen isotope records from the GISP2 and GRIP Greenland ice cores. Nature 366, 552–554.

Helle, G., Schleser, G., 2004. Beyond CO2-fixation by Rubisco – an interpretation of 13C/12C variations in tree rings from novel intra-seasonal studies on broad-leaf trees. Plant, Cell and Environment 27, 367–380.

Hua, Q., Barbetti, M., Fink, D., Kaiser, K.F., Friedrich, M., Kromer, B., Levchenko, V.A., Zoppi, U., Smith, A.M., Bertuch, F., 2009. Atmospheric 14C variations derived from tree rings during the early Younger Dryas, Quaternary Science Reviews,doi:
10.1016/j.quascirev.2009.08.013.

Hughen, K.A., Southon, J.R., Lehman, S.J., Overpeck, J.T., 2000. Synchronous radiocarbon and climate shifts during the last deglaciation. Science 290, 1951–1954.

Johnsen, S.J., Dahl-Jensen, D., Gundestrup, N., Steffensen, J.P., Clausen, H.B., Miller, H., Masson-Delmotte, V., Sveinbjörndóttir, A.E., White, J., 2001. Oxygen isotope and palaeotemperature records from six Greenland ice-core stations: Camp Century, Dye-3, GRIP, GISP2, Renland and North-GRIP. Journal of Quaternary Science 16, 299–307.

Kossler, A., Schlolaut, G., Tarasov, P., Brauer, A., Nakagawa, T., Marshal, M., Lamb, H., Demske, D., Gotanda, K., Haraguchi, T., Yokoyama, Y., Yonenobu, H., Tada, R.,Suigetsu 2006 project members, 2011. Onset and termination of the lateglacial reversal in the high resolution diatom and sedimentary

records from the annually laminated SG06 core of Lake Suigetsu, Japan. Palaeogeography, Palaeoclimatology, Palaeoecology, doi: 10.1016/j.palaeo.2011.04.004.
Kaiser, K.F., 1993. Beiträge zur Klimageschichte vom Hochglazial bis ins frühe Holozän, rekonstruiert mit Jahrringen und Molluskenschalen aus verschiedenen Vereisungsgebieten. Ziegler Druck- und Verlags-AG, Winterthur, 206 pp.
Kromer, B., Friedrich, M., Hughen, K.A., Kaiser, K.F., Remmele, S., Schaub, M., Talamo, S., 2004. Late Glacial 14C ages from a floating, 1382-ring pine chronology. Radiocarbon 46, 1203–1209.
Litt, T., Schmincke, H.-U., Kromer, B., 2003. Environmental response to climate and volcanic events in central Europe during the Weichselian Lateglacial. Quaternary Science Reviews 22, 7–32.
Meese, D. A., Gow, A. J., Alley, R. B., Zielinski, G. A., Grootes, P. M., Ram, M., Taylor, K. C., Mayewski, P. A., and Bolzan, J. F., 1997. The Greenland Ice Sheet Project 2 depth-age scale: Methods and results. Geophysical Research 102(C12), 26, 411–26, 423.
Merkt, J., Müller, H., 1999. Varve chronology and palynology of the Late Glacial in northwest Germany from lacustrine sediments of Hämelsee in Lower Saxony. Quaternary International 61, 41–59.
Muscheler, R., Kromer, B., Björck, S., Svensson, A., Friedrich, M., Kaiser, K.F., Southon, J., 2008. Tree rings and ice cores reveal 14C calibration uncertainties during the Younger Dryas. Nature Geoscience 1, 263–267.
Rasmussen. S.O., Andersen, K.K., Svensson, A.M., Steffensen, J.P., Vinther, B.M.,
Clausen, H.B., Siggaard-Andersen, M.L., Johnsen, S.J., Larsen, L.B., Dahl-Jensen, D., Bigler, M., Röthlisberger, R., Fischer, H., Goto-Azuma, K., Hansson, M.E., Ruth, U., 2006. A new Greenland ice core chronology for the last glacial termination. Journal of Geophysical Research 111, D06102.
Reimer, P.J., Baillie, M.G.L., Bard, E., Bayliss, A., Beck, J.W., Blackwell, P.G., Bronk Ramsey, C., Buck, C.E., Burr, G.S., Edwards, R.L., Friedrich, M., Grootes, P.M., Guilderson, T.P., Hajdas, I., Heaton, T.J., Hogg, A.G., Hughen, K.A., Kaiser, K.F., Kromer, B., McCormac, F.G., Manning, S.W., Reimer, R.W., Richards, D.A., Southon, J.R., S.TalamoTurney, C.S.M., van der Plicht, J., Weyhenmeyer, C.E., 2009. INTCAL09 and MARINE09 Radiocrabon Age Calibration Curves, 0–50,000 YEARS CAL BP. Radiocarbon 51, 1111–1150.
Schaub, M., Büntgen, U., Kaiser, K.F., Kromer, B., Talamo, S., Andersen, K., Krog, R., Sune, O., 2008b. Lateglacial environmental variability derived from Swiss treerings. Quaternary Science Reviews 27, 29–41.
Southon, J., 2002. A First Step to Reconciling the GRIP and GISP2 Ice-Core Chronologies, 0–14,500 yr B.P. Quaternary Research 57, 32–37.
Steffensen, J.P., Andersen, K.K., Bigler, M., Clausen, H.B., Dahl-Jensen, D., Fischer, H., Goto-Azuma, K., Hansson, M., Johnsen, S.J., Jouzel, J., Masson-Delmotte, V., Popp, T., Rasmussen, S.O., Röthlisberger, R., Ruth, U., Stauffer, B., Siggaard-Andersen, M.-L., Sveinbjörnsdóttir, ÁE., Svensson, A.,White, J.W.C., 2008. High-resolution Greenland ice core data showabrupt climate change happens in fewyears. Science 321 (5889), 680–684.
Weninger, B., Jöris, O., 2006. Radiocarbon Dating at Termination I Powerpoint Presentation at the UISPP/Lissabon on 5 September 2006.
Williams PW, King DNT, Zhao J.X., Collerson, K.D., 2005. Late Pleistocene to Holocene composite speleothem O-18 and C-13 chronologies from south island, New Zealand – did a global Younger Dryas really exist? Earth and Planetary Science Letters 230, 301–317.

Abb. 1: Anschnitt der Spreesedimente im Vorschnitt des Tagebaus Cottbus-Nord. A – Unterer Spreeschwemmfächer, B – Oberer Spreeschwemmfächer mit Liegender und Hangender Mudde, C – Holozäne Sande und Mudden (Foto R. Kühner, Vattenfall).

Holzreste aus dem spätweichselzeitlichen Schwemmfächer der Spree nördlich Cottbus und seine geologische Entwicklung

Ralf Kühner

1. Entwicklung des Kenntnisstandes

Die flächenhafte Verbreitung der Spreeablagerungen im Raum Cottbus wurde erstmals durch Keilhack & Tornow (1922) sowie Hess v. Wichdorff & Picard (1923) im Rahmen der geologischen Landesaufnahme durch die Preußische Geologische Landesanstalt auskartiert und beschrieben. Beginnend im Bereich des Durchbruchtals der Spree bei Spremberg konnten vier fluviatile Terrassen ausgehalten werden, die in Relikten stromabwärts bis zur Einmündung in das Baruther Urstromtal zu verfolgen waren. Der heutige „Spreefluß" wurde als „unmittelbarer Nachkömmling" eines „eiszeitlichen Wasserstromes" interpretiert, „der den Durchbruch durch den Höhenrücken angelegt und eingesägt hat" und dessen „allmählich versiegende diluviale Wassermassen unmerklich von der die heutige Entwässerung bewirkenden Spree abgelöst wurden". Keilhack & Tornow (1922) gliederten die Sedimente der Spree in eine höhere, diluviale (δas_{σ}) und eine tiefere, alluviale Talsandfläche (Alluvionen). Mehrfach werden dm-starke Torflagen beschrieben, die innerhalb der diluvialen Talsande in unterschiedlichen Teufenniveaus angetroffen wurden. Stoller (in Keilhack & Tornow

1922) bestimmte aus den makroskopischen Pflanzenresten einer Torfschicht bei Klein Lieskow Blasen-Segge (*Carex vesicaria), Carex* sp. sp., Wasser-Hahnenfuß (*Ranunculus aquatilis*), Schilfrohr (*Phragmites communis*) und Bitterklee (*Menyanthes trifoliata*), ein "schlickiger Sumpftorf" aus 3,5 bis 4 m Tiefe bei den Rieselfeldern nördlich Cottbus enthielt zahlreiche Rhizomreste von *Phragmites communis*, Nüsse von *Carex* sp. sp. und eine Samenschale von *Menyanthes trifoliata*. 1928 datierte Grahmann die Anlage des Durchbruchstales in das „Interstadial zwischen Warthe- und Weichseleiszeit" (Eem-Interglazial n. heutiger Terminologie). 1965 konnte Cepek in Verbindung mit dem durch ^{14}C-Daten belegten Sedimentationsabbruch im Lausitzer Urstromtal jedoch nachweisen, dass der Spreedurchbruch erst vor rund 20.000 Jahren erfolgte. Dabei parallelisierte er die nördlich Cottbus oberflächig weit verbreitete diluviale Talsandfläche (δas_{σ}) von Keilhack & Tornow (1922) mit der hochglazialen 2–3 m Terrasse der 2. Rückzugsstaffel des Brandenburger Stadiums. Aufschlussbefunde und erste ^{14}C-Daten aus der ehemaligen Sandgrube Dissenchen und dem Stadtgebiet von Cottbus (Nowel et al. 1972; Nowel et al. 1997) lieferten aus diesem Schwemmfächerabschnitt jedoch ausschließlich spätglaziale bis holozäne Alterswerte. Die als δas_{σ} – Terrassenschotter dargestellten Bildungen konnten somit nicht mit der im Weichselhochglazial gebildeten 2–3 m Terrasse identisch sein, diese wurde offenbar großflächig erodiert und ist rezent von jüngeren Bildungen überdeckt.

Die kilometerlangen Abbaustrossen des Braunkohlentagebaus Cottbus-Nord (Vattenfall Europe Mining AG) haben in den letzten Jahren sowohl die hochglazialen Urstromtalsedimente als auch die Ablagerungen der Spree in Superposition aufgeschlossen (Abb. 1) und der direkten Beobachtung zugänglich gemacht (Kühner 1991; 1995). Dadurch bot sich die Möglichkeit, den Schwemmfächer nicht nur in geologischer, sondern auch in archäologischer und paläoökologischer Hinsicht *en detail* zu untersuchen. Ein Schwerpunkt lag dabei im Raum Schlichow – Groß Lieskow, wo unter dem Thema „Naturwissenschaftliche Untersuchungen zur Stratigraphie und Ökologie des Weichselspätglazials im Tagebau Cottbus-Nord" eine Vielzahl neuer Erkenntnisse aus palynologischen, dendrochronologischen und Radiokarbon-Untersuchungen vorgestellt werden konnte (Bittmann & Pasda 1999; Spurk et al. 1999; Gautier 1999; Neubauer-Saurer 1999; Kühner et al. 1999). Neben diesen vom Brandenburgischen Landesamt für Denkmalpflege initiierten und in die archäologischen Grabungen eingebundenen Untersuchungen erfolgten gesondert auch Einzelbearbeitungen an ausgewählten Aufschlusspunkten (Poppschötz & Strahl 2004).

2. Der Untere Spreeschwemmfächer

Das fluviatile Sedimentationsgeschehen im Bearbeitungsgebiet begann zeitgleich mit dem Abschmelzen des Gletschers der 2. Rückzugsstaffel des Brandenburger Stadiums. Unter hochglazialen Bedingungen wurden ca. 5 m mächtige Flussschotter aus kiesigen Mittel- und Grobsanden abgelagert. Trogförmig schräggeschichtete Sedimentkörper als Füllung ehemaliger, sich gegenseitig überlagernder Flussrinnen wechseln mit bankigen oder planar geschichteten Bereichen und sprechen für die Entstehung durch ein verwildertes Flusssystem (braided river). Zahlreiche Eiskeilpseudomorphosen mit Längen bis zu 4 Meter, die in verschiedenen Niveaus einsetzen, belegen die hochglazialen Klimaverhältnisse, unter denen der Untere Spreeschwemmfächer abgelagert wurde. Seine Oberkante erreicht in den durch spätglaziale Erosionen unbeeinflussten Bereichen ein Niveau um +65 m NHN, so dass diese Schüttungen mit der 2–3 m Terrasse nach Cepek (1965) bzw. der 62–64 mNN-Fläche (Marcinek 1961) am Nordrand des Baruther Urstromtal korreliert werden können.
Die Ergebnisse der Schotteranalysen in der Fraktion 4–10 mm zeigen im Basisbereich einen noch relativ hohen Anteil nordischer Komponenten, der vor allem in den Werten für Kristallin (15,3 %) und Kristalline Schiefer (6,3 %) zum Ausdruck kommt (Tab. 1). Er dürfte aus den Schmelzwasserkiesen resultieren, die von der Spree bei ihrem Abfluss über die Nordabdachung des Niederlausitzer Grenzwalls anfangs noch verstärkt aufgenommen wurden. In den höheren Bereichen geht der Kristallinanteil teilweise um mehr als 30 % zurück,

	Quarz	Feld-Spat	Feuer-stein	Kiesel-schiefer	Quarzit/ Sandstein	Kristalline Schiefer	Kristallin	Effusiva	Sonstiges
Unterer Spreeschwemmfächer Basisbereich	59,6	6,3	3,6	0,9	7,2	6,3	15,3	-	0,9
Unterer Spreeschwemmfächer	73,7	2,2	3,7	1,7	6,0	-	9,8	1,7	1,7
Unterer Spreeschwemmfächer	72,6	1,9	3,9	2,2	6,1	-	10,9	0,7	1,2
Unterer Spreeschwemmfächer	78,8	2,6	3,6	1,7	4,5	0,2	7,3	-	1,3
Fundplatz Schlichow 30/10516 (Unterer Spreeschwemmfächer ?)	77,2	5,9	3,3	1,6	4,8	-	6,4	0,2	0,6
Fundplatz Schlichow 30/10513; (Unterer Spreeschwemmfächer ?)	73,9	3,9	4,6	2,7	4,8	-	9,4	0,4	0,3
Fundplatz Schlichow 30/10514 (Unterer Spreeschwemmfächer ?)	75,0	4,6	5,1	1,0	2,7	-	10,8	0,0	0,8
Fundplatz Schlichow 30/10515 (Unterer Spreeschwemmfächer ?)	75,9	3,5	4,4	1,4	5,6	-	8,2	0,5	0,5
Oberer Spreeschwemmfächer (Holozäne Rinnenfüllung)	76,4	4,9	3,6	0,2	4,6	0,8	8,4	-	1,1

Tab. 1: Schotteranalysen (Anteile in Prozent) des Spreeschwemmfächers in der Fraktion 4–10 mm (Kühner 1995; ders. 2009).

kristalline Schiefer fehlen fast vollständig. Dafür steigt der Quarzanteil erheblich an und pendelt sich zwischen 73,7 % und 78,8 % ein. Feuersteine sind mit bis zu 5,1 % noch relativ häufig vertreten. Sie sind in der Regel mehr oder weniger gut kantengerundet und zeigen meist eine schwache Politur an der Oberfläche. Ihre Farbe ist überwiegend grau bis dunkelgrau, vereinzelt auch gelbbraun. Die anderen Komponenten weisen gerundete bis stark gerundete Kornformen auf.

3. Der Obere Spreeschwemmfächer

Mit dem Einsetzen deutlich feinkörnigerer Schüttungen (feinsandige Mittelsande) beginnt ein neuer Sedimentationszyklus, der durch eine Folge aus vorwiegend limnisch-fluviatilen Sanden mit teilweise stark kryogen deformierten, schluffig-organogenen Bildungen charakterisiert wird (Abb. 1; 2). Die Sande sind überwiegend ungeschichtet bis schwach horizontal geschichtet und zeigen nur noch in einzelnen Lagen eine schwache Schrägschichtung.

Die spätglaziale Sedimentation wurde durch eine Erosionsphase eingeleitet, in der sich einzelne Flussrinnen bis ca. 3 m in die liegenden, hochglazialen Spreeschotter eingeschnitten haben. Sie steht nach Wolf & Seifert (1991) in Zusammenhang mit intensiven frühsommerlichen Hochwässern zu dieser Zeit, welche von den Schmelzwässern der in den noch kalten Wintern ausschließlich als Schnee gefallenen Niederschlägen gespeist wurden. Im Zuge der weiter voranschreitenden Erwärmung bildete sich eine dichter werdende Vegetationsdecke, die der flächenhaften Erosion entgegenwirkte und zur Verringerung der Schuttfracht in den Flüssen führte. Aus dem "braided river system" des vegetationslosen Hochglazials entwickelte sich ein mäandrierendes Flusssystem mit einzelnen Abflussrinnen. Ein Phänomen stellten sehr tiefe, rinnen- bis wannenförmige Übertiefungen dar, in denen die Basis des Oberen Spreeschwemmfächers einschließlich der eingelagerten Mudden bis 30 m abtauchte. Die Bildung dieser bis zu 300 m breiten, abflusslosen Strukturen kann nicht mehr fluviatil interpretiert werden, sondern resultierte offenbar aus dem Austauen von Toteisblöcken. Sie sind als Relikte der Maximalausdehnung des weichselzeitlichen Gletschers (Cottbuser Lobus n. Horn et al. 2005) zu betrachten, die, von den Urstromtalschottern überschüttet und konserviert, erst im

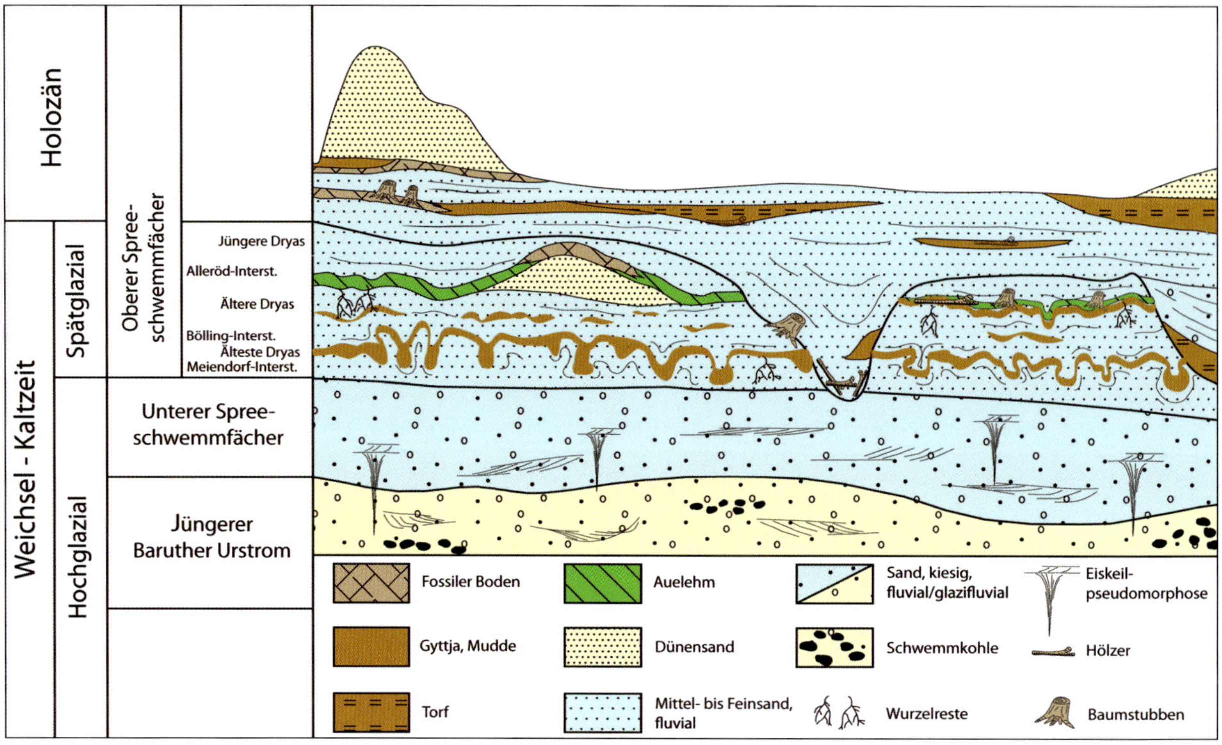

Abb. 2: Schematisches Übersichtsprofil zu den Spreeablagerungen im Tagebau Cottbus-Nord (R. Kühner, Vattenfall).

Spätglazial unter Bildung dieser tiefen Depressionen austauten.

Der untere Abschnitt des bis ins Holozän reichenden Oberen Spreeschwemmfächers umfasst nahezu die komplette Abfolge des Weichsel-Spätglazials. Trotz seiner geringen Dauer von ca. 3.000 Jahren wurde dieser Abschnitt durch mehrere Klimaschwankungen geprägt, die in der Ausbildung dreier Interstadiale (Meiendorf, Bölling und Alleröd) mit jeweils anschließender Klimaverschlechterung auf stadiales Niveau zum Ausdruck kommen (siehe Litt et al. 2007). Mit Ausnahme des Meiendorf-Interstadials ist dabei der Zeitraum von der Ältesten Dryas (ÄD) bis in die Jüngere Dryas (JD) in einer großflächig ausgebildeten Schichtenfolge aus Überflutungssedimenten mit fossilen Böden, Mudde- und Torfhorizonten (Liegende und Hangende Mudde als markante Leithorizonte), Auelehmen sowie fluviatilen und äolischen Ablagerungen dokumentiert und pollenstratigraphisch nahezu lückenlos belegt (Erd und Seifert in Kühner 1991; Kühner et al. 1999; Bittmann & Pasda 1999; Poppschötz & Strahl 2004).

Mit der Pollenanalyse wird im Bereich der Liegenden Mudde (LM) eine Klimaentwicklung erfasst, die von der subarktischen Kältesteppe mit geringen Birken (*Betula*)- und Kiefern (*Pinus*)-Anteilen zu kühlgemäßigten Verhältnissen bei nahezu geschlossener Bewaldung geht. Nach Seifert (in Kühner 1995) gehört der untere Bereich der LM in die noch waldarme Zeit. Der Nichtbaumpollenanteil ist hoch, es treten nur wenige Formen der offenen Standorte auf. Zum Hangenden erhöht sich der Anteil an *Betula* (mit Hinweis auf *Betula nana*) und *Pinus*. Der ebenfalls noch hohe Nichtbaumpollenanteil setzt sich im wesentlichen aus *Carex*, Süßgräsern (*Gramineen*), Beifuß (*Artemisia*), Heidekräuter (*Ericaceae*), Doldenblütler (*Umbelliferae*) sowie einem geringen Anteil an Formen der offenen Standorte zusammen. Im oberen Teil des Muddehorizontes wird eine Zunahme der Kiefer bis auf 95,2 % sichtbar, während die Birke nach anfänglicher Steigerung auf 23,2 % auf 1,6 % zurückgeht. Der gleichzeitige Rückgang der Nichtbaumpollen deutet dabei auf die Ausbildung einer wohl geschlossenen Walddecke im Untersuchungsgebiet. Ein Nachweis der Bölling-Schwankung konnte im vorliegenden Profil jedoch nicht erbracht werden. Spätere Untersuchungen im Bereich eines Kolkes bei Merzdorf (Poppschötz & Strahl 2004) lassen eine sehr markante Weiden (*Salix*)-Ausbreitung in der LM

erkennen, die als prä-allerödzeitliche (Bölling s. str.) Weichholzaue interpretiert wird.
Die folgende Serie aus vorwiegend sandigen Überflutungssedimenten schließt mit der Hangenden Mudde (HM) ab. Sie wird auf Grundlage zahlreicher Pollenanalysen (Knipping in Gautier 1999; Bittmann & Pasda 1999; Poppschötz & Strahl 2004) und ^{14}C-Altern von Holzresten dem Zeitraum Alleröd bis JD zugeordnet. Vereinzelt treten zwischen HM und LM auch äolische Ablagerungen in Form dünner Flugsanddecken und einzelner Dünenbildungen aus der ÄD in Erscheinung. Spätestens im Alleröd endete die Dünenaufwehung infolge eines erneuten Grundwasseranstiegs und der sich anschließenden Versumpfung. Die HM zeichnet diese ehemalige Morphologie nach und zieht unter Wechsel von den im Niederungsbereich ausgebildeten anmoorigen Bildungen zu minerogenen, meist podsolierten Böden über die Dünenkämme. Auf den trockenen Kuppen des „ertrunkenen" Dünenfeldes lieferten fast 2.000 Funde von Feuersteinartefakten der spätpaläolithischen Federmessergruppen (Bittmann & Pasda 1999) erste Belege für die Anwesenheit des Menschen in diesem Gebiet.

4. Die Hölzer des Oberen Spreeschwemmfächers

In den Sedimenten der spätweichselzeitlichen Folge wurden bei Kartierungs- und Grabungsarbeiten wiederholt zahlreiche Hölzer in unterschiedlichen Niveaus und Positionen angetroffen. Der überwiegende Teil der häufig noch gut erhaltenen Holzreste war in die sandige Füllung der Flussrinnen eingebettet, wo sie offenbar erst nach mehrfacher Umlagerung zum Absatz kamen. Dagegen dürften die in den Mudde- und Torfhorizonten gefundenen Ast- und Stammteile als weitestgehend autochthon angesehen werden. Von besonderer Bedeutung waren vereinzelte, noch aufrecht stehende Baumstubben, die *in situ* sowohl auf der LM als

Probennummer	Baumart	^{14}C-Alter konventionell
1a	*Betula*	11.660 ± 85
1b	*Pinus*	11.570 ± 85
1c	Laubholz	11.620 ± 85
2a		10.270 ± 80 (inn. Ringe)
2b	99 Jahrringe	9.880 ± 80 (äuß. Ringe)
3	*Pinus*	10.220 ± 80
4	*Pinus*	11.600 ± 100
5	*Pinus* Ø 30 cm	10.980 ± 80 (inn. Ringe)
6	*Pinus*	11.710 ± 80
7	*Salix*?	11.650 ± 85
8	*Pinus* Ø 40 cm	11.540 ± 85 (inn. Ringe)
9a*	*Pinus* Ø 25 cm	10.100 ± 70
10*	n.b.	10.260 ± 80
11*	n.b.	10.130 ± 80
12*	*Pinus* Ø 18 cm	10.220 ± 65
13a	*Pinus* Ø 20 cm ca. 60 Jahrringe	10.130 ± 75
13b	Torf unter 13a	11.500 ± 80
14a	*Betula*	10.350 ± 80
14b	Torf unter 14a	11.420 ± 70
15	*Betula* Ø10 cm	12.080 ± 80
16	*Betula?*	12.310 ± 80
17	*Salix?*	11.630 ± 80
18	*Betula*	10.680 ± 80
19	*Betula* Ø 17 cm	10.720 ± 75
20	*Pinus* Ø 16 cm	11.600 ± 80
22*	*Pinus* Ø <10 cm	10.320 ± 70
23*	*Pinus* Ø <10 cm	10.215 ± 70

Tab. 2: Ergebnisse der 14C-Datierungen der im Raum Groß Lieskow gefundenen Holz- und Torfproben (nach Kühner, Hiller u. Junge 1999).
* = Probe aus dem begrabenen Wald.

auch auf der HM gefunden wurden und eine eindeutige zeitliche Einordnung des entsprechenden Bodenhorizontes ermöglichten.
Hiller (in Kühner et al. 1999) untersuchte 26 Holz- und Torfproben aus den Aufschlüssen der Tagebauböschungen und den Grabungsflächen im Tagebauvorfeld (Abb. 3; Tab. 2). Sie wurden überwiegend als Einzelproben aus unterschiedlichen stratigraphischen Horizonten entnommen. Die ermittelten konventionellen ^{14}C-Altersdaten konzentrieren sich auf drei Bereiche und umfassen die Zeiträume zwischen

10.000 – 11.000 BP,
11.500 – 11.700 BP und
12.080 – 12.310 BP.

Die ältesten Hölzer (15, 16 in Abb. 3) können dem Bereich der LM zugeordnet werden, wobei eine konkrete stratigraphische Einstufung auf Grund der Unsicherheiten durch die vorhandenen ^{14}C-Plateaus in diesem Zeitraum nicht möglich war. Vergleichbare Werte stellten auch Bittmann & Pasda (1999) vor, die bei Grabungen an einer Düne im Tagebauvorfeld fünf Holz- und Torfproben aus der LM bargen, deren Alter mit ca. 12.000 bis 12.300 BP bestimmt wurde.
Der mittlere Zeitabschnitt (1a-c, 4, 6-8 in Abb. 3) repräsentiert ein relativ kurzes Zeitfenster aus dem nach Warvenzählungen insgesamt 670 Jahre (Litt et al. 2007) dauernden Alleröd. Die entsprechenden Hölzer stammen von Kiefer und Birke, Weide konnte nicht sicher bestimmt werden. Sie wurden sowohl unmittelbar aus der nahezu söhlig anstehenden HM als auch aus Sand- und Muddelagen in der Füllung flacher Rinnenstrukturen geborgen. Letztere Befunde würden auf die Bildung der Rinnen zu Beginn des Alleröds deuten, ständen damit jedoch im Widerspruch zu der bisherigen Annahme, dass die erosive Tätigkeit der Spree erst wieder an der Wende JD/Präboreal einsetzte (s.a. Neubauer-Saurer 1999). Ob sich hier tatsächlich eine solch frühe Erosionsphase widerspiegelt oder es sich um umgelagerte Hölzer in einer jüngeren Flussrinne handelte, konnte an Hand der Aufschlusssituation nicht geklärt werden.
Die Holzfunde (Kiefer und vereinzelt Birke) aus dem jüngsten Zeitabschnitt (10.000 – 11.000 BP) werden ausnahmslos in die JD gestellt. Sie stammen von Stamm- und Aststücken, die auf bzw. in die HM eingebettet waren bzw. aus der Füllung flacher Flussrinnen, die die HM durchschnitten haben. Interessant sind die Befunde der Proben 13 und 14 (Abb. 3; Tab. 2). Während die eingebetteten Hölzer in die ausgehende JD datiert sind, weisen die unmittelbar um- bzw. unterlagernden Torfe noch allerödzeitliche Alter auf. Demnach blieb der im Alleröd entstandene Boden in weiten Bereichen noch bis zum ausgehenden Spätglazial an der Oberfläche erhalten. Der Abfluss der Spree scheint sich in diesem durch stadiale Klimaverhältnisse

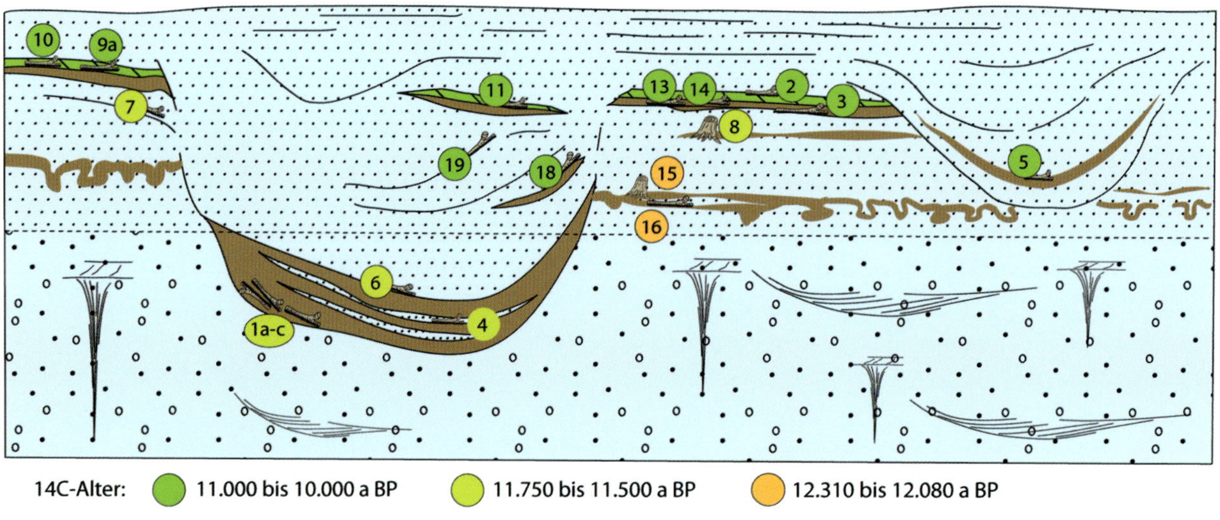

Abb. 3: Position und 14C-Alter von Holzkohleresten aus dem Oberen Spreeschwemmfächer (nach Kühner et al. 1999). Legende s. Abb. 2; Zusammenstellung der Alterswerte in Tab. 2.

geprägten Zeitraum vorwiegend auf die Flussrinnen zu beschränken. Häufige Hochwasserereignisse mit ausgedehnten Überflutungen und dem Absatz von Schwemmsanden und Auelehmen setzten offenbar erst wieder mit der zum Präboreal überleitenden Erwärmungsphase ein.

1995/96 legte Gautier (1999) im Raum Schlichow auf einer Fläche von 1,5 × 0,2 km Reste eines Waldes frei, der *in situ* im Niveau der Hangenden Mudde wurzelte. Im Gegensatz zu den oben beschriebenen Einzelproben konnte hier noch eine direkte Verbindung zwischen Stubben und den unmittelbar benachbart liegenden Baumstämmen abgeleitet werden. Die Bäume waren knapp oberhalb des Wurzelstockes abgebrochen und nach Nord- bis Südosten umgekippt. Sie erreichten Längen von 5 – 9 m und dürften nach Gautier (1999) ursprünglich 12 – 15 m lang gewesen sein. Auf dem Muddehorizont folgte eine graue Tonschicht, die durch fluviatile Sande überdeckt wurde. Während sich die Wurzeln in der HM befanden und teilweise bis in die unterlagernden Sande reichten, war der Stammansatz von den oberen schluffig bis tonigen Sedimenten umgeben bzw. ragte in die fluviatilen Schwemmsande hinein. Der Gesamtbefund deutet auf eine längere Überflutung, die zum Absterben des Baumbestandes führte. Da die Wurzelstöcke nicht herausgehoben wurden, sondern noch originär im Boden stecken, halten Spurk et al. (1999) ein Abfaulen der Bäume im Niveau des damaligen Wasserspiegels für wahrscheinlich. Anschließend kippten sie durch Windbruch um und wurden relativ schnell von den Schwemmsanden überdeckt.

Das Spektrum der Baumarten aus diesem „begrabenen Wald" zeigt ein durch die Kiefer (67 bis 82 %) dominiertes Waldbild (Kloss in Gautier 1999). Daneben war die Birke mit bis zu 31 % vertreten. Erle sowie Weide/Pappel traten untergeordnet mit jeweils 2 bis 3 % auf. Ihre zeitliche Einordnung (Tab. 2, Proben 9a, 10 – 12, 22, 23) spiegelt einen jungdryaszeitlichen Wald wider. Palynologische Untersuchungen des Bodens (Spurk et al. 1999), in dem die Stubben wurzelten, wiesen auch hier eine allerödzeitliche Entstehung aus, wobei eine Abnahme des Baumpollen-Anteils bei gleichzeitiger Zunahme von Kräutern und Wacholder (*Juniperus*) im obersten Teil bereits die JD ankündigen dürfte.

Unter den 24 dendrochronologisch bearbeiteten Kiefern des Grabungsgebietes war es möglich, sieben Holzproben zu einer 296 Jahre langen Chronologie zusammenzufassen (Spurk et al. 1999). Für die jeweils ältesten und jüngsten Jahrringe der Abfolge wurden konventionelle ^{14}C-Alter von 10.282 ± 26 bzw. 10.148 ± 84 BP bestimmt. Nach entsprechender Kalibrierung der Werte zeichnet sich damit für den Wald ein Wachstumszeitraum ab, der zwischen 10.200 und 9.900 BC lag.

Diese für stadiale Verhältnisse ungewöhnlich dichte Bewaldung ist anscheinend die Folge eines Klimaumschwungs, der sich am Ende der JD in dem von Bittmann & Pasda (1999) vorgestellten Pollendiagramm abzeichnet. Anfänglich fällt die Kiefern-Kurve entsprechend der einsetzenden Abkühlung bis auf ein markantes Minimum, begleitet durch einen deutlichen Anstieg der Werte für Wacholder und Zwergbirke (*Betula nana*). Dabei nimmt der NBP-Anteil durch die nun einsetzende Ausbreitung von Beifuß und Süßgräsern zu. In diesem Abschnitt fällt auch das hier nur in der JD nachgewiesene Gipskraut (*Gypsophila repens*-Typ) aus. Noch vor dem Übergang ins Präboreal ist jedoch erneut eine starke Kiefern-Ausbreitung zu erkennen, die zu einem deutlichen Rückgang der Birken- und Wacholder-Werte führte. Sie resultierte offenbar aus einem Umschlag zu bereits gemäßigt wärmeren Klimaverhältnissen im oberen Abschnitt der JD. Dadurch fand die auch in der vorangegangenen kühleren Phase niemals vollständig verdrängte Kiefer wieder bessere Wachstumsbedingungen und konnte sich verstärkt unter Bildung lichter Wälder etablieren. Die dortigen Wachstumsverhältnisse sowie die Wasser- und Nährstoffversorgung werden von

Unter den 24 dendrochronologisch bearbeiteten Kiefern des Grabungsgebietes war es möglich, sieben Holzproben zu einer 296 Jahre langen Chronologie zusammenzufassen. Damit zeichnet sich für den Wald ein Wachstumszeitraum ab, der zwischen 10.200 und 9.900 BC lag.

Spurk et al. (1999) auf der Grundlage holzanatomischer Untersuchungen wie folgt beschrieben: Kräftige, benadelte Äste bereits in einer Höhe von 2–3 m als Hinweis auf lockeren Baumbestand, geringe Nährstoffversorgung, da schwach ausgeprägter Alterstrend in der Entwicklung der Jahrringbreiten, mittlere Zuwachsleistung von 0,75 mm/Jahr infolge guter Temperatur- und Wachstumsbedingungen zwischen April und September und tellerförmiges Wurzelbild als Zeichen guter Wasserversorgung, wobei abgeknickte Wurzeln ab einer bestimmten Tiefe auf Grundwasserkontakt hinweisen.

Diese Klimaschwankung am Ende der JD ist auch an einigen Profilen in Dänemark (Kolstrup 1982) und Polen (Goslar et al. 1993) belegt. Hier wird, analog zu den Verhältnissen in Südbrandenburg, die kalt-trockene Frühphase ebenfalls durch eine gemäßigt-wärmere und wahrscheinlich feuchtere Spätphase abgelöst.

Literatur

Bittmann, F. & Pasda, C. (1999): Die Entwicklung einer Düne während der letzten 12.000 Jahre – Untersuchungsergebnisse von Groß Lieskow (Stadt Cottbus) in der Niederlausitz. – Quartär 49/50, 39–54.

Cepek, A.-G. (1965): Geologische Ergebnisse der ersten Radiokarbondatierungen von Interstadialen im Lausitzer Urstromtal. – Quartär 14, 5/6, 625–657.

Gautier, Y. (1999): Feuerstellen, Dünen, Wald: Bausteine einer spätglazialen Landschaft im Tagebau Cottbus-Nord. – Quartär 49/50, 29–33 Saarbrücken.

Goslar, T., Kuc, T., Ralska-Jasiewiczowa, M., Rozanski, K., Arnold, M., Bard, E., van Geel, B., Pazdur, M.F., Szeroczynska, K., Wicik, B., Wieczkowski, K. & Walanus, A. (1993): Hight-resolution lacustrine record of the Late Glacial/Holocene transition in central Europe. – Quat. Sci. Rev. 12, 287–294.

Grahmann, R. (1928): Geologischer Teil. – In: Firbas, F. & Grahmann, R.: Über jungdiluviale und alluviale Torflager in der Grube Marga bei Senftenberg (Niederlausitz). – Abh. math. phys. Kl. sächs. Akad. Wiss., XL, IV, 63 S., Leipzig.

Hess v. Wichdorff, H. & Picard, E. (1923): Erläuterungen zur Geologischen Karte Blatt Spremberg. – Lieferung 247, Berlin.

Horn, M., Kühner, R. & Thiele, R. (2005): Die Ausräumung „Merzdorfer Ausbauten“ im Tagebau Cottbus-Nord und ihre Beziehung zur Ausdehnung des Weichsel-Eises in Südostbrandenburg. – Brandenb. geowiss. Beitr. 12, 1/2: 37–44.

Keilhack & Tornow (1922): Geologische Spezialkarte 1: 25000, Blatt Cottbus-Ost mit Erläuterungen. – Preuß. geol. Landesanst., Berlin.

Kolstrup, E. (1982): Late-glacial pollen diagrams from Hjelm and Draved Mose (Denmark) with suggestion on the possibility of drought during the Earlier Dryas. – Rev. Palaeobotany and Palynology 36, 35–63.

Kühner, R. (1991): Einige Aspekte zu bemerkenswerten Pleistozänaufschlüssen im Tagebau Cottbus-Nord. – Z. geol. Wiss. 19, 3, 317–330, Berlin.

Kühner, R. (1995): Die weichselzeitliche Schichtenfolge im Tagebau Cottbus-Nord. – Natur u. Landschaft in der Niederlausitz 16, 35–45, Cottbus.

Kühner, R., Hiller, A. & Junge, F.W. (1999): Die spätweichselzeitlichen Ablagerungen der Spree im Tagebau Cottbus-Nord und ihre zeitliche Einordnung unter besonderer Berücksichtigung von ersten 14C-Daten an Hölzern. – Quartär 49/50, 8–20.

Litt, Th., Behre, K.-E., Meyer, K.-D., Stephan, H.-J. & Wansa, S. (2007): Stratigraphische Begriffe für das Quartär des norddeutschen Vereisungsgebietes. – Eiszeitalter und Gegenwart 56,1/2, 7–65.

Marcinek, J. (1961): Über die Entwicklung des Baruther Urstromtals zwischen Neiße und Fiener Bruch. – Wiss. Z. Univ. Berlin, math.-nat. R. 10, 1, 13–46.

Neubauer-Saurer, D. (1999): Holozäne Erosion und Akkumulation der alten Spree im Gebiet um Cottbus. – Quartär 49/50, 21–28.

Nowel, W., Atanasov, O. & Erd, K. (1972): Neue Ergebnisse zur Dünenbewegung im Baruther Urstromtal. Geologische Untersuchungen einer Sandlagerstätte im Raume Cottbus. – Z. angew. Geol. 18, 9, 410–418.

Nowel, W., Niederstrasser, H. & Erd, K. (1997): Ablagerungen der Eem-Warmzeit und Weichsel-Kaltzeit im Stadtgebiet von Cottbus. – Natur und Landschaft in der Niederlausitz 18, 37–64, Cottbus.

Poppschötz, R. & Strahl, J. (2004): Fazies- und Pollenanalyse an einem weichselspätglazialen Flusslauf im „Oberen Spreeschwemmfächer“ bei Cottbus. – Berliner Geographische Arbeiten 96, 69–88.

Spurk, M., Kromer, B. & Peschke, P. (1999): Dendrochronologische, palynologische und Radiokarbon-Untersuchungen eines Waldes aus der Jüngeren Tundrenzeit. – Quartär 49/50, 34–38.

Wolf. L. & Seifert, M. (1991): Die Niederterrassen der Zwickauer Mulde, der Chemnitz und der Zschopau. – Z. geol. Wiss.19, 3, 347–363.

Pollenanalytische Untersuchungen an einem Bodenprofil aus dem Dryas-Wald am Tagebau Cottbus-Nord

Susanne Jahns

Im Sommer 2011 wurden vom Brandenburgischen Landesamt für Denkmalpflege und Archäologischen Landesmuseum unter der Leitung von B. Renner am Tagebau Cottbus-Nord Reste eines Waldes ausgegraben. Es fanden sich ganze Stämme, Stubben und Wurzelwerk (Abb. 1). Außerdem wurden bei der Grabung einige Kiefernzapfen geborgen. Erste Bestimmungen der Hölzer ergaben bisher Birken und Kiefern. Nach bisherigen Ergebnissen dendrochronologischer Messungen datiert der Wald in den Zeitraum von 10.277 – 10.074 B.C. (U. Heußner, Deutsches Archäologisches Institut, frdl. mdl. Mitteilung). Dieser Zeitraum fällt in den jüngeren Teil der Jüngeren Dryas (ca. 12.275 – 11.690 Warvenjahre B.P.), der sich, den Untersuchungen von Neugebauer et al. (2012) im Berliner Grunewald zufolge, von dem vorangehenden älteren Abschnitt klimatisch deutlich abgrenzen lässt. Während der älteren Phase nahmen die relativ warmen Sommertemperaturen, die im Allerød geherrscht hatten, allmählich ab. Der jüngere Abschnitt ist durch kurze und kalte Sommer gekennzeichnet.
Die Bäume waren in ein feuchtes torfiges Substrat eingebettet, das die Holzerhaltung ermöglicht hatte. Die Torfbildung wurde möglicherweise durch den von Brauer et al. (1999) festgestellten Wechsel von einem trockenen Klima zu feuchteren Bedingungen im jüngeren Abschnitt der Jüngeren Dryas begünstigt.

Aus den torfigen Schichten wurde ein 80 cm langes Profil zur Pollenanalyse entnommen und Proben in einem Abstand von 5 cm analysiert (Abb. 2). Oberhalb und unterhalb der Torfe lagen tonig-schluffige Ablagerungen. Vor allem die darüber liegenden Schichten zeigen eindeutig warmzeitliche Pollentypen, vor allem die Hasel (*Corylus*) ist häufig. Daher können sie chronologisch nicht direkt an die torfige Schicht anschließen.
Innerhalb der Torfschicht fallen hohe, wenn auch schwankende Werte von Sauergräsern (*Cyperaceae*) auf. Wahrscheinlich stammen sie von einem Seggenried, das den Torf gebildet hat. Seggen-Früchtchen konnten ebenfalls nachgewiesen werden. Andere krautige Pollentypen treten in eher geringer Menge auf. Es handelt sich vor allem um Süßgräser (*Poaceae*), Mädesüß (*Filipendula*), Beifuß (*Artemisia*) und Besenheide (*Calluna*). Weiterhin wurden Sonnenröschen (*Helianthemum*), Krähenbeere (*Empetrum*), Bärentraube (*Arcotstaphylos*) und Heidelbeere (*Vaccinium*) nachgewiesen.
Baumpollen stammen fast ausschließlich von der Kiefer (*Pinus*) und der Birke (*Betula*), viel seltener treten Weide (*Salix*), Wacholder (*Juniperus*), Meerträubel (*Ephedra*) und ein einzelnes Mal auch Sanddorn (*Hippophaë*) auf. Dieses Spektrum pflanzlicher Taxa kann durchaus als charakteristisch für die Jüngere Dryas angesehen werden. Die Kiefer zeigt allerdings sehr hohe Werte im Vergleich zur Birke. Letztere erreicht nur im unteren Abschnitt der torfigen Ablagerungen (75 – 65 cm) Werte um 20 % der Gesamtpollensumme und geht dann auf ca. 10 % zurück. Von 65 cm an dominiert die Kiefer mit Werten um 90 %.

Das Pollendiagramm zeigt eine gute Übereinstimmung mit demjenigen aus dem Tagebau Cottbus-Nord, das von Spurk et al. (1999) publiziert wurde. Auch jenes Profil stammt aus dem Untergrund

Abb. 1: Ein Kiefernstubben und Wurzelwerk aus dem Dryas-Wald am Tagebau Cottbus-Nord (Foto B. Renner, BLDAM).

eines im Tagebau ausgegrabenen, jünger dryaszeitlich datierten Waldes (Gautier 1999), der als Teil des im Jahre 2011 ausgegrabenen Areals anzusehen ist. Von Spurk et al. (1999) wurde der hohe Anteil der Kiefer dahingehend interpretiert, dass die torfigen Ablagerungen aus dem bekanntermaßen kiefernreichen Allerød stammen und so die in die Jüngere Dryaszeit datierten Bäume auf einem allerødzeitlichen Waldboden standen.

Ein Weiterbestehen der Kiefernbestände oder sogar eine Zunahme der Kiefer zum Beginn der Jüngeren Dryas sowie ein Rückgang der Birke ist allerdings in Brandenburg häufig zu beobachten (Brande 1980; Jahns 2000; Strahl 2005; Voigt 2011; Neugebauer et al. 2012). Während im mecklenburgischen Raum von de Klerk (2008) ein starker Rückgang der Kiefer festgestellt wurde, kommen Theuerkauf & Joosten (2012) bei einer Auswertung von 69 Pollendiagrammen aus Nordostdeutschland zu dem Schluss, dass in dem Gebiet südlich von 53°N und damit auch im südlichen Brandenburg, von einer Präsenz kieferndominierter Wälder auszugehen sei. Die Autoren führen den stärkeren Rückgang der Kiefer in den nördlichen Gebieten während der Jüngeren Dryas auf großflächig vorhandene Permafrostböden zurück, die von der Kiefer nicht besiedelt werden.

In Brandenburg sind so große Vorkommen von Permafrostböden während der Jüngeren Dryas nicht bekannt. Die Kiefernbestände, die hier weiterhin vorkamen, zeigen aber gegenüber den allerødzeitlichen Wäldern eine deutliche klimatisch bedingte Öffnung. Diese führte zu einem für das Gebiet charakteristischen Unterwuchs von Wacholdersträuchern und einer ausgeprägten Krautschicht (Brande 1980; 1995).

> *Die Autoren führen den stärkeren Rückgang der Kiefer in den nördlichen Gebieten während der Jüngeren Dryas auf großflächige Permafrostböden zurück, die von der Kiefer nicht besiedelt werden. In Brandenburg sind so große Vorkommen von Permafrostböden während der Jüngeren Dryas nicht bekannt.*

In dieses Bild der jünger dryaszeitlichen Vegetation würden sich die hohen Werte der Kiefer im Cottbuser Dryas-Wald einpassen. Dass die Kiefer hier in der Jüngeren Dryas vor Ort vorkam, steht durch die Funde von Baumstämmen und Stubben außer Frage. Von daher können die zahlreichen Pollenkörner der Kiefer problemlos als Pollenniederschlag dieser Kiefern angesehen werden, die aufgrund lokaler standörtlicher Gegebenheiten an dieser Stelle anscheinend besonders häufig vorkamen.

Eine endgültige Klärung des Alters der torfigen Schichten im Dryas-Wald könnte durch Radiokarbondatierungen an den Torfen und den in der Torfschicht gefundenen Kiefernzapfen erfolgen.

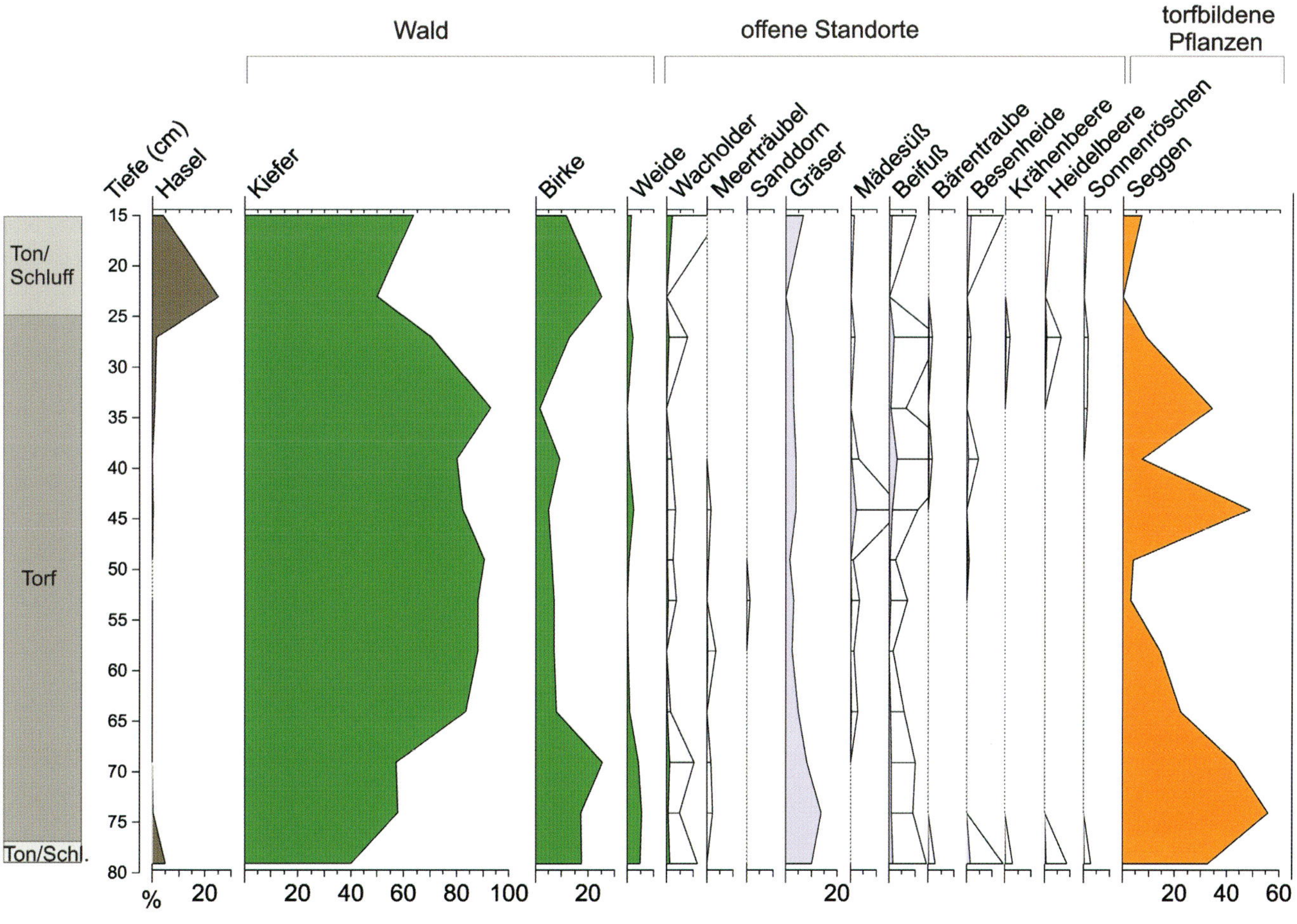

Abb. 2: Pollendiagramm aus den torfigen Ablagerungen im Dryas-Wald bei Dissenchen. Dargestellt sind Prozentwerte, bezogen auf die Gesamtsumme der ausgezählten Pollenkörner. Kleine Werte werden in fünffacher Überhöhung, mit Tiefenlinien schraffiert, gezeigt (S. Jahns, BLDAM).

Literatur

Brande 1980
A. Brande, Pollenanalytische Untersuchungen im Spätglazial und frühen Postglazial Berlins. Verhandlungen des Botanischen Vereins der Provinz Brandenburg 115, 1980, 21–72.
Brande 1995
A. Brande, Younger Dryas vegetation gradient in Northeast Germany. Terra Nostra 2, 1995, 35.
Brauer et al 1999
A. Brauer, C. Enders, C. Günter, Th. Litt, M. Stebich, J. F. W. Negendank, High resolution sediment and vegetation responses to Younger Dryas climate change in varved lake sediments from Meerfelder Maar, Germany. Quaternary Science Reviews 18, 1999, 321–329.
Gautier 1999
Y. Gautier, Feuerstellen, Dünen, Wald: Bausteine einer spätglazialen Landschaft im Tagebau Cottbus-Nord. Quartär 49/50, 1999, 29–38.
Jahns 2000
S. Jahns, Late-glacial and Holocene woodland dynamics and land-use history of the Lower Oder valley, north-eastern Germany, based on two, AMS 14C dated, pollen profiles. Vegetation History and Archaeobotany 9, 2000, 111–123.
de Klerk 2008
P. de Klerk, Patterns in vegetation and sedimentation during the Weichselian Late-Glacial in north-eastern Germany. Journal of Biogeography 35, 2008, 1308–1322.
Neugebauer et al. 2012
I. Neugebauer, A. Brauer, N. Fräger, P. Dulski, S. Wulf, B. Plessen, J. Mingran, U. Herzschuh, A. Brande, A Younger Dryas varve chronology from Rehwiese palaeolake record in NE-Germany. Quaternary Science Reviews 36, 2012, 91–101.
Spurk et al 1999
M. Spurk, B. Kromer, P. Peschke, Dendrochronologische, palynologische und Radiokarbon-Untersuchungen eine Waldes aus der Jüngeren Tundrenzeit, Quartär 49/50, 1999, 34–38.
Strahl 2005
J. Strahl, Zur Pollenstratigraphie des Weichselspätglazials von Berlin-Brandenburg. Brandenburger geowissenschaftliche Beiträge 12, 2005, 87–112.
Theuerkauf/Joosten 2012
M. Theuerkauf, H. Joosten, Younger Dryas cold stage vegetation patterns of central Europe – climate, soil and relief controls. Boreas 41, 2012, 391–407.
Voigt 2011
R. Voigt, Ein Pollenprofil bei Striesow in der Spreeaue. Ausgrabungen im Niederlausitzer Braunkohlenrevier 2008 = Arbeitsberichte zur Bodendenkmalpflege in Brandenburg 21, 2011, 39–47.

Holzanatomische Untersuchungen der hydraulischen Leitfähigkeit fossiler Birken und Kiefern der Jüngeren Dryas von Dissenchen 18

Dietrich Hertel und Bernhard Schuldt

1. Einführung

Bestimmte holzanatomischer Eigenschaften haben einen wichtigen Einfluss auf die Wasserleitfähigkeit des Baumes von den Wurzeln bis in die Baumkrone. Entscheidend für die Effizienz der Wasserleitung durch das Netz der wasserführenden Gefäße (genannt „Xylem“) in Wurzeln, Stamm und Zweigen ist dabei der Durchmesser dieser Gefäße (z.B. Tyree & Zimmermann 2003). Der Grund hierfür liegt in der Tatsache, dass die Wasserflussrate (F) in diesen Xylemgefäßen nach dem physikalischen „Hagen-Poiseuille-Gesetz“ gemäß der Formel

$$F = \pi \cdot \mathbf{r^4} / 8\,\eta \cdot \delta \cdot \Psi \cdot p / l$$

erfolgt, in welcher der Gefäßradius der Leitungsbahnen wie oben gekennzeichnet in der vierten Potenz eingeht. Daraus lässt sich leicht ersehen, dass Gefäße mit größerem Durchmesser eine überproportional größere hydraulische Leitfähigkeit besitzen. Der Durchmesser der Xylemgefäße stellt damit eine wichtige physiologische Eigenschaft des Holzes von Bäumen dar, die unter anderem entscheidend für die ökologische Anpassung an unterschiedlich gut wasserversorgte Standorte ist. Aufgrund ihrer unterschiedlichen Entwicklungsgeschichte unterscheiden sich dabei Nadelgehölze und Laubgehölze prinzipiell in der Größe und der Struktur der Wasserleitgefäße des Holzgewebes: Während Nadelholzbäume ein dichtes Netz ausschließlich sehr kleiner Leitungsgefäße (sog. „Tracheiden“) aufweisen, besitzen Laubgehölze neben ähnlich kleinen Gefäßen v.a. auffallend großlumige Leitungsgefäße (sog. „Tracheen“) und darum eine systematisch sehr viel höhere Wasserleitfähigkeit als Nadelgehölze (Abb. 1a, b). Ob sich neben diesen systematischen Unterschieden in der Gefäßgröße der beiden großen Gruppen der Nadel- und Laubgehölze die Gefäßdurchmesser innerhalb derselben Baumart auch zwischen zwei unterschiedlichen geologischen Epochen (so z.B. zwischen der Jüngeren Dryas und heutiger Zeit) unterscheiden, ist allerdings bislang kaum jemals systematisch untersucht worden (z.B. Voelker et al. 2012).

Während Nadelholzbäume ein dichtes Netz ausschließlich sehr kleiner Leitungsgefäße (sog. „Tracheiden“) aufweisen, besitzen Laubgehölze neben ähnlich kleinen Gefäßen v.a. auffallend großlumige Leitungsgefäße (sog. „Tracheen“) und darum eine systematisch sehr viel höhere Wasserleitfähigkeit als Nadelgehölze.

2. Ziele

Durch den Fund subfossilen Holzmaterials (Stämme und Äste von Kiefern – *Pinus sylvestris* – und Birken – *Betula pendula* und *pubescens*) aus der Jüngeren Dryaszeit in der Grabungsstelle Dissenchen 18 bei Cottbus ergab sich die einmalige Möglichkeit zu versuchen, einen Vergleich der

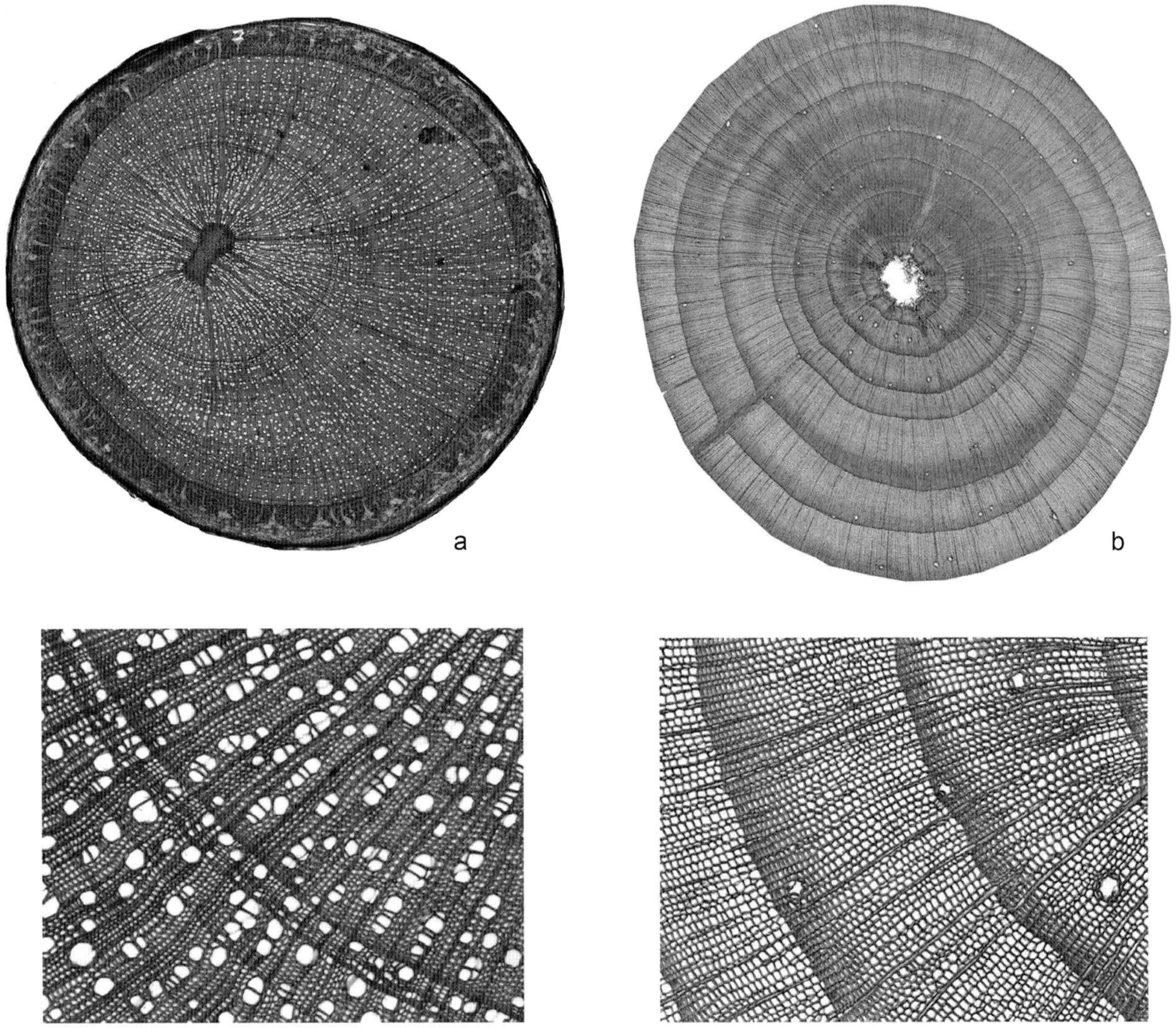

Abb. 1: Radialschnitt (oben komplett, unten Detailausschnitt) von rezentem Birkenholz (a) bzw. Kiefernholz (b) zur Veranschaulichung der prinzipiellen anatomischen Unterschiede der Wasserleitungsgefäße von Laub- und Nadelhölzern (Grafiken B. Schuldt, Uni Göttingen).

holzanatomischen Eigenschaften des Xylemgewebes dieser Baumarten aus der Dryas-Kaltzeit mit rezentem Holzmaterial der gleichen Arten von heutigen kalten Standorten im Bereich der alpinen Waldgrenze anzustellen. Dazu sollte eine Methode etabliert werden, mit der das in unterschiedlichem Umfang bereits degradierte subfossile Holzmaterial für mikroskopische Analysen so aufbereitet werden kann, um den Vergleich mit dem rezenten Material zu ermöglichen.

3. Methoden

Prinzipiell erfolgt die Untersuchung des Xylemgewebes von Bäumen zur Bestimmung der hydraulischen Leitfähigkeit durch Mikrotomschnitte durch die radiale Achse von mit Safranin angefärbtem Holzmaterial. Die digitalen Bilder der Schnitte werden anschließend mit spezieller Computersoftware analysiert, in dem die Querschnittsflächen der einzelnen Wasserleitgefäße des Xylemgewebes bestimmt werden und deren Summe ins Verhältnis zur entsprechenden Holzquerschnittsfläche gesetzt wird (sog. „spezifische hydraulische Leitfähigkeit“).
Das subfossile Kiefern- und Birkenholz aus der Grabungsstelle Dissenchen 18 erwies sich in seinem ursprünglichen Zustand als bereits zu sehr degradiert als dass es sich in gleicher Weise wie rezentes Holzmaterial mit dem Mikrotom hätte schneiden lassen können. Es wurde daher eine Methode gesucht, um den Härtegrad des Holzma-

terials zu erhöhen. Am besten geeignet erwiesen sich verschiedene Typen von kommerziellen Polymerisierungsharzen, mit denen die vorhandenen Hohlräume des subfossilen Holzgewebes aufgesättigt wurden. Doch selbst unter Verwendung desjenigen Harztyps, der die beste Härtungswirkung zeigte (Kulzer Technovit 7100), konnte die erforderliche Schnittqualität für eine anschließende holzanatomische Auswertung nicht erreicht werden. Leider hatten daher alle Versuche der nachträglichen Härtung des subfossilen Holzmaterials letztendlich nicht den gewünschten Effekt erbracht, das Probenmaterial aus der Grabungsstelle Dissenchen 18 für die gewünschten Analysen verwenden zu können. Die Studie musste aus diesem Grunde an dieser Stelle abgebrochen werden bis ein besseres Verfahren zur zufriedenstellenden Materialaufbereitung gefunden ist.

Selbst unter Verwendung desjenigen Harztyps, der die beste Härtungswirkung zeigt, konnte die erforderliche Schnittqualität für eine anschließende holzanatomische Auswertung nicht erreicht werden.

Als rezentes Vergleichsmaterial von vergleichsweise kalten Waldstandorten standen uns für die Studie Holzmaterial von Birken nahe der alpinen Waldgrenze in Lappland (Kittelfjäll/Mittelschweden) zur Verfügung. Auf die Beprobung vergleichbarer Kiefernstandorte haben wir nach dem (momentanen) Abbruch der Untersuchungen des subfossilen Materials von Dissenchen 18 einstweilen verzichtet.

4. Ergebnisse und Schlussfolgerungen

Leider konnten die beiden Ziele unserer Studie nicht erreicht werden: Es gelang (zumindest bislang) nicht, eine Methode zu etablieren, mit deren Hilfe das teilweise schon stark degradierte subfossile Birken- und Kiefernholzmaterial nachträglich so gehärtet werden konnte, um daran die gewünschten hoch aufgelösten anatomischen Mikrotomschnitte in erforderlicher Qualität anzufertigen, die für die vergleichende Analyse der hydraulischen Leitfähigkeit des Xylemgewebes notwendig gewesen wären. Somit konnte die eigentliche Fragestellung, ob sich die hydraulisch-anatomische Leitfähigkeit des Holzes von Birken und Kiefern aus der Dryas-Kaltzeit prinzipiell von derjenigen des Holzes der beiden Arten heutiger kalter Standorte unterscheidet, leider nicht beantwortet werden.
Im Falle einer jüngst veröffentlichten Studie mit einer verwandten Fragestellung wurde in den USA herausgefunden, dass die hydraulische Leitfähigkeit des Holzes subfossiler Eichenarten aus der Jüngeren Dryaszeit deutlich geringer war als von solchen an vermeintlich vergleichbaren, kalten Standorten der heutigen Zeit (Voelker et al. 2012). Im Vergleich zu Birken und Kiefernholz lässt sich jedoch Eichenholz mit seinen sehr großen Xylemgefäßen relativ einfach aufbereiten, sodass die von Voelker et al. (2012) angewandten Methoden für die vorliegende Untersuchung leider nicht angewandt werden konnten. Nach dem (vorläufigen) Scheitern unserer Untersuchung des subfossilen Holzmaterials von Birke und Kiefer der Jüngeren Dryas von Dissenchen 18 bleibt daher leider einstweilen offen, ob sich diese interessante Beobachtung aus den USA auch auf andere Baumarten und Regionen der Erde verallgemeinern lässt.

Literatur

Tyree, M.T., Zimmermann, M.H. (2003): Xylem Structure and the Ascent of Sap. Springer, Berlin, 283 S.
Voelker, S.L., Noirot-Cosson, P.E., Stambaugh, M.C., McMurry, E.R., Meinzer, F.C., Lachenbruch, B., Guyette, R.P. (2012): Spring temperature responses of oaks are synchronous with North Atlantic conditions during the last deglaciation. Ecological Monographs 82, 169–187.

Abb. 1: Arbeit am Torfprofil von Dissenchen 18 (Foto B. Renner, BLDAM).

Sedimentabfolge und -merkmale eines Aufschlusses der Dryas-Fundstelle Dissenchen 18

Alexander Nicolay und Alexandra Raab

Im Rahmen der Grabungsmaßnahmen an der Fundstelle Dissenchen 18 waren dryaszeitliche Ablagerungen aufgeschlossen, die sedimentologisch beschrieben wurden. Vorrangiges Ziel war es, die Sedimentabfolge zu dokumentieren und Proben für mögliche Ergänzungsuntersuchungen zu gewinnen bzw. zu archivieren. Ein vergleichbares Profil wurde pollenanalytisch analysiert (Beiträge von B. Renner, S. 147–155 und S. Jahns, S. 169–172). Im Gelände wurde das Profil Cottbus-Dissenchen 1 nach Bodenkundlicher Kartieranleitung (Ad-hoc-AG Boden 2005) aufgenommen. Die Bestimmung der Sedimentfarben erfolgte mittels Munsell Soil Color Charts (Munsell Color 1994) an den feldfrischen Proben.

Sedimentabfolge und -merkmale

An der Basis der insgesamt etwa 100 cm mächtigen Sedimentabfolge liegen geschichtete, helle, fluviale Sande (mS) mit pflanzlichen Makroresten (Abb. 2.9). Darüber folgt zunächst ein ca. 2 cm mächtiges limnisches Sediment (Mudde, Abb. 2.8), das in einen schwarz-braunen, stark zersetzten Niedermoortorf übergeht (Abb. 2.6 u. 7). Eingebettet in den Torf ist ein 10–15 cm dicker Holzrest (Wurzel oder Baumstamm, in der Abbildung gekennzeichnet). Oberhalb des Niedermoortorfes folgen erneut limnische Sedimente (Mudde, Abb. 2.5) mit einer Mächtigkeit von 5 bis 8 cm. Darüber liegt eine sandige Sedimentabfolge, die zum Top des Profiles hin grobkörniger wird und in vier Schichten unterteilt werden kann: ein sandig-schluffiger (gS + fS) Mischhorizont, eine feinschluffig-feinsandige Lage (fUfS), eine Feinsandlage (fS) und schließlich fluviale Sande (mSgS) mit einer wellig ausgeprägten Schichtung (Abb. 2. 4 bis 1).

Sedimentproben

Aus der Profilwand wurden Proben entnommen, um weiterführende sedimentologische Analysen durchführen zu können. Einen Überblick bietet Tabelle 1. Die Entnahmestellen der Proben sind in Abb. 2 eingezeichnet.

- Bodenproben zur Korngrößenbestimmung, CNS-Analytik und Röntgenfluoreszenzanalyse.
- Ungestörte Probenahme des gesamten Profils (P1–P13) und ausgewählte Proben aus den Sedimentübergängen (CN-DS 1 bis 3). Die mit Kubiena-Rahmen genommenen Proben eignen sich beispielsweise für die Herstellung von Dünnschliffen.
- Proben für Optisch-stimulierte Lumineszenz-Datierungen (CN 1 und CN 2).
- Holzprobe aus Stamm Nr. H14 als Referenzmaterial.

Literatur

Ad-Hoc-Ag Boden (2005): Bodenkundliche Kartieranleitung. Bundesanstalt für Geowissen-schaften und Rohstoffe, Hannover, 438 pp.

Munsell Color (1994): Munsell Soil Color Charts. – 4th rev. ed.

Profil Cottbus-Dissenchen 1

Aufnahmedatum: 26.05.2011, Bearbeitung: A. Nicolay, A. Raab
HW: 5735139 RW: 459788; N: 51°45'56" E: 14°25'2"
Höhe Profiloberkante: 66,7 m üNN

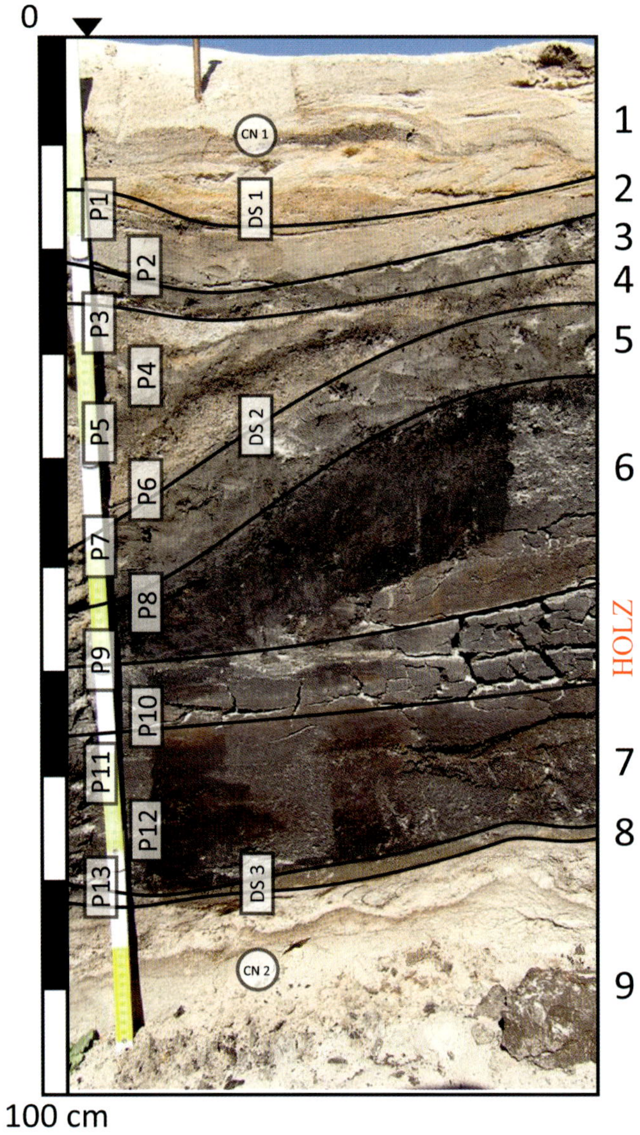

Abb. 2: Profilaufschluss Cottbus-Dissenchen 1 am Tagebau Cottbus-Nord. Die Abbildung zeigt die Sedimentabfolge mit Kurzbeschreibung des Profils sowie die Probenentnahmestellen in der Profilwand (Probenverzeichnis s. Tab. 1). Der Nagel markiert die Höhe 66,39 m ü NN (Foto und Zeichnung A. Nicolay, BTU).

Probenart	Probenbezeichnung, Tiefe und Anmerkungen
Bodenproben	Probe 1: 0-15 cm Probe 2: 15-22 cm Probe 3: 22-27 cm Probe 4: 27-45 cm (Sand/Mudde-Mischhorizont) Probe 5: 45-52/35-42 cm (Mudde) Probe 6: 52-60 cm (Torf) Probe 7: 65-83 cm (Torf) Probe 8: 83-90 cm (Mudde, wie Probe 5) Probe 9: 90-100 cm
Ungestörte Proben an Sedimentübergängen (Kubiena-Rahmen)	CN-DS 1: 13-20 cm, Übergang Sand – schluffige Mudde (Oben) CN-DS 2: 36-43 cm, Übergang Sand – Mudde – Torf (Mitte) CN-DS 3: 79-86 cm, Übergang Torf – Mudde – Sand (Basis)
Ungestörte Proben (Kubiena-Rahmen)	P1: 13-20 cm P2: 19-26 cm P3: 24-31 cm P4: 30-37 cm P5: 35-42 cm P6: 41-48 cm P7: 47-54 cm P8: 53-60 cm P9: 59-60 cm P10: 65-72 cm P11: 71-77 cm P12: 75-82 cm P13: 81-88 cm
Datierungsproben für OSL	CN 1: 10 cm unter Profiloberkante CN 2: 93 cm unter Profiloberkante
Holzprobe	Holzprobe aus dem Stamm Nr. H14

Tab. 1: Sedimentproben aus dem Profil Cottbus-Dissenchen 1.

Beschreibung

1 fluviale Sande, feine Schrägschichtung, mSgS, eh2, feu1, fahl gelb (2,5Y 7/4)

2 fS-Lage, feu3, hell olivbraun (2,5Y 5/3)

3 fUfS-Lage, feu2, sehr dunkel grau-braun (2,5Y 3/2)

4 sandig-schluffiger Mischhorizont (gS+fU), feu3, geschichtet, hell olivbraun (2,5 Y 5/3) sowie fahl gelb (7,5 YR 7/4)

5 Mudde, schwarz (5Y 2,5/1), Stauhorizont

6+7 stark zersetzter Niedermoortorf, schwarz-braun (5Y 2,5/1)

8 Mudde, wie Horizont 5, wasserstauend

9 fluviale Sande (mS), geschichtet, organ. Makroreste, fahl gelb (2,5Y 7/3)

Datierungsfragen und paläoökologische Rekonstruktion des Weichselspätglazials am Beispiel des Paddenluchs bei Rüdersdorf

Annette Kossler

Die pleistozäne Hochfläche des Barnims (Brandenburg), die sich zwischen dem Berliner und Eberswalder Urstromtal erstreckt, weist zahlreiche sich NE-SW erstreckende Rinnensysteme auf, die sich auf ehemalige, zum Berliner Urstromtal entwässernde Schmelzwasserrinnen der letzten Eiszeit, der Weichselvereisung, zurückführen lassen (Abb. 2). Auch bei dem schmalen, langgestreckten Paddenluch, eine ehemals moorige Niederung nördlich von Rüdersdorf (südlicher Barnim; roter

Abb. 1: Die im Paddenluch aufgeschlossene, ca. 2 cm mächtige, gelblich verwitternde Laacher See Tephra (LST) in der rostbraun verwitternden Torfmudde des Allerød-Interstadials (Foto A. Kossler).

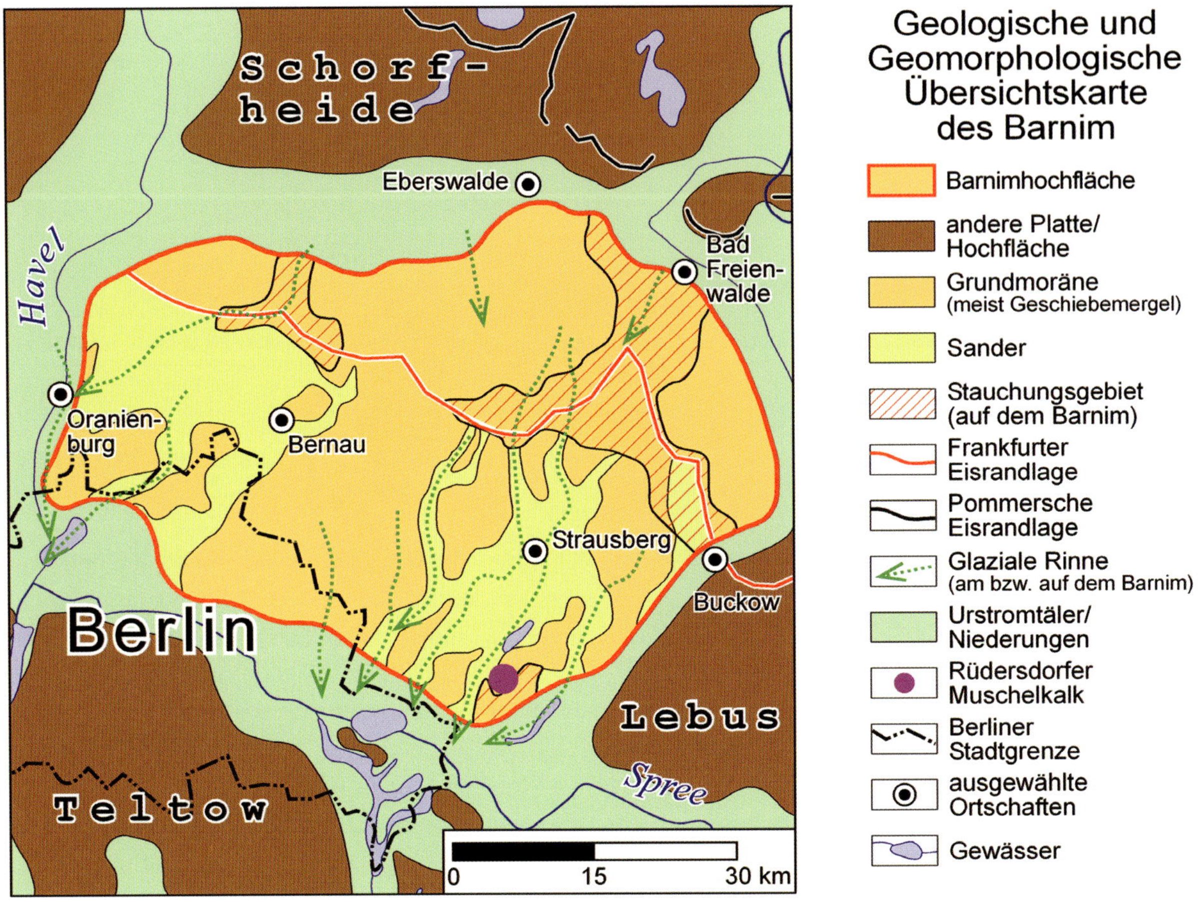

Abb. 2: Übersichtskarte über die von der Weichselvereisung geprägte Hochfläche des Barnim. Grüne Pfeile markieren die NE-SW verlaufenden glaziären Rinnen, die zum Berliner Urstromtal entwässerten. Die kleine Rinne des Paddenluchs im Bereich des Rüdersdorfer Muschelkalks (roter Punkt) wird heute durch die nördliche Kante des Kalktagebaus Rüdersdorf angeschnitten (Grafik von Grabenstedt 2006).

Punkt in Abb. 2), handelt es sich ursprünglich um eine auf eine Schmelzwasserrinne zurückzuführende morphologische Struktur. Heutzutage wird das Paddenluch durch die nördliche Tagebaukante des Kalktagebaus Rüdersdorf (CEMEX OstZement GmbH) angeschnitten, so dass die Sedimentabfolge dieses kleinräumigen Ablagerungsraums zugänglich wurde. Diese erwies sich als ein einzigartiges Archiv, in dem die wechselhafte Klimageschichte unserer Region und deren unmittelbare Auswirkungen auf die Umwelt gespeichert sind.

Eine erste stratigraphische Einstufung der Sedimente des Paddenluchs erfolgte durch Strahl (2005) mit Hilfe der Pollenanalyse. Dabei zeigte sich, dass als Besonderheit das gesamte Weichselspätglazial (~14.450 – 11.590 Warvenjahre v. H., vgl. Litt u.a. 2007) mit seinen drei Interstadialen (Meiendorf, Bølling, Allerød) und den drei Stadialen (Älteste-, Ältere-, Jüngere Dryaszeit) überliefert ist (Abb. 3). Als weitere Besonderheit ist hier auch die Laacher See Tephra (LST) zu finden, die mit ca. 2 cm Mächtigkeit in der Sedimentabfolge einen wichtigen stratigraphischen Markerhorizont bildet (Abb. 1). Mit einem Alter von 12.880 Warvenjahren v. H. (Brauer u.a. 1999) datiert die LST in das Allerød-Interstadial.

Obwohl die Pollenanalyse eine hervorragende Methodik zur klimastratigraphischen Einstufung quartärer Sedimente bildet, kann es, bedingt durch Umlagerungsprozesse von älterem Sedimentmaterial, Ferneintrag und/oder Verwitterungsprozesse, auch zu Schwierigkeiten bei der Interpretation der Ergebnisse kommen. Auch die absolute Datierung mit Hilfe der ^{14}C-Methodik kann u.a. bei Sedimentproben („bulk samples“) mit zu hohem Anteil an umgelagerten älteren organischem Material oder durch den Reservoire-Effekt (Aufnahme von altem Kohlenstoff) bei z.B. aquatischen Organismenresten aus Hartwasserseen zu abweichenden und nicht verlässlichen Werten führen. Eine weitere relativ verlässliche Datierungsmethodik mit geringer Fehlerabweichung ist die jahreszeitliche Warvenzählung. Jedoch braucht es hierzu durchgehende, ungestörte Sedimentabfolgen mit Warvenausbildung (Bänderton), was auf die meisten Profile, wie auch beim Paddenluch, nicht zutrifft. Um eine möglichst genaue Datierung der Sedimente und auch eine möglichst fundierte paläoökologische Rekonstruktion zu ermöglichen, haben sich daher ergänzende Multi-Proxy-Studien bewährt. Eine solche Studie wurde auch am Paddenluch durchgeführt (Kossler 2010), wo mit Hilfe von verschiedensten Organismengruppen (u.a. Makroreste von terrestrischen und aquatischen Pflanzen, Mollusken, Ostracoden, Insekten etc.) in Verbindung mit ^{14}C-Datierungen, der Sedimentologie und im Abgleich mit der Pollenanalyse (Strahl 2005) letztendlich eine umfassende Rekonstruktion über die Entwicklungsgeschichte des Paddenluchs ermöglicht wurde.

Obwohl die Pollenanalyse eine hervorragende Methodik zur klimastratigraphischen Einstufung quartärer Sedimente bildet, kann es, bedingt durch Umlagerungsprozesse von älterem Sedimentmaterial, Ferneintrag und/oder Verwitterungsprozesse, auch zu Schwierigkeiten bei der Interpretation der Ergebnisse kommen.

Die Ergebnisse der Makrorestanalyse zeigten auf, dass sie im Großen und Ganzen sehr gut mit den Pollendaten von Strahl (2005) korrelierten. Aufgrund der Makrorestanalyse wurde aber auch deutlich, dass im Profil die stratigraphischen Grenzen der verschiedenen Klimaperioden (Interstadiale/Stadiale) des Weichselspätglazials teilweise von denen der durch die Pollenanalyse ermittelnden Positionen abwichen. Dieses betraf hauptsächlich die Abgrenzungen des Meiendorf-Interstadials und der Ältesten Dryaszeit, aber auch die Grenze Jüngere Dryaszeit zum Holozän. Da sich im Paddenluch die Sedimente (Silte, Sande, Kiese – Abb. 3) der älteren Klimaperioden wie ausgehendes Weichselhochglazial, Meiendorf-Interstadial und Älteste Dryaszeit durch eine geringere Pollenkonzentration und einen großen Anteil an umgelagertem, älterem Material auszeichnen, waren, wie schon von Strahl (2005) angemerkt, die nur auf der Pollenanalyse basierenden Einstufungen mit Unsicherheiten behaftet.

Generell reagieren aquatische Organismen zeitlich sehr schnell auf Änderungen im System, was in der fossilen Überlieferung des Paddenluchs unmittelbar durch Erscheinen, häufigeres Auftreten bzw. auch Verschwinden der jeweiligen Organismengruppen angezeigt wird. So spiegeln sich z.B. Klimaveränderungen direkt in der Zusammensetzung der aquatischen Faunen-/Florenvergesellschaftung wider. Als besonders klimasensitive Organismen sind hier u.a. die aquatischen Larven der Chironomiden (Zuckmücken) zu nennen, die besonders empfindliche Proxy stellen, aber auch thermophile Wasserpflanzen wie z.B. das Zarte Hornblatt (*Ceratophyllum submersum*, Abb. 3) oder die Binsen-Schneide (*Cladium mariscum*).
Die klimatische Erwärmung des Meiendorf-Interstadials schlägt sich in diesem Zusammenhang durch einen deutlichen Anstieg der biogenen aquatischen Produktivität und durch die Einwanderung etwas wärmeliebender Organismen (besonders unter den Chironomiden, vgl. Kossler 2010) in den Sedimenten des Paddenluchs nieder. Mit Hilfe der aquatischen Fossilreste konnte daher aufgezeigt werden, dass die klimatische Erwärmung des Meiendorf-Interstadials und somit der Beginn des Weichselspätglazials (Abb. 3) deutlich eher in der Sedimentabfolge dokumentiert ist als zunächst durch die Pollenanalyse angenommen. Durch eine begleitende ^{14}C-AMS-Datierung konnte diese Einstufung bestätigt werden (Kossler 2010). Der Klimawandel zeigt sich darüber hinaus auch durch einen deutlichen Wechsel in der sedimentären Ausbildung. Die fossilarmen hellbraunen Sande und Kiese des ausgehenden Weichselhochglazials werden nun mit deutlichem Kontakt von fossilreicheren, graubraunen tonigen Silten/feinkörnigen Sanden überlagert (Abb. 3) und bestätigen zusätzlich das Einsetzen des Meiendorf-Interstadials.

Dagegen lässt sich die klimatische Abkühlung der Ältesten Dryaszeit durch entsprechende Kälteanzeiger bei den terrestrischen Pflanzen wie das Weiße Silberwurz (*Dryas octopetala*, Abb. 3) und ebenfalls wieder durch das Auftreten von kälteliebenden Chironomiden nachweisen. Eine durch die Abkühlung bedingte Öffnung der Vegetation und eine damit verbundene stärkere Erosion im Hinterland ist ebenfalls im Sedimentationsgeschehen dokumentiert, was sich durch einen stärkeren Eintrag von gröber klastischem Material bemerkbar macht.

Das Einsetzen der klimatischen Erwärmung des Bølling-Interstadials lässt sich hingegen im Profil einheitlich sowohl mit Hilfe der Pollenanalyse als auch durch die Makroreste belegen. Nach Strahl (2005) ist in Brandenburg das Bølling-Interstadial durch das Einwandern von Baumbirken definiert. Durch den Nachweis zahlreicher Nüsschen und Fruchtschuppen von Baumbirken (Abb. 3), v.a. der Moorbirke (*Betula pubescens*) aber auch von der Hängebirke (*Betula pendula*), konnte die auf der Pollenanalyse basierende klimastratigraphische Einstufung bestätigt werden. Generell gibt das Vorkommen von sowohl aquatischen als auch terrestrischen botanischen Makroresten eindeutige Hinweise auf die lokale Vegetation und liefert somit ergänzende Beiträge zu den Pollendaten, da bei den Makroresten in der Regel ein Ferneintrag ausgeschlossen werden kann. Ein weiterer Vorteil der pflanzlichen Makroreste (u.a. Blätter, Samen) ist, dass diese im Gegensatz zum Pollen größtenteils auf dem Artniveau bestimmt werden können, was beim Pollen in der Regel nicht möglich ist. Da erst bei einer Bestimmung der Pflanzen auf dem Artniveau detaillierte ökologische Aussagen möglich sind, können vor allem die botanischen Makroreste fundierte Hinweise zum ehemaligen Lebensraum liefern. So konnte am Beispiel Paddenluch auch nachgewiesen werden, dass die Waldkiefer (*Pinus sylvestris)* und die Pappel (*Populus* sp.) mit Sicherheit erst während des Allerød-Interstadials in den Lebensraum einwanderten (vgl. Kossler 2010).

Die botanischen Makroreste zeigten beim Paddenluch u.a. auch auf, dass sich hier die klimatische Abkühlung der Jüngeren Dryaszeit bei weitem nicht so dramatisch auswirkte. Ein Zurückdrängen der lichten Wälder aus Baumbirken, Weiden, Waldkiefer und Pappeln zugunsten einer Zwergstrauch-Tundra konnte anhand der überlieferten Pflanzenreste nicht nachgewiesen werden. Dass es sich hier um Pflanzenreste der Jüngeren Dryaszeit handelte, wurde mit Hilfe von ^{14}C-AMS-Datierungen bestätigt (Kossler 2010).

Die botanischen Makroreste zeigten beim Paddenluch u. a. auch auf, dass sich hier die klimatische Abkühlung der Jüngeren Dryaszeit bei weitem nicht so dramatisch auswirkte.

Die deutliche klimatische Erwärmung des Holozäns (Präboreal) wird im Paddenluch von den aquatischen botanischen Makroresten wieder etwas eher angezeigt als durch die Pollenanalyse. Der Nachweis von zahlreichen Nüsschen des Zarten Hornblatts (*Ceratophyllum submersum*, Abb. 3) sowie weitere thermophile Organismenreste von Flora/Fauna belegen in den Sedimenten die Klimaerwärmung des Holozäns und geben nun Hinweise auf die Etablierung eines kleinen, nährstoffreichen und sommerwarmen Hartwassersees.

Wie hier stichpunktartig zusammengefasst wurde, haben die am Paddenluch durchgeführten Studien deutlich gemacht, wie durch das Anwenden diverser Untersuchungsmethoden und das Erfassen und Zusammenführen möglichst vieler Informationen aus den verschiedensten wissenschaftlichen Disziplinen eine recht genaue Rekonstruktion der Entwicklungsgeschichte des Paddenluchs möglich war. Nur basierend auf einer Methodik kann man zwar auch gute Ergebnisse erhalten, aber wie hier aufgezeigt, ist dabei nicht sicher, dass es sich um durchgehend verlässliche Daten handelt. Dies trifft vor allem auf Zeitabschnitte zu, bei denen z.B. aufgrund ihres Alters oder aufgrund extremer klimatischer Bedingungen eine gewisse Problematik schon abzusehen ist. Um möglichst genaue Ergebnisse bei der Bearbeitung von klimatischen und paläoökologischen Fragestellungen zu erlangen, empfiehlt es sich daher immer, solche Multi-Proxy-Studien durchzuführen.

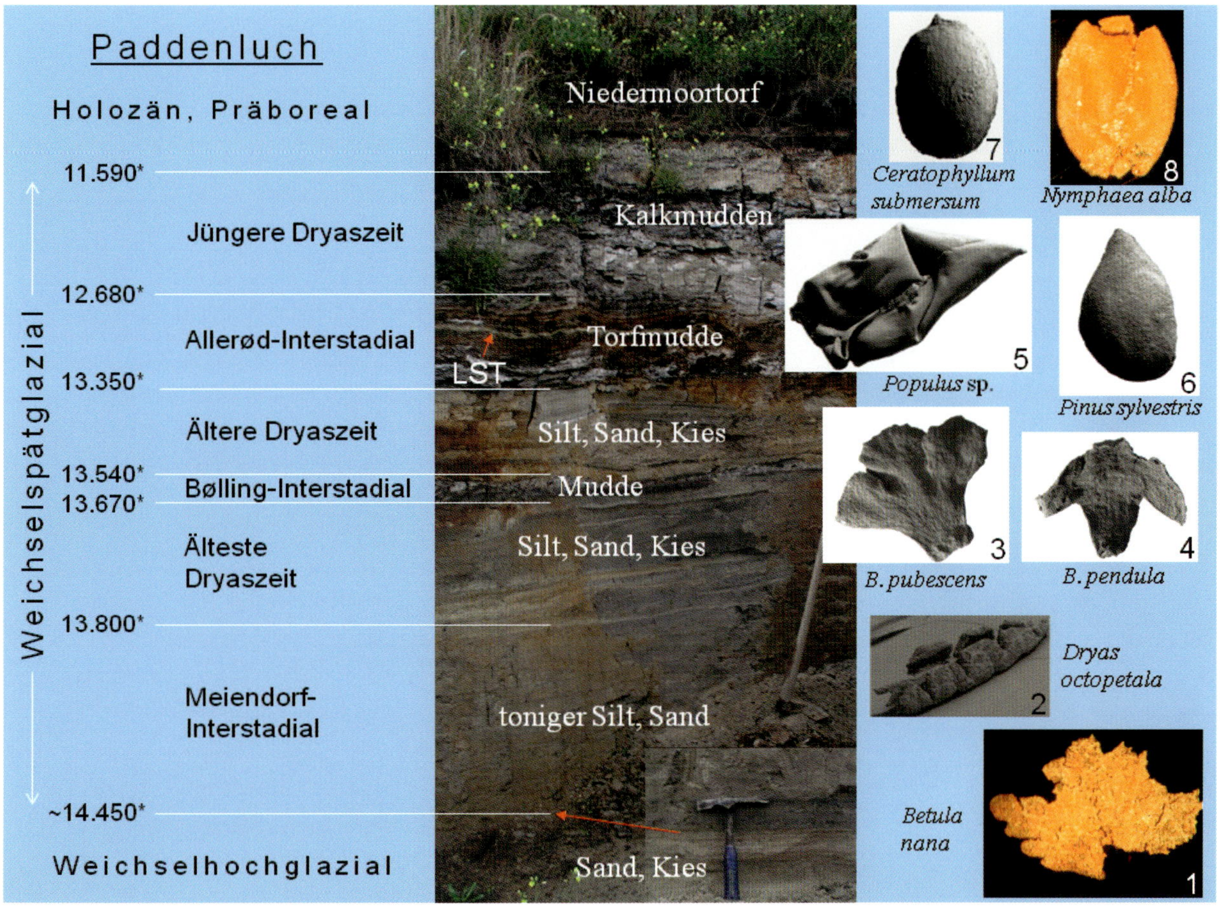

Abb. 3: Etwa 2,35 m mächtige Sedimentabfolge des Weichselspätglazials im Paddenluch vom ausgehenden Weichselhochglazial bis ins Holozän mit Angabe der klimastratigraphischen Einstufung, basierend auf der Multi-Proxy-Studie (linker Rand: *Altersangaben in Warvenjahren vor heute, nach Litt u.a. 2007). Unten (kleines Bild mit Hammer) deutlicher Sedimentationswechsel zwischen ausgehendem Weichselhochglazial und Meiendorf-Interstadial. Charakteristische, nur wenige Millimeter große Pflanzenreste (ohne Maßstab) aus Sedimenten des Paddenluchs: 1 Blättchen von *Betula nana* (Zwergbirke), ausgehendes Weichselhochglazial bis Älteste Dryaszeit; 2 Blättchen von *Dryas octopetala* (Weißes Silberwurz), Älteste Dryaszeit; 3 Fruchtschuppe von *Betula pubescens* (Moorbirke), ab Bølling-Interstadial; 4 Fruchtschuppe von *Betula pendula* (Hängebirke), ab Bølling-Interstadial; 5 Knospenschuppe von *Populus sp.* (Pappel), ab Allerød-Interstadial; 6 Samen von *Pinus sylvestris* (Waldkiefer), ab Allerød-Interstadial; 7 Nüsschen von *Ceratophyllum submersum* (Zartes Hornblatt), Präboreal (Holozän); 8 Samen von *Nymphaea alba* (Weiße Seerose), Präboreal (Holozän) (Fotos, Grafik A. Kossler).

Literatur

Brauer u.a. 1999
A. Brauer, C. Endres & J.F.W. Negendank, Lateglacial calendar year chronology based on annually laminated sediments from Lake Meerfelder Maar, Germany. Quaternary International, 61 (Oxford 1999) 17–25.

Grabenstedt 2006
Grabenstedt, Geologische und Geomorphologische Übersichtskarte des Barnim.
http://commons.wikimedia.org/wiki/File%3ABarnim_Detail.png (GNU Free Documentation License, version 1.2, 2006).

Kossler 2010
A. Kossler, Faunen und Floren der limnisch-telmatischen Schichtenfolge des Paddenluchs (Brandenburg, Rüdersdorf) vom ausgehenden Weichselhochglazial bis ins Holozän. Berliner paläobiologische Abhandlungen 11 (Berlin 2010) 1–422.

Litt u.a. 2007
T. Litt, K.-E. Behre, K.-D. Meyer, H.-J. Stephan & S. Wansa, Stratigraphische Begriffe für das Quartär des norddeutschen Vereisungsgebietes. Eiszeitalter und Gegenwart, 56, 1–2 (Stuttgart 2007) 7–65.

Strahl 2005
J. Strahl, Zur Pollenstratigraphie des Weichselspätglazials von Berlin-Brandenburg. Brandenburgische Geowissenschaftliche Beiträge, 12, 1/2 (Kleinmachnow 2005) 87–112.

Abb. 1: Grabungssituation auf dem Steinzeitfundplatz am Tagebau Cottbus-Nord mit dem Kraftwerk Jänschwalde (Foto K. Müller, BLDAM).

Abb. 2: Profil mit der dünnen hellgrauen mesolithischen Fundschicht unter mehreren Dünenschichten (Foto K. Müller, BLDAM).

Ein mesolithischer Lagerplatz am Tagebau Cottbus-Nord

Karoline Müller

Im Zuge der bauvorbereitenden archäologischen Untersuchung weiterer Abschnitte der Kantenabflachung und des Wirtschaftswegs am Tagebau Cottbus-Nord, in deren Zusammenhang auch die Ausgrabung des Dryas-Waldes steht, sind unter anderem ein spätmesolithischer und ein jung- bis jüngstbronzezeitlicher Fundplatz erfasst worden.

Während abschließender Arbeiten im Bereich der Abflachung sind bei Begehungen der umliegenden Areale mehrere Silexartefakte gefunden worden. Daraufhin wurde in einem auf nur eine Woche begrenzten Zeitrahmen ein Areal von ca. 450 m² untersucht. Nach Westen und Osten war die Fläche durch zwei ältere Schnitte begrenzt, nach Norden war ein Sicherheitsabstand zur Abflachung einzuhalten und nach Süden ein Nutzweg befahrbar zu lassen, so dass nur ein begrenztes Areal ausgegraben werden konnte.

Die Fundstelle Dissenchen 19, ca. 3,5 km östlich von Cottbus und nur wenige hundert Meter nordöstlich des Dorfes, befindet sich auf einer kleinen Düne im Nahbereich einer ca. 400 m südwestlich gelegenen Dünenlandschaft mit mehreren kleinen Kuppen. Zwischen Grabung und Dünengruppe sind auf dem digitalen Geländemodell (Laserscan) gleichmäßige streifenförmige Strukturen zu erkennen, die auf mittelalterliche Wölbäcker schließen lassen. Etwa in der Dünenmitte beginnend, verläuft die max. 15 m breite und bis 27 m lange Untersuchungsfläche zum nördlichen Dünenrand hin.

Im Profil war zwischen 0,80 m und 1,20 m unter GOK ein sehr schwach hellgraues Band aus Feinsand von lediglich 3–6 cm Stärke zu erkennen, das auf einen begrabenen Boden hinwies, der von der in mehreren Phasen darüber entstandenen Düne konserviert wurde. Unter dem hellgrauen Band lagen weißliche, sehr schwach hellgraue und teilweise fein geschichtete fluviatile Fein- und Mittelsande.

In der schmalen hellgrauen Schicht befanden sich die Funde, nur vereinzelt durch natürliche Verlagerungsprozesse etwas tiefer. Das Fundaufkommen

Abb. 3: Steinzeitlicher Werkplatz an einer Wasserstelle. Die graue Verfärbung einer ehemals feuchten Senke liegt nur teils in der Grabungsfläche (Foto K. Müller, BLDAM).

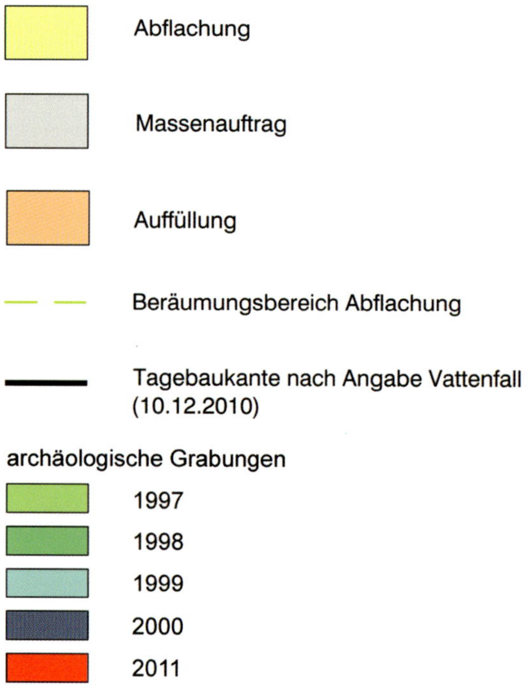

Abb. 4: Unweit Dissenchen 19 lag im Tagebau die nächste Steinzeitfundstelle Dissenchen 11. Grabungsflächen Dissenchen 17, 18 und 19 auf der abzuflachenden Böschung und die Schnitte im Abbaugebiet des Tagebaus Cottbus-Nord von 1997–2000 (Plan BLDAM/K. Müller).

von 421 Silices auf 450 m² kann als gering bezeichnet werden, wobei die durchschnittliche Fundmenge bei 1,78 Silices pro m² lag. Innerhalb des künstlich begrenzten Aufschlusses scheinen die Funde in einem schrägen Streifen von NW nach SO zu verlaufen, wobei in der SW-Ecke auf 6 m² inselartig eine weitere kleine Ansammlung von 13 Silices hervortrat. Mit 14 Exemplaren ist die Höchstzahl der Funde pro m² erreicht. Im Umfeld eben jenes im Nordwesten der Grabungsfläche gelegenen Quadrats fanden sich ein Kern, eine Stichellamelle, ein Bohrer sowie ein Trapez.

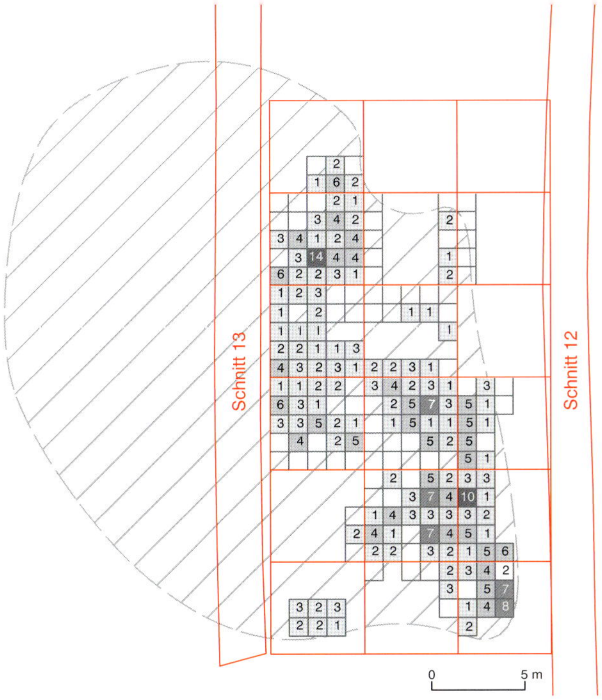

Abb. 5: Dissenchen 19, Mengenkartierung der Feuersteine nach Quadratmetern (Plan K. Müller, BLDAM).

Bei einer halbkreisförmig von Osten in die Grabungsfläche hineinziehenden, dunkelgrauen und z.T. weißlich-grauen, sandigen Verfärbung handelt es sich um eine ehemalige feuchte Senke, die möglicherweise gleichzeitig mit der Fundschicht bestand. Entlang des Rand- und Übergangsbereichs zwischen Senke und altem Horizont, vor allem westlich und südlich davon, ist ein – verglichen mit der durchschnittlichen Fundmenge auf diesem Fundplatz – leicht erhöhtes Fundaufkommen zu beobachten. Hier fanden sich im Schnitt 3,3 Silices pro m^2. Während das südliche wie das westliche Ende des Fundplatzes demnach nicht erreicht zu sein scheint, könnten mit der feuchten Senke die östliche Ausdehnung und ein nordöstlicher Abschluss vorhanden sein.

2 bis 4 m westlich dieser Randzone zwischen Senke und Fundhorizont war in Form eines auf dem Kopf stehenden „U“ eine Konzentration von sechs Feuersteinkernen zu finden, außerdem ein Stichel sowie benachbart ein möglicherweise als kleiner Schlagstein anzusprechendes Fundstück. Innerhalb des U-Bogens blieben etwa 2 m^2 fundleer. Möglicherweise kann diese Stelle als Rest eines halbkreisförmigen Schlagplatzes interpretiert werden. An zwei weiteren Stellen sind je drei (auf der südwestlichen Fundinsel) bzw. vier Kerne auf etwa 3 bzw. 4 m^2 gefunden worden. Insgesamt erbrachte der Fundplatz 18 Kerne.

Die geringe Fundzahl und die kleine Menge an Geräten sprechen dafür, dass bei Verlassen der Stelle die produzierten Feuersteinwerkzeuge sorgfältig eingesammelt und mitgenommen und dabei jedoch einzelne Stücke übersehen wurden.

Beim ergrabenen Silexinventar handelt es sich zu einem großen Teil um wenig spezifische Abschläge, die z.T. Gebrauchsspuren zeigen, und um Absplisse sowie Kerne. Hinzu kommen 29 Klingen, von denen ebenfalls einige Gebrauchsspuren aufweisen. Unter den lediglich sieben Geräten sind zwei Stichel, eine Mikrospitze, zwei Spitzen, ein Trapez sowie ein Bohrer. Ein sicher mesolithischer Fund

Abb. 6: Mesolithische Feuersteinartefakte von Dissenchen 19: Zwischen zwei Kernsteinen liegen eine Mikrospitze, ein Kerbrest und ein Trapez (Foto K. Müller, BLDAM).

ist die Mikrospitze. Das Trapez sowie ein Kerbrest können sowohl neolithisch als auch mesolithisch sein. Insgesamt kann man daher für den Fundplatz eine spätmesolithische Datierung annehmen, wobei das Fundspektrum sowohl die Herstellung von Geräten als auch die Bearbeitung von Jagdbeute an diesem Ort belegt (Jansen 2003, 45–46).

Eine Feuer- oder Herdstelle war nicht zu beobachten. Allerdings traten in einigen Bereichen gehäuft kleine, poröse Bruchstücke von Steinen auf, die Hinweise auf Feuereinwirkung geben können, ebenso wie einzelne brandrissige Silices. Allerdings könnten diese Stücke auch zur Feinbearbeitung erwärmt worden sein (Steinmann 2003, 23).

Die geringe Fundzahl und die kleine Menge an Geräten sprechen einerseits für einen angeschnittenen Randbereich eines Lagerplatzes oder andererseits dafür, dass bei Verlassen der Stelle die produzierten Geräte sorgfältig eingesammelt und mitgenommen und dabei jedoch einzelne Stücke übersehen wurden. Da lediglich ein künstlicher Ausschnitt erfasst wurde, ist der tatsächliche Charakter des Fundplatzes nicht zu bestimmen.

Geographisch auffallend nah, nur etwa 80–100 m nordöstlich, liegt der bereits 1998 ausgegrabene Lagerplatz Dissenchen 11(Abb. 4). Hier konnten auf 400 m^2 2500 Artefakte geborgen werden. Dabei zeigte sich, dass unter dem Fundmaterial sowohl spätpaläolithische als auch mesolithische Stücke waren. Das Gelände war ebenfalls kleinräumig gegliedert durch sandige, trockene Kuppen und feuchte Senken (Kayser 1999, 18, 20). Auch in der benachbarten Gemarkung Groß Lieskow sind 2004 sechs weitere mesolithische Fundplätze entdeckt worden. Hier war das Fundaufkommen insgesamt wieder eher gering. Zwei der Fundplätze konnten als kurzfristige Schlagplätze interpretiert werden, ein dritter ist wohl häufiger aufgesucht worden (Fries 2005, 163–164).
So zeigt sich unser Fundplatz Dissenchen 19 als Teil einer häufig aufgesuchten Kleinregion, in welcher die Schlag- und Lagerplätze z.T. nur etwa 100 m von einander entfernt waren. Für die Gemarkung Heinersbrück im Tagebau Jänschwalde hat Lutz Jansen steinzeitliche Lagerplätze sogar mit durchschnittlichen Abständen von 40–50 m nachgewiesen, die er entlang des Hangbereichs von Dünen lokalisierte (Jansen 2003, 43).

Literatur

Beran 2001
J. Beran, Gräberfeld der Trichterbecherkultur und Siedlungsfunde der Schnurkeramik vom Fundplatz Heinersbrück 31/35. Ausgrabungen im Niederlausitzer Braunkohlenrevier 2000 = Arbeitsberichte zur Bodendenkmalpflege in Brandenburg 8 (2001) 95–109.

Fries 2005
J. E. Fries, Jagen und Sammeln in den Dünen. Alt- und mittelsteinzeitliche Fundplätze im Tagebau Cottbus-Nord. Ausgrabungen im Niederlausitzer Braunkohlenrevier 2004 = Arbeitsberichte zur Bodendenkmalpflege in Brandenburg 14 (2005) 157–166.

Jansen 2003
L. Jansen, Kulturschichten ohne Grenzen. Steinzeitliche Siedlungen an der Malxe. Ausgrabungen im Niederlausitzer Braunkohlenrevier 2001 = Arbeitsberichte zur Bodendenkmalpflege in Brandenburg 11 (2003) 31–54.

Kayser 1999
H. Kayser, Spätglaziale Dünenlandschaft mit steinzeitlichen Rastplätzen im Tagebau Cottbus-Nord. Ausgrabungen im Niederlausitzer Braunkohlenrevier 1998 = Arbeitsberichte zur Bodendenkmalpflege in Brandenburg 6 (1999) 17–22.

Rinne 2003
Chr. Rinne, Erste Schritte nach der Eiszeit. Steinzeitliche Funde im Tagebau Welzow-Süd. Ausgrabungen im Niederlausitzer Braunkohlenrevier 2001 = Arbeitsberichte zur Bodendenkmalpflege in Brandenburg 11 (2003) 15–18.

Steinmann 2003
Chr. Steinmann, Spätpaläolithischer Rastplatz mit Gruben an der Malxe. Ausgrabungen im Niederlausitzer Braunkohlenrevier 2001 = Arbeitsberichte zur Bodendenkmalpflege in Brandenburg 11 (2003) 19–30.

Winkler 2011
K. Winkler, Ausgrabungen an der Spree. Ausgrabungen im Niederlausitzer Braunkohlenrevier 2008 = Arbeitsberichte zur Bodendenkmalpflege in Brandenburg 21 (2011) 23–37.

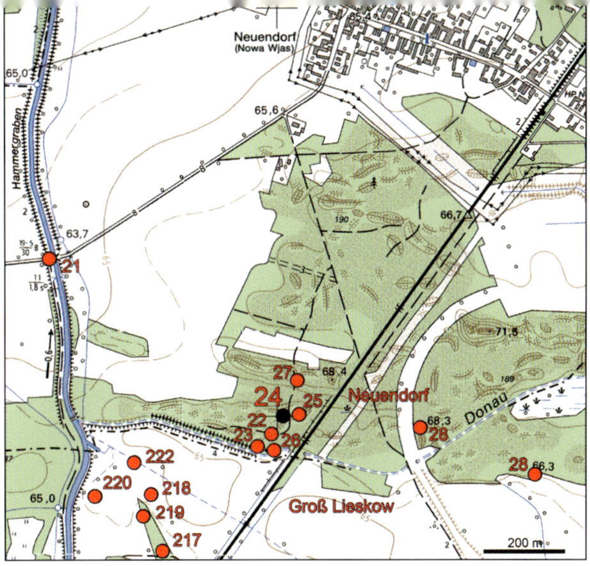

Abb. 1: Fundplatzkonzentration mit schnurkeramischem Hügelgrab (24) am Donaugraben bei Neuendorf (Karte LGB, digitale TK 10, Eintragungen BLDAM).

Schnurkeramik an der Donau. Ein Grabhügel bei Neuendorf, Stadt Cottbus

Klaus-Peter Wechler

Zwischen 2011 und 2013 konnte im Vorfeld des Tagebaus Cottbus-Nord südlich der Ortslage Neuendorf, Landkreis Spree-Neiße, unter Leitung von Horst Rösler eine Gruppe von sechs schnurkeramischen Fundplätzen untersucht werden. Sie befinden sich innerhalb des Baruther Urstromtales im südwestlichen Teil eines ausgedehnten Dünenfeldes. Dieses wird nach Süden von der Donau begrenzt, ein heute durch die Lage im Tagebauvorfeld trocken gefallenes Fließ mit diesem schönen Namen, das das Gelände in westliche Richtung hin zur Spree entwässert (Nicolay et al. 2013, 103, 104 Abb. 30).

Abb. 2: Vom 8 m großen Grabhügel Neuendorf 24 waren im Planum konzentrische Kreise erhalten geblieben (Foto H.-G. Schiemenz, BLDAM).

Abb. 3: Vor der Ausgrabung schon einmal gegraben: Spatenspuren im nordöstlichen Ringgraben (roter Rahmen in Abb. 4) (Foto A. Bischof, BLDAM).

Die spätneolithischen Fundstellen Neuendorf 22–27 kamen innerhalb eines nur 170×200 m großen Areals in erhöhter Lage am Rande der Niederung zutage. Sie zeichneten sich in der Regel als Streuung von Keramik, Silexartefakten, gebrannten Knochen und Holzkohle ab. Nur vereinzelt konnten Verfärbungen (Gruben/Pfosten) dokumentiert werden. Von diesen wohl auf Siedlungsaktivität zurückgehenden Plätzen heben sich die als Neuendorf 24 dokumentierten Überreste eines Grabhügels ab. Sie seien im Folgenden näher vorgestellt.

Das Grab wurde im Oktober 2011 unter einer 0,2 m mächtigen Flugsanddecke freigelegt. Der durch Stubbenlöcher gestörte Befund zeichnete sich als zonal gegliederte ringförmige Verfärbung mit einem Außendurchmesser von 8 m ab (Abb. 2). Die leicht zur Mitte hin ansteigende Innenfläche weist Abmessungen von 3,9×4,4 m auf. Sie besteht aus graugelbem mit Holzkohleflittern, Silexartefakten und Scherben durchsetztem Sand. Diese Schicht wies eine Mächtigkeit von maximal 0,3 m auf. Vom grauweißen Sand des Anstehenden war der Horizont klar abgesetzt. Reste einer Bestattung konnten innerhalb des Hügelringes nicht nachgewiesen werden.

Bereits bei Anlage des ersten Planums fielen Gesteinssplitter auf, die in diesem Dünengelände nur durch den Menschen in das Sediment gelangt sein konnten.

Zusätzlich fand sich am südlichen Rand des Grabhügels ein kleinerer ovaler Grabenring mit NW – SO Orientierung. Dieser besitzt Abmessungen von 4,75×4 m und setzt sich nach Süden etwas über

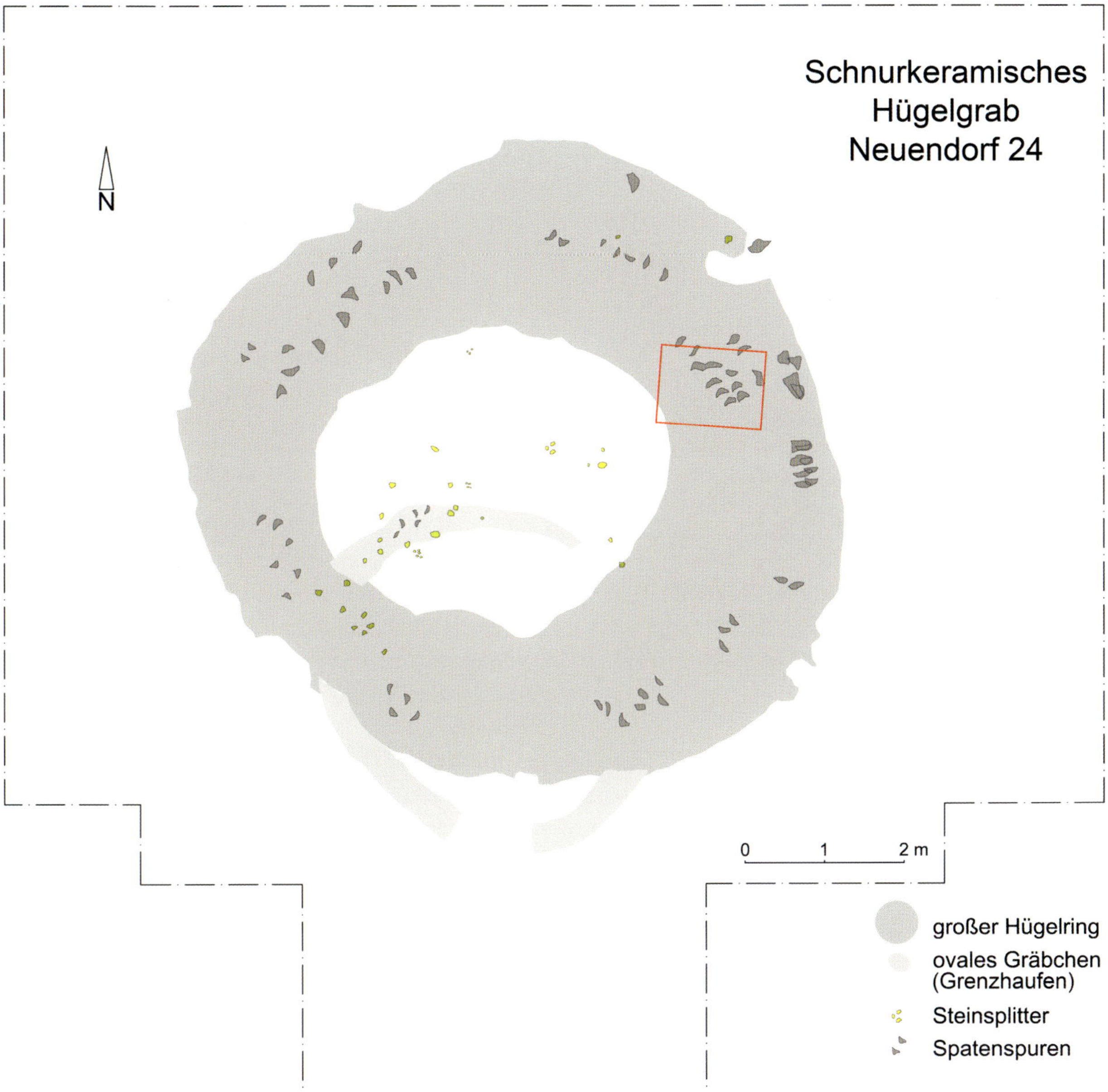

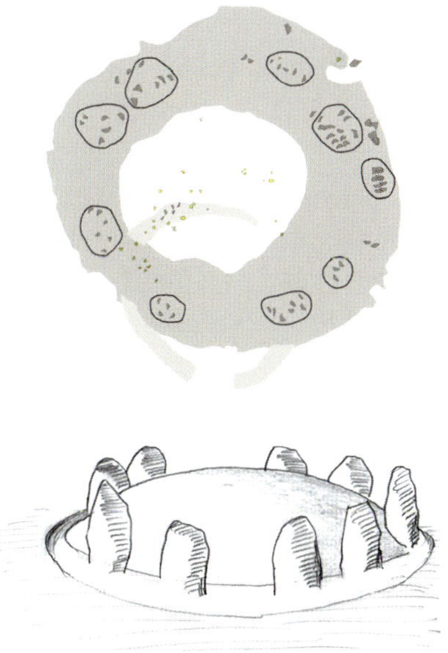

Abb. 4: Plan des schnurkeramischen Grabhügels mit Spatenspuren und Steinsplittern ausgegrabener und zerschlagener Steine mit Rekonstruktionsversuch (Plan A. Bischof, K.-P. Wechler; Reko E. Bönisch, alle BLDAM).

Abb. 5: Ansicht von Süden mit dem Ringgräbchen eines neuzeitlichen Grenzhaufens. Dieser stratigrafisch jüngere Befund wird nur scheinbar vom Ringgraben des Hügels überschnitten (Foto A. Bischof, BLDAM).

den Rand des großen Hügels hinweg fort. Das durchschnittlich 0,4 m breite und 0,1 m tiefe, mit dunkelgraubraunem humosem Sand verfüllte Gräbchen überlagert den Ring des großen Hügels. Bei diesem stratigrafisch jüngeren Befund handelt es sich um den Aushubgraben eines Grenzhaufens (Abb. 4; 5).

Bereits bei Anlage des ersten Planums fielen Gesteinssplitter auf, die in diesem Dünengelände nur durch den Menschen in das Sediment gelangt sein konnten. Insgesamt fanden sich mehr als 50 scharfkantige Fragmente von Sandsteinen und Graniten. Erhaltene Geröllоberflächen weisen auf ihre Zugehörigkeit zu größeren Geschieben hin. Die Verteilung dieser Felsgesteinfragmente geht nicht über den Grundriss des Grabhügels hinaus. Besonders zahlreich traten sie im Bereich der Innenfläche auf (Abb. 4). Gleichzeitig fanden sich Spatenspuren (Abb. 3). Diese sind hauptsächlich über den großen Hügelring verteilt, kommen aber auch innerhalb des ovalen Gräbchens vor. Damit liegt in der Region ein weiterer Beleg für die Zerstörung von Grabanlagen durch Steinschläger in historischer Zeit vor (Bönisch 2007; 2010; Uhl 2013, 79). Die in unserem Planumsbefund erkennbare Untergliederung der ringförmigen Hügelverfärbung geht somit in hohem Maß auf ein Durchgraben in historischer Zeit zurück. Wie die Lage der Splitter belegt, wurden die aufgefundenen Steine anschließend im Bereich der Innenfläche zerschlagen. Wann die Entnahme erfolgte, ist aus dem Befund heraus nicht zu klären. Denkbar wäre, dass die Zerstörung des Bodendenkmals mit der Errichtung der über Cottbus und Peitz verlaufenden Poststraße im 17. Jahrhundert in Zusammenhang steht (Raczkowska-Jones 2013, 239 f.).

Wie die Lage der Splitter belegt, wurden die aufgefundenen Steine anschließend im Bereich der Innenfläche zerschlagen.

Aus dem Bereich des zerstörten Grabhügels stammen 55 Keramikfragmente, 16 Silexartefakte und ein gebranntes Knochenstück. 14 Scherben tragen Schnurverzierung (Abb. 6). Überwiegend handelt es sich um Fragmente, die horizontal umlaufende, häufig in Zweiergruppen angeordnete Schnurlinien aufweisen. Darunter befinden sich ein Randstück (Abb. 6.1) und drei Scherben aus dem Übergangsbereich zum unverzierten Gefäßunterteil (Abb. 6.6, 7). Das größte der Fragmente stammt von einem Becher mit geschwungener Profilierung, auf dessen Hals acht Schnurlinien in Zweiergruppen erhalten sind (Abb. 6.6). Zusätzlich findet sich eine einzelne sehr schwach eingedrückte Schnurlinie unterhalb dieser Verzierungszone. Ein weiteres Randstück und eine Wandungsscherbe gehören zu einer Amphore mit ausladendem Rand und ca. 12 cm Mündungsdurchmesser (Abb. 6.10, 11). Sie weist eine Verzierung aus vier horizontalen Linien auf dem Hals und einem Winkelband auf der Schulter auf. Ob zu diesem Gefäß auch der eingezapfte Henkel (Abb. 6.12) gehört, der mit vertikalen Schnurlinien in vier Zweiergruppen verziert ist, lässt sich nicht entscheiden. Im Keramikinventar sind auch zwei Fragmente mit abgesetztem Boden enthalten, wie sie in schnurkeramischen Komplexen häufiger beobachtet wurden (Bönisch 1996, 51). Beide gehören wahrscheinlich zu einem Gefäß mit ca. 7 cm Bodendurchmesser. Insgesamt lässt sich nach den vorliegenden Resten eine Mindestanzahl von zwei bis drei Gefäßen erschließen.
Die schnurverzierten Scherben sind anorganisch gemagert, häufig mit scharfkantigem Quarz, und weisen keine geglätteten Oberflächen auf. Eine entsprechende Magerung und Machart besitzen auch die unverzierten Scherben. Keramik, die mit einer möglichen Nachbestattung in Zusammenhang stehen könnte, findet sich demnach nicht.

Unter den Feuersteinartefakten sind Abschläge, Klingen und Trümmer vertreten. Mehr als die Hälfte der Stücke war dem Feuer ausgesetzt. Aus dem Spektrum der Abfallstücke fällt lediglich eine Klinge von 25 mm Länge heraus (Abb. 6.13).

Scherben und Silices lassen einen klaren Bezug zum Grabhügel erkennen. Dabei konzentrieren sich die Silexfunde auf den Bereich der Innenfläche und gehen kaum über den äußeren Hügelring hinaus. Die Keramikfunde streuen über die gesamte Fläche des Hügels, setzen sich aber auch nach Norden über den Rand der Verfärbung hinweg fort.

Abb. 6: Die Verteilung von Scherben, Silex und Knochen im Grabhügelareal zeigt ein zerstörtes Grabinventar aus schnurverzierter Amphore, Becher und Messer-Klinge. (Fotos K.-P. Wechler, Zeichnungen E. Liersch, beide BLDAM).

Dem vorliegenden Befund können weitere Kreisgräben an die Seite gestellt werden, die als letzte Reste eingeebneter schnurkeramischer Grabhügel erhalten geblieben sind (Rösler 2001, 114 Abb. 92). Es handelt sich um die am Rand und im Vorgelände der Hornoer Hochfläche aufgedeckten Anlagen von Briesnig 75, Briesnig 80 und Horno 4. Größenmäßig entspricht der Hügel von Neuendorf 24 diesen Befunden, deren Abmessung zwischen 7 und 9,5 m beträgt (Kubenz 2000, 50, 51 Abb. 39; Rösler 2001, 116). Auch die Lage stimmt überein. Der Hügel von Neuendorf 24 befindet sich bei 66 m NN. Die schnurkeramischen Grabhügel an der Hornoer Hochfläche nehmen einen Höhenbereich zwischen 64 und 68 m NN ein (Rösler 2001, 114 Abb. 92).

Der zerstörte Grabhügel von Neuendorf 24 kann durch das Vorhandensein der Winkelbandverzierung und des verzierten Henkels mit der späten

Größere Steine dürften wohl erst am Rand des Urstromtales verfügbar gewesen sein. Dies würde einen Transport über eine Distanz von mindestens fünf Kilometern bedeuten.

Phase (2400–2200 v. Chr.) der schnurkeramischen Kultur verbunden werden (Beran 2001, 103; Stapel 1999, 36). Der Befund macht deutlich, dass auch in topografisch unscheinbaren Dünengebieten innerhalb des Urstromtales mit dem Auftreten von schnurkeramischen Grabhügeln zu rechnen ist. Bemerkenswert ist der Aufwand, der für die Errichtung der Anlage betrieben wurde. Größere Steine dürften wohl erst am Rand des Urstromtales verfügbar gewesen sein. Dies würde einen Transport über eine Distanz von mindestens fünf Kilometern bedeuten.

Abb. 7–11: Ablauf der Ausgrabung des Grabhügels, von Nordost: Herstellen des ersten Planums – erstes Eintiefen unter Belassung eines Kreuzsteges – weiteres Eintiefen mit unterem Teil des Ringgrabens und Spatenspuren – Ausleeren des Ringgrabens zur Veranschaulichung der ursprünglichen Einfassung des Grabhügels – vollständiges Profilkreuz (Fotos A. Bischoff).

Abb. 12: Profil vom Ringgraben des Grabhügels mit Grabespuren von der Entnahme der Steine (Foto E. Bönisch, BLDAM).

Literatur

Beran 2001
J. Beran, Gräberfeld der Trichterbecherkultur und Siedlungsfunde der Schnurkeramik vom Fundplatz Heinersbrück 31/35. In: Ausgrabungen im Niederlausitzer Braunkohlenrevier 2000, Arbeitsberichte zur Bodendenkmalpflege in Brandenburg 8 (Calau 2001) 95–109.

Bönisch 1996
E. Bönisch, Die urgeschichtliche Besiedlung am Niederlausitzer Landrücken. Untersuchungen am Oberlauf der Kzschischoka. Forsch. Arch. Land Brandenburg 4 (Potsdam 1996).

Bönisch 2007
E. Bönisch, Grabhügel als Grenzmale. In: aedificio terrae. Beiträge zur Umwelt- und Siedlungsarchäologie Mitteleuropas. Festschrift Eike Gringmuth-Dallmer. Internationale Archäologie, Studia honoria, Bd. 26 (Rahden/Westf. 2007), 79–90.

Bönisch 2010
E. Bönisch, Marksteine des ersten Lausitzer Landesausbaus. Gräber der Buckelkeramik. Archäologie in Berlin und Brandenburg 2008 (Stuttgart 2010) 33–36.

Kubenz 2000
T. Kubenz, Das erste erhaltene Körpergrab der Niederlausitz vom Ende der Steinzeit oder der frühen Bronzezeit. In: Ausgrabungen im Niederlausitzer Braunkohlenrevier 1999, Arbeitsberichte zur Bodendenkmalpflege in Brandenburg 6 (Pritzen 2000) 47–52.

Nicolay et al. 2013
A. Nicolay, A. Raab u. T. Raab, Standort 5. Vorfeld Tagebau Cottbus-Nord. In: T. Raab, F. Hirsch, A. Raab, F. Schopper u. K. Freytag (Hrsg.), Arbeitskreis Geoarchäologie. Jahrestagung 2013. Bd. 2. Tagungsband und Exkursionsführer (Cottbus 2013) 103–108.

Raczkowska-Jones 2013
M. Raczkowska-Jones, Die Alte Poststraße. In: Ausgrabungen im Niederlausitzer Braunkohlenrevier 2009/2010, Arbeitsberichte zur Bodendenkmalpflege in Brandenburg 25 (Wünsdorf 2013) 237–240.

Rösler 2001
H. Rösler, Gräber der Schnurkeramik an der Hornoer Hochfläche. In: Ausgrabungen im Niederlausitzer Braunkohlenrevier 2000, Arbeitsberichte zur Bodendenkmalpflege in Brandenburg 8 (Calau 2001) 111–119.

Stapel 1999
B. Stapel, Heinersbrück 13 und weitere spätneolithische Wohnplätze am östlichen Rand der Malxeniederung. In: Ausgrabungen im Niederlausitzer Braunkohlenrevier 1998, Arbeitsberichte zur Bodendenkmalpflege in Brandenburg 3 (Pritzen 1999) 31–36.

Uhl 2013
U. Uhl, Steinkisten, Steinkreise und Steinstandstellen. Untersuchung des bronzezeitlichen Gräberfeldes Steinitz 13. In: Ausgrabungen im Niederlausitzer Braunkohlenrevier 2009/2010, Arbeitsberichte zur Bodendenkmalpflege in Brandenburg 25 (Wünsdorf 2013) 77–98.

Abb. 1: Grießen auf dem östlichen Hochflächenrand mit der Neiße von Südwest, im Vordergrund Vorschnitt des Tagebaus Jänschwalde. Aufnahme September 2009 (Foto H. Rösler, BLDAM).

Abb. 2: Die sehr schwach hellgrau-braune Fundschicht liegt direkt unter dem Ackerhumus (Foto K. Müller, BLDAM).

Vom Hang gerutscht. Mesolithische, neolithische und bronzezeitliche Funde am Rand der Grießen-Hornoer Hochfläche

Karoline Müller

Bei Prospektionen in den Jahren 2000 und 2001 sind im Tagebau Jänschwalde bei Randriegel (RR) Ost 24 und 25 viele urgeschichtliche Funde entdeckt worden: Steinzeitliche Silices und Keramik, bronzezeitliche Keramik sowie mittelalterliche Funde. In Vorbereitung des Trassenbaus auf dem Randriegel ist im April 2011 der Abschnitt Ost 25 archäologisch untersucht worden. Das Arbeitsgebiet liegt am östlichen Rand der Grießen-Hornoer Hochfläche, an den dort noch relativ seicht zur Neiße hin abfallenden oberen Hängen. Die Hochfläche ist eine Grundmoränenplatte der Saaleeiszeit und setzt sich vor allem aus grob- bis feinkörnigen Sanden zusammen, die auf unterschiedlich tief gelagerten lehmigen Schichten, auf denen z.T. größere Gerölle zu finden waren, aufliegen.

Im mittelbaren Umfeld des Untersuchungsraumes sind mehrere Fundplätze bekannt. In der Neißeaue am Fuß der Hochfläche lag ein bereits ausgegrabener bronzezeitlicher Bestattungsplatz (Grießen 1- Bönisch 1999) und südlich sowie südöstlich sind in den oberen Hanglagen ein weiteres bronzezeitliches Gräberfeld und eine Siedlung bekannt (Grießen 7 und 8). Es lagen demnach für unser Arbeitsgebiet klare Hinweise auf urgeschichtliche Siedlungstätigkeiten vor, die eine Untersuchung der Flächen vor dem Ausbau des Randriegels nötig machten. Zudem zeigen Geländescans deutlich streifenförmige Strukturen, die auf mittelalterliche Wölbackersysteme hindeuteten (Abb. 4).

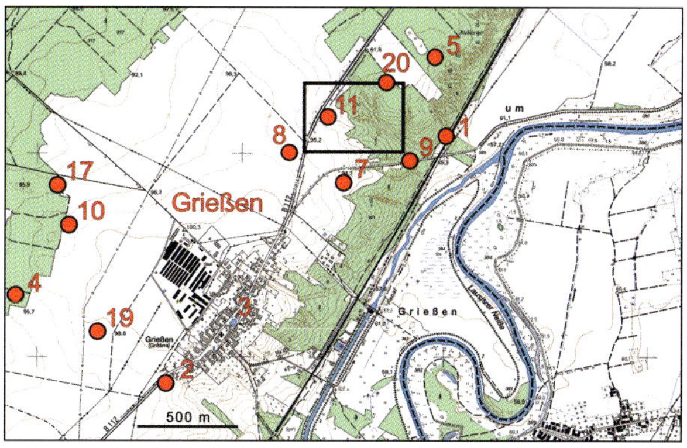

Abb. 3: Der neue Fundplatz Grießen 11 in der Fundplatzkonzentration am Hochflächenrand, Rahmen entspricht Abb. 4 (LGB, digitale TK10; Eintragungen K. Klose BLDAM).

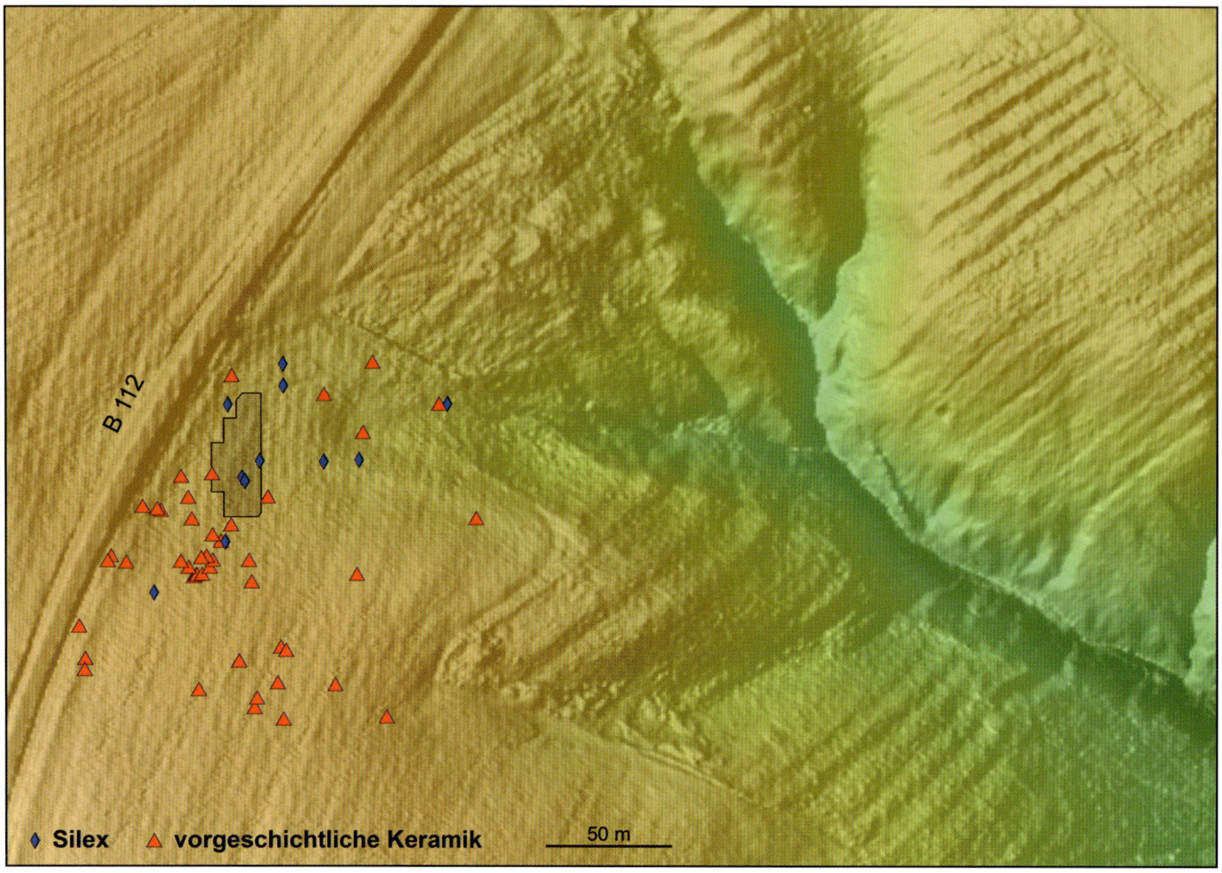

Abb. 4: Kartierte Oberflächenfunde im Umfeld der Grabungsfläche Grießen 11 mit Erosionskerben am Talhang (ALS Vattenfall, April 2008; Eintragungen BLDAM).

Zunächst im Profil einer 1 × 1 m-Handsondage und wenig später auch bei den Arbeiten in der Fläche war eine nur schwach hellgrau-braune fundführende Schicht unmittelbar unter dem rezenten Ackerhumus zu erkennen. Sie war noch zwischen 6 und maximal 20 cm mächtig. Teile dieser Schicht sind sicherlich durch die ständige Bewegung des Oberbodens abgetragen und verlagert. Aus dieser Fundschicht wurden gemischt und stratigrafisch nicht trennbar mesolithische, neolithische und bronzezeitliche Funde geborgen. Sowohl diese Durchmischung als auch die hellgrau-inhomogene Tönung des Bodens deuten auf eine verlagerte Schwemmschicht hin.

Abb. 5: Schnitt 14 liegt im Übergang von lehmigem zu sandigem Untergrund, Blick nach Nord (Foto K. Müller, BLDAM).

Relief und Bodenaufbau legen nahe, dass Teile des sandigen Substrats, die urgeschichtlichen Funde mit sich führend, der Hangneigung folgend Richtung NO erodiert und als Kolluvium in tieferen Bereichen abgelagert sind. Ein Übersichtsfoto von Schnitt SN 14 (Abb. 5) lässt den Übergang vom lehmigen zum sandigen Untergrund gut erkennen. Nur wenige Meter nördlich der Situation, wie sie sich im Foto darstellt, wurde eine Fundkonzentration erfasst. Dort wurde eine Fläche von 10 × 20 m ausgehend vom Baggerplanum quadratmeterweise per Hand bearbeitet. Die Funde sind über eine ovale Fläche von ca. 15 × 25 m verteilt, wobei eine höhere Dichte auf 4 × 7 m liegt (in den Planquadraten 1 – 3, 6 und 8). Die sowohl mesolithischen als auch neolithischen und bronzezeitlichen Funde kamen alle aus einer Schicht inhomogenen, hellgrau-braunen Sandes. Innerhalb dieser Planquadrate zeigen die Funde der verschiedenen Zeitstellungen eine sehr ähnliche Verteilung, die in deutlicher Übereinstimmung mit dem Relief in SW-NO-Richtung verlief. Wie weit das Material aus dem leicht höheren Südwesten weg bewegt wurde, lässt sich nicht ermitteln. Ob zumindest das bronzezeitliche Material mit dem ca. 200 m entfernten Siedlungsplatz Grießen 8 zusammenhängt, ist fraglich. Für das Kolluvium spricht auch, dass ein Großteil der keramischen Funde kleinteilig, stark verwittert und abgerollt ist.

Die jüngsten Artefakte der Fundschicht sind bronzezeitlich. Somit kann als terminus post quem für den Zeitpunkt der (letzten) Verlagerung die Bronzezeit gelten.

Nördlich der Fundkonzentration, in Richtung einer flachen von SW nach NO verlaufenden Erosionsrinne, die nur wenige Augenblicke nach dem Aufziehen mit dem Bagger bereits mit Wasser voll lief, dünnen die Funde stark aus. Wiederum unmittelbar am nördlichen Rand dieser Rinne traten erneut Funde in Schwemmsandschichten auf, hauptsächlich kleine urgeschichtliche, wahrscheinlich schnurkeramische Keramikscherben. Möglicherweise liegt hier eine weitere erosionsbedingte Fundkonzentration vor, die ihren Ursprung in westlicher oder NW-Richtung hat, wo das Relief erneut leicht ansteigt.

Am vorletzten Grabungstag sind in Sondage 32 beim Durchkratzen des Bodens, ausgehend vom Baggerplanum, ca. 0,20 m tiefer im Planum 1 (ca. 0,70 m unter GOK) sechs parallel verlaufende linienförmige Strukturen entdeckt worden, sehr wahrscheinlich Hakenpflugspuren (Abb. 6). In der darüber liegenden, im gesamten Grabungsareal beobachteten, umgelagerten Sandschicht fanden sich zwei kleine urgeschichtliche – wohl neolithische – Scherben sowie zwei Silextrümmer. Da diese Deckschicht jedoch vermutlich nicht mehr an ihrem originären Platz liegt, hilft sie nicht einmal als terminus ante quem zur Datierung der Hakenspuren. Bei zukünftigen Ausgrabungen auf anschließenden Flächen kann hier mit weiteren interessanten Befunden gerechnet werden.

Abb. 6: Hakenpflugspuren unter Schwemmsanden, die auch urgeschichtliche, wahrscheinlich jungsteinzeitliche Scherben und Silextrümmer enthielten (Foto K. Müller, BLDAM).

Das Fundmaterial von Grießen 11 besteht aus mesolithischen Silices, neolithischer Keramik und Silices sowie möglicherweise einzelnen bronze-

Abb. 7: Feuerstein-Artefakte von Grießen 11: Neolithische Pfeilspitze und Mikrospitze, Dreiecke, Querschneider und Trapez (oben), Silex mit Flächenretusche, Mikrokratzer und Kratzer (unten) aus dem Mesolithikum (Foto K. Müller, BLDAM).

zeitlichen Keramikfunden. Beim neolithischen Keramikmaterial überwiegen unverzierte, grob gemagerte Scherben, die vermutlich schnurkeramisch datieren. Von insgesamt 659 Silexfunden besteht der größte Teil aus den Resten der Grundbearbeitung, wie Abschläge und Trümmer. Hinzu kommen 13 Kerne, 42 Klingen sowie einige Geräte: eine kleine spätneolithische bzw. frühbronzezeitliche flächig retuschierte und an der Basis leicht eingezogene Pfeilspitze, eine mesolithische Quer- bzw. Pfeilschneide, zwei mesolithische Mikrokratzer, vier vermutlich mesolithische Kratzer, zwei

Mesolithische Fundplätze liegen in den Tagebauen der Niederlausitz bislang vor allem im unteren Hangbereich von Niederungen, auf kleinen Kuppen sowie an Dünenhängen, so dass entsprechende Artefakte in diesen hohen Lagen durchaus überraschten.

langschmale Dreiecke aus dem Mesolithikum, ein Trapez der gleichen Zeit, zwei Stichel sowie eine Mikrospitze (Abb. 7). Auffallend ist, dass sich insgesamt lediglich sechs Absplisse im Silexmaterial befinden. Möglicherweise sind diese kleinen, leichten Stücke durch die Erosion weiter hangabwärts transportiert worden als die Größeren.

Scherben von wohl bronzezeitlichen Siebgefäßen sind neben fünf neolithischen verzierten Scherben mit Punkt- und Strichverzierung, waagerechten Linien und Fingereindruck die einzigen auffälligeren Stücke. Hinzu kommen noch fünf Bandhenkelfragmente bzw. -ansätze. Die Randscherben zeigen sehr einfache gerade Formen mit nur schwach gerundeten Randlippen. Aus Handsondagen nördlich der zuletzt freigelegten Erosionsrinne wurde je ein kleines Stück weiß-gebrannter Knochen aus den Schwemmsanden geborgen.

Auf einem Großteil der untersuchten Grabungsflächen sind beim Oberbodenabtrag mit dem Bagger unmittelbar unter dem rezenten Ackerhorizont und, wo vorhanden, in die umgelagerte Fundschicht eingreifend, Spuren mittelalterlicher Landwirtschaft beobachtet worden. Bei den regelhaft SW-NO verlaufenden linearen Strukturen unterschiedlicher Breiten handelt es sich um Ackerfahren, die zwischen Wölbäckern verliefen.

Ein interessanter Vergleichsbefund zu diesem Fundplatz ist Heinersbrück 13, etwa 7 km weiter südwestlich gelegen, am seichten Hangbereich des östlichen Talrands der Malxe. Im westlichen Teil dieser Niederlassung wurde deutlich, dass die dünne fundführende Kulturschicht nicht in einem einzigen Siedlungsvorgang entstand. Zusätzlich zum schnurkeramischen Material traten charakteristische frühbronzezeitliche Siedlungskeramik sowie eine kleine Silexpfeilspitze mit eingezogener Basis auf (Stapel 1999, 34). Bei Grießen 11 ist zwar von einem verlagerten Fundplatz auszugehen, aber dennoch können die jeweiligen Artefakte nicht von vollkommen verschiedenen Originalplätzen stammen.

Mesolithische Fundplätze liegen in den Tagebauen der Niederlausitz bislang vor allem im unteren Hangbereich von Niederungen, auf kleinen Kuppen sowie an Dünenhängen[1], so dass entsprechende Artefakte in diesen hohen Lagen durchaus überraschten. Ebenso liegen schnurkeramische Siedlungen sonst tendenziell eher am Niederungsrand bzw. am Fuß einer Erhebung, was auf eine klimatische Trockenphase hindeutet (Jansen 2003, 49; Rösler 2000, 43). Auf dem Geschiebelehm der Grundmoränenplatte war nicht nur in feucht-kühlen Klimaphasen vielfach Schichtenwasser verfügbar, das über die Kerbtäler und kleineren Erosionsrinnen ablief (Bönisch 2001, 135). Damit ist die Standortwahl für die Niederlassungen hier bzw. etwas höher im SW, in relativ gewässerferner Hanglage, durchaus verständlich.

Zusammenfassung

Südlich und südwestlich bzw. westlich und nordwestlich oberhalb zweier durch Erosion entstandener Fundkonzentrationen bestanden sowohl ein

1 u.a. Heinersbrück 59, 66, 76, 81: Jansen 2003, 43–49; Heinersbrück 35: Beran 2001; Groß Lieskow: Fries 2005; Striesow 14 und 16: Winkler 2011, 26–34; Merzdorf 23: Berg-Hobohm 2000; Dissenchen 11: Kayser 1999. Neu hinzugekommen Dissenchen 19: Müller, in diesem Band, S. 185–188.

Abb. 8: Bei Regen steht die ansonsten trockene Hochfläche schnell unter Wasser, welches den Boden dann hangabwärts schwemmt (Foto K. Müller, BLDAM).

mesolithischer Lagerplatz sowie eine vermutlich spätneolithisch-frühbronzezeitliche Siedlung. Erosion und moderner Ackerbau führten zur Verlagerung des Fundmaterials, das sich durchmischt in einer Schicht fand. Die mesolithischen Funde mit recht umfangreichen Geräteinventar sowie der großen Menge an Abschlägen und Trümmern der Grundbearbeitung deuten die Reste eines Schlagplatzes an. Das keramische Fundmaterial scheint sich aus Siedlungskeramik zusammenzusetzen. Nördlich der den Fundplatz durchquerenden Erosionsrinne wurden in einer Handsondage Reste einer urgeschichtlichen (?) landwirtschaftlichen Nutzfläche erfasst. Die hier dokumentierten parallelen linienförmigen Strukturen könnten Hakenspuren sein.

Zumindest für das Mesolithikum und die Schnurkeramik ist die Ortswahl der Niederlassungen ungewöhnlich in dieser hohen Hanglage. Das auf dem Geschiebelehm der Grundmoräne anstehende Schichtenwasser, das über kleinere Rinnen und größere Kerbtäler abfloss und somit leicht erreichbar war, könnte die Platzwahl jedoch erklären.

Literatur

Beran 2001
J. Beran, Gräberfeld der Trichterbecherkultur und Siedlungsfunde der Schnurkeramik vom Fundplatz Heinersbrück 31/35. Ausgrabungen im Niederlausitzer Braunkohlenrevier 2000 = Arbeitsberichte zur Bodendenkmalpflege in Brandenburg 8 (2001) 95–109.

Berg-Hobohm 2000
St. Berg-Hobohm, Mesolithische Funde im Tagebauvorfeld Cottbus-Nord. Ausgrabungen im Niederlausitzer Braunkohlenrevier 1999 = Arbeitsberichte zur Bodendenkmalpflege in Brandenburg 6 (2000) 29–32.

Bönisch 1999
E. Bönisch, Kleiner bronzezeitlicher Bestattungsplatz an der Neiße bei Grießen. Ausgrabungen auf der Trasse der Dichtwand des Tagebaus Jänschwalde. Ausgrabungen im Niederlausitzer Braunkohlenrevier 1998 = Arbeitsberichte zur Bodendenkmalpflege in Brandenburg 3 (1999) 53–60.

Bönisch 2001
E. Bönisch, Archäologie auf der Höhe. War die Hornoer Hochfläche früher schon besiedelt? Ausgrabungen im Niederlausitzer Braunkohlenrevier 2000 = Arbeitsberichte zur Bodendenkmalpflege in Brandenburg 8 (2001) 129–140.

Fries 2005
J. E. Fries, Jagen und Sammeln in den Dünen. Alt- und mittelsteinzeitliche Fundplätze im Tagebau Cottbus-Nord. Ausgrabungen im Niederlausitzer Braunkohlenrevier 2004 = Arbeitsberichte zur Bodendenkmalpflege in Brandenburg 14 (2005) 157–166.

Jansen 2003
L. Jansen, Kulturschichten ohne Grenzen. Steinzeitliche Siedlungen an der Malxe. Ausgrabungen im Niederlausitzer Braunkohlenrevier 2001 = Arbeitsberichte zur Bodendenkmalpflege in Brandenburg 11 (2003) 31–54.

Kayser 1999
H. Kaiser, Spätglaziale Dünenlandschaft mit steinzeitlichen Rastplätzen im Tagebau Cottbus-Nord. Ausgrabungen im Niederlausitzer Braunkohlenrevier 1998 = Arbeitsberichte zur Bodendenkmalpflege in Brandenburg 3 (1999) 17–22.

Rösler 2000
H. Rösler, Spuren der Kultur mit Schnurkeramik zwischen Malxe und Neiße. Ausgrabungen im Niederlausitzer Braunkohlenrevier 1999 = Arbeitsberichte zur Bodendenkmalpflege in Brandenburg 6 (2000) 43–46.

Stapel 1999
B. Stapel, Heinersbrück 13 und weitere spätneolithische Wohnplätze am östlichen Rand der Malxeniederung. Ausgrabungen im Niederlausitzer Braunkohlenrevier 1998 = Arbeitsberichte zur Bodendenkmalpflege in Brandenburg 3 (1999) 31–36.

Winkler 2011
K. Winkler, Ausgrabungen an der Spree. Ausgrabungen im Niederlausitzer Braunkohlenrevier 2008 = Arbeitsberichte zur Bodendenkmalpflege in Brandenburg 21 (2011) 23–37.

Abb. 1: Freilegung des Befundes 144 (Foto A. Bischof, BLDAM).

Dissenchen 17 – eine kleine bronzezeitliche Grabgruppe?

Beate Renner

Die Randabflachung am Tagebau Cottbus-Nord brachte nicht nur den dryaszeitlichen Wald (s. Beiträge S. 141–178) zu Tage, sondern auch Reste von vermutlich neolithischen Hausgrundrissen und evtl. bronzezeitliche Gräber. Das Untersuchungsgebiet (Abb. 2) liegt östlich von Cottbus am Südrand des Baruther Urstromtals. Die Schmelzwassersedimente werden an dieser Stelle durch die Sedimente der Spree überdeckt. Das Gelände ist vielfach von Dünen überprägt. Der Grabungsabschnitt Dissenchen 17 war mit einer Kiefernmonokultur bepflanzt, die zum Zeitpunkt der Grabung schon gerodet war. Zur Untersuchung der Grabungsfläche wurden mehrere Schnitte in Baggerschaufelbreite aufgezogen und 23 Sieblochsondagen angelegt. Bei der Erweiterung einer Sondage wurden zwei Pfostensetzungen entdeckt. Daraufhin wurde ein Bereich von 1994 m² flächig untersucht (Abb. 3).

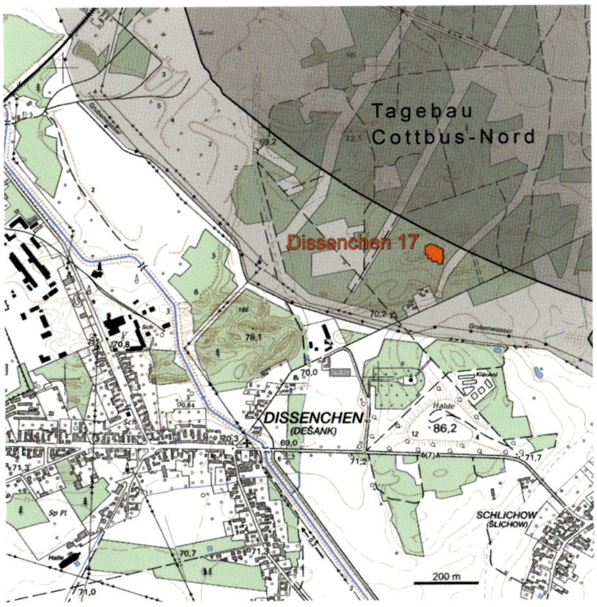

Abb. 2: Lage des Fundplatzes Dissenchen 17 im Randbereich des Tagebaus Cottbus-Nord (Karte LGB, digitale TK 10, Eintragungen BLDAM).

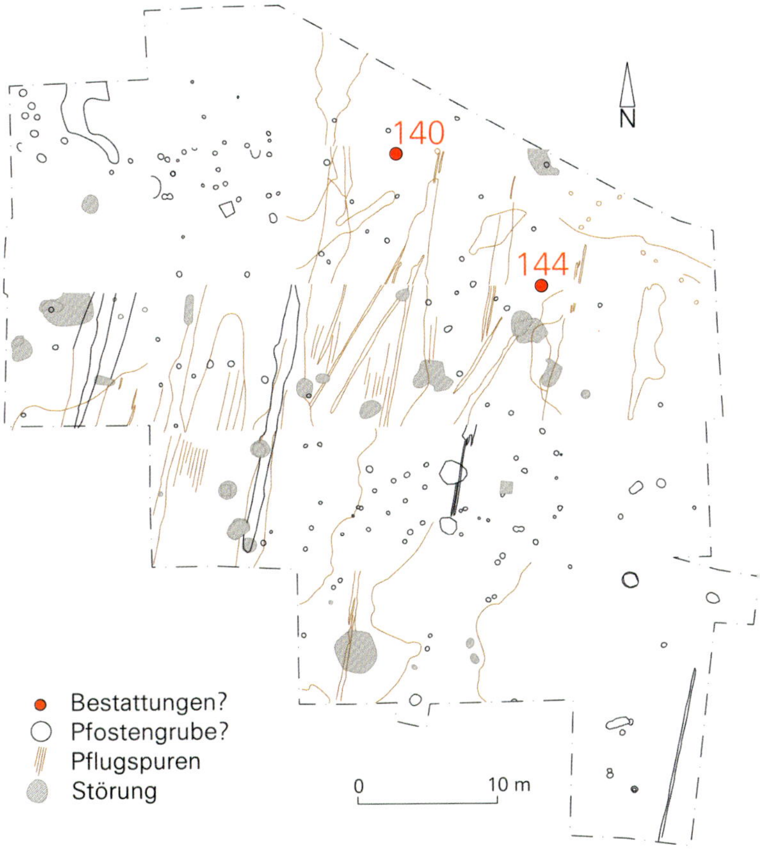

Abb. 3: Grabungsplan Dissenchen 17 mit den beiden bronzezeitlichen Objekten 140, 144 (Plan S. Scholz, BLDAM).

Bei den meisten Befunden handelte es sich um Pfostensetzungen und kleine Gruben. Die Ansprache als Pfostengruben stellte sich im Sandboden als äußerst schwierig heraus. Viele Befunde waren

Abb. 4: Pfostengrube Befund 28 im Planum (Foto B. Renner, BLDAM).

Abb. 5: Pfostengrube Befund 78, geschnitten (Foto L. Schröder, BLDAM).

nur ganz schwach im Planum zu erkennen, andere stellten sich als verkohlte oder vergangene Wurzelreste heraus. Auch nach dem Schneiden blieben etliche Befunde fraglich, zumal sie häufig nur noch flach erhalten waren. Deutliche tiefe Pfostengruben (Abb. 4, 5) waren eher selten. Zudem erwiesen sich zwei erst als Pfostengruben angesehene Befunde als Gefäßdepot und Brandschüttungsgrab. Diese Tatsache führt vor Augen, dass nicht jede Grube in Pfostengröße auch wirklich einen Pfosten enthalten und zu einem Hausgrundriss gehört haben muss. Unterste Reste von Brandschüttungsgruben oder auch Steinsetzungen können so fehl interpretiert werden.

In Befund 144 (Abb. 7–10), in einer rundlichen Grube mit einem Durchmesser von 40 cm, die in den rostrot bis hellbraunen Sand eingetieft war, stand eine Amphore. Die Füllung der Grube bestand aus schwarzfleckigem, mit Holzkohlepartikeln durchsetztem schluffigem Sand. Das mit dem Fragment eines gerauten Topfes (Abb. 8, 9) abgedeckte Gefäß muss demzufolge ursprünglich anstelle der jetzigen Sandfüllung etwas enthalten haben. Es datiert in die Jungbronzezeit.

Abb. 6: Befund 140, geschnitten (Foto A. Bischof, BLDAM).

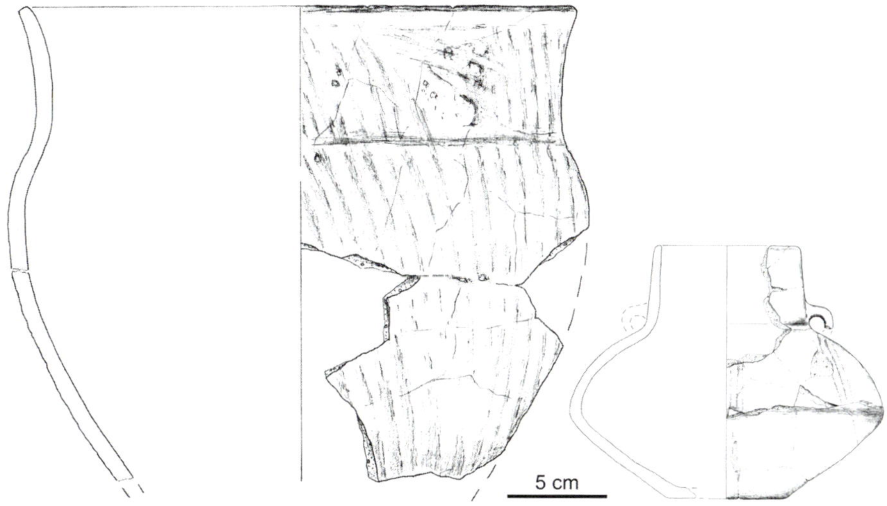

Abb. 7: Grube Befund 144 mit im Schnitt bereits sichtbaren Gefäßen (Foto A. Bischof, BLDAM).

Abb. 8: Befund 144: Großgefäßfragment als Abdeckung auf der Amphore (Foto A. Bischof, BLDAM).

Abb.9: Die beiden Gefäße aus Befund 144. Randdurchmesser des Großbehälters 27 cm (Zeichnung V. Matternja, BLDAM).

Eine weitere, vielleicht als Bestattung anzusprechende kleine Grube, Befund 140, lag 13,70 m nordwestlich von Befund 144. In der unregelmäßig runden, 37 cm großen und nur noch 13 cm tiefen Verfärbung 140 (Abb. 6) lag kalzinierter Knochen. Die Grubenfüllung bestand aus hellgrauem, leicht bräunlichem, schluffigem Fein- bis Mittelsand. Vereinzelt traten darin Holzkohlepartikel auf.

Solche vereinzelten und unscheinbaren Bestattungen lassen sich nur durch großflächige Freilegungen und im vorliegenden Fall durch einen kräftigen Regenguss, der die unauffälligen Verfärbungen im trockenen Sandboden erst erkennen ließ, entdecken. Gleichzeitig wirft dieser Bestattungsplatz die Frage

Abb. 10: Amphore in Befund 144 (Foto A. Bischof, BLDAM).

auf, warum er abseits der teils schon in der Mittelbronzezeit beginnenden und über lange Zeiträume existierenden größeren Gräberfelder angelegt wurde. Möglicherweise sind solche kleinen unscheinbaren und daher oft nicht entdeckten Gräber der Grund für Siedlungen ohne zugehörige Bestattungsplätze (Bönisch 1996, 103, 106 u. 122).

Die Befunde sind in der Hauptsache in einen hellbraun bis z. T. massiv orangefarbenen Bodenhorizont eingetieft worden. Wahrscheinlich handelt es sich um denselben Boden, den R. Kühner als „fuchsrot gefärbter fossiler Bodenhorizont“ beschreibt. Er zeichnet sich auch an anderer Stelle durch neolithische Befunde aus. Dissenchen 17 liegt etwa auf den Höhen 69–69,14 m NN. Da der unter den Dünen begrabene Teil der untersuchten Fläche z.T. tiefer lag und diese Rotfärbung nicht aufwies, wurde vermutet, dass es sich bei den roten Böden um eine ehemalige Hügelkuppe und einen Bsv-Horizont handelt. Die alte Mutterbodenauflage ist eventuell äolisch abgetragen. Der Quadrant 230/330 weist einen begrabenen Ap-Horizont auf einer Höhe von ca. 68,80 m NN auf. In den Schnitten 9 und 15 lagen die Oberkanten der verschütteten Ap-Horizonte bei Höhen von 69,07 und 69,10 m NN.
Das Aufsuchen der Kuppen würde auf ein ursprünglich feuchtes Umland hindeuten, was infolge der Grundwasserabsenkung des Tagebaus nicht mehr nachvollziehbar erscheint, so dass es sich bei den untersten, meist grauen Sandschichten auf den niedriger gelegenen Bereichen der Grabung um reliktische Gley-Böden handelt.

F. Bittmann und C. Pasda (1999) zufolge hat die Dünenbildung in Brandenburg ihre deutlichste Phase im Weichselspätglazial und weitere Phasen der Aufwehung und Umbildung im darauf folgenden Zeitraum bis zum Mittelalter. Die Verhältnisse können dabei sehr komplex sein. So hat in Groß Lieskow eine Dünenbildung im Alleröd statt gefunden, während es 1 km weiter südlich zur Bodenbildung auf Dünensand kam.
Durch den Eingriff der Menschen in der Spätbronzezeit erfolgte dann eine starke Umbildung der Dünen durch Rodung mit Entblößung des Bodens und eine anschließende Auswehung von Lockermaterial durch den Wind. Die Schaffung waldfreier Bereiche führte zu einer erneuten Bewegung der im Spätglazial gebildeten Binnendünen. Dieser Vorgang wiederholte sich im Mittelalter (vgl. den Beitrag B. Renner, in diesem Band S. 267–269). In den Quadranten 230/330, 240/350, 270/350 und den Schnitten 9, 10, 15 und 19 sowie in mehreren Sieblochsondagen wurden in Dissenchen überdünte Bereiche geschnitten.

Literatur

Bittman, Pasda 1999
F. Bittmann, C. Pasda, Die Entwicklung einer Düne während der letzten 12 000 Jahre, Untersuchungsergebnisse von Groß Lieskow (Stadt Cottbus) in der Niederlausitz. Quartär Bd. 49/50, 1999, 39–51.
Gautier 2001
Y. Gautier, Bausteine einer spätglazialen Landschaft im Baruther Urstromtal (Ldkr. Spree-Neisse). Die Kunde, NF 52, 2001, 229–238.
Kayser 1999
H. Kayser, Spätglaziale Dünenlandschaft mit steinzeitlichen Rastplätzen im Tagebau Cottbus-Nord. Ausgrabungen im Niederlausitzer Braunkohlenrevier 1998 = Arbeitsberichte zur Bodendenkmalpflege in Brandenburg 3 (Pritzen 1999) 17–22.
Klamm 1993
M. Klamm, Aufbau und Entstehung eisenzeitlicher Ackerfluren, („Celtic Fields“) I, Stand der Forschung. Göttinger Bodenkundliche Berichte 102 (Göttingen 1993).
Kühner 1991
R. Kühner, Einige Aspekte zu bemerkenswerten Pleistozänaufschlüssen im Tagebau Cottbus-Nord. Zeitschr. Geol. Wiss. 19, 1991, 317–330.
Kühner 1995
R. Kühner, Die weichselzeitliche Schichtenfolge im Tagebau Cottbus-Nord. Natur u. Landschaft in der Niederlausitz 16, 1995, 35–45
Poppschötz, Strahl 2004
R. Poppschütz, J. Strahl, Fazies- und Pollenanalyse an einem weichselspätglazialen Flusslauf im „Oberen Spreeschwemmfächer“ bei Cottbus, Berliner Geographische Arbeiten, Bd. 96, 2004, S. 69–88.

Abb. 1: Ein markantes Muster im Lausitzer Sand: sich kreuzende Spuren eines Hakenpfluges, Fundplatz Merzdorf (Foto E. Bönisch, BLDAM).

Kreuz und quer. Ein jungbronzezeitlicher Acker bei Merzdorf

Karoline Müller

Während der Untersuchungen entlang des Wirtschaftswegs an der südwestlichen Kante des Tagebaus Cottbus-Nord, der in einem Bogen östlich und nördlich um den Ort Merzdorf führt, war eine Strecke von insgesamt ca. 1400 m Länge und 5 – 6 m Breite zu bearbeiten. Zum größten Teil wurden baggerschaufelbreite Schnitte unterschiedlicher Länge angelegt. Da der Wirtschaftsweg auch einige Dünen querte, lag hier zunächst ein besonderes Augenmerk. Jedoch waren sowohl in als auch unter den Dünen keine archäologisch relevanten Strukturen zu finden. Nicht auszuschließen ist, dass diese Dünen relativ jung sind, wie eine glasierte Scherbe, die möglicherweise vom Dünenfuß stammt, vermuten lässt.

Anders am nordwestlichen Ende der Maßnahme. Im Umfeld des bereits bekannten, und in den Jahren 2000 sowie 2001 ebenfalls auf einer Trasse untersuchten, bronzezeitlichen Fundplatzes Merzdorf 33 (Hirsekorn 2003) sind weitere siedlungsanzeigende archäologische Spuren entdeckt und dokumentiert worden. Der Untersuchungsraum liegt ca. 900 m östlich der Spree in der Flachlandschaft ihres Schwemmfächers und darin in einem stellenweise kleinteilig bewegten Relief, bestehend aus

Abb. 2: Lageplan des fast dreitausendjährigen Ackers aus der Bronzezeit an der B 168n nordöstlich Cottbus (Pharus-Plan Cottbus, @ www. dein-plan/cottbus.de).

Dünen und Senken. Die trassenförmige Grabungsfläche liegt etwa 400 m nördlich von Merzdorf, einerseits zwischen zwei Dünenkuppen (die südliche ist bereits in den 1970er-Jahren für den Bau des Cottbuser Stadtrings eingeebnet worden – Hirsekorn 2003, 81) und andererseits in einem schwach ausgeprägten Niederungsbereich. Nördlich schloss sich in einer größeren Fläche Flachmoortorf auf grundwassernahem Sand an.

Verschiedene Siedlungsbefunde sind in der neuen Grabungskampagne auf Fundplatz Merzdorf 33 aufgedeckt worden. Neben einer regellos fundführenden Kulturschicht und einem Grubenrest war der Ausschnitt eines bronzezeitlichen Ackers mit sich kreuzenden Hakenspuren von besonderem Interesse. Auf einer Fläche von etwa 15 × 5 m konnte der Acker dokumentiert werden. Dabei sind wahrscheinlich sowohl der nordwestliche Beginn als auch das südöstliche Ende erfasst. Die nur wenige Zentimeter tiefen und zwischen 3 und 8 cm breiten Hakenspuren traten an der Unterkante einer etwa 16 – 20 cm mächtigen Deckschicht auf, in welcher sich viele bronzezeitliche Keramikscherben sowie einige Silexabschläge fanden.

Abb. 3: Freigelegte Ackerfläche mit Hakenpflugspuren in der Breite der Trasse für den Wirtschaftsweg an der B 168n, Fundplatz Merzdorf 33 (Foto K. Müller, BLDAM).

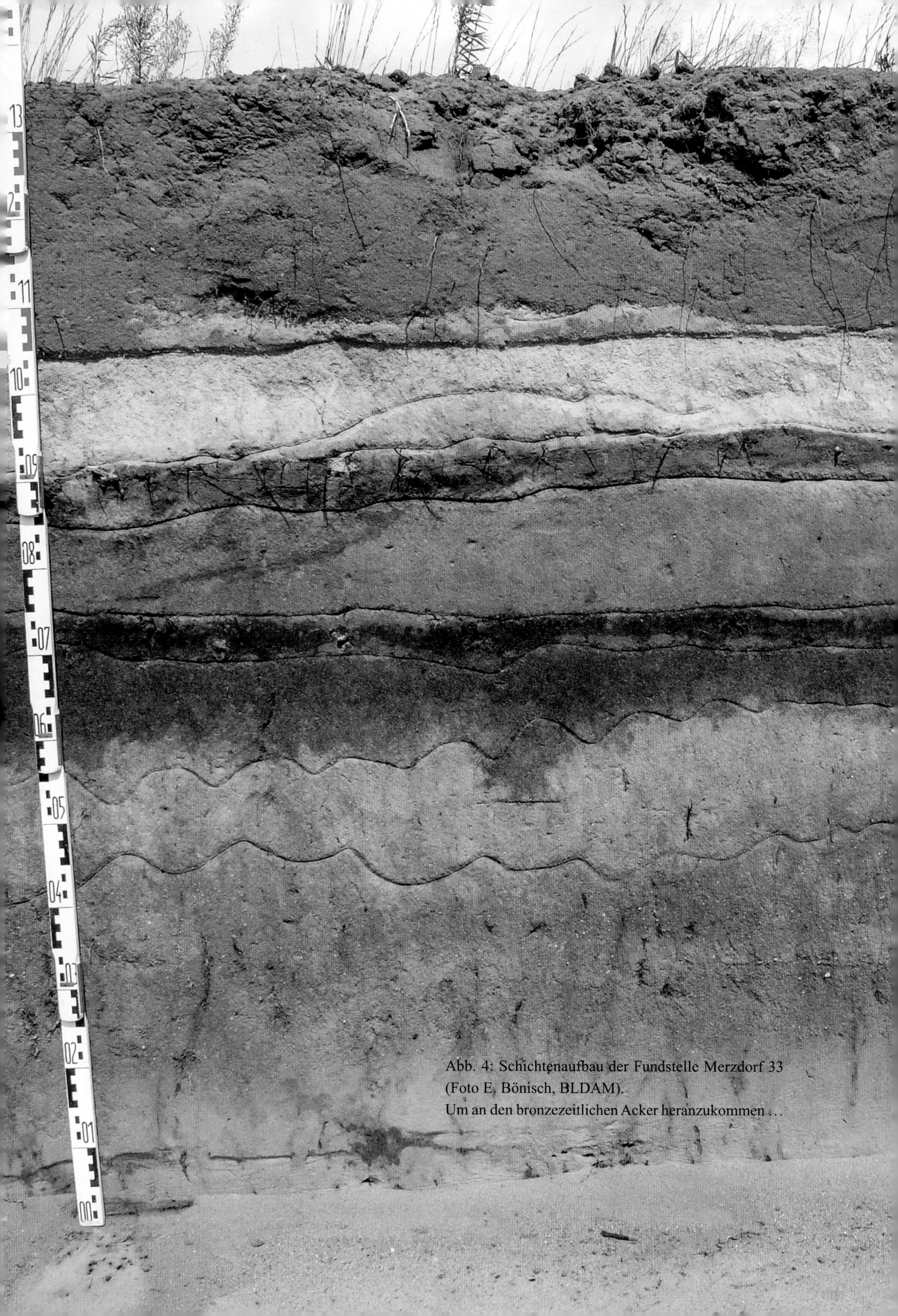

Abb. 4: Schichtenaufbau der Fundstelle Merzdorf 33 (Foto E. Bönisch, BLDAM).
Um an den bronzezeitlichen Acker heranzukommen …

Abb. 5: …mussten etwa 75 cm abgetragen werden: der rezente Oberboden, eine Dünensandschicht, ein schwarzer/grauer ehemaliger Feuchtboden und der schwarze bronzezeitliche Ackerboden bis zu seiner welligen Unterkante ...

Die Datierung der Hakenspuren blieb trotz der genannten Hinweise zur zeitlichen Einordnung unsicher. Die aus der bronzezeitlichen Deckschicht stammenden Funde sowie die Keramik und Holzkohle aus den Spuren selbst, können nur ein terminus ante quem sein (Tegtmeier 1993, 28). Sowohl aus der Deckschicht als auch aus den Hakenspuren selbst wurden Bodenproben entnommen. Holzkohlestückchen aus dem Acker wurden zur C14-Datierung genutzt. Diese ergab ein kalibriertes Datum in der Zeitspanne von 1118-929 BC (2860+/- 30 BP, Labor-Nr. Poz-60974, Mitt. Prof. Dr. habil. T. Goslar, Poznan Radiocarbon Laboratory v. 24.4.2014). Damit wird das angenommene Alter der Pflugspuren bestätigt. Der Acker stammt demnach aus der jüngeren bzw. jüngsten Bronzezeit. Abgesehen von den im Tagebau Jänschwalde ausgegrabenen Hakenpflugspuren von Heinersbrück (Uhl 2003, 58), handelt es sich hier um den ersten bronzezeitlichen und damit ältesten Acker der Niederlausitz.

Das Bild der gekreuzten Linien zeigt leichte Unregelmäßigkeiten in der Ausrichtung. Ob sich daraus mehrere Pflugvorgänge ableiten lassen, kann vermutet, aber nicht mit Sicherheit behauptet werden. Mit welchem Gerät, d.h., mit welchem Ardertyp der Acker bearbeitet wurde, lässt sich aus den Spuren allein nicht ableiten. Wahrscheinlich könnte jedoch die Verwendung eines Geräts vom Typ Walle sein. Der Fund vom namengebenden Walle/Ostfriesland datiert laut der pollenanalytischen Untersuchung von 1945(!) in die frühe Bronzezeit (Jessen 1945, 67–91, zit. nach Tegtmeier 1993). Varianten des Typs können allerdings auch wesentlich jüngeren Datums sein, wie beispielsweise der Fund von Dabergotz/Mecklenburg, der etwa in das 8./9. Jh. n. Chr. datiert (Tegtmeier 1993, 8, 11).

Ob der während der Ausgrabung dokumentierte Ausschnitt einer landwirtschaftlichen Nutzfläche

Abb. 6: ... wie die Hakenpflugspuren im Schnitt erscheinen. Oben das Planum von Südost (Foto K. Müller, BLDAM).

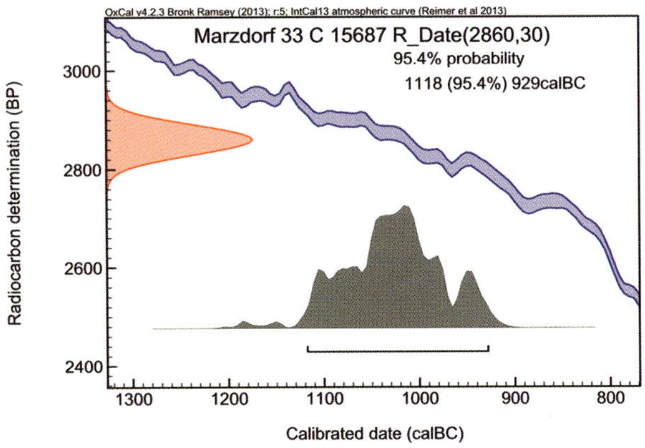

Abb. 7: Kalibrationskurve zur Radiokarbondatierung von Holzkohle aus den über 2860+/-30 Jahre alten bronzezeitlichen Pflugfurchen (T. Goslar, Poznan Radiocarbon Laboratory).

Abb. 8: Freilegen des südlichen Abschnitts der Hakenpflugspuren, von West (Foto K. Müller, BLDAM).

Teil einer Blockflur oder eines andersgearteten Flurrelikts war, ist ebenso nicht bestimmbar. Möglicherweise sind die beiden grabenähnlichen Strukturen jeweils am Ende des Ackers Hinweise auf Ackergrenzen. Falls hier eine annähernd quadratische Blockflur vorlag, betrug die Größe des Ackers ca. 225 m². Bei Nennhausen im Lkr. Havelland ist zwischen 1992 und 1994 u.a. eine bronzezeitliche Ackerflur ausgegraben worden, die eine Ausdehnung von 200 m² hatte (Gautier 1995, 76–77). Ein weiterer, schöner Vergleichsbefund stammt aus Altgaul, Lkr. Märkisch-Oderland, und ist ein zwischen Endneolithikum und Frühbronzezeit zu datierender Acker mit ebenfalls gekreuzten Hakenspuren. Bedingt durch flächendeckende Sandaufwehungen waren diese vermutlich bisher ältesten bekannten Hakenspuren Ostdeutschlands sehr gut konserviert (Lehmphul 2011, 47).

Statistische Bearbeitungen für das nordwestliche und nördliche Mitteleuropa haben ergeben, dass Parzellen mit Flächengrößen von 1000–2000 m² am häufigsten vertreten waren, wobei sich keine Standardgrößen ergaben. Überwiegend hatten die Flurrelikte eine quadratische oder kurzrechteckige Parzellenform innerhalb regelmäßiger oder unregelmäßiger Blockfluren (Müller-Wille 1973, 44). Der trassenförmige Ausschnitt unseres Befundes lässt Rückschlüsse auf die tatsächliche Flurform nicht zu (Ennen/Jansen 1979, 47–50; Fries 1995).

Falls hier eine annähernd quadratische Blockflur vorlag, betrug die Größe des Ackers ca. 225 m².

Aus der Deckschicht des Ackers stammt ein sehr interessanter Fund. Es handelt sich um ein Silexstück, das sehr gut in der Hand liegt und der Form nach als Erntegerät interpretiert werden könnte.

Der südwestliche Abschnitt der Grabungsfläche lag im Bereich der Niederung und deshalb etwas

tiefer als die nördlichen Flächen, die teilweise parallel zum Dünenhang verlaufen. Dieser Umstand begünstigte die Erhaltung der Kulturschicht, die hier nicht bei jüngeren Bautätigkeiten abgetragen wurde. Im Gegenteil, hier scheint gelblich-hellbrauner Sand mittlerer und gröberer Körnung zur Trockenlegung aufgetragen worden zu sein. Die Profile entlang der Grabungsgrenze lassen über der Kulturschicht deutlich ein 6–8 cm dickes, schwarzes, antorfiges Band erkennen, das auf zeitweise stehende Nässe zurückzuführen ist. Diese Feuchtigkeit wirkte sich nicht nur auf die darunter liegenden Böden aus, die sehr inhomogen und stark fleckig ausfielen, sondern auch auf das keramische Fundmaterial. Ein Großteil ist bereits im Boden vergangen bzw. beim Aufdecken zerfallen, so dass insgesamt nur relativ wenig Material vorliegt. Einige Verzierungen, wie flache Ritzungen, parallele Rillen, ein Doppelkonus mit Rillen oberhalb des Umbruchs sprechen für eine jungbronzezeitliche Datierung zumindest der Kultur- und der Deckschicht des Ackers.

Es ist sehr wahrscheinlich, dass die in den Grabungen von 2001 (V. Hirsekorn) dokumentierte Siedlungsschicht sowie die Vorratsgruben ebenso wie die im Jahr 2000 (Chr. Rinne) freigelegten Pfosten und die Grube westlich und südwestlich der jetzigen Trasse mit der Kulturschicht, dem Grubenrest sowie dem Acker der diesjährigen Ausgrabung in einem Zusammenhang stehen. Vermutlich sind hiermit die Außenbereiche der Siedlung mit landwirtschaftlichen Nutzflächen angeschnitten.

Nachtrag der Redaktion

Drei aus den bronzezeitlichen Pflugfurchen gewonnene Holzkohleproben wurden botanisch untersucht (Bericht Michèle Dinies, DAI vom 16.7.2014). Bemerkenswert ist danach die relativ große Diversität dieser drei Proben. Es wurden sieben verschiedene Gattungen nachgewiesen. Die Laubgehölze *Alnus* (Erle), *Fraxinus* (Esche), *Acer* (Ahorn), *Quercus* (Eiche) und *Betula* (Birke) können ufernahem Gehölz bzw. Waldgesellschaften entstammen. Eichen, Birken und Kiefern können Wäldern trocknerer, ärmerer Standorte entstammen. Die wenigen Fragmente von Buchenholzkohle verweisen auf das Vorhandensein nährstoffreicherer Standorte. Es wurden keine verkohlten Samen oder Früchte in den Proben gefunden. Die verkohlten Holzreste aus dem Ackerhorizont widerspiegeln möglicherweise die (natürliche/naturnahe) Bestockung der Fläche vor deren Erschließung als Ackerfläche, vielleicht durch Brandrodung.

Abb. 9, 10: Handelt es sich bei dem in der Ackerschicht gefundenen Feuerstein mit Kantenretusche …
... um ein Erntegerät? (Fotos K. Müller, BLDAM)

Literatur

Ennen/Janssen 1979
E. Ennen, W. Janssen, Deutsche Agrargeschichte. Vom Neolithikum bis zur Schwelle des Industriezeitalters. (Wiesbaden 1979) 47–50.
Fries 1995
J. C. Fries, Vor- und frühgeschichtliche Agrartechnik auf den Britischen Inseln und dem Kontinent. Eine vergleichende Studie. (Espelkamp 1995).
Gautier 1995
Y. Gautier, Pflugspuren der Vergangenheit. Siedlungen der Spätbronzezeit und Römischen Kaiserzeit bei Nennhausen, Lkr. Havelland. Archäologie in Berlin und Brandenburg 1993–1994 (Stuttgart 1995) 76–77.
Hirsekorn 2003
V. Hirsekorn, Ein bronzezeitlicher Lebensbereich in der Dichtwandtrasse am Tagebau Cottbus-Nord. Ausgrabungen im Niederlausitzer Braunkohlenrevier 2001 = Arbeitsberichte zur Bodendenkmalpflege in Brandenburg 11 (2003) 79–82.
Jessen 1945
K. Jessen, The Environment and Dating of the Vebbestrup Plough with Observations of the Age of the Walle Plough. Acta Archaeoligica XVI, 1945, 67–91.
Lehmphul 2011
R. Lehmpuhl, In/unter/auf der Düne. Eine endneolithische bis früheisenzeitliche Siedlungsstratigrafie aus Altgaul, Lkr. Märkisch-Oderland. Archäologie in Berlin und Brandenburg 2009 (Stuttgart 2011) 47.
Müller-Wille 1973
M. Müller-Wille, Acker- und Flurform. HOOPS. Reallexikon der Germanischen Altertumskunde, Bd. 1 (Berlin New York 1973) 44.
Uhl 2003
U. Uhl, Spare in der Zeit... Das bronzezeitliche Speicherareal von Heinersbrück 45, Lkr. Spree-Neiße. In: Arch. Berlin u. Brandenburg 2002 (2003), 56–59.
Tegtmeier 1993
U. Tegtmeier, Neolithische und bronzezeitliche Pflugspuren in Norddeutschland und den Niederlanden (Bonn 1993) 28.

Abb. 1: Feuersteinpfeilspitze mit Flächenretusche von Groß Oßnig 13 (Foto K. Müller, BLDAM).

Neue Fundplätze entlang der Kohleverbindungsbahn

Karoline Müller

Die KVB zwischen Tagebau Welzow-Süd und Kraftwerk Jänschwalde wird seit 2009 auf einigen Abschnitten um eine zweite Spur erweitert. Anders als beim Bau des ersten Gleiskörpers konnten die betroffenen Bereiche nun bauvorbereitend untersucht werden.

Die bereits im Frühjahr 2010 abgeschlossenen Prospektions- und Grabungsarbeiten in den Abschnitten B und C in den Gemarkungen Kathlow und Koppatz hatten unter der Leitung von L. Fiedler und M. Raczkowska-Jones (Raczkowska-Jones 2013) bereits drei neue bronzezeitliche und

Abb. 2: Schnitt mit zahlreichen Grubenverfärbungen von Groß Oßnig 15 (Foto E. Bönisch, BLDAM).

mittelalterliche Fundplätze erbracht. Von September 2010 bis Ende Mai 2011 wurden – mit witterungsbedingten Unterbrechungen – die Abschnitte A und D untersucht. Die Gesamtlänge beider Abschnitte beträgt zusammen ca. 4200 m.

Um erste Informationen sowie Anhaltspunkte für mögliche Hauptuntersuchungen zu erhalten, ist die Strecke zunächst begangen und danach mit 86 1 × 1 m-Handsondagen und zwölf Baggerschnitten prospektiert worden. Auf diese Weise ist mit kleinräumigen Bodeneingriffen und wenig Zeitaufwand ein Überblick erstellt worden, der eine Planung des weiteren Vorgehens ermöglichte. Fünf neue Fundplätze waren das Ergebnis der Voruntersuchung: zwei bronzezeitliche Siedlungen (Tranitz 11, Groß Oßnig 15), ein mesolithischer Schlagplatz (Kathlow 8) sowie eine urgeschicht-

Abb. 3: Pfostenloch oder nur Wurzel? Geschnittene Befunde von Tranitz 11: 32, 33 – Wurzel? und Pfosten?, 77, 78 – Pfosten und Wurzelrest, 91 und 101 – Pfosten oder Wurzel, 110, 111 – Pfosten, 125 – Pfosten oder Wurzelrest? (Fotos K. Müller, BLDAM).

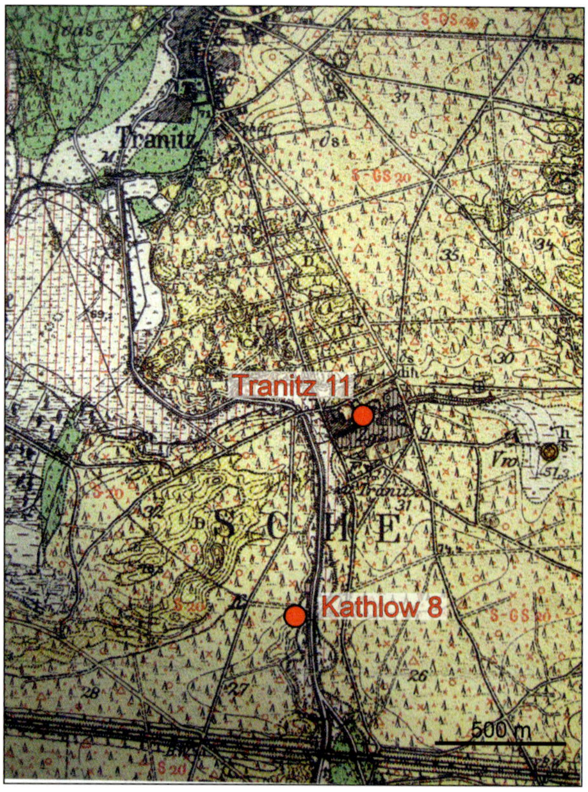

Abb. 4: Der Steinzeitplatz Kathlow 8 und die bronzezeitliche Siedlung Tranitz 11 liegen im Schwemmsand und in Dünenlandschaften an der Tranitz (Geologisches Messtischblatt Bl. 4252 Cottbus-Ost, Eintragungen BLDAM).

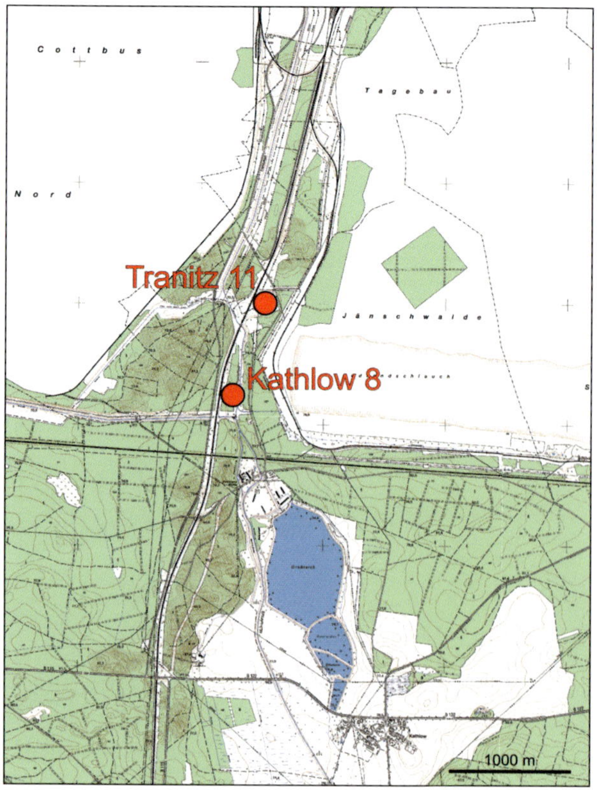

Abb. 5: Lage der archäologischen Ausgrabungen Kathlow 8 und Tranitz 11 an der Kohlebahn zwischen den Tagebauen Cottbus-Nord und Jänschwalde (LGB, digitale TK10, Eintragungen BLDAM).

liche Fundstelle, die nicht näher bestimmbar war (Groß Oßnig 14). Hinzu kommt als fünfter Fundplatz eine am südwestlichen Ende der Strecke, westlich des Ortes Harnischdorf in interessanter Höhenlage im oberen, nach Nordosten abfallenden Hangbereich, ausgegrabene flächig retuschierte Pfeilspitze (Abb. 1). Aus der gleichen Handsondage stammen das Bruchstück einer Klingenlamelle sowie eine unverzierte Wandscherbe, die vermutlich bronzezeitlich datiert (Groß Oßnig 13). Im Umfeld dieser Sondage wurden weitere Suchschachtungen angelegt, die jedoch sämtlich ohne Funde und archäologisch relevante Strukturen blieben.

Auf die Voruntersuchungen folgten die Hauptuntersuchungen der vier übrigen Fundplätze, wobei aufgrund der maßnahmebedingten Trassenform nur überwiegend schmale Ausschnitte erfasst werden konnten.

Bronzezeitliche Siedlung Tranitz 11

Der Fundplatz Tranitz 11 liegt in Abschnitt A der KVB, der parallel zur B 97 zwischen den Tagebauen Cottbus-Nord und Jänschwalde verläuft.

Südöstlich eines durch mehrere kleine Kuppen gegliederten Dünenbereiches liegt der Fundplatz auf eiszeitlichen Sandböden ca. 1,5 km südöstlich des nicht mehr existierenden Ortes Tranitz. Das Gelände fällt hier im Spreeschwemmkegel nur ganz sanft und kaum sichtbar in südlicher Richtung ab.
Auf insgesamt 2651 untersuchten Quadratmetern wurden 137 Befunde dokumentiert. Bei den aufgenommenen Befunden handelt es sich zum größten Teil um Pfostengruben, wobei sich die Befunde in mehreren Fällen nur undeutlich abzeichneten und nicht immer mit Sicherheit zu klären war, ob die Verfärbungen eventuell doch natürlichen Ursprungs sind (Abb. 3).

Eine deutliche Befundkonzentration auf einer Fläche von ca. 20 × 30 m könnte ein Hinweis auf ehemalige Gebäudestandorte sein. Klare Strukturen zeigten sich hingegen nicht.

Die spärlichen Keramikfunde streuten innerhalb dieser Befundkonzentration, zeigten sich aber auch etwas darüber hinaus und erreichten eine Ausdeh-

Im Großen und Ganzen ist die bronzezeitliche Siedlungsschicht jedoch zerstört und nur tiefere Befunde wie Pfostengruben haben sich als kleine Reste erhalten.

nung von ca. 65 × 35 m. Die Gesamtausdehnung vom südlichsten Befund bis zum nördlichsten beträgt ca. 85 m.
Aus den dokumentierten Profilen und den Beobachtungen während des Abziehens mit dem Bagger geht hervor, dass der bronzezeitliche Siedlungsplatz mittelalterlich überformt ist. Reste von Wölbäckern waren deutlich zu erkennen. Hingegen zeigen sich nur an einer Stelle im Süden der erfassten Siedlungsausdehnung minimale Reste der bronzezeitlichen Kulturschicht. Wie die Topografie zeigt, lagen die südlichen Teile etwas tiefer, was die Erhaltung ermöglichte. Im Großen und Ganzen ist die bronzezeitliche Siedlungsschicht jedoch zerstört und nur tiefere Befunde wie Pfostengruben haben sich als kleine Reste erhalten. Auf der gesamten

Abb. 6: Flurgrenze bei Tranitz 11: Von einem Graben begrenzte Ackerfahre (Foto K. Müller, BLDAM).

Fläche fehlen die typischen und in jeder Siedlung notwendigen Herd- und Kochstellen. Da sie in der Regel nicht sehr tief waren, sind wahrscheinlich auch sie – wie der Rest der Siedlungsschicht – durch die mittelalterliche Landwirtschaft abgetragen und verlagert.

Ein O-W-verlaufender Graben kann als Flurgrenze interpretiert werden. Wie Abb. 6 zeigt, gibt es zumindest keinen direkten nördlichen Anschluss von Ackerfahren unterhalb des Grabens.

Insgesamt war das bronzezeitliche Fundaufkommen recht schmal, was jedoch mit der zerstörten Siedlungsschicht in Zusammenhang zu bringen ist. Die geborgene Keramik weist mit einigen Merkmalen auf eine Datierung in die Jungbronzezeit.

Aus der unmittelbaren Umgebung dieses neuen Fundplatzes sind bislang keine Fundstellen bekannt. Im Ortskern des nicht mehr vorhandenen Tranitz soll laut mündlicher Überlieferung, die Eingang in die Ortsakten fand, ein bronzezeitliches Gräberfeld bestanden haben. Dessen Entfernung zum Fundplatz Tranitz 11 beträgt mindestens 1 km. Weitere Funde – hauptsächlich urgeschichtliche, steinzeitliche und mittelalterliche, aber auch bronzezeitliche Lesefunde sowie ein mittelalterlicher Turmhügel – sind aus der Ortslage bzw. an den Straßenverläufen bekannt.[1]

Mesolithischer Fundplatz Kathlow 8

Auch hier war es im Rahmen der Voruntersuchung zunächst eine kleine Handsondage, die auf den

1 Ortsakte der Gemarkung Tranitz, BLDAM.

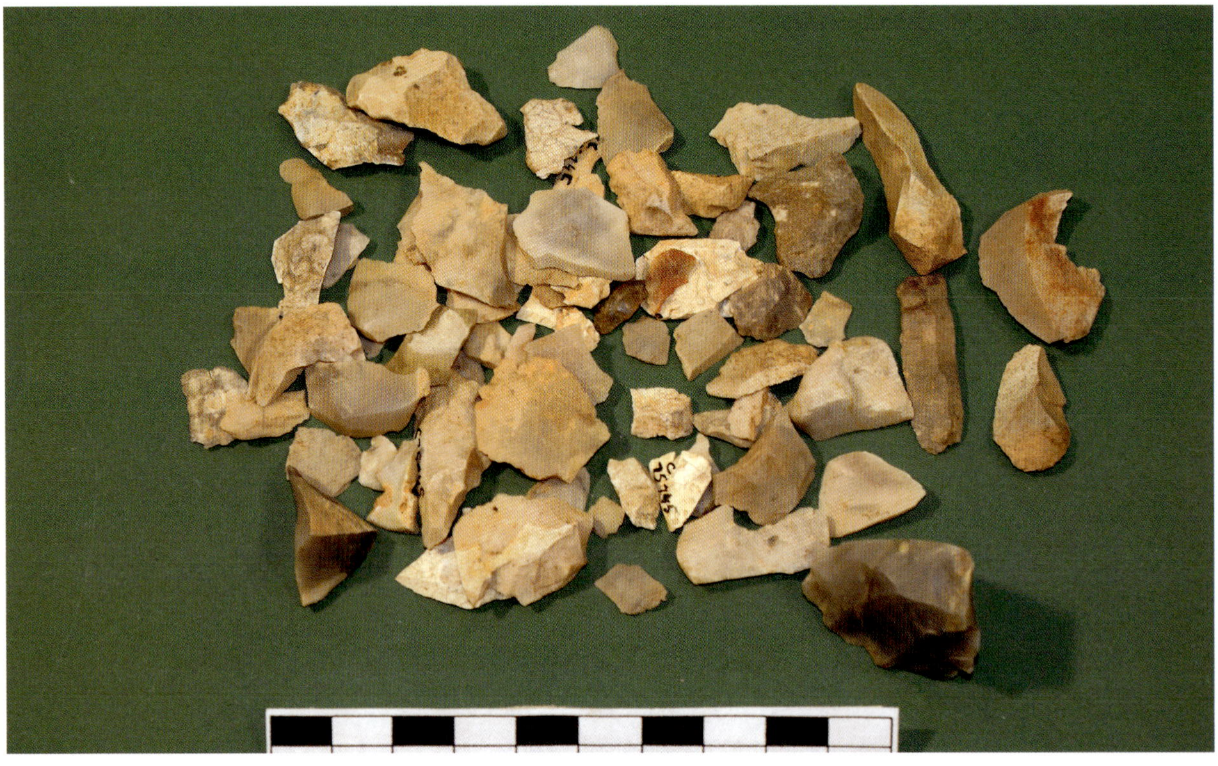

Abb. 7: 80 Feuersteinabschläge und -absplisse aus einem Quadratmeter (PLQ 5/Qu (1) vom mesolithischen Platz Kathlow 8 (Foto K. Müller, BLDAM).

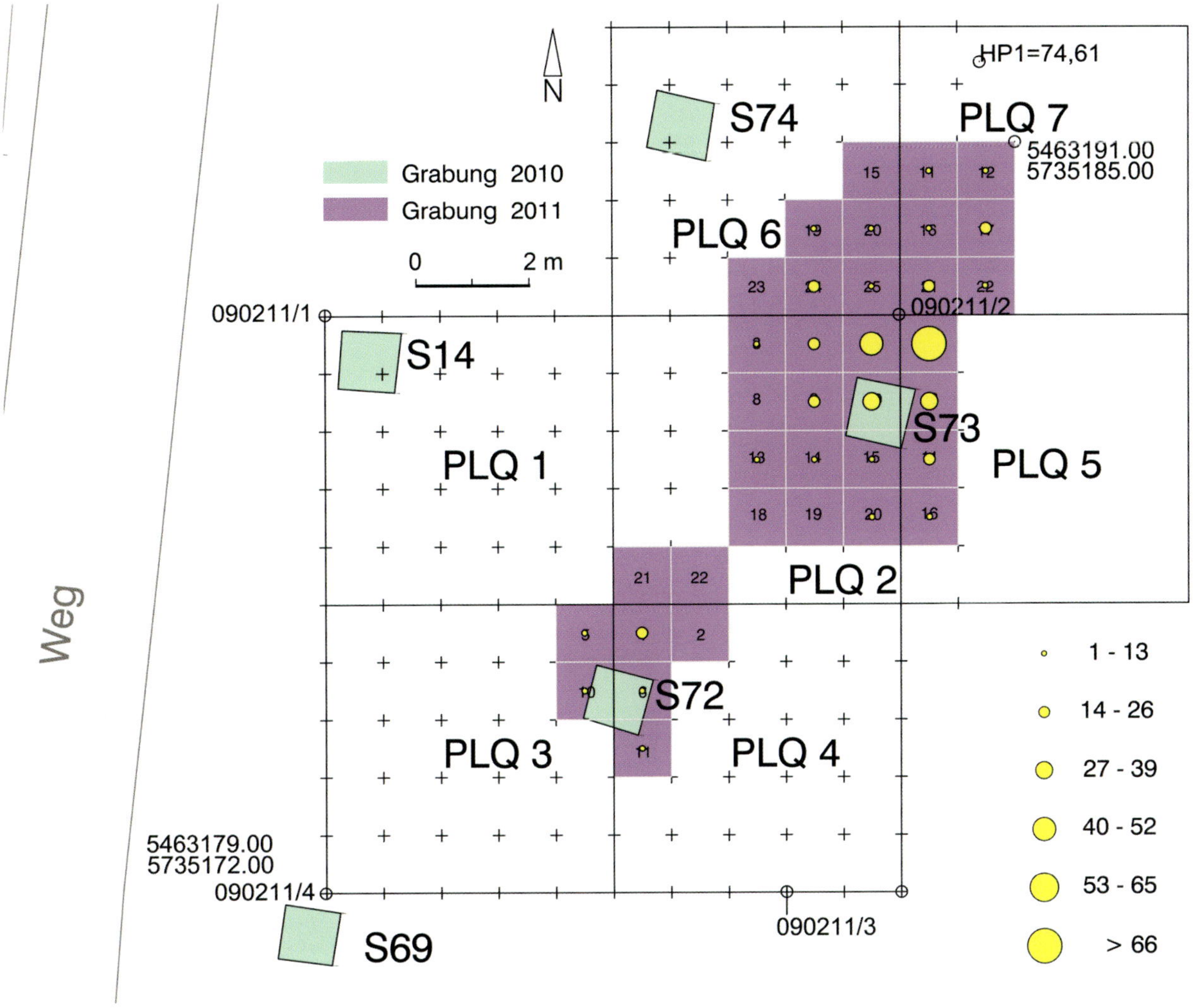

Abb. 8: Kathlow 8, Mengenkartierung der Feuersteinartefakte mit den Sondagen der Voruntersuchung und dem Quadratraster der Hauptgrabung (CAD-Bearbeitung M. Müller, BLDAM).

Fundplatz aufmerksam machte. Noch während der Untersuchungen an Tranitz 11 sind zur engeren Eingrenzung des nächsten Fundplatzes weitere Handsondagen angelegt worden. Zwei von ihnen enthielten mehrere Silices und stellten somit den Ausgangspunkt der Hauptuntersuchung dar.

Die Fundstelle liegt an einer sehr schwach nach Süden hin abfallenden Geländeneigung unter ehemaligem Waldboden. Südlich in mittelbarer Nähe, bei der Kathlower Mühle, zeigt sich ein sehr bewegtes Relief mit kleinen Kuppen. Ebenso erhebt sich nur etwa 100 m westlich der Fundstelle eine weitere vielgliedrige Dünenlandschaft mit mehreren Kuppen. Östlich des Fundplatzes durchzieht das ehemalige Tranitzfließ, begradigt und durch den anschließenden Tagebau trocken gefallen, in einer mehrere Meter breiten Niederung das Gelände. Möglicherweise hatte in prähistorischer Zeit hier bereits ein Gewässer mit ähnlichem Verlauf bestanden. So hätte auf der leichten sandigen Erhebung günstig in Gewässernähe hochwasserfrei gesiedelt werden können.

Ausgegraben wurde im Winter. Solange der Boden gefroren war, mussten die Arbeiten jedoch unterbrochen werden, da gefrorener Sand sich nicht sieben läßt. Auf einer recht überschaubaren Fläche von 36 m^2 sind insgesamt 421 Silices gefunden worden, mit einer deutlichen Häufung am Rand der durch die Schachtscheingenehmigung frei gegebenen Arbeitsfläche entlang der Waldkante (Abb. 8). Im unmittelbar östlichen Anschluss an die Grabungsfläche ist also unbedingt mit weiteren Artefakten dieses mesolithischen Fundplatzes zu rechnen. Gegebenenfalls

Abb. 9: Kathlow 8. Ziemlich unauffällig ist die gelblich-graue Fundschicht mit vereinzelten bronzezeitlichen Scherben zwischen Waldboden und rötlichem Sand (Foto K. Müller, BLDAM).

sind dort unter dem noch bewaldeten Streifen ebenso Informationen zum bronzezeitlichen Fundplatz zu bekommen, der in spärlichen Resten über dem steinzeitlichen Fundhorizont lag. In der diesjährigen Grabung sind erste Anhaltspunkte geliefert worden. Erfreulicherweise sind diese östlich anschließenden Bereiche durch die Bauarbeiten für das zweite Gleis der KVB in keiner Weise beeinträchtigt worden, so dass ein nahtloser Anschluss bei zukünftigen Untersuchungen möglich wäre.

Das wahrscheinlich mesolithische Material stammt aus dem oberen Bereich einer diffusen rötlich-orangen Verbraunung (Abb. 9). Die Zusammensetzung der Funde, eine große Menge an Abschlägen und Trümmern der Grundbearbeitung, sowie das weitgehende Fehlen von Geräten – sieht man mal von drei Mikrospitzen ab – spricht für eine Interpretation als Schlagplatz.
Über der mesolithischen Schicht fanden sich in einer gelblich-grauen Sandschicht einzelne bronzezeitliche Scherben. Bedauerlicherweise erbrachten die im Umfeld angelegten Handsondagen keinerlei Funde oder Befunde, die Hinweise über die Ausdehnung oder den Zusammenhang der bronzezeitlichen Keramikfunde geben könnten. Möglich wäre, dass eine fundführende Schicht von jüngeren Bodenabträgen im Zusammenhang mit dem Bau des ersten KVB-Gleises betroffen war und nur punktuell erhalten blieb.

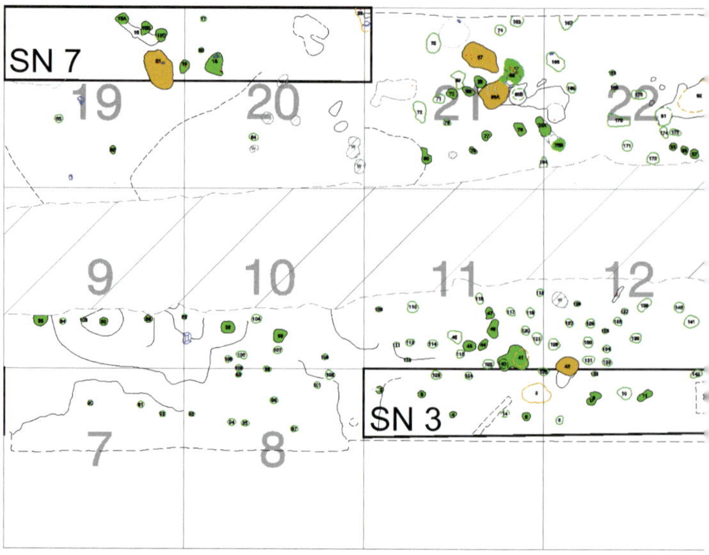

Auch aus dem Umfeld von Kathlow 8 waren bislang keine weiteren Fundstellen oder Hinweise auf ur- und frühgeschichtliche Siedlungstätigkeit bekannt.

Bronzezeitliche Siedlung Groß Oßnig 15

Bei vorbereitenden Geländebegehungen sind im März 2011 mehrere urgeschichtliche Scherben vom umgebrochenen und noch unbewachsenen Acker aufgelesen worden. Somit lagen bereits deutliche Hinweise auf Siedlungstätigkeiten vor, zumal aus dem näheren Umfeld durch Lesefunde bereits mehrere Fundstellen bekannt waren.

Über der bronzezeitlichen Kulturschicht lagen noch weitere Schichten, die eine Zerstörung der bronzezeitlichen Befunde durch die Landwirtschaft verhinderten.

Der Fundplatz befindet sich etwa 8 km südlich von Cottbus in sanfter südwestlich abfallender Hanglage an den Ausläufern des Froschbergs. An dessen Fuß liegt eine kleinräumige Niederung, in welcher der ursprüngliche Jehser Graben verlief. Es kann vermutet werden, dass hier auch in prähistorischer Zeit ein Wasserlauf bestand. Die Oberfläche im Grabungsgebiet steigt von Westen nach Osten leicht an. Im etwas tiefer

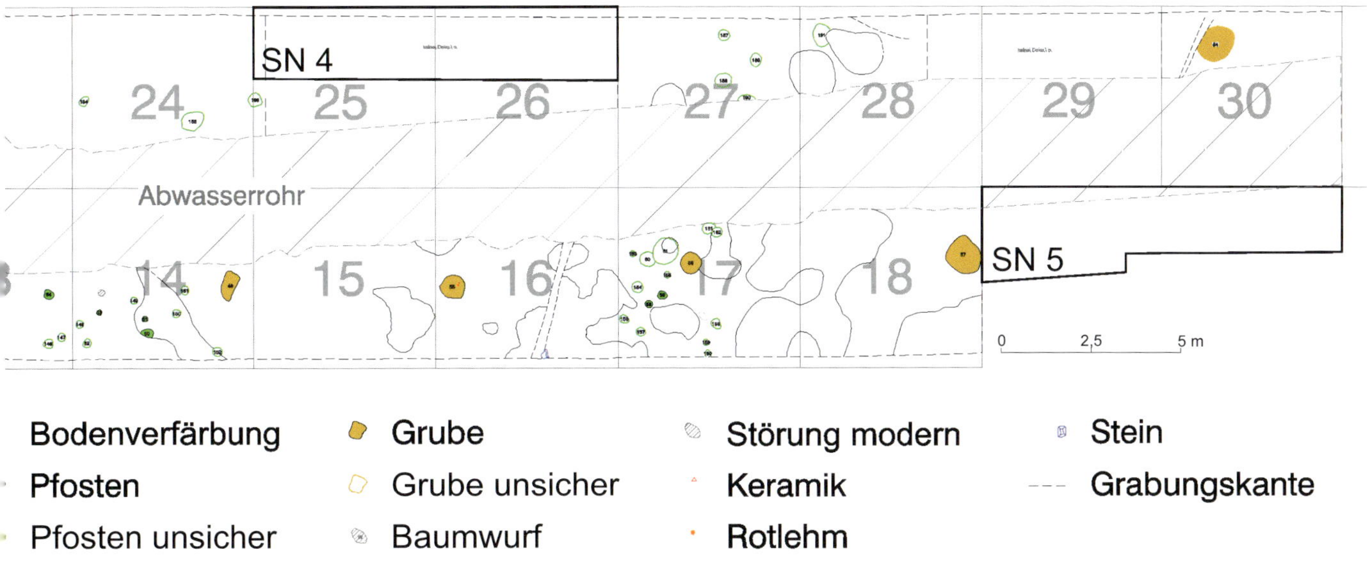

Abb. 10: Groß Oßnig 15, Befundplan des Ausschnittes der bronzezeitlichen Siedlung (CAD-Bearbeitung M. Müller, BLDAM).

gelegenen westlichen Teil war der Profilaufbau zunächst relativ komplex und über der bronzezeitlichen Kulturschicht lagen noch weitere Schichten, die eine Zerstörung der bronzezeitlichen Befunde durch die Landwirtschaft verhinderten. Die östlichen, höheren Bereiche sind von der mittelalterlichen Landwirtschaft und modernem Ackerbau stärker betroffen als die westlichen, wenig tiefer gelegenen Areale. Das heißt, dass Richtung Osten die Kulturschicht in zunehmendem Maße abgetragen ist, bis sie voll im heutigen Ackerhorizont aufgeht.
Mit dieser Ausgrabung konnte der Ausschnitt einer jungbronzezeitlichen Siedlung mit mindestens einem angeschnittenen Hausgrundriss, vielen weiteren Pfostengruben und anderen Siedlungsresten dokumentiert werden (Abb 10, 12).

Unter dem Fundmaterial waren neben vielen Keramikscherben mit z.T. gut datierbaren Verzierungen, sehr viel sekundär gebrannter Keramik und Hüttenlehm mit Pflanzabdrücken auch einige interessante Steine. Sie wurden sämtlich im näheren Umfeld des vermuteten Gebäudes gefunden. Es ist z.B. das Bruchstück eines Mahlsteins, außerdem ein sog. Gniedelstein, der zum Glätten von Tuch und Leder benutzt wurde (Buck 2010, 23), sowie zwei Schlag- bzw. Klopfsteine. Die Schlagmale sind sehr gut erkennbar (Abb. 11.)

Abb. 11: Zwei Schlagsteine, ein „Gniedelstein“ (oben), Mahlsteinfragment und bearbeiteter Stein von Groß Oßnig 15 (Foto K. Müller).

Abb. 12: Groß Oßnig 15: Ausschnitt der Fläche mit vielen Befunden, möglicherweise einem teilweise erfassten Hausgrundriss (Foto K. Müller).

Die über Befunde erfasste Ausdehnung der Siedlung innerhalb der Trassengrenzen beträgt 100 × 12 m.

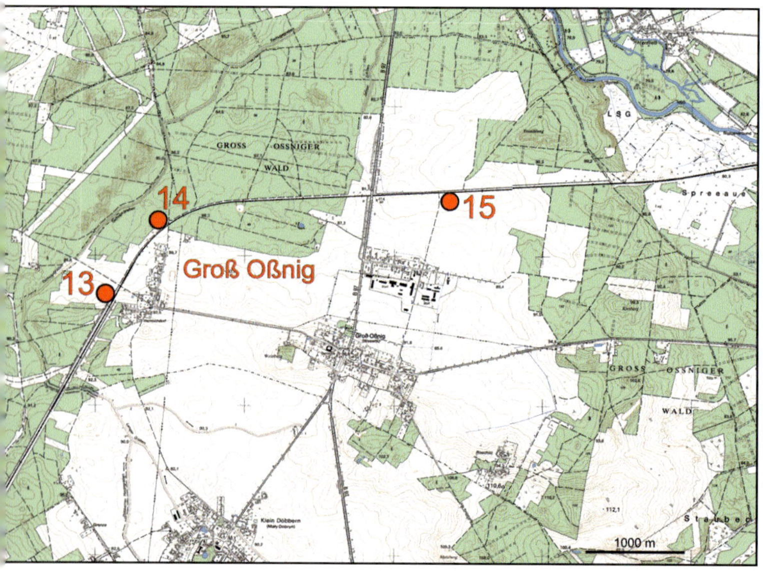

Abb. 13: Lage der Fundplätze Groß Oßnig 13, 14 und 15, Groß Oßnig 15 am südöstlichen Ausläufer des Froschberges am Niederungsrand (LGB, digitale TK10; Eintragungen BLDAM).

Nach Erkenntnissen aus den Handsondagen kann hingegen eine Gesamtlänge (O-W) von etwa 300 m rekonstruiert werden. Von der Siedlungsschicht und Befunden war im östlichen Bereich nichts mehr zu finden, allerdings kamen auch hier nach wie vor aus dem Oberboden Funde zutage.
Eine Befundkonzentration zeigte sich in einem kleinen Bereich zwischen SN 7, SN 3 und SN 4 (Abb. 10). Aus der Befundverteilung kann auf einen Hausgrundriss geschlossen werden. Die Situation ist aber – bedingt durch den ausschnitthaften Charakter der Grabung – nicht ganz eindeutig. Verschiedene Interpretationen sind möglich.

Durchaus typisch ist die Lage der Siedlung relativ dicht an einem Gewässer, was dafür spricht, dass das Klima recht trocken war (Bönisch 1996, 89, 107). Mit den zur Siedlung gehörenden Bestattungen ist wahrscheinlich an oder auf der Anhöhe des Froschbergs nordöstlich der Grabungsfläche zu rechnen.

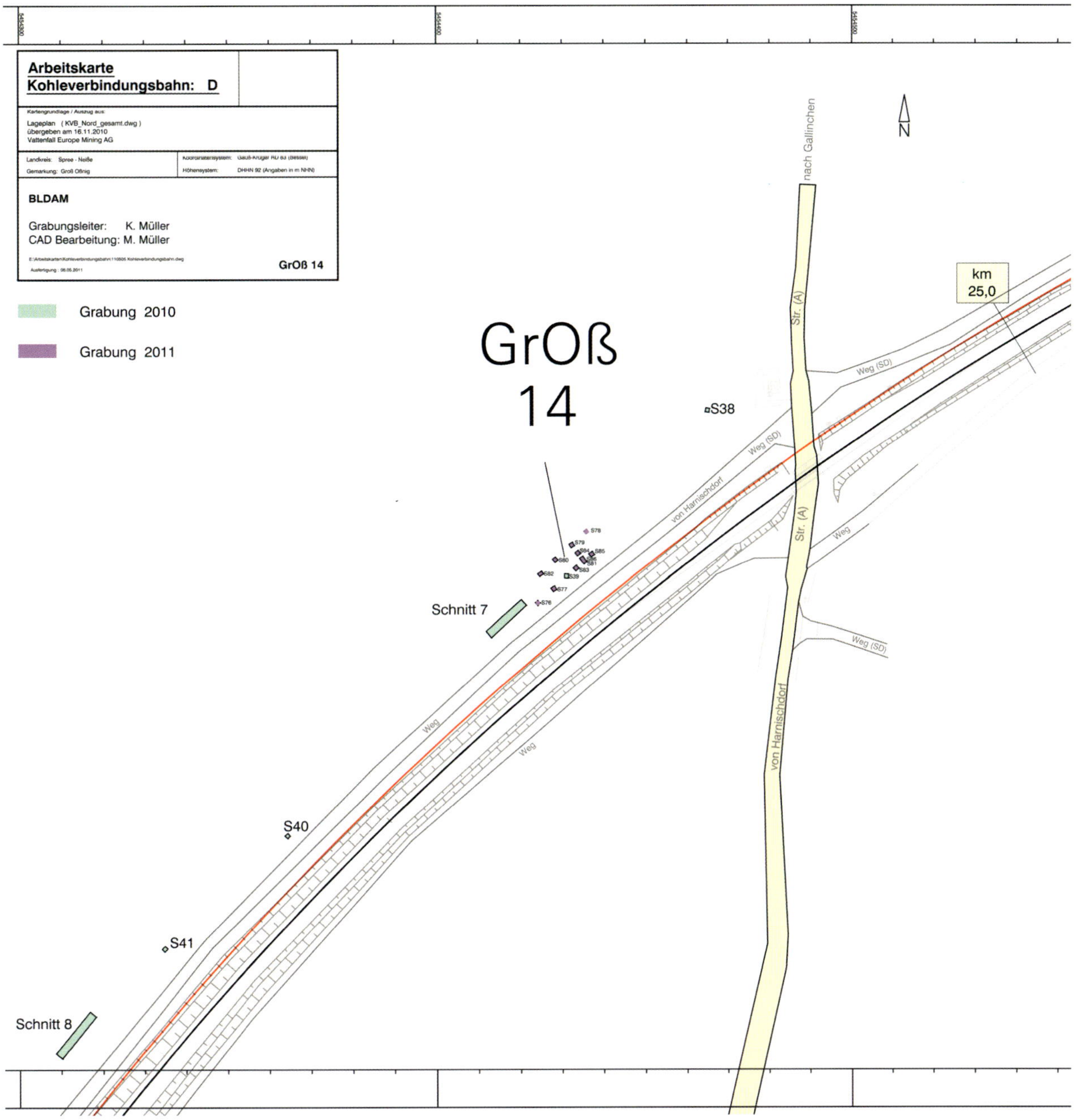

Abb. 14: Lage von Groß Oßnig 14 an der Kohlebahn (CAD-Bearbeitung M. Müller, BLDAM)

Groß Oßnig 14

Hierbei handelt es sich um den Fund einer urgeschichtlichen, möglicherweise bronzezeitlichen, Scherbe in diffusem hellbraun bis braun geflecktem schluffigem Feinsand, die in einer 1 × 1 m-Handsondage zu Tage trat. Um diese Sondage herum wurden zwölf weitere Suchschachtungen angelegt, wobei beim Durchkratzen lediglich in einer anderen Sondage eine kleine urgeschichtliche Scherbe gefunden wurde. Der Rest blieb fundleer und ohne archäologisch relevante Strukturen.

Fazit

Dank der bauvorbereitenden Untersuchungen entlang der KVB war es nun auch in Gebieten mit bislang wenig bzw. keiner dokumentierten Siedlungstätigkeit, wie bei Tranitz 11 und Kathlow 8, möglich, neue Einblicke in deren Vergangenheit zu erhalten. Die Kleinregion um Groß Oßnig war mit seinem bewegten Relief und gutem Wasserhaushalt sicher ein beliebter Siedlungsraum, wie die drei neu entdeckten Fundplätze neben den älteren bekannten anschaulich machen.

Literatur

Buck 2010
D.-W. Buck, Das Gräberfeld Klein Lieskow. Studien zur Lausitzer Kultur (Langenweißbach 2010).
Bönisch 1996
E. Bönisch, Die urgeschichtliche Besiedlung am Niederlausitzer Landrücken. Untersuchungen am Oberlauf der Kzschischoka, Forschungen zur Archäologie im Land Brandenburg 4 (Potsdam 1996).
Raczkowska-Jones 2013
M. Raczkowska-Jones, Archäologie an der Kohleverbindungsbahn. Ausgrabungen im Niederlausitzer Braunkohlenrevier 2009/2010. Arbeitsberichte zur Bodendenkmalpflege in Brandenburg 25 (Wünsdorf 2013) 99–103.

Abb. 15: Fossiler Seeigel, Kathlow 8 (Foto K. Müller, BLDAM).

Abb. 1: Hinter dem Tümpel am Waldrand liegen noch zwei weitere Senken mit ehemals kleinen Teichen. Luftbild 1997 von Süd (Th. Spazier, BLDAM).

Ausgrabungen an den Grießener „Seen“

Marcus Schneider

Nordöstlich von Cottbus erstreckt sich in NNE-SSW Richtung die Grießen-Hornoer Hochfläche. Dabei handelt es sich um eine saalezeitliche Grundmoränenbildung, die sogenannte Hornoer Platte. Die Grießen-Hornoer Hochfläche gilt allgemein als wasserarm. Neben fehlenden Fließgewässern werden für die Ortschaft Grießen zu Beginn des 20. Jahrhunderts nur drei Brunnen genannt (Krausch 1998, 266). Umso erstaunlicher ist es, dass auf der historischen Flurkarte von 1774 nördlich der Ortslage Grießen drei kleine Gewässer eingezeichnet sind. Diese kleinen Teiche gaben dem umgebenden Gewann auch seinen Namen, die „Seestücken“. Heute sind die Teiche, bis auf einen, trocken gefallen. Der südlichste der Teiche konnte seinen Wasserstand allerdings auch nur auf Grund einer künstlich eingearbeiteten Lehmabdichtung halten. Waren die nördlichen Seeflächen noch bis in die 50er Jahre des 20. Jahrhunderts ohne Baumbestand, sind die ehemaligen Seebecken heute relativ dicht mit Bäumen bewachsen. Bei den Teichen handelt es sich um Toteislöcher, d.h. um Hohlformen im Gelände, die durch das Austauen eines durch den Gletscher hinterlassenen Eisblockes entstanden sind.

Geologie, Naturraum

Betrachtet man die Fundstellenkarte des Brandenburgischen Landesamtes für Denkmalpflege, so müsste man zu dem Schluss kommen, dass es in der Gemarkung Grießen, auf der Grießener Hochfläche, keine ur- und frühgeschichtlichen Fundstellen gäbe.

Folgt man der klassischen Sichtweise, dürften auf wasserarmen Hochflächen mit nur wenig fruchtbaren Böden keine Fundplätze anzutreffen sein. Die Vegetation der Grießen-Hornoer Hochfläche ist überwiegend durch Waldflächen gekennzeichnet. Nur ein relativ schmaler Gürtel um die Ortslage Grießen herum wird landwirtschaftlich genutzt. Die dort genutzten Flächen sind durch den leicht lehmigen Untergrund der Grundmoräne geprägt. Die angrenzenden Waldflächen breiten sich auf den mageren Böden des Taubendorfer Sanders aus.[1] Es ist daher nicht weiter erstaunlich, dass diese Region auch im Projekt „Archäoprognose“ als eher fundstellenleer bewertet wurde (Ducke 2007, 252, Abb. 12).

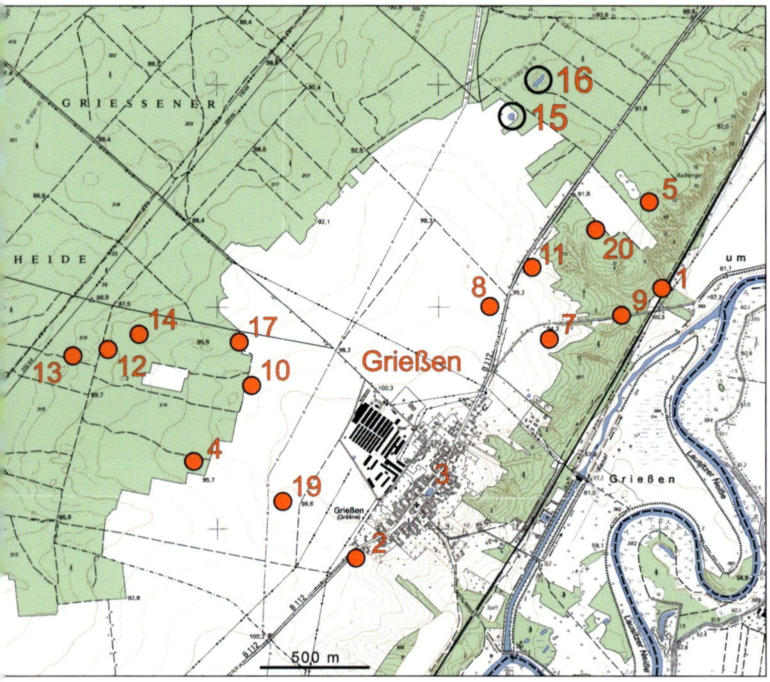

Abb. 2: Lage der „Seen“ (Grießen 15, 16) 1,5 km nördlich des Ortes (LGB digitale TK10, 1993).

Archäologie

Die archäologische Arbeit der vergangenen Jahre im Tagebau Jänschwalde hat aber gezeigt, dass so manches festgefügte Bild über Fundstellenaufkommen sich bei genauerer Betrachtung differenziert. Insbesondere im Bereich der Horno-Grießener Hochfläche konnte eine erstaunliche Anzahl an Fundstellen der Bronzezeit und des Neolithikums dokumentiert werden. Zum einen befinden sich die Fundplätze häufig in unmittelbarer Nähe der dem Neißetal zugewandten Geländekante (vgl. Grießen 11, K. Müller in diesem Band, S. 197–201), zum anderen wurden aber auch auf den der Geländekante abgewandten Flächen zahlreiche Funde festgestellt.

Mit der nach Norden fortschreitenden Abbaukante des Braunkohlentagebaus Jänschwalde rückt das Gebiet der Grießener Teiche immer mehr in den Fokus der archäologischen Untersuchungen. Frühzeitige archäologische Voruntersuchungen sollten deshalb hier klären, ob sich die besondere topografische Situation im Umfeld der Grießener Teiche auch auf die Befundlage auswirkt. Entgegen der sonst üblichen Vorgehensweise, archäologische Untersuchungen in den dafür freigegebenen beiden Jahresscheiben vor der Abbaukante durchzuführen, sind daher im Jahre 2012 noch weit vor dem Tagebauvorfeld Prospektionsschnitte im Umfeld der Grießener Teiche erfolgt.

Die archäologische Arbeit der vergangenen Jahre im Tagebau Jänschwalde hat gezeigt, dass so manches festgefügte Bild über Fundstellenaufkommen sich bei genauerer Betrachtung differenziert.

Mit der Anlage der ersten Sondageschnitte war zunächst erst einmal das Ziel verbunden, Pollenproben zu gewinnen, an Hand derer man Auskunft über die Landschaftsentwicklung im Bereich der Hochfläche hätte erhalten können. Die Lage der Baggerschnitte wurde so gewählt, dass möglichst viele Merkmale der Teichbeckenmorphologie erfasst werden. Einschränkungen bestanden auf Grund des Baumbewuchses sowie zum Teil noch nicht geregelter Besitzverhältnisse. Mit einem Mobilbagger, ausgestattet mit einer breiten Böschungsschaufel,

Abb. 3: Schnitt durch die mittlere Senke (Grießen 16). Im Nordprofil sind rechts Hangsedimente über Gruben erkennbar, vgl. Abb. 9 (Foto E. Bönisch, BLDAM).

1 Atlas zur Geologie von Brandenburg – Karte 1. LBGR, Cottbus 2010

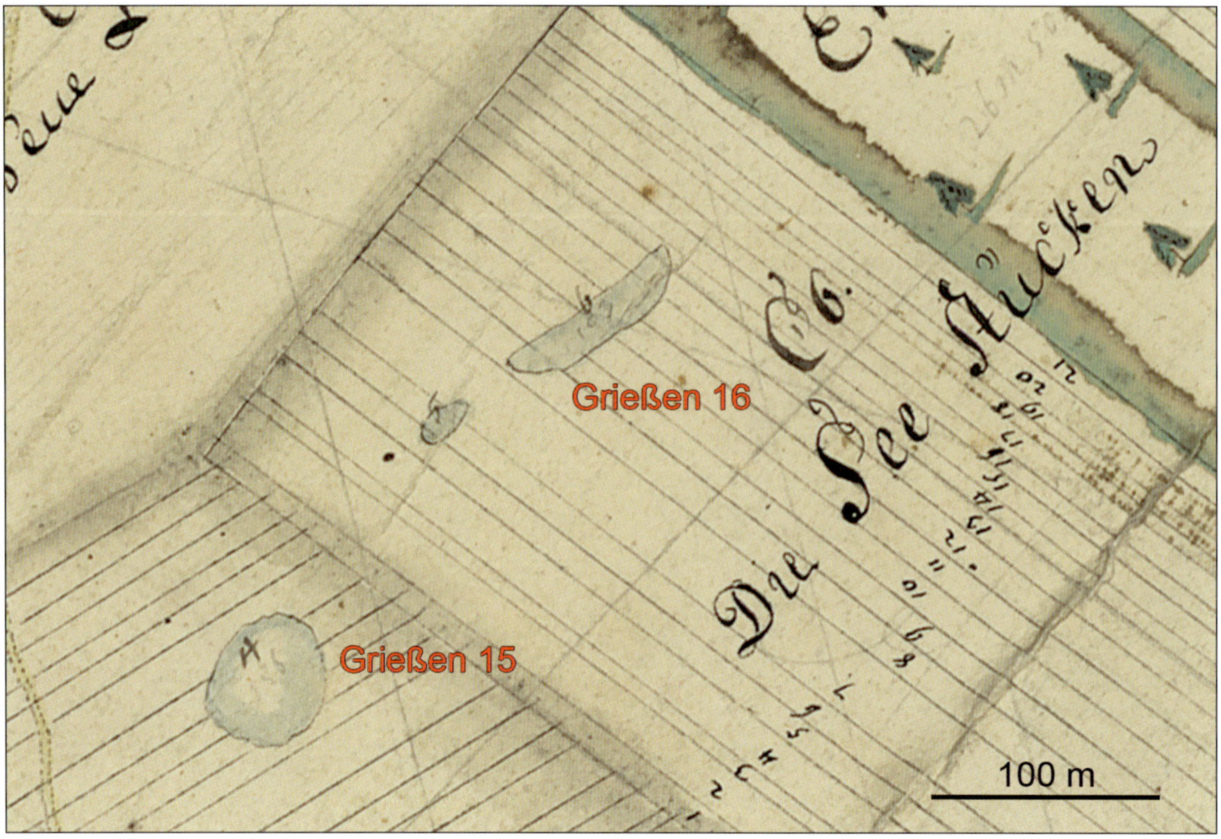

Abb. 4: Im 18. Jh. lagen die drei Tümpel mitten in heute wieder bewaldeten Feldern, den „See Stücken“ (GStA PK Berlin, Plankammer d. Reg. Frankfurt B 352: Flurkarte Grießen 1774, Ausschnitt).

Abb. 5: Senke des ehemaligen nördlichen Tümpels von Süd, Aufnahme März 2011 (Foto E. Bönisch, BLDAM).

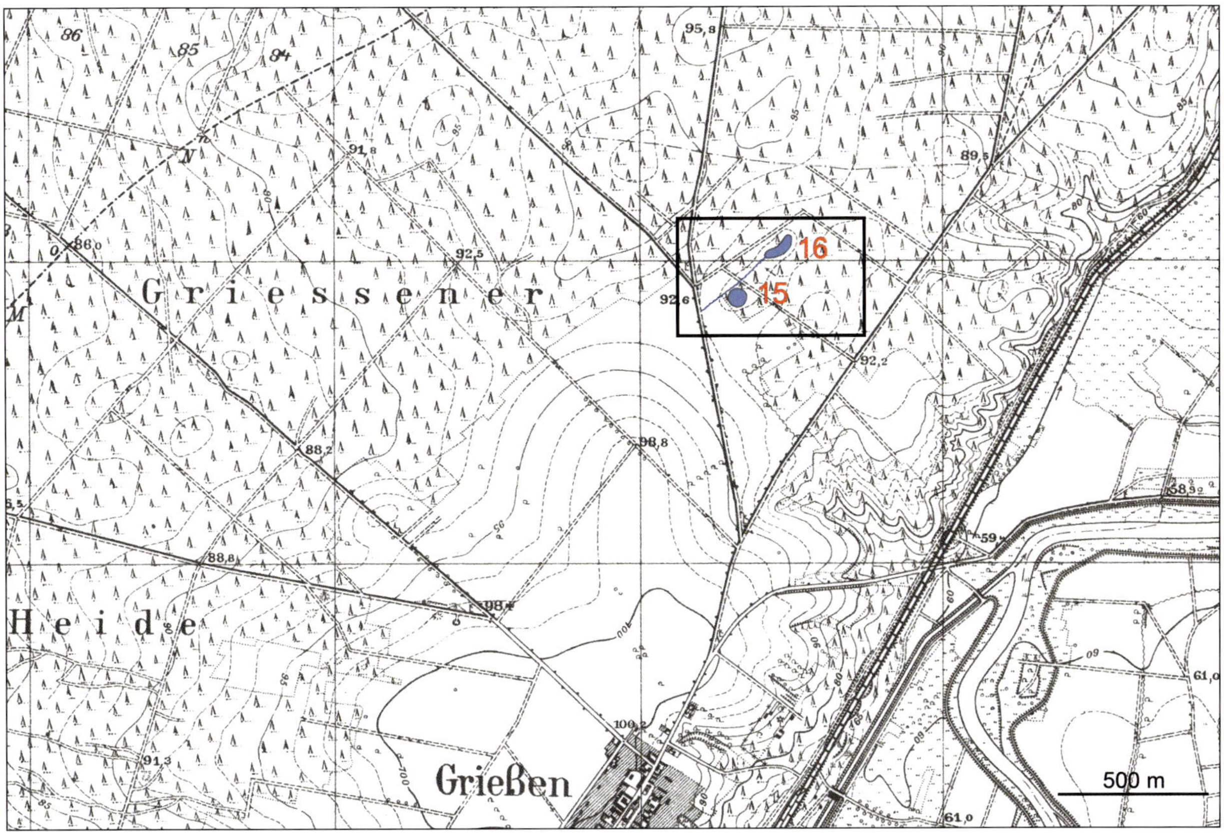

Abb. 6: Lage der Kartenausschnitte Abb. 4 und 7 nördlich Grießen auf dem historischen Meßtischblatt 1.25.000 (Bl. 4153 Strega von 1938; Eintragung BLDAM).

Abb. 7: Die moderne Flurkarte (ALK) Grießen, Flur 1, enthält beide Teiche. Hier sind die Grabungsschnitte und Fundplätze nachgetragen (ALK 2010, Eintragung BLDAM).

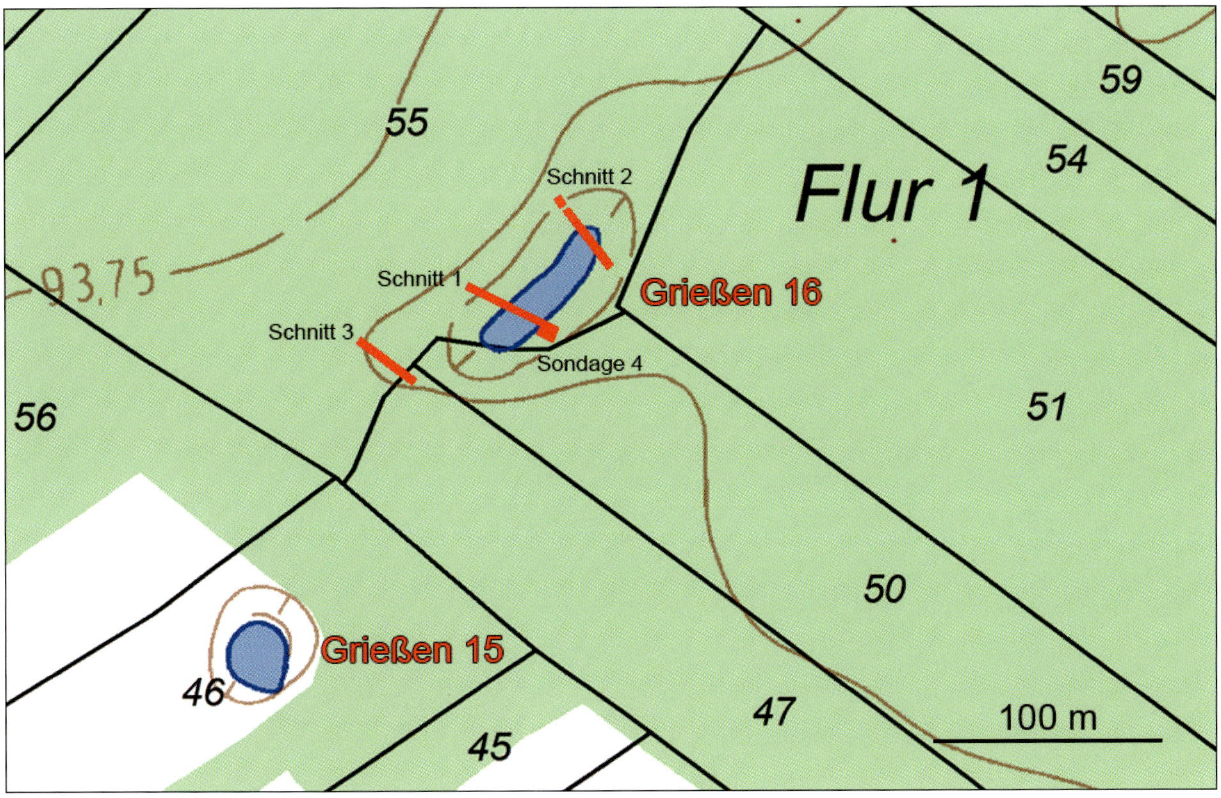

wurden an drei Stellen etwa 40 Meter lange und etwa 2,5 m breite Schürfe angelegt. Auf Grund der sehr lockeren Sedimente musste die Eingriffstiefe aus Sicherheitsgründen relativ gering gehalten werden.
Es stellte sich heraus, dass sich die Sedimente für eine Gewinnung von Pollenprofilen nicht eigneten (vgl. hierzu die Gewinnung eines Pollenprofils aus dem noch bespannten südlichen Teich Grießen 15 in der Rubrik Ausgrabungen und Funde…, 2011, S. 327–329). Umso größer war die Überraschung, als im Bereich der Beckensedimente Grubenbefunde aufgedeckt worden sind, und für die eher kleine Grabungsfläche eine beachtliche Zahl an keramischen Fundstücken geborgen werden konnten.

Beckenmorphologie und Stratigrafie

Bei den Grießener Teichen handelt es sich um mehrere nebeneinander liegende, in nordöstlicher Richtung streichende Geländesenken. In der historischen Karte von Grießen aus dem Jahre 1774 (Abb. 4) sind insgesamt drei Gewässer eingetragen, wohingegen in der Karte der preußischen Landesaufnahme von 1903 (Kartenblatt 4143 Strega, Stand 1938 – Abb. 6) nur noch die zwei größeren Senken verzeichnet sind.
Der südliche Teich hat eine annähernd runde Form und einen Durchmesser von ca. 68 m. Das Becken reicht nach Aussage des Lidar-Scans bis etwa 3,5 m unter Geländeroberkante und liegt etwa bei 89,5 m NN. Der heutige Wasserspiegel, etwa 1,2 m unter GOK, liegt bei etwa 92 m NN. Die künstliche Abdichtung des Sees lässt sich relativ gut am Querschnitt nachvollziehen. Die Sohle des Gewässers ist auf einer Länge von ca. 12 m annähernd waagerecht, während die Flanken fast linear in Richtung Seemitte abfallen.
Die beiden nördlichen Senken sind miteinander verbunden; dennoch haben sich hier ausweislich der Karte von 1774 (Abb. 4) zwei voneinander getrennte Gewässer befunden. Das größere der beiden Beckenabschnitte ist leicht nierenförmig bei einer Längsausdehnung von ca. 120 m. Die maxi-

Abb. 8: Die Teiche nördlich Grießen in der Laser Airborne-Reliefkarte, die auch die Wölbäcker in der Umgebung zeigt (ALS Vattenfall, April 2008; Eintragungen BLDAM).

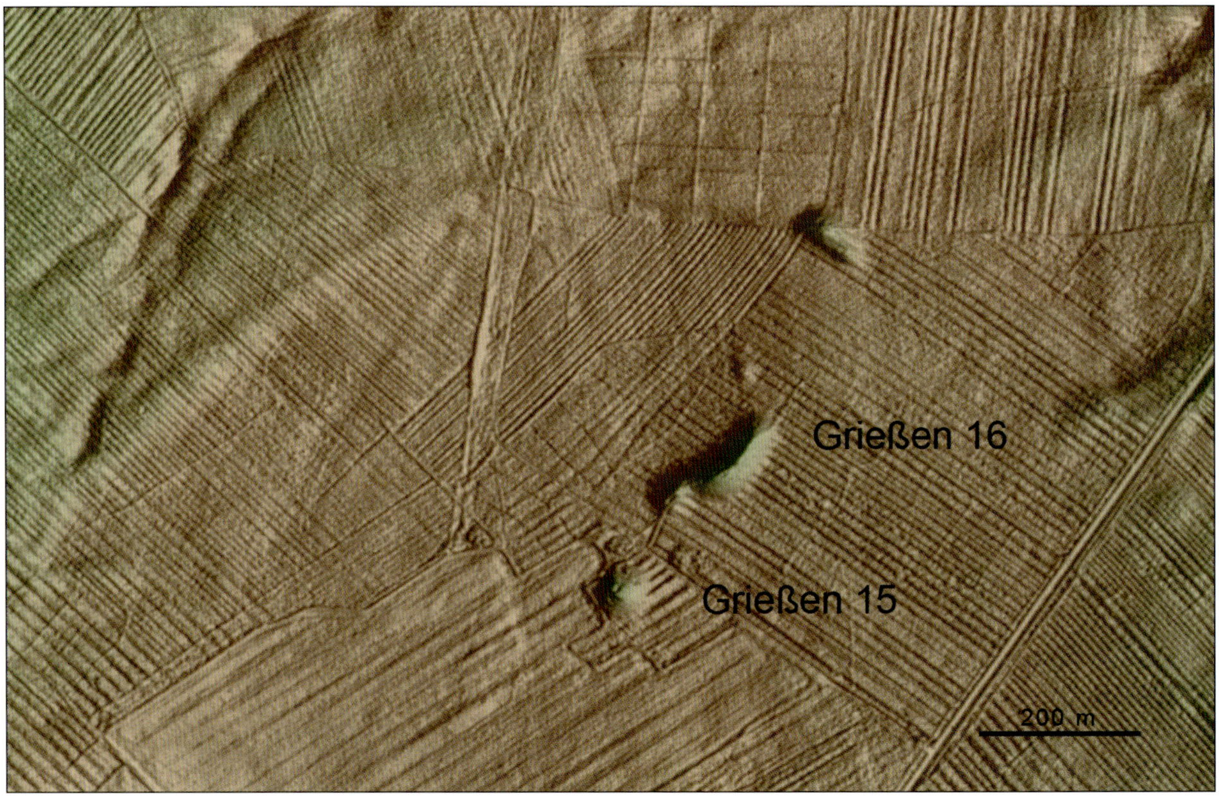

male Breite des Beckens kann mit etwa 60 m angegeben werden. Der tiefste Punkt liegt wie beim südlichen Teich bei 89,5 m NN. Betrachtet man den Verlauf der Tiefenlinie im Längsschnitt, so fällt auf, dass der maximale Wasserspiegel nicht über 91 m NN gelegen haben kann. Somit kann das Becken, dessen Ränder eine Höhe von ca. 93 m NN aufweisen, nie vollständig mit Wasser gefüllt gewesen sein. Der auf der historischen Karte von 1774 verzeichnete mittlere Teich ist in der Natur wie auch im Laserscan unscheinbar und nur zu erahnen. Die tiefste Stelle bei etwa 91,5 m NN liegt somit höher als der maximal mögliche Pegel des nördlich angrenzenden Teiches. Eine dauerhafte Wasserfüllung erscheint somit eher undenkbar.

Die drei an markanten Punkten der Senken durchgeführten Schnitte (Abb. 7) erbrachten jedenfalls keine für ein stehendes Gewässer typische Schichtenabfolge. Bei den liegenden Schichten handelt es sich um Feinsande, welche durch ungeschichtete Mittel- bis Grobsande überdeckt sind. Die unregelhaften geschwungenen Lagerungsverhältnisse des Feinsandes sind ein Hinweis auf die Enstehung der Senke als Toteisloch. Die sandigen Schichtpakete stehen bis etwa 0,5 – 0,6 m unter der Geländeoberkante an.

Abb. 9: Grube am östlichen Rand des „Teiches" Grießen 16 im Profil (Foto R. Piskorski, BLDAM).

Abb. 10: Profil am Ostrand der Senke Grießen 16 – Nordprofil (Zeichnung R. Piskorski, BLDAM).

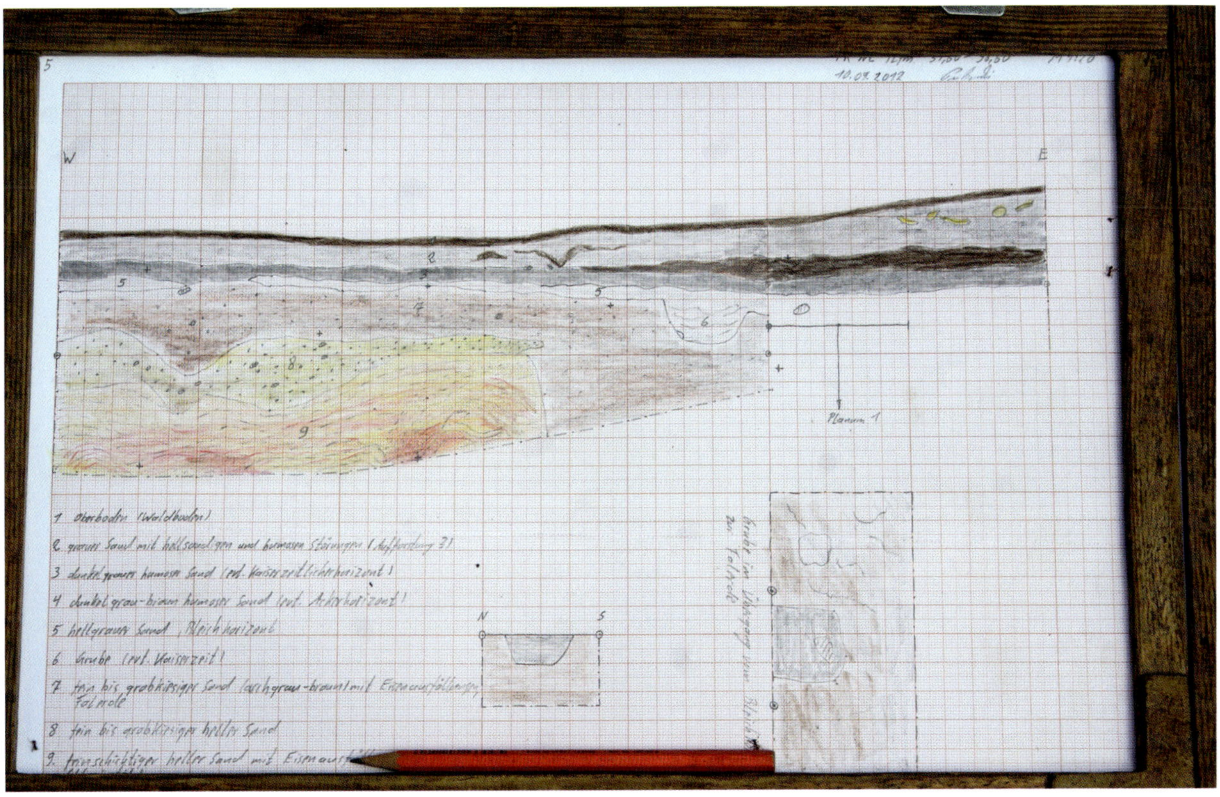

Der Profilabschnitt zwischen der extrem dünn ausgebildeten Waldhumusoberfläche und den glazifluviatilen Sanden ist gekennzeichnet durch eine Abfolge alternierender geringmächtiger Schichtbänder mit unterschiedlichem Ausbleichungsgrad. Bei diesen Sedimenten könnte es sich evtl. um Seeablagerungen handeln. Zumindest sind sie ein Hinweis darauf, dass eine mögliche zeitweilige Wasserüberdeckung bei gleichzeitiger Einbringung organischer Sedimente stattgefunden hat. Die alternierenden Bleichhorizonte legen nahe, dass die Wasserüberdeckung nicht dauerhaft war. Ein Hinweis auf den höchsten Wasserstand in der Mulde ist das Auslaufen dieser Schichten am westlichen Beckenrand auf einer Höhe von ca. 91 m NN.

Bis auf eine Tiefe von 88 m NN konnten keine bindigen Sedimente nachgewiesen werden, welche ein Anstauen des Gewässers bewirken würden. Eisenausfällungen im Bereich der liegenden Feinsande sind aber ein Hinweis, dass wechselnde Grundwasserstände durchaus bis in Oberflächennähe gelangt sein können.

Ein heute im Gelände noch schwach nachweisbarer Grabenverlauf – der auch schon in der Karte der Preußischen Landesaufnahme verzeichnet ist – deutet darauf hin, dass die Senken wohl zur Aufnahme überschüssigen Oberflächenwassers von den südlich angrenzenden Flächen genutzt worden sind. Auch heute macht sich im Umfeld des südlichen Teiches bei starken Regenfällen oberflächennahe Staunässe bemerkbar.

Fundschichten und erste Befunde und Funde

Der archäologische Fundhorizont zeichnet sich im Profil deutlich als Bleichhorizont ab. Die Fundschicht überdeckt den grobsandigen Schichtkomplex des Profilaufbaus. Die unregelmäßigen Schichtmächtigkeiten, sowie die Eingriffe der hangenden Sedimente in den Schichtverlauf deuten an, dass ein Teil des Fundhorizontes erodiert ist.

Die im nördlichsten Sondageschnitt angetroffenen Befunde befinden sich alle am östlichen Ende des

Abb. 11: Grießen 16, Schnitt 1, Planumausschnitt mit Gruben (Foto R. Piskorski, BLDAM).

Schnittes. Dies könnte damit zusammenhängen, dass hier Kolluvien zu einer schützenden Überdeckung beigetragen haben. Die Erosion wurde wahrscheinlich durch die bis dicht an den Beckenrand heranreichenden Wölbäcker begünstigt (Abb. 8). Zur Zeit der Vermessung der Karte von 1774 ist das Gewann „Seestücken" noch als Ackerland genutzt worden, wie die eingezeichneten Ackergrenzen zeigen. Eine archäologische Untersuchung steht diesbezüglich noch aus, da der Schnitt vorerst nicht bis an den östlichen Beckenrand gezogen werden konnte.

Bei den bisher aufgedeckten Befunden handelt es sich um eine Anzahl kleinerer Gruben. Die im nördlichen Schürf angeschnittenen Befunde besaßen einen Durchmesser von etwa 0,5 m bei einer nachweisbaren Tiefe von etwa 0,3 m. Es wird sich dabei wahrscheinlich um Pfostengruben handeln. Im mittleren Sondageschnitt lagen im Planum ebenfalls mehrere grubenähnliche Befunde. Eine weiterführende Untersuchung soll bei einer Bearbeitung des Gesamtfundplatzes erfolgen.

Anhand des keramischen Fundmaterials – nicht zahlreich, aber ausreichend um die Bedeutung des Platzes zu unterstreichen – ist zunächst eine genauere Zeitbestimmung schwer. Die unverzierten urgeschichtlichen Scherben weisen auf Grund ihrer Machart möglicherweise in die römische Kaiserzeit, was für die Hochfläche sehr ungewöhnlich wäre. Aus einer der Pfostengruben stammt eine weitere Scherbe, die auf Grund ihrer ausgeprägten Schlickrauhung auch in die späte Bronzezeit datieren könnte.

Fazit

Mit den ersten Sondageschnitten in den Toteislöchern der Grießen-Hornoer Hochfläche nördlich der Ortslage Grießen konnten zwar keine Feuchtböden für Pollenprofile, jedoch Hinweise auf einen urgeschichtlichen Siedlungsfundplatz gewonnen werden. Trotz der zunächst als eher ungünstig einzuschätzenden Siedlungsumstände scheinen sich zumindest unter den kolluvialen Sedimenten des östlichen Randes der dortigen Toteislöcher urgeschichtliche Befunde erhalten zu haben. Die Klärung der genaueren Befundlage bleibt späteren flächigen Ausgrabungen vorbehalten. Vielleicht wird es hierbei mit naturwissenschaftlichen Begleituntersuchungen gelingen, das naturräumliche Umfeld des Siedlungsareals zu beschreiben.

Abb. 12: Der noch vorhandene südliche Teich, Luftbild 1997 von SW (Foto Th. Spazier, BLDAM).

Literatur

Krausch 1998
H.-D. Krausch in: F. Bönisch, Grießen im Spree-Neiße-Kreis nach der Flurkarte von 1774. Veröffentlichungen des Brandenburgischen Landesmuseums für Ur- und Frühgeschichte, Bd. 32, 1998, 265–290.

Ducke 2007
B. Ducke, Ein archäologisches Prädiktionsmodell für das Bundesland Brandenburg: Methoden, Datengrundlagen und Interpretationen. In: Archäoprognose II. Forschungen zurArchäologie im Land Brandenburg 10 (Wünsdorf 2007) 111–175.

Abb. 1: Ehemalige „Zuckerstraße“ im August 2012. Ein halbes Jahrtausend lang transportierten auf diesem Weg die Kaufleute ihre Waren zwischen Schlesien und Leipzig (Foto E. Bönisch, BLDAM).

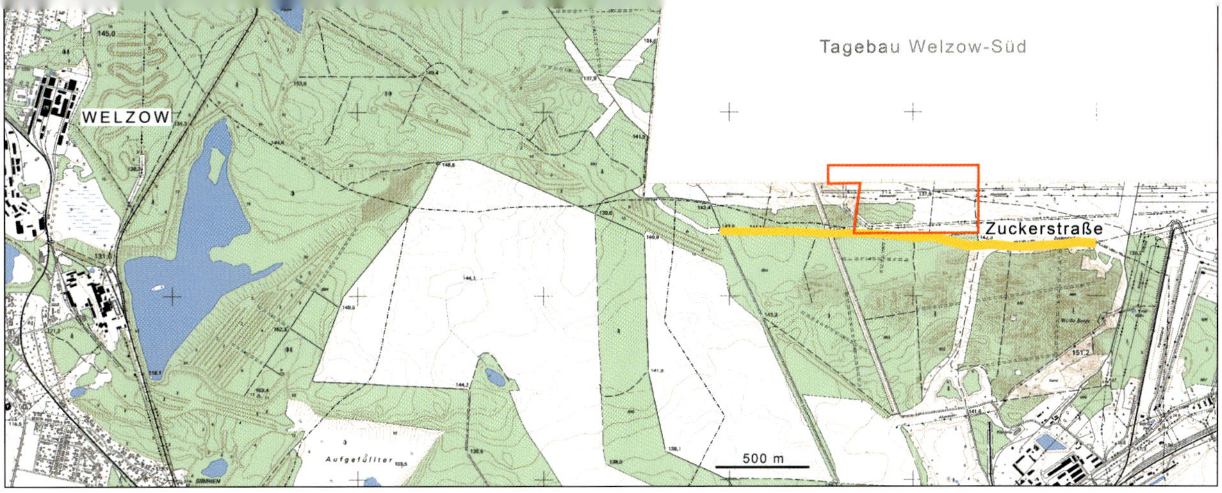

Abb. 2: Lage der Grabungsstelle an der „Zuckerstraße" am bisherigen Südrand des Tagebaus Welzow-Süd (LGB, digitale TK10, Eintragung BLDAM).

Neben der Spur – Neues zur Zuckerstraße

Uwe Grünwald

2010 erfolgten Untersuchungen im Bereich der sogenannten Zuckerstraße, einem der wichtigsten mittelalterlich-neuzeitlichen Handels- und Verkehrswege der Lausitz. Zwar war die Lage der offiziell als Niederlausitzer Königsweg („via regia lusatiae inferioris") bezeichneten Straße durch historische Karten bekannt, jedoch ließen die damaligen Sondagen nur sehr vage Spuren der Trasse erkennen (Grünwald 2013). Ausschlaggebend hierfür waren unter anderem massive Störungen durch die moderne Nutzung als Waldweg, eine ausgeprägte Oberflächenerosion im gesamten Untersuchungsareal und schließlich das Ausbleiben datierender Kleinfunde. Mögliche Reste der Zuckerstraße waren somit zerstört oder zeitlich nicht eindeutig zu bestimmen.

2012 ergab sich die Gelegenheit, weitere Sondagen direkt nördlich des Handelsweges anzulegen. Tatsächlich ließ sich nun eine Anzahl von Fahrspuren beobachten, die sich parallel zur Zuckerstraße über einen Geländestreifen von bis zu 30 m Breite erstreckten (Abb. 3, 4). Waren dies nun endlich Spuren des alten Handelswegs?
In diesem Zusammenhang sei daran erinnert, dass die mittelalterlichen Überlandwege – sofern nicht besondere Verhältnisse wie Sümpfe, Gewässer etc. Baumaßnahmen erforderten – unbefestigt waren. Durch die ständige Umgehung kleinerer Hindernisse bildeten sich häufig breitere Fahrtrassen, auf denen die Gespanne der jeweils günstigsten Route folgten. Die Anlage eigentlicher Straßenkörper erfolgte erst im Zuge des Chausseebaus im 19. Jh. Zu dieser Zeit hatte die Zuckerstraße aber bereits

Abb. 3: Freigelegte Fahrspuren nördlich des heutigen Verlaufs der „Zuckerstraße" (Foto U. Grünwald, BLDAM).

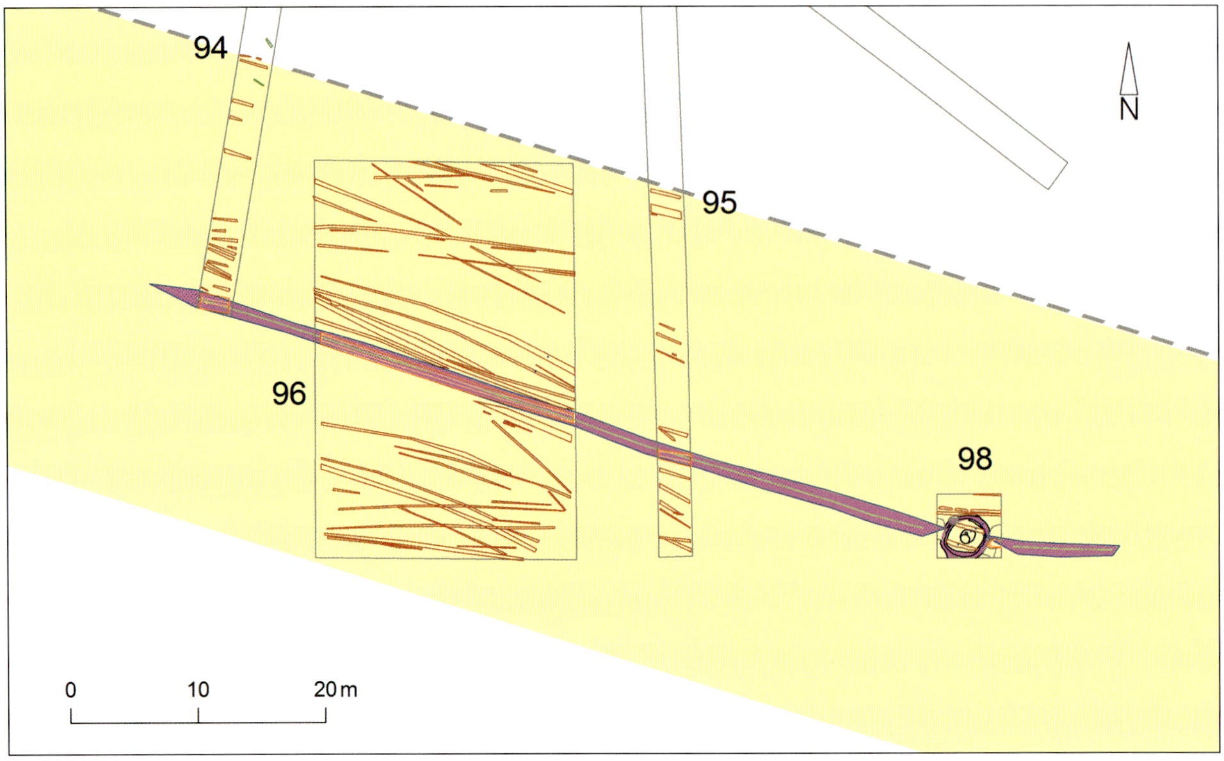

Abb. 4: Die ergrabenen Fahrspuren verdeutlichen eine ursprüngliche Ausweitung der Trasse (gelb) der hochmittelalterlichen „Zuckerstraße“ auf mindestens 30 m Breite. Die Markierung der Grenze Gosda/Wolkenberg mit Graben (violett) und Malhaufen (98) überschneidet die Wegebefunde (Plan V. Matternja, J. Oertel, BLDAM).

Abb. 5: Grabungsschnitte nördlich der Zuckerstraße und Gemarkungsgrenze auf dem Urkatasterplan Gosda von 1824/1865 mit Kennzeichnung des Bereichs in Abb. 4. Die nördlichen Schnitte liegen an der älteren Grenze Wolkenberg/Gosda, vgl. Abb. 6, 7 (Kataster- und Vermessungsamt Lkr. Spree-Neiße; Eintragungen J. Oertel, BLDAM).

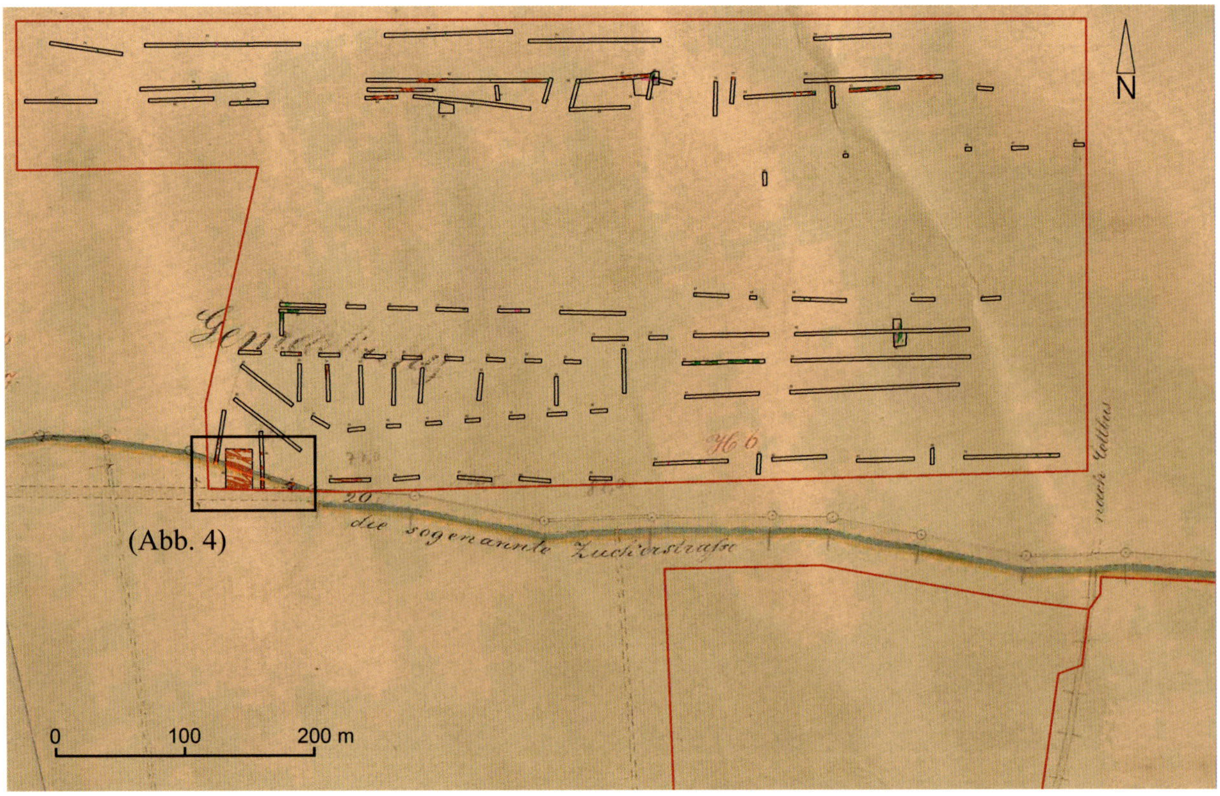

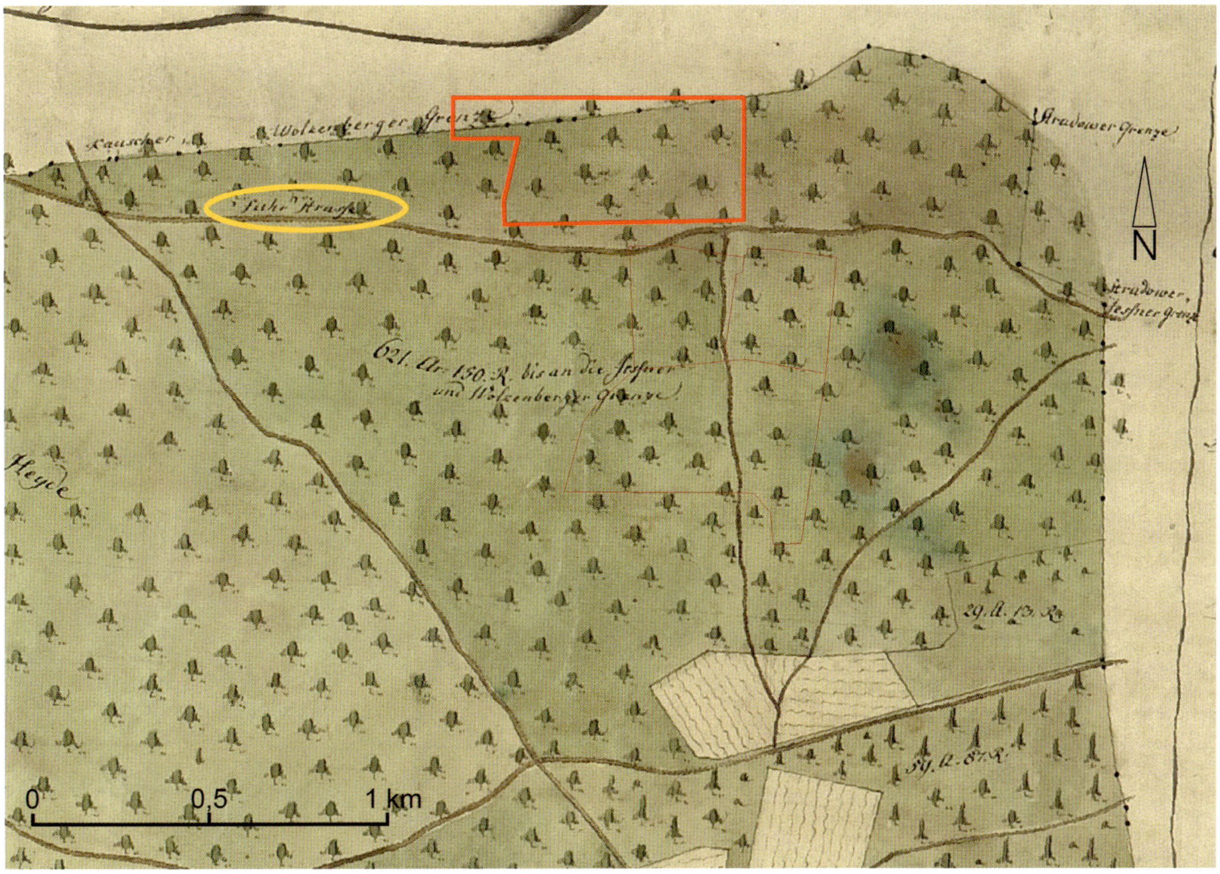

Abb. 6, 7: Teil des Planes der Güter Gosda, Proschim und Welzow um 1780 mit der „Kauscher und Wolkenberger Grenze“, damals weit nördlich der als „Fuhr-Strasze“ bezeichneten Zuckerstraße. Unten: Ausschnitt mit Grabungsareal (Kartengrundlage Geh. StA PK, Berlin: XI. HA. PKF. E429).

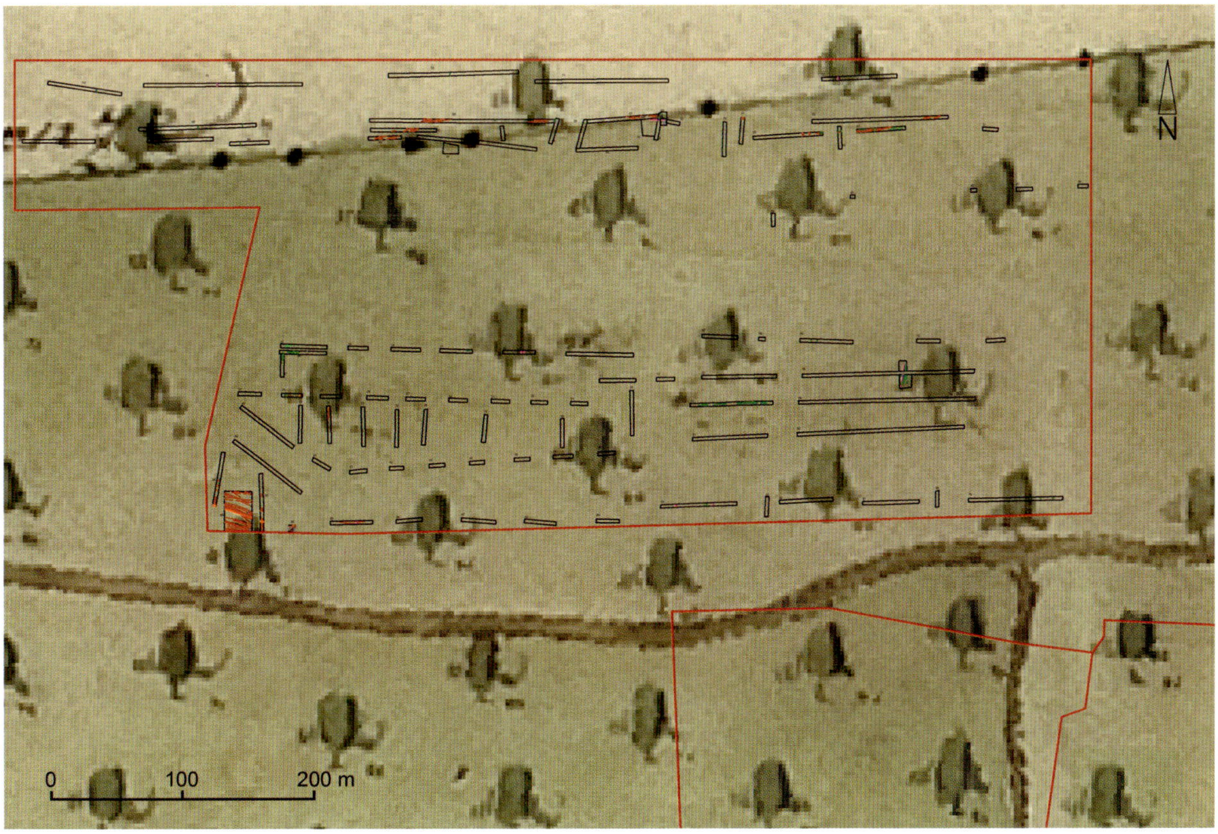

Abb. 8: Grenzhaufen der jüngeren Grenze zwischen Gosda und Wolkenberg auf der Zuckerstraße, Zustand vor der Ausgrabung 2012 (Foto U. Grünwald, BLDAM).

soweit an Bedeutung verloren, dass es – zumindest im hier interessierenden Teilstück – zu keinem Ausbau mehr kam. Legt man diese Überlegungen zugrunde, so wäre im Falle der Zuckerstraße weniger eine schmale „Straße“ im heutigen Sinne, sondern vielmehr eine breite von Fahrspuren durchzogene Trasse zu erwarten. Dieses Bild würde sich nun recht gut mit den angetroffenen Befunden decken. Ein Problem stellt allerdings die zeitliche Einordnung der Spuren dar. Da keine Kleinfunde zutage traten und auch die Bodenschichtung keine Hinweise auf die Datierung lieferte, war zunächst nicht auszuschließen, dass es sich womöglich um relativ moderne Fahrspuren ohne eigentlichen Bezug zur Zuckerstraße handelt.

Hier kam uns nun ein ganz besonderer Umstand entgegen. Wie historische Karten zeigen, war die Grenze zwischen den ehemaligen Gemarkungen Wolkenberg und Gosda einst geändert worden. Lag die Gemarkungsgrenze nach der Karte von 1780 (Güther Gosda, Proschim, Welze 1780 – Abb. 6, 7) noch ca. 200 – 300 m nördlich der Zuckerstraße, so befand sie sich 1824 laut Urkatasterblatt (Abb. 5) dicht neben dem Weg und damit im Bereich des oben genannten Fahrspurenbündels. Wann genau und warum die Grenzverlegung durchgeführt wurde, ist noch unklar. Man möchte vermuten, dass sie im Zuge der Separation, also etwa im ersten Drittel des 19. Jh., erfolgte. In jedem Falle gibt das Urkatasterblatt von 1824 nicht nur den Grenzverlauf wieder, es sind auch mehrere Grenzhügel

Abb. 9: Grenzhaufen, geviertelt mit umgestülpter Flasche als Grenzzeuge. Im Planum vorn Teil des ringförmigen Entnahmegrabens (Foto E. Bönisch, BLDM).

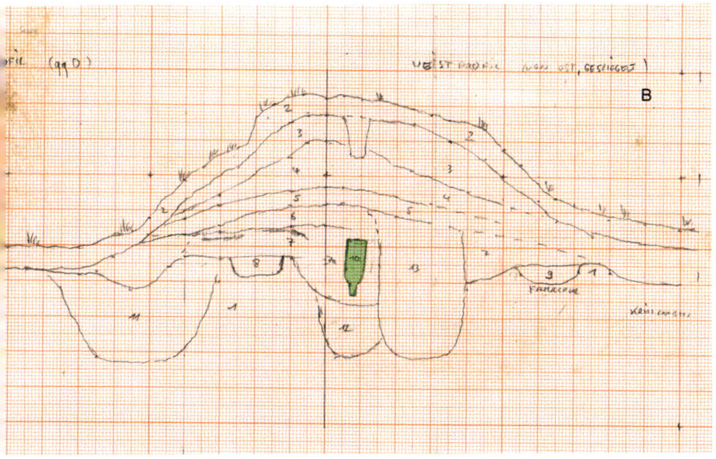

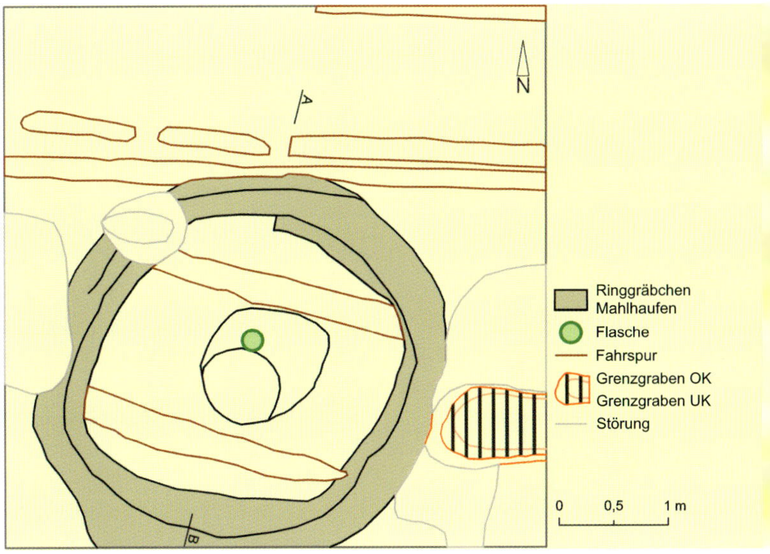

Abb. 10, 11: Profil und Planum des Grenz- oder Malhaufens (Zeichnung V. Matternja, J. Oertel, BLDAM).

bzw. Malhaufen vermerkt. Diese Grenzmale wurden in Abständen von etwa 50–100 m aufgeschüttet und dienten bis in jüngste Zeit als Mess- und Markierungspunkte (Abb. 5).

Einer dieser Malhaufen war im Grabungsgelände erhalten und konnte näher untersucht werden. Der Hügel besaß einen Durchmesser von ca. 3,5 m und wies eine Höhe von ca. 0,8 m auf. Die Bodenschichten im Hügelprofil ließen zwei Bauphasen erkennen. Den Befunden zufolge wurde zunächst ein Kreisgraben angelegt, dessen Aushub zur Anlage eines flachen Hügels genutzt wurde. Eine weitere Aufschüttung erfolgte erst später, möglicherweise bei der Anlage von Grenzgräben, die geradlinig von Malhaufen zu Malhaufen gezogen wurden (Abb. 4). Im Zentrum von Hügel und Kreisgraben befand sich der eigentliche Messpunkt oder Grenzzeuge. Es handelte sich um eine mit der Öffnung senkrecht nach unten eingegrabene Flasche aus weißem, leicht grünlichem Glas. Sie zeigt einen Bodenstempel mit der Aufschrift „1 1 Db". Ihre Herkunft und ihr genaues Alter konnten bislang noch nicht ermittelt werden.

Die Zeitstellung solcher Malhaufen ist häufig nicht genauer zu bestimmen, zumal oft unklar bleibt, wann die einzelnen Gemarkungsgrenzen genau festgelegt und im Gelände markiert wurden. Im vorliegenden Fall jedoch lässt sich anhand der historischen Karten ein relativ enges Zeitfenster für die Errichtung des Hügels umreißen. Er muss nach 1780 und vor 1824 aufgeschüttet worden

Abb. 12-14: Flasche aus dem Malhaufen mit Bodenstempel (Fotos E. Bönisch, Zeichnung V. Matternja, BLDAM).

Abb. 15: Das Malhaufenprofil lässt mindestens eine Aufhöhung über der grauen Schicht in halber Höhe erkennen. In der Eingrabung oben stand vermutlich ein Grenzstein oder -pfahl (Foto E. Bönisch, BLDAM).

sein. Dies aber gibt uns wichtige Hinweise zur Zeitstellung der angetroffenen Fahrspuren, denn unter der Hügelschüttung fanden sich mindestens zwei Spurrillen, die folglich älter als der Malhaufen sind (Abb. 11, 16). Ob sie mittelalterlich oder bereits neuzeitlich datieren, bleibt vorerst offen. Zumindest spricht das vergleichsweise hohe Alter dafür, dass die Fahrspuren durchaus aus der großen Zeit des Handelsweges stammen. Es dürften damit die ersten archäologisch greifbaren Spuren der Zuckerstraße im Bereich des Tagebaus Welzow-Süd erfasst worden sein.

Alte Handelswege wie im Übrigen auch die Entstehung und Entwicklung von Territorial- und Gemarkungsgrenzen gehörten bislang nicht unbedingt zu den Kernbereichen archäologischer Forschung. Die Ergebnisse aus dem Vorfeld des Tagebaus Welzow-Süd belegen, dass diesbezüglich wichtige Erkenntnisse aus dem Boden zu gewinnen sind.

Literatur

Grünwald 2013
U. Grünwald, Wo bitte geht's zur Zuckerstraße? Archäologische Untersuchungen auf einem mittelalterlichen Handelsweg. Ausgrabungen im Niederlausitzer Braunkohlenrevier 2009/2010. Arbeitsberichte zur Bodendenkmalpflege in Brandenburg 25 (Wünsdorf 2013) 227–236.

Güther Gosda, Proschim, Welze 1780
Geheimes Staatsarchiv Preußischer Kulturbesitz Berlin, Vermessung der Güther Gosda, Proschim, Welze, um 1780.

Urkataster Gosda 1824/1865
Regierungsbezirk Frankfurt, Kreis Spremberg, Gemarkung Gosda Nr. 11. Gemarkungskarte in 4 Blättern, 1tes Blatt. Copie vom Jahre 1824 von der von dem Regierungl. Conducteur Schultze gefertigten im Maßstabe 1:4000 entworfenen Brouillonkarte durch den königlichen Conducteur 1ter Klasse Fr. Gruhn. Neu eingetheilt im Jahre 1832 durch den königlichen Regierungs Conducteur F. W. Kakow. Copirt im Jahre 1862 behufs Regelung der Grundsteuer durch den Feldmesser Kruk. Copirt am 24ten August 1865 durch den Geometer Semms. Für die Richtigkeit Der Obergeometer C. von Hunoldstein. Kataster- und Vermessungsamt Landkreis Spree-Neiße, Cottbus

Abb. 16: Nach Abtragung des Malhaufens kamen darunter das Ringgräbchen und Fahrspuren der „Zuckerstraße" zum Vorschein (Foto U. Grünwald, BLDAM).

Abb. 1: „CHARTE von GRISSEN zum Ordens Amte Schenckendorff gehörig, ist vermessen und diese Charte nebst Register angefertiget im Monath August 1774 durch L(udwig) F(riedrich) Evert“ (GStA PK, Berlin, Plankammer d. Reg. Frankfurt B 352), mit Koordinaten und Karten-Nord versehen (BLDAM).

Abb. 2: Einer der Grabungsschnitte zur Fluruntersuchung Grießen im Tagebauvorfeld Jänschwalde (Foto U. Grünwald, BLDAM).

Mittelalterliche Ackersysteme auf der Gemarkung Grießen

Uwe Grünwald

Bäuerliche Siedlungen setzen sich aus einer Reihe verschiedener Elemente zusammen. Im Mittelpunkt archäologischer Forschung stehen hierbei traditionell die Ansiedlungen selbst mit ihren Wohn- und Wirtschaftsbauten, Kirchen und Friedhöfen und ggf. auch abseits gelegenen Werkplätzen. Weit weniger Aufmerksamkeit kommt im Allgemeinen den zugehörigen land- oder auch forstwirtschaftlichen Nutzflächen zu, obgleich sie doch über 90 % der Siedlungsgebiete ausmachen und eigentlich auch oft genug bei allen möglichen Sondierungen und Ausgrabungen angeschnitten werden.

Die Gründe hierfür sind naheliegend: Die Befunde sind meist nur undeutlich ausgeprägt und zudem arm an Kleinfunden. Da es sich um alte Oberflächen handelt, sind sie durch Erosion oder moderne Aktivitäten – v.a. im Bereich der heutigen Ackerflächen – besonders gefährdet, mitunter stark gestört oder völlig abgetragen. Zudem stellen die Feldfluren großflächige Strukturen dar, deren Untersuchung eben auch entsprechende Grabungsmöglichkeiten erfordert.

Solche Möglichkeiten sind nun in besonderem Maße in den Tagebauvorfeldern gegeben. Es lag für die Braunkohlenarchäologie daher nahe, sich intensiver der Entwicklung und Struktur alter Agrarflächen zuzuwenden.

Aus zwei Gründen bot sich als Ausgangspunkt für ein solches Projekt die Gemarkung Grießen im Tagebau Jänschwalde an.

Zunächst zieht der Tagebau derzeit und auch noch in den nächsten Jahren über weite Bereiche der Gemarkung, was großräumige Untersuchungen erst gestattet. Das trifft zwar auch auf andere Gemarkungen zu, im Falle von Grießen allerdings gibt es noch eine Besonderheit. Für die Gemarkung liegt nämlich eine Flurkarte (Abb. 1) vor, die nicht nur überaus detailreich ist, sondern zudem ungewöhnlich früh datiert. Sie entstand im Jahr 1774 und ist damit fast 50 Jahre älter als die Separationskarten, die uns ansonsten die ersten genaueren Fluraufnahmen liefern. Von besonderem Interesse ist dabei, dass die Karte noch aus der Zeit vor der tiefgreifenden Agrarreform des 19. Jahrhunderts stammt. Sie gibt somit eine Struktur wieder, die – auf der mittelalterlichen Feldeinteilung fußend – das Landschaftsbild bis weit in das 19. Jahrhundert hinein prägte.

Die Kenntnis der Karte verdanken wir Fritz Bönisch, der sich 1998 in den „Veröffentlichungen des Brandenburgischen Landesmuseums" ausführlich ihrer Analyse widmete. Unter Heranziehung weiterer Dokumente zur Ortsgeschichte konnte er die Struktur und die Entwicklung der Feldmark Grießen aus historischer Sicht rekonstruieren.

Wie stellt sich demnach nun die Feldflur um 1774 dar? Allgemein lässt sich zunächst eine Aufteilung der Gemarkung nach der Nutzung in ähnlicher Weise wie heute beobachten, mit Wiesen entlang der Neißeniederung, mit Ackerland auf der Hochfläche sowie mit ausgedehnten Wäldern in den ortsfernen Gebieten im Nordwesten (Abb. 1; 3). Im Unterschied zu den heutigen großen Ackerflächen findet sich hier jedoch eine eher kleinteilige Struktur, bestehend aus einzelnen Gewannen, die jeweils in eine Vielzahl parallel verlaufender schmaler Ackerstreifen unterteilt sind. Die einzelnen Felder weisen eine Breite von lediglich 10–20 m auf, ziehen aber mitunter über eine beträchtliche Länge.

Anhand der detaillierten Wiedergabe der einzelnen Ackerstreifen nebst Nennung des damaligen Besitzers ist zu erkennen, dass jedes Großgewann in ca. 46 – vom Prinzip her – gleichgroße Besitzstreifen aufgeteilt war. Da die einzelnen Bauern allerdings verschieden große Besitzanteile hatten, waren die Streifen mitunter in der Breite halbiert oder zu Doppel- oder Mehrfachstreifen zusammengelegt worden. Gemäß der Reihenfolge der Anteilstreifen, die übrigens ausgelost war und dadurch von Gewann zu Gewann variierte, zeigt die Karte nun in jedem Gewann eine spezifische Abfolge schmaler und breiter Äcker.

Ohne ins Detail zu gehen, wird deutlich, dass allein schon die Karte von 1774 eine ganze Reihe von Ansatzpunkten für die Arbeit im Gelände bot.

Doch es sind nicht nur historische Karten, die für die Flurforschung von Interesse sind. Auch moderne Aufnahmen können wichtige Quellen darstellen. Dies gilt insbesondere für Laserscans. Die aus einiger Höhe durchgeführten Messungen geben selbst kleinste Höhenunterschiede im Gelände wieder. Der Vorteil gegenüber einfachen Luftbildern besteht nun darin, dass der Bewuchs keine Rolle spielt, das Bodenrelief also auch in Waldgebieten erkennbar wird.

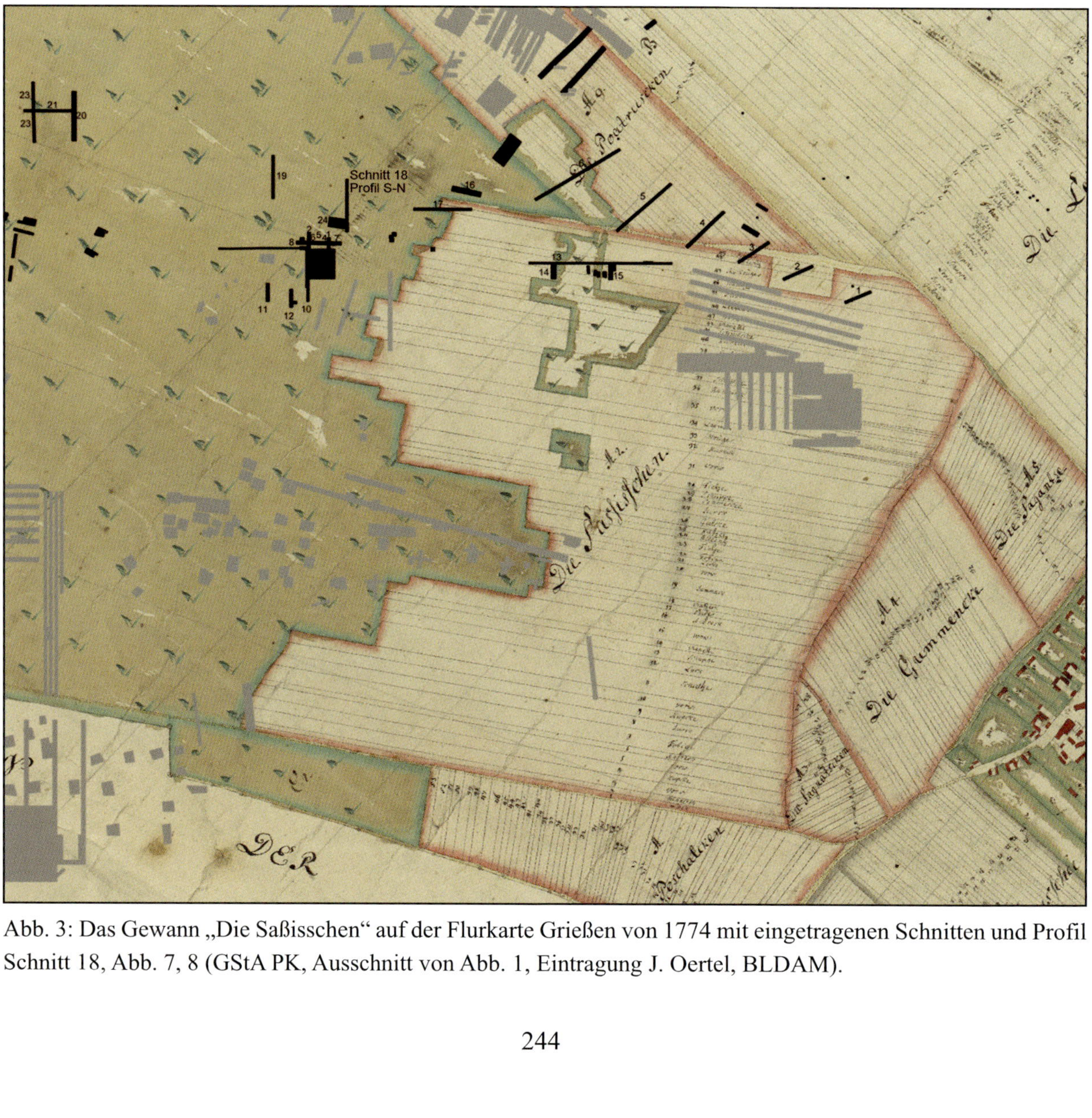

Abb. 3: Das Gewann „Die Saßisschen“ auf der Flurkarte Grießen von 1774 mit eingetragenen Schnitten und Profil Schnitt 18, Abb. 7, 8 (GStA PK, Ausschnitt von Abb. 1, Eintragung J. Oertel, BLDAM).

Der hier abgebildete Scan (Abb. 4) zeigt einen Ausschnitt der Gemarkung Grießen mit den modernen Ackerflächen und den sich anschließenden Waldgebieten, die sich durch eine auffällige kammstrichartige Struktur abheben. Es handelt sich dabei um nichts anderes als um die alten Feldstreifen. Dass sie sich im Laserscan so deutlich abzeichnen, liegt daran, dass sie nicht flach sind, sondern vielmehr eine dammartig gewölbte Form besitzen. Diese sogenannten Hoch- oder Wölbäcker, die sich durch das stete Umwenden der Scholle zur Mitte des Streifens hin entwickelt hatten, stellen eine charakteristische Feldform des Mittelalters und der frühen Neuzeit dar und prägten das Landschaftsbild bis weit ins 19. Jh. hinein. Aufgegebene Felder sind in den heutigen Wäldern häufig noch erhalten und mit Scheitelhöhen von bis zu einem halben Meter auch noch hervorragend zu erkennen. Im Scan zeichnen sie sich darüber hinaus auch dort noch ab, wo im Gelände nichts mehr zu sehen ist. Im Falle von Grießen lassen sich die Feldstreifen selbst auf den eingeebneten modernen Ackerflächen noch gut erkennen.

Beim direkten Vergleich von Laserscan und Karte ist man überrascht, in welchem Ausmaß sich die alten Strukturen im Gelände erhalten haben (Abb. 3, 4). So geben sich etwa die alten Gewanne anhand der unterschiedlichen Feldausrichtung noch klar zu erkennen. Selbst die spezifische Abfolge schmaler und breiter Äcker kann in manchen Bereichen noch recht genau verfolgt werden. Gleiches gilt für die alte Waldgrenze, zeigen doch die östlich anschließenden, also nach 1774 noch bewirtschafteten Hochäcker eine besonders kräftige Wölbung (Abb. 4), was wohl auf die längere Nutzungszeit, u.U. auch auf eine intensivere Bewirtschaftung während der Spätphase zurückzuführen sein dürfte.

Abb. 4: Fläche wie Abb. 3 als Airborne Laser Scan. Am besten sichtbar sind die Wölbäcker zwischen der (rot eingetragenen) Waldkante von 1774 und dem heute noch weiter nach Ost Richtung Ortslage Grießen vorgerückten Waldrand (ALS Vattenfall, Eintragung J. Oertel, BLDAM).

Nun fällt freilich auf, dass die Wölbackerstrukturen keineswegs an der alten Waldgrenze enden, sondern dass sie – wenngleich schwächer ausgeprägt – über das gesamte Waldgelände bis hin zur Gemarkungsgrenze reichen. Die ortsfernen Gebiete waren demnach also nicht, wie man anhand des heutigen Landschaftsbildes und aufgrund der Karte von 1774 glauben könnte, seit eh und je bewaldet. Vielmehr zeichnet sich ab, dass die Gemarkung Grießen wie alle Ortsfluren im Hochmittelalter (vgl. Gosda: U. Grünwald in diesem Band, S. 257–266) vor 1774 landwirtschaftlich nahezu vollständig erschlossen war.

Wie die wenigen Beispiele zeigen, lieferten uns Karten und Laserscans eine Fülle von zum Teil überraschenden Daten zur ehemaligen Feldflur. Auf der Grundlage und im Vergleich mit den historischen und geographischen Analysen sollte das Thema nun mit archäologischen Mitteln – auch in Zusammenarbeit etwa mit Bodenkunde und Botanik – angegangen werden. Dabei stand in einer ersten Kampagne die Frage im Mittelpunkt, wie sich die Strukturen überhaupt im Befundbild abzeichnen. Da die Untersuchungen weiter geführt werden, sei im Folgenden nur auf die wichtigsten siedlungskundlichen Befunde hingewiesen.
Das Untersuchungsgebiet von 2011 umfasste einen ca. 1,5 km langen Geländestreifen, der von den modernen Ackerflächen bis zur Gemarkungsgrenze reichte. Tatsächlich konnten über die gesamte Fläche hinweg Altackerhorizonte festgestellt werden (Abb. 3). Im Unterschied zu den modernen recht dicken und kompakten Humusschichten handelt es sich um oft nur mäßig erkennbare Horizonte von ca. 20–25 cm Mächtigkeit (Abb. 6). Sie waren naturgemäß dort am besten erhalten, wo es zu einer späteren Abdeckung durch Flugsand gekommen war. Bei einem Altacker, der vor 1774 bereits aufgegeben war, ließ sich erkennen, dass die Überdünung noch während der Nutzungszeit eingesetzt hatte (Abb. 7). Über einer grauen kompakteren Schicht fand sich ein stark mit Sand durchmischter Horizont, in dem sich noch Spuren eines Wendepflugs erhalten hatten. Das Feld war zum Zeitpunkt dieser Nutzungsphase also bereits von einer Sandschicht bedeckt. Es wurde offenbar bald danach ganz aufgegeben.
Pflugspuren zeichneten sich ansonsten in den Profilen meist nur undeutlich ab (Abb. 5). Sie kamen eher in der Fläche zum Vorschein und zeigten sich dort als parallel verlaufende schmale Streifen direkt unterhalb der Ackersohle. Bei später versandeten Feldern waren sie durch die Sandbeimischung auch im oberen Bereich des Horizonts erkennbar. So konnte mitunter ein älterer und ein jüngerer Pflughorizont unterschieden werden. Die Pflugrichtungen verlaufen in der Regel in beiden Horizonten parallel. Vereinzelt konnten aber auch abweichende Ausrichtungen beobachtet werden, was u.U. auf Änderungen der Feldstruktur hinweist.
Pflugspuren sind vor allem aus zwei Gründen von Interesse. Zunächst weisen sie auch bei zweifelhafter Befundlage darauf hin, dass tatsächlich Felder und nicht etwa natürliche Oberflächen vorlagen. Vor allem aber ist an ihnen die Orientierung der Feldstreifen, die stets in Längsrichtung gepflügt wurden, abzulesen. Dies erlaubt nun wiederum Aussagen zu Feldstruktur und Gewanneinteilung.

Die Ermittlung der Ackerbreiten gestaltete sich dagegen schwieriger als gedacht. Wölbäcker werden im Allgemeinen durch flache Gräben voneinander abgegrenzt. Im Falle vergleichsweise junger und entsprechend ausgeprägter Wölbäcker waren diese sogenannten Fahren relativ gut sowohl im Profil, wie auch auf dem Planum erkennbar. Bei den älteren und deutlich weniger gewölbten Feldstreifen jedoch lagen die Dinge anders. In den aufgedeckten Flächen waren die Fahren zumeist gar nicht erkennbar und bei den Schnittprofilen blieb oft (falls nicht sofort im Gelände überprüft) unsicher, ob es sich tatsächlich um Fahren und nicht etwa um Störungen handelte.

Im Falle von Grießen war dies nun von geringerer Bedeutung, da die Grundstruktur des Flursystems durch Karten und Scans im Wesentlichen bekannt war. Im Gegensatz dazu wird sich etwa die Flurentwicklung vor 1774 nur anhand von archäologischen Methoden erschließen lassen. Zudem ergaben sich bereits jetzt Hinweise auf verschiedene Phänomene, unter anderem etwa im Bereich der Fundverteilung oder hinsichtlich der Entwicklung der Wölbäcker, die den wenigen vorliegenden Karten so nicht zu entnehmen waren. Zunächst aber förderten die dort gewonnenen Erfahrungen die

Abb. 5: Im Planum und Profil sieht man eine überdünte Pflugschicht, die sich bereits randlich in die einzelnen Furchen auflöst. Grießen, Gewann „Die Saßisschen", Schnitt 1 (Foto U. Grünwald, BLDAM).

Abb. 6: Begrabenes Ackerprofil mit Wendepflugschollen. Grießen, Gewann „Die Saßisschen", Schnitt 18, 0–5 m (Foto U. Grünwald, BLDAM).

Abb.7: Spuren des Wendepfluges im oberen Teil eines übersandeten Ackerbodens, Schnitt 18 (Foto U. Grünwald, BLDAM).

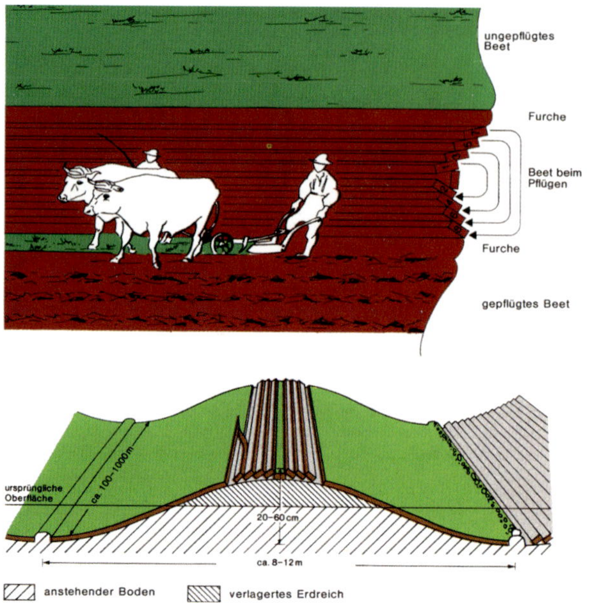

Abb.9: Die nach der Mitte umgelegten Schollen sind Hinweis auf einen Beetpflug, noch keinen Kehrpflug, dessen Schaar nach links oder rechts werfen kann (Zeichnung Archäologie in Deutschland 1995, 2, 27).

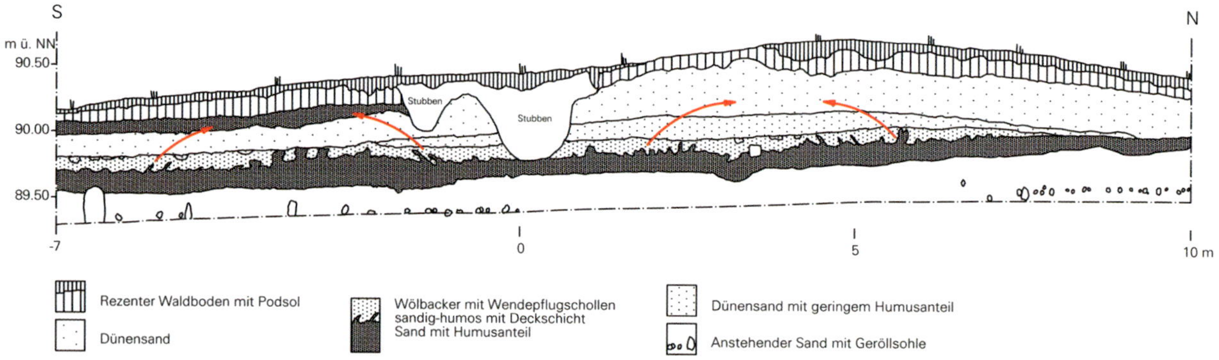

Abb. 8: Querprofil überdünter Ackerstreifen in der Grießener Flur „Die Saßisschen". An der Oberkante der unteren Ackerschicht befinden sich jeweils zur Mitte hin umgelegte Schollen (Pfeile) (Zeichnung U. Grünwald, K. Klose, BLDAM).

Flurforschungen in jenen Gebieten, in denen aussagekräftige Karten und Laserscans gar nicht vorliegen. So machten sich die Untersuchungen bereits im gleichen Jahr im Tagebau Welzow-Süd bezahlt, etwa in den ehemaligen Gemarkungen Wolkenberg und Gosda. Letzterem Untersuchungsprojekt ist ein eigener Artikel in diesem Band gewidmet (vgl. Beitrag U. Grünwald, S. 257–266).

Literatur

Bönisch 1998
F. Bönisch, Grießen im Spree-Neiße-Kreis nach der Flurkarte von 1774. In: Veröffentlichungen des Brandenburgischen Landesmuseums für Ur- und Frühgeschichte, Bd. 32, 1998, 265–290.

Die Böden im Tagebauvorfeld Jänschwalde – Ergebnisse bodenkundlich-geomorphologischer Untersuchungen

Alexander Nicolay, Alexandra Raab, Thomas Raab

Im Rahmen der geomorphologisch-bodenkundlichen Untersuchungen zur jüngeren Landschaftsgeschichte der Niederlausitz wurden von 2010 bis 2012 im Tagebauvorfeld Jänschwalde charakteristische Böden der quartärmorphologischen Einheiten *glaziale Hochfläche*, *Sander* und *Urstromtalterrasse/Flugsandfeld* dokumentiert und beschrieben (Abb. 1).

Das Untersuchungsgebiet nordöstlich von Cottbus liegt zwischen der Malxeniederung im Westen und der Neißetalung im Osten. Im Übergangsbereich vom Urstromtal zum Taubendorfer Sander ist ein ca. 2,6 km² großes Dünen- und Flugsandfeld, das sich zwischen Jänschwalde, Radewiese und dem westlichen Rand des Taubendorfer Sanders erstreckt, ausgebildet (Abb. 1). Die äolischen Sedimente überdecken die glazifluvial angelegte Urstromtalterrasse, die nach Marcinek (1961) das Abflussniveau des Baruther Urstromes widerspiegelt. Der ältere Taubendorfer Sander repräsentiert dagegen die Schmelzwassersedimentation zur Zeit der weichselkaltzeitlichen Haupteisrandlage (Branden-

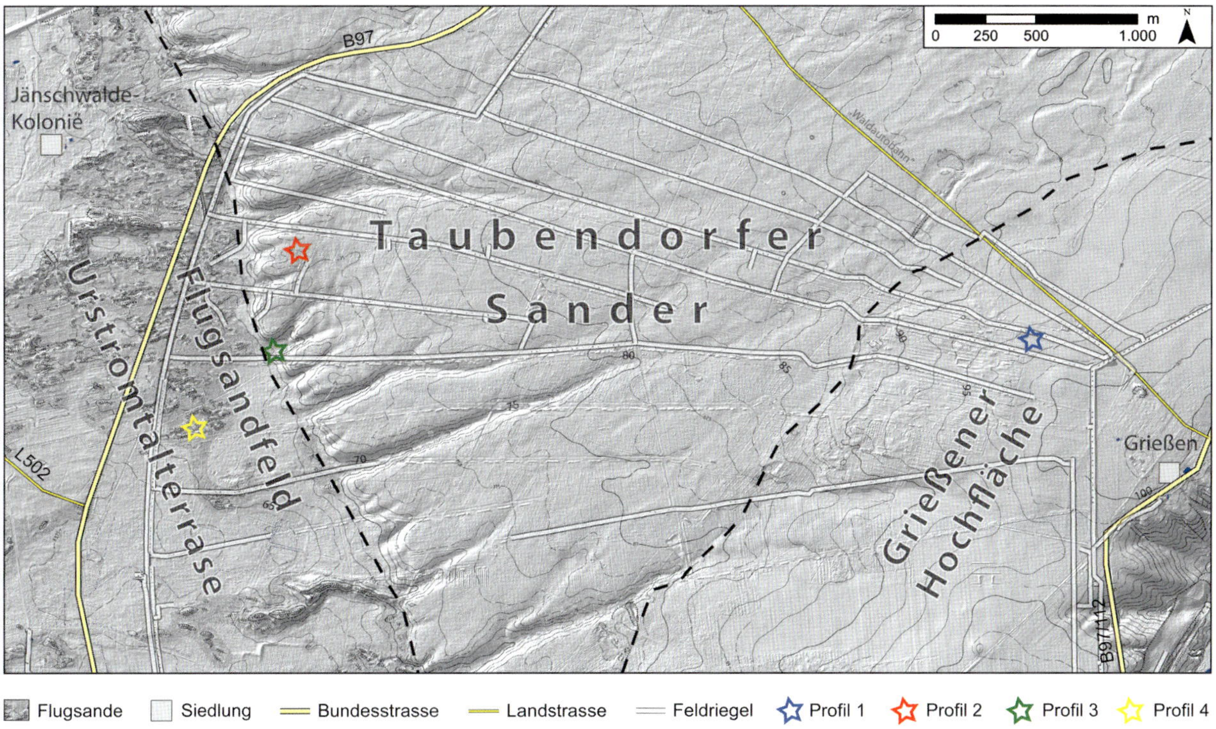

Abb. 1: Übersichtskarte des Untersuchungsgebietes im Tagebauvorfeld Jänschwalde mit den quartärtopographischen Einheiten glaziale Hochfläche, Sander und Urstromtalterrasse (ALS Vattenfall; TK 10 LGB 1995; Bearbeitung A. Nicolay, BTU).

burger Stadium). Die Sandersande umschließen dabei die aus warthezeitlichem Geschiebemergel aufgebaute Grießener/Hornoer Hochfläche nahezu vollständig (Abb. 1). Beide sedimentologisch-morphologischen Einheiten werden flächendeckend von ca. 3 bis 5 dm mächtigen Decksanden (Geschiebedecksand) überlagert, die an der Basis durch eine charakteristische windkanterführende Kies- bzw. Steinsohle begrenzt wird.

Auf der lehmigen Grundmoränenfläche der Hornoer Hochfläche sind überwiegend Fahlerde-Braunerden verbreitet (Abb. 2, Profil 1). Der typbestimmende Bv-Horizont ist durch die Ackernutzung in den Pflughorizont eingearbeitet, tritt als Übergangshorizont (Ael-Bv) an der Grenze zum liegenden Geschiebelehm durch seine gelbbraune Färbung aber noch in Erscheinung. Der von der Verbraunung unbeeinflusste, blassgrau gebleichte und stark tonverarmte Ael-Horizont geht über keilförmige Ausbuchtungen in den Verzahnungshorizont (Ael+Bt) über. Dieser kleinräumige Wechsel von tonangereicherten und tonärmeren Partien und deren zungenförmiges ineinandergreifen ist charakteristisch für die Fahlerde (Albeluvisol nach WRB Klassifikation). In den Übergangs-/Kontaktbereichen Hochfläche/Sander

Schlecht zersetzbare Nadelstreu (Kiefernforst) begünstigt die Rohhumusbildung und trägt damit wesentlich zur Podsolierung bei. Die beginnende Podsolierung drückt sich als diffuse Bleichung der Oberböden aufgrund erster Verluste von Sesquioxiden (Al-, Fe- und Mn-Oxiden) aus. Makroskopisch erkennbare blanke Quarzkörner sind charakteristisch für dieses Initialstadium der Podsolierung.

gehen die Böden aufgrund des zunehmenden Grundwasser- und Staunässeeinflusses in pseudovergleyte Fahlerde-Braunerden über. Die Verbreitung der fruchtbaren Fahlerde-Braunerde-Böden entspricht nahezu der aktuell genutzten Ackerfläche in der Gemarkung Grießen.

Auf den nährstoffarmen und trockenen Sedimenten des Taubendorfer Sanders dominieren überwiegend schwach podsolierte bis podsolierte Braunerden (Abb. 2, Profil 2). Schlecht zersetzbare Nadelstreu (Kiefernforst) begünstigt die Rohhumusbildung und trägt damit wesentlich zur Podsolierung der Braunerden bei. Die beginnende Podsolierung drückt sich als diffuse Bleichung der Oberböden (Aeh-Horizont) aufgrund erster Verluste von Sesquioxiden (Al-, Fe- und Mn-Oxiden) aus. Makroskopisch erkennbare blanke Quarzkörner (sogen. Kornpodsoligkeit) sind charakteristisch für dieses Initialstadium der Podsolierung, allerdings fehlen in diesem Stadium der Bodenentwicklung morphologisch differenzierbare Anreicherungshorizonte (Bs- oder Bh) (s. Abb. 2, Profil 2). Der profilbestimmende Bv-Horizont entspricht dagegen der Hauptverwitterungszone, die oftmals mit der Mächtigkeit des eingangs erwähnten Decksandes übereinstimmt. Die charakteristische gelb-

Abb. 2: Höhenprofil mit Lage typischer Bodenprofile, Profile 1 – 4 (Bearbeitung, Fotos A. Nicolay, BTU).

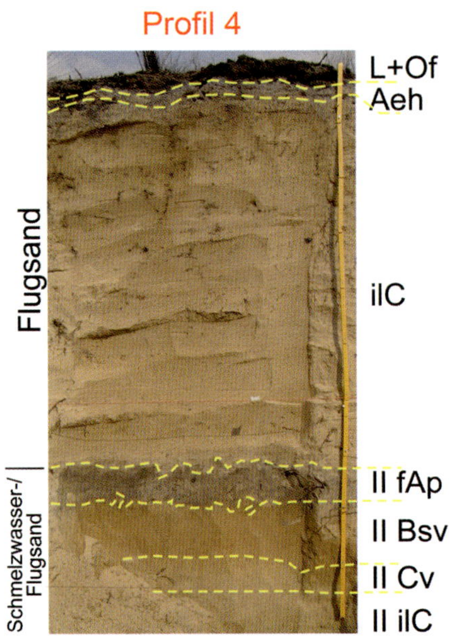

Podsol-Regosol aus Flugsand über podsoliger (Acker-) Braunerde aus Schmelzwasser-/Flugsand

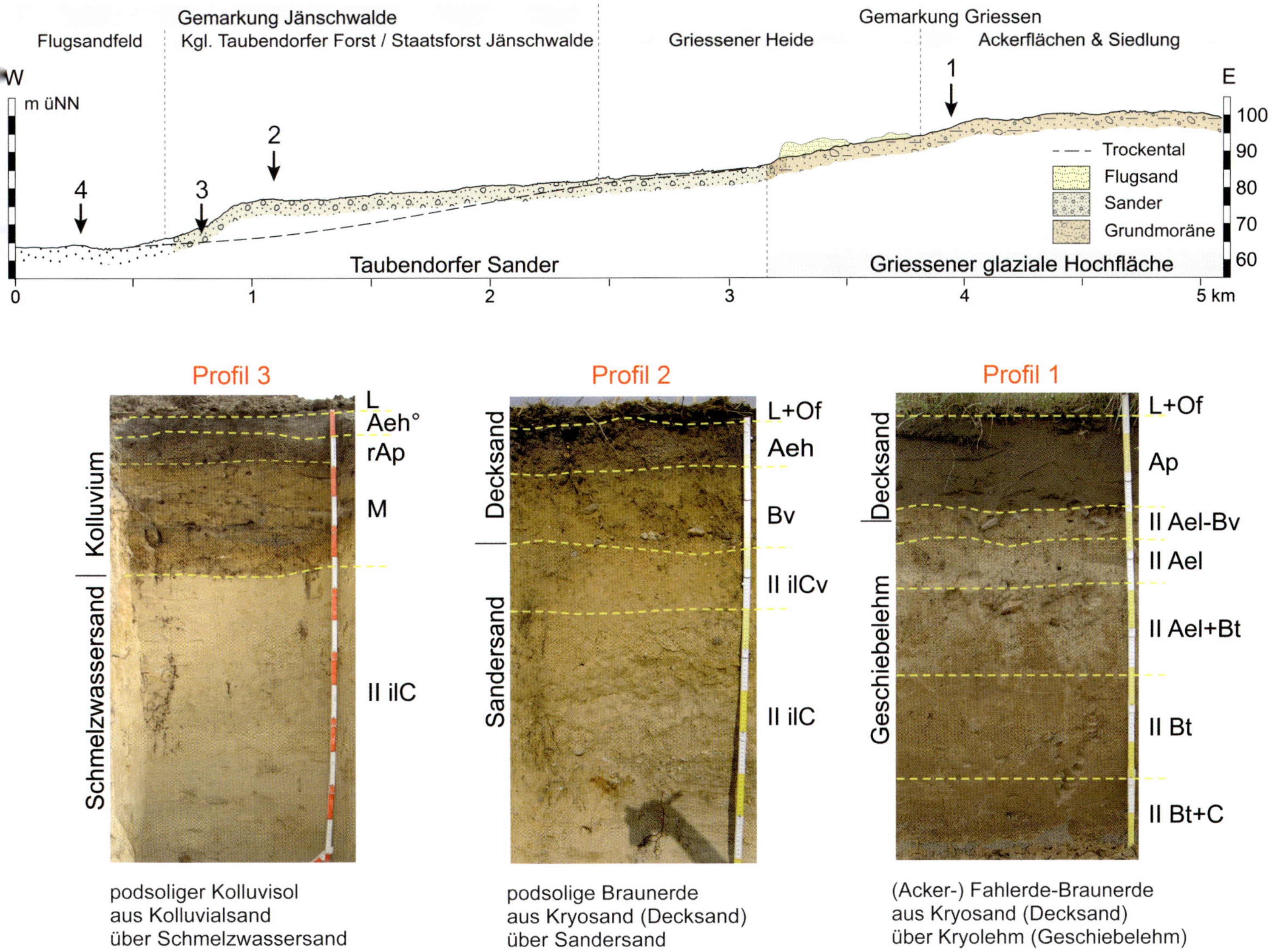

braune Färbung des Bv-Horizontes resultiert dabei aus der bei der Verwitterung einsetzenden Eisenfreisetzung aus Eisen(II)-haltigen Mineralen und deren Oxidation.

Während auf dem nahezu ebenen Sander flächendeckend podsolige Braunerden verbreitet sind, sind die Böden an den Hängen der periglaziären Trockentäler deutlich stärker podsoliert (Podsol-Braunerden). In den Tiefenlinien und an den Ausgängen dieser Täler wurden vereinzelt flache und schwach podsolierte Kolluvisole angetroffen. Profil 3 (Abb. 2) zeichnet sich makroskopisch durch den deutlich erkennbaren gelblich-braunen bis dunkel gefärbten M-Horizont sowie die sehr scharfe Untergrenze zu den liegenden Schmelzwassersedimenten aus. Der Substratwechsel kommt deutlich in der Färbung, der Korngrößenverteilung des Feinbodens, im Anteil des Grobbodens sowie in den mit der Tiefe stark abnehmenden Gehalten organischer Substanz zum Ausdruck. Im Kolluvium selbst weisen grau-schwarze und rötlichbraune Bodenfarben auf die Verlagerung humosen Oberbodenmaterials und bereits verwitterten Mineralbodens (umgelagertes Bv-Material) aus höher gelegenen Tal- und Hangbereichen hin. Eine durch menschliche Aktivitäten (bronzezeitlich/mittelalterlich) ausgelöste erosive Erweiterung/Überprägung mit anschließender Verfüllung der Täler, wie sie Woithe (2003) für die Kerbtäler am südlichen Rand der Hornoer Hochfläche beschreibt, konnte für die westlichen periglazialen Trockentäler nicht festgestellt werden.

Auf den jungen äolischen Sedimenten westlich des Taubendorfer Sanders sind rezent überwiegend flache und schwach entwickelte Podsol-Regosol-Bodengesellschaften über Podsol-Braun-

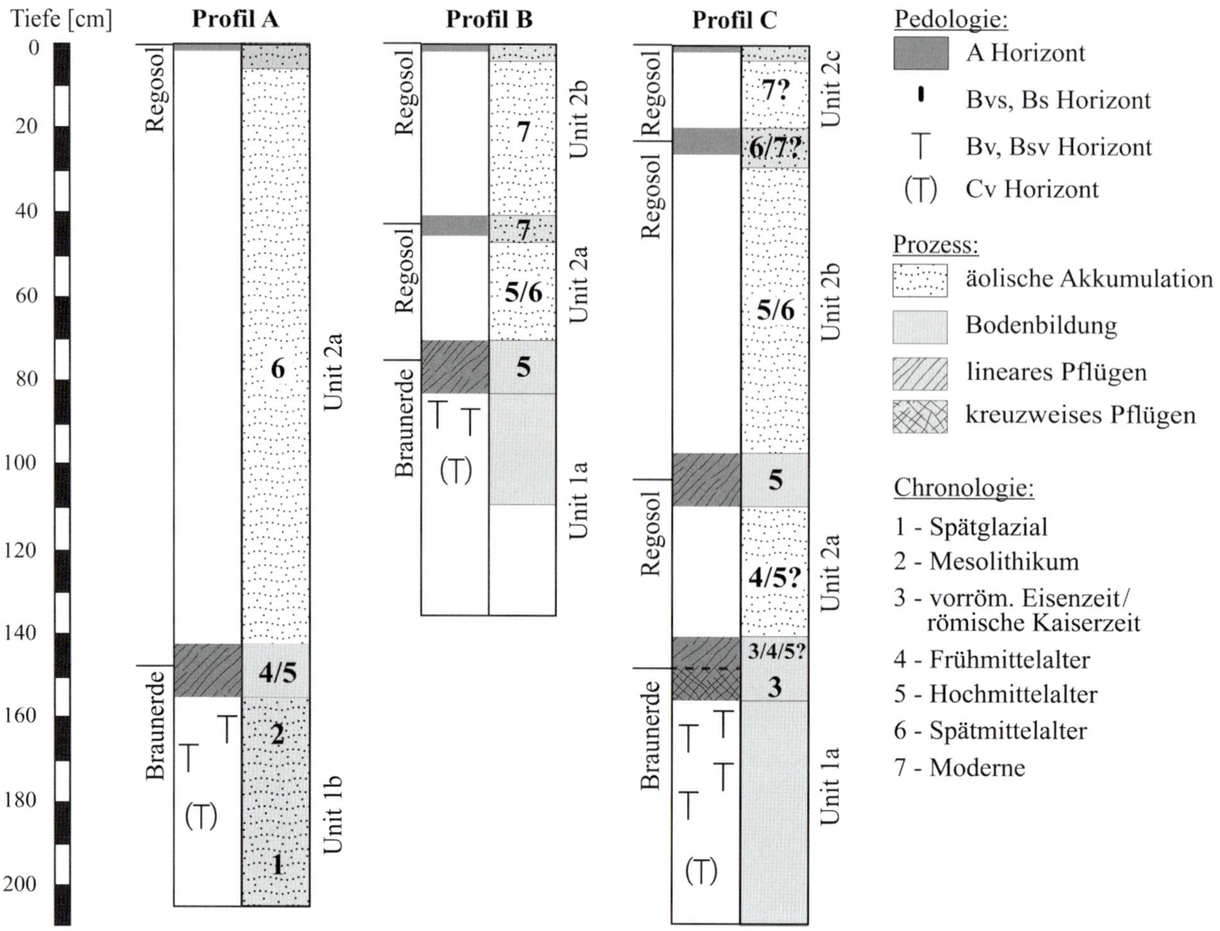

Abb. 3: Zusammenfassung der pedo-stratigraphischen und chronologischen Ergebnisse der untersuchten Sondagen A, B, C (vgl. Abb. 4) im Flugsandfeld (Grafik A. Nicolay, BTU).

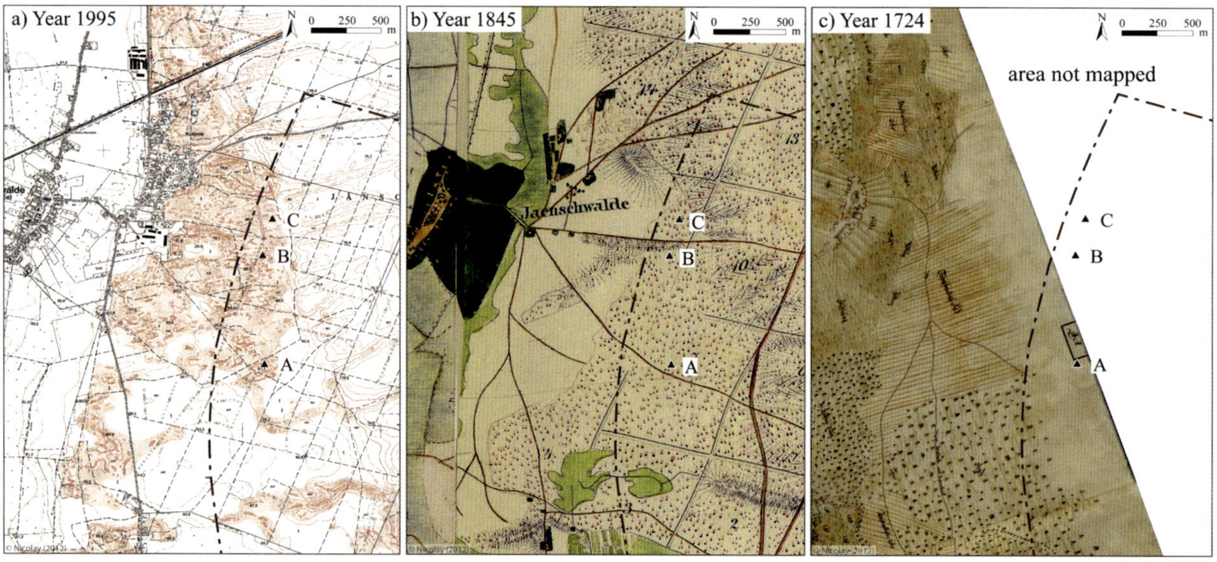

Abb. 4: Die Lage der untersuchten Sondagen A, B, C bei Jänschwalde auf Kartenausschnitten des 18., 19. und 20. Jahrhunderts a) Topographische Karte 1:10.000 von 1995 (LGB); b) Urmesstischblatt von 1845 (LGB 2006, Blätter 4152 Peitz, 4153 Groß Gastrose); c) Karte der Zinswiesen zwischen Peitz und Jänschwalde von 1724 (GstA Preußischer Kulturbesitz, Berlin, XI HA AKS Rolle 10).

Abb. 5: Sondage C: Mehrfach übersandete Ackerbodenhorizonte mit jeweils zugehörigen Pflugspuren im Bildvordergrund, archäologischer Fundplatz Jänschwalde 46 (Foto A. Nicolay, BTU).

erden verbreitet (Abb. 2, Profil 4). Detaillierte Untersuchungen an drei Sondagen in diesem Flugsandareal zeigten, dass die begrabenen Braunerden bzw. Podsol-Braunerden den natürlichen Boden darstellen (Abb. 3). Die in den begrabenen Oberböden dokumentierten Pflugspuren sowie die absoluten Altersdatierungen belegen, dass zumindest Teile des Untersuchungsgebietes während der römischen Kaiserzeit sowie im Früh- und Hochmittelalter ackerbaulich genutzt wurden. Die Befunde fügen sich nahtlos in bereits bekannte und gut dokumentierte römisch-kaiserzeitliche bzw. germanische Siedlungs- und Landnutzungsmuster ein (vgl. Krauskopf & Pasda 1999; Brather 1999; Wetzel 2012).

Zwar sind aus dem Tagebau Jänschwalde auch germanische/völkerwanderungszeitliche äolische Ablagerungen bekannt (Schulz 2011), allerdings stehen die Flugsande der hier vorgestellten Sondagen zweifelsfrei mit der mittelalterlichen agrarischen Expansion in Zusammenhang. Im Zuge des mittelalterlichen Bevölkerungswachstums sowie der damit einhergehenden Rodung und Intensivierung des Ackerbaus wurden die sandigen Substrate der Urstromtalterrasse sowie der vorgelagerten spätglazialen Dünen zunehmend entblößt. Als Folge wurden hauptsächlich im 12./13. Jahrhundert lokale und teilweise auch flächendeckende dünne Flugsanddecken aufgeweht (Nicolay et al. 2014). Wie Anhand der topographischen Karte (Abb. 4) deutlich wird, weisen die kleinen Dünenkörper in der Regel eine längliche, oftmals SSW-NNE-Längserstreckung auf. Dies lässt auf die Beteiligung südwestlicher und westlicher Starkwinde schließen. In der Cottbuser Region treten noch heute insbesondere im Frühjahr Wetterlagen auf, die diese Windverhältnisse begünstigen. Dass die teilweise bereits übersandeten Äcker nochmals bestellt wurden, belegen diagonal verlaufende Pflugspuren im obersten Ackerbodenhorizont von Profil C (Abb. 3 u. 5). Unter der begründeten Annahme, dass zur Zeit der spätmittelalterlichen

Abb. 6: Bodenkundliche Untersuchung der Sondage B am Fundplatz Jänschwalde 44 (Foto A. Troppa, BLDAM).

Wüstungsperiode insbesondere ortsferne Ackerflächen aufgelassen wurden (u.a. Krenzlin 1983, Henning 1994) sind die heute übersandeten Flächen an den Profilstandorten A, B und C offenbar einer frühen Jänschwalder Siedlung zuzurechnen (erstmals 1346 erwähnt). Die Ausdehnung der Agrarflächen südöstlich von Jänschwalde im Jahr 1724 (Abb. 4c) lässt ebenfalls eine sehr viel größere Ausdehnung der Ackerflächen im Mittelalter vermuten.

Auf den mittelalterlichen Flugsand-Oberflächen haben sich nach bisherigem Kenntnisstand nur flache Rohböden (sog. Regosole) entwickelt. Die Überdeckung dieser Böden mit noch jüngeren Flugsanden (Abb. 3, Profil B; Abb. 5 und 6) kann zum einen mit dem Kahlschlag in den Gemeindewäldern im Zuge der Separation oder aber mit der friederizianischen Kolonisation (z.B. Gründung Jänschwalde-Kolonie und Radewiese) in Zusammenhang stehen (Kublick 1968; Krausch 2008). Eine letztmalige Remobilisierung der Sande erfolgte im Zuge der neuzeitlichen Köhlerei (Rösler et al. 2012). Diese Form der Land- und Forstnutzung hat nach den bisherigen Ergebnissen und Beobachtungen im Gelände allerdings nur eine sehr kleinräumige und lokal begrenzte äolische Reliefumgestaltung hervorgerufen. Auf diesen jüngsten Flugsanden haben sich schwach podsolierte Regosole entwickelt, deren Bildungszeitraum ab dem 17./18. Jahrhundert bis heute angenommen werden muss.

Danksagung

Die hier vorgestellten Ergebnisse wurden vom Ministerium für Wissenschaft, Forschung und Kultur (MWFK) des Landes Brandenburg im Rahmen der Nachwuchsforschergruppe „Anthropogener Landschaftswandel und Paläoumweltforschung“ der BTU Cottbus-Senftenberg sowie dem Virtuellen Institut zur Integrierten Klima- und Landschaftsentwicklungsanalyse (ICLEA) der Helmholtz Gemeinschaft unterstützt.

Literatur

Bönisch, E. (2011): Römischer Schrott...an der Neiße recycelt. Ausgrabungen des germanischen Areals bei Jänschwalde. – In: Schopper, F. (ed.): Ausgrabungen im Niederlausitzer Braunkohlenrevier 2008. – Arbeitsberichte zur Bodendenkmalpflege in Brandenburg 21, 123–126.

Brather, S. (1999): Germanische Häuser und ein Backofen unter dem Teufelsberg bei Briesnig. – Kunow, J. (Hg.): Ausgrabungen im Niederlausitzer Braunkohlenrevier 1998. – Arbeitsberichte zur Bodendenkmalpflege in Brandenburg 3: 82–92.

Henning, F.-W. (1994): Deutsche Agrargeschichte des Mittelalters. 9. bis 15. Jahrhundert. – Ulmer, Stuttgart, 368 pp.

Krausch, H.-D. (2008): Beiträge zur Wald-, Forst- und Landschaftsgeschichte Brandenburgs. – Kessel, Remagen-Oberwinter, 413 pp.

Krauskopf, C. & Pasda, C. (1999): Aufwehung, Umbildung, Zerstörung: zur Entwicklung der Dünen im Baruther Urstromtal zwischen Cottbus und Forst. – Archäologisches Korrespondenzblatt 29, 289–298.

Krenzlin, A. (1983): Das Wüstungsproblem im Lichte ostdeutscher Siedlungsforschung. – In: Nitz, H.-J. & Quirin, H. (eds.): Beiträge zur Kultur- und Landschaftsgeschichte in Mitteleuropa: 153–169, Franz Steiner Verlag.

Kublick, H. (1968): Die Agrarreform im Kreise Cottbus seit 1763. – Jhb. für Brandenburgische Landesgeschichte 19, 70–86.

Marcinek, J. (1961): Über die Entwicklung des Baruther Urstromtales zwischen Neiße und Fiener Bruch – Ein Beitrag zur Urstromtaltheorie. – Wiss. Z. d. Humboldt-Universität. 10 (1): S.13–46.

Nicolay, A., Raab, A., Raab, T., Rösler, H., Bönisch, E., & Murray, S. A. (2014): Evidence of (pre-) historic to modern land-scape and land use history near Jänschwalde (Brandenburg, Germany). – In: Brückner, H., Engel, M. (eds.): Late Quarternary environments and societies: progress in Geoarchaeology: S. 7–31. DOI: 10.1127/0372-8854/2013/S-00162.

Reichmuth, G. (1986): Die Produktion im ehemaligen Eisenhüttenwerk Peitz. – Geschichte und Gegenwart des Bezirkes Cottbus 20, 103–112.

Rösler, H., Bönisch, E., Schopper, F., Raab, T. & Raab, A. (2012): Pre-industrial charcoal production in southern Brandenburg and its impact on the environment. – In: Kluiving, S. & Guttmann-Bond, E. (eds.): Landscape Archaeology between Art and Science: 167–178.

Schulz, D. (2011): Bestattungen im Dünensand. Der germanische Friedhof bei Jänschwalde. – In: Schopper, F. (ed.): Aus-grabungen im Niederlausitzer Braunkohlenrevier 2008. Arbeitsberichte zur Bodendenkmalpflege in Brandenburg 21: 127–130.

Wetzel, I. (2012): Germanic people in Roman Iron Age and Migration Period. – In: Schopper, F. & Dähnert, D. (eds.): Archaeology in Lower Lusatia: early history of a region at the heart of Europe: 160–167, Brandenburgisches Landesamt für Denkmalpflege.

Woithe, F. (2003): Untersuchungen zur postglazialen Landschaftsentwicklung in der Niederlausitz – Dissertation, Christian-Albrechts-Universität zu Kiel, Kiel, 151 pp.

Abb. 1: Unterschiedlich ausgerichtete Pflugfurchen demzufolge zweier Gewanne der Gemarkung Gosda, vgl. Abb. 9, Schnitt 27 (Foto E. Bönisch, BLDAM).

Abb. 2: Die erst seit dem Mittelalter entstandenen „Weißen Berge“ im Nordteil der Gemarkung Gosda (Foto E. Bönisch, BLDAM) haben Ackerland vernichtet und unter sich begraben …

Felder unter den Weißen Bergen. Überdünte mittelalterliche Ackerflur der Gemarkung Gosda an der Zuckerstraße

Uwe Grünwald

„Es irrt der Mensch solang er strebt.“ Dieser Ausspruch Goethes fand kürzlich seine erneute Bestätigung im Tagebau Welzow-Süd. 2010 waren Untersuchungen im Bereich einer geplanten großräumigen Sand- und Kiesentnahme durchgeführt worden. Das durchweg bewaldete Areal befand sich am Rand der ehemaligen Gemarkung des bereits 1964 überbaggerten Gosda, Lkr. Spree-Neiße. Im Norden grenzte es an den ehemals bedeutenden mittelalterlich-neuzeitlichen Handelsweg, die sogenannte Zuckerstraße (vgl. Beitrag Grünwald, S. 235–241). Nach Süden hin erstreckte es sich über die „Weißen Berge“, einem ausgeprägten Dünengelände mit Kuppen von mehr als 5 m Höhe.

Abb. 3: … das jetzt wieder ans Tageslicht kommt. Unter meterhohen Dünen liegt der fossile Ackerboden mit Pflugfurchen, über die eine Wagenspur führt (Schnitt 103, Foto V. Matternja, BLDAM).

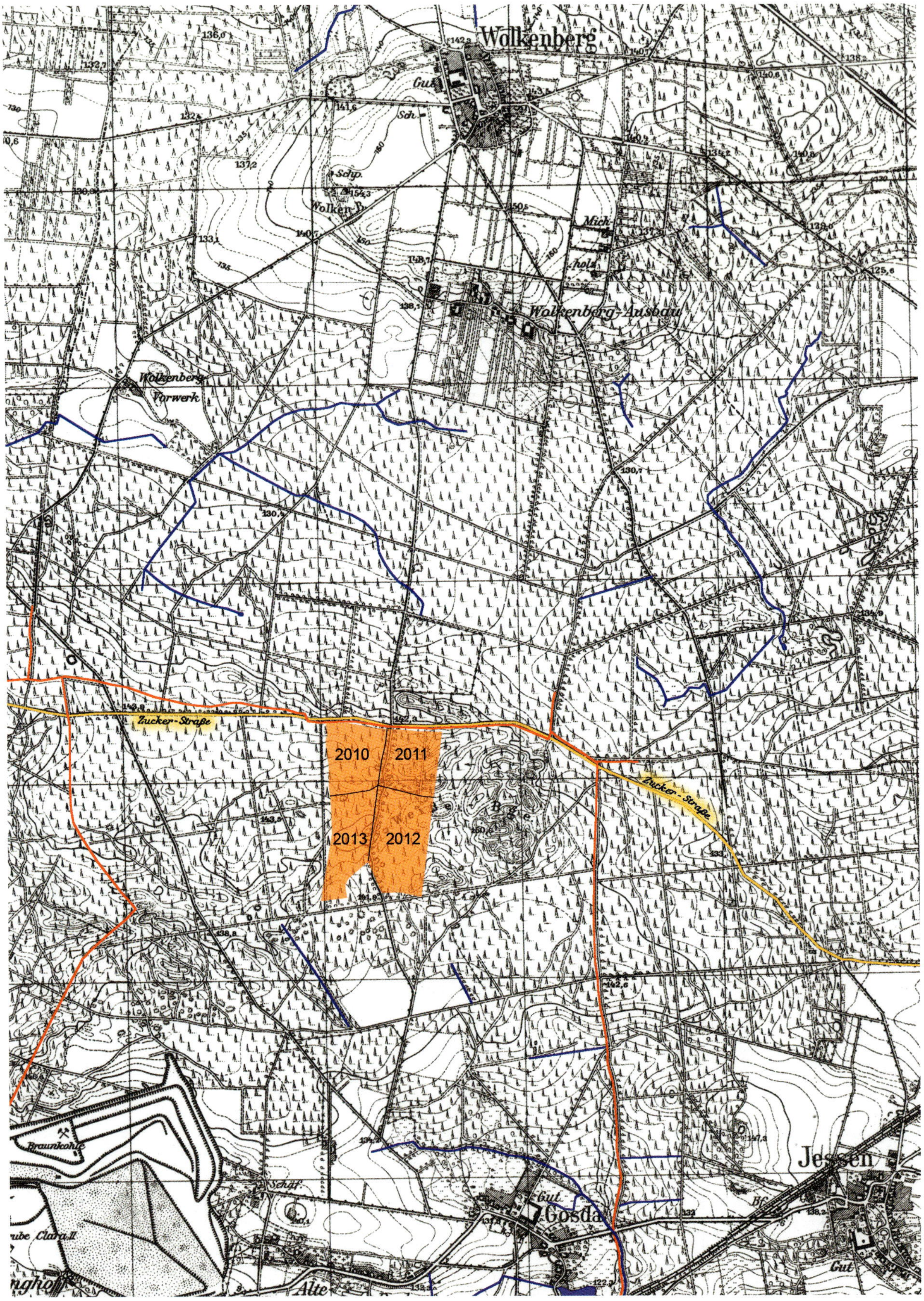

Abb. 4: Lage der Kiesentnahme (Planung) mit den ergrabenen mittelalterlichen Ackerflächen in den „Weißen Bergen" nördlich des ehemaligen Gosda – eine Anhöhe weitab von jeglichem Gewässer (TK 25, Messtischblatt, Blätter Jessen 4451 (1938), Drebkau 4351 (1943) LGB; farbige Hervorhebung der Grenzen und Gewässer BLDAM).

Die Untersuchungen hatten damals weder Kleinfunde in nennenswertem Umfang noch eindeutige Siedlungsbefunde ergeben. Wasserarmut, die sandigen Oberflächen und die große Entfernung zu den nächsten Siedlungen sprachen für einen nur wenig genutzten Randbereich der Gemarkung. Da auch der Laserscan keine Strukturen erkennen ließ und die historischen Karten zudem durchweg Wald verzeichneten, schien klar zu sein, dass die Zuckerstraße einst durch mehr oder weniger urwaldartiges Gelände fernab der eigentlichen Siedlungs- und Bewirtschaftungsflächen geführt hatte.

Waren die Ackerhorizonte im einen Teil der Fläche also weitgehend abgetragen, so waren sie im anderen Teil durch die Überdünung bedeckt und somit besonders gut erhalten.

Bei der Erweiterung des geplanten und mittlerweile in Betrieb gegangenen Kiesabbaus für Bekiesungen im Tagebau ergab sich jedoch in den beiden folgenden Jahren ein völlig anderes Bild. Anstatt einfacher Waldböden fanden sich vielmehr eindeutige Hinweise auf ausgedehnte Feldflächen des Mittelalters und der frühen Neuzeit. Es hatte demnach eine umfassende landwirtschaftliche Erschließung bis an die Grenzen der Gemarkung stattgefunden.

Abb. 5: Kiesentnahmefläche im Geflecht des Tagebaugeschehens (Tagebau Welzow-Süd Hauptbetriebsplan 2011 – 2013, Ausschnitt Übersichtskarte Abbauplanung 1:10.000 von 06/2010, Vattenfall).

Wie sich freilich auch zeigte, waren die alten Ackerhorizonte über weite Bereiche der Erosion zum Opfer gefallen. Dies betraf insbesondere das Areal nahe der Zuckerstraße sowie das Dünengelände im Norden und Westen, also just jene Bereiche, die

Abb. 6: Die Lage der Kiesentnahme- und Grabungsfläche an der Zuckerstraße (Karte nach F. Bönisch).

Abb.7: Die oberen Wendepflugspuren im Planum (links) und freigelegtes Ackerbodenprofil (rechts). Hier wurde bereits Dünensand eingepflügt (Schnitt 130, vgl. Abb. 8) (Foto P. Schroeder, BLDAM).

2010 bevorzugt sondiert worden waren. Die Erosion erfolgte im Wesentlichen durch Wind, wobei ganz offensichtlich Nord- und Westwinde vorgeherrscht hatten. Die im Nordwesten abgewehten Sandmassen häuften sich hierbei im Süden und Osten der Fläche zu neuen Dünen von mehreren Metern Höhe auf. Waren die Ackerhorizonte im einen Teil der Fläche also weitgehend abgetragen, so waren sie im anderen Teil durch die Überdünung bedeckt und somit besonders gut erhalten. Im Oberflächen-Laserscan waren die Felder freilich infolge von Erosion und Aufwehung nicht mehr zu erkennen gewesen.

Eine Dünenbildung hatte im Übrigen schon vor der mittelalterlichen Nutzung – möglicherweise bereits am Ende der letzten Eiszeit – stattgefunden. So ziehen die Ackerhorizonte im Bereich der nördlichsten Dünenstaffel über ältere Dünen hinweg. Nach Süden hin war das Gelände im Mittelalter dagegen relativ eben. Die Dünen, die sich heute dort finden, entstanden durchweg erst gegen Ende der landwirtschaftlichen Nutzung. Damit muss auch der erste Eindruck, nach dem in dem Areal schlechte Sandböden dominieren, im Hinblick auf die mittelalterlichen Verhältnisse korrigiert werden. Tatsächlich lagen die Feldflächen weitgehend auf anstehendem sandigem Lehm von relativ hoher Bodengüte. Lediglich im Bereich der Altdünen zogen sie über ertragsarme Sandböden.

Trotz der starken Erosion war zu erkennen, dass sich die Feldflächen einst über das gesamte immerhin

Abb. 8: Die Felder wurden noch weiter bewirtschaftet, als schon der Sand kam. Eingepflügter Dünensand (Schnitt 130, 0–5 m; Foto P. Schroeder, BLDAM).

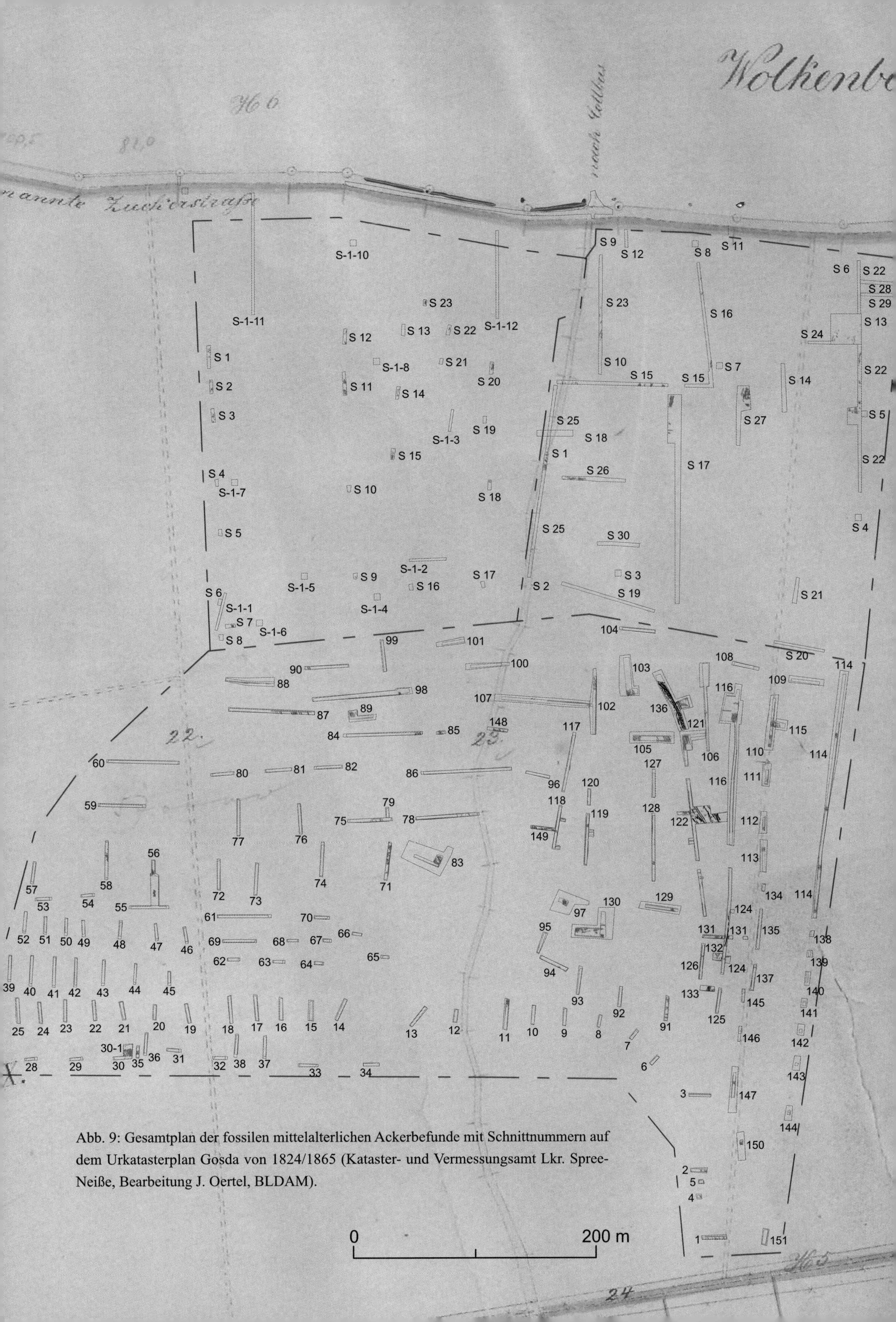

Abb. 9: Gesamtplan der fossilen mittelalterlichen Ackerbefunde mit Schnittnummern auf dem Urkatasterplan Gosda von 1824/1865 (Kataster- und Vermessungsamt Lkr. Spree-Neiße, Bearbeitung J. Oertel, BLDAM).

rund 500 × 700 m große Untersuchungsareal erstreckt hatten. So waren immer wieder zumindest kleinere Flächen mit Ackerspuren erhalten geblieben. Die wichtigsten Belege für die ehemaligen Wirtschaftsflächen lieferten die Altackerhorizonte

Im Unterschied zu den oberen Pflugspuren wiesen die älteren Pflugrillen mitunter eine kreuzförmige Struktur auf. Solche Strukturen finden sich besonders beim Gebrauch von Hakenpflügen. In jedem Falle steht zu vermuten, dass etwaige Hakenpflüge bald durch die modernen und ebenfalls bereits seit dem Mittelalter gebräuchlichen Wendepflüge abgelöst wurden.

selbst. Es handelte sich um eine graue, relativ kompakte Schicht von selten mehr als 20 cm Mächtigkeit. Unter Dünen war der Horizont oft sehr gut erhalten. Dort ließen sich im Profil anhand eingebrachter Sandlinsen mitunter noch Spuren eines Wendepflugs erkennen, wobei sich Pflugtiefen von ca. 15 cm andeuteten. Vielfach lag die Schicht jedoch nur in Resten vor, war stark ausgewaschen oder gänzlich erodiert (Abb. 10–12). Eine Unterscheidung gegenüber alten natürlichen Oberflächen, wie etwa Waldböden, war dabei nicht immer möglich. In diesem Fall erlaubten insbesondere Pflugspuren eine klare Zuweisung. Pflugspuren waren mitunter sowohl unter der Sohle, als auch im oberen Bereich

Abb. 10: Überdünter (links, West) und erodierter, durch Wind abgetragener Acker mit erneuter Dünenbildung (rechts, Ost) im Schnitt 17 (Foto E. Bönisch, BLDAM).
Abb. 11: Durch Winderosion geschnittene und überdünte Ackerschicht (Schnitt 102; Foto V. Matternja, BLDAM).
Abb. 12: Die Einschnitte der Pflugschar sind infolge unmittelbar nach dem Pflügen erfolgter Überwehung scharfkantig erhalten geblieben (Schnitt 30; Foto E. Bönisch, BLDAM).
Abb. 13: Rot gebranntes Stubbenloch mit Holzkohle unter dem Ackerboden – Zeugnis der Brandrodung des Urwaldes zur mittelalterlichen Erschließung von Ackerland (Schnitt 130; Foto U. Grünwald, BLDAM).

des Ackerhorizonts anzutreffen (Abb. 7). Die unteren und somit älteren Spuren zeichneten sich als dunkle Streifen im Sand oder Lehm unterhalb des Ackerhorizonts ab. Sie reichten meist nur ca. 1 – 2 cm unter die Ackerschicht und waren in der Regel nur stellenweise über wenige Meter hinweg zu erkennen. Die Pflugspuren verliefen parallel zueinander im Abstand von ca. 25 cm. Im Unterschied zu den oberen Spuren wiesen die älteren Pflugrillen mitunter eine kreuzförmige Struktur auf (Abb. 15). Solche Strukturen finden sich besonders beim Gebrauch von Hakenpflügen, da diese den Boden lediglich ritzen und eine weitere Auflockerung nur durch nochmaliges quer verlaufendes Pflügen erreicht wird. Es wäre somit denkbar, dass der Feldbau hier zunächst mit Hakenpflügen einsetzte. Allerdings ist eine sichere Zuweisung der Befunde selbst bislang nicht möglich. In jedem Falle steht zu vermuten, dass etwaige Hakenpflüge bald durch die modernen und ebenfalls bereits seit dem Mittelalter gebräuchlichen Wendepflüge abgelöst wurden. Die oberen, also jüngeren Pflugspuren zumindest dürften durchweg vom Wendepflug stammen.

Die oberen Pflugspuren zeichneten sich durch massive Sandbeimischung aus und waren dadurch als helle Streifen auf dem grauen Ackerhorizont zu

Abb. 14: Diese Ackerfahre zwischen zwei Feldstreifen zeichnet sich im Profil (hinten) kaum ab (Schnitt 116; Foto U. Grünwald, BLDAM).

Abb. 15: Sich kreuzende Pflugspuren, wahrscheinlich vom Einsatz eines „altertümlichen“ Hakenpfluges zu Beginn der Erschließung dieses Ackerlandes (Schnitt 116; Foto H. Blumenstein, BLDAM).

erkennen. Sie markieren die jüngste Phase der landwirtschaftlichen Nutzung. Wie die Sandbeimengung zeigt, hatte eine Überdünung und Versandung der Flächen zu diesem Zeitpunkt bereits eingesetzt (Abb. 8). Allem Anschein nach kam es in der Folge zu keiner intensiven Nutzung mehr. Ob die Flächen aufgrund der zunehmenden Sandaufwehung aufgegeben wurden, oder ob die Dünenbildung umgekehrt ein Ergebnis der Brache darstellt, bleibt vorerst ungeklärt. Möglicherweise haben beide Faktoren ihren Anteil.

Die Pflugspuren belegten nicht nur Ackerflächen, sie lieferten darüber hinaus auch Hinweise zum Flursystem. Generell war im Untersuchungsgebiet die im Mittelalter allgemein vorherrschende Struktur aus einer Anzahl größerer Gewanne zu beobachten, die sich aus vergleichsweise schmalen, aber mitunter sehr langen Ackerstreifen zusammensetzen. Anhand der Pflugspuren ließ sich nun die Ausrichtung der Feldstreifen ablesen. Da die Felder innerhalb eines Gewannes parallel verlaufen, konnten weiterhin einzelne Gewanne voneinander unterschieden werden. Im vorliegenden Fall traten mindestens drei Gewanne mit unterschiedlich orientierten Feldstreifen zutage (Abb. 16). Mehrfach

Insgesamt zeigten die archäologischen Untersuchungen, dass ein Gebiet, das vorher als mehr oder weniger ungenutzter Außenbereich der Gemarkung galt, tatsächlich intensiv bewirtschaftet war.

konnten hierbei Gewanngrenzen direkt aufgedeckt werden. Die Felder stoßen dort ohne eine erkennbare Abgrenzung, wie durch einen Graben, aufeinander (Abb. 1). Mitunter überkreuzen sich die Pflugspuren über einige Meter. Soweit sich feststellen ließ, wurde die einmal gewählte Feldausrichtung in der Regel über die gesamte Nutzungszeit beibehalten. So zeigen die älteren Pflugspuren in der Regel exakt die gleiche Ausrichtung wie die der jüngsten Phase.
Weitere Auskunft über die Feldstruktur lieferten die sogenannten Fahren. Es handelt sich um flache Gräben, die zur Abgrenzung der einzelnen Feldstreifen dienten und somit die Breite der Felder wiedergeben. Leider konnten Fahren nur im später massiv überdünten Südostteil der Fläche verfolgt werden. Sie waren insgesamt nur schwach ausgeprägt und zeichneten sich hier nur unter besonders günstigen Umständen ab (Abb. 14). Es ergaben sich daraus Feldbreiten von zumeist etwa 12 m.
Der Hauptgrund für die schwache Ausprägung dürfte in der relativ frühen Aufgabe der Feldflächen zu suchen sein. Wie sich andernorts wie etwa in Grießen zeigte, erfolgt die Entwicklung der Feldstreifen zu ausgeprägten Wölbäckern offenbar erst relativ spät (vgl. Beitrag U. Grünwald, S. 243–248). Die vor 1774 aufgegeben Felder sind dort deutlich flacher, als diejenigen, die noch bis weit ins 19. Jh. hinein bestellt wurden. Die Felder im Untersuchungsgebiet bei Gosda zeigten bestenfalls eine sehr geringe Wölbung, meist wiesen sie eine ausgesprochen flache Oberfläche auf. Zur Bildung ausgeprägter Wölbäcker ist es allem Anschein nach nicht mehr gekommen.

Mit der frühen Aufgabe der Felder dürfte auch ein weiteres Phänomen in Zusammenhang stehen, nämlich der weitgehende Ausfall von Kleinfunden. Dies mag nun wesentlich von der Art der Düngung bzw. der damit verbundenen Art der Viehhaltung abhängen. Soweit bekannt, setzt die planmäßige Düngung erst im Verlauf oder gar gegen Ende des 18. Jh. ein. Ausschlaggebend sei, dass erst ab dieser Zeit eine längere Aufstallung des Viehs erfolgte und sich damit größere Mengen natürlichen Düngemittels anhäuften: die Geburtsstunde des klassischen Misthaufens, der im Allgemeinen auch der Entsorgung des Hausabfalls diente. Geht man nun davon aus, dass Kleinfunde vornehmlich im Zuge der Düngung auf die Felder kamen, so erscheint es recht plausibel, dass sich erst in der Folgezeit ein Horizont aus Streufunden bilden konnte. Die Frage kann hier nicht abschließend beantwortet werden. Immerhin böte diese Theorie einen möglichen Erklärungsansatz dafür, dass im gesamten Untersuchungsgelände neben Fragmenten einer Ofenkachel (Abb. 19) gerade einmal drei Gefäßscherben aus Mittelalter und Neuzeit zutage traten.
Da also Kleinfunde in nennenswerter Menge fehlten, gestaltete sich eine genauere Bestimmung der landwirtschaftlichen Nutzungsdauer schwierig. Aufgrund einzelner mittelalterlicher Fundstücke

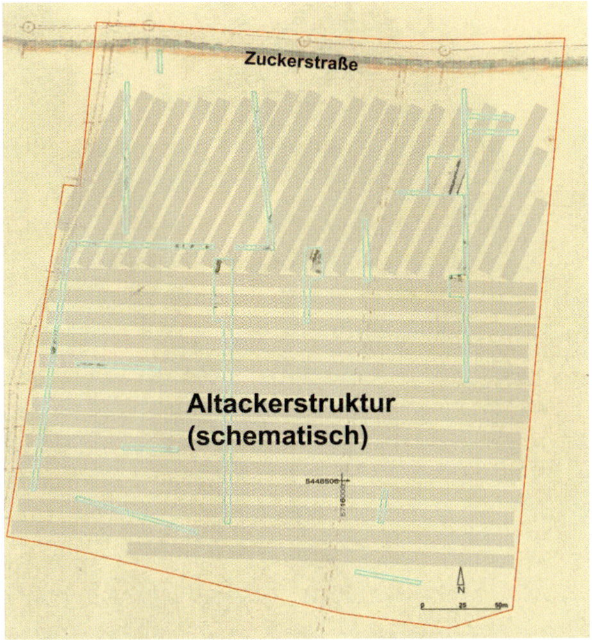

Abb. 16: Schema der archäologisch ermittelten Flurgliederung in Gewanne nach der Ausrichtung der Ackerrelikte in der Kiesentnahmefläche (J. Oertel, BLDAM).

Abb. 17: Die Flurkarte Gosda aus dem Jahr 1780 zeigt im Bereich der Kiesfläche bereits Kiefernwald. Die nördlichsten, am weitesten von der Ortslage entfernten Äcker schließen südlich an (Geh. StA PK, Berlin: XI. HA. PKF. E429). Ein im 18. Jh. durch das Areal führender Weg …

Abb. 18: ... konnte auch bereits für die Zeit der Bewirtschaftung der Felder vor der Überdünung nachgewiesen werden (Schnitt 136, nach Süd; Foto U. Grünwald, BLDAM).

möchte man annehmen, dass das Gelände noch im Hoch- bis Spätmittelalter unter den Pflug genommen wurde. Zum Nutzungsende geben lediglich die historischen Karten Auskunft. Demnach war das Gelände 1780 bereits durchgehend bewaldet. Wann es genau aufgegeben wurde, bleibt vorerst unsicher. Zu denken wäre etwa an die Zeit des Dreißigjährigen Krieges, die bekanntlich mit einer starken Entvölkerung der Region einherging.

Abb. 20: Eiserner Beschlag aus der fossilen Ackerbodenschicht (Foto E. Bönisch, BLDAM).

Insgesamt zeigten die archäologischen Untersuchungen, dass ein Gebiet, das vorher als mehr oder weniger ungenutzter Außenbereich der Gemarkung galt, tatsächlich intensiv bewirtschaftet war. Darüber hinaus ergaben sich erste Hinweise zur Struktur der mittelalterlich-frühneuzeitlichen Flur. Den vorliegenden Karten oder Laserscans war dies nicht abzulesen.

Als abschließende Randnotiz sei noch ein Bündel von Fahrspuren aus dem südöstlichen Teil des Untersuchungsgebiets erwähnt. Die Trasse verlief bogenförmig von Süd nach Nord bzw. Nordwest (Abb. 18). Sie schien im Süden recht schmal zu sein und fächerte nach Norden und Nordwesten hin auf eine Breite von mehr als 30 m auf. Die Achsenbreite der Fahrzeuge lag bei ca. 1,10 – 1,30 m. Der Befundlage nach, entstanden die Fahrspuren während der Nutzungszeit der Feldflächen. Sie führten quer über bestehende Feldstreifen, wurden ihrerseits aber später wieder überpflügt. Die Spuren deuten auf eine Anzahl an Fuhrwerken hin. Ob es sich hier um einen länger genutzten Weg etwa zwischen der Ortslage Gosda und der Zuckerstraße handelt, ist ungewiss. Die Spuren könnten auch von der einmaligen Durchfahrt eines kleineren Trosses herrühren. Der Plan von 1780 zumindest lässt in diesem Bereich keinen Weg erkennen. Eine dort verzeichnete Nord-Süd-Verbindung befand sich einige hundert Meter weiter westlich.

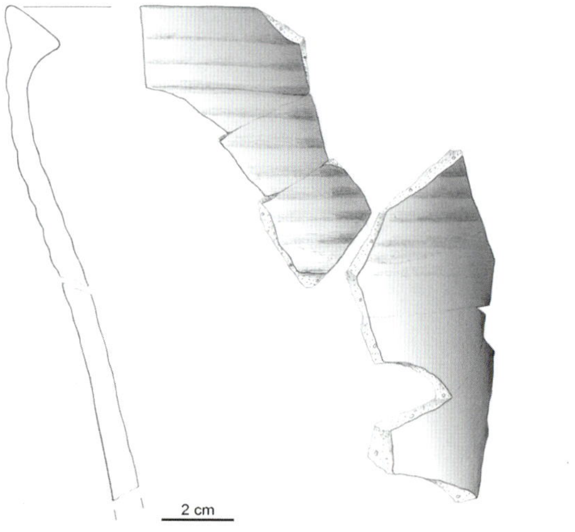

Abb. 19: Fragmente einer mittelalterlichen Topfkachel – fast schon der gesamte keramische Fundbestand aus den Gosdaer Feldern (Zeichnung V. Matternja, BLDAM).

Mittelalterliche Ackerrelikte bei Dissenchen

Beate Renner

In Vorbereitung der Böschungsabflachung am Südostrand des Tagebaus Cottbus-Nord in der Gemarkung Dissenchen (vgl. Beitrag D. Schulz, S. 141 – 145 u. K. Müller, S. 185 – 188) wurden insgesamt 19 Suchschnitte gezogen. In den Schnitten 1 – 8, 9, 10, 11 und 15 wurden Relikte einer mittelalterlichen bis neuzeitlichen Ackerflur untersucht. In den Schnitten 3 – 8 befanden sich Reste von Wölbäckern in Form von Ackerfahren. In diesen Schnitten wurden insgesamt 16 Ackerfahren (Befund 1 – 17) aufgedeckt, wobei die Befunde 2 und 3 zur gleichen Ackerfahre zu gehören scheinen.
Vor allem im nordwestlichen Teil der Grabung waren die Wölbäcker noch deutlich als Bodenwellen im Gelände zu erkennen. Die NN0-SSW verlaufenden Fahren waren auf dem Grabungsareal in Breiten bis zu 2,28 m erhalten.

Die Breite der Ackerstreifen von Fahrenmitte zu Fahrenmitte betragen zwischen 7,02 und 13,61 m (Tab 1). Darunter sind mehrere für mittelalterliche Wölbäcker typische Breiten, die ganzzahligen Vielfachen des üblichen Rutenmaßes von etwa 4,60 m entsprechen (vgl. z.B. F. Bönisch 2001, 209). Die gemessenen Breiten 8,88 m, 8,96 m und 9,50 m liegen nahe am Wert der doppelten Rutenlänge, 13,61 m entspricht ziemlich der dreifachen Rutenlänge zu 13,80 m. Dabei ist zu berücksichtigen, dass das vom Befund abgenommene Maß bei derartig breiten Fahren und nur an einer Stelle ohnehin schon zu Abweichungen führen muss.

Solche Wölbackersysteme führen bei extremen Witterungen zur Abmilderung von Missernten. In nassen Jahren können Ernteverluste auf den höher

Abb. 1: Dissenchen 17, Ausschnitt eines Feldstreifens mit Pflugspuren und gelbsandigen Fahren dicht unter dem Waldboden (Foto B. Renner, BLDAM).

Abb. 2: Überdünter Ackerboden mit Spuren vom Wendepflug, Dissenchen 17 (Foto B. Renner, BLDAM).

gelegenen Partien der Wölbäcker und bei lang anhaltender Dürre in den Fahren vermieden werden. Von einigen Autoren wird zwar bestritten, dass die Ausrichtung der Wölbäcker mit der Entwässerung der Beete zusammenhängt. Dem widerspricht jedoch, dass die Ackerfahren in vielen Untersuchungsgebieten dem Gefälle folgen. Die ersten Wölbäcker traten mit der Nutzung des Beetpfluges im 12. bis 13. Jahrhunderts auf. Während des hoch-

Abb. 3: Ackerfurche im Querschnitt mit eingearbeitetem Dünensand (Foto B. Renner, BLDAM).

mittelalterlichen Landesausbaues wurde diese Art der Beackerung in schmalstreifigen Flurstücken typisch. Im 2. Viertel des 19. Jahrhunderts fanden Gemeinheitsteilungen (Separationen) statt, die auf die Beseitigung der für eine intensive Landwirtschaft hinderlichen schmalen Flurstücken abzielten. Normalerweise wurden die Wölbäcker nach Aufgabe dieser Nutzungsform eingeebnet und haben sich nur noch an Stellen, die für die intensive Landwirtschaft nicht geeignet waren, also im Allgemeinen im Wald – und wie hier bei Dissenchen unter Dünen – erhalten.

In einigen Schnitten (Schnitt 9–11 und 15) und flächig aufgezogenen Quadraten kamen mehrfach nach Abtrag des Oberbodens auch außerhalb des Pflugbereiches Spuren landwirtschaftlicher Tätigkeit zu Tage. Auf dem Planum zeichneten sich mit hellbraun bis gelblichem Sand verfüllte rillenförmige Furchen ab, die parallel in sehr regelmäßigen Abständen von etwa 30 cm lagen. Der alte Ap-Horizont bestand aus mittelgrauem bis grauem, humosem Sand. Diese Spuren treten in den Quadranten 165/385 (Abb. 1), 165/395, 175/395, 185/395, 175/385 und 175/375 auf. Da sie vollkommen parallel und im selben Abstand voneinander verlaufen,

handelt es sich möglicherweise um eine mehrzinkige Egge. Diese Furchen verlaufen wie die Wölbäcker in NNO-SSW-Richtung. Direkt darunter befinden sich Reste eines Wölbackers (Befund 120). Im Planum zeigen sich die Ackerfahren als mit gelblichem Sand verfüllte Gräbchen. Der Abstand von Fahrenmitte zu Fahrenmitte beträgt 6,79 m. Auffällig ist allerdings, dass die Gräbchen sehr schmal sind. Vielleicht handelt es sich auch um eine Bodenanschüttung, die nicht aufgepflügt, sondern mit einer anderen Technik entstanden ist.
In den Quadraten 175/395 und 185/395 befinden sich mehrere breitere, mit hellem Sand verfüllte Furchen, die schräg versetzt zu den Eggenspuren in NO-SW-Richtung verlaufen. Wahrscheinlich handelt es sich um Pflugspuren.

Fahre	Fahre	Abstand der Fahren (m)
1	2/3	13,61 m
2/3	4	7,02 m
4	5	6,79m
5	6	7,79 m
6	7	9,50m
7	8	9,95m
8	9	8,96m
9	10	10,28m
10	11	10,83m
15	16	11,92m
16	17	8,88m

Tab. 1: Breite der Ackerstreifen von Dissenchen 17.

Die Pflugspuren (Abb. 2, 3) sind im Profil zum Teil muldenförmig und zum Teil auch leicht schräg. Die unterschiedlichen Spuren erklären sich eher durch den unterschiedlichen Winkel der Profilausrichtung als durch unterschiedliche Pflugschare. In den Profilen wird auch deutlich, dass beim Überpflügen gegen die zunehmende Überdünung angekämpft wurde. Mehrere Pflugspuren (Abb. 2) überlagern sich. Aus den Schichten über den Pflugspuren und auf Höhe der Pflugspuren kam mehrfach grautonige Irdenware zu Tage (beispielsweise Schnitt 10, Schicht 4), so dass von einer Datierung der Äcker ins späte Mittelalter ausgegangen werden kann.

Außer den Spuren ackerbaulicher Nutzung fanden sich auch noch stark von Baumwurzeln gestörte Böden (Quadrant 240/370 – Abb. 4 und 240/350) ohne Pflugspuren, die ebenfalls überdünt waren. Hier handelt es sich offensichtlich um Reste einer Bewaldung.

Literatur

Bönisch 2001
F.Bönisch, Wölbäcker als Kennzeichen früherer Gewannfluren. Ausgrabungen im Niederlausitzer Braunkohlenrevier 2000. Arbeitsberichte zur Bodendenkmalpflege in Brandenburg 8 (Calau 2001) 203–212.
Wulf 2000
M. Wulf, Kulturlandschaftsforschung in Brandenburg. Beispiel Wölbäcker in der Prignitz. In: Harteisen, U., Schmidt, A., Wulf, M. (Hg.), Kulturlandschaftsforschung und Umweltplanung. Reihe Forschen und Wissen – Landschaftsgestaltung (2000) 87–100.

Abb. 4: Geringfügig überdünter Waldboden mit Bleichhorizont (Foto B. Renner, BLDAM).

Abb. 1: Freigelegte Grundmauern im Gutshof Geisendorf. Während der Grabung beginnt der Absetzer den Tagebau zu- und die „Steinitzer Alpen“, die sich in dieser Richtung südlich des Dorfes erhoben, wieder aufzuschütten (Foto E. Bönisch, BLDAM).

Abb. 2: Applikation einer Glasflasche mit dem Wappen August des Starken (Foto B. Renner, BLDAM).

Eine Testfläche zur Munitionsfreiheit. Ausgrabungen auf Gut Geisendorf

Beate Renner

2012 führten die Sanierung einer baufälligen Gartenmauer sowie eine vorgesehene Munitionsberäumung zu zwei archäologischen Untersuchungen auf Gut Geisendorf im Auftrag der Vattenfall Europe Mining AG.

Gut Geisendorf (Abb. 3) liegt etwa 15 km südwestlich von Cottbus in der Lausitzer Becken- und Heidelandschaft unmittelbar an der Kante des Tagebaues Welzow-Süd. Direkt vor der Betonmauer, die jetzt das Gut sichert, erhob sich mit den „Steinitzer Alpen" die nördliche Endmoränenstaffel des Niederlausitzer Landrückens. Der Ort Geisendorf wurde während des 13. Jahrhunderts im Zuge des „slawisch-deutschen Landesausbaus" angelegt. In der südlichen Niederlausitz entstanden, wie wir durch die Ausgrabungen am Tagebau Welzow-Süd wissen, etwa gleichzeitig um 1200 die Dörfer Berlinchen (eine Wüstung – Jeute 2011), Kausche (Frey

Abb. 3: Die Ausgrabung vor dem Gutshaus vom Absetzer gesehen. Die Betonmauer im Vordergrund verhinderte das Abrutschen in den Tagebau (Foto B. Renner, BLDAM).

Abb. 4: Kachelreste mit Puttenköpfen (Foto B. Renner, BLDAM).

2013), Klein Görigk (z.B. Schöneburg 2006; 2010; Henker 2011), Wolkenberg (Spazier et al. 2012) und wohl auch Geisendorf (vgl. auch Bönisch 2005). Als Folge der spätmittelalterlichen Agrarkrise des späteren 14. und 15. Jahrhunderts kam es zu Wüstungen und Gutsbildungen, infolgedessen auch das Gut Geisendorf entstand (Biermann 2010, 351).

Der bergbaubedingt umgesiedelte und bis auf die Grundmauern abgetragene Ort Geisendorf und das Gut mit dem als „Kulturforum der Lausitzer Braunkohle" genutzten Gutshaus waren schon häufig

Abb. 5: Bruchstücke grün glasierter Ofenkacheln mit figürlichen Darstellungen (Foto B. Renner, BLDAM).

Ziel archäologischer Untersuchungen. Die bisherigen Ergebnisse liegen mittlerweile in mehreren Veröffentlichungen vor.[1] Die Grabungen bis zum Jahr 2011 wurden zudem von Rick Wohmann in einer Magisterarbeit (Wohmann 2012) zusammenfassend bearbeitet. Die Sanierung der Gartenmauer unmittelbar vor der Vorderfront des Gutshauses erforderte eine achttägige archäologische Baubegleitung, bei der in erster Linie Auffüllschichten und Pflasterreste freigelegt wurden. Zu den Funden aus diesen Schichten gehören grautonige Irdenware, Steinzeug, Porzellan, Malhornware in Form von Teller- und Schüsselfragmenten und z.T. sehr qualitätvolle glasierte Ofenkacheln (Abb. 4 und 5).

Da das Umfeld bekanntermaßen mit Munition aus Kampfhandlungen des 2. Weltkrieges belastet war (vgl. Wesuls 2013), sollte das Gutsgelände mittels einer Munitionsberäumung für die Öffentlichkeit sicherer gemacht werden. Dies erforderte eine flächige archäologischen Untersuchung, die mit einer Testfläche von 400 m² auf der südlich des Gutshauses liegenden baumbestanden Wiese begonnen wurde (Abb. 1 und 3). Der 10 m breite und 40 m lange Schnitt wurde gemeinsam mit der für die Munitionsberäumung beauftragten Firma Röhl angelegt. Nach insgesamt sechs Wochen stellte sich heraus, dass die Grabungsfläche keinerlei Munition aufwies. Daher konnte das Vorhaben abgebrochen und das Bodendenkmal Gutshof erhalten werden.

Die obersten Schuttschichten der Grabungsfläche enthielten viele Fragmente verschiedener Kachelöfen, darunter einige Bruchstücke sehr qualitätvoller grün glasierter Renainassancekacheln. Eines der Kachelbruchstücke aus den Schuttschichten des Gutshofnebengebäudes zeigt einen grimmig drein blickenden Mann (Abb. 6). Die Stirn ist gerunzelt, Nase und Kinn erscheinen verbeult und die Zunge tritt zwischen den Lippen hervor. Neben dem Gesicht befindet sich ein Blatt. Da die Kachel auf engstem Raum – das Gesicht ist nur 3 cm hoch und etwa 2 cm breit – sehr sorgfältig gearbeitet ist, handelt es sich nicht um eine verunglückte Darstellung eines Männergesichts, sondern sehr wahrscheinlich um den so genannten „Grünen Mann".

1 Brumlich 2008a; ders. 2009; ders 2010; ders. 2011; Hensel u. Rode 2005; Wesuls 2013

Abb. 6, 7, 8: Fragmente qualitätvoller grün glasierter Renaissancekacheln aus Schuttschichten: Kachelecke mit dem „Grünen Mann“, einer Vogeldarstellung und einer Frau mit Haube (Foto B. Renner, BLDAM).

Dieser kommt oft als Zierelement auf Kapitellen mittelalterlicher und frühneuzeitlicher sakraler und säkularer Gebäude vor. So findet sich beispielsweise am Sockel des Bamberger Reiters ein aus Blättern bestehendes Gesicht. Auf einem Kapitell im Lübecker Rathaus wachsen dem „Grünen Mann“ Blattstengel aus dem Mund.[2] Dies erklärt die wulstigen Stirn-, Wangen- und Kinnpartien des Gesichtes auf der Geisendorfer Kachel als Darstellung von Blattwerk. Weitere Kachelfragmente zeigen eine Vogeldarstellung (Abb. 7), eine Frau mit Haube (Abb. 8) und ein Fruchtgehänge aus aubergineartigen Früchten und Weintrauben. Die drei Kachelfragmente lassen sich ins 16. Jahrhundert datieren.[3] Ähnliche typologisch ins 16. bis 17. Jahrhundert datierende Kacheln (Stephan 1991) wurden schon auf der Grabung westlich des Gutshauses in einer verfüllten Geländesenke und bei der Mauersanierung entdeckt (Hensel und Rode

2 Wikipedia-Eintrag zum „Grünen Mann“ vom 09.07.2013
3 Freundlicher Hinweis von Jens Henker, BLDAM

2005, 101f.) Ebenfalls aus den obersten Schuttschichten stammt ein Bruchstück einer Glasflasche (Abb. 2) mit den Initialen A und R. Sie stehen für Augustus Rex, also für August den Starken. Es datiert demzufolge in das erste Drittel des 18. Jahrhunderts.

Die Separationskarte von 1832 (Abb. 9) zeigt, dass Anfang des 19. Jahrhunderts neben dem heute noch vorhandenen Gutshaus mehrere Nebengebäude existierten. Die Grabungsfläche wurde so angelegt, dass die Feldsteinfundamente zweier dieser Nebengebäude zu Tage kommen mussten. Eines der Gebäude (Abb. 9, 10, Nebengebäude 1, grün) hat noch in den 1990er Jahren gestanden. Es war im Inneren in sieben z.T. sehr schmale Räume unterteilt. Das Gebäude soll früher als Pferdestall genutzt worden sein, so dass es sich bei den schmalen Räumen wahrscheinlich um Pferdeboxen handelte. Eine Sichel, eine Trense und ein Schleifstein aus den obersten Schichten bestätigen dies. Neben

Für zwei Mauerzüge konnte kein näherer Datierungsansatz gefunden werden, da auf Grund der Zielstellung Munitionsfreiheit nur bis auf das erste Planum gegraben werden musste.

bleiglasierter neuzeitlicher Keramik, Kachelfragmenten und grauer Irdenware kam auch Porzellan zu Tage, so dass die Gebäudefundamente ins 18. oder das beginnende 19. Jahrhundert zu datieren sind.
Südlich des schon beschriebenen Gebäudes schlossen sich die Feldsteinfundamente eines weiteren Gebäudes (Abb. 9, 10, rot) an, das ebenfalls schon auf der Separationskarte von 1832 zu sehen ist. Direkt an der westlichen Grabungskante in Quadrant 1 kamen Reste einer weiteren Mauer aus Ziegel- und Feldsteinen zu Tage, die vermutlich die Ecke eines auf der historischen Flurkarte verzeichneten Gebäudes (Abb. 9, 10, Mauerfundament 5, violett) darstellt.

Als bisher noch unbekannt erweisen sich die Reste zweier Gebäude, die nicht auf der Separationskarte erscheinen und daher entsprechend älter sind. Eine Fundamentecke aus Feldsteinen (Abb. 10, Fundament 4, türkis) befand sich im südlichen Randbereich der Grabung. Interessant ist ebenfalls ein schräg zu den anderen Gebäuden verlaufender Mauerzug (Abb. 10, gelb), der von dem Ost-West ausgerichteten Gebäude geschnitten wird. Es handelt sich also um Reste eines Vorgängerbaues. Für die beiden Mauerzüge konnte kein näherer Datierungsansatz gefunden werden, da auf Grund der Zielstellung Munitionsfreiheit nur bis auf das erste Planum gegraben werden musste. Die Fundamente bleiben im Boden erhalten. Es besteht aber durchaus Anlass hier Vorgängerbauten des 16. Jahrhunderts zu vermuten, da Kacheln dieser Zeitstellung aus den Schuttmassen über den Gebäudefundamenten stammen.

Außer den Gebäudefundamenten befanden sich am östlichen Grabungsende Reste einer sorgfältig gesetzten Feldsteinpflasterung (Abb. 11), die in NNW-SSO-Richtung durch eine andere Steinsetzung optisch unterteilt wird. Hierzu wurden je zwei Reihen größerer Feldsteine in Längsrichtung gelegt. Der Zwischenraum wurde mit kleinen Feldsteinen ausgesetzt. Es handelt sich um die zum Gutshof gehörende Hof- oder Straßenpflasterung. Im westlichsten Quadranten lag direkt unter der Grasnarbe eine Hofpflasterung aus Feldstein, die vermutlich noch bis zum Abriss des Gebäudes in jüngster Zeit genutzt worden ist. Ähnliche Pflasterungen sind schon wiederholt bei Grabungen im Innenhof des Gutshofes und in der Ortslage entdeckt worden (Wohmann 2012, 36, 39). Ein zentral auf dem Hof und ein westlich des Gutshauses befindlicher Pflasterweg datieren ins 17. bis 18. Jahrhundert. Das benötigte Material für die großzügigen Pflasterungen war in der näheren Umgebung auf der Endmoräne im Überfluss vorhanden.

Nur im westlichsten Teil der Grabung wurde bis auf den gewachsenen Boden abgetieft, so dass neben den Gebäudefundamenten und den neuzeitlichen Steinpflasterungen noch Erkenntnisse gewonnen wurden, die bis ins Mittelalter zurückreichen. Die Befundlage erwies sich in diesem nur 10 m² großen Teil als äußerst komplex, da hier „quer durch die Jahrhunderte“ eine Vielzahl von Eingrabungen und Aufschüttungen stattgefunden hat, die sich als kleinteiliger Schichtenwechsel

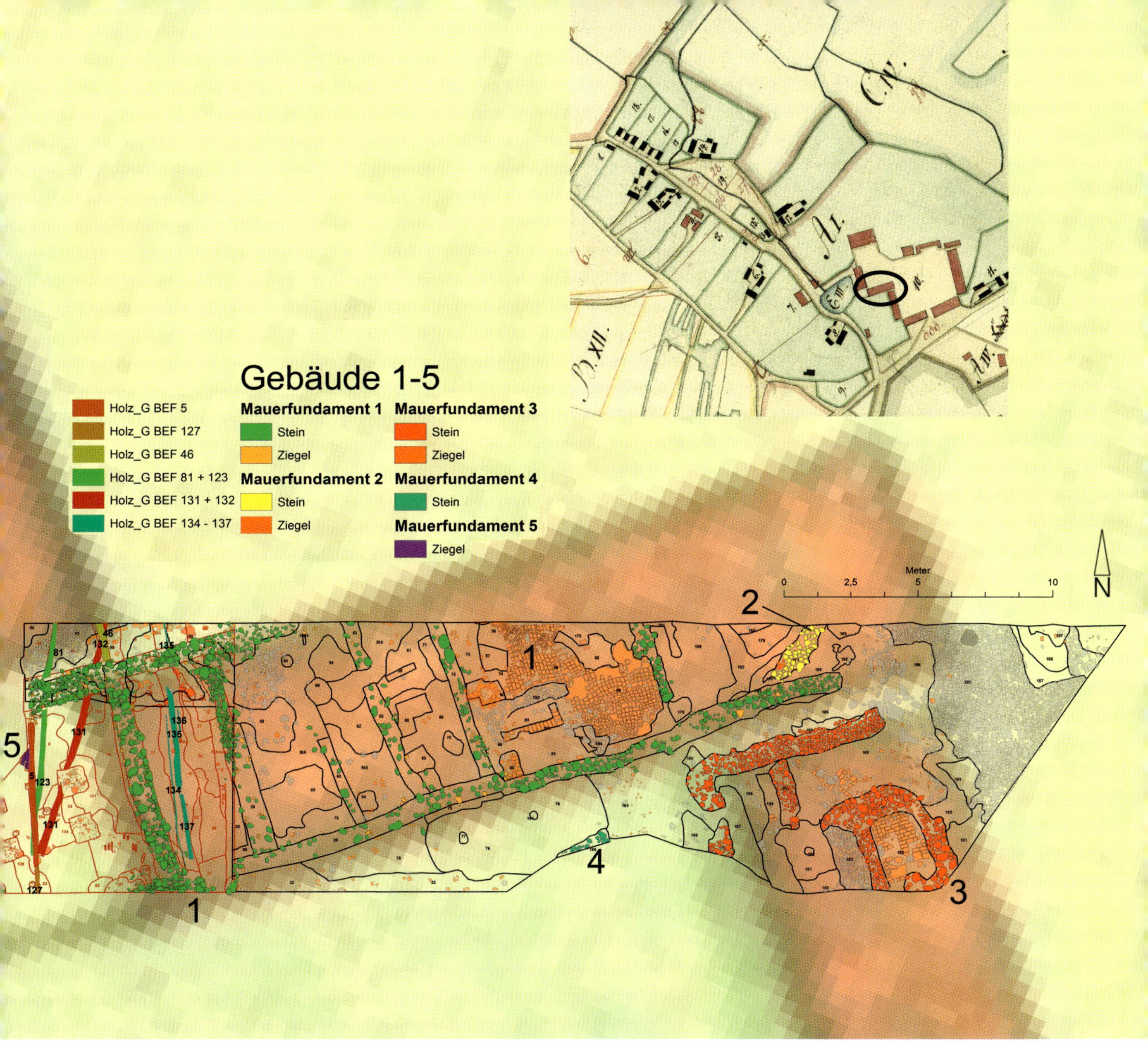

Abb. 9, 10: Der Plan des Grabungsschnittes mit den freigelegten Fundamenten auf dem Ausschnitt der Separationskarte Geisendorf von 1832 zeigt, welche Gebäude erfasst wurden (Karte Geisendorf, v. Pohley 1832, BLHA; Plan J. Oertel, BLDAM).

abzeichneten. Auffällig sind hier die patchworkartig verteilten Flächen aus schwarzbraunem bis rostfarbenem humosem Boden. Diese Schicht war an keiner Stelle vollständig erhalten, ließ sich allerdings stellenweise mit einer Mächtigkeit von 70 cm nachweisen. Der auf der Separationskarte westlich der Gebäude verzeichnete Teich besaß

Abb. 11: Feldsteinpflaster am Ostende des Grabungsschnittes und – der Karte zufolge – im Gutshof (Foto B. Renner, BLDAM).

Abb. 12: Mittelalterliche Keramik (Foto B. Renner, BLDAM).

Abb. 13: Gräben und Pfosten im Westteil des Grabungsschnittes (Plan J. Oertel, BLDAM).

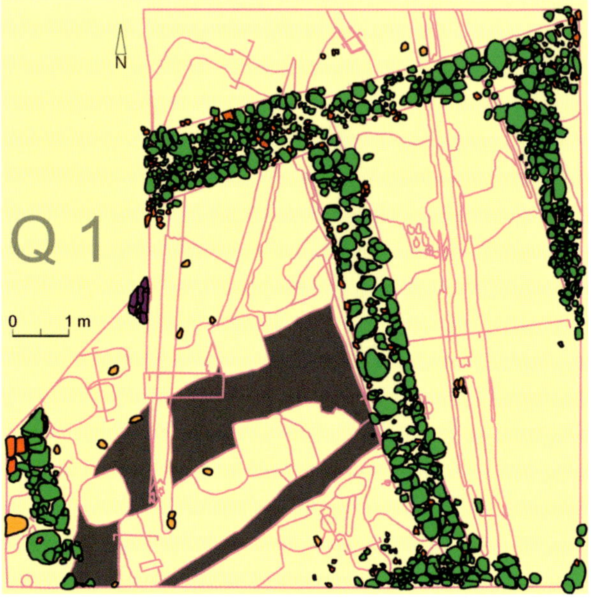

wahrscheinlich früher eine deutlich größere Ausdehnung und wurde später trocken gelegt und verfüllt, so dass diese Schicht als Teichsediment zu erklären ist. In ihrem unteren Teil befand sich sehr viel spätmittelalterliche harte Grauware (Abb. 12) des 13.–15. Jahrhunderts und zwei Scherben uneinheitlich gebrannter (spätslawischer?) Keramik mit Wellenverzierung. Aus dem oberen Teil stammt dann schon neuzeitliche glasierte Irdenware und ein Pfirsichkern. In diese humosen Schichten waren mehrere Pfostengruben (Abb. 13) eingetieft, von denen eine unten spitz zu lief, also einen zugespitzten Pfahl enthielt. Außer den Pfostengruben wurden zwei Reste von noch stehenden, unten stumpf abgesägten Holzpfosten freigelegt. Unter einem der Pfosten lag eine Wandungsscherbe aus

Abb. 14: Westteil des Grabungsschnittes mit vier quadratischen Stützenfundamenten (Foto B. Renner, BLDAM).

braunem Steinzeug. Die Funktion der Pfostengruben bleibt in dem kleinen Grabungsausschnitt unklar.

Unter der humosen Schicht befanden sich zwei grabenähnliche Strukturen (Abb. 13 und 14), die sich weder farblich noch in ihrer Konsistenz von der darüber liegenden mittelalterlichen Schicht deutlich abhoben. Befund 143 zeichnete sich als leichte Eintiefung von ca. 12 cm im gewachsenen Boden ab. Sie war zwischen 0,80 – 1,40 m breit und verlief Richtung Norden, um dann Richtung Nordosten abzubiegen. Der Grabenabschnitt liegt in der Verlängerung des Grabens der Ausgrabung von 2009/10 (Wesuls 2013, 247 Abb.), der wahrscheinlich ein Abschnitt des Dorfumfassungsgrabens ist. Dessen Verfüllung wird vom 14. – 15. Jahrhundert bis ins dritte Drittel des 18. – 19. Jahrhunderts datiert (Wohmann 2012, 114). In Befund 143 fanden sich hingegen in erster Linie Scherben harter Grauware, abgesehen von einer wohl verschleppten innen gelb glasierten neuzeitlichen Scherbe, zumal auch die darüber liegende humose Schicht nur Material des 13. bis 15. Jahrhunderts enthielt. Eine weiteres Gräbchen (Befund 140/83) verlief in einer Länge von ca. 4,80 m geradlinig von Südwesten nach Nordosten. Die Funktion dieses Gräbchens mit muldenförmigem Querschnitt bleibt in dem kurzen Grabungsabschnitt unklar und fügt sich auch nicht in das Grabensystem der Nachbarflächen ein.

In das humose Teichsediment waren mehrere Rinnen und eine Röhre aus Kiefernholz (Abb. 15 – 18) eingetieft. Die Rinnen waren aus halbierten Kiefernstämmen gefertigt, an denen sich außen noch die Rinde befand. Auf einem Ende steckten noch Reste einer Eisenmuffe (Abb. 16). Es handelte sich wahrscheinlich um ein mehrphasiges Rinnensystem. So liefen die beiden untersten Rinnen schräg auf einander zu und schräg dazu versetzt lagen zwei weitere Rinnen fast parallel, wobei die östliche durch das Fundament des Nebengebäudes zerstört war. Es handelt sich bei diesen Konstruktionen wohl um Teile von Drainagen in Richtung Gutshof, wo sie gleichzeitig zur Wasserversorgung gedient haben können. Dafür spricht die Eintiefung in die sandige Schicht eines alten Bachlaufes. Darin fand sich ein kleines Apothekerfläschen (Abb. 19)

Abb. 15: Hölzerne Rinne im westlichen Quadrat 1 (Foto B. Renner, BLDAM).

Abb. 16: Rinne aus einem Kiefernstamm mit Eisenmuffe (Foto B. Renner, BLDAM).

aus Glas. In den Rinnenfüllungen befanden sich grautonige Irdenware, neuzeitliche glasierte Schüsselreste, eine Bodenscherbe eines Miniaturgefäßes sowie Reste von Haselnüssen.

Östlich neben dem Rinnensystem kam noch eine weitere Konstruktion aus mehreren Kiefernhölzern zu Tage (Abb. 18). Sie bestand aus zwei Holzröhren, die in NNW-SSO-Richtung verliefen. Die beiden Röhren waren durch Mörtel miteinander verbunden. Zur Fixierung lag im Abstand von etwa 20 cm östlich und westlich der Röhre je ein halbierter, sehr schlecht erhaltener Kiefernstamm mit Rinde, mit den gerundeten Seiten nach außen. Um die Konstruktion zu fixieren, war die Röhre mit einer grau-grünen Tonpackung ummantelt und der Zwischenraum zwischen den Außenhölzern und der Röhre ebenfalls mit Ton versehen. Damit sollte sicherlich ein „Schwimmen" der Hölzer im feuchten Boden verhindert werden. Wahrscheinlich war diese Vorgehensweise eine Reaktion auf die vorhergehenden, nicht sehr haltbaren Rinnen.
Ein Schacht zur Holzröhre hinunter begann direkt unter der Grasnarbe. Plastikreste an dieser Stelle direkt über der Röhre sind auf eine moderne Stö-

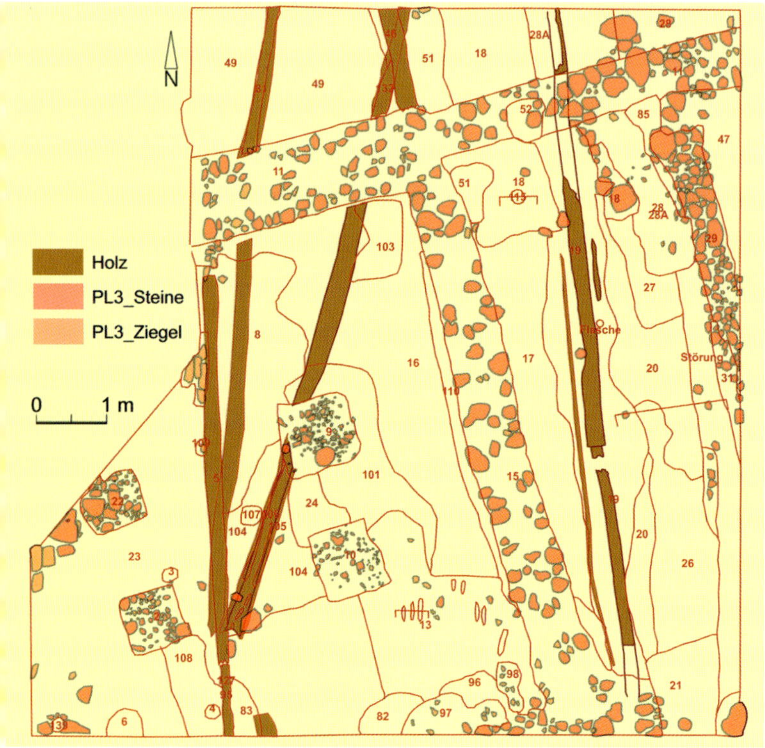

Abb. 17: Hölzerne Wasserrinnen und –röhren im Quadrat 1 (Foto B. Renner, BLDAM).
Abb. 18: Holzröhren mit hölzerner Verschalung im Nebengebäude 1 (Ostteil Quadrat 1 von Nord) (Foto B. Renner, BLDAM).

rung zurückzuführen. Die Holzröhre wurde also noch bis ins 20. Jahrhundert hinein repariert und genutzt. Im Gegensatz zu den Rinnen wurde die Röhre nicht durch die Mauer des Nebengebäudes zerstört, unter der sie hindurchführt. Sie gehört demnach zur selben Bauphase wie das Nebengebäude des Gutshofes. Da die Röhre genau auf das Gutshaus zuführt, diente sie sicherlich zu dessen Wasserversorgung. Dafür spricht auch, dass direkt neben der Holzröhre sich noch eine moderne Wasserleitung aus Metall befand, so dass auf engstem Raum mehrere „Generationen" von Wasserleitungen lagen. Eine vergleichbare Holzröhre kam bei einer früheren Grabung nordwestlich des Gutshofes zu Tage (Wohmann 2012, 17 u. Abb. 30).

Als Resümee des Grabungsschnittes auf dem Gutshof Geisendorf im Jahr 2012 sind folgende Ergebnisse festzuhalten: Zuunterst befanden sich zwei mittelalterliche Gräben. Darüber lag ein Teich bzw. eine feuchte Senke, die im 15. Jahrhundert verfüllt wurde. In die Verfüllung waren Sandschichten eines Bachlaufes oder Grabens und mehrere Pfostensetzungen eingetieft. Darüber befand sich eine neuzeitliche Planierschicht aus Stein- und Ziegelschutt, in die mehrere hölzerne Wasserrinnen eingegraben waren. Diese Konstruktionen wurden durch die Errichtung des Nebengebäudes 1 zerstört, in welchem dann wieder eine hölzerne Wasserleitung verlegt wurde als Vorläufer der modernen Metallrohre zur Wasserversorgung des Gutshauses. Mehrere Fundamente gehören zu Vorgängerbauten des Nebengebäudes, die etwa ins 16. Jahrhundert datieren. Die hier vorgestellte Untersuchung ergänzt die bereits durch vorangegangene Grabungen gewonnenen Erkenntnisse zur Geschichte von Gut Geisendorf, insbesondere hinsichtlich der Bauphasen der Nebengebäude und der Wasserversorgung.

Literatur

Biermann 2010
F. Biermann, Archäologische Studien zum Dorf der Ostsiedlungszeit. Forschungen zur Archäologie im Land Brandenburg 12 (Wünsdorf 2010).
Bönisch 2005
E. Bönisch, Mit dem Tagebau ins Mittelalter. Neue Ausgrabungen in Dörfern der Niederlausitz. Ausgrabungen im Niederlausitzer Braunkohlerevier 2004. Arbeitsber. Bodendenkmalpfl. Brandenburg 14, 2005, 9–16.
Brumlich 2008a
M. Brumlich, Zwischen Dorfgraben und Feldsteinkellern. Ausgrabungen auf der Randriegeltrasse in Geisendorf. Ausgrabungen im Niederlausitzer Braunkohlerevier 2007. Arbeitsber. Bodendenkmalpfl. Brandenburg 20, 2008, 230–242.
Brumlich 2008 b
M. Brumlich, Germanische Schmiede bei Geisendorf? Ausgrabungen im Niederlausitzer Braunkohlenrevier 2007. Arbeitsber. Bodendenkmalpfl. Brandenburg 20, 2008, 205–211.
Brumlich 2009
M. Brumlich, Quer durch das „Dorf des Giso". Grabung auf einer Trasse in Geisendorf, Lkr. Oberspreewald-Lausitz, Arch. Berlin u. Brandenburg 2007 (2009) 131–133.
Brumlich 2011
M. Brumlich, Sexualhormon im Henkeltopf. Nachgeburtsbestattungen in Dörfern der Niederlausitz. Arch. Berlin u. Brandenburg 2009 (2011) 137–139.
Brumlich 2012
M. Brumlich, Gut vergraben am Gut. Eine neue Nachgeburtsbestattung aus Geisendorf, Lkr. Oberspreewald-Lausitz. Arch. Berlin u. Brandenburg 2010 (2012), 159–161

Abb. 19: Apothekerfläschchen aus den Sedimenten eines Grabens oder Bachlaufs im Quadrat 1, Höhe 3,8 cm (Foto B. Renner, BLDAM).

Abb. 20: Blick auf Gut Geisendorf von Norden mit dem Tagebau Welow-Süd (Foto Archiv Vattenfall).

Frey 2013
K. Frey, Das mittelalterliche Dorf Kausche und der ostsiedlungszeitliche Landesausbau in der südlichen Niederlausitz. Ergebnisse der Ausgrabungen im Vorfeld des Braunkohlentagebaus. Forschungen zur Archäologie im Land Brandenburg 14 (Wünsdorf 2013).

Henker 2011
J. Henker, Klein Görigk – ein Dorf sehr weit hinten in der ökonomischen Skala. Ausgrabungen im Niederlausitzer Braunkohlenrevier 2008. Arbeitsberichte zur Bodendenkmalpflege in Brandenburg 21 (Wünsdorf 2011) 245–252.

Hensel und Rode 2005
N. Hensel, H. Rode, Ein mittelalterliches Haus unter dem Parkplatz am Gut Geisendorf. Ausgrabungen im Niederlausitzer Braunkohlenrevier 2004. Arbeitsber. Bodendenkmalpfl. Brandenburg 14, 2005, 101–104.

Jeute 2011
G. H. Jeute, Aus Berlinchen wurde kein Berlin. Ausgrabung eines wüsten Dorfes in der Niederlausitz. Ausgrabungen im Niederlausitzer Braunkohlenrevier 2008. Arbeitsberichte zur Bodendenkmalpflege in Brandenburg 21 (Wünsdorf 2011) 225–243.

Schöneburg 2006
P. Schöneburg, Erstes dreischiffiges Wandgräbchenhaus des 14. Jahrhunderts. Ein Dorf und seine Vorbesiedlung: Klein Görigk, Lkr. Spree-Neiße. Archäologie in Berlin und Brandenburg 2005 (Stuttgart 2006) 120–122.

Schöneburg 2010
P. Schöneburg, Klein Görigk: Das dritte vollständig archäologisch untersuchte Dorf der Niederlausitz (Brandenburg). In: J. Kunow (Hg.), Braunkohlenarchäologie im Rheinland. Entwicklung von Kultur, Umwelt und Landschaft. Kolloquium der Stiftung zur Förderung der Archäologie im rheinischen Braunkohlenrevier in Brauweiler vom 5.–6. Oktober 2006. Materialien zur Bodendenkmalpflege im Rheinland 21 (Weilerswist 2010) 115–120.

Spazier et al. 2012
I. Spazier, M. Agthe, S. Heber, B. Jungklaus, B. Schauer, Wolkenberg. Die archäologische Untersuchung in der Ortslage von Wolkenberg/Niederlausitz. Arbeitsberichte zur Bodendenkmalpflege in Brandenburg 22 (Wünsdorf 2012).

Stephan 1991
H.-G. Stephan, Kacheln aus dem Werraland. Die Entwicklung der Ofenkacheln vom 13.–17. Jahrhundert im unteren Werra-Raum. Schriften des Werratalvereins Witzenhausen 23 (Witzenhausen 1991).

Wesuls 2013
M. Wesuls, Ausgrabung am Gut Geisendorf. Grabenwerk, Ausbeutetaler, Nachgeburtenbestattung und Munitionsdepot. Ausgrabungen im Niederlausitzer Braunkohlerevier 2009/2010. Arbeitsber. Bodendenkmalpfl. Brandenburg 25, 2013, 241–249.

Wohmann 2012
R. Wohmann, Archäologische Befunde und Funde vom ausgehenden Hochmittelalter bis zur frühen Neuzeit aus Geisendorf, Lkr. Oberspreewald-Lausitz. Zum Siedlungsgeschehen eines Dorfes aus der Niederlausitz. Unveröff. Magisterarbeit (Kiel 2012).

Reparaturbedürftig. Eine Holzbrücke über den Hammergraben bei Neuendorf

Karoline Müller

Eine in den 1970er-Jahren errichtete Betonbrücke, die auf der alten Poststraße bei Neuendorf, nordöstlich von Cottbus, über den Hammergraben führte, wurde Mitte Juni 2011 abgerissen. Der Brückenbereich wird zukünftig vom Tagebau Cottbus-Nord in Anspruch genommen werden. Bereits vor dem Abriss waren unter der Brücke im trockengelegten Hammergraben und am Flussufer Holzpfosten zu erkennen, die mit einem hölzernen Vorgängerbau oder Faschinen der Uferbefestigung in Verbindung gebracht werden konnten.

In ihrer umfangreichen Untersuchung zum technischen Denkmal Hammergraben, dabei auch intensive Literatur- sowie Archivrecherchen einschließend, haben Thomas Kolb und Dietmar Meyer (2008) einen Brief des Giesel zu Peitz (hier ist möglicherweise der Peitzer Amtmann und Kriegsrat Elias Balthasar Giesel gemeint[1]) zitiert, den dieser am 4. Dezember 1768 an den preußischen König Friedrich II. schrieb. Darin ist von einer schadhaften Brücke bei *Neuendorff* die Rede. Während der verschiedenen Messen passierten auch Frachtwagen diese Brücke, was auf Grund des schriftlich angezeigten Zustands jedoch ohne Gefahr nicht mehr möglich sei. Obwohl das Amt Cottbus ursprünglich für die bauliche Instandhaltung zuständig sei, lehne sie diese aber nun ab, da der Zoll nicht mehr eben diesem Amt zufließe.

Abb. 1: Senkrechte Hölzer unterhalb der Betonbrücke während der Abtragung, Blick nach Ost (Foto K. Müller, BLDAM).

Da angesichts der bevorstehenden Leipziger Neujahrsmesse Reparaturen dringend nötig seien, wolle der Giesel den König auf den Zustand und die Dringlichkeit der Reparatur hinweisen.[2]
Stehen die zu untersuchenden hölzernen Reste möglicherweise mit der von Giesel erwähnten schadhaften Brücke in Zusammenhang? Wurde diese Brücke infolge des dringlichen Anschreibens tatsächlich repariert?

1 siehe http://www.lr-online.de/regionen/cottbus/Das-herrenlose-Herrenhaus;art1049,354755 (06.12.2011) sowie http://www.digitalis.uni-koeln.de/JWG/jwg_24_182–192.pdf (06.12.2011) auf S. 188. Dies ist ein Auszug aus Hans-Heinrich Müller; Domänen und Domänenpächter in Brandenburg-Preußen im 18. Jh. in: Jahrbuch für Wirtschaftsgeschichte 1965, Teil 4, 152–192.

2 Kolb, Thomas/Meyer, Dietmar; Der Hammergraben zwischen Lakoma und Neuendorf. Dokumentation eines technischen Denkmals. in: Ausgrabungen im Niederlausitzer Braunkohlerevier 2008, Wünsdorf 2011, Zitat des Briefes auf S. 304.

In den von Kolb und Meyer untersuchten Abschnitten des Hammergrabens sind Wehre und Uferbefestigungen der 1. Hälfte des 20. Jh. erfasst worden. Vorgänger sind auch nach dem Rückbau der Anlagen nicht gefunden worden. Umso interessanter sind die nun dokumentierten hölzernen Reste einer Brücke.

Wohl auf Veranlassung des Markgrafen Johann V. von Brandenburg-Küstrin (1513–1571) wurde in der Mitte des 16. Jh., vermutlich zusammenhängend mit dem Bau der Festung Peitz, der Hammergraben angelegt.[3] Da die Bereiche Lakoma und die nordöstlich davon gelegene Teichgruppe vom Tagebau Cottbus-Nord betroffen sind, musste der Hammergraben trockengelegt werden.

Innerhalb einer Woche sollten sowohl Freilegung als auch Dokumentation der möglichen hölzernen Vorgängerbrücke abgeschlossen sein. Dafür mussten zunächst die zerkleinerten Betonteile der abgerissenen Brücke mit einem Kettenbagger, ausgestattet mit einer Zahnschaufel, aus dem Hammergraben herausgeholt werden. Die Zahnschaufel war nötig, um nicht gleichzeitig mit dem Bauschutt die Holzreste aus ihrer Lage oder ganz aus dem Boden zu reißen. Das führte dazu, dass nicht wenig Schutt zwischen den Pfosten liegen blieb, der dann mit Hilfe von Schaufel und Kratze per Hand entfernt wurde.

Nach dem Freilegen konnte auf der Gesamtfläche von 7 × 17 m ein Planum angelegt werden. Darin sind Lage und Größe der Holzreste festgehalten. Zusätzlich zur Aufnahme im Planum wurden zwei Profile angelegt – eines quer zur Poststraße am Übergang von Straße und Gewässer, ein zweites innerhalb des ehemaligen Gewässers quer zur Fließrichtung.

Einen sehr interessanten Befund zeigt das Profil quer zur Poststraße (Abb. 2). Der obere Aufbau besteht aus mehreren fast waagerechten planierten Schichten, die wohl dem frühneuzeitlichen und modernen Straßenunterbau dienten. Diese liegen auf von Süden nach Norden um etwa 0,90 m abfallenden organischen „Sodenstücken" auf, die möglicherweise zur Nivellierung des Straßenaufbaus aufgetragen wurden. Oder sind sie Teil einer brü-

3 a.a.O., 291–292. Hier eine sehr ausführliche Darstellung zur Geschichte und Nutzung des Hammergrabens.

Abb. 2: Unter jüngeren geschichteten Anschüttungen der Poststraße an der (hier beseitigten) Betonbrücke liegt eine Verfüllung aus Sodenstücken (Foto K. Müller, BLDAM).

Abb. 3: Freigelegte Pfostenstümpfe eines Brückenvorgängers über den Hammergraben, Blick nach West in Fluchtrichtung der Poststraße (Foto K. Müller, BLDAM).

ckenlosen Furt über den Hammergraben? Auf der diesem Profil gegenüberliegenden Seite der Grabungsfläche konnte auf Grund der baubedingten Zerstörung des Schichtaufbaus leider kein weiteres Profil zur Kontrolle dieser These angelegt werden.

Durchschnittlich steckten die Reste der 35 freigelegten Pfähle (Abb. 3) noch etwa 1,30 m bis 1,50 m tief unter Planum 1 im Flusssand; mit zwei Ausnahmen: einer mit noch ca. 2,20 m Tiefe (Pfahl 12) sowie ein Zweiter mit lediglich noch 0,90 m Tiefe (Pfahl 11). Über das Planum ragten sie im Mittel noch 0,50 m hinaus. Alle waren am oberen Ende auf etwa 0,20 – 0,25 m leicht zapfenartig zugerichtet. Für die Stämme sind keine großen Gruben ausgehoben worden, wie an den sehr engen Einspülräumen um die Stämme herum gut sichtbar ist. Deshalb kann angenommen werden, dass sie entweder eingespült oder gerammt wurden. Daraus ergibt sich – zumindest zum jetzigen Zeitpunkt der Untersuchung – ein terminus ante quem, da dieses Verfahren bei regulären Bauwerken nur bis zum Ende des 19. Jh. angewandt wurde.[4] Um das Fälldatum der Pfähle zu ermitteln, sind nach Abschluss der Dokumen-

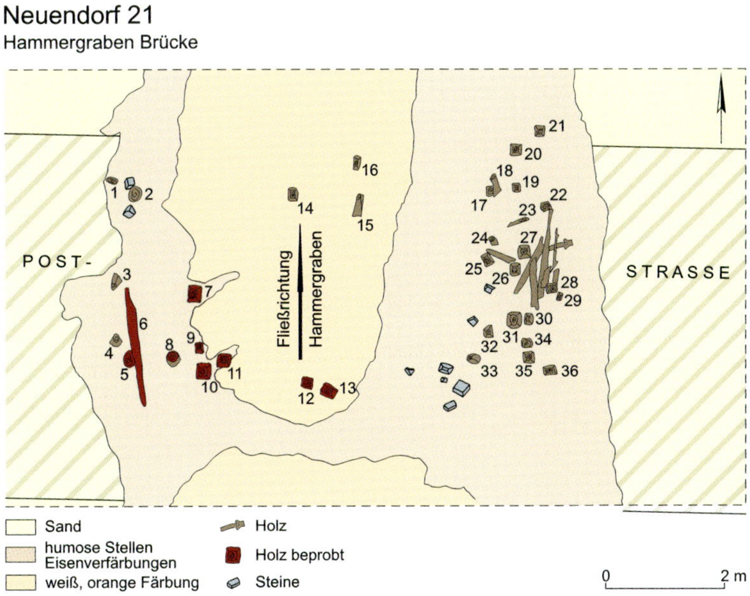

Abb. 4: Plan der Brückenpfähle, datierte Hölzer aus dem 17. und 18. Jh. rot (Zeichnung K. Müller, BLDAM).

4 http://de.wikipedia.org/wiki/Pfahlgründung (07.12.2011).

tation neun Stämme geborgen und dendrochronologisch beprobt worden. Nach den gemessenen Daten (Tab. 1) stammen die Hölzer einerseits aus der zweiten Hälfte des 17. und andererseits aus dem letzten Viertel des 18. Jh., also von wohl zwei (Reparatur)Phasen. Die letzte erfolgte etwa zwei Jahrzehnte nach dem Schreiben des Peitzer Amtmannes Giesel; es war wahrscheinlich nicht die Einzige.

In der Übersicht lassen sich drei Pfostengruppierungen trennen (Abb. 4): eine Gruppe am westlichen Rand der braun-rostroten Flusssande mit 10 Pfählen, eine zweite Gruppe in der Mitte des Fließes mit fünf (ev. sechs) Pfosten und eine dritte Gruppe am östlichen Flussrand mit 17 Stämmen (ev. plus drei kleinere Pfosten). Es ist sehr unwahrscheinlich, dass beim Bau der Betonbrücke keine Elemente eines oder des hölzernen Vorgängers entfernt oder zerstört wurden. Im Planum waren allerdings keine verfüllten ehemaligen Pfostenstandspuren festzustellen. Doch auf Grund der ständig bewegten Schwemmsande ist dies kaum möglich. Auch das in Profil 3 möglicherweise erkennbare und zur Mittelgruppe der Pfähle gehörende wieder zugespülte Pfostenloch neben dem Holz Nr. 12 war im Planum nicht zu sehen. Die ursprüngliche Gesamtzahl der Brückenträger war nicht zu ermitteln.

Die größte Entfernung der äußersten erhaltenen Pfosten beträgt in der Länge 7,40 m und 4,40 m in der Breite. Die mit der Brücke zu überwindende Länge war jedoch noch größer als der gemessene Abstand. Ob diese Gesamtlänge von durchgehenden Rand- und eventuell Mittelträgern überwunden wurde, oder nur die Hälfte, lässt sich zum jetzigen Zeitpunkt nicht klären. Ebenso wenig Sicherheit gibt es bezüglich der vermutlich aufliegenden Querbalken.

In der westlichen Gruppe zeigen sechs Pfosten einen runden Querschnitt, in der mittleren Gruppe einer und in der östlichen Gruppe sind es vier, wobei sie hier eher zu den Schmaleren gehören. Alle anderen besitzen oberhalb ihrer 0,60 – 1,00 m langen Spitze einen eckigen Querschnitt. Ob sich hinter dem Querschnitt eine Chronologie verbirgt (rund älter als eckig?) oder verschiedene Funktionen in der Konstruktion, muss zunächst auch offen bleiben.

Abb. 5: Geborgene Brückenpfähle aus Kiefernholz mit runden und rechteckigen Querschnitten (Foto K. Müller, BLDAM).

Lab.Nr. C	Pfahl Nr.	Holzart	Beginn	Ende	Fälldatum	Bemerkung
75 196	13	Kiefer	1647	1787	1787	Waldkante
75 197	12	Kiefer	1677	1791	1791	Waldkante
75 198	11	Kiefer	1595	1681	1681	Waldkante
75 199	10	Kiefer	1660	1776	1776	nach
75 200	5	Kiefer	1619	1685	1685	Waldkante
75 201	8	Kiefer	1582	1650	1650	nach
75 202	6	Kiefer	?			dat. nicht
75 203	9	Kiefer	1631	1685	1685	Waldkante
75 204	7	Kiefer	1673	1785	1785	nach

Tab. 1: Gutachten der dendrochronologischen Datierung der Brückenhölzer von Neuendorf 21 (K.-U. Heußner, DAI Berlin, Mitt.v. 31.3.2014).

Die zwischen den Stämmen 22 und 29 liegenden Hölzer waren wesentlich kleiner als die noch aufrecht stehenden Pfosten und wiesen einen meist rundlichen Querschnitt auf. Selten waren sie länger als 1 m. Vielleicht waren sie hier am Rand entweder Teil der Faschinen[5] oder sie sind verrutschte, bei einem Abriss ins Wasser gelangte und nicht intentional in diese Lage gekommene Bauteile.

Unter dem Fundmaterial waren neben frühneuzeitlicher Keramik aus rottoniger, innen glasierter Irdenware, die hauptsächlich von Kannen stammt, und viel neuzeitlicher Keramik sowie Porzellan auch zwei Damenfeinstrumpfhosen, maschinell hergestellte Socken und eine Badekappe. Außerdem wurden Glas- und Metallfunde, darunter ein Baukrampen, ein korrodiertes Schaufelblatt, das direkt zwischen den Pfosten Nr. 9, 10 und 11 lag, eine Glasflasche mit der Prägung „Neue Molkereigenossenschaft Cottbus E.G.M.B.H." (1883 gegründet?[6]) und ein Flaschenrest mit Boden aus den kiesigen Flusssanden geborgen. Hier ist die Prägung unvollständig („M [...] arten PEITZ").

Interessant wäre, ob einige der frühneuzeitlichen Keramikfunde möglicherweise von Unfällen auf der oben erwähnten schadhaften Brücke stammen.

Absolut überraschend und unerwartet war der Fund eines eventuell mesolithischen Feuersteinkerns am Flussbettrand in der Nähe des Pfostens Nr. 2. Er ist gewiss mit den Schwemmsanden aus südlicher Richtung hierher transportiert worden.

In den Jahren 2009/2010 ist die den Hammergraben querende Poststraße von M. Raczkowska-Jones auf einer Länge von 1,2 km archäologisch untersucht worden. Dabei konnte sie mindestens vier getrennte Nutzungsphasen nachweisen, wobei die ältesten Fahrspuren in das 15. Jh. zu datieren scheinen. Bis zur Anlage der Lakomaer Teiche im 18. Jh. zeigt der Weg einen relativ freien Verlauf. Dann aber wurde die Straße beidseitig durch Entwässerungsgräben begrenzt und auf einen Damm gelegt. In „Deutschlands Postkarte" aus dem Jahr 1660 ist erstmals eine Poststraße in dieser Region erwähnt. Sie verlief von Guben über Peitz nach Dresden. Später scheint diese Verbindung nach Guben zugunsten einer Nord-Süd verlaufenden Strecke von Berlin über Lieberose, Peitz und Cottbus nach Dresden aufgegeben worden zu sein. Die von M. Raczkowska-Jones untersuchte Poststraße von Cottbus über Neuendorf nach Guben scheint entweder später oder parallel benutzt worden zu sein. Sicherlich war sie kein offizieller Postkurs.[7]

5 Kolb/Meyer 2008, Abbildungen auf S. 300 und 301.

6 http://www.heimatverein-cottbus.de/index.php?option=com_content&view=article&id=18&Itemid=19 (06.12.2011)

7 Raczkowska-Jones, Marijola; unpublizierter Grabungsbericht „Die Alte Poststraße", 2010.

Abb. 1: Altbergbau im Tagebau: Aufmessung eines Türstockes und Freilegung einer Abbaukammer, deren Umriss sich bereits gut abzeichnet (Foto E. Bönisch, BLDAM).

Ausgrabungen in „Mariannensglück“. Montanarchäologie des Braunkohlentiefbaus im Tagebau Welzow-Süd

Eberhard Bönisch, Uwe Grünwald und Klaus Männig

Heute ist schon nicht mehr als bekannt vorauszusetzen, dass die Braunkohle im Lausitzer Revier anfangs auch im Tiefbau gewonnen wurde. Man hatte dabei hier auf die seit Jahrhunderten im Bergbau bewährten Technologien mit Schächten und Stollen zurückgegriffen. Und die Eimerkettenbagger, die später im Braunkohlentagebau Haue und Schaufel ersetzten, sind Weiterentwicklungen von Geräten zum Ausräumen von Fahrrinnen (holländisch baggern) in Hafenanlagen. Die ersten Eimerkettenbagger im Tagebau waren Dampfbagger aus der Lübecker Maschinenfabrik. Das letzte Exemplar in der Niederlausitz war der in der Brikettfabrik „Viktoria II“ (zuletzt „Morgenrot“) bis zu ihrer Devastierung durch den Tagebau Meuro im Jahre 1986 noch als Grabenschöpfgerät(!) im Grabenbunker eingesetzte Bagger von 1910 (Brikettfabrik Morgenrot 1986).[1]

Tiefbauanlagen vom Abbau des 1. Lausitzer Flözes existieren aber noch. Sie sind aus Sicherheitsgründen verwahrt, wie der Bergmann sagt, also verfüllt und nicht zugänglich. Eine besondere Situation stellt der Anschnitt alter Schächte und

Abb. 2, 3: Anlagen des Braunkohlentiefbaus sind eine Gefahrenquelle für Mensch und Technik. Im Vorschnitt des Tagebaus Welzow-Süd geborgene Verbauhölzer (Fotos E. Bönisch, BLDAM).

1 Eine Dia-Ton-Präsentation über Brikettfabrik „Morgenrot“ aus dem Jahr 1986 von R. und E. Bönisch zeigt diesen Bagger noch in Funktion – vgl. Abb. 12, 13.

Abb. 4, 5: Im Vorschnitt des Tagebaus Welzow-Süd, Südfeld, angeschnittene Tiefbaustrecken im Lausitzer Oberflöz, 21.8.2012. Unten: Doppelförderstrecke mit Türstockausbau. Zwecks Dokumentation wurde durch den Vorschnittbagger die Kappe beseitigt, 19.06.2012 (Fotos E. Bönisch, BLDAM).

Strecken des Braunkohlenabbaus unter Tage durch den Tagebau dar, wie im Tagebau Welzow-Süd. Der Vorschnitt überbaggerte dort in den Jahren 2011 und 2012 Bergwerksanlagen der Grube „Mariannensglück", wodurch heute also *zutage* kam, was vor 100 Jahren *unter Tage* entstand. Das geschieht im Zuge der Freilegung zur Gewinnung des 2. Lausitzer Flözes, wobei die Reste des Oberflözes, da ein Abbau unwirtschaftlich sei, als Abraum mit abgetragen werden.

2010 war mit der südlichen Abbaukante im Westen des Tagebaus (Vorschnitt 2, Teilfeld Süd) der Altbergbau „Mariannensglück", wo von 1894 bis 1937 das Oberflöz abgebaut worden war, erreicht. Ein einfaches Überbaggern der aufgelassenen und verwahrten Anlagen war wegen der Gefährdung der Abbaugeräte nicht möglich. Vielmehr mussten diese beräumt werden. Die Vorschnittebene wurde daher so gelegt, dass sie sich etwa auf Sohlenhöhe des Altbergbaus befand. Der Schaufelradbagger 1519 SRs 6300 schnitt hier in unregelmäßigen Zeitabständen immer wieder Strecken und Schächte des sich über etwa 3 km Länge erstreckenden Tiefbaus an.

Im Tagebau Welzow-Süd bot sich damit die letztmalige Gelegenheit, diese nach dem Brandenburgischen Denkmalschutzgesetz denkmalwürdigen Zeugnisse aus der Entstehungsphase des bedeutendsten Wirtschaftszweiges des Lausitzer Reviers zu beobachten und zu dokumentieren. Bisher sind Hinterlassenschaften des Braunkohlenbergbaus, insbesondere aus der Phase vor dem Übergang vom Abbau per Hand zur maschinellen Förderung, noch nicht montanarchäologisch untersucht worden. Grundlage der montanarchäologischen Arbeiten im Tagebau Welzow-Süd ist die durch Martin Straßburger im Auftrag des BLDAM Anfang 2011 erarbeitete „Konzeption zur montanarchäologischen Untersuchung ...“ (Straßburger 2011). Dazu wurden umfangreiche Archiv- und Literaturstudien vorgenommen. Neben den rechtlichen Grundlagen der Untersuchungen als Bodendenkmal wertet diese Konzeption die am LGBR vorhandenen Risswerke der Gruben „Mariannensglück“, „Clara I“ und „Clara II“ aus. Anhand von bergschadenskundlichen Analysen und Verwahrungsdokumentationen (= Verfüllung von Hohlräumen) wird die zu erwartende Situation der Tiefbauanlagen dargestellt. Anhand von Bergbaulehrbüchern, Publikationen zur Industrie- und Sozialgeschichte des Braunkohlenabbaus und regionalhistorischer Literatur wurden der frühe Braunkohlenbergbau

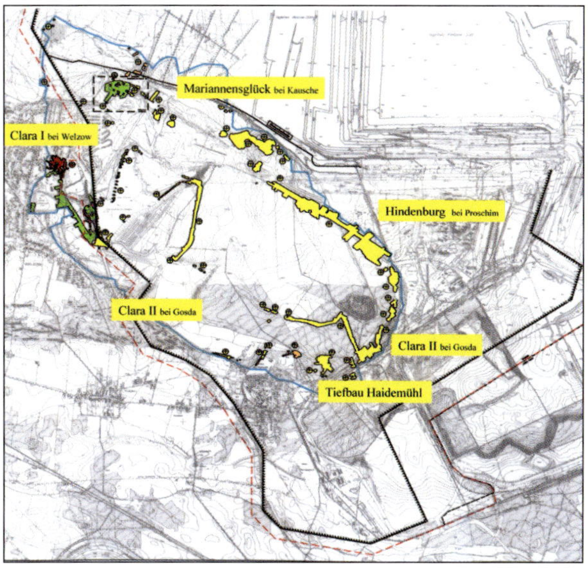

Abb. 6: Übersichtskarte zum Braunkohlentiefbau im Südfeld des Tagebaus Welzow-Süd, hier insbesondere Gefährdungsbereiche (Vattenfall 2011).

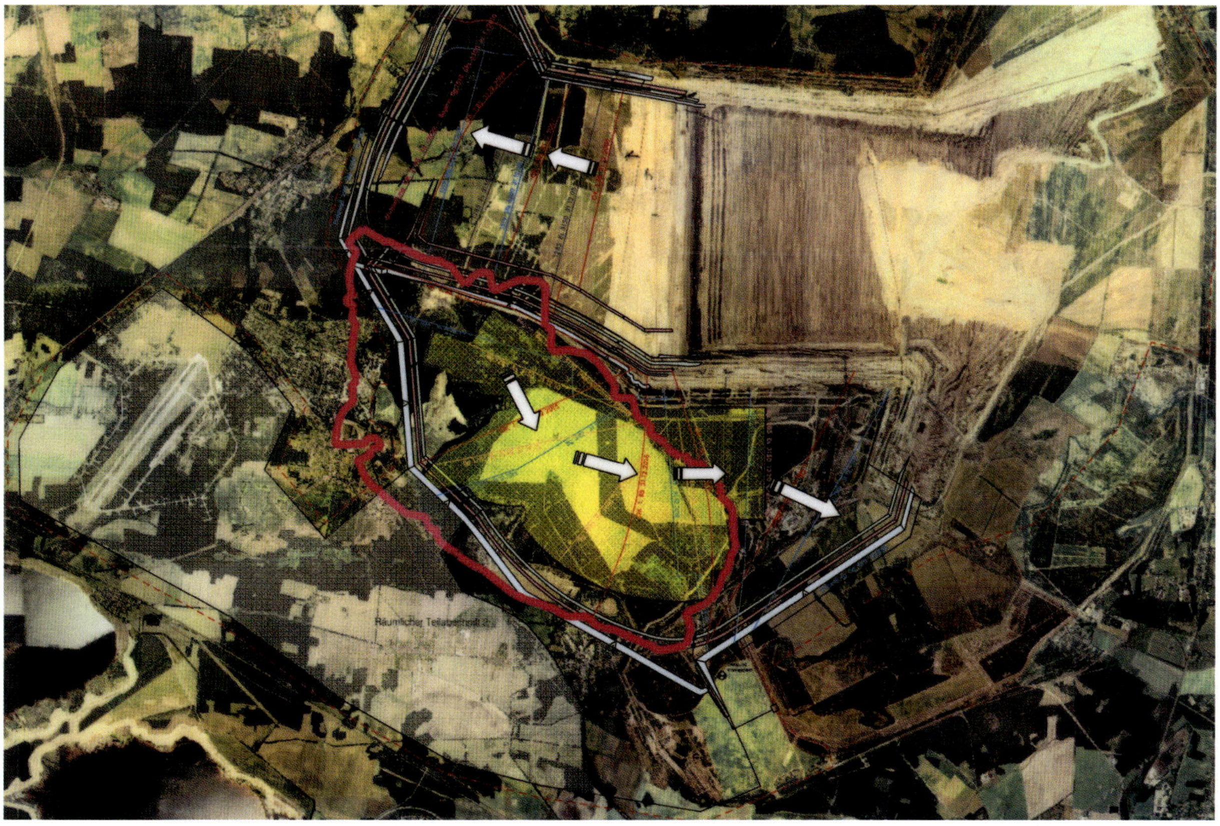

Abb. 7: Luftbild des Tagebaus Welzow-Süd, Abbaustand 2003 mit dem Gebiet historischer Grubenfelder im Südfeld (Vattenfall 2011).

Tite

zu dem Grubenbilde von der

„Mariannensglück" bei Kausche u

Berechtigung. Das Braunkohlenbergwerk „Mariannensglück" bei Ka
kurfürstlich sächsischem Mandate vom 29. August 1743 d

Das benachbarte Braunkohlenbergwerk „Geisendorf
Geisendorf C ist verliehen worden am 22. Dec

Ablagerung. Das schwach-wellig, fast söhlig abgelagerte B
der Flur Kausche durch Auswaschung begrenzt
mit dem oberen Flötze der Ablagerung Senft
wird, wie letzteres, von tertiärem, ungleichförmig
Kies und Mergel überdeckt, und von einem sch
weißen Quarzsand mit Glimmer unterlagert.

Betrieb und Lösung. Die Wasser werden aus einem 21m tiefe
des (1.) Tiefbauschachts von 1894 – 106m über N
Der Abbau erfolgt nur unterirdisch. –

Sonstige Bemerkungen. Die im Mai 1894 ausgeführte m
gulation (△ Welzow, Kausche, Lindenfe
Die gewählte Abscissen-Axe bildet

Die Höhen sind mittels Nivellement
Petershain auf Normal-Null bezogen

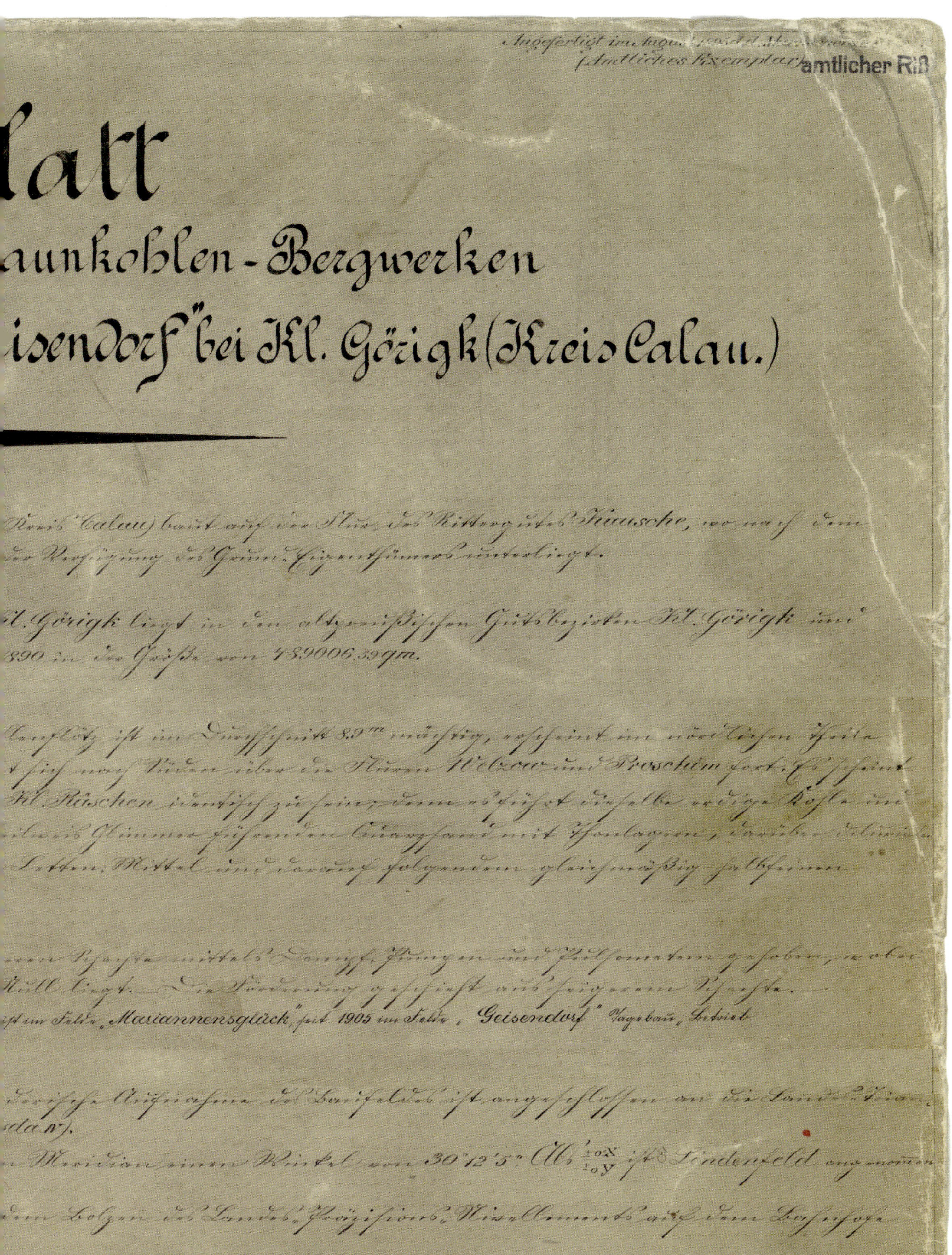

Abb. 8: Titelblatt zum Risswerk der Grube „Mariannensglück" von 1895, vgl. Transkription auf der folgenden Seite (LBGR, Altbergbauarchiv, Nr. 445101-1, Repro M. Straßburger).

Ausgefertigt im August 1895 d. d. Markscheider (*unleserlich:*) Seer
(Amtliches Exemplar)
Amtlicher Riß

Titelblatt

zu dem Grubenbilde von den Braunkohlen-Bergwerken „Mariannensglück“ bei Kausche u. „Geisendorf“ bei Kl. Görigk (Kreis Calau.)

Berechtigung.
Das Braunkohlenbergwerk „Mariannensglück“ bei Kausche (Kreis Calau) baut auf der Flur des Rittergutes Kausche, wo nach dem kurfürstlich sächsischen Mandate vom 29. August 1743 die Kohle der Verfügung des Grund-Eigenthümers unterliegt.

Das benachbarte Braunkohlenbergwerk „Geisendorf“ bei Kl. Görikg liegt in den altpreußischen Gutsbezirken Kl. Görigk und Geisendorf. Es ist verliehen worden am 22. December 1890 in der Größe von 489006.59 qm.

Ablagerung.
Das schwach-wellig, fast söhlig abgelagerte Braunkohlenflötz ist im Durchschnitt 8,9 m mächtig, erscheint im nördlichen Theile der Flur Kausche durch Auswaschung begrenzt und setzt sich nach Süden über die Fluren Welzow und Proschim fort. Es scheint mit dem oberen Flötze der Ablagerung Senftenberg-Kl. Räschen identisch zu sein; denn es führt dieselbe erdige Kohle und wird, wie letzteres von tertiärem, ungleichkörnigem, theilweis Glimmer führenden Quarzsand mit Thonlagern, darüber diluvialem Kies und Mergel überdeckt, und von einem schwachen Letten-Mittel und darauf folgendem gleichmäßig-halbfeinem weißen Quarzsand und Glimmer unterlagert.

Betrieb und Lösung.
Die Wasser werden aus einem 21 m tiefen seigeren Schachte mittels Dampf-Pumpen und Pulsometern gehoben, wobei Die (1.) Tiefbausohle von 1894 = 106 m über Normal-Null liegt. – Die Förderung geschieht aus seigerem Schachte. - Der Abbau erfolgt nur unterirdisch.- *(nachgetragen:)* Seit 1901 ist im Felde „Mariannensglück“, seit 1905 im Felde „Geisendorf“/ Tagebau-Betrieb.

Sonstige Bemerkungen.
Die im Mai 1894 ausgeführte markscheiderische Aufnahme des Baufeldes ist angeschlossen an die Landes-Triangulation (△Welzow, Kausche, Lindenfeld, Gosda IV).

Die gewählte Abscissen-Axe bildet mit dem Meridian einen Winkel von 30°12′ 5′′. Als $\frac{\pm ox}{\pm oy}$ ist △Lindenfeld angenommen.
Die Höhen sind mittels Nivellement nach dem Bolzen des Landes-Präzisions-Nivellements auf dem Bahnhofe Petershain auf Normal-Null bezogen.

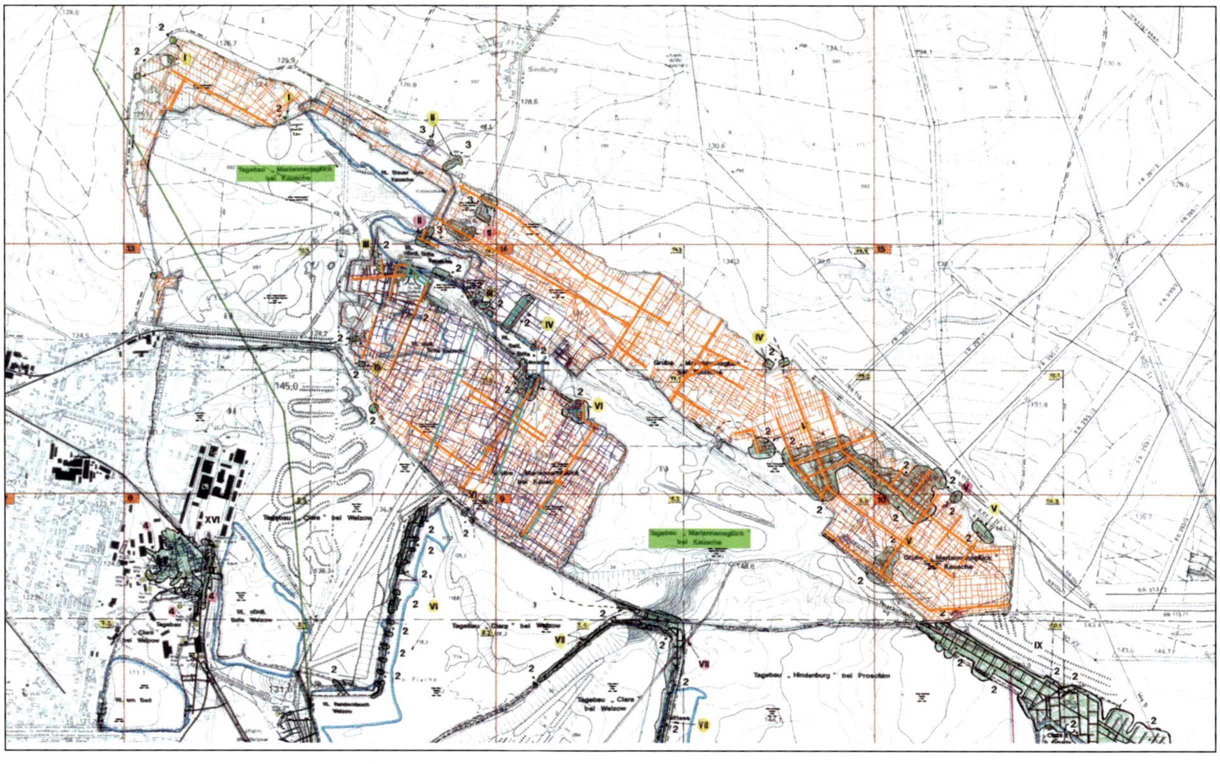

Abb. 9: Grube „Mariannensglück“ (Risswerk 1895ff. im LGBR) am Südrand des Tagebaus Welzow-Süd auf Tageriss und Topographischer Karte, vgl. Karte folgende Seite. Rot = obere Tiefbausohle, Blau = untere Tiefbausohle, Grün = alte Tagebaue (aus Schossig, Bergschadenskdl. Analyse um 1992).

speziell für den Raum Welzow und die historische Entwicklung der genannten Gruben dargestellt.[2]

Den weiteren Ausführungen sei ein kurzer Überblick zur Geschichte der Grube „Mariannensglück“ anhand dieser Daten vorangestellt. Die behördliche Anmeldung des Bergwerkes erfolgte 1894 durch Alfred Knobbe, Pächter des Gutes Kausche und der seit 1850 durch den Gutsbesitzer erkundeten Kohlelagerstätten. Die Grube wurde

Abb. 10: Abbaubereich der Grube „Mariannensglück“ mit Tagebaurestlöchern, senkrechter Schraffur der Bruchfelder und Brikettfabrik Kausche zwischen Welzow (unten links), Kausche und Neupetershain (TK 10, Blätter 4351 SW Kausche, 1993; 4451 NW Welzow, 1994, LGB).

2 Akten und Unterlagen im LBGR in Cottbus, im Brandenburgischen Landeshauptarchiv Potsdam und (aus ehem. Oberbergamt Halle/Saale) im Landeshauptarchiv Sachsen-Anhalt, Dienstgebäude Wernigerode (Sperling 2005, Teil 2 – Findbuch, 178 Nr. 230).

Abb. 11: Der Tagebau „Mariannensglück“ Kausche um 1910: Abraumbetrieb mit Eimerkettenbagger, E-Grubenlok und Holzkastenkippern. Kohleförderung mittels Kratzkettenbagger und Kettenbahn mit Umlenkstation (rechts) (Sperling 2004, Abb. 23).

nach der Gattin des Generalleutnants a.D. aus Berlin benannt (Chronik Kausche 1997). Der Aufschluss begann 1894 mit dem Abteufen des Wasserhaltungsschachtes I und des Förderschachtes. An dieser Stelle entstand gleichzeitig die als „Kauscher Werk“ bekannte Brikettfabrik (Schulz 2000, 68). Der Abbau begann südlich der Brikettfabrik und erfolgte bis 1910 in südöstlicher Richtung, wobei eine 1. und 2. Sohle abgebaut wurden. 1897 wurde der Wasserhaltungsschacht II geteuft. Nach Abschluss der Ausrichtungsarbeiten der 2. Sohle wurde der Schacht I bis dorthin vertieft, ausgemauert und mit Nr. II verbunden. Ab 1902 gab es ein Ostfeld und ein Westfeld (bis 1923), die

Abb. 12, 13: Zur ältesten Baggergeneration im Lausitzer Revier gehörte der als Grabenschöpfgerät in der Brikettfabrik „Viktoria II“/„Morgenrot“ umfunktionierte ehem. Dampfbagger aus der Lübecker Maschinenfabrik von 1910, Aufnahme 1986 (Foto E. Bönisch).

die ehemalige Straße Welzow-Kausche trennte. Der Abbau im Ostfeld verlief bis 1937 nach Südost bis an die Gemarkung Wolkenberg. Ab 1907 wurde die Kohle aus dem Tiefbau im Ostfeld mit einer E-Lok durch den seit 1901 parallel laufenden Tagebau (von der Brikettfabrik aus in östlicher Richtung mit Verlegung der Straße nach Kausche) gefahren. Dann erfolgte hier der Bau einer elektrisch angetriebenen Kettenbahn, während im Westfeld die Schachtförderung in Betrieb blieb. Ab 1933 wurden im Flügelstollen I zum Einsatz von Korfmann Ladewagen verbreiterte Bruchstrecken (2 m Breite) erforderlich. Nach über drei Jahrzehnten parallel laufendem Tief- und Tagebau in „Mariannensglück" wurde der Tiefbau schließlich 1935 eingestellt, aber Wasserhaltung und Bewetterung zunächst noch aufrecht erhalten, 1937 dann beendet und die Anlagen abgebrochen.

Die montanarchäologische Konzeption enthält für die Untersuchungen mehrere Fragestellungen, beispielsweise:
1. Welche technisch bedeutsamen und zeittypischen Anlagen und Einrichtungen sind noch vorzufinden?
2. Braunkohle wurde im Tiefbau im Pfeilerbruchbau gewonnen. Wie wurden die Bruchkammern hier ganz konkret aufgefahren, wie wurde die Zimmerung geraubt, wie gingen die Kammern zu Bruch und gab es Veränderungen in der Abbaumethode?
3. Sind in den Risswerken alle Strecken enthalten? Wo gibt es davon Abweichungen und aus welchen Gründen?
4. Wie groß war der Holzverbrauch, welche Hölzer wurden verwendet und verblieb Holz in den Kammern und Strecken?
5. Besonderheiten wie Sprengstoffkammern, Wasserhaltung oder Folgen eines Grubenbrandes von 1933 sind zu beobachten.
Aus den Rissen und Unterlagen wurden 24 verschiedene Schwerpunktobjekte der Gruben „Mariannensglück" und „Clara" zusammengestellt, die beispielhaft untersucht werden könnten. Dazu gehören außer Streckenabschnitten, Streckenkreuzen und Wetterbrücken auch Bruchkammern, Füllörter sowie die Wasserhaltungs- und Förderschächte. In der Konzeption wird schließlich die Art und Weise der Dokumentationen vorgeschlagen, die auf speziellen Formblättern, fotografisch und fotogrammetrisch erfolgen sollte. Außerdem wird auf die Bergung von angetroffenen Sachzeugen hingewiesen.
Die praktische Ausführung der Arbeiten im Tagebau musste sich natürlich den Gegebenheiten anpassen; es entfielen Untersuchungsobjekte und kamen neue hinzu. Die montanarchäologischen Untersuchungen waren in den technologischen Ablauf des Tagebaus eng eingebunden und mussten sich diesem streng unterordnen. Konkret konnte nur das untersucht und dokumentiert werden, was vom Vorschnittbagger freigeschnitten wird.
Es durfte dabei einerseits zu keiner Behinderung der Tagebaugroßgeräte kommen, andererseits hatten sicherheitstechnische Belange oberste Priorität. Sperrzonen in Abhängigkeit der Böschungshöhen mussten unbedingt eingehalten und eventuell angefahrene Hohlräume durften keinesfalls betreten werden. Da die am Fuß der bis zu 40 m hohen Vorschnittböschung angeschnittenen Objekte oft nur wenige Stunden oder Tage und wegen der Rutschungsgefahr auch gar nicht zugänglich waren, erfolgte die Beobachtung und schriftliche (mit Stellenkarten und Formblättern) sowie fotografische Dokumentation zumeist direkt durch den zuständigen Technologen des Bergbauunternehmens, Klaus Männig. Untersuchungen des BLDAM wurden aus Sicherheitsgründen stets in dessen Begleiung vorgenommen.[3]

3 Der Tagebauleitung Welzow-Süd der Vattenfall Europe Mining AG ist dafür zu danken, dass für die Ausführung der durch das BLDAM, Referat Braunkohle initiierten montanarchäologischen Altbergbau-Dokumentation ein Weg gefunden und verknüpft wurde mit den für den Vorschnitt und die Altlastenbeseitigung erforderlichen Untersuchungen und Vorkehrungen. Dem LGBR ist zu danken für das Entgegenkommen und die Unterstützung bei den Archivrecherchen.

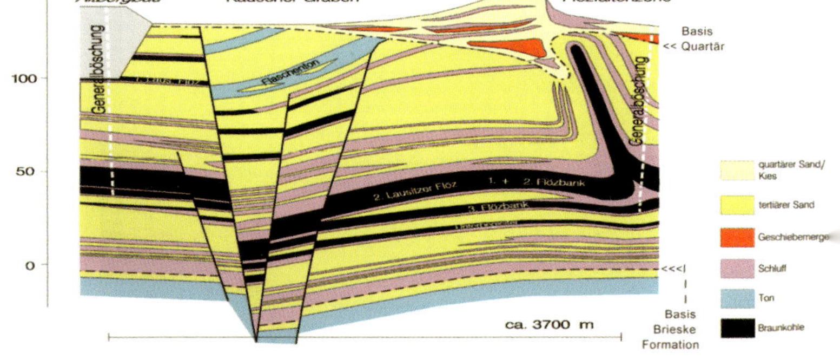

Abb. 14: Das 1. Lausitzer Flöz mit Altbergbaukippe und 2. Flöz im Profilschnitt des Südfeldes von Tagebau Welzow-Süd (Grafik B. Seibel 2011, 229, Abb. II-8.1-6).

2011 und 2012 wurden neben einer Reihe von Befahrungen und kleineren, meist nur fotografischen Dokumentationen vor allem vier Objekte näher untersucht. Es handelte sich um zwei Abbaukammern, den Füllort mit Förderschacht von 1895 und weitere Schächte sowie um den benachbarten Wasserhaltungsschacht I und Teile der Doppelförderstrecke.

1. Abbaukammern

Zunächst wurde versucht, den Ablauf der damaligen bergmännischen Arbeiten zur Kohlegewinnung nachzuvollziehen. Dabei konnten die vor Ort angetroffenen Verhältnisse mit dem in der Literatur beschriebenen Abbauverfahren des Pfeilerbruchbaus durchaus in Übereinstimmung gebracht werden. Dies wurde damals folgendermaßen ausgeführt: Bei der Aus- und Vorrichtung des Abbaufeldes wurden zunächst Strecken in regelmäßigen Abständen durch das Flöz aufgefahren (= Abbaupfeiler). Von diesen Strecken her wurde anschließend die Kohle beidseitig mit etwa 5 × 5 m großen

Abb. 15: Das Bruchfeld am Südrand des Tagebaus Welzow-Süd (Aufnahme 2007) …

und in unserem Fall knapp 3,5 m hohen Bruchkammern abgebaut. Zwischen diesen Abbaukammern blieb jeweils ein sogenanntes „Kohlebein“ stehen. Es handelt sich dabei um etwa 1 m breite Kohlestege, in denen während der Untersuchungen je zwei Türstöcke der ehemaligen Bruchstrecke

Abb. 16: … ist durch die bis an die Oberfläche durchgebrochenen Abbaukammern der Grube „Mariannensglück“ entstanden, die nun in der Vorschnittböschung in 25 m Tiefe aufgeschlossen waren, Aufnahme 29.9.2011 (Fotos E. Bönisch, BLDAM).

und der Bruchschutz zwischen zwei Kammern angetroffen wurden. Auf dem Kohlebein ruhte das hangende Gebirge. Dadurch entstanden große Abbauverluste, da 30–50 % des Flözes ungenutzt bleiben mussten. Die ausgekohlten Bruchkammern wurden anschließend geraubt, d.h. der zur Sicherung eingebrachte Holzausbau wurde wieder entnommen, so dass die Firste (= Decke) der Kammer zu Bruch ging und die Hangendmassen (= die über der Kohle befindlichen Erdschichten) den Hohlraum komplett ausfüllten. Die Kammern wurden eine nach der anderen verfüllt, offensichtlich indem man die Decke zum Einsturz brachte. Kammer für Kammer wurde so der Kohlepfeiler im Rückbau, d.h. von hinten nach vorn, abgebaut. Abbaukammern wurden in großer Zahl angeschnitten, zumeist allerdings nur fotografisch dokumentiert (Abb. 16). In der Vorschnittböschung des Schaufelradbaggers sind die Bruchkammern sehr gut erkennbar – auch die Bruchkanäle, da sich im Laufe der Zeit die Brüche bis zur Geländeoberkante durchgestanzt haben. Dadurch hatten sich im Gelände Bruchfelder gebildet, die das Waldgebiet zwischen Welzow und Kausche prägten. Die Bruchkammern lagen dicht nebeneinander, nur durch die Kohlebeine voneinander getrennt, in den Baggerböschungen. Aufgrund der Lage am Fuß der Vorschnittböschung waren nähere Untersuchungen aus Sicherheitsgründen in der Regel nicht möglich. Um exemplarisch Abbaukammern zu untersuchen, wurde in einem vorgegebenen Böschungsabschnitt des Vorschnittes die Seitenböschung vom Schaufelradbagger, ganz ähnlich wie bei der Herstellung von Grabungsbermen für das Eem-Projekt in Jänschwalde (s. in diesem Band S. 21–23, 47), flach ausgeschnitten. Dabei wurde ein Teil der untersten Abbauscheibe stehen gelassen, um ein gefahrloses Arbeiten an der Böschungsunterkante zu ermöglichen. Auf diese Weise ist ein Streckenabschnitt mit mehreren Kammern von der Seite und gleichzeitig von oben angeschnitten worden. Mit Hilfe eines Radladers und durch viel manuelle Schaufelarbeit wurden zwei benachbarte Abbaukammern freigelegt. Eine Kammer wurde von K. Männig mittels Bagger ausgenommen und gemeinsam mit M. Straßburger dokumentiert, eine benachbarte zweite wurde am 16.06.2011 per Hand teilweise ausgeschachtet (E. Bönisch, V. Grünwald, K. Männig,

Abb. 17: Kappe eines Türstocks in der Vorschnittböschung am 17.5.2011, der anschließend freigelegt wurde – siehe S. 299 (Foto K. Männig, Vattenfall).

Abb. 18, 19: Stauchungen des Kiefernholzes an einem Türstock und seitliche Verzugshölzer; Abdruck des Mittelstempels, 1./16.6.2011 (Foto E. Bönisch, BLDAM).

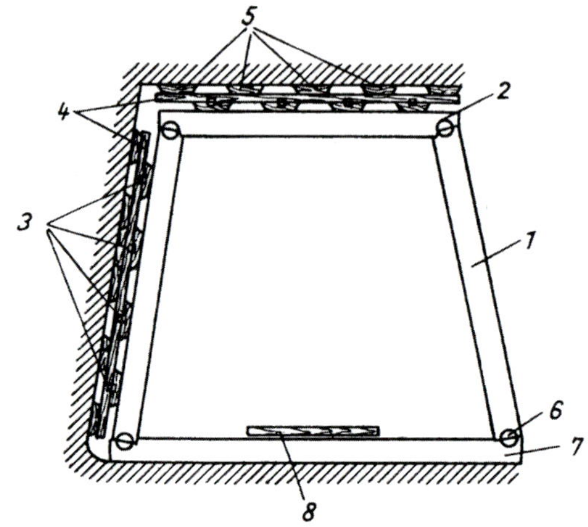

Abb. 20: Schema der sog. Deutschen Türstockzimmerung. 1 Stempel, 2 Kappe, 3 Zwickkeil, 4 Pfändlatte, 5 Verzugsholz, Schwarte, 6 Bolzen, 7 Sohlenholz, 8 Laufbohle (nach Sperling 2004, Abb. 12).

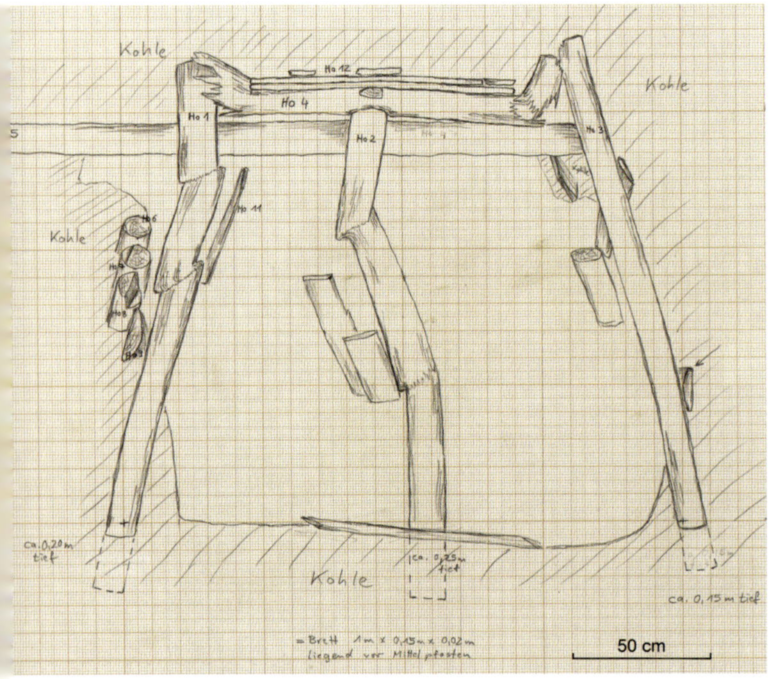

Abb. 21/22: Aufriss eines Türstocks und geborgene Hölzer am 16.6.2011 (Zeichnung V. Matternja, Foto E. Bönisch, beide BLDAM).

V. Matternja). Hier sei die subjektive Bemerkung gestattet, dass es einen schon berührte, unter strahlender Junisonne das Geviert noch einmal auszuschaufeln, was Bergleute einst unter Tage im Schein ihres Geleuchts ausgehauen haben, um mit dem Inhalt vielleicht die guten Stuben unserer Urgroßeltern zu wärmen. Die fotografisch und zeichnerisch dokumentierten, nach oben hin konisch

verjüngten Türstöcke (Deutsche Türstockzimmerung) mit einer lichten Höhe von (noch) ca. 1,50 m (ursprünglich 1,90 m) waren an der Basis im Lichten 1,95 m, oben 1,30 m breit. Diese Konstruktionen bestanden aus bis zu zwei Meter langen, grob zugerichteten Rundhölzern als Stempel von 10 – 15 cm Durchmesser. Ein senkrechter Mittelstempel stand unter dem waagerechten, als Kappe bezeichneten Sturzholz. Dessen Enden sind entsprechend der steilen Stellung der Stempel zur Überblattung ausgeklinkt. Darauf ruhten längs liegende Bretter (Verzugsholz) zur Verschalung der Decke, außerdem gab es seitliche Verzugshölzer und Zwickkeile. Bemerkenswert sind die vertikalen Verformungen, die die etwa ein Jahrhundert unter dem Druck des hangenden Gebirges stehenden Hölzer erfahren haben. Die Enden der Mittelstempel haben dadurch tiefe Abdrücke in den Kappenhölzern hinterlassen, die selbst dicht neben den seitlichen Stempeln an beiden Enden kurz nach unten abgeknickt sind. Die Stempel wiesen an einem der dokumentierten Türstöcke im oberen Teil zwei Stauchungsbrüche auf, was den immensen Druck, der hier gewirkt hat, veranschaulicht (Abb. 18, 19). Der Mittelstempel wurde jeweils später zum Bruchschutz eingezogen, wenn die ausgekohlte Kammer dahinter zu Bruch ging.

Abgesehen davon, dass es sich bei diesen „verformungsgerechten“ Zeichnungen wohl überhaupt um die erste Dokumentation der tausendfach im Braunkohlentiefbau angewandten Verbaue handelt, gehen solche Beobachtungen über die allgemeinen Lehrbuchbeschreibungen hinaus und können für verschiedenste Untersuchungen genutzt werden. Zwei benachbarte Türstöcke wurden in Teilen geborgen, die Hölzer wurden dabei gekennzeichnet.

Abb. 23: Überblattung an einem Türstock (Foto E. Bönisch, BLDAM).

Abb. 24: Im Tagebauvorschnitt freigelegte Türstöcke einer Abbaustrecke, von der aus die Bruchkammern abgebaut wurden, 16.6.2011 (Foto E. Bönisch, BLDAM).

amtlicher Riß
1
Obere Abraumkante April 1937
Gestell
Bunker
Anstoss A II
Anstoss A I
Haupt Gestell
Anschlußgleis
Grubenfeld Clara
Die Zucker Strasse

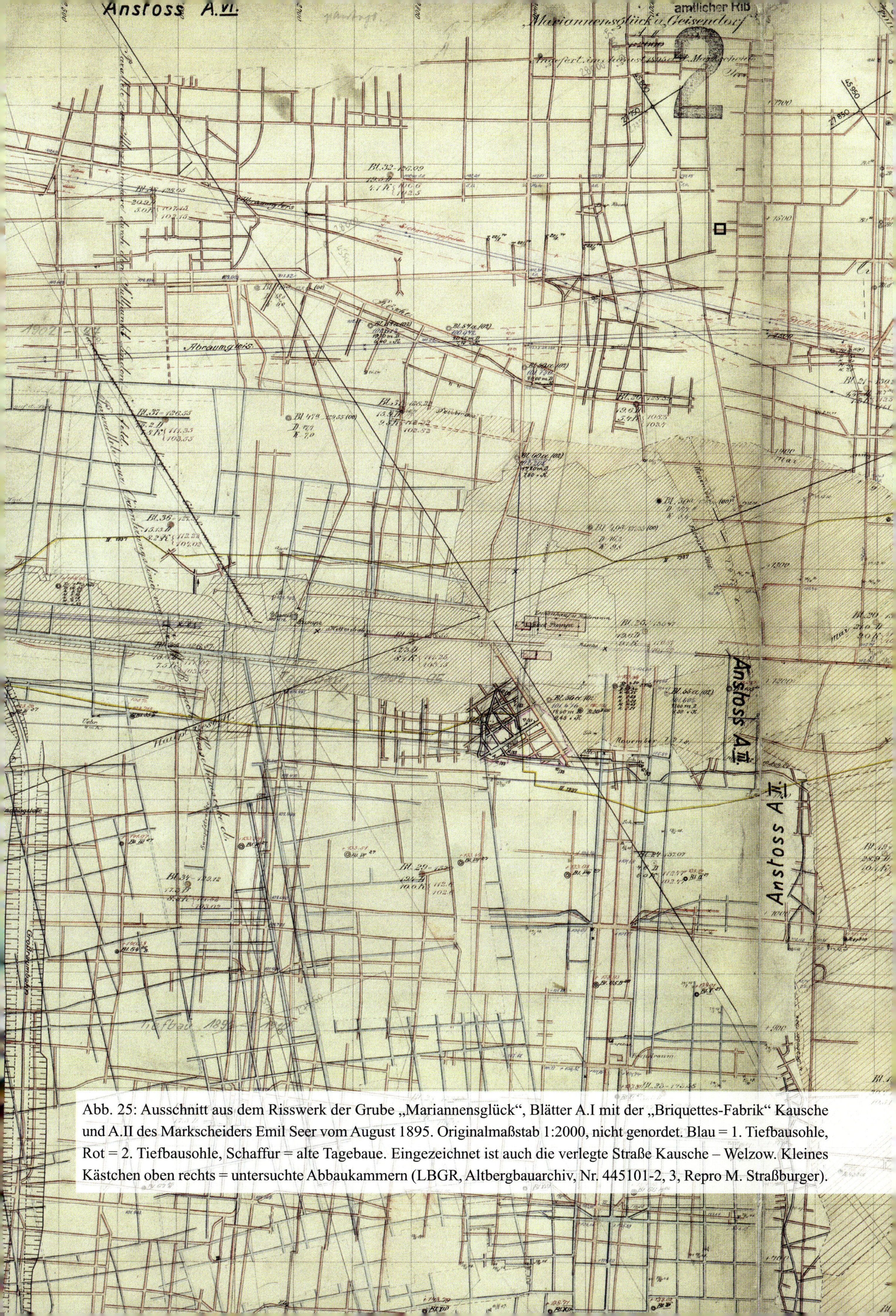

Abb. 25: Ausschnitt aus dem Risswerk der Grube „Mariannensglück“, Blätter A.I mit der „Briquettes-Fabrik“ Kausche und A.II des Markscheiders Emil Seer vom August 1895. Originalmaßstab 1:2000, nicht genordet. Blau = 1. Tiefbausohle, Rot = 2. Tiefbausohle, Schaffur = alte Tagebaue. Eingezeichnet ist auch die verlegte Straße Kausche – Welzow. Kleines Kästchen oben rechts = untersuchte Abbaukammern (LBGR, Altbergbauarchiv, Nr. 445101-2, 3, Repro M. Straßburger).

Abb. 26: Die Brikettfabrik Kausche in einer Luftaufnahme vom 31. März 1944. Südlich, im unteren Bildteil das Bruchfeld der Grube „Mariannensglück“, nördlich der sog. Fabriksteich, ein Tagebaurestloch (Archiv Vattenfall).

Die Abbaukammern waren mit dem von oben nachrutschenden anstehenden Sand verfüllt. In der Verfüllung fanden sich beim manuellen Ausschaufeln auch Stämme, die wohl als Stempel gedient hatten, und beim Zubruchgehen nicht mehr geraubt werden konnten.

2. Wasserhaltungsschacht

Weitere Schwerpunkte der montanarchäologischen Arbeiten im Jahr 2011 waren die Untersuchungen an den Schachtanlagen der Grube „Mariannensglück“ unmittelbar unterhalb der Brikettfabrik, dem Kauscher Werk. Die beiden ausgemauerten Schachtröhren wurden im Juni 2011 freigelegt und vom Schaufelradbagger im Vorschnitt bis auf das Niveau der Altbergbausohle (etwa bei +104 mNN) abgetragen. Das Schachttiefste der beiden Röhren verblieb jeweils in der Erde und konnte, ohne die weitere Arbeit des Großgerätes zu behindern, in mehreren Einsätzen untersucht werden.

Der Wasserhaltungsschacht (es handelt sich hier um den S. 294 erwähnten Schacht I) wurde 1894 als Senkschacht niedergebracht. Im Folgejahr wurde er kreisrund (Dm 4,65 m, Wandstärke 0,40 m) mit besten Klinkern ausgemauert. Seine Teufe betrug 25 m. Auf Höhe der ersten Bausohle (+108,0 mNN) befand sich eine gemauerte Pumpenkammer, die allerdings komplett mit Kies und ausgehärteter Braunkohlenfilterasche von den Verwahrungsarbeiten der 1970er Jahre ausgefüllt war. Eine Untersuchung oder Aufmessung dieser Kammer war deshalb nicht möglich.

Abb. 27: Herzliche Grüße mit Brikettfabrik und Bruchfeld, dem Stolz des Dorfes (Slg. Scholz, Welzow).

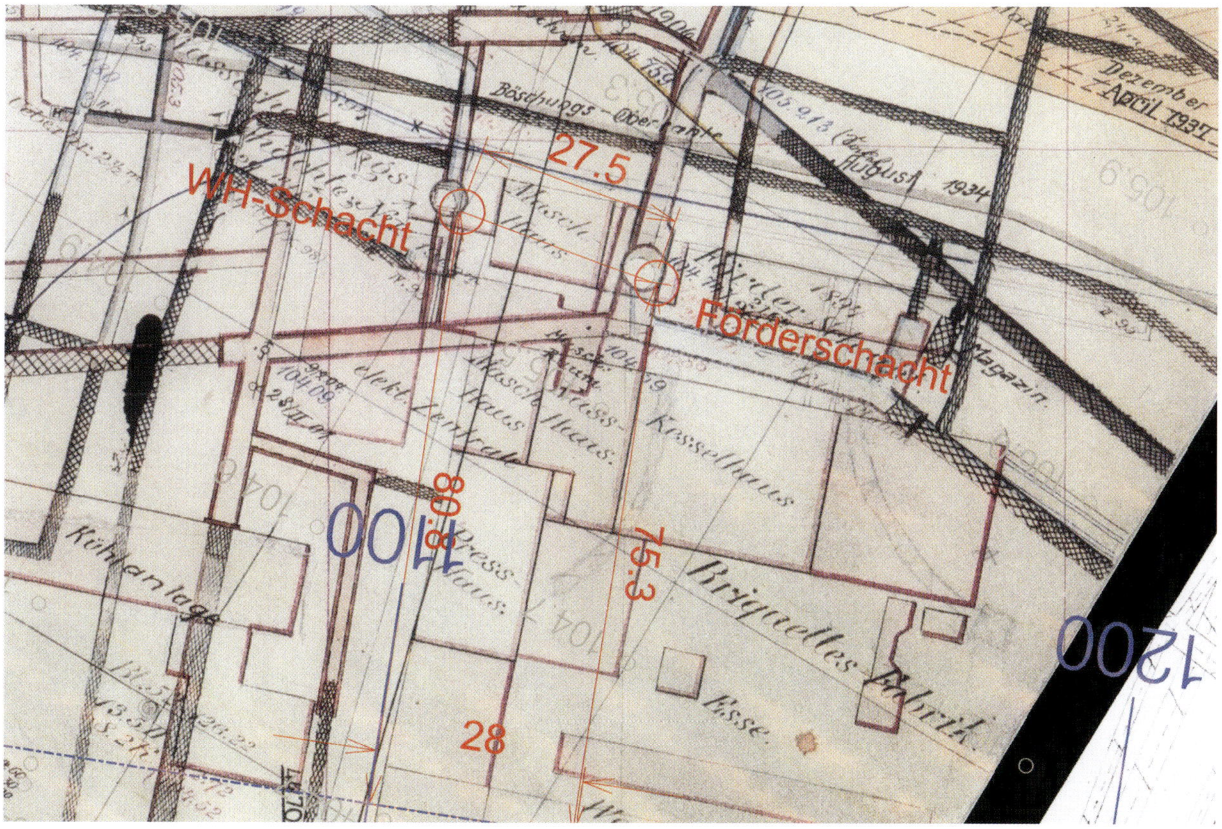

Abb. 28: Verwahrte (kreuzweise schraffierte) Strecken unter der „Briquettes-Fabrik“ Kausche im Risswerk der Grube „Mariannensglück“, Blatt B.I von 1895, Originalmaßstab 1:1000, hier genordet. Rot nachgetragen der im Vorschnitt des Tagebaus Welzow-Süd angetroffene Wasserhaltungsschacht und der Förderschacht von 1895 mit Bemaßung, Altbergbauarchiv, Nr. 445101-2, Eintragung vom 24.10.2011, K. Männig, Vattenfall).

Unsere Untersuchungen zielten vor allem auf den noch mehr als 6 m in die Tiefe gehenden Schachtsumpf. Die Innenverfüllung (Sand, Backsteine, Schrottteile) wurde unter Beobachtung mit dem Bagger ausgenommen. Begleitet durch Dokumentationsarbeiten wurde der Schacht in mehreren Etappen (8., 23., 30. 11.2011, 19.6.2012) mit Hilfe einer Raupe und einem Bagger auseinander genommen.

Die Konstruktion des Mauerwerks bestand aus einem Außenring und einem tiefer reichenden Innenring. Der Außenring wies – soweit erhalten – fünf Konstruktionsteile auf: Zuunterst befand sich ein 30 cm hoher, ca. 1,5 cm starker Metallring (s. Buchumschlag). Dabei handelt es sich um die aus einzelnen gekennzeichneten Teilen zusammengesetzte eiserne Schneidkante mit den aufliegenden Schachthölzern unter dem massiven Mauerwerk. Oben saßen an der Innenseite des Metallringes alle 50 cm dreieckige, im Querschnitt T-förmige Lager für den Holzkranz, der aus Kreissegmenten von ca. 1 m Länge und 40 cm Breite zusammengesetzt war. Die Segmente bestanden aus zwei bis drei ca. 7 – 10 cm dicken Bohlen, die durch Metallklammern zusammengehalten wurden. Auf dem Holzring – dem Schachtholz – befand sich ein 30 cm hoher Kranz aus 40er Ziegelmauerwerk, über diesem ein 55 cm hoher und nach innen hin auf 54 cm verbreiterer Kranz aus Ziegeln, darüber ein mit 38 cm Breite wieder schmaleres Ziegelmauerwerk. Letzteres war bis in eine Höhe von ca. 50 cm erhalten. Der obere Außendurchmesser betrug ca. 4,65 m, der obere Innendurchmesser 3,80 m. Das Ziegelformat hatte die Abmessungen 25 × 12 × 6,5 cm.

Abb. 29: Einsatz der Planierraupe zur Untersuchung des Wasserhaltungsschachtes I, 19.6.2012 (Foto E. Bönisch, BLDAM).

Abb. 30: Das Schachtholz: Bohlen als Unterlage des äußeren Mauerringes, 23.11.2011 (Foto U. Grünwald, BLDAM).

Im Nordosten des Mauerrings befand sich eine 95 cm breite rechteckige Öffnung. Die Sohle der Öffnung lag 0,88 m über dem Schachtholz. Sie führte wohl zum Wasserhaltungsschacht II.

Abb. 31: Basis von Wasserhaltungsschacht I mit eiserner Schneidkante unter dem äußeren und Armierungskranz des inneren Mauerringes, 19.6.2012 (Foto E. Bönisch, BLDAM).

Abb. 32: Armierungskranz des Wasserhaltungsschachtes I mit Abbundzeichen (Foto E. Bönisch, BLDAM).

Der Außenring mit eisernem Schneidkranz wurde offensichtlich von der ehemaligen Oberfläche aus abgesenkt, indem die Erde im Innern ausgehoben, und das Mauerwerk immer weiter aufgemauert wurde.
Im Außenkranz fand sich ein tiefergehender Innenkranz aus ca. 38 cm dickem Mauerwerk. Die Oberkante des Innenrings lag 22 cm über dem Schachtholz, die Unterkante wurde bei 1,40 m unter dem Holzring noch nicht erreicht. Der Innendurchmesser betrug 2,80 m, der Außendurchmesser lag bei ca. 3,60 m. Ein Ring aus vier 2 cm starken eisernen Kreissegmenten (L. 3 × ca. 2,10 m, 1 × 1,45 m) mit langen, senkrecht ins Mauerwerk eingebohrten Armierungseisen (Anker) auf der Oberkante des Innenrings diente dem Zusammenhalt des Mauerwerks. Im Innenring fand sich in einer Tiefe von ca. 0,80 m unter der OK des Holzringes ein Betonboden und somit die Sohle des Wasserhaltungsschachtes.

Die eingesetzten Materialien und die Qualität der Arbeit beim gleichmäßigen Absenken des Schachtes wie auch die einwandfreie Ausmauerung desselben nötigen uns Respekt und Anerkennung vor den Leistungen unserer Vorfahren ab. Die Schachtmauerung wies keinerlei Schäden auf und den Klinkersteinen konnte man nicht im Geringsten ansehen, dass sie bereits 117 Jahre lang in der Erde lagen.

Abb. 33: Schneidkante des Wasserhaltungsschachtes I mit Schachtholzkonsolen (Foto E. Bönisch, BLDAM).

Abb. 34: Öl-Grubenlampe aus dem Bereich des Wasserhaltungsschachtes I (Foto E. Bönisch, BLDAM).

Die Methode des Schachtabteufens ist indes sehr alt. Bereits die ausgegrabenen mittelalterlichen Brunnenschächte aus Feldsteinen aus dem 13. Jh. hier von Kausche wiesen ein solches Schachtholz in Form einer Wagenradfelge auf.

Nördlich und nordwestlich des Schachtes lagen zwei im Durchmesser etwa quadratische holzausgekleidete Entwässerungsleitungen. Die Leitungen waren bei der Freilegung des Schachtes angeschnitten worden. Bei der nördlichen Leitung lag ein Kanal von ca. 60 × 60 cm vor, der sich in einer größeren ca. 1 m breiten Holzkonstruktion befand. Über den Kanälen befand sich u.U. ein Instandhaltungsstollen.

Vom Wasserhaltungsschacht wurden ein Ziegelstein, eine Verstrebung des Schneidkranzes sowie der gesamte Holzring der Basis geborgen. Aus der Verfüllung des Schachtes stammen diverse Metallteile, das Stück einer Glasflasche mit der Jahreszahl 1902 sowie einige andere Kleinfunde, darunter eine Karbid- und eine Öl-Grubenlampe und ein geschmiedeter Schraubenschlüssel.

Abb. 35: Flaschenfragment mit der Jahreszahl 1902 (Foto E. Bönisch, BLDAM).

3. Füllort mit Förderschacht, Versorgungsschacht und jüngerem Wasserhaltungsschacht

Die Untersuchungen eines Förderschachtes ca. 30 m östlich des Wasserhaltungsschachtes sowie eines nahegelegenen zweiten Wasserhaltungsschachtes dauerten mehrere Tage an und erstreckten sich über mehrere Monate (25./26.10.11, 8., 9., 23.11.11). Beide Objekte reichten mehrere Meter unter die Abbausohle und damit unter die Vorschnittebene. Während die oberen Teile der Anlage durch den Vorschnitt abgetragen worden waren, waren die unteren Konstruktionsteile erhalten. Da sich der Vorschnitt in südwestlicher Richtung entfernte, bestand hier zudem keine Gefahr von Rutschungen.
Die Sohle des Förderschachtes lag auf dem Niveau der Fördersohle, jetzt also etwa in Höhe der Vorschnittebene. Der Füllort-Bereich (= der Bahnhof unterhalb des Förderschachtes) war ausbetoniert.

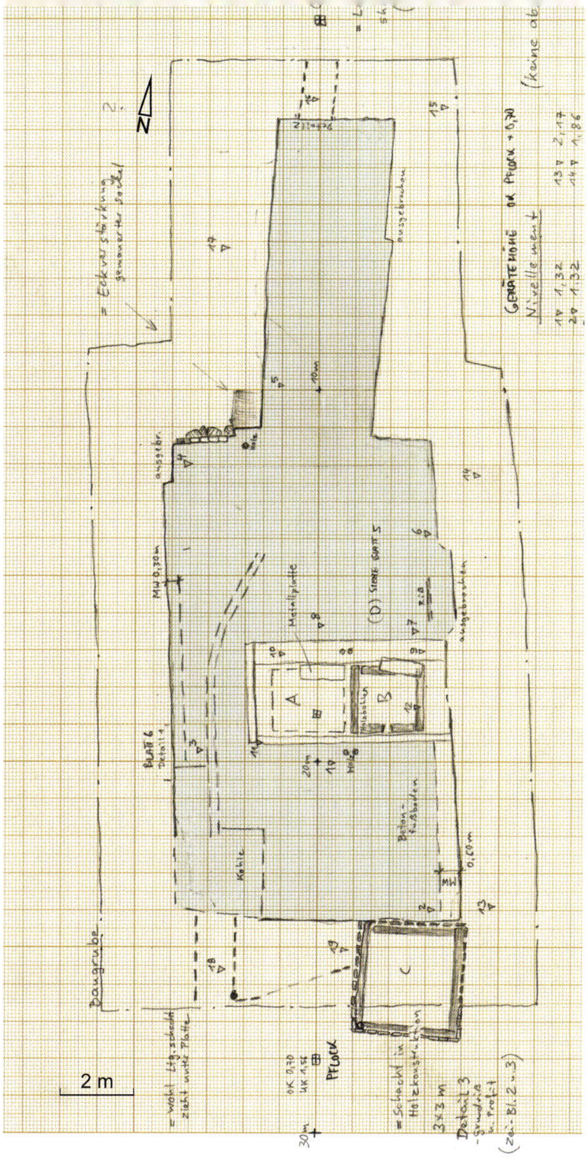

Abb. 36: Plan des vom Tagebauvorschnitt freigelegten Füllortes mit Förderschacht und hölzernem Wasserhaltungsschacht (Zeichnung V. Matternja, BLDAM).

Abb. 37: Der Füllort unter der Brikettfabrik Kausche während der Untersuchung, etwa von Nordwest 24.10.2011 (Foto K. Männig, Vattenfall).

Abb. 38: „Die Förderung geschieht aus seigerem Schachte“: Freilegung der Förderschachtbasis mit benachbartem Versorgungsschacht im Füllortbereich. Hinten links Wasserhaltungsschacht aus vertikalen Bohlen und innerem Spannrahmen (Bolzenschrotschacht), 8.11.2011 (Foto E. Bönisch, BLDAM).

Hier wurden die vollen Kohlewagen in das Fördergestell geschoben und nach Übertage gefördert, die leeren Wagen wurden wieder nach unten gebracht und von den Ketten der Kettenbahnen in die einzelnen Abbauabteilungen verteilt. Der

Abb. 39: Durch Tausende Kohlewagen verbogene Metallkante am Förderschacht (Foto E. Bönisch, BLDAM).
Abb. 40: Geborgener und wieder zusammengefügter unterer Holzrahmen des Förderschachtes (Foto BLDAM).

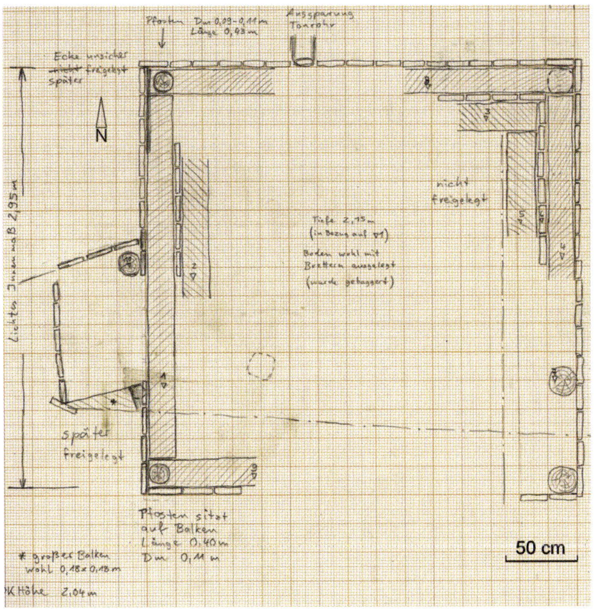

Abb. 41: Draufsicht-Zeichnung des in Bolzenschrotbauweise errichteten Wasserhaltungsschachtes am Füllort (Zeichnung V. Matternja, BLDAM).

Abb. 43: Bolzenschrotschacht, Detail (Foto E. Bönisch, BLDAM).

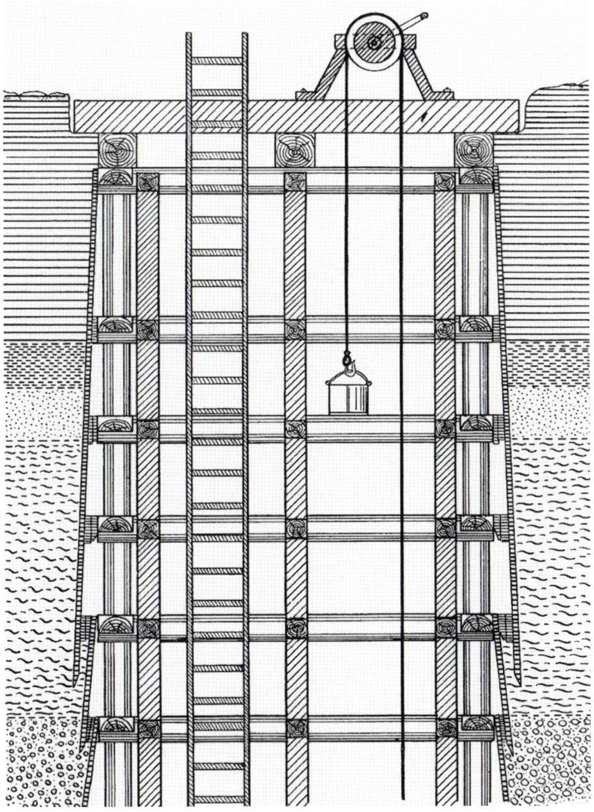

Abb. 42: Schema eines Schachtes in Bolzenschrotbauweise. Die als Abstandhalter der Spannrahmen fungierenden Rundholzstücke werden als Bolzen bezeichnet (Grafik aus Huhn 1953, Lehrbrief Bergbaukunde).

Förderschacht wurde von 1895 bis 1915 in dieser Form genutzt, danach diente er nur noch als Fluchtweg. Ab 1925 wurde aus dem Schacht und dem Füllort die kalte Luft abgesaugt, um Prozesse in der Brikettfabrik Kausche abzukühlen.

Der Füllort bestand aus einer ca. 8 × 13 m großen aus Backsteinen errichteten (jetzt vom Vorschnittbagger bis auf die Sohle abgetragenen) Kammer, an die sich nach Norden hin ein ca. 3 m breiter und 8 m langer Stollenabschnitt anschloss. In einer Rinne im Betonboden lief wohl die Kette der Kettenbahn. Etwa in der Mitte der Kammer befanden sich in einem abgesetzten rechteckigen Bereich zwei Rahmen von je 1,8 × 2,0 m Größe aus Holzbohlen von 20 cm Stärke. Die auf einer Subkonstruktion aus Backsteinen und Beton ruhenden Rahmen stellen den Boden zweier benachbarter Schächte dar. Beim östlichen Schacht handelte es sich um einen Leitungs- und Versorgungsschacht, der westliche Rahmen war die Basis des eigentlichen Förderschachtes, in dem die Loren befördert wurden. Stahlplatten verschiedener Größe, die den Holzrahmen an ihren Rändern z.T. lose auflagen, dürften Auflaufbleche gewesen sein.
Unterhalb der Arbeitsebene fanden sich im Norden und Süden holzverschalte Entwässerungskanäle von ca. 80 cm Breite und mind. 50 cm Höhe.

Abb. 44, 45: Doppelförderstrecke mit Türstockausbau und Wölbstrecke mit Querschlägen (unten), 19.06.2012 (Foto E. Bönisch, BLDAM).

Der Holzrahmen des Förderschachts wurde geborgen und befindet sich im Archäotechnischen Zentrum Welzow (Abb. 40). Aus dem Bereich des Förderschachtes wurden außerdem kleinere Sachzeugen exemplarisch aufgehoben. Dazu gehören Auflaufbleche, völlig verrostete und somit nicht mehr lesbare Schilder, Leder, ein Seilfragment sowie ein Holzspatel, mit dem die Spurlatten des Fördergestells eingefettet wurden.

Aus der Zeit nach 1925 stammt auch der Bolzenschrotschacht, den wir am südöstlichen Rand des Füllortes angetroffen haben. Es handelt sich dabei um einen weiteren Wasserhaltungsschacht mit Holzverschalung aus senkrecht stehenden Brettern und innerer Verspannung mittels einer Anzahl Rahmen aus Vierkantbohlen, wobei Rundholzstücke (Bolzen) als Abstandhalter dienten. Dieser quadratische Schacht besaß auf Höhe der Arbeitsebene einen Durchmesser von 3,0 m. Wie sich beim Auseinandernehmen zeigte, reichte der Schacht bis ca. 3,5 m unter die Arbeitsebene. Der untere Teil von kleinerem Durchmesser war dabei in den Schacht gesetzt worden („senkrechtes Anstecken“).

Ein weiterer hölzerner Schacht fand sich unter dem Betonfußboden direkt nördlich des Förderschachts. Dessen Länge betrug 2,70 m, die Breite mindestens 2,0 m mit gestörter Nordseite. Der mit Brettern ausgelegte Boden lag nur ca. 30 cm unter der Arbeitsebene. Die Wände waren mit senkrechten Brettern verkleidet. Stehende Rundhölzer wiesen auch hier auf einen Bolzenschrotschacht hin, dessen Rahmen nicht mehr vorhanden waren. Aufgrund der Lage unterhalb des Betonbodens des Füllorts steht dieser Schacht in Zusammenhang

Abb. 46,47,48: Kettenförderwagen mit Bügel und Kettenfragment aus „Mariannensglück“. Nach der Aufschrift am Rad hergestellt im Lauchhammerwerk. Die mit Kohle beladenen Wagen wurden von Schleppern zur Kettenbahn geschoben und mit dieser bzw. im Förderschacht zur Brikettfabrik transportiert (Fotos E. Bönisch, BLDAM).

mit dem Bau dieser Anlage, möglicherweise als provisorischer Entwässerungsschacht.

4. Doppelförderstrecke

Verschiedene Einrichtungen des Altbergbaus wurden im Jahr 2012 von K. Männig bei der Überbaggerung durch den Vorschnitt beobachtet und z.T. fotografisch dokumentiert. Dazu zählen etwa ein aus Ziegeln gemauerter Stollen der Kettenbahn und weitere verstürzte Abbaukammern.
Kurz genannt werden soll die Doppelförderstrecke von mehr als 2 m Breite mit hölzernem Türstockausbau im Südostteil des Tiefbaus. Sie lag in nicht mehr abgebauten Abschnitten des Flözes. Der Schaufelradbagger hatte hier auf einem größeren Bereich das Flözoberteil einschließlich der Streckenkappe abgetragen, so dass längere Abschnitte der Förderstrecken ohne Gefährdung einsehbar waren.

Im Sommer 2011 wurde vom Schaufelradbagger ein Förderwagen (Muldenwagen) freigelegt. Dabei handelt es sich um einen Zufallsfund, der vom Schaufelrad im ehemaligen Westfeld-Tagebau erfasst und dadurch beschädigt worden ist. Er wurde von den Bergleuten geborgen und an das BLDAM übergeben. Der mitgegossenen Aufschrift zu-folge, wurde er im Lauchhammerwerk hergestellt. Es existieren wohl genügend solche Förderwagen, mit schwarzer Rostschutzfarbe als Denkmal aufgestellt, jedoch handelt es sich bei diesem Kettenförderwagen mit dem entsprechenden Bügel wie bei anderen hier geborgenen Gegenständen um authentische Sachzeugen auf der Grube „Mariannensglück“.

Literatur

Brikettfabrik Morgenrot 1986
VE Braunkohlenkombinat Senftenberg (Hg.), Brikettfabrik „Morgenrot". Dokumentation über die geschichtliche Entwicklung der Brikettfabrik „Morgenrot". Redaktionsschluss 31.12.1986.

Chronik Kausche 1997
Redaktionskollegium, Chronik des Ortes Kausche. Fast 500 Jahre bewegte Geschichte des Ortes. Hg.: Lausitzer Braunkohle Aktiengesellschaft. Niederlausitzer Heidemuseum Spremberg 1997, bes. Kapitel Grube und Brikettfabrik Kausche, 100 – 114.

Huhn 1953
R. Huhn, Bergbaukunde. Lehrbrief 5 Schachtausbau und Schachteinbau. Lehrbriefe für das Fachschul-Fernstudium. Hg: Zentralstelle für das Fachschul-Fernstudium, Dresden (Leipzig 1953).

Schossig et al. 2007
Schossig, W., Köbbel, W., Nestler, P., Sperling, D. und Steinmetz, R., Bergbau in der Niederlausitz. Beiträge zur Geschichte des Bergbaus in der Niederlausitz, Band 1 (Cottbus 2007).

Schulz 2000
F. Schulz, Drei Jahrhunderte Lausitzer Braunkohlenbergbau. Illustrierte Zeittafel (Bautzen 2000).

Seibel 2011
B. Seibel, Tagebau Welzow-Süd – Geologische Exkursion (II-8.1.2). In: Führer zur Geologie von Berlin und Brandenburg. Nr. 10 Cottbus und Landkreis Spree-Neiße (Berlin 2011) 225 – 232.

Sperling 2004
D. Sperling, Historisches Wörterbuch zum Braunkohlenbergbau und zum Bergrecht. Förderverein Kulturlandschaft Niederlausitz e.V. (Hg.), Beiträge zur Geschichte des Bergbaus in der Niederlausitz (Cottbus 2004).

Sperling 2005
D. Sperling, Niederlausitzer Braunkohlenbergbau im 19. Jahrhundert. Findbuch Niederlausitzer Braunkohlengruben und bergrechtliche Verleihungen. Förderverein Kulturlandschaft Niederlausitz e.V. (Hg.), Beiträge zur Geschichte des Bergbaus in der Niederlausitz, Band 5 (Cottbus 2005).

Straßburger 2011
M. Straßburger, Konzeption zur montanarchäologischen Untersuchung, Ausgrabung, Dokumentation und Bergung des ab 2011 in der Überbaggerung befindlichen Altbergbaus (Tiefbau 1. Oberflöz) im Bereich des Tagebaus Welzow-Süd (Mskr., Aichach 2011).

Abb. 49: Auflaufbleche und korrodiertes Schild vom Förderschacht im Füllort-Bereich der Grube „Mariannensglück" (Fotos E. Bönisch, BLDAM).

Ausgrabungen und Funde
im Niederlausitzer Braunkohlenrevier 2011 und 2012

Abb. 1: Gosda, Arbeit an einem Dünenschnitt mit mittelalterlicher Ackerschicht (Foto E. Bönisch, BLDAM).

Vorbemerkungen

Dem Verzeichnis aller Grabungen, Prospektionen, Ergebnisse und Funde getrennt nach den beiden Jahren 2011 und 2012 sind einige Erläuterungen voranzustellen. Eine wesentliche Kategorie in der archäologischen Denkmalpflege sind die Fundplätze bzw. Bodendenkmale, also räumlich mit Koordinaten festgelegte und archäologisch nach Charakter (Einzelfund, Siedlung, Gräberfeld ...) und Zeitstellung (Bronzezeit, urgeschichtlich o.ä.) bestimmte Objekte. Großflächiges Arbeiten und insbesondere die Landschaftsarchäologie zur Erforschung von Umwelt und Naturraum der menschlichen Besiedlung in den Tagebaugebieten muss sich wohl an solchen Bodendenkmalen orientieren, aber auch das Umfeld sehen. Ein „Fundplatz" ist daher nicht nur ein Platz mit Funden, sondern beispielsweise auch eine Sanddüne mit einer darunter befindlichen Kulturschicht. Solche fossilen Kulturböden, wie die in den beiden Jahren besonders häufig unter Dünensand angetroffenen und durch die Ausgrabungen im wahrsten Sinne des Wortes ent-deckten mittelalterlichen und sogar bronzezeitlichen Äcker mit den zugehörigen Pflugspuren, haben – wenn überhaupt – nur ganz wenige Fundstücke ergeben. Außerdem handelt es sich dabei nur um fensterartige Ausschnitte von mitunter flächenhaften, riesigen Zeugnissen menschlichen Lebens und Wirkens, deren genaue Ausdehnung und Begrenzung meist unbekannt bleiben. Deshalb sind hier neben den Fundplätzen/Bodendenkmalen (z.B. Groß Lieskow 219) auch alle Aktivitäten erfasst, die vorerst als Projekte bezeichnet werden. Unter Bezeichnungen wie Grießen PJ 369 laufen Prospektionen (P = Prospektion, J steht für Tagebau Jänschwalde. Mit Beginn einer Grabung an einer Oberflächen-Fundstelle und spätestens mit der Überbaggerung einer solchen wird eine gemarkungsbezogene Fundplatznummer vergeben. Deshalb ist in Klammern entweder die Fundplatzbezeichnung oder aber die ursprüngliche P-Nummer hinzugefügt. Den kurz gefassten Berichten zu den Bodendenkmalen und Maßnahmen liegen die Grabungskurzberichte des jeweils genannten Ausgrabungs- oder Prospektionsleiters zugrunde. Auf ausführliche Beiträge in dieser Publikation zu bestimmten Grabungen und Funden wird außerdem jeweils hingewiesen.

Im Bereich der drei aktiven Braunkohlentagebaue Cottbus-Nord, Jänschwalde und Welzow-Süd im Brandenburgischen gab es auch 2011/12 wieder eine ganze Reihe von archäologischen Maßnahmen außerhalb der Abbaufelder. Sie erfolgten im Rahmen von Bauvorhaben, die mit den Tagebauen oder auch dem Sanierungsbergbau in Zusammenhang stehen. Sie sind dem jeweiligen Tagebau am Ende zugeordnet und im Folgenden aufgelistet.

Der Bearbeiter dieses Zweijahres-Überblicks dankt für die vielfältige Unterstützung und engagierte Zuarbeit den Mitarbeiter(inne)n Karin Klose, Anja Richter, Ulrike Schliebner und Björn Zängle herzlich.

Maßnahmen außerhalb der Tagebaue

2011

- Abflachung Randschlauch Merzdorf und B 97 Wirtschaftsweg (BK 2010/19)
- Kiesentnahmefläche Welzow-Süd (BK 2009/18)
- Dichtwand Proschim (BK 2008/1)
- Ersatzaufforstung für Waldflächen Restlochkette Sedlitz, Skado, Koschen bei Lieske (BK 2010/20)
- Verkabelung MS-Freileitung zwischen Altdöbern und Woschkow (BK 2011/17)
- Schutzmaßnahme zum Grundwasserwiederanstieg (GWWA) Ortslage Altdöbern (BK 2010/6)
- Gewässerprofilierung und Ersatzneubau einer Sohlengleite der Spree bei Döbbrick (BK 2011/20)
- Rohrleitungstrasse für Rütteldruckverdichtung an der Malxe (BK 2011/13)
- Kohleverbindungsbahn (BK 2009/7)
- Wasserversorgungsanlage (WVA) Moaske Taubendorf (BK 2010/24)
- Lagunendorf Sedlitzer See (BK 2010/22)
- Überleiter 11 Sedlitzer See – Großräschener See (BK 2011/16)
- Überleiter 12 Senftenberger See – Geyerswalder See

2012

- Anlage eines Feuerlöschteichs bei Taubendorf
- Neue Verbindungsstraße zwischen Jänschwalde

und Grießen („Waldautobahn")
- Grötsch, Rückbau Kohleverladung (BK 2011/8)
- Gut Geisendorf, Munitionsberäumung
- Ertüchtigung der Kohleverbindungsbahn bei Groß Buckow (BK 2012/5)
- Erweiterung Kiesentnahme Welzow-Süd
- Gewerbepark Nordufer Sedlitzer See

2011

Tagebau Cottbus-Nord

Groß Lieskow 219
H 57 40 758–785; R 54 59 671–686
Siedlung? Neolithikum/frühe Bronzezeit
Flache Kuppe 50 m südlich Groß Lieskow 218 mit anschließender Senke im N und W, zwischen Feldriegel 50 und 51. In 450 m² Baggerplanum an einer Scherbenfundstelle im Sondageschnitt 17 von 2010 quadratmeterweise Untersuchung. Aus rotbraunem Verbraunungshorizont in 0,25 bis 0,60 m Tiefe Streuung unverzierter, wohl schnurkeramischer Scherben, dabei eine Boden- und eine grob gemagerte Randscherbe. Außerdem eine kleine Konzentration verbrannter Knochen, weitere tierische (?) Knochensplitter und grobe, teils hitzerissige Feuersteinsplitter.
H. Rösler

Groß Lieskow 220
H 57 40 808–813; R 54 59 555–561
Unbestimmter Fundplatz, Mesolithikum/Urgeschichte
In einem Baggerschnitt (13) zwischen Feldriegel 50 und 51 wurde eine Konzentration aus Knochenbrand und Silices freigeweht und eine urgeschichtliche Scherbe entdeckt. Außer Wurzellöchern ergab ein 5 × 5 m-Quadrat eine länglich-ovale Grube von ca. 3,00 × 1,50 m Größe. Enthalten waren mehrere Silices, darunter zwei Kratzer, Klingen, Klingenfragmente und Abschläge, einer mit Basisretusche,
H. Rösler

Groß Lieskow
H 57 40 785–790; R 54 60 190–340
Parallel zu Projekt 22 wurde östlich der alten Bahnlinie und südlich Feldriegel 52 ein befundfreier Sondageschnitt im Niederungsbereich angelegt.
H. Rösler

Lakoma 18
H 57 40 844–859; R 54 59 145–195
Schlag-/Rastplatz Mesolithikum, unbestimmter Platz Neolithikum (Schnurkeramik), mittelalterliche/neuzeitliche Wölbäcker
Leicht erhöhter Bereich im stark umgestalteten Gebiet der ehem. Lakomaer Teiche. Im Baggerplanum der Sondageschnitte 6 und 7 südlich des Feldriegels 50 wurden vom Wind eine Silexspitze mit Retusche und Abschläge ausgeblasen. In der Folge wurde eine ovale, muldenförmige Grube (0,50 × 0,65 m, Orientierung NNW-SSO) mit orange-rostroter Sandfüllung (Rest eines mesolithischen Grabes mit Rötel?) freigelegt. Als einzeln kartierte Funde waren eine große retuschierte Klinge mit Gebrauchsspuren und mehrere Silices enthalten. Westlich daneben der Rest einer weiteren, gestörten Grube mit „Rötel". Aus der Fläche stammen Trapeze, Kratzer, Kerne, Dreiecke, kleine vielleicht schnurkeramische Wandungsscherben und ein gebrannter Knochensplitter. Ferner wurde ein schwach ausgeprägter Wölbacker beobachtet.
H. Rösler

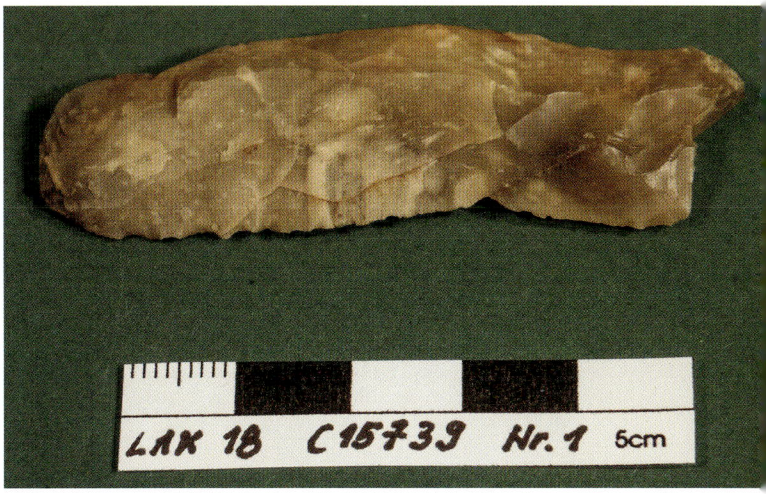

Abb. 2: Lakoma 18, Feuersteinklinge mit Retusche (Foto A. Bischof, BLDAM).

Neuendorf 21
H 57 413 89–399; R 54 59 447–465
Die Betonbrücke der Poststraße über den Hammergraben aus den 1970er Jahren wurde wegen der bevorstehenden Überbaggerung durch den

Abb. 3: Tagebauvorfeld Cottbus-Nord, Grabungsscheibe 2011 = Abbauscheibe 2012 mit zahlreichen Dünenschnitten im Umfeld eines jungsteinzeitlichen Hügelgrabes (Neuendorf 24), links vom Bauwagen (Foto K. Rösler, BLDAM).

Tagebau abgetragen. Dabei wurden im Flussbett 35 einzeln stehende Holzpfähle eines Vorgängerbaus und acht liegende Hölzer freigelegt. Sie wiesen 0,60 bis 1,00 m lange, in den Schwemmsand gerammte Spitzen auf. Nach den Dendrodaten sind die beprobten Hölzer, durchgängig Kiefer, einerseits in der zweiten Hälfte des 17. und andererseits im letzten Viertel des 18. Jh. gefällt worden. Sie belegen demzufolge zwei Bau- bzw. Reparaturphasen. Im Böschungsprofil unter der Poststraße besteht der untere Bereich aus einer Humusplaggenpackung. – Ein wohl aus südlicher Richtung hierher verlagerter mesolithischer Feuersteinkern fand sich am Flussbettrand des Hammergrabens.
K. Müller (vgl. Beitrag S. 281 – 285)

Neuendorf 22
H 57 40 958 – 978; R 54 60 001 – 006
Siedlung oder Gräber, spätes Neolithikum (Schnurkeramik)
Am westlichen Fuß zweier Dünen, die mit Sondageschnitt 7 untersucht wurden, gelegener Fundplatz. Im Baggerplanum zwei kleine Knochenkonzentrationen und wenige geraute schnurkeramische (?) Scherben. Bei schichtweisem Handabtrag eine Grube mit braungrauer Füllung angeschnitten.
Weiterführung 2012 vorgesehen.
H. Rösler

Neuendorf 23
H 57 40 921 – 941; R 54 59 929 – 962
Siedlung?/unbestimmt, spätes Neolithikum (Schnurkeramik)
Südlich der Dünen mit Neuendorf 22 und nördlich des Donaugrabens, der Grenze zwischen Neuendorf und Groß Lieskow. Ausgehend von schnurkeramischen Scherbenfunden in der planierten Fläche um Bohrung RS15618 wurden auf einer flachen Kuppe bei schichtweisem Handabtrag weitere Scherbenkonzentrationen freigelegt. Zu den Funden gehören die Randscherbe einer schnurkeramischen Amphore sowie über die gesamte Fläche gestreute Silices. Fundschicht ist der rötliche Verbraunungshorizont unter einem fossilen Podsol.
Weiterführung 2012 vorgesehen.
H. Rösler

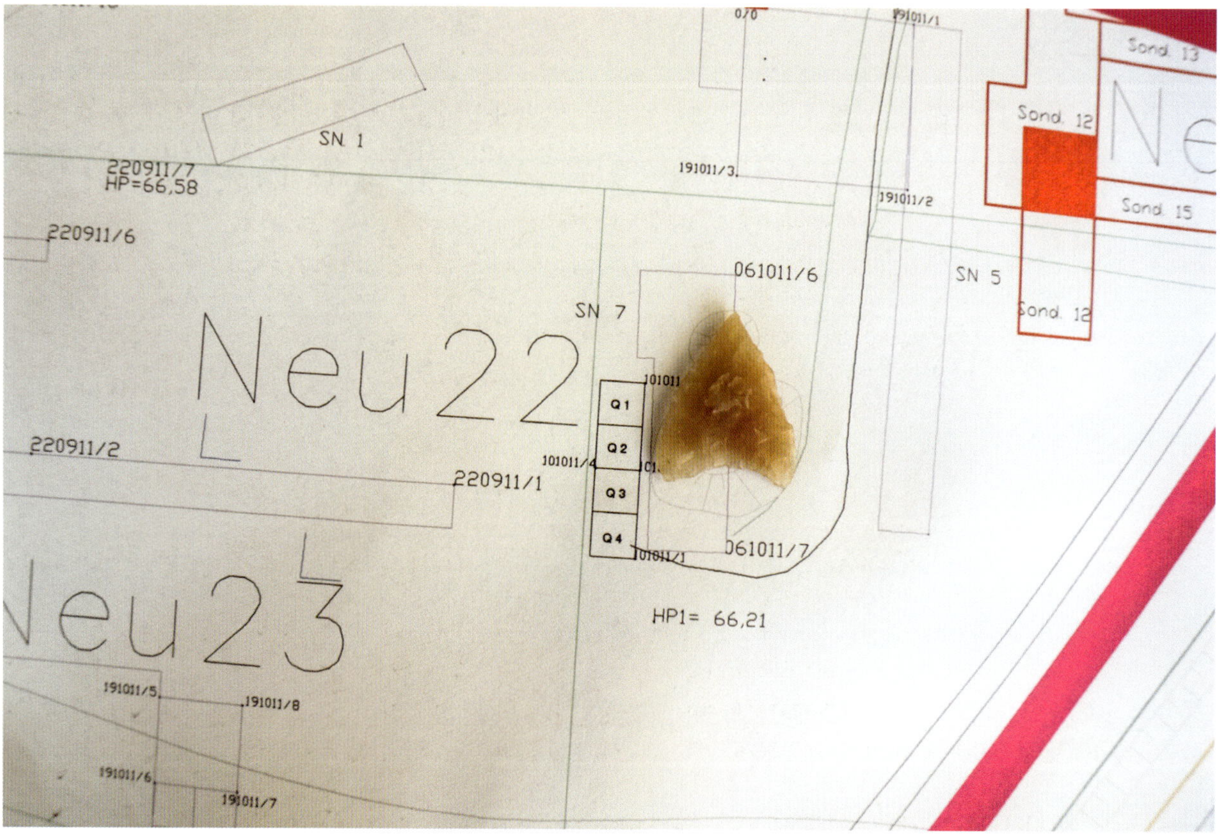

Abb. 4: Neuendorf 22, flächenretuschierte Feuersteinpfeilspitze und Schnittplan der spätneolithischen Fundstelle (Foto A. Bischof, BLDAM).

Abb. 5: Neuendorf 24, Grabungsflächen mit dem Ringgräbchen des schnurkeramischen Hügelgrabes, von SO (Foto K. Rösler, BLDAM).

Neuendorf 24
H 57 41 003–023; R 54 60 010–035
Hügelgrab, spätes Neolithikum (Schnurkeramik)
An der Fundstelle schnurverzierter Scherben aus einem Baggerschnitt wurde ein in Zonen gegliederter Ringgraben von 8 m Dm freigelegt. Darin befanden sich an mehreren Stellen Gruppen von Spatenspuren und Steinsplitter, die auf ausgegrabene und vor Ort zerschlagene Steinblöcke hindeuten, die zum stark verflachten Hügelgrab gehörten. In der Fläche des Hügels lagen mehrere schnurverzierte Scherben und Silexartefakte, darunter eine kleine Klinge. Im Zentrum befand sich keine Grube oder Eingrabungen; das Grab scheint infolge Planierung beseitigt zu sein. Den S-Teil des Hügelringes überschneidet ein fast kreisrunder Aushubgraben eines Grenz-Malhaufens von etwa 4 m Dm.
H. Rösler (s. Beitrag K.-P. Wechler S. 189–195)

Neuendorf 29 (vormals Neuendorf 27)
H 57 40 865–41 020; R 54 59 485–600
Sog. Donauwehr im Hammergraben, in AINB 2009/2010 (Wünsdorf 2013), 310 unter der Fundplatznummer Neuendorf 27 verzeichnet, wird umbenannt in Neuendorf 29.

Neuendorf/Lakoma Projekt 21
H 57 40 859–41 055; R 54 59 145–535
Die Sondageschnitte 13–18 und Fläche 2 zur Erkundung des Areals westlich des Hammergrabens in der Nähe des Donauwehrs erbrachten keine Funde, jedoch wurde in Sondage 14 die Gemarkungsgrenze zwischen Neuendorf und Lakoma in Form eines Grabens dokumentiert. Südlich Sondage 13 wurde in Fläche 1 der Fundplatz Lakoma 18 aufgedeckt.
H. Rösler

Abflachung Randschlauch Merzdorf und B 97 Wirtschaftsweg (BK 2010/19)

Dissenchen 17
H 57 37 365–425; R 54 59 145–209
Siedlung spätes Neolithikum?, Grab? Jungbronzezeit, mittelalterliche/neuzeitliche Pflugspuren

Auf 200 m² wurden viele Pfostenlöcher von vermeintlich mehreren Hausgrundrissen freigelegt, die als spätneolithisch angesprochen werden. Auf dieser Fläche liegen mindestens zwei bronzezeitliche Objekte, eine Branderdegrube mit etwas Knochenbrand und eine Grube mit stehender jungbronzezeitlicher Amphore. Außerdem wurden mittelalterliche bis neuzeitliche Ackerrelikte freigelegt.
B. Renner (s. Beiträge S. 203–206 und S. 267–269).

Dissenchen 18
H 57 37 171–288; R 54 59 440–677
Wald, Dryaszeit
Von Ende März bis Juni wurde an der Böschung des Tagebaus Cottbus-Nord eine Fläche von 40 × 41 m des Dryas-Waldes freigelegt, der bereits 1995/96 im Abbaugebiet untersucht worden ist. Es handelt sich um einen Kiefern- und Birkenwald in einem Niedermoor von 0,40–0,60 m mächtigem Torf, der sog. Hangenden Mudde. Die größte Ausdehnung des Waldes beträgt 180 m. Die Bäume starben infolge des Wasseranstiegs ab, was aber nicht in einem Zuge erfolgte. Von Spreesanden in 2,10 m

Abb. 6: Dissenchen 18, Freilegung einer Fläche mit Baumstümpfen des Waldes der Jüngeren Dryaszeit (Foto E. Bönisch, BLDAM).

Mächtigkeit wurden sowohl 103 stehende Baumstümpfe bis zu 0,66 m Höhe als auch liegende

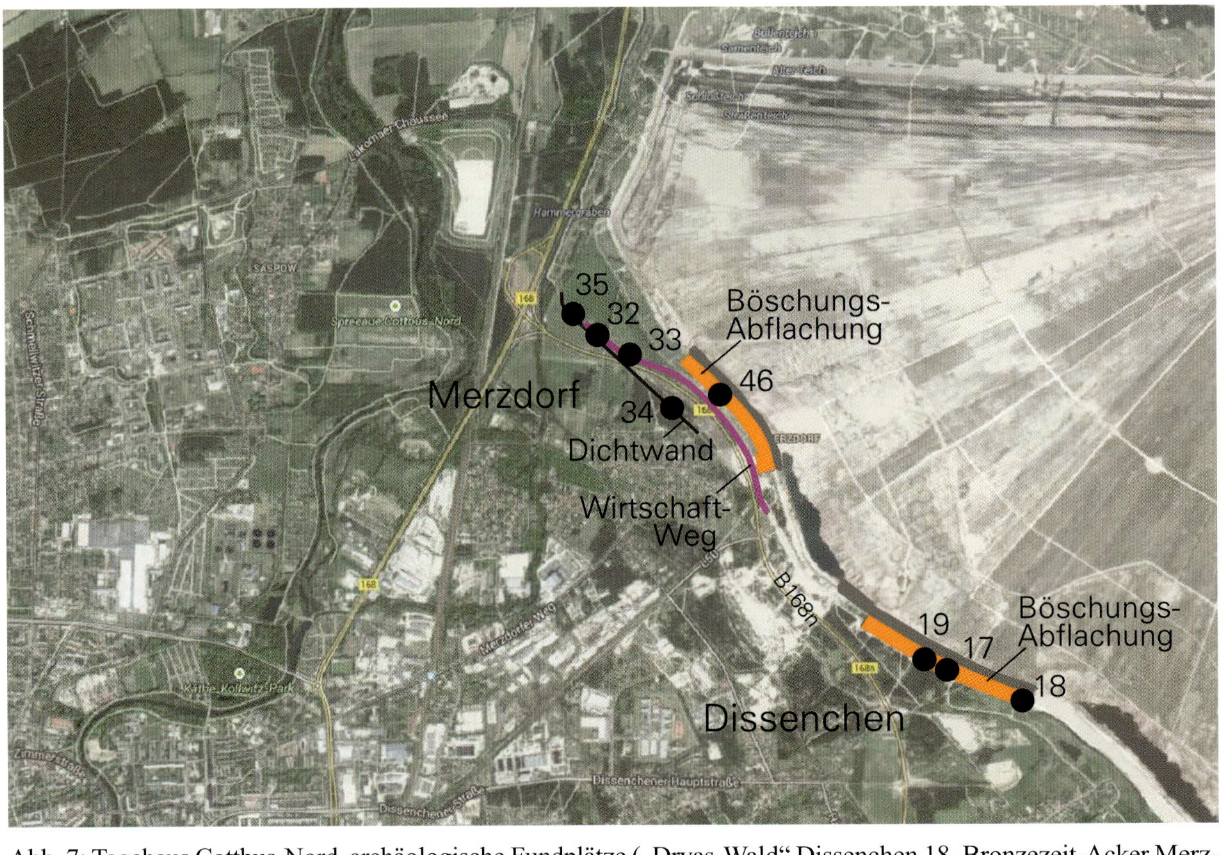

Abb. 7: Tagebaus Cottbus-Nord, archäologische Fundplätze („Dryas-Wald“ Dissenchen 18, Bronzezeit-Acker Merzdorf 33) auf dem westlichen Böschungsstreifen und Wirtschaftsweg. Am oberen Bildrand Grabungsflächen im Tagebauvorfeld (Luftbild Esri, Digital Globe, 2012).

Bäume von bis zu 8 m Länge überdeckt. Außer zahlreichen geborgenen Hölzern wurden Insekten nachgewiesen. Vor Ort und anhand von Probenmaterial wurden zahlreiche naturwissenschaftliche Untersuchungen durchgeführt (Pollenanalyse, Pedologie, Isotope, Dendrochronologie u.a.). Die Dendrodaten liegen zwischen 10.277 und 10.073 v. Chr. (U. Heußner, DAI).
B. Renner (s. Beitragskonvolut D. Schulz, B. Renner, H. Pieper/G. Helle, J. Kühner, S. Jahns, D. Hertel/B. Schuldt, A. Nicolay/A. Raab, A. Kossler) S. 141 – 183

Dissenchen 19
H 57 37 390 – 420; R 54 59 110 – 128
Schlagplatz, Mesolithikum
An der Fundstelle von Kern, Klinge und Abschlägen unter einer 1,20 m hohen Düne westlich eines Feuchtbereiches wurden 500 m² untersucht. Aus einer unscheinbaren Fundschicht stammen Abschläge und Klingen mit Gebrauchsspuren. Mikrospitze, Trapez und Kerbrest sprechen für einen spätmesolithischen Schlagplatz, dessen Ostrand erfasst wurde; der W-Rand wurde mit Schnitt 13 von Dissenchen 17 abgegraben. Nach Norden wurde die Untersuchung durch Sicherheitsabstand zur Böschung begrenzt.
K. Müller (s. Beitrag S. 185 – 188).

Merzdorf 33
H 57 39 060 – 165; R 54 57 400 – 576
Siedlung und Ackerfläche Bronzezeit, Dünen
Nach Prospektionsschnitten im Juli erfolgte Juli/August 2011 die flächige Untersuchung sich kreuzender Hakenspuren von 15 × 5 m Ausdehnung eines Feldes der Bronzezeit. Die Radiokarbondatierung von Holzkohle aus dem Acker (Erle, Esche, Ahorn, Kiefer, Buche, Eiche und Birke – Untersuchung M. Denies, DAI Berlin) ergab ein entsprechendes kalibriertes Datum in der Zeitspanne von 1118 – 929 BC (2860+/- 30 BP, Labor-Nr. Poz-60974, Mitt. Prof. Dr. habil. T. Goslar, Poznan Radiocarbon Laboratory v. 24.4.2014). Hier wurde auch ein Lackabzug hergestellt. Aus dem Feldbereich stammen jungbronzezeitliche Scherben und Silexabschläge. In der Nähe wurde

Abb. 8: Merzdorf 33, bronzezeitlicher Acker auf Wanderschaft. Das Planum mit Pflugspuren wurde als Lackabzug gesichert (Foto K. Müller, BLDAM).

Abb. 9: Neuendorf, Profilschnitt durch zugesandete, ehemals feuchte Senke, Projekt 22, Sondage 1, N-Profil (Foto A. Bischof, BLDAM).

ein Rest einer Vorratsgrube freigelegt. In 20–70 m Entfernung wurden 2001 mehrere Gruben eines Speicherplatzes (zu Merzdorf 33) untersucht. Wahrscheinlich gehören Gruben und Acker zu einem bronzezeitlichen Siedlungsbereich.
Im Gebiet wurden mehrere Dünenschnitte angelegt.
K. Müller (s. Beitrag S. 207–214)

Merzdorf 46
H 57 38 910–935; R 54 57 925–955
Siedlung?, Bronzezeit?, mittelalterliche Wölbäcker, Landschaftsbefund
Im nördlichen Abschnitt der westlichen Randabflachung des Tagebaus Cottbus-Nord wurden neun Baggerschnitte von bis zu 50 m Länge angelegt und vier Geoprofile kartiert.
Aus Schnitt 2 stammt eine urgeschichtliche Scherbe, aus Schnitt 3 u.a. Pfostenbefunde und Keramik, evtl. Bronzezeit. Die Schnitte 14/15 ergaben unter 1 m hoher Düne ein mächtiges Torfpaket, außerdem Wölbäcker. Schnitt 4 enthielt einen Ackerboden mit SW-NO orientierten Pflugspuren und frühneuzeitliche glasierte Irdenware.
B. Renner, K. Müller

Gewässerprofilierung und Ersatzneubau einer Sohlengleite in der Spree bei Döbbrick
(BK 2011/20)

Döbbrick 2
H 57 43 611; R 54 55 584
Streufunde Bronzezeit(?) und Mittelalter
Schnitte im heutigen Uferbereich ergaben einen alten Spreelauf, eine hölzerne Uferbefestigung und verlagerte urgeschichtliche (wohl bronze- oder früheisenzeitliche) und mittelalterliche Keramik, die stark verockert und daher schwer ansprechbar ist.
A. Hajzler

Abb. 10: Döbbrick, Absenkung im Uferbereich der Spree (Foto E. Bönisch, BLDAM).

Abb. 11: Döbbrick, Ausgrabung am Spreeufer (Foto E. Bönisch, BLDAM).

Skadow 2
H 57 43 093; R 54 55 646
Neuzeitliche Scherben.
A. Hajzler

Tagebau Jänschwalde

Grießen 11
H 57 47 145–208; R 54 71 400–430
Verlagerter mesolithischer Schlagplatz, spätneolithische Siedlung, bronzezeitliche Siedlung.
Ausgangspunkt einer Grabung waren in der Randriegeltrasse RR Ost 25 gefundene Silices, Scherben und Wölbäcker (Grießen PJ 369).
Per Hand wurde in einer Schicht eine Konzentration von Keramik und Silices freigelegt. Das Fundmaterial besteht aus mesolithischen Silices, neolithischer Keramik und Silices und wohl etwas bronzezeitlicher Keramik. Unter dem mesolithischen Material befinden sich ein Trapez, mehrere Kratzer, zwei langschmale Dreiecke, ein Stichel, zwei Mikrospitzen, Kerne und Kernreste. Spätneolithisch oder frühbronzezeitlich ist eine flächig retuschierte Pfeilspitze mit eingezogener Basis. Die Keramik ist grob gemagerte, unverzierte Schnurkeramik. Daneben existieren wenige verzierte Scherben mit Punkten, Strichen, waagerechten Linien. Bronzezeitlich sind einige Siebgefäßfragmente. Es handelt sich um verlagertes Material von weiter oberhalb am Hang erodierter Plätze des späten Mesolithikums und wohl einer Siedlung des späten Neolithikums bzw. der frühen Bronzezeit.
K. Müller (vgl. Beitrag, S. 197–201)

Grießen 12
H 57 46 810–888; R 54 70 355–572
Siedlung Neolithikum, mittelalterliche Wölbäcker
Aus 14 meist durch Wurzeln gestörten Befunden, vielleicht Pfostengruben, auf 2500 m² stammt grob gemagerte Keramik, dabei verzierte Schnurkeramik und Silex. Überlagert ist der Fundplatz durch einen überdünten Ackerboden. Flugsand wurde hier mehrfach mit eingepflügt. Zunächst wurde mit

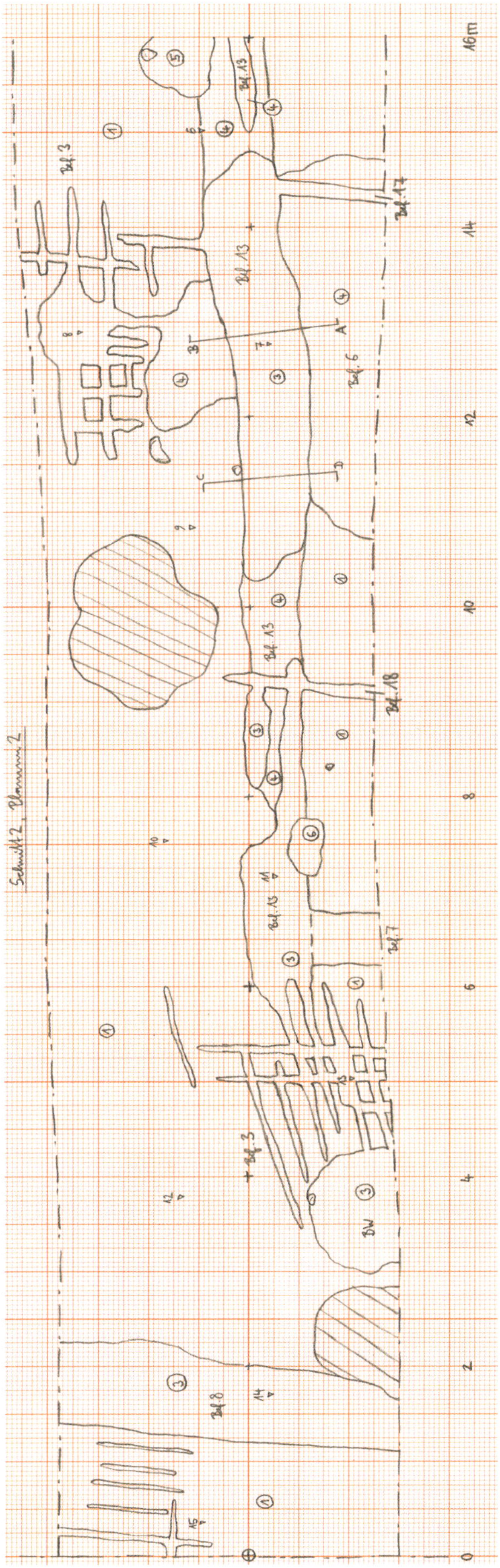

Abb. 12: Grießen 12, Gewann „Die Saßisschen“, zwei Pflugspuren-Schichten erscheinen in der Fläche als sich kreuzende Hakenpflugspuren (Zeichnung M. Brumlich, BLDAM).

Abb. 13: Grießen, Schnitt zur Fluruntersuchung mit einer begrabenen Ackerschicht im Gewann „Die Saßisschen" (Foto E. Bönisch, BLDAM).

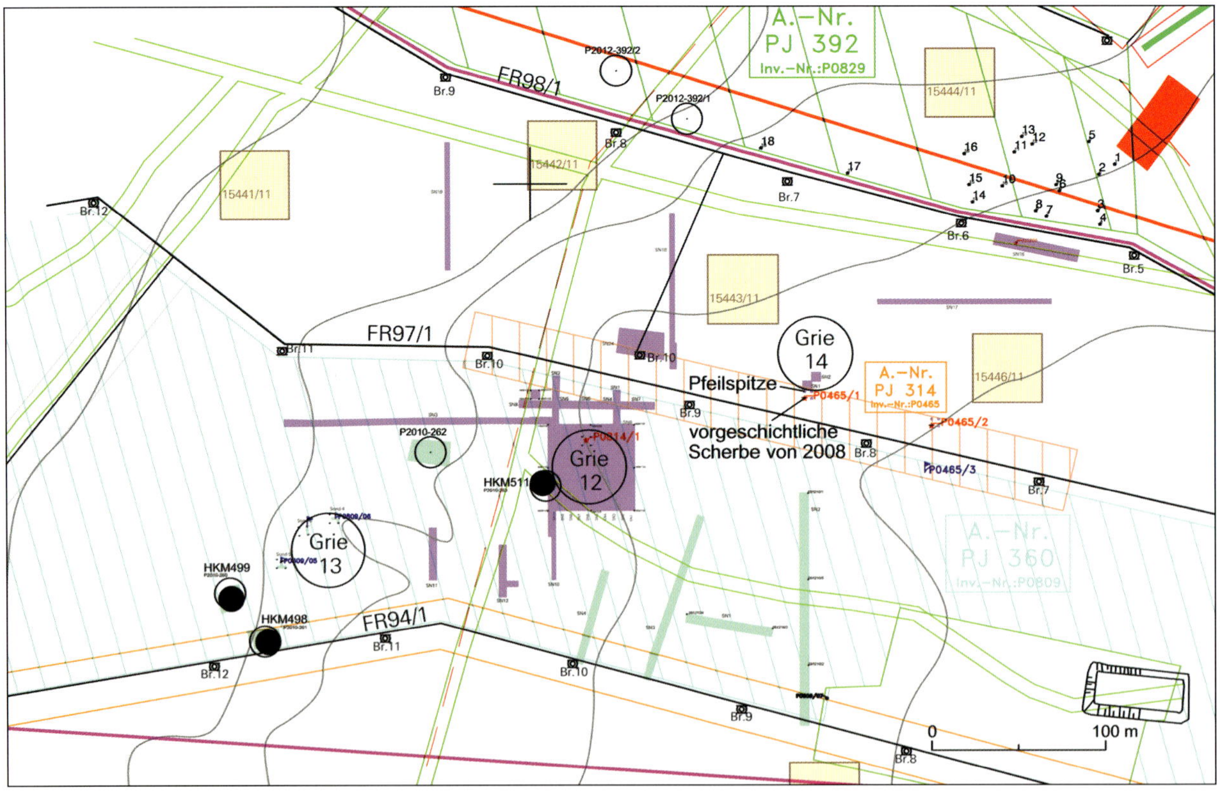

Abb. 14: Grießen, Fläche zwischen den Entwässerungs-Feldriegeln FR94/1 und 98/1 mit den Fundstellen 12–14, schraffierten Prospektionsflächen und –funden, Sondageschnitten und Grabungsflächen (Plan A. Troppa, M. Brumlich, E. Gembzyk, alle BLDAM).

N-S orientierten Schnitten die aus der Flurkarte von 1774 und der ALS-Karte ersichtliche O-W gerichtete Streifenflur (Gewann „Die Saßisschen“) in Planum und Profil erfasst. Mit O-W-Schnitten wurden danach in drei Ebenen Pflugspuren innerhalb der Ackerstreifen festgestellt. Die oberen beiden in O-W-Richtung gehören zu Feldern mit Breiten von Nord nach Süd von 6,3, 4,6, 5,0 und 5,0 m bzw. 5,8, 5,3, 5,3 und 5,0 m. Damit deuten sich leichte Verschiebungen der Fahren im Laufe der Zeit an. Darunter lag eine älteste Phase von N-S gerichteten Pflugspuren. Zusammen mit den O-W orientierten Ackerspuren der mittleren Ebene konnte der Eindruck kreuzweiser Hakenpflugspuren entstehen (Abb. 12). Komplettes Sieben der Ackerschichten in zwei 16 m² großen Quadraten ergab keinerlei Funde zur schärferen zeitlichen Einordnung der Phasen des allmählich überdünten Ackerlandes. Von der Oberfläche stammt eine Scherbe gelb glasierter Irdenware, so dass die Bewirtschaftung der Felder im Bereich der Düne im 16./17. Jh. erfolgt sein wird.
E. Kirsch, M. Brumlich

Grießen 14
H 57 46 878,3; R 54 70 657,9 (Pfeilspitze)
Silex-Pfeilspitze Spätneolithikum/frühe Bronzezeit
Aufgrund von Lesefunden urgeschichtlicher Keramik von 2008 wurden 13 Sieblochsondagen auf der Trasse der Feldriegel 96 bis 97/1 und 97/2 angelegt. Sie ergaben aus einem Verbraunungshorizont in 0,25 m Tiefe eine Feuersteinpfeilspitze (Seitenlänge 2,2 cm) und weiteren Silex.
E. Kirsch

Grießen 15
H 57 47 880, R 54 72 330 (Bohrlochansatz)
Teich, Landschaftsgeschichte Mittelalter, Neuzeit
Etwa aus der Mitte des Tümpels wurde im gefrorenen

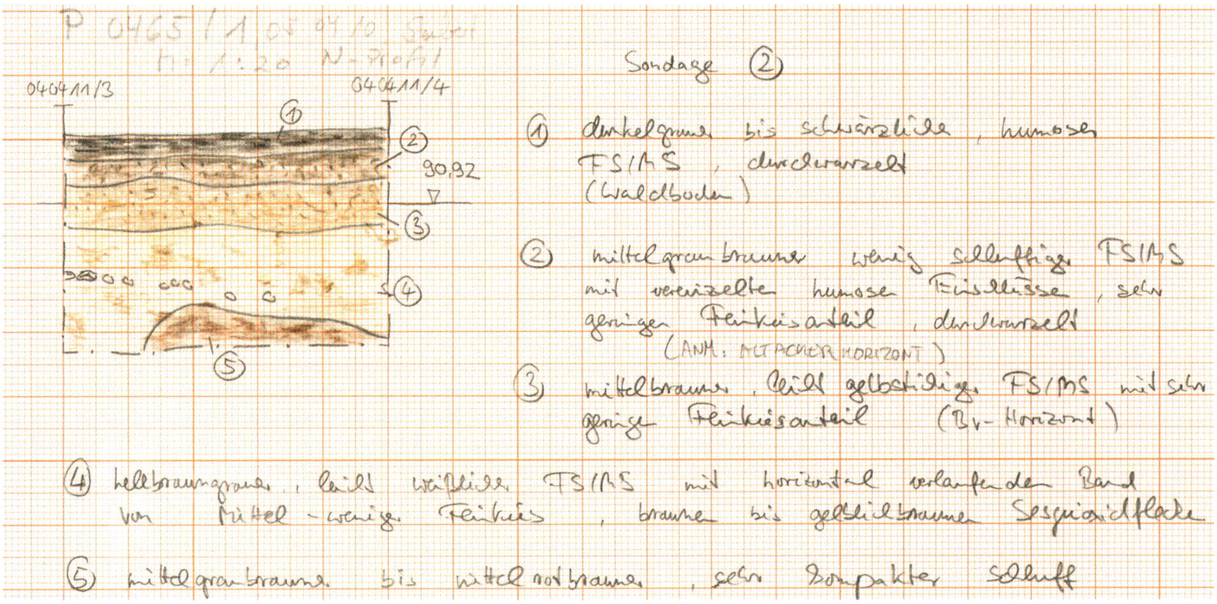

Abb. 15: Grießen 14, Feuersteinpfeilspitze (Foto E. Kirsch, BLDAM).
Abb. 16, 17: Grießen 14, Zeichnung und Foto des Profils an der Fundstelle der Pfeilspitze (Zeichnung M. Schubert, Foto E. Kirsch, beide BLDAM).

Zustand von der Eisdecke aus (91,7 m über NN) mit einem Kammerbohrer ein Pollenprofil gewonnen. Es besteht aus drei sich überlappenden Bohrkernen von 0,50, 0,35, 0,50 m (insgesamt 1,35 m) Länge unterhalb einer Wassertiefe von ca. 1,35 m. Unterhalb der Teichsedimente wurde der Sandboden erreicht.

Abb. 18: Grießen 15, zugefrorener Tümpel am 9. März 2011 (Foto E. Bönisch, BLDAM).

Abb. 19–21: Grießen 15, Gewinnung eines Pollenprofils der Teichsedimente mittels Kammerbohrer von der Eisfläche aus (Fotos A. Richter, E. Bönisch, beide BLDAM).

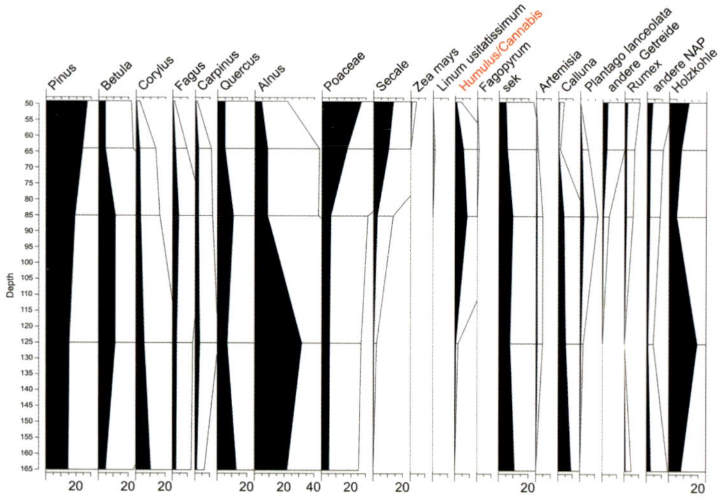

Abb. 22: Grießen 15, Pollendiagramm des Teichsediments (Untersuchung S. Jahns, BLDAM).

Nach Informationen von Herrn Rösler wurde erst „in den letzten Jahren“ seitens des Tagebaus in den Teich eine bindige Schicht eingebracht, um die Wasserbespannung zu gewährleisten.
E. Bönisch, A. Richter
Die Durchsicht erster Proben aus dem Bohrkern ergab vor allem mittelalterlich/neuzeitliches Sediment (vgl. Pollendiagramm S. Jahns, Abb. 22). Umfangreiche Hanfnachweise können für die Nutzung des Teiches als Hanfröste in Mittelalter/Neuzeit sprechen.
S. Jahns

Grießen 17
H 57 46 837–840; R 54 71 100–115
Einzelfunde Bronzezeit, Acker Mittelalter/Neuzeit
Das Sieben eines 0,4 m mächtigen mittelalter-/neuzeitlichen Ackerhorizontes in Schnitt 13 ergab außer Keramik des 13. Jh. bis zur Neuzeit zwei wohl bronzezeitliche Scherben.
U. Grünwald

Grießen 18
H 57 46 675–690; R 54 71 295–310
Mögliche Gruben, Neolithikum?
Im Anschluss an die 2010 erfolgten Untersuchungen der Fundplätze Grießen 6 und Grießen 10 wurde nordwestlich von diesen auf einer Fläche von 215 m² der Oberboden abgezogen. Dabei zeigten sich einzelne, schwach als Verfärbungen ausgeprägte Gruben- und Pfostenbefunde (Befunde 1–7). Hervorzuheben ist Befund 1, eine ovale bis rechteckige, muldenförmige Grube von 2,5 m × 2,0 m, die sich mit schwacher, braungrauer Verfärbung vom umgebenden Boden abhob. Weder innerhalb noch im direkten Umfeld der Befunde konnten archäologische Funde beobachtet werden, sodass eine natürliche Entstehung der Verfärbungen nicht mit Sicherheit ausgeschlossen werden kann.
H. Rösler

Grießen 26/Jänschwalde 51
Im Jahr 2011 wurden insgesamt 195 Holzkohlenmeiler gegraben, davon 169 Meiler in der Gemarkung Jänschwalde (Fundplatz Jänschwalde 51) und 26 Meiler in der Gemarkung Grießen (Fundplatz Grießen 26: Holzkohlenmeiler 731–735).
Nachtrag für 2010:
Insgesamt wurden 2010 147 Holzkohlenmeiler (HKM 383–530) untersucht. Ein Teil dieser Meiler war durch Prospektionen (PJ 283, 289, 316, 320, 332, 356, 357, 360) entdeckt worden. Einige der Meiler befanden sich in Erosionsrinnen am Westhang der Hornoer Hochfläche (u.a. HKM 416–419, 437, 439, 444). Die Meiler gehören im Wesentlichen zu zwei Gruppen, einer am Westhang und einer zentral auf der Hochfläche liegenden Gruppe. Letztere liegt direkt westlich der Gemarkungsgrenze zu Grießen. Im Ostteil der Gemarkung Jänschwalde befindet sich eine Fläche von ca. 300 x 150 m nachweislich ohne Meiler. Funde sind ein Krug (19. Jh.), mehrere urgeschichtliche Scherben in verschiedenen Grabungsschnitten, eine urgeschichtliche Scherbe (Meiler 435) und ein Silexabschlag (Nähe Meiler 521).
H. Rösler

Grießen/Jänschwalde
H 57 47 890–896; R 54 69 952–962
Ein auf der Gemarkungsgrenze Grießen/Jänschwal-de liegender Grenz- oder Malhaufen (Nr. 37) wurde mit Schnitten untersucht.
H. Rösler

Grießen, Projekt 56
H 57 46 570–47 430; R 54 69 215–71 115
Flurrelikte Mittelalter/Neuzeit
Im Rahmen der Fluruntersuchungen der Gemarkung Grießen (vgl. auch Grießen 12) wurden Schnitte in der Flur „Die Saßisschen“ angelegt, einem 1,8 km langen Gebiet zwischen den ortsnahen Ackerflächen im Osten und der Gemarkungsgrenze zu Jänschwalde im Westen. Grundlage der Untersuchung bildet die Flurkarte von 1774, nach der die Waldkante damals noch 400 m weiter als heute vom Ort entfernt lag. Die Baggerschnitte 13–28 waren zwischen 25 und 250 m lang. In der gesamten Fläche wurden erwartungsgemäß Ackerstreifen nachgewiesen. Dabei konnten unterschiedlich starke Überdeckungen mit Flugsand bis zu 1,6 m Höhe festgestellt werden. Eine stark mit Sand vermischte Pflugschicht mit gut erkennbaren Schollen stammt aus einer letzten Beackerung vor der Auflassung des Feldes wegen Überdünung. Zahlreiche Pflugspuren wurden beobachtet. Ausgeprägte Fahren waren im Planum und Profil selten zu erkennen, sodass die Ab-

grenzung der Ackerstreifen schwerfiel. An zwei Grenzgräben zur Jänschwalder Flur brachen die Pflugspuren westlich davor ab. Es wurden Scherben vom 13. Jh. bis zur Neuzeit gefunden, außerdem urgeschichtliche Funde in den Schnitten 13, 16, 23 (s. extra Fundorte). Herr Nicolay, BTU Cottbus, konnte mehrere Bodenproben entnehmen.
U. Grünwald (vgl. seinen Beitrag, S. 243–248)

Jänschwalde 44
H 57 47 311–352; R 54 67 235–262
Einzelfunde Neolithikum, Ackerrelikte Mittelalter
In einem Sondageschnitt per Bagger zum Nachweis eines prospektierten Holzkohlenmeilers in stark gestörtem Gelände fanden sich unter einer Pflugschicht einzelne, wohl spätneolithische Scherben der Schnurkeramik, darunter mit Fingerkniffen. Der Ackerboden besteht aus zwei Schichten mit parallelen Hakenpflugspuren, die auch ausgebrannte Stubben (Brandrodung) schneiden. Bodenkundliche Untersuchungen erfolgten hier durch A. Nikolay, BTU Cottbus.
H. Rösler, vgl. Beitrag A. Nicolay, A. Raab, Th. Raab, S. 249–255.

Abb. 23: Jänschwalde 44, Probenentnahme aus Ackerhorizonten durch A. Nicolay und Mitarbeiter der BTU Cottbus (Foto A. Troppa, BLDAM).

Jänschwalde 45
H 57 47 325–340, R 54 68 400–410
Fundstreuung Mesolithikum, Neolithikum/frühe Bronzezeit; Acker Mittelalter/Neuzeit

Abb. 24: Jänschwalde 45, Untersuchung einer mesolithischen, spätneolithischen und bronzezeitlichen Fundstreuung im peripheren Bereich eines Holzkohlenmeilers, HKM 689 (Foto A. Troppa, BLDAM).

Gelegentlich der Untersuchung des Holzkohlenmeilers HKM 689 wurden eine kleine Grube mit zwei bronzezeitlichen Scherben und eine fragliche Pfostengrube freigelegt. Außerdem wurde eine Silexstreuung (u.a. langschmales Dreieck) mit zwei oder drei Konzentrationen (Schlagplätze?) erfasst. Eine Scherbenkonzentration von 1,5 m Dm lag im Süden innerhalb des Meilerringes. Außer wohl schnurkeramischen Scherben fanden sich auch kleinste Knochensplitter und ein Tonpfeifenfragment.
H. Rösler

Jänschwalde 46
H 57 47 483 – 511; R 54 67 211 – 237
Unbestimmt/Siedlung (?) Bronzezeit, Äcker vormittelalterlich, Mittelalter/Neuzeit
In einer Düne befanden sich drei jeweils durch Sandschichten voneinander getrennte Ackerböden mit nahezu gleich ausgerichteten Pflugspuren. Der oberste kräftigste Ackerboden weist eingepflügte Sandschollen auf, die die Ackerbearbeitung während der bereits beginnenden Übersandung belegen. Die untersten sich kreuzenden Pflugspuren sind wahrscheinlich vormittelalterlich. Darunter befanden sich Gruben mit bronzezeitlichen Scherben.
H. Rösler

Abb. 25: Jänschwalde 46, Drei Ackerböden unter Dünensanden, im oberen Pflugschollen mit eingearbeitetem Sand (Foto A.Troppa, BLDAM).

Abb. 26: Jänschwalde 46, Drei übereinander liegende Ackerböden mit Pflugspuren im abgestuften Planum (Foto A. Troppa, BLDAM).

Jänschwalde 47
H 57 47 457–462; R 54 67 315–320
Schlagplatz Mesolithikum?, Einzelfund Schnurkeramik?
An der Fundstelle eines Silex-Schabers (?) ergab die quadratweise Untersuchung eines 5 × 5 m-Quadrates mehrere Silices eines Schlagplatzes von 1 m Dm (u.a. Klingenfragment, Kernrest mit zugehörigen Abschlägen, kleine Klingen). Mikrolithen fehlen. 4 m südöstlich lag eine wohl schnurkeramische Scherbe.
H. Rösler

Jänschwalde 48
H 57 46 560–47 140; R 54 67 540–930
Mittelpaläolithische Funde Saalespätglazial unter Eem-warmzeitlichen Seesedimenten
2011/12 wurde das Eem-Vorkommen entsprechend der Vorschnittbaggerung des Tagebaus weiter ausgegraben. Nach anfänglicher Beprobung des Sediments in Bigpacks und Sieb- sowie Schlämmversuchen wurde zwischen Juni 2011 und Juni 2012 die vom Vorschnittbagger jeweils belassene Berme im Bereich des Vorkommens durch schichtweises Abbaggern untersucht. Während durch den Geologen R. Kühner, Vattenfall, regelmäßig das Gesamtprofil kartiert wurde, begleiteten A. Kossler und I. Raufuß, beide Senckenberg Station Weimar, die Grabungen im Rahmen einer gemeinsamen Vereinbarung mit dem BLDAM paläontologisch. Neben zahlreichen botanischen Funden (Blätter, Haselnüsse, Kiefernzapfen, Holz) wurden u.a. Fische und eine Schildkröte geborgen. Dem ersten Großsäugerfund, einem Femur vom Riesenhirsch am 14.10.2011, folgten weitere im Eem, dann ab Frühjahr 2012 vor allem im Saalespätglazial. Zusammen mit dem Riesenhirschknochen wurde ein auffälliger, jedoch unbearbeiteter Tannenholzstab gefunden (Untersuchung G. Bigga). Knochen eines spätsaalezeitlichen Steppenbisons sind als Reste eines Jagd- und Zerlegeplatzes anzusprechen. Immer stärker stellten sich die spätsaalezeitlichen Sanddornschichten als Fundschicht des Mittelpaläolithikums heraus.
A. Hajzler, J. Lehmann, H. Rösler, M. Schneider (s. Beitragskonvolut zum „Eem-Projekt“, E. Bönisch/ M. Schneider, M. Schneider, K.-P. Wechler, R. Kühner, A. Kossler, I. Raufuß, G. Bigga S.17–138)

Abb. 27, 28: Jänschwalde 48, Bergung von Faunenresten aus dem Eemsediment durch Paläontologen (Foto E. Bönisch, BLDAM).

Abb. 29: Auf der Arbeitsebene des Tagebauvorschnitts Jänschwalde eingerichtete Station der „Eem-Grabung“ mit Schlämmanlage und Sediment-Lagerplatz, im Hintergrund Eimerkettenbagger des Brückenhochschnitts (Foto E. Bönisch, BLDAM).

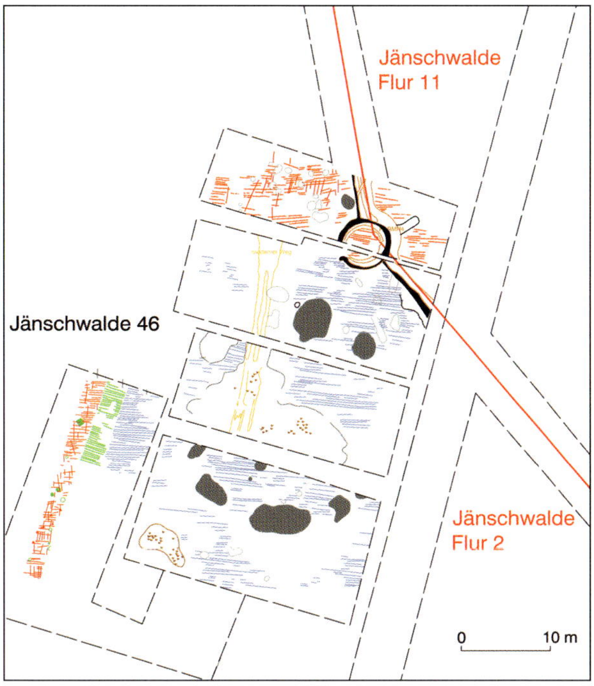

Abb. 30: Jänschwalde, Plan der Flurgrenze mit Grenzhaufen 4, Pflugspuren und Holzkohlenmeiler (Plan A. Troppa, H. Rösler, beide BLDAM).

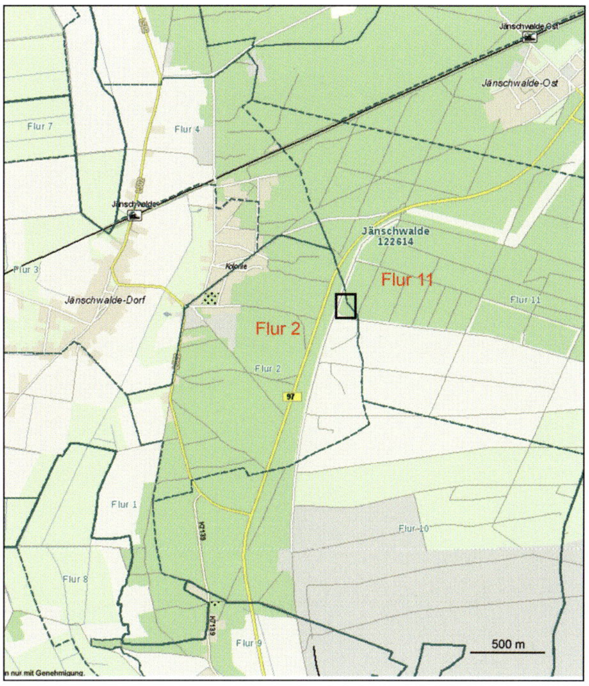

Abb. 31: Jänschwalde, Flurgrenzen von Jänschwalde, ausgegrabener Abschnitt markiert (Kartengrundlage brandenburg-viewer).

Jänschwalde 49
H 57 47 109 – 117; R 54 67 363 – 370
Fundstreuung Spätneolithikum, gekreuzte Ackerspuren Mittelalter/Neuzeit
Bei der Untersuchung eines Malhaufens (Hügel 3 zwischen Feldflur 2 und 11 von Jänschwalde) wurde im Verbraunungshorizont eine kleine Konzentration wohl schnurkeramischer Scherben festgestellt.
H. Rösler

Jänschwalde (Projekt 58)
H 57 47 091 – 578; R 54 67 244 – 388
Flurgrenze, frühe Neuzeit
In mehreren Grabungsschnitten wurden Grenzmarkierungen einer Jänschwalder Flurgrenze angetroffen. Zwischen Flur 2 und 11 ist die Grenze durch (teilweise in der ALS-Karte erkennbaren) Graben und Wall markiert, die mit Längs- und Querschnitten untersucht wurden. Außerdem wurden drei Grenzhaufen, teilweise mit erhaltenen Grenzsteinen, erfasst.
Grenzhaufen 3:
Im Gelände schwache Erhebung mit umlaufendem Graben, Dm 3,5 – 4 m, Höhe 0,5 m, im Profil zwei Hügelschichten. Aus dem SO-Viertel ein Grenzstein geborgen, nahe der Mitte ein weiteres Grenzsteinfragment, auf einen Ziegel gesetzt. Im NW-Viertel im Graben Spatenspuren und unter dem Hügel gekreuzte Pflugspuren.
Grenzhaufen 4:
Im Schnitt entdeckter Kreisgraben, Dm 5,5 m, Innendm des Grabens 4,5 m. Ein herausgerissener Grenzstein südlich des Malhaufens (PJ 336, C. M. Hernández, 2010). Unter der Hügelaufschüttung sowie unter einem begrabenen Boden nordwestlich derselben fanden sich gekreuzte Hakenpflugspuren mit weitmaschigem Gitter, wohl vormittelalterlich, ggf. aus der Römischen Kaiserzeit.
Neben Grenzhügel 4 die Holzkohlenmeiler HKM 720, 721.
Grenzhaufen 5:
Ringgraben (Abb. 32), Innendm 4,5; Außendm 6,5 m. Der Rest eines Grenzsteins auf einem Dachziegel.

Jänschwalde
H 57 47 430; R 54 67 687
1 Silexschaber (P0484/27)
H. Rösler

Abb. 32: Jänschwalde, freigelegte Flurgrenze mit ringförmigem Entnahmegraben eines Grenzhaufens Nr. 5 am Knick des Grenzgrabens (Foto A. Troppa, BLDAM).

Prospektion im Tagebau Jänschwalde

Grießen PJ 369 (zu Grießen 11)
H 57 47 091 – 440; R 54 72 335 – 892
Einzelfunde Steinzeit, Bronzezeit
Es erfolgten Begehungen eines 600 m langen, 40 m breiten Trassenabschnitts für den Bau des Randriegels-Ost 25 und Teil RR-Ost 26, der im nordöstlichen Teil über den steilen Hochflächenrand mit tiefen Erosionstälern verläuft. Im nördlichen Abschnitt des Waldes wurden Wölbäcker in NO-SW-Richtung beobachtet. Auf etwa 1 ha im Nordosten sind die Äcker besonders gut erhalten. Zum Fundmaterial gehören drei Silex-Abschläge, zwei bronzezeitliche Scherben, darunter eine abgerollte.
M. Raczkowska-Jones

Jänschwalde PJ 366
H 57 46 920 – 47 300; R 54 67 975 – 68 770
Holzkohlenmeiler Neuzeit
Zwischen Feldriegel FR 96, Brunnen Br. 7 – 16 und Feldriegel 95, Br.1 – 9 wurden mit der bereits 2010 begonnenen Prospektion 24 Holzkohlenmeiler und zwei mittelalterliche Scherben gefunden.
C. M. Hernández

Jänschwalde PJ 368
H 57 47 770 – 990; R 54 67 335 – 655
Holzkohlenmeiler Neuzeit
Zwischen den Feldriegeln FR 98/2, Brunnen 19 – 18 und FR 97/2, Brunnen 20 – 18 wurden bei einer Begehung 4 Holzkohlenmeiler festgestellt.
C. M. Hernández

Jänschwalde PJ 376
H 57 47 680 – 920; R 54 67 58 – 915
Holzkohlenmeiler Neuzeit
Die Prospektion auf der gerodeten Waldfläche zwischen den Feldriegeln FR 97/2 und 98/2, Brunnen 15 – 18 mit einer kurzen glazialen Rinne und den bereits untersuchten Meilern HKM 612, 613 ergab zwei weitere Holzkohlenmeiler. Diese sind bereits nach der ALS-Karte bekannt. Auf der Fläche fanden sich viele Scherben von Harztöpfen von Harzungen vor 1990.
St. Auber

Jänschwalde PJ 377
H 57 47 570 – 820; R 54 67 860 – 68265
Holzkohlenmeiler Neuzeit
In der begangenen Fläche zwischen den Feldriegeln FR 97/2 und 98/2, Brunnen 12 – 15 wurde außer dem untersuchten Holzkohlenmeiler HKM 611 sechs Meiler festgestellt, wovon fünf nach der ALS-Karte bekannt sind. Drei neuzeitliche Scherben wurden gefunden.
St. Auber

Maßnahmen außerhalb:

Rohrleitungstrasse der Wasserleitung für die Maßnahme Rütteldruckverdichtung an der Malxe (BK 2011/13)

Bohrau 6, 7; Briesnig 84, 85, 86
H 57 39 384; R 54 71 450 (Qu. 31, 32)
Grenzmarkierung Neuzeit
Auf der Leitungstrasse wurden zahlreiche Handsondagen und Schnitte angelegt, in denen spätslawische, mittelalterliche und neuzeitliche Scherben gefunden wurden. In Quadrat 31 und 32 (Briesnig 84) befanden sich Relikte einer Grenzmarkierung der Gemarkungsgrenze Briesnig/Bohrau mit Steinhaufen, Hügel und Gräben.
A. Hajzler

Taubendorf
Bau einer Zuwegung, dreier Brunnen und einer Rohrleitungstrasse in Taubendorf (WVA Moaske) (BK 2010/24)

Taubendorf PJ 367 (VU zu „Wasserversorgungsanlage Moaske", vgl. Taubendorf 2, 3)
H 57 74 080 – 325; R 54 49 430 – 760
Einzelfunde Steinzeit, Bronzezeit, Mittelalter/Neuzeit
In Vorbereitung des Baus der Rohrleitung der Wasserversorgungsanlage Moaske wurden die betroffenen Flächen (Ackerland) begangen. Im Ergebnis liegen u.a. drei urgeschichtliche, davon zwei bronzezeitliche Scherben, drei Silex-Abschläge (1 Klingenabschlag) und zahlreiche mittelalterliche und neuzeitliche Keramik vor.
C. M. Hernández

Taubendorf 2 (ursprüngl. Groß Gastrose 12)
H 57 49 550 – 590; R 54 74 220 – 265
Siedlung Mesolithikum, Neolithikum, Bronzezeit

Abb. 33: Taubendorf, die Moaske (Foto C. M. Hernández, BLDAM).

Abb. 34: Taubendorf 3, Grabungsschnitt (Foto D. Schulz, BLDAM).

Auf einer deutlich sich abhebenden Sandkuppe in der Neißeniederung ergaben Begehung (PJ367) und Sondagen Silexartefakte. Bei der Untersuchung in 5 × 5 m-Quadraten wurden auch Gruben und Pfostenverfärbungen sichtbar. Das Sieben ergab Funde vor allem außerhalb der Befunde. In dunklen Gruben waren Baulehm, weiche Keramikreste, u.a. mit Ritzmuster, Reste eines Siebgefäßes enthalten. Zu den Silexfunden gehören zwei flächig retuschierte Pfeilspitzen, 1 Querschneider, 1 mikrolithisches Dreieck und mehrere Kratzer.
D. Schulz

Taubendorf 3 (ursprüngl. Groß Gastrose 13)
H 57 50 012–050; R 54 73 840–845
Silexabschläge Steinzeit, mittelalterliche/neuzeitliche Wölbäcker
Im Bereich der Trasse für die Wasserversorgungsanlage der Moaske wurde ein Fundplatz randlich untersucht. Neben gut ausgeprägten mittelalterlichen/frühneuzeitlichen Wölbäckern wurden mehrere ausgewaschene Grubenverfärbungen dokumentiert. Eine mit etwas Holzkohle durchsetzte Grube deutete eine mögliche Feuerstelle an. Daraus und seitlich kamen wenige Silices (Abschläge und Bruchstücke) zum Vorschein.
D. Schulz

Taubendorf 3 (zugeordnete separate Stelle)
H 57 49 957; R 54 73 916
Einzelfunde Bronzezeit
Die Voruntersuchung mit Oberflächenprospektion und Sondagen ergab außer Anhaltspunkten für die Fundplätze 2 und 3 meliorierte (mit Ästen ausgelegte) Gräben, mittelalterliche Keramik und Ackerrelikte sowie eine kleine, vermutlich verlagerte Konzentration urgeschichtlicher, wohl bronzezeitlicher Scherben (Sondage 25).
D. Schulz

Kohleverbindungsbahn Kraftwerk Jänschwalde – Tagebau Welzow-Süd (BK 2009/7)

Groß Oßnig 14
H 57 28 180–200; R 54 54 425–440
Einzelfund Bronzezeit
Mehrere Schnitte per Hand ergaben zu der bronzezeitlichen Scherbe aus dem Sondagequadrat der Voruntersuchung lediglich eine weitere urgeschichtliche Scherbe.
K. Müller (vgl. ihren Beitrag S. 215–224)

Groß Oßnig 15 (ehemals Groß Oßnig 9)
H 57 28 395–420; R 54 56 130–580
Siedlung Jungbronzezeit
Nach der Entdeckung von Oberflächenfunden im Bereich des Jehser Grabens wurde hier eine Fläche von 10 × 300 m untersucht. Darin befinden sich mehrheitlich Pfostengruben, die mindestens ein Hausgrundriss vermuten lassen. Markantes Material sind Scherben mit plastischen Leisten und Fingernagelkerben. Erwähnenswert ist ferner ein Läuferstein. Trotz des Einsatzes einer Metallsonde

Abb. 35: Groß Oßnig 15, zahlreiche, teils bereits geschnittene Pfostengruben (Foto K. Müller, BLDAM).

wurden kaum relevante Funde gemacht.
K. Müller (vgl. ihren Beitrag S. 215–224)

Kathlow 8
H 57 35 170–185; R 54 63 180–190
Schlagplatz Mesolithikum, Siedlung Bronzezeit
Der Fundplatz, an einem leichten Südhang in ehemaligem Wald gelegen, wurde nach der Feststellung bei den Sondierungen der Voruntersuchung in Quadraten per Hand untersucht.
Während sich die mesolithischen Silices in einer unteren rostroten Schicht befanden, lagen die bronzezeitlichen Funde in einer gelblich-hellbraunen Schicht darüber. Es ergab sich eine deutliche Konzentration der Silices mit einem Maximum von 77 Stück, vorrangig Abschläge und Absplisse. Von 36 m^2 stammen 421 Silices. Besonders erwähnenswert sind drei Mikrospitzen. 7 m südwestlich befand sich eine zweite, kleinere Konzentration. Da in den Handsondagen der Umgebung keinerlei Funde auftraten, ist die Ausdehnung auch des bronzezeitlichen Platzes – zumindest im erfassten Trassenausschnitt – begrenzt.
K. Müller (vgl. ihren Beitrag S. 215–224)

Tranitz 11
H 57 36 059–171; R 54 63 446–540
Siedlung Bronzezeit
2010 begonnene Grabung abgeschlossen, es wurden insgesamt 37 Pfostengruben, 7 Gruben und zahlreiche weitere Verdachsstellen freigelegt.
K. Müller (vgl. ihren Beitrag S. 215–224)

Tagebau Welzow-Süd

Kausche
H ca. 57 16 500–17 600; R ca. 54 45 000–46 000
Bergbauanlagen 19./20. Jh.
2010 erreichte die Abbaukante des Tagebaus Welzow-Süd im Westen einen Bereich, in dem bereits zuvor Altbergbau bestanden hatte. Es handelt sich um die Grube „Mariannensglück", in der vom Ende der 19. Jh. bis in die 1930er Jahre das obere der beiden Braunkohleflöze abgebaut worden war. Ein einfaches Abbaggern der aufgelassenen und teilweise verwahrten (verfüllten) Altanlagen war wegen der Gefährdung der Abbaugeräte nicht möglich. Vielmehr mussten die Altlasten schrittweise beräumt werden. Die Vorschnittebene wurde daher so gelegt, dass sie sich in etwa auf Sohlenhöhe des Tiefbaus befand.
Dies eröffnete die Möglichkeit zur Untersuchung einiger Anlagen. Da die am Fuß der Vorschnittböschung angeschnittenen Objekte oft nur wenige Stunden oder Tage zugänglich waren, erfolgte eine Sichtung und Dokumentation zumeist direkt durch den zuständigen Technologen der Vattenfall Europe Mining AG, Klaus Männig. Vereinzelt konnten vonseiten des BLDAM – aus Sicherheitsgründen stets in Begleitung von Herrn Männig – Untersuchungen vorgenommen werden.
Das Projekt begann im Oktober 2010 durch den seitens des BLDAM beauftragten Montanarchäologen Martin Straßburger (Verbleib der Fotodokumente, Berichte, Befundblätter und auch Sachgut/Funde in der Tagebauleitung Welzow-Süd). Ab Juni 2011 wurden die Untersuchungen von K. Männig, U. Grünwald und E. Bönisch mit Mitarbeitern des Referats Braunkohle des BLDAM weitergeführt.
Bis Juni 2012 wurden neben einer Reihe von Befahrungen und kleineren, meist fotografischen Dokumentationen vor allem drei Objekte näher untersucht. Es handelte sich um zwei Abbaukammern, einen Förderschacht sowie um einen benachbarten Wasserhaltungsschacht. Die beiden letztgenannten Anlagen reichten mehrere Meter unter die Sohle der Strecken des Altbergbaus und somit unter die Vorschnittebene. Sie konnten dadurch über einen längeren Zeitraum hinweg untersucht werden.

Abb. 36: Grube „Mariannensglück": Freigelegter Türstock mit dahinter liegender Bruchkammer des Braunkohlentiefbaus um 1900 (Foto E. Bönisch, BLDAM).

Abb. 37: Ehemalige Grube „Mariannensglück“: Bruchkammern im Oberflöz, angeschnitten vom Vorschnitt des Tagebaus Welzow-Süd (Foto E. Bönisch, BLDAM).

An Funden ist neben einigen Konstruktionsteilen (Holzring von der Basis des Wasserhaltungsschachts, Fundamentrahmen des Förderschachts, Verbauelemente eines Türstocks) insbesondere auf eine Lore hinzuweisen. Weitere Kleinfunde stammen aus den Schachtverfüllungen. Alle Funde gehören in den Zeitraum vom Ende des 19. Jh. bis in die 1930er Jahre.
Befunde: Diverse Abbaukammern (zwei davon näher untersucht), ein gemauerter Stollen für den Abtransport der Kohle, eine Förderschachtanlage mit Förder- und Versorgungsschacht, ein holzverkleideter Entwässerungsschacht und Entwässerungsstrecken, ein runder gemauerter Wasserhaltungsschacht mit zwei Entwässerungsstrecken.
Funde: Streufunde aus Metall (Platten, Nieten, Meißel, Klammern, Nagel, Lampe, Lore), Porzellan, Leder, Holz und Glas; ein Ziegelstein aus der Wandung des Wasserhaltungsschachts; 19 Hölzer eines Fundamentrings des Wasserhaltungsschachts; Hölzer zweier Verbauelemente einer Abbaukammer; Fundamentrahmen des Förderschachts (im Archäotechnischen Zentrum Welzow).
E. Bönisch, U. Grünwald, K. Männig (s. Beitrag S. 287–313)

Gosda 3
H 57 16 275–343, R 54 47 830–48375
Altstraße, Grenzmale Mittelalter, Neuzeit
Januar 2011 wurde ein 3D Laserscan der Malhaufen an einem Abschnitt der Zuckerstraße angefertigt.
E. I. Faulstich, FIAK

Gosda, PW 183
H 57 16 305–330; R 54 47 570–48 010
Zur Vorbereitung einer Zufahrtsstraße zwischen der geplanten Kiesentnahmestelle und der Straße nordwestlich von Schacht 3 wurde ein bewaldeter, ca. 15 m breiter, ca. 420 m langer Streifen gerodet. Die Trasse folgt einem flachen Höhenzug und verläuft parallel dicht südlich der sogenannten Zuckerstraße, im Ostteil auf dieser. Die Begehung direkt im Anschluss an die Rodung ergab weder relevante Befunde noch Funde.
U. Grünwald

Kiesentnahme Welzow

Gosda, Projekt We 1/2011
H 57 15 900–16 300; R 54 48 300–640
Ackerflur, Einzelfunde Mittelalter
Die Kiesentnahmefläche im Süden des Tagebaus Welzow-Süd wurde um eine Fläche von ca. 300 × 350 m nach Osten erweitert. Das zu untersuchende Areal

lag direkt südlich der „Zuckerstraße". Mit einem engen Raster von Baggerschnitten wurden mittelalterliche Äcker in Form von Pflugspuren freigelegt. Diese Äcker waren teils mit 3 m hohen Dünen überdeckt bzw. an anderer Stelle durch den Wind völlig abgetragen. Durch aneinander stoßende Flächen mit unterschiedlicher Ausrichtung der Pflugspuren ließen sich Gewanngrenzen ermitteln. Außer Kriegsschrott von 1945 aus randlichen Wegetrassen wurden im Bereich der Äcker lediglich an einer Stelle Scherben einer Topfkachel aus harter Grauware gefunden.
Eine Nachuntersuchung der westlich anschließenden Kiesentnahmefläche von 2010 (Gosda, Projekt We 01/2010) ergab auch dort jetzt zahlreiche Stellen mit fossilen Ackerbefunden.
Die Begutachtung des nördlichen Randstreifens der Kiesentnahmefläche fast unmittelbar an der „Zuckerstraße" vor der Nutzung als Zufahrt ergab keine relevanten Befunde, also keinerlei Hinweis auf den Übergangsbereich von der Feldflur zur Altstraße.
U. Grünwald (s. seinen Beitrag S. 257–266)

Dichtwand Welzow (BK 2008/1)
Proschim
H 57 13 800–14 100; R 54 43 750–44 400
Grenzmarkierungen, Gewässeraltlauf
Seit 2009 wird zur Begrenzung der Grundwasserabsenkung im geplanten räumlichen Teilabschnitt II des Tagebaus Welzow-Süd eine Dichtwand errichtet. Die 9,6 km lange Trasse dafür verläuft in West-Ost-Richtung ca. 1 km südlich von Proschim und Haidemühl. Km 1,8–4,1 des 1. Bauabschnittes liegen auf dem Territorium des Freistaates Sachsen. Nach Untersuchung des Abschnittes km 0–1,2 von 2009–2010 folgte 2011 das anschließende Teilstück km 1,2–1,8 zwischen Oberem Landgraben und Landesgrenze. Es handelt sich um Wald- und Feuchtgebiete. Nach einer Begehung und 5 × 5 m-Sondagen wurde die gesamte Strecke auf 2,5 m Breite aufgezogen. Es wurden ein Graben entlang der Landesgrenze, Malhaufen mit modernen Grenzsteinen aus Granit und die verlandete Sornoer Elster beobachtet, deren begradigter Lauf als Oberer Landgraben bezeichnet wird. Der mäandrierende Flusslauf enthielt Schwemmsandpakete mit torfig-humosen Schichtungen.

Proschim 6
H 57 11 904; R 54 44 224
Während der Baggersondagen bei Anlage von Sondage 14 (bei ca. km 1,75) wurde eine vorgeschichtliche Scherbe aus der 0,30 m dicken Pflugschicht geborgen.
U. Grünwald

Gosda, PW 188 (Dichtwand-Trasse km 5,4–5,5)
H 5711340–380, R 5447800–870
Keine Befunde, keine Funde, vgl. Proschim und Proschim 6
U. Grünwald

ehem. Flugplatz Welzow
Bahnsdorf, PW 184
H 57 17 100–600; R 54 40 300–900
Bahnsdorf, PW 185
H 57 17 600–920; R 54 40 550–41000
Bahnsdorf, PW 186
H 57 17 450–960; R 54 40 000–550
Welzow, PW 187
H 57 15 860–16 340; R 54 41 000–540
Das Gelände des ehem. Flugplatzes Welzow gehört als sog. Flugplatzfeld zum geplanten Abbaugebiet des Tagebaus Welzow-Süd, räumlicher Teilabschnitt II. Wegen der geplanten Anlage eines Solarparks zur Zwischennutzung wurden Teile von Munition und Altlasten beräumt. Dabei wurde bspw. nordwestlich der Landebahn (PW 184) auf ca. 25 Prozent des Areals der Oberboden flächig abgetragen. Ansonsten wurde flächig Schrott geborgen. Während und nach der Beräumung wurden zwischen März und August 2011 Begehungen durchgeführt.
Der anstehende, teils lehmige Sand liegt unter einer ca. 30 cm mächtigen Humusdecke, vielleicht ehemaliger Ackerboden. Ansonsten waren – bei den sehr begrenzten Aufschlussbeobachtungen – kaum Befunde und keine Funde festzustellen. Ausnahme bildet eine Grube mit gebrannter rotbrauner Sandfüllung, deren Charakter aber nicht näher bestimmt werden konnte.
Laut älterer Karten (Karte des Amtes Senftenberg, Schenk 1757, Deckersches Kartenwerk um 1825) war das Gelände bis ins 19. Jh. bewaldet. Der große Abstand zu den umliegenden Ortschaften hat schließlich die Anlage des Flugplatzes ermöglicht. Die Deckersche Karte aus dem ersten Viertel des 19. Jh. lässt eine feuchte Lichtung erkennen,

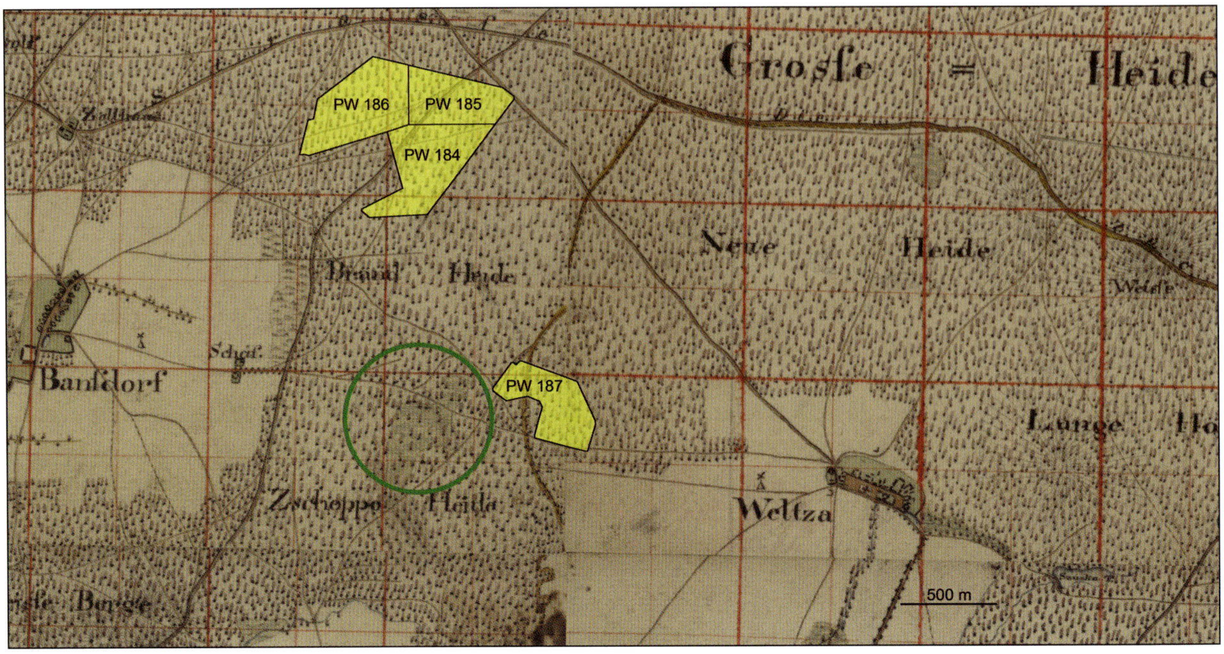

Abb. 40: Die Deckersche Karte um 1825 verzeichnet im Waldgebiet zwischen Bahnsdorf und Welzow eine Lichtung (Kreis) inmitten des ehemaligen Flugplatzgeländes (Staatsbibl. zu Berlin, PK Kat. Nr 1036 – Blätter 587 Lindchen, 588 Kausche, 618 Sedlitz, 619 Proschim).

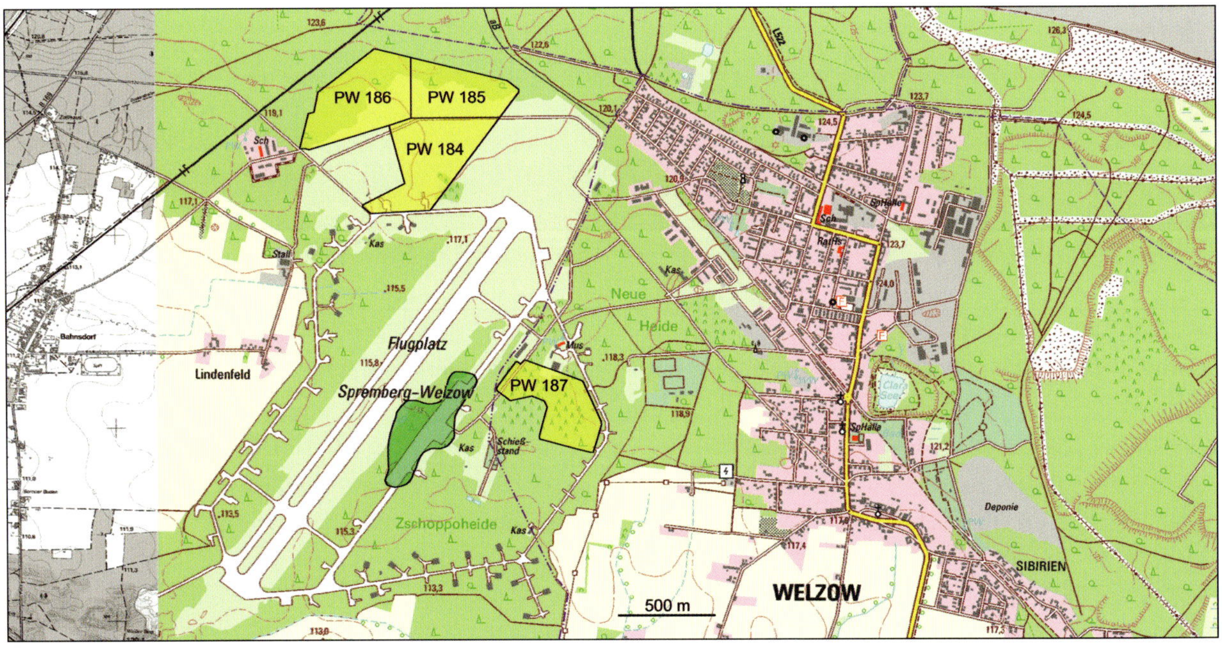

Abb. 41: Untersuchungsflächen und Munitionsberäumung auf dem Flugplatz Welzow mit Position der ursprünglichen Lichtung (digitale TK 25, Nachtragungen U. Grünwald, BLDAM).

die TK 25 (Meßtischblatt) von 1904 verzeichnet kleinere Ackerflächen. Aufgrund dieser Situation steht für dieses Gebiet die Frage, ob es sich tatsächlich um ein schon immer landwirtschaftlich ungenutztes und unbesiedeltes Gebiet handelt. Könnte bspw. die Waldlichtung auf halbem Wege zwischen Bahnsdorf und Welzow, die sich im gleichen Abstand wie diese Orte zur mittelalterlichen Fernroute, der Zuckerstraße, befindet, eine Dorfwüstung sein? Eine markante Wegekreuzung an dieser Stelle (Geisendorf-Bahnsdorf, Welzow-Lindchen) deutet darauf hin, wenngleich das Gewässernetz hier eine Lücke aufweist. Zumindest könnte mit zukünftigen Untersuchungen festgestellt werden,

wieweit aufgrund mittelalterlicher Ackerrelikte eine Bewirtschaftung des Gebietes von seinen Rändern her nach innen vorgedrungen ist.
E. Bönisch, U. Grünwald, H. Rösler

Bergbausanierung

Ersatzaufforstung innerhalb der Restlochkette Sedlitz, Skado, Koschen bei Lieske (BK 2010/20)

Lieske 4
H 57 13 275, R 54 40 800 (Mitte)
Oberflächenfunde Urgeschichte, Mittelalter
Auf einer für die Aufforstung durch die LMBVmbH vorgesehenen, vor längerer Zeit planierten Fläche am Oberen Landgraben wurden mehrere urgeschichtliche und mittelalterliche Scherben gefunden. Aufgrund von Planungsänderungen wurde dieses Areal nicht beansprucht, so dass sich weitere Untersuchungen erübrigten. In der Nähe fanden 2008/09 Ausgrabungen am Oberen Landgraben (Lieske 2, Lieske 3) statt.
E. Bönisch

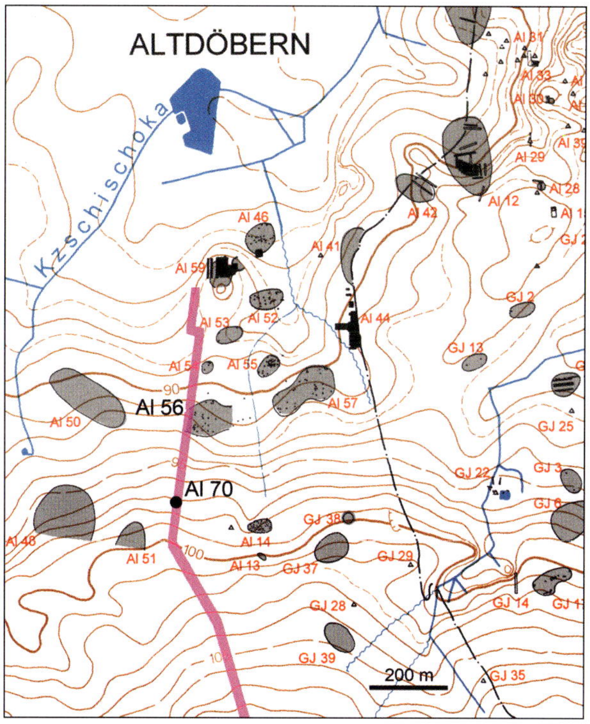

Abb. 42: Altdöbern 56, 70 im Kabelgraben (rote Linie) und weitere bronze- und früheisenzeitliche Siedlungen südlich Altdöbern (nach Bönisch, Niederlausitzer Landrücken 1996, Beil. 1 m. Nachträgen).

Abb. 43: Altdöbern 56: Grube im Kabelgraben (Foto Y. Helmholz, FIAK).

Verkabelung MS-Freileitung zwischen Altdöbern und Woschkow (BK 2011/17)
Altdöbern 56, 70, 71; Groß Jauer 43, 44

In Vorbereitung der Erdverlegung einer bisherigen Freileitung von der Tankstelle Altdöbern entlang der Ostseite der Senftenberger Straße und durch den Wald bis nach Woschkow wurden Abschnitte des Kabelgrabens voruntersucht (Abb. 42; vgl. Karte Abb. 46). Dabei wurde Altdöbern 56 bestätigt, und 190 m südlich davon Altdöbern 70 neu ermittelt. Neuzeitliche Funde nördlich Altdöbern 70 werden als Altdöbern 71 geführt. Aus den insgesamt 13 Sondagen im Wald nördlich Woschkow, wo das Kabel eingepflügt wurde, gibt es an zwei Stellen in der Gemarkung Groß Jauer (Fpl. 43, 44) fragliche Befunde, keine Funde.

Altdöbern 56
H 57 23 440 – 530; R 54 33 230 – 390
Siedlung jüngere Bronzezeit
Einzelne angeschnittene Befunde liegen in und unmittelbar südlich der durch Oberflächenfunde bekannten Siedlung Altdöbern 56. Darunter sind 2 – 3 wohl Speichergrubenreste mit flacher Basis (Befund 15: Sohle bei -0,75 m; Höhe Grubenunterteil noch 0,35 m; Dm mind. 1,10 m). In der Mehrzahl sind die Scherben jungbronzezeitlich (Abb. 44), womit nunmehr eine genauere zeitliche Einordnung möglich ist: Doppelkonusscherben mit gekerbtem Umbruch und Rillen, Bauchung mit vertikalen Rillen, horizontal ausgelegte Ränder, einmal mit aufgesetzter Leiste, innen facettierter Rand. Außerdem kommen nach ihrem Habitus

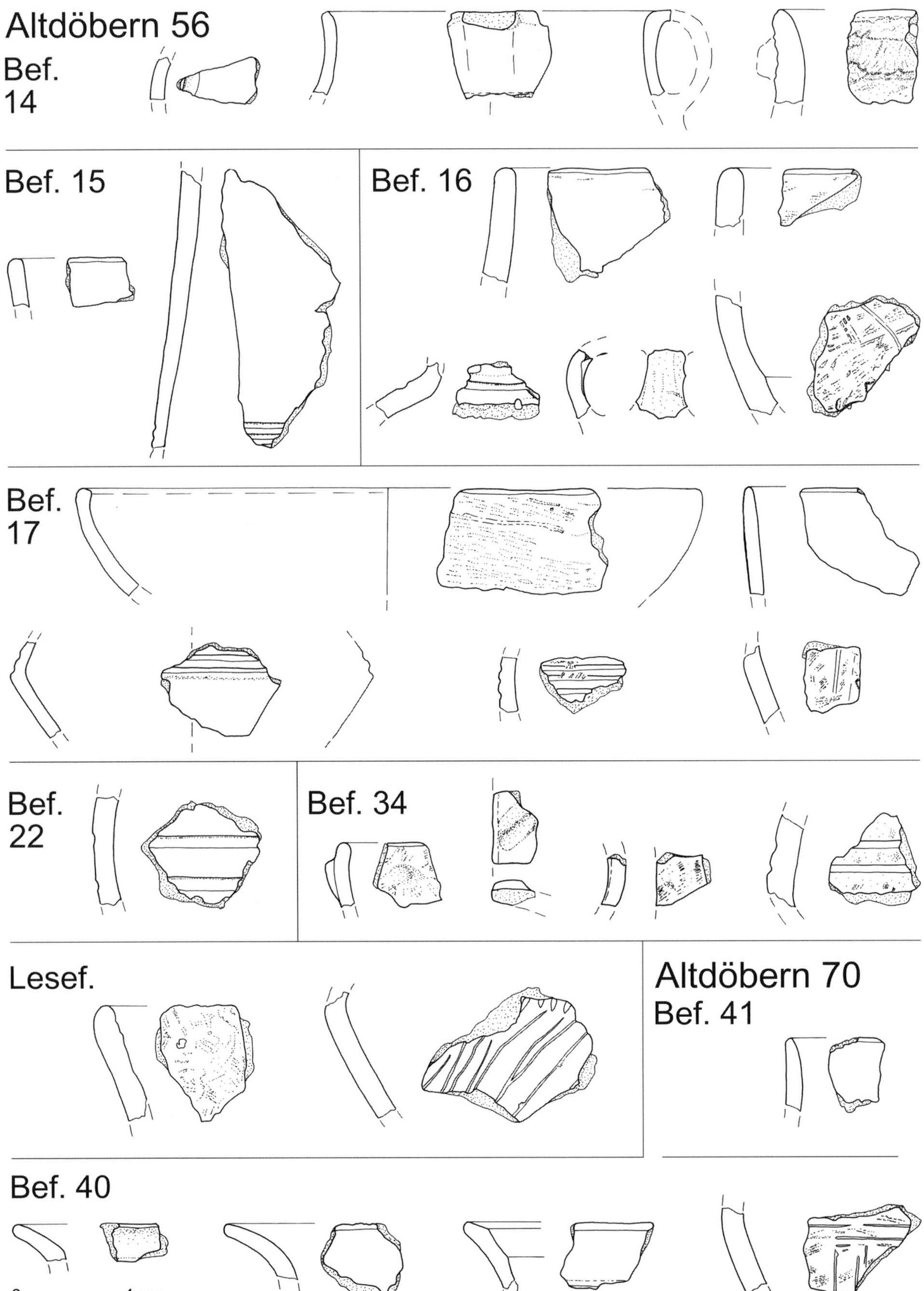

Abb. 44: Altdöbern 56 und 70: bronzezeitliche Siedlungsfunde aus dem Kabelgraben (Zeichnung V. Lorenz, BLDAM).

frühеisenzeitliche Scherben und auch kleine sekundär gebrannte Fragmente vor.
E. I. Faulstisch (FIAK)

Altdöbern 70
H 57 23 250; R 54 33 190
Siedlung, Bronzezeit
Eine bronzezeitliche, mehrere atypische bronze- oder früheisenzeitliche Scherben, teils aus kleinen Grubenbefunden (Befund 42) im Grabenprofil.
E. I. Faulstisch (FIAK)

Maßnahmen zur Gefahrenabwehr infolge des Grundwasserwiederanstiegs in der Ortslage Altdöbern (BK 2010/6)

Altdöbern 67, 68, 69
Altdöbern 67: H 57 23 841; R 54 32 106
Altdöbern 68: H 57 23 653; R 54 32 412
Altdöbern 69: H 57 23 803; R 54 32 741
Siedlungen Bronze-/frühe Eisenzeit, Slawen, Wölbäcker Mittelalter/Neuzeit
Zur Abriegelung des Grundwasserzustroms infolge dessen Wiederanstiegs nach Beendigung der Grundwassserabsenkung durch den ehemaligen Tagebau Greifenhain plant die G.U.B. Ingenieur AG im Auftrag der LMBVmbH südlich der in der Niederung errichteten Waldrandsiedlung Altdöbern die Anlage eines „Neuen Südgrabens“. Damit soll das Wasser über das Chransdorfer Fließ (Kzschischoka) sowie eine Rohrleitung zum Schmidtsteich in die bestehende Vorflut abgeleitet werden. Ein Teich soll nördlich der Mündung des Quellbaches der seit den 1970er Jahren versiegt gewesenen Gattigquelle in die Kzschischoka angelegt werden.

Abb. 45: Altdöbern 68, Sondage mit Grubenprofil im Schnitt 20 (Foto M. Pytlik, ABD Dressler).

Schnitt/Stelle entspr. der räuml. Abfolge	Silex	Keramik					sonstige Funde	Gesamtzahl
		Urgeschichte	slawisch	frühdeutsch (Grauware)	fr. Neuzeit	Neuzeit		
Altdöbern 68 (grün)								
Schnitt 11		5	7	38	19		1 Stück Schlacke	70
Schnitt 01	2	7		10	25	3	1 Nagel	48
Schnitt 12		1	1	15	17	3		37
Schnitt 13		3		17	21		1 Stück Glasfritte	42
Schnitt 14		2		10	19		1 Münze (1/48 Taler 1776)	32
Schnitt 02		1		8	10		2 Nägel	21
Schnitt 15		3		10	10			23
Schnitt 16		16		9	5			30
Schnitt 17		5		8	5			18
Schnitt 03	1			10	2			13
Schnitt 18				1	2			3
Schnitt 19				3				3
Schnitt 20				3	4			7
Schnitt 04		3		9	15		1 Stück Schlacke	28
Schnitt 21	1	1		1		5	1 Stück Schlacke	9
Schnitt 05								
Schnitt 06								
Altdöbern 67 (rot)								
Schnitt 07	1						1 Bronzeknopf	2
Schnitt 08						6		6
Schnitt 09						2		2
Schnitt 10								
Schnitt 22				1	9	1		11
Altdöbern 69 (gelb)								
Schnitt 23		1		1	13	2		17
Schnitt 24					4	1		5
Schnitt 25				2	30	1	2 Stück Schlacke	35
Schnitt 26				1	14			15
Stelle A (Lesefunde)	1	1		12	12			26
Stelle B (Lesefunde)		1		4	4			9

Tab.1: Verzeichnis der Schnitte, Fundverteilung und Bodendenkmale im Bereich des Neuen Südgrabens bei Altdöbern. Urgeschichtliche Funde farbig hervorgehoben (M. Pytlik, ABD Dressler).

Mit einer Voruntersuchung wurden zur Erkundung des Bodendenkmalbestandes auf 1 km geplanter Grabenlänge 26 Suchschnitte angelegt und Oberflächenfunde kartiert. Die Suchschnitte ergaben über 350 m Länge einen vertorften Niederungsrand des Altdöberner Beckens mit urgeschichtlichen und direkt am Bach acht mittel- bis spätslawischen Scherben. Die 50 urgeschichtlichen Scherben, wohl mehrheitlich bronze- und früheisenzeitliche Keramik (darunter von einem jungbronzezeitlichen geritzten Gefäßunterteil), bilden in der Verteilung drei Schwerpunkte. Der westliche Abschnitt am Fuß der Endmoräne ergab nur neuzeitliche Scherben. Außerdem liegen große Mengen mittelalterlicher harter Grauware vor, wobei eine Konzentration im Torf (Schnitt 11) verwundert. Im Gelände wurden Wölbäcker festgestellt. Aufgrund eines niedrigeren Grundwasserspiegels in der Bronzezeit gegenüber Mittelalter und Neuzeit werden bronzezeitliche Plätze auch in heute

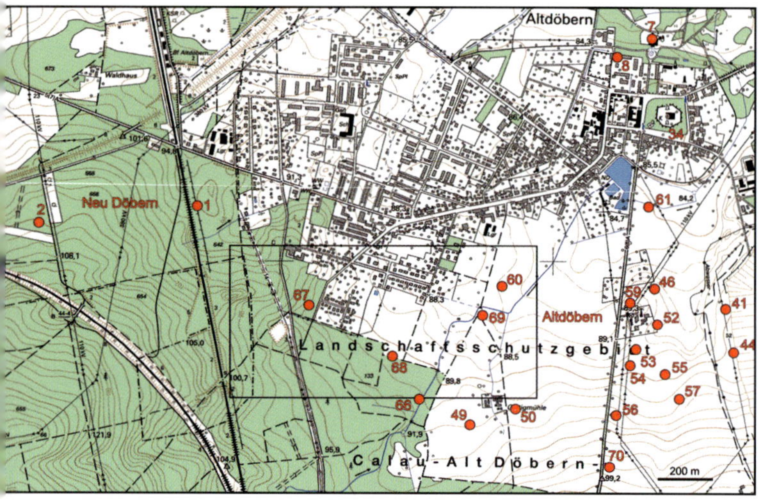

Abb. 46: Altdöbern, Bereich der archäologischen Erkundung für den Neuen Südgraben (Rahmen) südwestlich Altdöbern mit bisher bekannten Fundplätzen (digitale TK 10, Eintragung BLDAM).

Abb. 47: Altdöbern, Fundstellen im Bereich des Neuen Südgrabens (Kartengrundlage ALKIS, Eintragungen M. Pytlik, ABD Dressler; BLDAM).

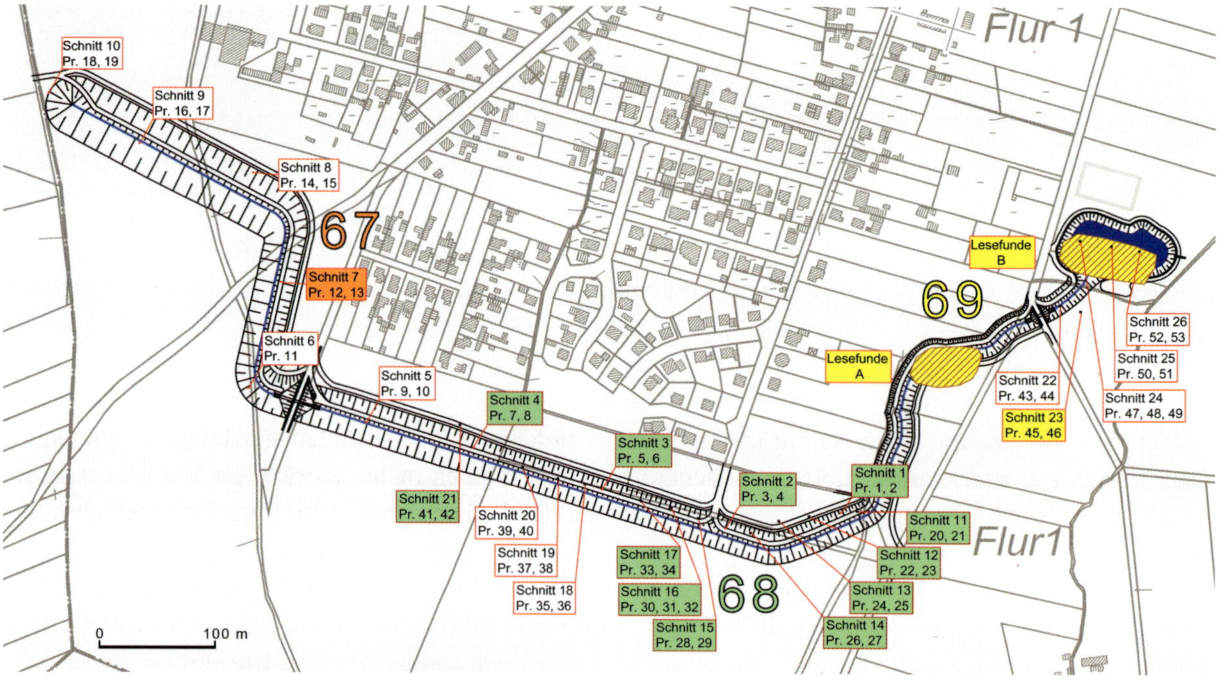

Abb. 48: Groß Jauer 37: Alt ausgeleertes Rechteckgrab 40 mit Keramik auf der Steineinfassung (Foto E. Bönisch, BLDAM).

vernässten Bereichen liegen. Das gilt auch für den nur in den Schnitten 11 und 12 an der Kzschischoka gefundenen slawischen Platz (Altdöbern 68), einer vielleicht von Torf überdeckten slawischen Siedlung auf einer Kuppe in der Talniederung. In diesen Schwerpunktbereichen ist im Vorwege der Baumaßnahme eine flächige Untersuchung erforderlich.
M. Pytlik, Archäologiebüro ABD-Dressler

ehem. Tagebau Greifenhain

Groß Jauer 37
H 57 23 100 – 165; R 54 33 576 – 645
Jüngstbronzezeitliches Gräberfeld
Die Fortsetzung der Untersuchung erfolgte mit der

Abb. 49: Groß Jauer 37: Grab 40 von Nord mit flachen Steinplatten an der Innenseite der teilweise bereits entfernten Steineinfassung (Foto E. Bönisch, BLDAM).

Freilegung des Rechteckgrabes 40 mit kistenartig exakter Steineinfassung, einer schwarzen Aschengrube 41 mit einem Fragment von Briquetage-Hohlkegel und eines kleinen Urnengrabes 42. Über eine Schale mit Leichenbrand war ein Gefäß gestülpt. Im Inneren des Rechteckgrabes 40 befanden sich randlich ringsherum flache rote gespaltene Steinplatten. Die Ecksteine waren wie Pfosten – von quadratischem Querschnitt und z.T. unten spitz – tiefer eingerammt. Außer wenigen Gefäßresten war das Grab ausgeräumt. Gefäßfragmente befanden sich nur außen am Ostgiebel. Die Steine der Grabeinfassung wurden geborgen.
E. Bönisch

Lagunendorf Sedlitzer See (BK 2010/22)

Sedlitz
H 57 12 885 – 13 050; R 54 34 120 – 220
Vorratsgrube unbestimmter Zeitstellung, Wölbäcker Mittelalter/Neuzeit
Das Gelände des zukünftigen Lagunendorfes am ehemaligen Tagebau Sedlitz bzw. jetzt Sedlitzer See wurde mit Baggerschnitten archäologisch erkundet. Dabei wurden mehrere erwartete Wölbäcker bzw. Felder der Langstreifenflur freigelegt. Der Abstand der Ackerfahren betrug ca. 8 m. Dunkle Verfärbungen mit Holzkohlepartikeln (Befunde 8, 22, 24) sind als Relikte der Brandrodung anzusehen. Eine kreisrunde Grube von 1 m Dm mit kegelstumpfförmigem Profil könnte eine Silogrube sein, jedoch liegen wie bei solchen Befunden üblich, keine datierenden Funde vor. Insgesamt wurden nur sehr wenige mittelalterliche/neuzeitliche Scherben geborgen.
S. Golsch, J. Schümann, ArGePro GmbH

Überleiter 11 (BK 2011/16)

Sedlitz
H 57 14 489 – 526; R 54 34 785 – 913
Bei einer Untersuchung im Randbereich des Überleiterkanals 11 vom Sedlitzer See in den Großräschener See (ehem. Ilse-See), den ehemaligen Tagebau Meuro (Abb. 50), wurden zur Erkundung vermuteter urgeschichtlicher Objekte

Abb. 50: Blick über den entstehenden Großräschener See (ehem. Tagebau Meuro) mit Bereich des Überleiters 11 und Sedlitzer See, von Südwest. Ausgrabung mit rotem Kreis gekennzeichnet (Foto ©LMBV, P. Radke).

seitlich eines Bachlaufes Schnitte angelegt, die eine Datierung des vertieften Grabens erst ins 19./20. Jh. ergaben. Dabei handelt es sich um eine Begradigung, wie aus der Flurkarte Sedlitz hervorgeht.
J. Beran, Archäologie Manufaktur GmbH

Überleiter 12

Großkoschen
H 57 07 612–693; R 54 34 985–5075

Im Zusammenhang mit dem Bau des Überleiters zwischen Geierswalder und Senftenberger See als schiffbare Verbindung wurde noch ein letzter, westlicher Abschnitt für den Kanal an der Einmündung in den Senftenberger See untersucht. Dabei wurde die Straße nach Senftenberg des 19./20. Jh. angetroffen.
J. Beran, Archäologie Manufaktur GmbH

2012

Tagebau Cottbus-Nord

Neuendorf 22

H 57 40 958–978; R 54 59 991–60 007
Siedlung, spätes Neolithikum (Schnurkeramik)
Schnitte im Randbereich der Fläche des Vorjahres ergaben eine schnurkeramikartige Scherbe und eine Silexpfeilspitze mit eingezogener Basis.
H. Rösler

Neuendorf 23

H 57 40 928–938; R 54 59 927–962
Unbestimmt Mesolithikum, Siedlung oder Grab Stichreihenkeramik/Frühneolithikum, Weg/Acker Mittelalter/frühe Neuzeit
Die Weiterführung der Grabung ergab außer Wegespuren und mesolithischen Silices (u.a. ein Querschneider) im westlichen Teil des Fundplatzes über 3 m² verteilte Scherben wohl eines Gefäßes (Grabbeigabe?) im orange-rotbraunen 20–30 cm starken Verbraunungshorizont. Eine kleinere Scherbenkonzentration in Qu. 4/5 enthielt eine Randscherbe der Stichreihenkeramik mit nachträglicher Durchlochung (vgl. S. 10, Abb. 5).
H. Rösler

Neuendorf 24

H 57 41 017–044; R 54 60 016–55
Grab? Spätneolithikum
Im unmittelbaren Umfeld des 2011 untersuchten Hügelgrabes wurden in fünf Sondageflächen zwei schnurkeramische Scherben und ca. 15 m nördlich des Hügel eine flächig retuschierte Silexpfeilspitze mit eingezogener Basis geborgen, Hinweis auf ein weiteres ehemaliges Grab in direkter Nähe des Hügels.
H. Rösler

Neuendorf 25

H 57 40 987–41 034; R 54 60 045–085
Siedlung, Grab? Spätneolithikum
Bereits 2011 östlich des Hügelgrabes Neuendorf 24 entdeckter Fundplatz, dessen Untersuchung außer einem Fundhorizont mit Schnurkeramik, Silices und Knochenbrand mehrere muldenförmige Gruben auf einer Fläche von 20 × 25 m ergab. Eine rechteckige Grube von 1,50 × 1,60 m könnte ein Grab gewesen sein.
H. Rösler

Neuendorf 26

H 57 40 916–928; R 54 59 971–60 001
Einzelfunde Spätneolithikum, Bronzezeit
Sechs 5 × 5 m-Quadrate ergaben eine fragliche Grube und wohl schnurkeramische und wenige bronzezeitliche Scherben.
H. Rösler

Neuendorf 27

H 57 41 053–167; R 54 59 836–60 145
Dünenuntersuchung
Aufgrund der schnurkeramischen Hinterlassenschaften im Umfeld, nördlich Hügelgrab Neuendorf 24, wurde eine große Düne untersucht. Vier Profilschnitte in Nord-Süd-Richtung durch die Düne und benachbarte Flächen ergaben zahlreiche neuzeitliche Störungen, u.a. ausgebrannte Stubben. Eine Sondage am nördlichen Dünenfuß enthielt neuzeitliche Pflugspuren von der Beackerung des Dünenumfeldes. Keine Funde. Fundplatzvergabe aufgrund Schnurkeramik in 2013.
Chr. Haenicke

Tagebau Jänschwalde

Grießen 16
H 57 48 028–038; R 54 72 474–488
Siedlung Bronzezeit(?)
Drei Profilschnitte in OW-Richtung durch den nördlichen ehemaligen Teich in den „Seestücken" (Flurkarte 1774) haben die erwarteten Feuchtböden nicht ergeben. Im nördlichen Schnitt unter bis zu 0,8 m Kolluvium lagen an der Ostflanke zwei Pfostengruben mit urgeschichtlicher, wohl bronzezeitlicher Keramik. Im mittleren Schnitt zahlreiche Grubenbefunde mit wohl auch bronzezeitlichen Scherben.
M. Schneider (vgl. seinen Beitrag S. 225–233)

Grießen 19
H 57 46 921; R 54 71 295
Einzelfund Bronzezeit
Aufgrund eines Prospektionsfundes (bronzezeitliche Randscherbe) aus 2009 (PJ 322) wurde dicht neben der Fundstelle eine 1 × 1 m-Sondage angelegt, die keine weiteren Ergebnisse erbrachte.
M. Pilz, H. Rösler

Grießen 20
H 57 47 340; R 54 72 720
Einzelfund Urgeschichte, Grube
H 57 47 335–480; R 54 72 720–920
Wölbäcker Mittelalter/Neuzeit
Im Vorfeld der Bauarbeiten des Randriegels Ost 26 wurde in Schnitt 1 unter einem mittelalterlichen Wölbacker eine Grube untersucht, über der im Planum eine urgeschichtlichen Scherbe und ein Silexartefakt lagen. Ein Zusammenhang mit Grießen 11 südlich der Fundstelle besteht nicht. Aus tieferem Niveau stammt auch mittelalterliche und neuzeitliche Keramik. Mit mehreren Schnitten wurden die Wölbäcker in den Flurstücken „Die Eichberge" und „Die Jaddercken" untersucht.
St. Auber

Grießen 21 (vormals PJ 350)
H 57 46 965; R 54 71 780
Unbestimmt Neolithikum
Zwei von fünf Sondagen ergaben mehrere Silices, darunter eine Silexspitze.
M. Pilz

Grießen 22 (vormals PJ 111)
H 57 46 855; R 54 71 460
Unbestimmt spätslawisch/mittelalterlich
Aus einer Sondage stammen eine slawische und mittelalterliche Scherben sowie wenige gebrannte Lehmstücke.
M. Pilz

Grießen 23 (vormals PJ 355)
H 57 47 275; R 54 71 255
Unbestimmt, Steinzeit
In einer Sondage fanden sich Silextrümmer.
M. Pilz

Grießen 24 (vormals PJ 330, PJ 348)
H 57 47 070; R 54 71 295
Streufunde Mittelalter
Mittelalterliche Keramik aus einer Sondage.
M. Pilz

Grießen 25 (vormals PJ 330, PJ 348)
H 57 47 270; R 54 71 140
Unbestimmt Jungsteinzeit (?)
Von mehreren in einer Sondage angetroffenen vermutlichen Pfostengruben wurde eine geschnitten. Eine Grube von 0,30 m Tiefe enthielt eine wohl jungsteinzeitliche Bodenansatzscherbe. Randlich wird der Befund von einer Ackerfahre tangiert.
M. Pilz

Grießen 26
H 57 47 142–222; R 54 69 643–828
Werkplatz Neuzeit
Untersuchung der Holzkohlenmeiler HKM 731–735. Außen-Dm der Ringgräben 8,50–11,50 m. HKM 731 enthielt ringförmig angeordnete Standstellen der Hölzer bei einem Meiler-Dm von 6 m. Parallele Streifen durch zwei Meiler stehen wohl mit dem „Ernten" der Meiler in Zusammenhang.
H. Rösler

Grießen 27
H 57 47 010–060, R 54 70 840–880
Streufunde Spätneolithikum
Die Flächenuntersuchung ergab außer zahlreichen natürlichen Befunden eine vermutliche Grube, zahlreiche mittelalterliche Ackerfahren und schnurkeramische Streuscherben.
Chr. Haenicke

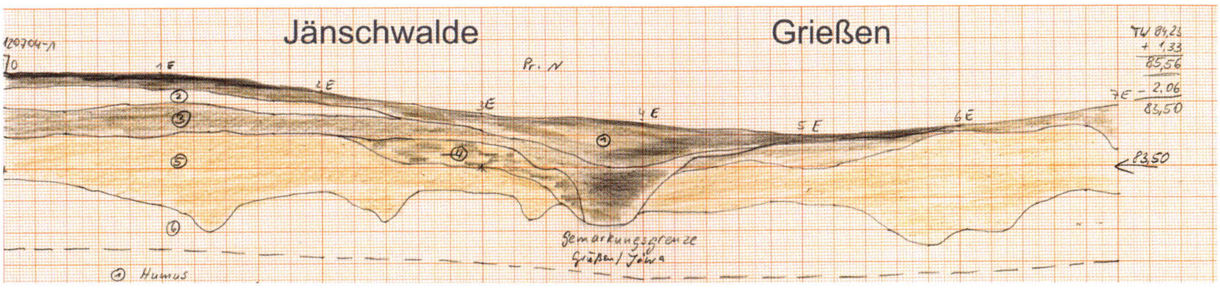

Abb. 1: Grenzgraben zwischen Grießen (rechts) und Jänschwalde (links) mit beiderseitigem Aushub (Zeichnung S. Starroske, BLDAM).

Grießen/Jänschwalde

H 57 47 380–400; R 54 69 570–590

Grenzmarkierungen Mittelalter/Neuzeit

In einem Schnitt wurde der Verlauf der Gemarkungsgrenze Grießen/Jänschwalde in Form einer 1,00–1,50 m breiten dunkelbraunen bis schwarzen Grabenfüllung mit vermoderten Holzstücken beobachtet. Seitlich liegt ein bis zu dreischichtiger flacher Wall des Grabenaushubs (Abb. 1–4). Der hier vermutete Malhaufen konnte nicht festgestellt werden.

Chr. Haenicke

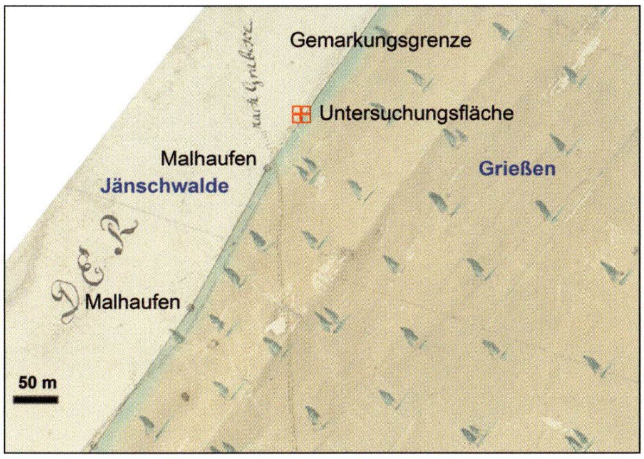

Abb. 2: Grenzgraben der Gemarkungsgrenze Grießen/ Jänschwalde im schräg angeschnittenen Profil (Foto Chr. Haenicke, BLDAM).

Abb. 3: Der Grenzgraben im Planum (Foto Chr. Haenicke, BLDAM).

Abb. 4: Ausschnitt der Gemarkungsgrenze mit der untersuchten Stelle aus der Flurkarte Grießen von 1774 (GStA PK, Berlin, mit Eintragungen).

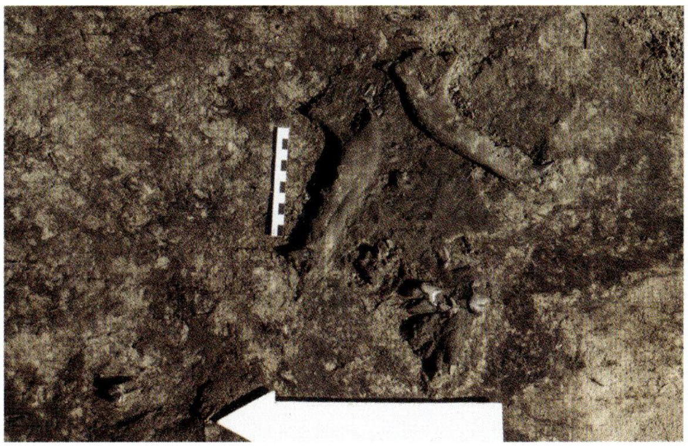

Abb. 5: Jänschwalde 48, Freigelegte Unterkieferfragmente eines Wolfes (Foto R. Piskorski, BLDAM).

Jänschwalde 48
Untersuchung des Eem-Vorkommens mit Schicht des Saale-Spätglazials im Liegenden (Abb. 5–7), s. 2011, (vgl. Beiträge S. 17–138).

Jänschwalde 50 (ehem. PJ 400)
H 57 47 734–774; R 54 69 393–640
Einzelfunde, Urgeschichte
Die Fundstelle zweier urgeschichtlicher Scherben wurde untersucht. In zwei etwa 50 m langen Schnitten und weiteren zwei Flächen von 20 × 20 m traten mehrere Verfärbungen auf, die aber fundleer und wohl Pflanz- und Wurzelgruben waren
B. Renner

Jänschwalde 51
H 57 47 258–48 325; R 54 67 308–69 552
H 57 47 696; R 54 67 330 (HKM 750)
H 57 47 699; R 54 68 113 (HKM 778)
Köhlerei Neuzeit (2. Hälfte 17. – Anfang 19. Jh.)
Es wurden 126 Holzkohlenmeiler (HKM 726–730, 736–857) gegraben. Meiler 750 wies Standspuren der Hölzer auf. Besonders erwähnenswert ist der auf einer kleinen Geländekuppe gelegene Meiler 778 (Abb. 8, 9, 11–13) mit einem großflächig noch vorhandenen schwarzen Meilerboden und statt eines Ringgrabens Mulden im Dm von 21–25 m. Im Zentrum waren zahlreiche (mind. 55) untere

Abb. 6: Jänschwalde 48, Grabungen an der Fundstelle des Steppenbisons in Schichten des Saale-Spätglazials am 28.3.2012 (Foto M. Pilz, BLDAM).

Abb. 7: Jänschwalde 48, Beckenfragment vom Bison in Fundlage (Foto R. Piskorski, BLDAM).

Abb. 8: Jänschwalde 51, untere Enden von steil stehenden Hölzern in der Mitte des Meilers 778 (Foto E. Bönisch, BLDAM).

Stümpfe der verkohlten Holzscheite beim „Ernten" stehen geblieben. Aus der leicht steilen Stellung der kräftigen kiefernen Rund- und Spalthölzer ließ sich die Meilermitte erschließen. Dass einige untere Teile dieser Resthölzer nicht völlig verkohlt, sondern noch rötlich-braun waren („Füchse"), lässt auf einen unvollständigen Köhlereiprozess schließen, der zu diesem seltenen Befund geführt hat. Dendrodatierung der Kiefernscheite: 1741 (K.-U. Heußner, DAI).
Im Umfeld der Meiler wurden 16 auch im Laserscan sichtbare Gruben geschnitten, wobei es sich

Abb. 9: Jänschwalde 51, Freilegung des verschneiten Meilers 778 im Dezember 2012 (Foto A. Bischof, BLDAM).

Abb. 10: Jänschwalde 51, eine der im Umfeld vieler Holzkohlenmeiler befindlichen Senken zeichnet sich durch liegen gebliebenen Schnee im Gelände ab (Foto H. Rösler, BLDAM).

um Wasserlöcher handeln könnte (Abb. 10). Sie sind bis zu 1 m tief und mehrschichtig verfüllt. Die Grube westlich des Meilers 741 enthielt eine Lage unverkohlter Hölzer.
Dendrodaten: HKM 740: 1717, 741: 1804, 750: 1702, 809: 1664, 810 (überschneidet 809): 1703, 813: 1737.
H. Rösler

Jänschwalde 53
H 57 47 695; R 54 68 118
Urgeschichtliche Scherbe (Schnurkeramik?)
Bei der Untersuchung des Holzkohlenmeilers 778 (siehe Jänschwalde 51) fand sich in einer Kulturschicht unterhalb der Meilerkappe eine einzelne, urgeschichtliche Scherbe. Die etwas gerauhte, unverzierte, bräunliche Wandungsscherbe ist nicht sicher zeitlich einzuordnen, aber wahrscheinlich spätneolithisch (Schnurkeramik ?).
H. Rösler

Taubendorf 4
H 57 49 297; R 54 74 365
Einzelfund Urgeschichte, Streufunde Neuzeit
Die begleitende Untersuchung bei Anlage eines Feuerlöschteiches aufgrund eines urgeschichtlichen Scherbenfundes (PJ 335, P0483/182 – Prospektion im Rahmen der Maßnahme Trinkwasserleitung Taubendorf 2010) erbrachte neuzeitliche Keramik und Drainagegräben.
St. Auber

Grießen Projekt 56
Gemarkungsgrenzen, Ackerrelikte
Mittelalter/Neuzeit
Die 2011 (s.d.) begonnenen Fluruntersuchungen wurden im Gewann „Die Poatruscken" fortgesetzt. Die Baggerschnitte wurden jeweils zur einen Hälfte auf Höhe der Altackersohle zwecks Beobachtung von Pflugspuren und Fahren sowie zur anderen Hälfte als Tiefschnitt zur Profilgewinnung angelegt. Es fielen zahlreiche mittelalterlich/neuzeitliche und wenige urgeschichtliche Scherben an. Durch A. Nicolay, BTU Cottbus, wurden Bodenproben entnommen, deren Entnahmestellen in den Profilzeichnungen vermerkt sind.
U. Grünwald

Prospektion Tagebau Jänschwalde

Jänschwalde PJ 378
H 57 47 346–693; R 54 68 223–978
H 57 47 542; R 54 68 323 (urgesch. Scherbe)
Einzelfund Urgeschichte, Meiler Neuzeit
In der schon seit 2011 in Angriff genommenen Begehung eines potenziellen bronzezeitlichen Siedlungsgebietes am oberen Ende einer glazialen

Abb. 11: Der Meiler 778 bildet eine flache Kuppe mit äußerem Ring, zentraler Kohlenplatte und Hölzern um die Schachtung in der Mitte. Aufnahme nach West mit Kühltürmen des Kraftwerkes Jänschwalde (Foto M. Stümann, BLDAM).

Abb. 12. Doppelseite: Jänschwalde 51, im Holzkohlenmeiler 778 standen noch die unteren Enden der Holzscheite und -stämme um den zentralen Quandelschacht (im Bereich des ausgeschnittenen Viertels). Gut erkennbar ist die Neigung der Hölzer zur Mitte hin (Foto M. Stümann, BLDAM).

Abb. 13: Hölzer um den Feuer- oder Quandelschacht in der Mitte eines Kohlenmeilers wie im Grabungsbefund 778 – Köhlerei Eisenhammer, Dübener Heide 1999 (Foto E. Bönisch, BLDAM).

Erosionsrinne auf der Hornoer Hochfläche, zwischen den Feldriegeln 97/2 und 98/2 und jeweils den Brunnen 11 und 4, wurden insgesamt 23 Holzkohlenmeiler erfasst. Nur sieben davon waren nach der ALS-Karte bekannt. Außer einer kleinsten urgeschichtlichen Scherbe wurden zwei neuzeitliche gefunden.
St. Auber

Jänschwalde PJ 379
H 57 47 656–48 098; R 54 67 479–68 563
Holzkohlenmeiler Neuzeit
Zwischen dem Feldriegel 98/2 und den Randriegeln West 16–18 wurden in gerodetem Wald 15 und im bestehenden Wald zwei weitere Holzkohlenmeiler erfasst. Ein exemplarisch angelegtes Meilerprofil zeigte fünf Schichten. Funde liegen nicht vor.
St. Auber

Jänschwalde PJ 380
H 57 47 506–806; R 54 68 490–69 085
Holzkohlenmeiler Neuzeit
Zwischen Feldriegel 98/2, Brunnen 4–9, und Feldriegel 99, Brunnen 20–25, wurden 18 Holzkohlenmeiler eingemessen. Einige aus dem ALS bekannte Meiler waren durch Bohrplätze zerstört. Keine Funde.
St. Auber

Jänschwalde PJ 381
H 57 47 738–48 114; R 54 68 626–69 175
Holzkohlenmeiler Neuzeit
Zwischen den Feldriegeln 99, Brunnen 20–25, und 101, Brunnen 12–18, wurden 27 Holzkohlenmeiler aufgenommen. Funde liegen nicht vor.
St. Auber

Abb. 14: Jänschwalde/Grießen, Malhaufen auf der Gemarkungsgrenze (Foto St. Auber, BLDAM).

Jänschwalde/Grießen PJ 382
Grenzmarkierungen Mittelalter/Neuzeit
Begehung der Gemarkungsgrenze zwischen Jänschwalde und Grießen ab Feldriegel 98/2 in nördlicher Richtung bis an die Taubendorfer Grenze mit fotographischer Dokumentation des Zustandes von Malhügeln (Abb. 14), Grenzwall und -graben sowie Jagensteinen.
St. Auber

Jänschwalde/Taubendorf PJ 382
Grenzmarkierungen Mittelalter/Neuzeit
Grenzbegehung bis an die zukünftige Tagebaukante im Westen. Wo die Trasse der neuen Verbindung Jänschwalde – Grießen („Waldautobahn") auf der Grenze zwischen Jänschwalde und Taubendorf verläuft, gibt es auf der Höhe einen alten Grenzverlauf und eine neue Grenze vom Ende des 19. Jh. Beide wurden untersucht. Die alte Grenze verläuft in starker Hanglage mit einem 0,60 m tiefen und 1,30 m breiten Graben mit dreischichtiger Füllung. Die jüngere Grenze ist in Form von Wall und Graben obertägig sichtbar, das Grabungsprofil zeigte ebenfalls einen Schichtenaufbau.
St. Auber

Jänschwalde/Grießen PJ 383
H 57 47 510–49 052; R 54 69 445–71 550
Wölbäcker und Holzkohlenmeiler Mittelalter, Neuzeit
Die Begehung der gerodeten Trassen des zukünftigen Feldriegels 109/110 ergab sehr deutlich sichtbare Wölbäcker nördlich FR 109, südlich davon waren sie weniger gut sichtbar. Auf dem FR 110 wurden Holzkohlenmeiler festgestellt.
St. Auber

Taubendorf PJ 384
H 57 49 206; R 54 71 573 (HKM 833, Jänschwalde)
H 57 48 502; R 54 72 496 (HKM 834)
H 57 48 570; R 54 72 404 (HKM 835)
Holzkohlenmeiler Neuzeit
Die Begehung der Trasse für die neue Verbindungsstraße Jänschwalde – Grießen („Waldautobahn") im noch unberührten bewaldeten Zustand ergab zwei von der ALS bekannte Holzkohlemeiler (HKM 834, 835), die zu einer Gruppe aus mind. acht Meilern gehören. Die Ausgrabung dieser beiden Taubendorfer Meiler ergab teilweise unterbrochene

Ringgräben von 11,30 m bzw. 10,80 m Dm und bis zu 0,50 m Tiefe. Der Meiler HKM 833 (Abb.15) mit 18,45 m Dm und dreiphasig verfülltem Ringgraben lag auf Jänschwalder Flur. Die Taubendorfer Meiler sind kleiner und im Planum nicht so vollständig wie die Jänschwalder.
St. Auber

Grießen/Taubendorf PJ 384
Grenze Mittelalter/Neuzeit
Wo die Trasse der neuen Verbindung Jänschwalde – Grießen („Waldautobahn") auf der Grenze Grießen/Taubendorf verläuft, sind keine oberirdischen Grenzmarkierungen erkennbar. Die Grenze Jänschwalde/Taubendorf wird von der Trasse geschnitten, wo jedoch aufgrund eines Weges keine Grenzmarkierung vorhanden ist. Oberflächenfunde liegen nicht vor.
Auf dem Grenzverlauf wurden 7 Schnitte geplant, bezeichnenderweise bei Untersuchungsbeginn die Schachtungsgrenze nach Süd außerhalb des Grenzverlaufs verlegt, sodass auch ein Malhaufen nicht untersucht werden musste.
St. Auber

Grießen PJ 385
H 57 46 755–947; R 54 71 417–682
Streufunde Neuzeit
Auf der Ackerfläche nördlich der Umgehungsstraße Jänschwalde – Grießen und südlich Feldriegel 102 wurde eine Kollektion neuzeitlicher Scherben aufgelesen.
St. Auber

Grießen PJ 386
H 57 46 900; R 54 71 720
Einzelfund Urgeschichte, Streufunde Neuzeit
Auf der Fläche zwischen den Feldriegeln 102 und 104 sowie dem Randriegel RR Ost 24 wurden auf gepflügtem Acker mit guten Suchbedingungen mind. eine urgeschichtliche Scherbe (zu Grießen 21) und vor allem neuzeitliche Scherben gefunden.
St. Auber

Grießen PJ 387 (zu Grießen 25)
H 57 47 251; R 54 71 105
Einzelfund Urgeschichte, Streufunde Neuzeit
Vorrangig auf dem Ostteil der Ackerfläche mit leichtem Bewuchs zwischen Feldriegel 102, Brunnen 2–9, und Feldriegel 104, Brunnen 3–13, wurden außer mehreren neuzeitlichen Scherben eine urgeschichtliche Scherbe bei FR 102, Brunnen 8 geborgen.
St. Auber

Abb. 15: Jänschwalde, Freigelegter Ringgraben des Holzkohlenmeilers HKM 833 (PJ384, Foto E. Bönisch, BLDAM).

Grießen PJ 387
H 57 46 987–47 009; R 54 71 652–662
Einzelfunde Urgeschichte
Zwei urgeschichtliche Scherben und Silex am Südrand dieser Begehungsfläche.
St. Auber

Grießen PJ 388
H 57 47 855–885; R 54 72 304–319
Auf einer beräumten Bohrstelle westlich des Grießener Teiches Grießen 15 wurde ein fragliches Silexartefakt gefunden, aber nicht geborgen.
St. Auber

Grießen PJ 390
H 57 47 305–48; R 54 72 677–952
Wölbäcker Mittelalter/Neuzeit, Lesefunde Neuzeit
Die Begehung gerodeter Waldflächen beidseitig der Trasse des Randriegels Ost 26, noch oberhalb einer Erosionskerbe an der Hochfläche, ergab im östlichen Waldabschnitt Wölbäcker und zwei neuzeitliche Scherben.
U. Grünwald

Grießen PJ 391
H 57 46 872–47 130; R 54 70 845–71 114
Wölbäcker, Streufunde Mittelalter/Neuzeit
Eine Begehung auf der Hochfläche östlich der Ortslage fand zwischen den Feldriegeln 98 und 100 und vom Waldrand bis Feldriegel 99, Brunnen 1, im bewaldeten Gewann „Poatruscken“ statt. Außer Wölbäckern erbrachte vorrangig der Ostteil mittelalterliche bis neuzeitliche Streuscherben, die in westlicher Richtung ausdünnten.
U. Grünwald

Grießen PJ 392
H 57 46 970- 47 189; R 54 70 408–849
H 57 47 094; R 54 70 557 (urgesch. Scherbe)
Einzelfund Urgeschichte, Wölbäcker Mittelalter-Neuzeit, Holzkohlenmeiler Neuzeit
Eine Begehung der Hochfläche westlich der Ortslage betraf die Fläche zwischen Feldriegel 98, Brunnen 5–9 und Feldriegel 99, Brunnen 1–4. In der westlich des Waldrandes in dem bewaldeten Feldgewann „Poatruscken“ befindlichen Fläche mit Wölbäckern wurden mittelalterliche bis neuzeitliche Streuscherben und im Westteil des Areals eine urgeschichtliche Scherbe gefunden. Außerdem wurden drei neuzeitliche Holzkohlenmeiler eingemessen.
U. Grünwald

Grießen PJ 393
H 57 47 101–361; R 54 69 997–70 482
Wölbäcker Mittelalter/Neuzeit, Holzkohlenmeiler Neuzeit
Eine Begehung der Hochfläche westlich der Ortslage auf der Fläche zwischen Feldriegel 98, Brunnen 10–13 und Feldriegel 99, Brunnen 4–8, im bewaldeten Schlag „Poatruscken“, ergab die mehrere Meter im Dm messende Holzkohlestreuung eines Meilers.
U. Grünwald

Grießen PJ 395
H 57 47 083–301; R 54 70 506–893
Streufunde Mittelalter/Neuzeit, Holzkohlenmeiler Neuzeit
Die Begehung der Hochfläche zwischen Feldriegel 99, Br. 1–4 und Feldriegel 100, Brunnen 8–12, ergab im Gewann „Poatruscken“ eine Kollektion mittelalterlich-neuzeitlicher Streuscherben und drei Holzkohlenmeiler bzw. in zwei Fällen je zwei kleinere benachbarte Meiler.
U. Grünwald

Grießen PJ 396
H 57 47 219–497; R 54 70 155–567
Holzkohlenmeiler Neuzeit
Eine Begehung der Hochfläche westlich der Ortslage betraf die Fläche zwischen Feldriegel 99, Brunnen 4–8 und Feldriegel 100, Brunnen 12–16. Im bewaldeten Gewann „Poatruscken“ wurde ein bereits bekannter Holzkohlenmeiler eingemessen.
U. Grünwald

Jänschwalde/Grießen PJ 397
H 57 47 304–48 788; R 54 69 160–71 359
Wölbäcker Mittelalter/Neuzeit, Holzkohlenmeiler Neuzeit
Die Begehung des noch unverritzten Geländes zwischen den Feldriegeln 104 und 106 bzw. 105 und 107 ergab deutlich sichtbare Wölbäcker im Grießener Gewann „Die Leien“. Die historische Waldgrenze nach der Flurkarte von 1774 ist durch das Ende der Wölbäcker zu sehen. Auf Jänschwalder Gebiet wurden mehrere Holzkohlenmeiler festgestellt, jedoch meist nur die durch Pegelflächen Angeschnittenen.
St. Auber

Jänschwalde/Grießen PJ 398
H 57 47 420–48 891; R 54 69 096–71 524
Wölbäcker Mittelalter/Neuzeit, Holzkohlenmeiler Neuzeit
Im unverritzten Waldgelände zwischen den Feldriegeln 106 und 109 bzw. 107 und 110 wurden auf Grießener Flur Wölbäcker festgestellt. Auf Jänschwalder Gebiet sind im Unterschied zu der Begehung PJ 397 mehrere sehr gut im Wald erkennbare Holzkohlenmeiler festgestellt worden.
St. Auber

Jänschwalde PJ 399
Holzkohlenmeiler Neuzeit
H 57 47 337–725; R 54 69 000–689
Im gerodeten Waldgebiet zwischen Feldriegel 98/2, Brunnen 3 und Feldriegel 99, Brunnen 20 wurden 16 Holzkohlenmeiler dokumentiert.
B. Renner

Jänschwalde PJ 400 (zu Jänschwalde 50)
H 57 47 542–941; R 54 69 103–812
H 57 47 730; R 54 69 625/ H 57 47 741; R 54 69 407 (2 urgesch. Scherben)
Einzelfunde Urgeschichte, Holzkohlenmeiler Neuzeit
Zwischen Feldriegel 99, Brunnen 20 und Feldriegel 101, Brunnen 12 bis zur Grießener Gemarkungsgrenze wurden auf gerodeter Waldfläche zwei urgeschichtliche Scherben im Abstand von 217 m und 25 Holzkohlenmeiler aufgenommen. Die Scherbenfundstellen wurden sondiert, jedoch ohne Funde/Befunde.
B. Renner

Grießen PJ 401
H 57 46 960 – 47 540; R 54 69–550 – 70 850
Streufunde, Gräber(?) Neolithikum, Holzkohlenmeiler Neuzeit
Zwischen Feldriegel 98 und 99 östlich der Grenze zu Jänschwalde wurden ein Silex und mehrere neolithische Scherben gefunden. Zwei Steinkonzentrationen können auf Gräber hinweisen. Ferner wurde ein Holzkohlenmeiler festgestellt.
B. Renner

Grießen PJ 402 (bei Grießen 27)
H 57 46 934–47 136, R 54 70 797–71 081
H 57 46 980; R 54 70 896 (urgesch. Scherbe)
Einzelfund Bronzeit(?), Streufunde Mittelalter/Neuzeit
Die Zweitbegehung der Fläche zwischen Feldriegel 100, Brunnen 8–9, und Feldriegel 98 mit gerodetem Wald erbrachte eine wohl bronzezeitliche Scherbe und mittelalterlich-neuzeitliche Keramik. Schnitte erfolgten südlich und nördlich, jedoch nicht an der Fundstelle der urgeschichtlichen Scherbe.
St. Auber

Grießen PJ 403
H 57 46 901–47 244; R 54 71 715–72 111
H 57 47 054–174; R 54 71 865–72 030 (urgesch. Keramik)
Einzelfunde Urgeschichte, Streufunde Mittelalter/Neuzeit
Zwischen den Feldriegeln 104 und 109 und vom Randriegel Ost bis zu den Brunnen 2 bzw. 5 der genannten Feldriegel wurde das abgeerntete Maisfeld auf den Gewannen „Die Leien" und „Die Jaddercken" begangen. Dabei wurden drei urgeschichtliche, zwei mittelalterliche und neuzeitliche Scherben gefunden, urgeschichtliche Funde in der NO-Hälfte der Fläche.
St. Auber

Jänschwalde PJ 404
H 57 47 957–48 313; R 54 68 697–69 269
Holkohlenmeiler Neuzeit
Zwischen den Feldriegel 101 und 103 und von Brunnen 18 bis Brunnen 12 bzw. 13 wurden 30 Holzkohlenmeiler beobachtet.
St. Auber

Jänschwalde PJ 405
H 57 47 726–48 112; R 54 69 209–901
Holzkohlenmeiler Neuzeit
Zwischen den Feldriegeln 101 und 103, jeweils von den Brunnen 5–12, wurden 33 Holzkohlenmeiler dokumentiert.
St. Auber

Jänschwalde PJ 406
H 57 48 348–479; R 54 69 092–381
Einzelfund Urgeschichte(?), Streufunde Mittelalter/Neuzeit
Von einer Fläche am Feldriegel 105 auf Höhe der Brunnen 17–29 wurden mittelalterliche und neuzeitliche Scherben geborgen.
St. Auber

Jänschwalde PJ 407
H 57 48 189–379; R 54 68 999–69 233
Holzkohlenmeiler Neuzeit
Auf dem Areal mit gerodetem Wald zwischen Feldriegel 103 und Feldriegel 105 zwischen den Brunnen 17–14 bzw. 21–17 wurden 23 Holzkohlenmeiler festgestellt.
St. Auber

Rückbau Kohleverladung (BK 2011/8 bzw. BK 2012:J/6)
Grötsch
H 57 39 770; R 54 65 970 (Mitte)
Baubegleitende Untersuchungen des Rückbaus der eingetieften Anlagen der Kohleverladeanlage mit Begutachtung von Aufschlüssen, Profilen, Flächen blieben ohne Funde oder Befunde.
M. Schneider

Abb. 16: Gosda 3, Fahrspurenbündel der hochmittelalterlichen „Zuckerstraße“ im Bereich der nach 1780 verlegten Gemarkungsgrenze zwischen Gosda und Wolkenberg (Foto U. Grünwald, BLDAM).

Abb. 17: Gosda/Wolkenberg, Geschnittener Malhaufen mit Flasche als Grenzzeuge der Gemarkungsgrenze bei einer Besichtigung durch Professor G. Beyerl und Dr. Tim S. Müller, BTU mit dem Ausgräber U. Grünwald (Foto E. Bönisch, BLDAM).

Abb. 18: Bergung der Flasche aus dem Grenzhaufen (Foto P. Schroeder, BLDAM).

Tagebau Welzow-Süd

Gosda 3
H 57 16 350–390; R 54 47 680–800
Altstraße, Grenzmarkierung Mittelalter/Neuzeit
Die Sondageschnitte im Bereich der Gemarkungsgrenze Wolkenberg/Gosda, knapp nördlich der sogenannten Zuckerstraße, ergaben außer Graben und Malhaufen der Grenze ein Fahrspurenbündel über 35 m Breite zu beiden Seiten des Grenzgrabens (Abb. 16). Einzelne Spuren wurden vom Grenzgraben und vom Malhaufen überschnitten. Nach historischen Karten ist die ursprünglich etwa 300 m nördlicher verlaufene Gemarkungsgrenze zwischen 1780 und 1825 nach Süden in den Bereich der Zuckerstraße verlegt worden. Damit sind die aufgedeckten Fahrspuren der Zuckerstraße mindestens vor 1825 entstanden.
U. Grünwald (s. den Beitrag S. 235–241).

Gosda/Wolkenberg
H 57 16 350,9; R 54 47 740,3 (Flasche im Malhaufen)
Grenzmarkierung Mittelalter/Neuzeit
Auf der Grenze Gosda/Wolkenberg wurde ein Malhaufen untersucht. Er wies zwei Phasen auf und besaß einen umlaufenden Kreisgraben sowie im Zentrum sich überschneidende Gruben. In der älteren Grube befand sich als Genzzeuge eine Flasche mit der Mündung nach unten (Abb. 17, 18). Der Grenzhaufen gehört zur jüngeren, der historischen Karte zufolge nach 1780 angelegten Grenze. Er wurde über Fahrspuren der „Zuckerstraße“ errichtet.
U. Grünwald (s. Beitrag S. 235–241)

Wolkenberg 57
H 57 16 665; R 54 48 005–020
Einzelfunde Urgeschichte (Bronzezeit?)
Aus den Schnitten 56 und 57 der Vorfelduntersuchung stammen zwei 10 m voneinander entfernt gefundene, wahrscheinlich bronzezeitliche Scherben, eine von einem Halsansatz. Beide stammen wohl aus einer mittelalterlich-neuzeitlichen Fahrspur. Eine daraufhin durchgeführte Siebsondage hat weder weitere Funde noch Befunde angetroffen. Diese Scherben sind im weiten Umfeld die einzigen urgeschichtlichen Funde.
U. Grünwald

Wolkenberg
H 57 16 340 – 710; R 54 47 530– 48 350
Ackerrelikte, Wegebefunde Mittelalter/Neuzeit
Im Vorfeld der Tagebauerweiterung nach Süden wurden in Fortsetzung der Arbeiten von 2011 neben Begehungen 97 Baggerschnitte mit einer Gesamtlänge von ca. 3470 m angelegt. Dabei wurden an verschiedenen Stellen mittelalterliche bis neuzeitliche Pflugspuren angetroffen. In der bewaldeten Fläche von 1000 × 400 m Größe am Südrand des bisherigen Abbaugebietes, zumeist nördlich von „Zuckerstraße“ und Gemarkungsgrenze zu Gosda, wurde damit eine flächendeckende alte Feldflur ergraben. Sie besteht aus Pflugspuren und Fahren in der Ausrichtung Nord-Süd bzw. NNO-SSW. In einem Fall konnte eine Feldstreifenbreite von etwa 10–12 m gemessen werden. In einem kleinen westlichen Randbereich, wo der Ackerhorizont 60 cm überdünt war, gab es vor Abschluss der Bewirtschaftung eine Änderung der Pflugrichtung (NW-SO). Außerdem wurden in zwei Bereichen, am Nordrand und im Südwestteil, Ost-West verlaufende Fahrspurenbündel festgestellt, die auch zur Zuckerstraße gehören können.
U. Grünwald

Abb. 19: Geisendorf 2, Grabungsfläche mit dem Gutshaus von Süd (Foto E. Bönisch, BLDAM).

Geisendorf 2 Gut Geisendorf
H 57 20 840–850; R 54 43 802–843
Fundamente, Wegepflaster, Wasserleitung, Ofenkacheln Neuzeit; spätslawische und mittelalterliche Funde

In Vorbereitung einer Munitionsberäumung des gesamten Gutsbereiches wurde eine archäologische Testuntersuchung von 40 × 10 m Größe ausgeführt (BK 2011:4/Gei2; Abb. 19). Da dabei keine Munition auftrat, wurde die Maßnahme mit Erhaltung des Bodendenkmals Gutshof abgebrochen.

Insgesamt wurden Fundamentteile von vier nach der Separationskarte von 1832 bekannten Gebäuden des Gutshofs und Vorgängern angetroffen, dabei ein bis zuletzt genutzter Pferdestall. Hier fanden sich Ofenkacheln und eine Flasche mit dem Wappen August des Starken. Im Osten wurde der Abschnitt einer Wegepflasterung freigelegt. Im Westteil, nahe des verfüllten Teiches nach der historischen Karte, lagen mehrere hölzerne Wasserrinnen mit verschiedenen Phasen aus Kiefernholz bis hin zur modernen Rohrleitung. Zu den Funden gehören mittelalterliche Grauware, aber auch vereinzelte spätslawische Scherben.

B. Renner (s. Beitrag S. 271–280)

Geisendorf 2 Gut Geisendorf

H 57 20 876–894; R 54 43 784–827

Sammelfunde Neuzeit

Baubegleitende Untersuchung (BK 2009/15) der Mauerwerkssanierung an der Südfront des Gutshauses von Gut Geisendorf. Das neue Mauerfundament wurde größtenteils in Füllschichten eingetieft. Nur auf einem 4 m langen Abschnitt wurde der gewachsene Boden bei 116,58 m HNN erreicht. Zu den Funden gehören sehr qualitätvolle Ofenkacheln des 16./17. Jh., neuzeitliche glasierte Irdenware, Porzellan, Pfeifenröhrchen und etwas Glas.

B. Renner (s. Beitrag, S. 271–280)

Abb. 20: Gosda, um auf den ehemaligen Ackerboden mit Pflugspuren zu gelangen, sind Abtiefungen durch meterhoch aufgewehte Dünen erforderlich (Schnitt 97 nach Südost – Foto E. Bönisch, BLDAM).

Kiesentnahmefläche/Zuckerstraße (BK 2009/18)

Gosda

H 57 15 440–960; R 54 47 850–48 570

Dünen, Altäcker, Gewanngrenze, Fahrspuren Mittelalter/Neuzeit

Die nochmalige Erweiterung der Kiesentnahmefläche am Südrand des Tagebaus Welzow erforderte die Fortsetzung der Fluruntersuchungen aus den Jahren 2010 und 2011. Das Areal, ca. 2 km nördlich der ehemaligen Ortslage, ist ein Dünengebiet („Weiße Berge“). Mit 151 Baggersondagen wurden Schnitte von insgesamt 3900 m Länge angelegt. Dabei wurden ausgedehnte fossile mittelalterlich-neuzeitliche Ackerböden festgestellt (Abb. 20), die von vor 1780 stammen, da sie die Flurkarte aus dieser Zeit nicht mehr verzeichnet. Das gesamte Dünengelände entstand demnach erst nach der Auflassung der Felder auf vormals nur wenig reliefiertem Gelände mit vergleichsweise fruchtbaren Böden. In der letzten Nutzungsphase der Felder setzte bereits die Übersandung ein, denn Sand wurde bereits mit eingepflügt, bevor die Felder ganz aufgegeben wurden. Die Felder sind durch Pflugspuren in zwei Ebenen erkennbar und bilden 10–13 m breite Streifen, die durch Fahren getrennt sind. Wölbäcker waren nicht erkennbar. Die unteren Pflugspuren verlaufen längs und quer. Eine NNW-SSO verlaufende Gewanngrenze konnte zwischen zwei in unterschiedlicher Ausrichtung gepflügten Arealen ermittelt werden. 50–100 m westlich eines in der Flurkarte verzeichneten Weges wurde ein Fahrspurenbündel freigelegt (Abb. 21). Einzige Funde sind zwei Scherben mittelalterlicher Grauware, eine Steinzeugscherbe und das bandförmige Eisenteil eines Pfluges(?). Bodenkundliche Untersuchungen wurden durch A. Nicolay, BTU Cottbus vorgenommen.

U. Grünwald (s. Beitrag S. 257–266)

Abb. 21: Gosda, in den Ackerboden unter einer Sanddecke eingedrückte Fahrspuren, links im Profil (Foto E. Bönisch, BLDAM).

Ertüchtigung Kohleverbindungsbahn
Groß Buckow 15

H 57 20 900–21 200; R 54 54 550–750
Zur Ertüchtigung eines Teilabschnitts (km 34,5–34,9) der Kohleverbindungsbahn mit dem Bau eines dritten Gleises in 2013 wurde die dafür vorgesehene Trasse begangen (BK 2012/5; PW 189). Es konnten dabei mittelalterliche-neuzeitliche Scherben aufgelesen werden. Obwohl der Bereich nach ALS (Brandenburg Viewer/Geobroker) mit Wölbäckern bedeckt ist, fehlen sie auf der Trasse wohl infolge forstlicher Nutzung.
U. Grünwald

Sanierungsbergbau

Groß Jauer 37

H 57 23 100–165; R 54 33 576–645
Jüngstbronzezeitliches Gräberfeld
Bei der Fortsetzung der Ausgrabung am Rand des ehemaligen Tagebaus Greifenhain/Altdöberner Sees wurde unter Grab 42 eine 1,10 m tiefe mehrgliedrige Grube 43 von 2 m Dm mit großer Steinfüllung untersucht (Abb. 24). Sie enthielt ein Leichenbrandstück. Grab 44 war ein von Platten ausgekleidetes Rechteckgrab mit völlig zerstörter Urne und Beigefäßpaaren. Die Südseite entspricht dem Befund von

Abb. 22: Groß Jauer 37, Verzierte Kanne mit B-förmigem Henkel im jüngstbronzezeitlichen Rechteckgrab 44 (Foto E. Bönisch, BLDAM).

Abb. 23: Groß Jauer 37, Grab 44. Dicht gestellte Gefäße neben der völlig zerstörten Urne im Vordergrund (Foto E. Bönisch, BLDAM).

Grab 36 mit verstürzten Türplatten, wo sich ebenso wie dort Gefäß(reste) befanden. Eine interessante Beobachtung ist vom Freilegen der Gefäße festzuhalten: Beim Abheben des feuchten Sandes von den Gefäßoberflächen ist er tonfarben. Das heißt, dass ein feiner Film des Oberflächenslips der Keramik verlustig geht und damit ggf. auch Bemalung o.ä.

E. Bönisch

Nordufer Sedlitzer See (BK 2013/3)

Rosendorf

H 57 14 908–912; R 54 38 022–024 (fossiler Acker)

Für eine Bebauungsfläche am Nordufer des Sedlitzer Sees sind für die Erschließung eines Gewerbegebietes durch die Stadt Senftenberg Erkundungsschnitte angelegt worden. Diese orientieren sich vorrangig

Abb. 24: Groß Jauer 37, tiefe Gruben wie Befund 43 mit Steinpackung gehören zu den selteneren Erscheinungen auf Gräberfeldern der Lausitzer Kultur (Foto E. Bönisch, BLDAM).

Abb. 25: Rosendorf, Sondageschnitt durch eine Düne (Foto E. Bönisch, BLDAM).

Abb. 26: Rosendorf, Pflugspuren unter meterhoher Dünenbedeckung bezeugen hier ehemalige Ackerflur und gravierende Veränderungen der Landschaft. Sondage 2, Blick nach Nord (Foto E. I. Faulstich, FIAK).

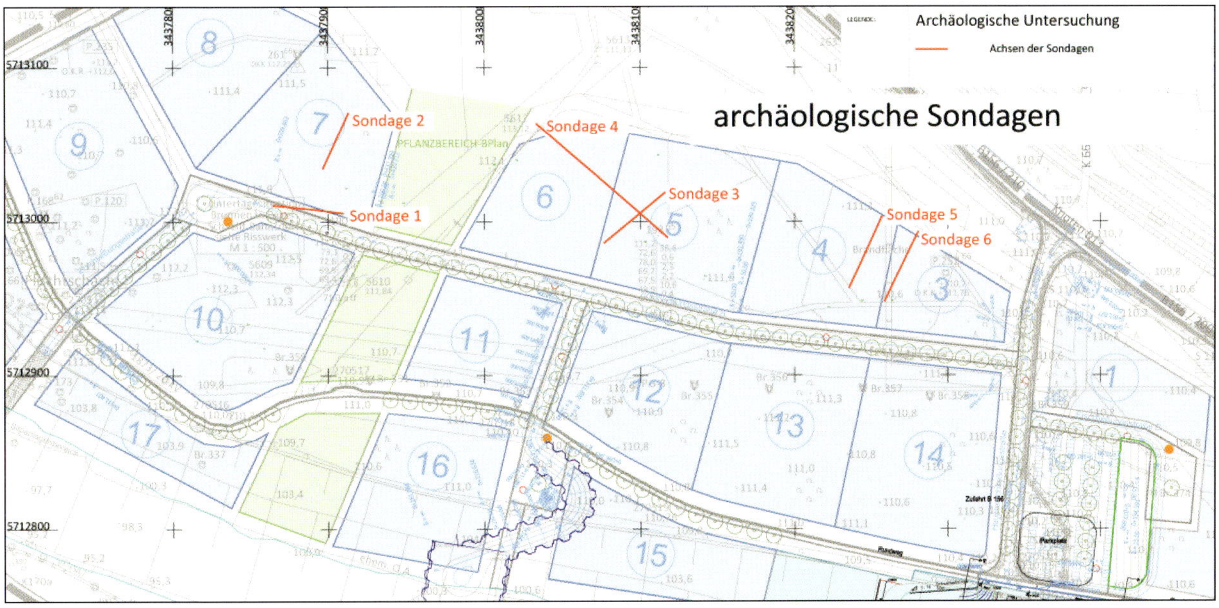

Abb. 27: Plan der Sondagen am Nordufer des Sedlitzer Sees zwischen B 156 und ehem. Tagebaukante (Planungsbüro Uta Schneider, Bearbeitung A. Richter, BLDAM, S. Rieke, FIAK).

Abb. 28: Sedlitzer See im ehem. Tagebau Sedlitz vom „Rostigen Nagel“, Aussichtsturm am Überleiter Geyerswalder – Sedlitzer See, Oktober 2012 (Foto E. Bönisch, BLDAM).

an Dünen, unter denen begrabene Kulturschichten zu erwarten sind. Insgesamt wurden sechs Sondagen angelegt, jedoch nur in einem Fall (Sondage 2) dabei ein fossiler Acker mit Pflugspuren beobachtet (Abb. 26). Vermutlich sind es Furchen eines Wendepfluges, die bis zu 15 cm breit waren mit 5 bis 10 cm großen Zwischenräumen. Beliefen sich die Höhen im Gelände bis zu 2 m, betrug die tatsächliche Dünenhöhe bis zu 4,50 m.

E. I. Faulstich, E. Fink, FIAK

Abb. 29: Sedlitzer See mit den beiden Untersuchungsflächen am zukünftigen Lagunendorf und dem Gewerbepark (Kästchen) (Karte LMBVmbH, Eintragungen BLDAM).

Abb. 30: Am „Rostigen Nagel“: Spuren des Homo sapiens, 2012 n. Chr. (Foto E. Bönisch, BLDAM).

Abkürzungen von Institutionen

ABD Dressler = Archäologie – Baubegleitung – Denkmalpflege Dressler, Glienicke/Nordbahn
Archäologie Manufaktur = Archäologie Manufaktur GmbH, Wustermark
ArGePro – Büro für Bauforschung und Archäologie GmbH, Cottbus
BLDAM = Brandenburgisches Landesamt für Denkmalpflege und Archäologisches Landesmuseum, Wünsdorf
BLHA = Brandenburgisches Landeshauptarchiv, Potsdam
BTU = Brandenburgische Technische Universität, Cottbus (seit 2014 BTU Cottbus-Senftenberg)
DAI = Deutsches Archäologisches Institut, Berlin
FIAK = Freies Institut für Angewandte Kulturwissenschaften, Cottbus
GFZ = Deutsches GeoForschungsZentrum, Potsdam
GStA = Geheimes Staatsarchiv Preußischer Kulturbesitz, Berlin
LBGR = Landesamt für Bergbau, Geologie und Rohstoffe Brandenburg
LfA = Landesamt für Archäologie Sachsen, Dresden
LGB = Landesvermessung und Geobasisinformation Brandenburg
LMBVmbH = Lausitzer und Mitteldeutsche Bergbau-Verwaltungsgesellschaft
Vattenfall = Vattenfall Europe Mining AG

Anschrift der Autoren außer BLDAM:

Gerlinde Bigga M.A.,
Eberhard Karls Universität Tübingen, Institut für Ur- und Frühgeschichte und Archäologie des Mittelalters,
Abteilung für Ältere Urgeschichte und Quartärökologie, Burgsteige 11, 72070 Tübingen
gerlinde.bigga@uni-tuebingen.de
Francoise Chaput
Rotkehlchenweg 31, 14641 Wustermark
Chaputschneider @ googlemail.com
Dr. Dietrich Hertel und Bernhard Schuldt
Georg-August-Universität Göttingen, Albrecht-von-Haller-Institut für Pflanzenwissenschaften,
Abt. Pflanzenökologie und Ökosystemforschung
Untere Karspüle 2, 37073 Göttingen
dietrich.hertel@biologie.uni-goettingen.de
bernhard.schuldt@biologie.uni-goettingen.de
Dr. Karl-Uwe Heußner
Deutsches Archäologisches Institut, Zentrale, Referat Naturwissenschaften/Dendrochronologie
Im Dol 2–6, 14195 Berlin
karl-uwe.heussner@dainst.de
Dr. Annette Kossler, Dr. Ingo Raufuß
Freie Universität Berlin, Institut für Geologische Wissenschaften, Paläontologie
Malteserstraße 74–100, Haus SD, 12249 Berlin
kossler@zedat.fu-berlin.de
Dipl.-Ing. Ralf Kühner
Vattenfall Europe Mining AG
Vom-Stein-Straße 39, 03050 Cottbus
ralf.kuehner@vattenfall.de
Dipl.-Ing. Klaus Männig
Vattenfall Europe Mining AG
Schwarze Pumpe – An der Heide, 03130 Spremberg
klaus.maennig@vattenfall.de
Dipl. Geograph Alexander Nicolay
Brandenburgische Technische Universität Cottbus-Senftenberg
Lehrstuhl Geopedologie und Landschaftsentwicklung
Mehrzweckgebäude, R130, Konrad-Wachsmann-Allee 6, 03046 Cottbus
Alexander.Nicolay@tu-cottbus.de
Dr. Hagen Pieper und Gerhard Helle
Helmholtz-Zentrum Potsdam, Deutsches GeoForschungsZentrum,
Sektion 5.2 Klimadynamik und Landschaftsentwicklung
Telegrafenberg, 14473 Potsdam
pieper@gfz-potsdam.de
ghelle@gfz-potsdam.de
Dr. Alexandra Raab
Brandenburgische Technische Universität Cottbus-Senftenberg,
Forschungszentrum für Landschaftsentwicklung und Bergbaufolgelandschaften (FZLB),
Konrad-Wachsmann-Allee 6, 03046 Cottbus.
raabalex@tu-cottbus.de
Prof. Dr. Thomas Raab
Brandenburgische Technische Universität Cottbus Senftenberg, Lehrstuhl für Geopedologie
und Landschaftsentwicklung, Fakultät für Umweltwissenschaften und Verfahrenstechnik
LG 2c, Konrad-Wachsmann-Allee 6, 03046 Cottbus.
raab@tu-cottbus.de